# SAN JUAN EUDES

*Artesano de la renovación cristiana en el siglo XVII*

por
Paul Milcent

Tradujo Hipólito Arias CJM

Revisó Alvaro Torres CJM
y Judith Garbo

con un prefacio por
Jacques Le Brun

ISBN: 978-1-959312-28-4

Copyright ©2025, por
The Eudists – Congregation of Jesus and Mary
Traducido del francés original
*Un artisan du renouveau chrétien au XVIIe siecle, Saint Jean Eudes*
© Les Éditions du Cerf, 1985

Todos los derechos reservados.

Publicado con permiso por

PO Box 3619
Vista, CA 92085-3619
eudistsusa.org

# TABLA DE CONTENIDO

Prefacio .................................................................................. xi

Prólogo ................................................................................. xiii

I. RAÍCES TERRÍGENAS (1601-1622) ............................... 1
 La familia
 El colegio
 Los jesuitas de Caen
 Luis XIII

II. EL ORATORIO (1623-1627) ........................................... 11
 El Oratorio de Saint-Honoré
 Marines
 Aubervilliers
 La asamblea del clero de 1625
 Juan Eudes ordenado sacerdote

III. LA PESTE (1627-1631) .................................................. 25
 En la región de Argentan
 Madame de Caen
 Alojamiento en un tonel
 Las carmelitas

IV. "JUAN EUDES, PRESBITERO MISIONERO"
 (1632-1637) .................................................................. 33
 Las misiones
 Proyecto de "Refugio"
 Los hugonotes
 Amor a Jesús

V. "LA VIDA Y EL REINO DE JESÚS EN LOS
 CRISTIANOS" (1636-1637) .......................................... 49

VI. EN LOS TIEMPOS DE LA REVUELTA DE LOS
 DESCALZOS (1638-1640) ............................................ 57
 Los pobres
 Tensiones políticas
 Arresto de Séguenot y de Saint-Cyran
 Misión en Saint Étienne de Caen

VII. EN LA ENCRUCIJADA (1640-1641) .............................. 71
   El proyecto Godefroy
   Muerte de Condren
   Richelieu
   Asamblea del Oratorio
   Coutances –Marie des Vallées
   La negativa del Oratorio

VIII. ¡SEMINARIOS! CUESTE LO QUE
    CUESTE (1642-1643) ........................................................ 87
    Llamado a la misericordia
    La misión de Ruan
    El "Catecismo de la Misión"
    París
    Saint-Malo
    Llamado por el cardenal
    Muerte de Richelieu

IX. LA CONGREGACIÓN DEL SEMINARIO DE
    JESÚS Y MARIA (1643-1644) .......................................... 105
    El 25 de marzo de 1643
    El jansenismo naciente
    Saint-Sauveur-le-Vicomte y Valognes
    Los comienzos de la Congregación
    El seminario de Caen

X. LA CUARESMA DE COUTANCES (1644) ..................... 125
   Marie des Vallées
   Una misión de intercesión y de ofrenda
   Asombrosa sabiduría

XI. NUESTRA SEÑORA DEL REFUGIO (1641-1647) ... 139
    "La gran reclusión"
    Marguerite Morin
    La madre Patin

XII. EL LUCHADOR (1644-1647) .................................... 153
    *Oposiciones*
    *La Asamblea del clero de 1645*
    *Gaston de Renty*
    *"Incorporación" de Lion-sur-Mer*
    *Simón Mannoury va a Roma*
    *Recibido por la reina*
    *Pierre-Daniel Huet*

XIII. TRES HERMANOS .............................................. 175

XIV. LA FIESTA DEL CORAZÓN DE MARÍA
(1647-1648) .......................................................... 183
    *Misiones de Autun y de Beaune*
    *Marguerite du Saint-Sacrament*

XV. HACIA COUTANCES (1648-1650) .......................... 201
    *Roma*
    *Comienzos de la Fronda*
    *Muerte de Gaston de Renty*
    *Serias dificultades en Caen*
    *Nace el seminario de Coutances*

XVI. COUTANCES Y LISIEUX (1651-1655) ................... 223
    *El bautismo*
    *En París durante la Fronda*
    *Relaciones con Jean-Jacques Olier*
    *Nace el seminario de Lisieux*

XVII. LA CONGREGACIÓN DE LOS SEMINARIOS DE
JESÚS Y MARÍA (1652-1658) .................................. 241
    *Alegría en Caen*
    *Matilde del Santísimo Sacramento*
    *Jean-Jacques Blouet de Camilly*
    *El seminario de Caen se vuelve diocesano*
    *Trescientos cincuenta ordenandos*

XVIII. NUESTRA SEÑORA DE LA CARIDAD (1647-
1660) ................................................................. 255
    *Aprobación episcopal*
    *Regreso de la madre Patin*
    *El señor Le Grand, superior*

Madame de Boisdavid y mademoiselle Heurtaut

XIX. RUAN (1656-1660) .................................................... 265
  Muerte de dos grandes espirituales:
  Marie des Vallées y Bernières
  El jansenismo en Ruan
  Nacimiento del seminario de Ruan
  El asunto del Ermitage
  Llamado a la contemplación

XX. JUAN EUDES SUPERIOR DE CONGREGACIÓN
  (1656-1660) .................................................................. 281
  Dificultades en Lisieux
  El señor Dupont, superior de Coutances
  El asunto Bazire
  Misiones

XXI. DOS AÑOS EN PARÍS (I) (1660-1661) ..................... 293
  Quinze-Vingts y Saint-Germain-des-Prés
  Las misiones extranjeras
  Muerte de Vicente de Paúl
  Contexto político
  Un enviado a Roma

XXII. DOS AÑOS EN PARÍS (II) (1661-1662) .................. 315
  La voluntad divina
  El incendio del Louvre
  La obración de Ableiges
  Muerte de Mazarino y reinado personal de Luis XIV

XXIII. CUANDO JUAN EUDES ESCRIBE A LAS
  MUJERES (1660-1662) ............................................... 325
  La madre Patin
  Madame de Camilly
  Muerte de Jacques Blouet de Camilly
  Boniface en Roma

XXIV. HACIA LA APROBACION EN ROMA DE NUESTRA
      SEÑORA DE LA CARIDAD (1662-1666) ..................... 339
      François de Nesmond
      La iglesia del seminario de Caen
      Misiones – Châlons-sur-Marne -Claraval
      El cardenal de Retz en Roma
      La aprobación

XXV. ÉVREUX (1665-1667) ........................................... 355
     Actividad misionera
     Nace el seminario de Évreux
     Misión en Ruan

XXVI. CONTRATO DE ALIANZA CON LA SANTA
      VIRGEN (1668) ................................................... 363
      Abadía de Val-Richer
      Un contrato insólito
      Unión con María
      Dos libros sobre el misterio de María
      Con las ursulinas de Lisieux

XVII. PASTORES EN CRISTO PASTOR ...................... 377
      El manual
      El buen confesor
      El predicador apostólico
      El memorial de la vida eclesiástica

XVIII. RENNES (1669-1670) ......................................... 387
       Madre Marie du Saint-Sacrement Pierre
       La gran misión de Rennes
       Nace el seminario
       ¿Nuestra señora de Caridad en Rennes?

XIX. FIESTA DEL CORAZON DE JESUS (1672) ............. 399

XXX. MISIONES EN LA CORTE (1671 - 1673) ............... 409
      Versalles
      Saint-Germain-en-Laye
      Grandes esperanzas
      El obispado de Évreux
      Madame de Guise
      El trueno de Elbeuf

XXXI. GRANDES TRIBULACIONES (1673-1679) ............... 429
        *Jacques de Bonnefond en Roma*
        *Juan Eudes pierde el favor del rey*
        *La "Carta a un doctor de la Sorbona"*
        *Últimas misiones*
        *Recupera el favor del rey*

XXXII. ¡CUANTOS MOTIVOS PARA DAR GRACIAS!
       (1670-1679) ............................................................ 449
        *Los seis seminarios*
        *La "Probación"*
        *Nuestra Señora de Caridad Caen,*
        *Rennes, Hennebont, Guingamp*

XXXIII. SERENIDAD ................................................................ 459
        *Gratitud*
        *La madre Saint-Gabriel*
        *La mansedumbre de Cristo*
        *Abandono en Él*

XXXIV. "VEN, SEÑOR JESÚS" (1680) ............................... 467
        *El testamento*
        *La asamblea general de la Congregación*
        *La muerte*

ACRÓNIMOS Y ABREVIATURAS .................................................. 475

ANEXOS ........................................................................................... 479

    I. Tablas cronológicas ............................................................. 479
        Papas y obispos contemporáneos de Juan Eudes
        Eventos del 1594 a 1680
    II. Tablas genológicas ............................................................... 489
        La familia de Eudes
        La familia de Blouet
        La familia de Budos
        Las familias de Orléans y de Lorraine
        Las familias de Matignon y de Bercy
        Las familias de Seguier, de Ligny, y de Vialart
    III. Las "cinco proposiciones" .................................................. 495
    IV. Juan Eudes después de 1680 ............................................. 496
        Dos tradiciones contradictorias
        Los analistas del Padre Eudes en el siglo XVIII
        La posteridad de Padre Eudes en 1985
        Entierros sucesivos de kis restos del Padre Eudes

ÍNDICES ........................................................................................ 505

San Juan Eudes: Artesano de la renovación cristiana

# Prefacio

Escribir la biografía de un santo del siglo XVII es empresa atrevida. La relativa abundancia de documentos de archivo, de juicios de los contemporáneos, de textos literarios o autobiográficos no logran disimular su extrema dificultad.

Una biografía es la mirada de un hombre de hoy, sobre un hombre del pasado, por encima de su ausencia y de su muerte. Es un intento, inevitable y desesperado, de articular en coherencia retrospectiva los hechos y etapas de una vida. Y por lo mismo se trata de un género literario que carece de estabilidad[1].

Nacido del discurso hagiográfico[2] del que nunca logra desprenderse plenamente, empezó a configurarse precisamente en el siglo XVII, ajustándose a una legitimidad histórica o científica; pero el "documento" que será en adelante su punto de referencia, o de anclaje, o su justificación, sigue siendo un texto que debe interpretarse como tal. Porque el historiador solo cuenta con textos, signos o imágenes que se convierten para él en huellas o señales de una "experiencia" pasada: su propósito o anhelo darle realidad, volverla "real".

Creemos que a pesar de esta difícil situación, el Padre Milcent se mantiene, desde el principio hasta el fin, rigurosamente fiel a los documentos, al mismo tiempo que trata de hacer percibir al lector del siglo XX lo que pudo vivir un hombre del siglo XVII. La empresa es más difícil hoy que nunca, pero también es viable, porque varias generaciones de be

---

1  Cf. D. MADELÉNAT, *La Biographie*, (París, PUF, 1984).
2  Cf. A. VAUCHEZ, *La sainteté en occident aux derniers siècles du Moyen Age d'après le procès de canonisation et les documents hagiographiques*, (Rome, École française de Rome, 1981).

investigadores eudistas y universitarios se han dado a la tarea de reunir documentos, de someterlos a la crítica, de situarlos en su perspectiva, y porque múltiples trabajos fundamentales habían renovado nuestro conocimiento del siglo XVII.

Tanto el Padre Milcent como yo queremos rendir aquí un homenaje personal al Padre Charles Berthelot du Chesnay, desaparecido prematuramente en 1975, historiador de las misiones de san Juan Eudes y del clero bretón en el siglo XVIII[3]. Cuando a la edad de veintidós años un estudiante que comenzaba a bucear en la historia religiosa del siglo XVII, encuentra a un especialista eminente que con entusiasmo y afecto lo inicia, en su despacho y en la biblioteca de la calle Jean Dolent, en el manejo de Moréri y Batterel, de Hermant y Bremond, y le enseña a citar un manuscrito, a tomar notas o a fabricarse un fichero, ese estudiante, treinta años más tarde, no puede menos que estar agradecido por ese encuentro que le permitió muy tempranamente, adivinar en qué consiste la tarea de un historiador.

Bástenos decir que, a nuestro juicio, el libro del Padre Milcent se sitúa en esa misma tradición de ciencia, de probidad y de sensibilidad.

Jacques Le Brun.

---

3    Ch. BERTHELOT du CHESNAY, *Les missions de saint Jean Eudes*, (París, Procure des Eudistes, 1967); *Les Prêtres séculiers en Haute Bretagne au XVIII ème siècle*, (Rennes, Presses universitaires de Rennes, 2, 1984).

# Prólogo

El objetivo de este libro es relatar la vida de san Juan Eudes, situándolo, en lo posible, en el contexto de su época. Utiliza el conjunto de investigaciones realizadas hasta la fecha sobre la historia del Padre Eudes, en particular los excelentes estudios del Padre Charles Berthelot du Chesnay; y se apoya en las fuentes disponibles, a saber, en los escritos, publicados o no, del mismo Juan Eudes, en los textos de los analistas eudistas del siglo XVIII (cuyo perfil presentamos en el anexo página 497); finalmente en los testimonios conocidos de sus contemporáneos.

Además del simple relato trataré de sugerir algo sobre la sicología del Padre Eudes y de descifrar, ocasionalmente, la razón espiritual de lo que vivió. Pero tengo clara conciencia de los riesgos y limitaciones de este intento porque, inevitablemente, es a través de nuestra propia experiencia y de nuestras propias opciones, de la mentalidad de la época en que vivimos, como tratamos de comprender la existencia de Juan Eudes vivida en un mundo profundamente distinto del nuestro.

Sin embargo, podremos apoyarnos a menudo en sus propias palabras y a veces en textos muy personales. No solamente en sus cartas sino en lo que escribió exclusivamente para sí mismo, como el voto del martirio, la oblación de Ableiges o el Memorial de los favores recibidos de Dios. Y consideramos de gran privilegio poder citarlo así, ampliamente. Por otra parte, para que se distingan claramente sus palabras de las demás citas, las reproduciré, no entre comillas sino en *caracteres cursivos*.

Pero, aun disponiendo de su propio testimonio, nunca estamos seguros de haber captado la realidad profunda que se esconde detrás de las palabras. El sentido mismo del vocabulario ha evolucionado en gran manera; y más allá de las palabras, se halla toda la experiencia personal y social que las penetra y que se nos escapa.

La dificultad aumenta cuando nos apoyamos en decires de analistas como Pierre Hérambourg (1661-1720) y sobre todo Pierre Costil (1669-1749). Sus escritos, ciertamente son preciosos porque nos ponen en contacto con multitud de documentos hoy desaparecidos y con el testimonio de contemporáneos a quienes pudieron interrogar. Pero también ellos ya hacen la lectura de los hechos a través de su propia historia; y aunque cercanos a la época del Padre Eudes, puesto que Hérambourg escribe en 1692 y Costil entre 1720 y 1725, la mentalidad en esa alborada del siglo XVIII ya difiere profundamente de la que vivió el fundador.

Debemos recibir con cautela los hechos que nos refieren, si no se apoyan claramente en fuentes verificadas. En particular algunos detalles "edificantes" de la juventud del Padre Eudes o de los primeros tiempos de sus institutos, se asemejan a los de otros relatos hagiográficos de la época. Así, por ejemplo, el nacimiento "milagroso"; el niño perdido y encontrado en una iglesia; la presentación de la otra mejilla a su agresor; el anillo de desposorio en el dedo de una estatua; el caballo que se resiste a seguir adelante... Es verdad que Costil profesa respeto escrupuloso por el documento y podemos estar seguros de que él mismo nada inventa, como tampoco Hérambourg. Pero uno y otro buscan "edificar", y posiblemente son crédulos frente a tradiciones nacidas antes de ellos, sea en la familia del Padre Eudes, sea en las comunidades fundadas por él. Quizás tales tradiciones han pagado tributo a ciertas leyes del género... Sin embargo a veces se tiene la grata sorpresa de comprobar que éste o aquel episodio, juzgado sospechoso, se halla confirmado por sólidos testimonios. Así el mismo Padre Eudes nos cuenta los hechos que rodean su propio nacimiento y adelanta su interpretación. Se puede identificar con verosimilitud al compañero agresor de la escena del bofetón. Y el misionero, ya veterano de setenta y seis años, consigna en un escrito íntimo que se atrevió a escoger la Virgen María, "desde sus más tiernos años, como su única esposa" (O.C. XII, 160).

Trataré de indicar, dentro del texto, o en nota, cuáles hechos están sólidamente establecidos, para distinguirlos, en lo posible, de afirmaciones que implican una parte de interpretación o de hipótesis. Cuando persiste alguna duda frente a los acontecimientos relatados o a su comprensión, utilizaré a menudo expresiones como "se nos refiere que...", "parece que...", "tal vez...". Así el lector perspicaz podrá generalmente distinguir las certidumbres de las conjeturas.

Tengo especial interés en expresar mi gratitud a quienes me han prestado su ayuda. Mis hermanos eudistas Clemente Guillon y Jacques Venard que han seguido paso a paso mi trabajo y me han dado consejos utilísimos. María Francisca Le Brizot y Cecilia Lionnet, religiosas de Nuestra Señora de la Caridad, han colaborado en algunas partes del libro. El Padre Milon, superior general del Oratorio y el señor Jacques Le Brun, director de estudios en la Escuela Práctica de Altos Estudios, aceptaron gentilmente revisar el manuscrito. Y muchos otros.

Quiero manifestar de manera especial mi admiración por el trabajo del añorado Padre Charles Berthelot du Chesnay (1913-1975). Dotado de múltiples cualidades, había desempeñado diversos ministerios antes de comprometerse, en 1949, en la carrera de historiador. Archivista de los eudistas durante veinticinco años, tuvo también a su cargo cátedras en las Facultades católicas de Angers (1957-1966). Publicó un pequeño volumen de *Cartas escogidas*, cartas inéditas de san Juan Eudes (Namur 1958), metódicamente anotadas. Y es el autor de dos obras importantes: *Las Misiones de san Juan Eudes* (París 1967), referencia bibliográfica indispensable para quien quiera estudiar al misionero normando, y *Los sacerdotes seculares en la Alta Bretaña en el siglo XVIII* (obra póstuma, Rennes 1984). Arrebatado repentinamente por la enfermedad dejó ficheros inmensos en los que había almacenado con su nítida caligrafía y con fidelidad extrema a los documentos, los frutos de su paciente investigación sobre el Padre Eudes y sobre los que estuvieron en relación con él. Solamente he utilizado en parte esos tesoros. El Padre Du Chesnay es, más que yo, el autor de este libro.

Aquí el Padre Eudes habría añadido unas palabras que hago mías: "Suplico a Jesús que derrame su santa bendición sobre esta pequeña obra y sobre ti, mi querido lector" (O.C. I,95).

## CAPÍTULO I

# Raíces terrígenas

(1601-1622)

*La familia*
*El colegio*
*Los jesuitas de Caen*
*Luis XIII*

**Rudeza y sigilos**

Duelo. Uno de los contendores queda tendido en el campo. No tardará la justicia real en interrogar a la familia. ¿Cómo evitar el escándalo? Una mujer toma la decisión. Hace enterrar el cadáver en un lote de la hacienda y, durante la noche, a la luz de una antorcha, aran íntegramente el terreno, "con tal diligencia que a nadie se le ocurre buscar allí, aunque los agentes del orden madrugaron al día siguiente"[1].

Esa mujer, de nombre Marthe, es la esposa de Isaac Eudes, agricultor y cirujano de la aldea. Estamos a comienzos del siglo XVII. El lugar es la campiña cruzada de setos, suavemente ondulada, de los alrededores de Argentan, en la Baja Normandía. Más exactamente se trata de la aldea de Ri[2]. El bosque de Gouffern, más escarpado y salvaje, no está distante.

Esa región boscosa tiene algo de rudo y sigiloso. Y así son también sus habitantes. Isaac pensó un día en el sacerdocio y había dejado los suyos para prepararse para él. Pero en una epidemia de peste - tal vez la de 1587 — murieron sus hermanos y tuvo que regresar para cultivar el predio familiar. Más tarde contrajo matrimonio, en 1598, año del edicto de Nantes.

Por fin llegaba la paz. Desde hacía muchos años el reino se hallaba enlutado por las cruentas violencias de las guerras de religión. Aún en la región cercana, favorable a la Liga, se vivieron momentos dramáticos,

---

[1] Este capítulo se basa en Anales I, 1-3: 27/ 1-11; y MBD 1-8: OC XII 103 ss. (Véase la explicación de las siglas y abreviaturas en el ANEXO).

[2] En la aldea de Ri subsisten varias casas antiguas, pero ninguna puede señalarse con seguridad como la casa natal de Juan Eudes.

cuyo recuerdo no se había borrado aún. Es posible que al arar la tierra se hallaran esqueletos de algunos de los tres mil campesinos – los gautiers, solidarios de los miembros de la Liga, católicos, que ocupaban la región de Falaise – masacrados en Pierrefitte y en Commeaux, muy cerca de Ri, en abril de 1589. En la navidad siguiente, Enrique IV asistió a la misa de medianoche, siendo aún protestante, en la iglesia de Saint-Germain d'Argentan; luego, amistosamente, participó en la cena de media noche con las gentes del lugar y se dice que Isaac Eudes se encontraba allí[3]. Pero, a renglón seguido, el rey tuvo que emprender un sitio sangriento para adueñarse de Falaise.

Podría pensarse que todo esto, en 1598, ya sólo eran recuerdos de días molestos. Pero una prueba esperaba a Isaac y a Marthe: su propio hogar parecía estéril. Creían ellos que alguien les había *lanzado un maleficio*. Hicieron voto de realizar una peregrinación en honor de nuestra Señora y Marthe quedó encinta. Entonces la joven pareja dejó su tierra por un día y partió para Les Tourailles, viejo santuario en el fondo de un vallecito encajonado, a unos veinte kilómetros de Ri. Allí ofrecieron al Señor y a su santa Madre el niño que Marthe llevaba en su seno[4].

El varoncito nació el miércoles 14 de noviembre de 1601 y fue bautizado dos días después en la pequeña iglesia de la aldea. Recibió el nombre de Juan -probablemente Juan Bautista. En todo caso, a pesar de su amor por Juan el Evangelista, agradecerá que oren por él especialmente el 24 de junio[5]. De seguro regresará de tanto en tanto, cabe esa pila baustismal, que todavía existe, para agradecer a Dios su bautismo, sobre todo después de que Bérulle y Condren le inculcaron la grandeza olvidada de ese sacramento.

Juan tuvo hermanos y hermanas: Marie que más tarde se casó con Pierre Herson, aldeano de Falaise; François que se llamaría Eudes de Mézeray (nombre de un predio de la vecindad) y que adquirió celebridad como historiógrafo de Francia y académico; Charles que se llamará Eudes d'Houay, (nombre de un caserío rural de Ri), se casará con Sapience Boirel y se establecerá en Argentan donde se desempeñará como cirujano y edil de la ciudad; Magdeleine, esposa de Azor Corbin; Jacqueline y luego otra Marie, esposa de Jacques Corbin des Caves. Total, dos hermanos, cuatro

---

[3]  J. ANGOT DES ROTOURS, *Un Saint normand, le P. Eudes*, Alençon, 1910 ; y H. FRÈRE, *Eloge de Mézeray* en *Précis An. de l'Académie impériale de Rouen*, 1862-186..

[4]  Conocemos estos detalles por el mismo P. Eudes: RJ, OC I, 83; CA, conclusión: OC VIII 358-359 (Ver en el ANEXO la explicación de las abreviaturas).

[5]  *Lettres*: OC X, 494. Según *Fleurs*, JE I,1: 31/13 habría sido bautizado el viernes, 18 de noviembre. Pero en 1601, el viernes caía el 16 de noviembre. Cf. MBD 5: OC XII 104.

BAPTISTERIO DE LA IGLESIA EN RI
(En su estado actual tras la restauración.)
Juan Eudes fue bautizado aquí el 16 de noviembre de 1601.
Foto: J. Debout.

hermanas, una cuñada, tres cuñados y, que sepamos, quince sobrinos, forman esa familia de la que Juan Eudes es el mayor[6].

Poco sabemos de su infancia, cuyos juegos se mezclaron con el ritmo de los trabajos de la hacienda, en una región que vivía principalmente de la cría de animales. Se sabe que su Padre debía dar cada año, al señor de Ri, "un gallo capón, un pollo y diez huevos" y el trabajo de uno o dos jornales en la época de la siega del heno"[7]. Cacareos de aves de corral, olores de establo, canto de la alondra en primavera en lo alto del huerto formaron el marco de sus primeros años.

Con su habitual reserva, sólo deja escapar fugaces confidencias transmitidas por sus compañeros o consignadas por él mismo en una especie de

---

[6] J. ANGOT DES ROTOURS, *op. cit*; G.Le VAVASSEUR, *Notice sur les trois frères Jean Eudes, François Eudes de Mézeray et Charles Eudes d'Houay*, París, 1855. (Véase cuadro genealógico en el ANEXO)..

[7] Tasas señoriales de Ri: cf. Archivos del castillo de Ri..

diario, llamado *Memorial de los favores recibidos de Dios*. Se nos cuenta que era de salud frágil y precozmente serio. En todo caso tomaba en serio el evangelio. Un día uno de sus camaradas, algún jefe de pandilla, cuyo nombre se ha conservado, François Guyon des Diguères[8], le dio un bofetón. Juan se hincó de rodillas y presentó la otra mejilla... El agresor no olvidó el episodio y lo contará más tarde.

Se cuenta que en otra ocasión, tal vez durante una peregrinación, el niño Juan desapareció. Sus Padres, inquietos, lo encontraron finalmente "en el entrante de la pilastra de una iglesia". Desde entonces gustaba dedicarse a la oración. Sin embargo, en la aldea en que vivía, nos lo cuenta él mismo, "era muy escasa la instrucción sobre la salvación y muy pocas personas comulgaban más a menudo que en Pascua[9]".

En su temprano despertar espiritual recibió estímulo en los encuentros con una señora del vecindario, Madame de Sacy, cuyo esposo era señor de Ri. Ella repartía su tiempo entre París y Bazoches, pequeño pueblo de la región. En París, guiada por los jesuitas, frecuentaba los "ambientes de devoción" y profesaba gran admiración por el Padre de Bérulle a quien conocía bastante. En Normandía daba pruebas de caridad solícita y eficaz. Se decía de ella que "traía la alegría a la provincia". Al enviudar se hizo benedictina. Su primer biógrafo, un cura de Falaise, contemporáneo de Juan Eudes, nos cuenta que ella "gustaba mucho" de platicar con un niño de nueve o diez años, que "vivía con sencillez e inocencia extraordinarias en una de sus parroquias"[10]. Se trata de Juan Eudes. Ella, cercana a él, fue testigo de la asombrosa germinación espiritual de los primeros años del siglo XVII, en el que él mismo encontrará poco a poco su puesto.

Así va madurando en él una fe personal. Más tarde podrá anotar: "Empecé hacia los doce años a conocer a Dios" –con un conocimiento personale íntimo- "y a comulgar cada mes después de hacer confesión general". Su primera comunión tuvo lugar en la fiesta de Pentecostés de 1613 o 1614[11]. Un poco más tarde, a ese Dios vivo que ya había aprendido a amar, "consagré mi cuerpo" –escribe- "mediante el voto de castidad".

---

[8] B. BLONDEL, *Point d'histoire*, en SS.CC., 1934, p. 13. Se puede, pues identificar ese camarada con verosimilitud. ¿Será suficiente para garantizar la autenticidad de tales "Fioretti"?

[9] En la edición original francesa de este libro, las citas directas de Juan Eudes iban en cursiva, mientras que todas las demás iban entre comillas. Esta nota a pie de página explica este hecho. En esta versión, todas las citas van entre comillas. Explicamos aquí la diferencia para preservar la numeración de las notas a pie de página.

[10] J. ANGOT DES ROTOURS, *Une grande chrétienne amie de Bérulle, Françoise de Faudoas d'Averton* (Madame de Sacy), París, 1933 ; J. BOUËTTE DE BLÉMUR, *Eloge de pluiseurs personnes illustres... dans l'Ordre de S. Benoit*, París, 1679 t.I Padre 441-447 ; T. LAMY, *Le Tableau des eminentes vertus de Madame de Sacy*, Caen 1659, p. 71-72.

[11] 26 de mayo de 1613 o 18 de mayo de 1614.

Por entonces ya había comenzado a asistir a la escuela de un pueblo vecino, tal vez Habloville. Nos ha confiado el nombre del maestro, el sacerdote Jacques Blanette, "cuyo ejemplo y las instrucciones espirituales que daba a sus alumnos" le fueron de gran provecho[12]. Con lo cual llegó a ser de los pocos que sabían leer. Un sondeo hecho en Caen un poco más tarde muestra que sólo una tercera parte de los hombres de su generación, en la ciudad, eran alfabetizados (y este término medio normando y urbano es claramente superior al nacional); pero desde la generación siguiente las dos terceras partes de los hombres saben leer y escribir, al menos en la ciudad. Sobre ese punto como sobre otros, este comienzo de siglo representa un progreso[13].

## "La santa Compañía de Jesús"

Según parece sus Padres no tenían la intención de hacerle continuar sus estudios. Se decidieron a ello un poco más tarde sólo por motivos que desconocemos[14]. ¿Sería la insistencia del maestro Blanette? ¿O de Madame de Sacy? ¿O el anhelo expresado por el muchacho de ser sacerdote? El hecho es que partió para Caen, capital de la Baja Normadía[15], situada a cincuenta kilómetros de su aldea natal, para matricularse como alumno de los jesuitas. El día de san Dionisio, (9 de octubre) de 1615, cuando tenía catorce años, Juan Eudes, hospedado probablemente por una familia de la ciudad, entró en el curso cuarto de ese colegio que contaba 600 a 800 alumnos.

Juan Eudes, recién desembarcado del medio rural, no estaba muy adelantado. Muchos de sus compañeros debían ser más jóvenes que él. Pierre Corneille (nacido en Ruan en 1606) entró también en el colegio de los jesuitas de su ciudad en 1615, y a los dieciséis años ya había terminado sus dos años de filosofía[16]. En el momento en que Juan Eudes comenzaba sus estudios en el colegio, otro adolescente, nacido un mes antes que él, se preparaba al matrimonio. Nos referimos a Luis XIII que llegó a ser rey

---

12   Según el registro de los Bautismos de Ri parece que las familias Eudes o Corbin y Blanette son muy cercanas: AD Orne, estado civil de Ri, 7 de agosto de 1622, 2 de julio de 1624, Sobre Habloville ver NV VI 251. Una inscripción en la iglesia de Habloville nos informa que había en esa parroquia desde 1581, un sacerdote maestro de escuela; posiblemente hacia 1610 el titular de este cargo era el señor Blanette.

13   G. DÉSERT, *Histoire de Caen* (Colect.) París, Privat, 1981, p. 14.

14   J. HERMANT, *Histoire de l'establissement des Ordres religieux*, etc. Ruan, 1607 p. 432-439, ver NV V 113 ss.

15   Caen podía tener hacia 1600 unos 10.000 a 12.000 habitantes; 1n 1666 cerca de 25.000 (G. DESERT, *op. cit.*, p. 120..

16   Pierre-Daniel Huet, futuro obispo de Avranches, terminó su filosofía a la edad de quince años.

de Francia a los ocho años, después del asesinato de su Padre Enrique IV (mayo de 1610). Pocos días más tarde se casaría en Burdeos, después de la apertura de clases de 1615, con la pequeña princesa española Ana de Austria.

Hagamos aquí una pausa y digamos una palabra sobre otros personajes y sobre los grandes acontecimientos del mundo que todavía no conocía el joven alumno de rudimentos, pero sí sus maestros. Se decía, por ejemplo, que ese matrimonio español, al que se añadió el de Elizabeth, hermana de Luis XIII, desposada el mismo día con el príncipe de Asturias, había dado gusto al papa Paulo V porque acercaba a Francia de España, las dos grandes potencias católicas.

Entretanto el reino de Francia, en manos de la reina regente, María de Médici, se halla mediocremente gobernado. Eso piensa, en todo caso, Armando-Juan du Plessis de Richelieu, de 33 años, obispo de Luçon a los veintidós años, que se había hecho notar el año anterior por una arenga brillante en la clausura de los Estados generales. A propósito, esa asamblea rehusó convertir en ley del Estado las decisiones del Concilio de Trento (1545-1563). Pero en 1615, un año después, la Asamblea general del clero aceptaba esos mismos decretos para la Iglesia de Francia: era una grieta apenas perceptible entre el poder político y el poder religioso tan estrechamente entrelazados[17].

Otro personaje notable era Pierre de Bérulle. En 1615 tiene cuarenta años. Se le escucha en la corte. Cuatro años antes había fundado la congregación del Oratorio. Es el guía espiritual de un joven sacerdote bearnés, el señor de Paúl, de 34 años, quien desde hace dos años es preceptor en casa del Señor General de las Galeras.

En su lejana Saboya, el señor de Sales, obispo de Ginebra, tiene ya cuarenta y ocho años. Es bien conocido de Bérulle y de todo el reino de Francia. En ese mismo año Renato Descartes, de diecinueve años, comienza a pensar. Mientras tanto, en Roma, acaban de someter a proceso al sabio Galileo... Así va girando el mundo. Todos esos nombres evocan grandes realidades: conflictos en los Estados, en el pensamiento, en la Iglesia, pero también una vitalidad exuberante de la fe y de la vida cristiana.

En Caen el joven Eudes descubría algo de esta vida de múltiples facetas. ¿Acaso no la adivina ya en la diversidad de sus condiscípulos? Las familias más notables se ufanan de confiar sus hijos a los jesuitas y así él encuentra en el colegio muchachos muy diferentes a él. Uno de ellos, un año menor, es Jean de Bernières, de Louvigny. Es posible que el lazo profundo que les unirá más tarde haya comenzado en esos años escolares.

---

17   V.L. TAPIÉ, *La France de Louis XIII et de Richelieu*, París, Flammarion, 1980, pp. 96-134.

Juan Eudes recibió durante tres años seguidos, instrucción y guía, de parte un joven jesuita que aún no era sacerdote, François Robin (1591-1681). Su alumno lo recordará con emoción: "era un joven virtuoso y piadosísimo que nos hablaba a menudo de Dios con extraordinario fervor". Toda su vida Juan Eudes profesará admiración por sus maestros jesuitas. Y, como lo veremos, no cesará de referirse a la Compañía...

Hacia 1618, en el colegio, entra a formar parte de la Congregación de Nuestra Señora y recuerda este hecho como una gracia decisiva. Volverá con insistencia sobre el tema en la conclusión de su libro sobre el Corazón de María, redactada pocos días antes de su muerte. Allí da gracias a la Virgen por haber inspirado a sus Padres que lo colocaran "bajo la disciplina y la dirección de la santa Compañía de Jesús". Te doy gracias –dice– "por haberme admitido en tu santa Congregación que es una verdadera escuela de virtud y de piedad, bajo la dirección de la misma Compañía. Y es esta una de las mayores gracias que he recibido de mi Dios por tu intercesión[18]". Esto, recordado en el ocaso de una larga vida, da a sus palabras una solemnidad significativa.

En octubre de 1618 Juan se despidió del Padre Robin y comenzó un año de retórica, en el que competía con uno de sus compañeros, por el primer puesto. Luego hizo dos años de filosofía, avalados por un certificado del prefecto de estudios cuya sustancia ha llegado hasta nosotros. De él sacamos la impresión de que Juan Eudes no era un alumno brillante pero sí dotado de un espíritu sólido y muy concienzudo, "un modelo de probidad y de modestia". El documento está fechado el 27 de agosto de 1621, cuando Juan se acercaba a los veinte años.

## Hacia el servicio del Evangelio

Por otra parte había recibido un año antes, el 19 de septiembre de 1620, en Séez, la tonsura y las cuatro órdenes menores, de manos de su obispo, Jacques Camus de Pontcarré. Y puesto que la tonsura no le daba acceso a ningún "beneficio eclesiástico" podemos concluir que no se trataba de una mera formalidad sino que indicaba una clara orientación hacia el servicio del Evangelio. En el mismo año recibió también la tonsura Jean-Jacques Olier, futuro fundador de los sulpicianos, a los doce años, y con ella recibió inmediatamente el primero de sus prioratos, el de Bazainville. Juan Eudes, ahora clérigo, no llegó a ser ni prior ni abad, pero emprendió

---

18    CA, Conclusión: OC VIII 354.

estudios de teología durante un año, o tal vez año y medio, en la universidad de Caen, probablemente todavía con los jesuitas.

Sin duda durante esos años se vio impactado por uno que otro acontecimiento de la ciudad o del reino. Por ejemplo, en septiembre de 1619 se supo en Caen que había estallado la peste en París, en Ruan, en Bayeux. La terrible epidemia que había señalado los comienzos del siglo parecía renacer. Un burgués de Caen lo contaba así en su dialecto:

> Por haber sido preservados hasta ahora misericordiosamente por Dios, hemos hecho oraciones y procesiones, generales y particulares. En la procesión general nos reunimos en Saint-Pierre para ir a *Notre-Dame de Froide-Rue* en donde se cantó y se celebró una misa con música y con la presencia de todo el clero"[19]

En ese momento Juan no pertenecía todavía al clero, pero, como alumno de los jesuitas, pudo participar en esa plegaria pública, expresión de una gran emoción colectiva.

El verano siguiente fue más agitado. El joven Luis XIII, había decidido, al cumplir los dieciocho años, tomar en sus manos el reino y reducir a la obediencia a algunos vasallos que durante la regencia habían adquirido hábitos de independencia. Comenzó por Normandía. Al frente de ocho mil hombres sometió a Ruan. Los prudentes lo disuadían de atacar la fortaleza de Caen, pero él respondió: "¡Peligro acá, peligro allá! ¡Peligro en tierra, peligro en el mar! Vamos directo a Caen". El 15 de julio comenzó el sitio de la fortaleza y el 17 se rindió el gobernador. Este hecho despertó en el reino gran entusiasmo y también la esperanza de que se restaurarían el orden y la unidad. Juan Eudes debió sentir orgullo por el valor de su coeáneo monarca[20].

Un poco más tarde otro acontecimiento diferente, bastante brutal, debió impactarlo. Cerca de su pueblo natal, en Les Tourailles, el mismo lugar donde su madre había ido veinte años antes a dar gracias a la Virgen María, un aventurero y poeta, Antoine de Montchrestien, que reclutaba soldados para el ejército hugonote del sur, fue reconocido en una hospedería. El señor del lugar vino a sitiarlo; el rebelde se defendió con las armas en la mano y perdió la vida. Algunos días después, el 21 de octubre de

---

19  *Journal de Simon Le Marchand, Bourgeois de Caen* (1610-1693) p.p. G. VANEL, Caen, 1903.
20  P. CHEVALIER, *Louis XIII*, Fayard, 1979; Ph. ERLANGER, *Louis XIII*, París, Gallimard, 1973.

1621, descubrieron su cuerpo y lo redujeron a cenizas[21]. Violencia y guerra llenaron largo trecho de este siglo. Y también el dolor de contemplar esta iglesia desgarrada, junto con el ardiente deseo de verla finalmente purificada con una verdadera *reforma*.

Nada más sabemos de este período de la vida de Juan Eudes. Sólo que, al parecer, sus Padres no estuvieron de acuerdo con su proyecto de hacerse sacerdote. Sin duda preferían que el hijo mayor, que se revelaba lleno de vida, enérgico y realizador, transmitiera el apellido, el honor y el patrimonio de la familia. (Francisco el segundo de los varones, sólo tenía once años en 1621). Cuentan que le propusieron "un partido ventajoso que reunía la belleza, el buen juicio, y un rico patrimonio" pero él respondía a todas estas presiones que ya estaba comprometido con otra, incomparablemente más bella, más noble, más rica.

Por otra parte dicen que para subrayar esta elección había pasado un anillo por el dedo de una estatua de nuestra Señora.

Ese es el Juan Eudes de 1623: bien enraizado en su raza campesina que le da vigor y realismo, tenacidad y discreción; con dominio un poco tenso de su sensibilidad; con un sentido religioso alimentado en las creencias ancestrales, pero ya aquilatado y enriquecido con una fe personal. Era de pequeña estatura[22] pero animado por un ardor, una vitalidad y una fe que le llevarán muy lejos.

Ha cumplido ya 21 años y va a comprometerse en nuevos caminos.

---

21  *Nouveau Dictionnaire historique*, 4ª edic. Caen 1779, t. IV.
22  Con ocasión de la exhumación de sus restos el 22 de octubre de 1908, los médicos estimaron que la talla de Juan Eudes debía ser de 1m 54 a 1m 60: SS:CC. 1908 p. 616. La estatura media en el siglo XVII era muy inferior a la actual: en 1766 para ingresar en el ejército se exigían al menos 5 pies, o sea 1m 63. Pues bien, en la circunscripción de Bayeux el 25% quedaba excluido por no alcanzar esa medida. Un siglo antes las medidas eran aún más pequeñas. Cf. A. CORVISIER, *La France de Louis XIV*, París, SEDES, 1979 p. 135.

San Juan Eudes: Artesano de la renovación cristiana

## CAPÍTULO II

# El oratorio

(1623-1627)

*El Oratorio de Saint-Honoré*
*Marines*
*Aubervilliers*
*La Asamblea del Clero de 1625*
*Juan Eudes ordenado sacerdote*

**París y Marines**

Mientras Juan Eudes estudiaba la teología en Caen, se empezó a rumorar en la ciudad que se iba a establecer allí una comunidad nueva: el Oratorio de Jesús. La acaudalada familia de los Répichon había ofrecido una hermosa mansión que se estaba acondicionando. Los antiguos anales del Oratorio nos han conservado un eco del acta de donación y nos permiten entrever las intenciones de esa familia, al mismo tiempo que un aspecto de la vida cristiana de Caen.

El motivo principal de los donantes, y señalado más explícitamente en el contrato, es el dolor que sienten al ver cómo la herejía hace tantos progresos en la ciudad. Juzgan que lo mejor que pueden hacer es enfrentarle los sacerdotes del Oratorio, cuya ciencia y caridad, celo y vida honesta esparcen por doquiera el buen aroma de Jesucristo[1].

Se nos dice que los hugonotes representaban más o menos la tercera parte de los habitantes de Caen en ese comienzo del siglo (tres o cuatro mil sobre diez mil habitantes: esta proporción irá reduciéndose poco a poco); que los hugonotes se entendían bien con los católicos; y que los burgueses de Caen habían intentado evitar la venida de los jesuitas para no turbar ese buen entendimiento. Fue Enrique IV quien había ordenado su instalación en el colegio du Mont, en 1608.

Sea lo que fuere, durante el verano de 1622, algunos sacerdotes del Oratorio de Jesús comenzaron en Caen una vida a la vez de oración y de

---

1 AN MM 623, p. 83 (Véase en el anexo la explicación de las siglas).

apostolado. No eran religiosos sino simples sacerdotes, que, sin embargo, vivían en común. Todos estaban sorprendidos por su género de vida tan *regulado* y devoto. Su superior, el Padre Achille de Harlay-Sancy gozaba de prestigio, pues había sido durante diez años embajador del rey en Constantinopla, antes de hacerse sacerdote.

El estudiante Juan Eudes estaba buscando su camino y la nueva fundación debió atraer su atención. Por otra parte es posible que la señora de Sacy le hubiera ya hablado de ella, pues estaba en relación personal no sólo con el Padre de Bérulle sino también con el Padre Harlay-Sancy[2]. El joven realizó contactos que resultaron favorables. Y decidió dirigirse a París. Se cuenta que sus Padres se oponían a ello y que necesitó luchar. Los antiguos analistas refieren que primero partió contra la voluntad de su Padre pero que, por supuesto, el caballo se resistió a caminar... Uno de los biógrafos más recientes anota sutilmente que esta anécdota traduce en el jinete cierto desconcierto: su corazón se hallaba atormentado por esta ruptura y bastó que el caballo tropezara o se detuviera súbitamente para que, dando una brusca media vuelta, regresara a casa[3]. Finalmente obtuvo el consentimiento paterno y pudo partir en paz.

El 19 de marzo de 1623[4] el joven Eudes fue recibido en el Oratorio de París de la calle Saint-Honoré, muy cerca del Louvre. La casa se hallaba en plena obra porque los oratorianos que la habitaban desde hacía nueve años, estaban construyendo la iglesia[5]. Allí vivía una comunidad joven y ferviente, con abundantes vocaciones."Los hay, observaba Bérulle, que son motivo de gran esperanza para la piedad, la doctrina y la predicación"[6]. El Padre de Bérulle que recibió oficialmente al joven Eudes era precisamente el sorprendente maestro espiritual que le había prometido sin duda madame de Sacy. Es verdad que se ausentaba a menudo por asuntos de la Iglesia y del reino, pero su espíritu seguía animando la casa. Cuando partía por largo tiempo confiaba habitualmente las riendas al Padre Gibieuf, uno de sus primeros discípulos. Excelente director espiritual[7]. Juan Eudes no tardó en encontrar también al brillante Padre de Condren. No vivieron juntos por largo tiempo pero su enseñanza y su ejemplo dejarán huella

2     J. BOUETTE DE BLEMUR, Eloge... (ya citado).
3     J ANGOT DES RETOURS, *Un saint normand*, p. 7.
4     AN, MM 623, entre el 18 y el 20 de marzo de 1623. Pero HERAMBOURG I 3: 52/34, indica el 25 de marzo. Cfr. Infra nota 12.
5     AN, M 226. Primera piedra en 1621 (bendecida por J-P. Camus). Terminación provisoria en sept. 1625. NV III 234-235.
6     *Correspondence de Bérulle*, J.-DAGENS, París, Louvain 1937, t. II p. 388.
7     Guillaume Gibieuf, superior de Bourges de 1622 a 1626, reemplazó a Bérulle en París en sept-oct. 1623, luego a partir de agosto de 1624, cuando Bérulle partió para Roma a preparar el matrimonio de Inglaterra.

profunda en él. Por eso posteriormente evocará con frecuencia su recuerdo. Contaba, por ejemplo, "que el Padre le había hecho estudiar atentamente cierta comunidad para enseñarle a actuar exactamente en forma contraria: porque en ella se seguían todas las máximas del mundo y sus miembros vivían golosos por visitar a los grandes y recibir sus visitas; en cambio, nosotros, decía el Padre de Condren, debemos visitar a los pobres, preferir las cosas ordinarias (...) y rehuir cuidadosamente las extraordinarias"[8]. Más tarde confiará a su compañero Jacques Finel que a su juicio el Padre de Condren "había recibido casi todas las luces sobre los misterios de la religión como los Apóstoles"[9].

## Una Congregación muy citadina

Muchos años más tarde, Bossuet evocará de la siguiente manera a Bérulle al fundar el Oratorio: "Su amor inmenso a la Iglesia le inspiró el designio de fundar una compañía a la que no quiso dar otro espíritu que el mismo espíritu de la Iglesia, ni otras reglas que sus cánones, ni otros superiores que sus obispos, ni otros vínculos que su caridad, ni otros votos solemnes que los del bautismo y el sacerdocio. Allí libertad santa crea compromiso solemne. Se obedece sin dependencia, se gobierna sin avasallar"[10].

Este cuadro ideal expresa ciertamente algo de verdad. El primer Oratorio tenía títulos para seducir al joven Eudes. Aún después de haberlo abandonado evocará con entusiasmo al Padre de Bérulle como "uno de los más fervientes amantes del Verbo Encarnado aparecidos desde hace muchos siglos". Y repetirá a menudo que por medio de ese maestro Dios le había dado las mayores gracias después de las bautismales[11]. Bérulle tenía un concepto altísimo del sacerdote y un deseo inmenso de devolverle toda su nobleza; "el sacerdocio era su verdadero elemento"[12]. Y justamente era esto mismo lo que estaba buscando Juan Eudes en sus primeros tanteos. Quería ser sacerdote y nada más; y al entrar al Oratorio de preferencia a los jesuitas a quienes veneraba, quería demostrar lo que no era muy evidente en su época, que el estado sacerdotal por sí mismo podía ser un camino de santidad.

---

8   *Fleurs*, JE II 18: 31/501.
9   *Fleurs* JE I 4 : 31/23.
10  J. B. BOSSUET, *Oración fúnebre de Fr. Bourgoing*, 4 dic. 1662.
11  *Fleurs* JE I 4: 31/32.
12  La fórmula es de BOURGOING: *Oeuvres completes du cardinal de Bérulle*, Migne, 1856, p. 107.

ORATORIO DE LA RUE SAINT-HONORÉ
Tal como era cuando el joven Juan Eudes se unió en 1623.
(Imagen: B.N.)

Sin embargo, Juan Eudes hubiera podido tener motivos para dudar: el Oratorio, tal como pudo comprobarlo en Caen alrededor del Padre de Sancy, era una congregación bastante burguesa y aún aristocrática. En París Juan Eudes iba a tener como compañeros de institución (noviciado) a un marqués de Coligny, nieto del almirante hugonote; a un Charles de Créquy, "juicioso, virtuoso, de cuarenta y cinco años de edad, pariente del señor mariscal de Créquy"; a un Gaspard de Répichon perteneciente a una de las mejores familias de Caen"[13]. ¿Juan Eudes, hijo de campesinos estaría acaso en su puesto en esa compañía? Más tarde, después de su partida, algunos de sus antiguos hermanos recordarán a "ese muchacho pobre y de poca ciencia", "sin bienes de fortuna, desconocido y de muy humilde origen"[14] que les había llegado desde Normandía. La dificultad era real y él no podía desconocerla. Pero decidió afrontarla. Así pues, Juan Eudes "tomó el hábito talar" en la fiesta de nuestra Señora de los Dolores (7 de abril de 1623)[15] y comenzó su *institución*, (formación), que incluía oración, trabajo teológico, formación práctica... y mucho silencio. La formación duraba un año. En principio tenía lugar en la calle Saint-Honoré; pero desde hacía algunos años la afluencia de candidatos había obligado a enviar a ciertos jóvenes a otras casas, después de algunos meses en París. Así fue como Juan Eudes fue enviado a Marines, cerca de Pontoise, como nos lo revelan dos cartas de Bérulle. No sabemos en qué fecha partió, pero allí se encontraba a comienzos de marzo de 1624, de donde regresó a mediados de mayo. Fue una permanencia de dos meses y medios o tal vez más larga[16].

Fue allí donde, por invitación de Bérulle, pronunció el 25 de marzo de 1624, "el voto de servidumbre a Jesús". Este voto que los primeros oratorianos habían hecho en común, después de tres años de preparación, el 28 de febrero de 1615, es como una refrendación consciente y voluntaria de la consagración bautismal. Quien lo emite quiere vivir totalmente "en dependencia de Jesús" y de su Madre que le es inseparable; se entrega a él con todo su deseo y todo su ser, para que Jesús se apodere del él por su propio poder y le una a él.

---

13   NV VI 35; BÉRULLE, Corr. p. 368 ; L. BATTEREL, *Mémoires domestiques pour servir à l'histoire de l ?Oratoire*, 4 vol. París 1902, t. I, p. 72. AN, MM 623.

14   AN, M 237, No. 2, No. 6. Véase en ABELLY, *La vie du ven. Serviteur de Dieu Vincent de Paul*, 3a. ed. París, 1684, Padre 124, cómo apreaba Condren esas diferencias sociales : « Feliz usted, señor, porque su congregación tiene las señales de la institución de Jesucristo! (...) que prefirió escoger gentes pobres, iletrados y rudas (...). La mayoría de los llamados a su congregación son personas de insignificante condición o que no brillan por su mucha ciencia...''

15   Ver MBD 9-17: OC XII 106-107; RJ Dedicatoria: OC I 85 y nn 1 y 2. Hay incertidumbre sobre la fecha de "toma de hábito": hay, sin duda tres fechas diferentes: 19 de marzo, acogida en París; 25 de marzo, entrada oficial; 7 de abril toma de hábito. Ver RJ. Dedicatoria; OC I 84, n. 3.

16   NV III 228-233; BÉRULLE, *Corr.* p. 456 y 460.

Así pues, el 9 de marzo de 1624, Bérulle escribía al superior de Marines:

> Apruebo los buenos deseos de nuestros hermanos Antoine de Senlis y Eudes de Caen. Ruego a Ud. les diga de mi parte que se dispongan a realizarlo en el día del misterio de la Encarnación (25 de marzo) y usted los preparará cuidadosamente. Este misterio es al mismo tiempo de anonadamiento y de instalación. Por eso es preciso que mediante ese voto busquen anonadarse en sí mismos y establecerse en Jesucristo para honrar la santa humanidad, anonadada en su subsistencia humana e instalada en la del Verbo.

Juan Eudes dio siempre gran importancia a esta ofrenda de sí mismo a Jesús. Por eso, en parte, tuvo especial predilección por la fecha del 25 de marzo. En 1636, en una elevación a Jesucristo recuerda con gratitud ese 25 de marzo de 1624: "en ese mismo día me concediste la gracia de realizar el voto de servidumbre perpetua a Ti y a tu santa Madre"[17].

## La campiña de Aubervilliers

Una vez terminado el año de institución, Juan Eudes regresó sin duda a estudiar en la calle Saint-Honoré, pues los estudios hechos en Caen no eran suficientes. En el Oratorio la teología consistía principalmente en matricularse en la escuela de la Escritura y de los primeros escritores cristianos, los Padres de la Iglesia.

Cuando se leen las obras de Juan Eudes queda la impresión de que están como tejidas con palabras de la Escritura, especialmente de san Juan y de san Pablo. Está tan impregnado de ella que sus pensamientos y sus formulaciones le afluyen espontáneamente. Según contaba el mismo Jacques Finel fue en la oración donde tuvo lugar esa impregnación de la Escritura y donde recibió la gracia de comprenderla en profundidad. Aprendí más estudiando en espíritu de oración que por mi aplicación natural; "más tarde, con el solo leer algunos versículos del libro de los Proverbios, nos refiere Finel, encontraba inmediatamente el tema de predicación de un adviento o de una cuaresma"[18]. ¿Qué no sacaría tratándose de una carta de san Pablo? Por otra parte, colmado de sus hallazgos no esperó largo tiempo para compartirlos: había comenzado a predicar desde

---

17  RJ, comienzo: OC I 84.
18  *Annales* I 5: 27/16; *Fleurs*, JE I 12: 31/58.

1623, en pleno período de institución, por voluntad de mis superiores – anota – aunque no tenía aún órdenes sagradas. Sin duda Bérulle o Gibieuf habían quedado sorprendidos por la voz poderosa de este joven, frágil en apariencia, y más aún por el fuego que lo animaba.

En el Oratorio se tenía gran veneración por los Padres de la Iglesia. Bérulle los conocía bien y los había frecuentado con mayor asiduidad todavía en los últimos años, con la ayuda de su amigo y discípulo Juan de Duvergier de Hauranne, el célebre abad de Saint-Cyran (cuyo nombre quedó ligado posteriormente a la historia del jansenismo). El abad, con la ayuda de su rico fichero patrístico, le había colaborado en la redacción de su voluminosa y poderosa obra, a la vez polémica y teológica. Exposición sobre el estado y las grandezas de Jesús (1623) saturada de la contemplación deslumbrada del Verbo Encarnado: "Jesús, el verdadero sol y el verdadero centro del mundo"[19]. Fue esta misma contemplación la que condujo a Juan Eudes a profundizar en el estudio de los Padres, sobre todo de san Agustín. Conocía menos a los Padres griegos, aunque se interesaba por ellos: se conserva una gruesa edición de las obras de Orígenes que él compró seguramente en los primeros años de seminario en Caen y cuyo ex libris parece escrito de su mano[20].

Juan Eudes estuvo, pues, trabajando de esta manera desde el verano de 1624 hasta fines de 1626. Pero no siempre en París. En efecto, él mismo nos informa que una enfermedad corporal, sin duda un estado de fatiga prolongada, le impidió dedicarse al ministerio y lo inmovilizó en 1625 y 1626. Sabemos, por otra parte, el lugar adonde fue enviado a descansar fue la campiña de Aubervillers, sitio de peregrinación de nuestra Señora de las Gracias, confiado desde hacía poco tiempo a los Oratorianos. Juan Eudes aprovechó este largo período de tranquilidad para dedicarse a la oración, a la lectura de libros de piedad y a otros ejercicios espirituales; según el método de su época hizo allí "florilegios" de páginas de la Escritura que más le impresionaban sobre los diversos temas[21] de este largo y apacible descanso conservó un feliz recuerdo. Ignoramos de qué clase de fatiga se trataba. Jacques Finel, cuyos recuerdos son muy preciosos, refiere solamente que un día "durante el recreo de la tarde" en momento cálido de confidencias, "había revelado" a sus hermanos que había sido enviado a Nuestra Señora de las Gracias, para reponerse de algunas enfermedades

---

19  P. DE BÉRULLE, *Discours de l'Etat et des gandeurs de Jésus*, París, 1865, t. II. p. 159.
20  Archivo de los eudistas, 2 vol. *in-folio*, pincipios del siglo XVI; el *ex -libris* reza así: *Ex lib. Cong. Semin. Jesús et Mariae*; con otra escritura: *Cadomensis* (de Caen). La primera parte es de mano del Padre Eudes. Se añandió *Cadomensis* después de 1650 cuando ya hubo otras casas fuera de la de Caen.
21  HERAMBOURG, I 3: 52/21; *Fleurs*, JE I 5: 31/25-26.

que había adquirido en Caen: es posible, por consiguiente, que por algún tiempo hubiera cargado con las secuelas de una enfermedad antigua. Pero se trata de meras conjeturas. Se tiene la impresión de que a lo largo de esos veinticinco primeros años tuvo una salud precaria. Parece, sin embargo, que se recuperó, porque después de Aubervilliers y París partió para una larga serie de duras faenas. Posiblemente regresó a la casa Saint-Honoré, a finales de noviembre de 1626, pero al comienzo del adviento. El Padre de Bérulle quería proporcionarle la ocasión de "escuchar buenos predicadores"[22].

Las ordenaciones interrumpieron sus años de estudio. Desde las cuatro témporas de diciembre de 1624 (21 de diciembre) se dirigió a su diócesis de Séez para recibir el subdiaconado. Sin duda pasaría a Ri a visitar a su familia. (Algunos meses había recibido de su padre un "título patrimonial", probablemente del arriendo de un terreno, condición exigida por el concilio de Trento para poder recibir la ordenación)[23]. Luego, en la cuaresma de 1625 (el 22 de febrero), recibió el diaconado en Bayeux de manos del obispo Jacques d'Angennes. ¿Por qué en Bayeux? Posiblemente por ser capital de la diócesis dentro de la cual se hallaba el Oratorio de Caen. ¿Tendría lugar entonces su primer contacto con ese obispo que habría de sostenerlo más tarde eficazmente? Lo ignoramos.

Finalmente recibió la ordenación sacerdotal en París, en la capilla alta del arzobispado, el 20 de diciembre de 1625[24].

El mismo Juan Eudes nos informa que celebró su primera misa en la noche de Navidad, en la casa del Oratorio de París, en Saint-Honoré, en una capilla y en un altar dedicados a honrar a la santísima Madre de Dios. La iglesia del Oratorio (hoy templo reformado, cerca del Louvre) estaba terminada, al menos provisionalmente, puesto que se había cerrado, dejando la nave incompleta, desde el mes de septiembre: ya estaba amoblada y equipada. En el lado derecho (hacia el oeste) tenía una capilla de la Santa Virgen. Probablemente en su altar el joven sacerdote celebró por primera vez la Eucaristía[25].

---

22  MARTINE, I 48: 17/38 (Véase en el Anexo, p. 475, la explicación de las siglas).
23  Archivos del castillo de Ri. Cfr. R. TAVENEAUX, *Le Catholicisme dans la France classique*, París, SEDES, 1980 p. 132. El monto del "título" podía ser de unas 100 libras de renta anual, el equivalente del salario anual de un jornalero pobre.
24  Juan Eudes fue ordenado sacerdote por Henri Boivin de Péricard, sobrino y coadjutor del obispo de Avranches (cfr. DHGE, art. "France"). El texto de las Cartas de ordenación en B I, Apéndice p. 26.
25  NV III 233-235.

## "La restauración de las pobres Iglesias"

Entre la ordenación y la primera misa de Juan Eudes tuvo lugar en París un acontecimiento: pocos se dieron cuenta de él y pudo escapar, por el momento, al nuevo sacerdote, pero tendría consecuencias en su vida. El 22 de diciembre, en el convento de los agustinos mayores, se escuchó en la Asamblea general del Clero de Francia un informe sobre un proyecto de organización de los seminarios para todo el reino. ¿Qué era en realidad esa asamblea? A diferencia de nuestras conferencias episcopales sólo la integraban delegados: dos obispos y dos presbíteros por provincia eclesiástica (además de algunos supernumerarios, entre los cuales figuraba Jacques d'Angennes, obispo de Bayeux: él también se acordará más tarde del acontecimiento). Las sesiones, sobre todo las asambleas decenales como ésa, eran bastante prolongadas: la asamblea de 1625 duró hasta el 22 de febrero de 1626. Su objetivo principal era la situación financiera de la Iglesia y las rentas que debían pagarse al rey, pero también se ventilaban los temas pastorales o jurídicos de actualidad.

Y de esta manera, a fines de 1625 se creó una comisión que se encargaría de reflexionar sobre los problemas planteados por un pequeño folleto, una especie de manifiesto, escrito por un cura de la diócesis de Coutances, que era también doctor de la Sorbona, Charles Godefroy: Le Collège des saints exercices. Allí se proponía un vasto programa : erigir en cada arzobispado una casa de acogida y de formación para sacerdotes y futuros sacerdotes, animada por un equipo, no de profesores o de religiosos, sino de pastores. Y para asegurar su continuidad, Godefroy preveía la creación de una "sociedad de pocas personas llenas de celo apostólico que se encargara de ellos"[26]. No sabemos si él pensaba en un grupo particular para cada seminario o en una sociedad para el conjunto del reino. En todo caso la comisión encargada de estudiar el proyecto optó por esta segunda solución; y, a propuesta suya, los obispos reunidos, hicieron confianza a nuestro Godefroy "le dieron poder y autoridad para formar y establecer una congregación de eclesiásticos y para poseer y edificar colegios y seminarios (...), con el beneplácito de los obispos en cuyas diócesis se establecieren". Al mismo tiempo le prometen auxilios y prevén que "esta obra redundará en honor de la iglesia galicana".

Casi nos podría causar extrañeza este hermoso optimismo. Pero se entiende mejor si se piensa que Richelieu, quien había entrado al consejo del rey el año anterior, concibió un plan de reforma del reino y que la

---

26  C. GODEFROY, Le Collège des saints exercices, où est donné le moyen unique, très aisé et très efficace... París, A. Soubron, 1625 in-12, 51 pp. Procès-verbal de l'assemblée du clergé de France, impreso hasta la p. 448, luego manuscrito de la Padre 449 a 767, BN, Res. Ld 157, especialmente p. 578.

creación y financiamiento de un seminario para cada diócesis hacía parte de ese plan[27]. Infortunadamente las necesidades de la guerra y de la gloria del estado van a retardar y aún a volver trizas la realización de este programa. Sin embargo, Richelieu nunca lo descartó, como lo comprobaremos en noviembre de 1642.

Esto nos conduce a insistir un poco en el telón de fondo de la vida de la Iglesia en Francia, tal como aparece precisamente en las actas de la asamblea de 1625-1626. En ese entonces se insistía constantemente en el tema de la "reforma", "de la restauración de las pobres Iglesias" como decía Godefroy. El redactor de las Advertencias, dirigidas a todos los obispos al cierre de la Asamblea, insiste también en la "reforma del clero", el cual, dice, "está hoy tan fuertemente degenerado que es apenas reconocible". oPrecisamente dentro de este contexto nació el Oratorio: se trataba de recuperar "el espíritu de perfección dentro del estado del clero (...) sin separarse del cuerpo eclesiástico"[28], como una especie de fermento de renovación en el seno mismo del clero. Es posible que haya sido posiblemente este proyecto lo que más sedujo a Juan Eudes.

En el Oratorio, más que en otra parte, se tenían ojos críticos sobre el género de vida y de servicio de los presbíteros y de los obispos. Para hablar aquí sólo de estos últimos, había en ese entonces grandes obispos fieles al Evangelio, como el cardenal Rochefoucauld o Alain de Solminihac, hoy día glorificado por la Iglesia, o, claro está san Francisco de Sales; pero había otros escandalosos como el hermano indigno de la aventurera Leonor Galigaï, nombrado algunos años antes arzobispo de Tours; otros, aunque no carentes de preocupaciones apostólicas, conservaban lastres lastimosos: así como Jacques d'Angennes, que apoyaba a Juan Eudes. Nunca en sus cuarenta años de episcopado, hizo la visita de su diócesis. Lo sabemos por el mismo Juan Eudes que describía en ello la fuente de desórdenes y profanaciones más duraderos que el paso repetido de varios ejércitos enemigos del nombre cristiano[29]. Desde la época de su ordenación es posible que se ejercitara en discernir, dentro de las realidades de la Iglesia, lo que tenía valor de lo que era vil[30]. En todo caso veía bien lo que anotaría Richelieu, un poco más tarde, en su Testamento político:

> Gentiles hombres y otros laicos poseían mediante confidencia (transmisión indebida de un beneficio eclesiástico), no sólo la mayor parte de los prioratos y abadías, sino también

---

27  V.-L. TAPIE, *op. cit.* p. 155
28  Bérulle, *Corr.* t. I. p. 118, 237 ; t. III, p. 617
29  *Lettres:* OC XI 64.
30  Jr 15, 19 (Vulg.); cfr. OC IV 191; OC IX 98

de los curatos y obispados. La licencia era tan grande en los monasterios de hombres y de mujeres, que en esos tiempos no se encontraban sino escándalos y malos ejemplos en la mayoría de quienes deberían ser fuente de edificación[31].

Y bien podemos suponer que desde entonces el joven sacerdote debía arder en deseos de remediar esos males y se regocijaba al ver señales de renovación y valientes propósitos de reforma.

## Tensiones y querellas

Sin embargo, había podido percibir también en los trabajos de la asamblea del clero, ciertas tensiones que le causaban pena: Los jesuitas, a quienes tanto veneraba, habían sido puestos en el banquillo por atentar contra la autoridad de los obispos. Es éste uno de los grandes temas del momento: religiosos contra jerarquía (algunos años más tarde este mismo problema creará agitación en el seno del Oratorio).

Por otro lado le habían llegado rumores de querellas bastante ásperas que Bérulle había tenido durante los años anteriores con los mismos jesuitas. Estos "no se comportaban siempre con el Oratorio según el espíritu de verdad y de caridad"[32]. Habían tenido lugar las querellas teológicas sobre los votos de servidumbre propuestos por Bérulle a los oratorianos y a las carmelitas y luego sobre el papel de los obispos dentro de la Iglesia; pudo existir también un motivo menos confesable: la sórdida rivalidad a propósito de los colegios, patrimonio de los jesuitas hasta la llegada de los oratorianos... Lo que Juan Eudes no podía saber es que desde hacía ya algún tiempo un sabio profesor de Louvaines llamado Jansenio, gran amigo del muy sabio abad de Saint-Cyran, insistía bajo cuerda para que los oratorianos fueran a los Países Bajos (más o menos la Bélgica actual); y el argumento que esgrimía es que los discípulos de Bérulle serían allí un dique oportuno frente a los jesuitas[33].

Efectivamente, en el curso del año 1626, el Padre François Bourgoing, una de las columnas del primer Oratorio, partiría para Louvaines a fundar allí la primera comunidad oratoriana de los Países-Bajos.

---

31    RICHELIEU, *Testament politique*, cit. por V.-L. TAPIE, *op. cit.* p. 33-34.
32    Bérulle, *Corr.*, t. II p. 368-370.
33    *Correspondence de Jansénius*, P. J. ORCIBAL, Louvain-París, 1947, pp. 161-163 ; ver también p. 168, 175-176, 205. Precisemos que si los Países Bajos de entonces corresponden más o menos a la Bélgica actual, son las Provincias.Unidas de entonces (u Holanda) las que corresponden más o menos a los Países Bajos de hoy día.

**MAPA DE CAEN POR GOMBOST (1657)**
[M] La "misión" (casa comprada por P. Eudes). A su lado, donde se dibuja una horca, es donde se construirá le seminario..

El oratorio

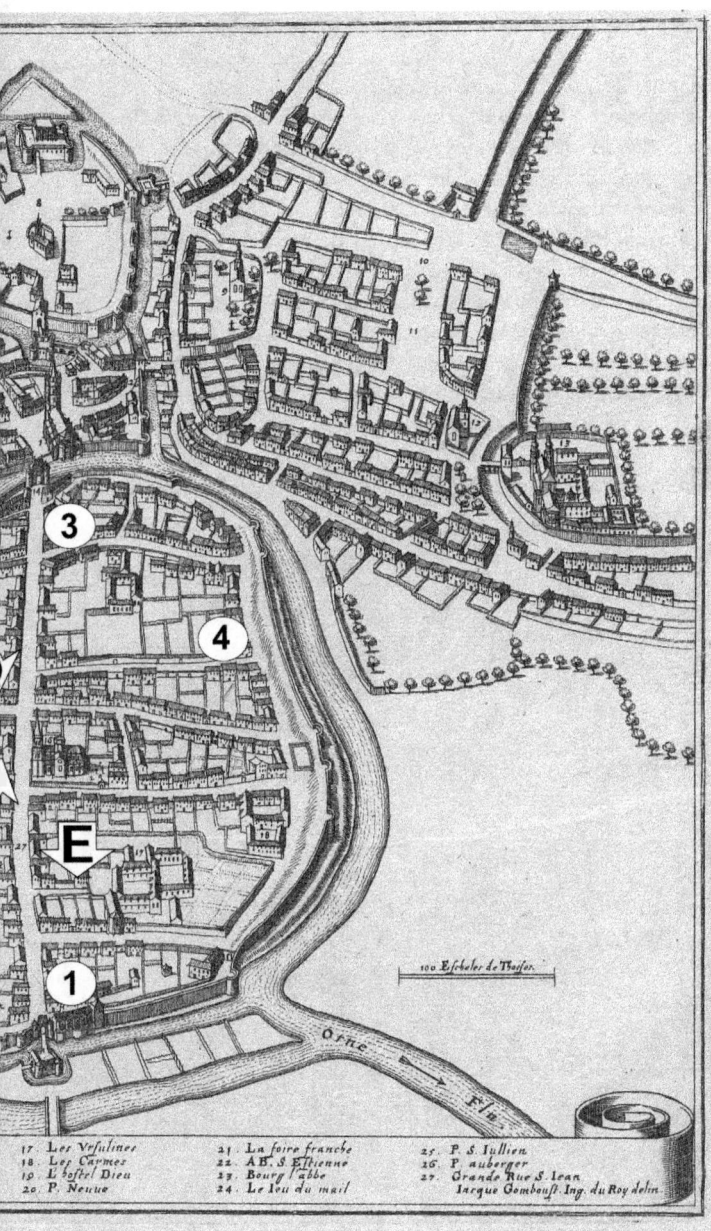

[1-4] Las cuatro sedes sucesivas de Nuestra Señora de la Caridad (aproximado)
[O] El Oratorio    [E] El eremitorio    [C] El convento carmelita

Juan Eudes amaba por igual al Padre de Bérulle y a la santa Compañía de Jesús. Y aunque también Bérulle veneraba a los jesuitas y algunos de ellos, como el Padre Coton, le hubieran permanecido fieles, jesuitas y oratorianos iban a comportarse cada día más como hermanos enemistados. Juan Eudes no podía dejar de percibirlo. ¿Por qué tenía que suceder que quienes estaban trabajando con mayor fervor en la reforma y la renovación de la Iglesia de Jesús se dividieran y se combatieran?

Así, Juan Eudes, en París o en las soledad de Aubervilliers, atento a las cosas que le llegaban acerca de la vida y las tensiones de la Iglesia, experimentaba al mismo tiempo inquietudes y esperanzas.

El las llevaba en su plegaria. El Oratorio (la palabra significa: lugar de oración), era para él una escuela de oración; Bérulle un maestro de oración y de contemplación. En la quietud de su descanso forzado, Juan Eudes había trabajado intelectualmente, había meditado, sufrido, esperado. Habían madurado en él inmensos anhelos apostólicos. En ese largo retiro, en ese santuario de la Virgen María, se había sumergido en la oración.

## CAPÍTULO III

# La peste

(1627-1631)

*En la región de Argentan*
*Madame de Caen*
*Alojamiento en un tonel*
*Las carmelitas*

**Una cajita de hojalata**

Durante el verano de 1627, Juan Eudes se hallaba, pues, estudiando en París. Allí recibió de su padre alarmantes noticias de su comarca natal: la peste, que ya había cobrado víctimas en la diócesis de Séez el año anterior, se desataba ahora con nueva violencia y devastaba las parroquias rurales del sur de Argentan: Saint-Christophe-le-Jajolet, Vrigny, Avoines[1].

La peste -"hay que llamarla por este nombre"- era verdaderamente "un mal que sembraba el terror": resurgía periódicamente y diezmaba cantones y ciudades. En los últimos años se ha estudiado más la historia de esta enfermedad. Se manifestó en Francia entre 1600 y 1670 en cuatro grandes oleadas; causó la muerte de dos millones de personas y un clima de angustia inmensa. Entre 1619 y 1639 el azote se hizo particularmente cruel, sobre todo en Normandía. Cuando la peste cesaba en una localidad reaparecía en otra; hogueras mal apagadas se volvían a encender: tanto, que es difícil, a veces, fijar con precisión la fecha de las epidemias locales. Pero ellas dejaban siempre un recuerdo de horror y numerosos duelos. Acentuaban, además las diferencias económicas: interrumpían los trabajos campesinos, se abandonaba el ganado y crecía la miseria[2].

Juan Eudes lo sabía y sintió que no podía proseguir sus estudios en París mientras las gentes de una región vecina a Ri se hallaban golpeados por semejante infortunio. Desde hacía dieciocho meses era sacerdote de

---

1   Este capítulo se apoya en MBD 18-19: OC XII 107-108; y en *Annales* I 6-8: 27/17-30. Véase también HERAMBOURG II 23; 53/226-227.

2   L. PORQUET, *La Peste en Normandie*, Vire, 1898. R. TAVENEAUX, *op. cit.*, p. 351 ; J. DUPÂQUIER, *La population française au XVII s.* París, PUF, 1979, p. 21 ; J :N : BIRABEN, *Les hommes et la peste en France et dans les pays européens et mediterranéens*, París-La Haye, 1975 y 1976 ; M. FOISIL, *La Révolte des Nu-pieds et les révoltes normandes de 1639*, París, PUF, 1970 p. 117 ss.

Jesús, del pastor que da su vida: debía él también bajar a lo más hondo de la miseria. Imploró al P. de Bérulle el permiso de partir y a fuerza de instancias instantissime lo obtuvo. Partió "con un altar portátil y lo necesario para celebrar la santa misa que él mismo quiso llevar sobre sus hombros gran parte del camino".

Debió dar un rodeo por Caen, donde el superior del Oratorio[3] le dio una carta de recomendación para el obispo de Séez; y el vicario general de Séez le dio misión para desempeñar su ministerio entre los enfermos.

Era preciso buscar alojamiento. No era fácil porque todos temían el contagio. Lo acogió un buen sacerdote, el Padre Laurens, quien lo alojó en su casa en Saint-Christophe. Cada mañana ambos celebraban la misa en una capilla cercana, hoy desaparecida, dedicada a Saint-Évroult[4]. Y partían juntos. Juan Eudes llevaba colgada al cuello una cajita de hojalata con las hostias consagradas. Y se iban en busca de los enfermos, de esta o de aquella parroquia y los confesaban. Juan Eudes les daba la comunión. Su ministerio duró más de dos meses, desde fines de agosto hasta comienzos de noviembre. La epidemia cesó y el joven sacerdote regresó a París. Un poco más tarde lo enviaron a la casa de Caen, que llegó a ser su comunidad[5].

Registremos un detalle significativo: Cuando Juan Eudes, anciano, consigna estos recuerdos en su diario, anota, a propósito de la cajita de hojalata: se encuentra en el fondo de mi baúl. Así, mucho más tarde, guardaba preciosamente ese recuerdo ligado a un acto que había comprometido definitivamente su existencia al servicio de sus hermanos más lacerados.

Durante el duro combate que acababa de enfrentar tuvo noticia de la elevación al cardenalato de su querido P. de Bérulle: Luis XIII (más que Richelieu, que lo estimaba poco) había querido premiarlo por el tratado que acababa de negociar con los españoles. Porque Francia necesitaba, por algún tiempo, aliarse con la España católica para combatir al mismo tiempo a los ingleses y a los protestantes de la Rochelle, sostenidos por los ingleses. En el año siguiente, después de la doble victoria sobre los ingleses y protestantes (1628), la preocupación de Richelieu sería, por el contrario, limitar el poder de España. Bérulle, en cambio, y Marillac, ministro de justicia, mantendrían el deseo de salvaguardar la alianza católica. Tal desacuerdo debería desembocar en la desgracia de Bérulle en septiembre de 1629.

---

3     MARTINE I 49-57: 17/39-46: La carta del superior B I app.p. 26.
4     Así debe leerse según la nota redactada por el P. P. Flamont, archivista diocesano de Séez, el 12 de enero de 1982, que cita otra nota del P. G. Langlois (Séez). Cfr. También X. ROUSSEAU, *Le Pays d'Argentan*, 1957, p. 58-61.
5     *Fleurs*, JE I 6: 31/30..

## Madame de Caen y otros personajes

No conocemos casi nada de las ocupaciones del joven oratoriano durante los años 1628, 1629 y 1630. Podemos suponer que se preparaba para las misiones parroquiales que iban a ser la tarea de toda su vida. La mejor preparación era, por otra parte, el ejercicio de la predicación. Es muy verosímil, por ejemplo, que tomó parte en las predicación del jubileo concedido en 1628 por el Papa Urbano VIII. Ese jubileo se abrió el 12 de junio, y Bérulle apremió a cada uno de sus hermanos a "entrar en una gran conciencia de la justicia de Dios (...) y a mantenerse como escondido en Jesucristo y revestido de sus méritos"[6]. Por doquiera se daban predicaciones que invitaban al pueblo cristiano a una renovación de conversión y a orar por la paz (eso ocurría durante el sitio de la Rochelle).

Al mismo tiempo Juan Eudes estaba atento a todas las señales de renovación dentro de la Iglesia. Así fue como en el curso de ese mismo año de 1628, en el mes de septiembre, el señor de Paúl (el mismo Vicente de Paúl), sacerdote landés, bien conocido en el Oratorio, predicó por primera vez, en Beauvais, los ejercicios de los ordenandos, un retiro sustancial a los candidatos al diaconado o al presbiterado. Era este como el primer germen de lo que iba a ser más tarde los seminarios de ordenandos, de los que volveremos a hablar. ¿Llegarían acaso a Juan Eudes los ecos? En todo caso debía saber que Vicente de Paúl, dos años antes, había instalado en París, en la casa de Bons Enfants, una comunidad de presbíteros misioneros fundada por él y que se llamaba La Misión. Era una de las manifestaciones de la gran efervescencia que removía a la Iglesia en esos años.

Juan Eudes se interesaba también por los monasterios y los conventos, con el propósito de sostener, también allí, los deseos de reforma y de renacimiento. En ese ambiente se creó desde esa época, relaciones que le serían muy importantes en el futuro.

Había en Caen, desde los tiempos de Guillermo el Conquistador, dos grandes abadías benedictinas: La abadía de las Damas fue la primera en reformarse. Ello se debió a una abadesa adolescente, de trece años, Laurence de Budos (1599)[7], que emprendió con suave firmeza la tarea de "someter su rebaño a la regla de san Benito. De las veinte amables señoras que le habían sido confiadas y que tal vez habían transformado su celda en un pequeño salón privado, que cantaban a menudo los salmos mientras estaban pensando en acariciar su gatito o en soborear sus confituras (...)

---

6   Bérulle, *Oeuvres*, Migne, p. 720 : O.P. No. 189, 190.
7   NV V 206-209.

que administraban su propio patrimonio, que repartían y recibían regalos", supo hacer verdaderas monjas[8].

Cuando Juan Eudes comenzó su ministerio en Caen en 1628, Madame de Caen, así se la llamaba tradicionalmente, apenas había pasado los cuarenta años; pero llevaba veinticinco en el gobierno de la abadía. Se había hecho ayudar por los jesuitas y luego por los oratorianos. El mismo P. de Condren le dio su apoyo. Y fue así como conoció a Juan Eudes. Muy pronto surgió entre él y ella una amistad saturada de mutua admiración. El era quince años menor que ella.

El primer indicio que tenemos de esa amistad es una larga carta de Juan Eudes – la primera también que de él se ha conservado – a la abadesa, con motivo de la muerte de su hermano Antoine-Hércules de Budos. Como oficial del ejército real se hallaba combatiendo a los protestantes del sur, agrupados alrededor del duque de Rohan; y fue muerto en el sitio de Privas (1629), lo que le ahorró a tomar parte en el horrible saqueo de la ciudad.

Juan Eudes escribe a la abadesa y en su carta ya sabe expresar con nitidez el tema beruliano de la comunión con el Verbo Encarnado: ¿por qué, pues, no me sería permitido llorar (...)? Quiero llorar con Jesús para honrar sus lágrimas. La carta, bastante larga y un poco retórica rebosa de corazón: ánimo, señora, dese cuenta de que Jesús está en mitad de su corazón; allí está deseoso de llevar con usted su rigurosa aflicción pero no quiere ni puede llevarla sin usted; únase, pues, a El para llevarla en su compañía[9]. A la gran abadesa que era al mismo tiempo gran señora, el joven sacerdote la invita con segura firmeza a actuar con fe.

## Muerte de Bérulle

Un duelo iba a golpearlo personalmente en el seno de su Congregación: el 2 de octubre de 1629, en la casa de Saint-Honoré de París, el cardenal de Bérulle, de cincuenta y tres años de edad, pero agotado por la enfermedad moría, mientras celebraba la misa, en el momento de pronunciar las palabras del canon: "dígnate aceptar, Señor, la ofrenda de nuestro humilde servicio...". Esto ocurría quince días después de haber caído en desgracia; hasta circuló el rumor en París y en Roma, ¡de que Richelieu lo había hecho envenenar![10]

---

8      V.-L. TAPIE, *La France de Louis XIII...* p. 90.
9      *Lettres:* OC XI 7.
10    V.-L. TAPIS, *op. cit.* p 205.

Juan Eudes consideró siempre al P. de Bérulle como un santo. Veremos que más tarde dice haber alcanzado por su intercesión la curación de su madre y cómo veneraba como una reliquia una casulla que había pertenecido al fundador del Oratorio. (Véase las páginas 45 y 118.)

Muy pronto se iba a conocer en Caen la elección del Padre de Condren como sucesor de Bérulle. Fue designado desde el 30 de octubre por las solas casas de París. Parece que se hubiera querido apresurar las cosas para evitar que Richelieu se hiciera elegir general del Oratorio (así como soñaba llegar a ser general de los benedictinos de Francia)[11]. La elección de Condren solo será confirmada por un asamblea regular del Oratorio en agosto de 1631, casi dos años después. Pero Juan Eudes debió regocijarse desde antes de esa fecha.

También estaba presente para él su familia carnal. Fue probablemente en esos años cuando François, su joven hermano, conocido más tarde con el nombre de Mézeray, dejó su tierra natal de Normadía y se trasladó a París. Una tradición que no ha sido confirmada, nos asegura que fue hospedado gratuitamente en el Oratorio[12]. Muy pronto se ocupará de él un viejo original, allegado en otro tiempo a la corte, su compatriota Nicolás Vauquelin des Yveteaux, primo hermano[13] de François Voquelin, señor de Ri y de Sacy, el esposo de madame de Sacy. Enrique IV que lo quería bastante, lo había nombrado en otro tiempo preceptor del delfín, el pequeño Luis XIII, pero poco después lo alejó de la corte María de Médici y desde entonces llevaba en el barrio aristocrático de Saint-Germain una vida disipada que censuraban los devotos[14]. Por otra parte seguía manteniendo sólidas relaciones con la corte que serían de mucha utilidad para su joven protegido Mézeray: gracias a ellas este pudo hacer carrera, primero como oficial de los ejércitos del rey, y luego, muy pronto, como historiógrafo. Juan, diez años mayor que él debió seguir atentamente y no sin inquietud, el camino de François, al que adivinaba inteligente, imaginativo, y rebosante de vida. El otro hermano, más joven, y sus hermanas, permanecieron en su tierra natal.

Juan Eudes, por lo pronto, vivía en Caen, preparándose para misionero. Los días no eran del todo tranquilos. Por ejemplo, el 22 de mayo de 1630, según el relato de un burgués, "las gentes humildes de esta ciudad de

---

11   R. TAVENEAUX, *op. cit.* p 63.
12   AN, M 237 No. 6. E GEORGES se había preguntado sobre esta permanencia de Mézeray en el Oratorio. SS CC. 1936 p 292.
13   Su sobrino, a la manera de Bretaña. Cfr. Conte de VIGNERAL, "Les Vauquelins" en Societé d'histoire et d'Archeologie de l'Orne, t. XLII (julio 1923), p 189.
14   N.N. OURSEL, *Nouvelle Biographie normande*, París, 1886, t. II p 554.

Caen, se fueron al muelle y saquearon dos barcos que teníamos cargados de trigo y cebada que ellas llevaron a sus casas...". Fueron detenidos siete u ocho individuos y condenados a recibir en público latigazos y azotainas. Pero el día de la ejecución el pueblo se arremolinó y trató de protegerlos. Se formó la gresca. Llegaron soldados de la fortaleza: el mosquete habló y hubo muertos. Entonces la turba violentó las puertas de la prisión e hizo salir "gran número de prisioneros"; luego saqueó las casas de dos comerciantes. Al día siguiente "en toda la ciudad se armaron, tanto la nobleza como los burgueses..." Se restableció el orden. Hubo juicios y ahorcados[15].

Hay que tener en cuenta que se trataba de un pueblo pobre, que no comía lo suficiente: al ver que partía el trigo vendido por los comerciantes se encendió su cólera. Juan Eudes, es verdad, amaba el orden, pero lo encontraremos también, a menudo, del lado de los pobres, afligido por las situaciones de opresión tan frecuentes en su alrededor.

## Juan Eudes se aloja en un tonel

Esa miseria iba a acrecentarse repentinamente. Una noticia sembró el pánico: de nuevo había llegado la peste. Cobró sus víctimas en 1630, se calmó con los primeros fríos del invierno y luego reapareció mucho antes de la primavera de 1631. Juan Eudes, como en 1627, decidió comprometerse personalmente. Cuando quisieron disuadirlo contestó sonriendo que nada temía porque ¡él era peor que la peste!

En la ciudad las precauciones contra el contagio eran estrictas. Por ejemplo, un decreto del Parlamento había previsto, en 1629, medidas rigurosas para el correo que llegara de alguna ciudad víctima de la epidemia: "en cuanto a los paquetes de cartas o mensajes se impregnarán con humo de semillas de laurel, de enebro o de ramas de romero o se sumergirán con su envoltura en vinagre o aguardiente; en caso de que los paquetes sean de gran tamaño se expondrán al vapor de vinagre hirviente durante media hora..."[16] se daba muerte a perros y gatos, y, sobre todo se separaban drásticamente los enfermos de los sanos: se les sacaba de la ciudad con sus familias. Los curados no podían regresar a sus casas por lo menos antes de cuarenta días[17].

Como Juan Eudes asistía a los enfermos, no podía permanecer en los sectores sanos. Decidió, pues, vivir en la misma forma que aquellos que recibían su ayuda. A estos se les aislaba en praderas, resguardados dentro

---

15  *Journal de Simon Le Marchand*, ya citado p. 123.
16  Cit. Por E. VAILLÉ, *Histoire Générale des postes françaises*, París PUF, 1949, t. II p. 124.
17  M. HAMEL, *Discours*, Ruan, 1658 (Nota de C. Berthelot du Chesnay).

de los inmensos toneles, pues había entonces, especialmente en las abadías normandas, "cubas y toneles de gran tamaño"[18]. Esto se usaba también en otras partes: todavía puede verse en el museo diocesano de Trento (Italia) una pintura votiva en la que se evoca la peste de 1630, coincidente exactamente con la misma fecha. Representa una pradera delante de la muralla de la ciudad, sembrada de toneles en los que habitan los apestados. En la misma forma hubieran podido representarse las praderas de Saint-Gilles, en el valle del Orne pertenecientes a la abadía de las Damas. Fue allí donde Juan Eudes, invitado por Madame de Budos, estableció sus cuarteles. Allí oraba, dormía, comía; y se cuenta que la misma abadesa venía allí personalmente a servirle sus alimentos.

El superior del Oratorio de Caen era, en ese entonces el P. Répichon, el mismo que en 1622 había hecho donación de su hermosa casa para alojar la comunidad y había entrado enseguida al Oratorio, más o menos al mismo tiempo que Juan Eudes. Muy cercano a loa pobres, él también quiso asistir a los apestados, confesarlos, prepararlos a bien morir. En esas circunstancias tuvo ocasión de "dar la absolución", como él mismo lo atestigua, a unos cuarenta protestantes[19].

También Juan Eudes asistió al menos a un viejo hugonote moribundo. Este fue, al parecer, el primer protestante cuya "conversión" acogió.

Pero el P. Répichon y otros dos oratorianos fueron a su vez alcanzados por la peste. Juan Eudes regresó a la casa, junto al lecho de sus hermanos enfermos. Quiso cuidarlos, "prestándoles todos los servicios corporales que se acostumbra prestar a los enfermos", y asistirlos espiritualmente. El superior y uno de los padres murieron en sus brazos; el otro se restableció (abril de 1631).

Caen vivía por entonces momentos dramáticos. La peste arrastraba consigo un cortejo de miseria; el hambre de los pobres aumentaba. El "alto precio del trigo" provocó un nuevo levantamiento, en marzo-abril de 1631. Los insurgentes se dirigieron "al mercado del trigo y a las casas y tiendas de algunos panaderos y en dicho mercado tomaron y repartieron al que se presentara, el trigo y el grano que allí había". Como consecuencia, fueron reglamentados los precios del trigo, de la cebada y de la avena. A un panadero de Froide-Rue que intentó vender trigo malo a cincuenta sols (lo

---

18    R. LAURENT DE LA BARRE, *Formulaire des Elus*, Ruan 1622, p. 533, cit, por Du Chesnay, M. p. 250.
19    F. VÉRON, *Les conversions...*, París, 1631, p. 8-9.

mismo que sou, centavo), el celemín, "le rompieron y derribaron" la casa[20]. (Celemín: 4, 625 l.)

Juan Eudes, presente y participante en esta dura realidad, agotado, cayó a su turno gravemente enfermo. Se temió por su vida. Muchos oraron por él. Las benedictinas de la abadía de las Damas, claro está, pero también las carmelitas. Bérulle había fundado el carmelo en Caen un poco antes del Oratorio de la misma ciudad, en 1616. Así que las religiosas estaban muy ligadas a los oratorianos. Al tener noticia de la enfermedad del joven sacerdote Eudes, le escribieron (6 de mayo de 1631). La carta empieza tranquilizándolo: "Hemos sabido que usted siente gran temor de que lo arranquemos de las manos de Dios. Pero no, ¡no tema nada! (...) Es demasiado dulce y agradable estar entre las manos de Padre tan bondadoso!". Así que le impedirán que muera pero lo encomendarán "a nuestro único y queridísimo Jesús". Juan Eudes no murió. Se restableció y salió más vigoroso de esta prueba.

Y, sobre todo, al comprometerse así, en dos ocasiones, al servicio de los apestados, había hecho opciones decisivas que marcarían toda su vida. Se había dejado penetrar, hasta sus raíces, por el Evangelio de Jesús.

---

20 Cfr. *Journal de Simon Le Marchand*, ya cit ; y AM Caen, *Registre de la Ville*, vol. 55 f. 61 (nota de Du Chesnay). Sobre la peste de 1630-1631 en Caen, véase una nota de M. BESNIER, en *Bull. De la société des Antiquaires de Normandie*, t. XXXVI, p. 566.

## CAPÍTULO IV

# "Juan Eudes, presbítero misionero"

(1632-1637)

*Las misiones*
*Proyecto de "Refugio"*
*Los hugonotes*
*Amor a Jesús*

### "Me destinaron a las misiones"

"En el año de 1632 me destinaron a las misiones en la diócesis de Coutances, en Lessay, Périers, Saint-Sauveur-le-Vicomte, Haye-du-Puits, Cherbourg, Montebourg"[1]. Así se expresa Juan Eudes en su diario. Y añade alegremente en latín: ¡"Cantad al Señor un cántico nuevo, cantad al Señor toda la tierra"!

Así pues, a sus treinta y un años, se halla comprometido en la vida misionera, que proseguirá casi ininterrumpidamente durante cuarenta y cinco años. Empieza en la diócesis de Coutances, que será el campo privilegiado de su ministerio. En ella dará cuarenta y ocho misiones.

Sabía, bien, por lo demás, que de esa manera estaba participando en el vasto movimiento que se percibía a través de todo el reino. Ya hemos hablado de la misión de Vicente de Paúl. También el jesuita Juan Francisco Régis, comienza, en 1632, las misiones que va a dar en Languedoc, Vivarais, Velay. En Provenza, Christophe d'Authiers de Sisgaud y sus compañeros dan misiones también: volveremos a encontrarlos. Y muchos otros...

Conocemos más o menos el funcionamiento de las misiones oratorianas. En efecto, quince años más tarde, el P. Bourgoing hará publicar un *Directorio para las misiones* cuyo texto manuscrito circulaba varios años antes de su impresión y codificaba lo mejor de las prácticas que se hallaban en uso[2]. Las misiones duraban aproximadamente tres semanas. Pero el P. Eudes no tardará en alargarlas, porque se dará cuenta de que la duración es elemento esencial del trabajo misionero. Así escribe en 1669: "Nosotros

---

1   Este capítulo se apoya en MBD 20-24: OC XII 108-109; *Annales* I 8 ss: 27/72 ss; *Annales* II 13-17: 27/140-163. en realidad sólo a partir de 1650 firmará Juan Eudes sus cartas: *Juan Eudes, presb. Misionero*: OC X 390, 34..

2   F. BOURGOING, *Directions pour les missions qui se font par la Congrégation de l'Oratoire de Jésus-Christ Notre Seigneur...* París, A. Vitré, 1646 ; Du Chesnay, M. p. 19-20.

no hacemos (misiones), aun en parroquias rurales pequeñísimas, que no duren seis semanas. De otra manera se venda la llaga pero no se cura"[3]. En 1632 el joven oratoriano no había adquirido aún esa convicción.

El mal que se trata de curar es, ante todo, la ignorancia de los cristianos. Juan Eudes no duda que sus oyentes son cristianos[4] (en cambio Fénelon, cincuenta años después, considera que sus diocesanos de Cambrai son "gentes que sólo son cristianos por su bautismo... Apenas si se puede considerar a esos hombres como catecúmenos")[5]. Para Juan Eudes son cristianos pero que no conocen el contenido de su fe, ni sus exigencias, lo cual entraña para ellos toda suerte de comportamientos de infidelidad a la alianza con Dios. Por eso es preciso, ante todo, instruir... lo que se consigue mediante la predicación y el catecismo.

## Predicación, catecismo, confesión

En la predicación se proclama la buena nueva del amor de Dios que salva y se recuerdan las exigencias de la alianza concluida en el bautismo. Cada día de la misión tenía, normalmente, una o dos predicaciones: una en los campos y dos en la ciudad; por la mañana hacia las nueve y por la tarde hacia las cinco. Esa predicación era "breve": "a lo sumo una hora"[6].

El P. Eudes, durante la misión, hablaba personalmente casi todos los días, y así lo hará hasta el fin de su carrera. Tenía voz poderosa y modulada, a la cual aún sus enemigos le rendían reconocimiento: era "famoso, nos dice uno de ellos, por la fuerza y alcance extraordinario de su voz"[7]. Y Batterel, el analista oratoriano, que lo detestaba, dice: "era un hombrecillo, pero con voz bella y fuerte, con mucho *pathos* (sentimiento), mucha facilidad de palabra, imaginación viva y fecunda, llena de comparaciones familiares y por sus instrucciones siempre familiares se hacía seguir por doquier; en todas partes producía algún fruto..."[8] Nuestro Costil evoca también "su voz retumbante de la que hacía lo que quería, lo mismo que de sus ojos".

A pesar de estar dotado de semejante poder de expresión, hablaba con sencillez, "sin atavíos" como dirá su amigo Renty. El mismo Juan Eudes insiste en este detalle: "hay que evitar cantar o recitar: es preciso hablar, es

---

3   *Lettres*: OC XI 99.
4   OC XII 18..
5   FÉNELON, *Lettre à l'archevêque d'Arras*, cit. por *Bible et Vie chrétienne* No. 67 (1966) 1-2 p. 33.
6   PA IX: OC IV 45.
7   G. HERMANT, *Mémoires sur l'Histoire ecclésiastique sur XVIII s.* (1630-1663), p.p. A. GAZIER, 6 vol., París, 1905-1910, t. IV, p. 481.
8   BATTEREL, II p. 235 (cfr. ANEXO, explicación de las siglas).

decir, pronunciar lo que se dice, en forma natural, sencilla, sin artificio y sin afectación"[9].

Juan Eudes era consciente del poder de su palabra y a veces lo hace notar. Pero, por lo mismo, medía su responsabilidad porque entraban en juego el provecho del hombre y el designio de Dios. Por eso, como lo atestigua uno de sus primeros compañeros, decía a menudo: "Si predicar fuera solamente honor, yo nunca subiría al púlpito: no experimento en ello el menor amor propio: al contrario, tengo que hacerme violencia y si me entrego a ese ministerio es únicamente porque veo en él claramente la voluntad de Dios"[10].

Su palabra estaba impregnada de oración. Dará más tarde a los predicadores los consejos que de seguro había practicado él mismo. No predicaba sino lo que había "meditado y considerado delante de Dios"; cuando hablaba se adivinaba que acababa de "hablar con Dios y de recomendarle a sus oyentes". Se había renunciado a sí mismo y dado a Jesucristo, verdad eterna y fuente de verdad, y le había suplicado que lo anonadara y se estableciera en él, para que fuera Jesús el que hablara, porque sólo él puede "proclamar la Palabra de su Padre"[11].

El anuncio de la Palabra incluía también *el catecismo*, presentación familiar y didáctica del contenido de la fe y que se hacía al comienzo de la tarde. Durante la misión, el catecismo se dirigía no sólo a los niños sino también a sus padres y a diversas categorías de personas. Por ejemplo, se lo verá más tarde, en Beaune, dar el catecismo a la cuatro y media de la mañana, para "favorecer a las pobres empleadas domésticas, a los viñadores y a otras personas que tendrían que ir después a cumplir con sus labores diarias"[12]. Los oratorianos, como los misioneros de Vicente de Paúl, daban gran importancia al catecismo. Como la misión se daba en equipo, algunos misioneros se especializaban en esa forma de enseñanza.

"Los predicadores sacuden los matorrales "–decía a menudo Juan Eudes– "pero los confesores atrapan los pájaros"[12bis]. Predicación y catecismo debían conducir poco a poco a los fieles a recibir el sacramento de penitencia. Era éste como el fin que buscaba el largo y complejo trabajo

---

9   G.J.B. DE RENTY, *Correspondance*, p.p. R. TRIBOULET, París, DDB, 1978, p. 684 ; PA XXIII : OC IV 72. Consejos parecidos se encuentran en otros tratados de predicación de la misma época.
10  *Fleurs* JE I 72: 31/51.
11  PA IV y XXV: OC IV 20-21 y 28; *Lettres*, OC X 479.
12  *Annales* II 14: 27/143.
12bis  MARTINE VI 71: 17/196.

de la misión. Esas confesiones -que se referían a toda la vida anterior – suplen, decía Bourgoing, "todos los defectos de las confesiones pasadas (...) y traen consigo la enmienda, el cambio y la renovación para toda la vida, con una conversión perfecta del alma a Dios; por eso el confesor debe fijarse profundamente este programa como meta de su trabajo"[13]. Las confesiones empezaban a los tres o cuatro días después de iniciada la predicación y ocupaban a un buen número de sacerdotes: diez, quince y muchos más... durante varias semanas. Escuchamos al Padre Eudes hablar del abrumador cansancio de los confesores y de las largas esperas de los *pobres penitentes*... Para poder venir a confesarse en la misión, muchas empleadas del servicio doméstico "al no obtener el permiso de sus amos, buscaban a otras para que trabajaran en su lugar"[14].

Cada confesión podía durar largo tiempo. El simple diálogo de acogida, tal como lo sugiere Juan Eudes, era ya toda una conversación. Y por lo demás, había aquellos a quienes se difería la absolución porque se les ponía a prueba, permitiéndoles verificar por ellos mismos las buenas disposiciones o darles el tiempo de reconciliarse con su enemigo o de hacer cesar las situaciones de escándalo... Algunos debían regresar una o varias veces... El Padre Eudes sabía ser firme. Se nos cuenta que un día "habló con osada franqueza a una señora distinguida que quería apoderarse del campo de un particular". La "noble" dama se indignó por la oposición a su pretensión, pero él no cedió. Tuvo que ir a buscar otro confesor más fácil de convencer[15].

### Instrumento eficaz pero costoso

En las largas sesiones de confesionario, a las que se entregó sobre todo durante los primeros años de misión, Juan Eudes adquirió una experiencia concreta y precisa de la vida de la gente de la ciudad y de los campos. Aprendió a conocer muchas situaciones que podían cuestionar las conciencias en aquella época, desde el diálogo supersticioso con el duende que frecuenta una casa, hasta la recolección de las algas, en las playas el día domingo, pasando por los *polvos para abortar*, y el lesbianismo, sin olvidar el uso casi general en ciertos lugares del campo, de las relaciones prematrimoniales[16]. (Sin embargo, estadísticas recientes nos informan que en el s. XVII en Francia los casos de concepción prematrimonial no superaban el 10% de las uniones y que los nacimientos ilegítimos eran raros, más

---

13  *Direction...* p. 52.
14  HERAMBOURG I 10: 52/146.
15  BC X 1: OC IV 270; y *Fleurs*, JE II 18 : 31/495.
16  *Annales* III 30-32: 27/333-343; *Avertissements aux confesseurs*, OC, II 481 ss; BC XIII ss: OC IV 296 ss.

«JEAN EUDES, PRÊTRE MISSIONNAIRE»

UN CONFESIONARIO EN TIEMPOS DE JUAN EUDES
Los confesores están"... sentados en una parte visible de la Iglesia... en confesionaarios, si hay suficientes disponibles..." En caso contrario, los penitentes deben"cubran con un pañuelo su rostro..." (OC IV 289) (Foto: B.N.)

frecuentes, es verdad, en Normandía que en otras partes: 1% en la región parisina pero 2% en el Cotentin y el 3% en el país de Auge)[17]. Sobre todo descubrió concretamente las responsabilidades de hombres y mujeres en sus diferentes condiciones y funciones. Hablaremos más delante de los

---

17   J. DUPAQUIER, *La Population française...*, p. 27.

exámenes de conciencia, circunstanciados y llenos de colorido, que hará imprimir más tarde para ayudar a los penitentes a discernir los llamamientos de Dios en su vida.

La confesión abría el camino a la Eucaristía. La misión incluía en efecto, la *comunión*, precedida y seguida de actos de oración; los actos de preparación se hacían "sosteniendo una hostia sobre el copón". La misa diaria no era un ejercicio de la misión; pero cada participante debía prepararse a la comunión de la misión: en ella hacía profesión de querer llevar una vida verdaderamente cristiana.

Para ser completos, mencionemos también el día de *descanso semanal*, generalmente los lunes, dado a los misioneros. Se recuperaban así de un trabajo agotador, y aprovechaban para encontrarse y evaluar el desarrollo de la misión.

Más adelante veremos cómo ese esquema de misión se enriquecerá con otros ejercicios cuya utilidad se apreciará progresivamente. Juan Eudes como oratoriano y luego, separado del oratorio, no dejará de perfeccionar ese medio poderoso de renovación cristiana.

Se trataba de un instrumento eficaz pero costoso. Juan Eudes pudo verificarlo desde el momento en el que él mismo fue jefe de misión. En su diario menciona cuidadosamente los bienhechores que cargan con los gastos de la misión, que la *costean*, como él dice. Lo hace no sólo por gratitud, sino porque para él es algo muy importante. La misión no debe correr por cuenta de aquellos a quienes va a evangelizar. Esa era la consigna. Como Vicente de Paúl, Juan Eudes y sus hermanos piensan que debe hacerse " sin tomar nada del pueblo pobre ni de los eclesiásticos". Es preciso, pues, que un cristiano generoso y adinerado –laico, presbítero, obispo– acepte correr con esos gastos importantes. Gracias a Bourgoing conocemos más o menos el costo. "El gasto ordinario de la misión puede calcularse para los sitios de vida cara, en veinte centavos por cabeza cada día y en los demás lugares en 16 centavos, incluida la habitación si hay que pagarla, pero no los viajes". Así, pues, una misión de un mes en la que trabajaran diez "obreros", representaban un gasto aproximado de trescientas libras[18].

Para llegar al lugar de la misión había que recorrer a caballo, y a veces a pie, un camino más o menos largo. Los caminos a comienzos del siglo XVII, a pesar del esfuerzo reciente de Sully, eran difíciles: fangosos o polvorientos, regularmente adoquinados o empedrados, llenos de surcos

---

18    DU CHESNAY, M. p. 45-55; Vicente de Paúl, *Correspondance, Entretiens, Documents*, p.p P. Coste, 14 vol., París 1920-1925, t. I p. BOURGOING, *Direction*...p. 169. Si se quiere tener una idea del valor de la moneda en esa época, digamos que se podía vivir decentemente con 300 libras al año. Equivalencias: 1 libra = 1 franco = 20 centavos; 1 centavo (o sol) = 4 liards = 12 denarios; 1 escudo = 3 francos o libras; 1 pistola = 10 libras.".

profundos. Formaban sólo una calzada estrecha en la que los coches y furgonetas apenas podían cruzarse. Un decreto del consejo en 1670 "ordena que todos los grandes caminos reales" de Normandia tengan al menos veinticuatro pies (siete metros), no de calzada sino "de paso libre y cómodo, y que dicha anchura no puede estar invadida por cercas, zanjas o árboles". Pero todas las vías no eran " grandes caminos reales".

En invierno, a menudo se interrumpían los caminos. En 1640 cuando el canciller Séguier quiso ir a Coutances, envió desde París su litera y veinte mulas para su equipaje

"porque se ha sabido que las carrozas y carretas no podrán pasar sino muy difícilmente más allá de Caen o de Bayeux"[19].

En esos caminos el viajero encontraba todo un mundo de caminantes a veces inofensivos, como los que nombra un reglamento de 1635: "obreros, jóvenes barberos, sastres, prostitutas, sacamuelas, vendedores de teriaca (drogas contra el veneno de las serpientes), jugadores de ruleta, titiriteros y trovadores..."; pero a veces también los había temibles, como ciertas hordas de mendigos o de antiguos soldados[20].

Pero el viajero se encomendaba a Dios y emprendía su camino... Tales desplazamientos ofrecían largos momentos de silencio, propicios para la reflexión y la oración. Por otra parte, cada viaje de los misioneros se ofrecía en honor de los realizados por Jesús para establecer el Reino de Dios y cuando se llegaba a la ciudad o aldea, al bajar del caballo, se iba a pie a la iglesia para saludar allí al Señor, a la Virgen y a los santos protectores del lugar[21].

Nos hemos detenido en estos detalles, para ilustrar no sólo las seis misiones en la diócesis de Coutances que ocuparon al joven predicador durante la mayor parte de 1632, sino también toda su actividad posterior.

Mientras se hallaba predicando en Cherbourg, recibió una carta amistosa de sus amadas carmelitas de Caen. Le decían que le tendrían envidia si no comprendieran que también ellas estaban trabajando, a su manera, en la misión. Oraban por los fieles "a quienes hacemos visitar a menudo por los santos ángeles que enviamos a ustedes y a quienes igualmente acompañábamos en espíritu". Le hablaban de *"nuestra misión"*, ya que "la caridad de usted nos ha asociado a ella"[22].

---

19   V. TAPIE, *La France de Louis XIII...*, p. 263; F. DE VERTHAMONY, *Le diaire du chancelier Séguier en Normandie apres la sédition des Nus- Piés*, p. p. A.P FLOQUET, Ruan 1842, p. 186- 187.

20   *Les Routes de France* (collectif), París, ADPF, 1959, p. 62-78.

21   Annales II 13: 27/141; Fleurs, JE I 26: 31/159..

22   Annales I 8: 27/29-30.

Poco sabemos de los años siguientes. Sin embargo, en una carta que Juan Eudes dirigió más tarde al P. Gibieuf, del Oratorio, le cuenta cómo en 1634 su propia madre fue curada por intercesión del P. de Bérulle:

> Soy testigo de un milagro muy evidente que se realizó en mi madre. Hallándose en extrema gravedad por una gran fiebre de tabardillo y cuando ya no esperaba sino la muerte, ella se hizo traer una imagen del señor cardenal e Bérulle, y algunas de las reliquias que yo le había obsequiado, y al besarlas encomendándose a él, se halló curada instantáneamente.

Avisado de la enfermedad, -añade J. Eudes- se dirigió a Ri, "para ayudarle a bien morir, pero la encontró en la Iglesia, con buena salud[23]".

## "Abrir una casa para mujeres arrepentidas"

El P. Eudes reflexionaba sobre la experiencia de sus primeras misiones. Entre las miserias encontradas había, aquí y allá, la de las prostitutas deseosas de conversión pero retenidas en su condición por la reprobación misma que despertaban. ¿Cómo ayudarlas? Buscaba y consultaba.

Jean de Bernières (1602-1659), tesorero de Francia en Caen desde 1631, que había sido condiscípulo suyo y que llegó a ser su amigo, cambió ideas con él sobre este problema, desde 1634. El amigo del Padre Eudes consignó el recuerdo en sus notas: se trató entre ambos sobre el proyecto de "edificar y abrir una casa para mujeres arrepentidas"[24]. El proyecto se realizará siete años después. Mientras tanto Juan Eudes solicitó la colaboración de algunas personas laicas que aceptaron recibir en sus casas a muchas de esas jóvenes, enseñándoles a trabajar, a orar y ayudándoles a reencontrar su puesto en la sociedad. La principal de estas cooperadoras fue una mujer sencillísima, Madeleine Lamy, que vivía en Caen en el barrio de san Julián. Volveremos a hablar de ella.

Juan Eudes y Jean de Bernières se habían encontrado, pues, a comienzos de septiembre de 1634. ¿Comentarían el reciente acontecimiento de la ejecución del cura de Loudun, Urbain Grandier? Probablemente era inocente, pero acusado de brujería con motivo de extrañas escenas que

---

23    G. HABERT, *La vie du cardinal de Bérulle, instuteur et premier superieur de la Congrégation de l'Oratoire de JCNS*, París, S. Huré, 1646, p. 898; JEAN EUDES, *Lettres et opuscules* (*Oeuvres choises* t. V), p. 383.

24    P.D. HUET, *Origines de la Ville de Caen*, 2$^{da}$ ed.. Caen, 1706, p. 241,242: hace referencia a notas de Bernières, del de septiembre y 15 de Octubre de 1634.

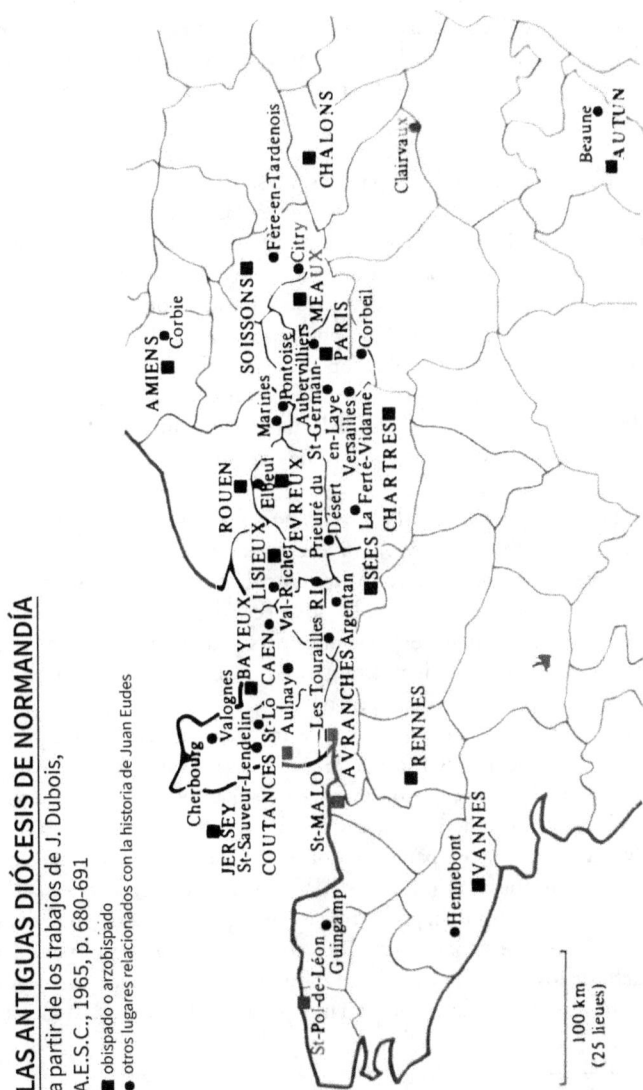

habían tenido lugar en el convento de las ursulinas de su ciudad, había sido quemado vivo después de un turbio proceso, el 18 de agosto anterior. Richelieu, cuya familia estaba más o menos implicada en el asunto, había dado probablemente un empujón para apresurar el veredicto... En esos tiempos las prácticas o las acusaciones de brujería, los casos de posesión, verdadera o supuesta, no eran cosa rara. Pero los acontecimientos de Loudun revistieron particular notoriedad. Es posible que dos hombres preocupados ambos por las cosas de Dios, por el gran combate de la gracia contra los poderes de las tinieblas, y que no se extrañaban exageradamente de las manifestaciones del mundo invisible, se hayan interesado en esos hechos[25].

En 1635 Juan Eudes dio varias misiones, pero esta vez en la diócesis de Bayeux: *Beneauville, Avenay, Evrecy, Villers-Bocage*. Las anota en su diario, pero, a diferencia de 1632, ya no dice: "fui empleado en las misiones, sino: hice varias de ellas". Parece que "trabaja por su cuenta"; es él ahora, el responsable de la misión. Se organiza, sin duda, con cierta independencia, acompañado, generalmente, por un oratoriano, el P. Thomas de Gougeon[26]. En realidad trabajaba con todo un equipo: movilizaba en el sitio mismo o llevaba consigo sacerdotes de buena voluntad, mucho de los cuales serán sus colaboradores habituales y algunos formarán parte de su propia congregación. Encontraremos de nuevo, en el curso de esta biografía, a estos asociados.

Hasta ahora Juan Eudes ha predicado sobre todo en los campos y en los pequeños poblados rurales. Predicaba también en la ciudad, pero, como la mayoría de los grandes misioneros de su tiempo, reservará sus preferencias para el ambiente rural. "Sus necesidades eran más apremiantes y los fieles aportaban disposiciones más propicias para aprovechar las instrucciones"[27]. No olvidemos tampoco que los habitantes del campo eran el 90% de la población de ese entonces.

Juan Eudes habló también a auditorios parisinos. En abril de 1635 asegura las predicaciones en la iglesia de la casa Saint-Honoré. Allí se predicaba al pueblo todos los domingos, en los días festivos, y también los viernes[28]. Y las gentes que frecuentaban la iglesia del Oratorio muy cerca del Louvre, eran, en buena parte, los cortesanos de Luis XIII, y sin duda también, en ocasiones, los íntimos de la casa de Rambouillet, situada a dos pasos, en donde se pulía, por entonces, más que en la corte, *la hermosa lengua*[29]. El P. Bérulle se había ocupado tanto de esa iglesia que "para darles el gusto de los divinos oficios y atraerlos a los ejercicios de la oración" había hecho sustituir el canto gregoriano "por otra clase de canto musical

---

25   V.-L TAPIE, *op. cit*. p. 292 294..

26   BATTEREL, II, 239 —Beneauville, que acaba de ser mencionada, pertenece ahora a la comuna de Chicheboville (Calvados).

27   *Annales* I 13: 27/39-40; *Constitutions*, VIII 1: OC IX 368.

28   AN, M 228 B, dated April 24th and May 3rd; MM 623, p. 157; see NV VI 296.

29   De 1620 a 1665 la marquesa de Rambouillet "la incomparable Arteniza" reunió en su "salón azul" una sociedad selecta que desempeñó un papel en la elaboración del francés clásico.

que tenía el mismo tiempo de canto ordinario y de música". Lo cual tuvo un éxito tal que en ese tiempo se llamó a los oratorianos "los padres del bello canto"[30]. En ese contexto fue invitado el P. Eudes a predicar en París.

Allí pudo recorrer las páginas de *La Gazette* que fue el primero de nuestros diarios, publicada desde 1631 por Théophraste Renaudot: en ella se encontraban las noticias de París y del Reino, debidamente controladas o inspiradas por Richelieu y sus colaboradores. A decir verdad, Juan Eudes no gustaba mucho este género de literatura. Sus compañeros nos han contado que le disgustaban las conversaciones en las que no se habla sino de novedades. Lejos de soportar que se leyera *La Gazette*, no permitía que se hablara de ella en el tiempo de la conversación[31].

Es posible que durante esta permanencia en París encontrara por primera vez, a Jean-Jacques Olier, siete años menor que él. Este discípulo tan querido del P. Condren, estaba en ese momento, en París meditando "asuntos importantes" y tratando de discernir el llamado de Dios[32].

## El señor de Saint-Cyran

Si Juan Eudes fijaba su atención en los personajes notables de la Iglesia, pudo enterarse de que el abad de Saint-Cyran, que había sido discípulo y colaborador del P. de Bérulle, acababa de ser escogido como confesor por las religiosas de la ferviente abadía cisterciense de Port-Royal. Es posible que algunos, aún los que le habían sido favorables, como el P. de Condren, comenzaron a experimentar malestar ante la personalidad brillante, pero un poco excesiva e inquieta, de este hombre austero, apostólico, combativo que muchos otros escuchaban como a un oráculo[33].

En el seno mismo del Oratorio contaba con fervientes partidarios que no tenían todos tanta finura y seguridad como él. Tal era el caso, por ejemplo, de cierto P. Maignard, cura de Santa Cruz de Ruan. Juan Eudes oyó hablar seguramente de la tempestad levantada por ese hermano en religión, precisamente en ese año, cuando predicando ante los miembros de una cofradía de la Misericordia, los invitaba a pedir antes de cada limosna una gracia de Dios, "sin la cual su acción no podía ser sino un pecado". Lo

---

30    BATTEREL, I p. 148.
31    *Fleurs*, JE II 18: 31/502.
32    VICENTE DE PAÚL, *Corr.*, t. I p. 296.
33    J, ORCIBAL, *Les Origines du jansénisme*, 5 vol., París. Vrin, 1948, t. II, p. 581 y n. 6; es un hecho "garantizado por varios testimonios que Condren poco antes de su muerte, puso en guardia a varios de sus íntimos", contra ese "hombre peligroso" que era Saint-Cyran.

cual equivalía a tomar partido con bastante énfasis, en la vieja querella sobre la gracia, que enfrentaba a los partidarios de Molina (la mayoría de los jesuitas eran "molinistas") y los discípulos de san Agustín (de los cuales Saint-Cyran y muchos oratorianos formaban parte). Los primeros reconocían a la libertad humana cierta autonomía frente a libertad de Dios, los segundos afirmaban con fuerza la soberana iniciativa de Dios en el centro mismo de nuestra libertad. Las simpatías de Juan Eudes se inclinaban por san Agustín, pero se mantuvo siempre fuera de las querellas de ideas y casi no utiliza, cuando escribe, los conceptos escolásticos que las expresaban. Maignard, por el contrario, desató una violenta polémica y hubo de comparecer ante su arzobispo, François de Harlay de Champvallon (1586-1653), el cual, por otra parte, simpatizaba más con los oratorianos que con los jesuitas. La querella continuó y a finales de 1636, el P. Maignard llamó en su auxilio a su maestro Saint-Cyran; pero éste reprendió a su discípulo: desacreditar las buenas obras, le dijo, "no lo habría a hecho san Agustín"[34].

Juan Eudes se veía conducido, de esta manera, a tomar posición frente a sus hermanos. Compartía con ellos, sin reserva, las grandes líneas de la tradición oratoriana: comunión con el Verbo Encarnado, voluntad decidida de reforma, amor evangélico por los pobres y pecadores, pasión misionera: esas grandes actitudes tan vigorosas desde los orígenes, seguirán siendo los principales polos de su propia vida. Pero debía empezar a cuestionarse, ante las preferencias apasionadas de algunos y su expresión polémica; es posible que sospechara que el prestigioso abad Saint-Cyran tenía algo que ver con este clima de insatisfacción y de radicalismo. No es que él se sintiera totalmente extraño a ese movimiento deseoso de renovación, apasionado de absoluto: podía sentirse atraído por cierto radicalismo...; pero no le parecía que todo, en esta búsqueda, estuviera dando un sonido limpiamente evangélico.

## Numerosos hugonotes

En el curso del año 1636, Juan Eudes iba a descubrir un nuevo campo de misión: después de las diócesis de Coutances, de Bayeux y de París, la diócesis de Saint-Malo (hoy unida a la diócesis de Rennes). Lo había llamado sin duda el obispo, Achille de Harlay- Sancy, a quien conocía muy bien porque había sido su antiguo superior del Oratorio de Caen, que lo había recibido en esa casa. Juan Eudes predicó en *Pleurtuit*, en *Plouet*, en *Cancale*.

---

34    J. ORCIBAL, *ibid.*, t. III, p. 100 y p. 102 n. 1.

Desde Plouet escribió a Madame de Budos y le contó como había sufrido persecución en Pleurtit: "Unos decían que yo era el precursor del anticristo, otros que un seductor, otros que un brujo". Había llegado allí solo y tal vez lo habrían expulsado del lugar si sus hermanos no hubieran llegado a tiempo a reunirse con él. La violenta oposición tiene su explicación: "Una parte de Pleurtuit pertenecía a la alta justicia del conde de Plouet, el marqués de Moussaye, que era protestante y cuñado de Turenne"[35]. Los opositores de Juan Eudes eran una pequeña colonia de hugonotes que se habían instalado allí desde hacía poco tiempo. Tal vez se trataba de su primer contacto propiamente misionero con los discípulos de Calvino y el encuentro parece haber sido rudo.

Juan Eudes añade en la misma carta: ¡todo eso no son sino rosas! Lo que me punza el corazón es ver a tantas pobres gentes que me siguen, a veces durante ocho días, sin lograr confesarse, aunque somos diez confesores. Muchas cartas de Juan Eudes harán hincapié, en adelante, en ésta afluencia de penitentes y siempre con el mismo dolor maravillado.

Cuando Juan Eudes abandonó la diócesis de Saint-Malo, llevaba en sus maletas un regalo precioso: Monseñor Harlay-Sancy le había obsequiado una casulla que había pertenecido al P. de Bérulle. El misionero conservaría esta reliquia como algo inestimable, muy resuelto a jamás separarse de ella. Hasta que llegó un día... pero todavía no hemos llegado a ese momento[36].

Otra misión, predicada inmediatamente después de las de Bretaña, le devolverá el valor para dialogar con los hugonotes, cuya conversión es una de las grandes preocupaciones del momento. Todavía no podía hablarse de ecumenismo: el sólo objetivo posible para un misionero parecía ser la conversión de los "herejes" a la verdadera fe, al mismo tiempo que un inmenso afán de purificación en el interior mismo de la Iglesia católica. Porque los más lúcidos eran bien conscientes de que las miserias daban todavía demasiados motivos a la crítica de los reformados.

Tenemos, pues, al joven misionero en Le Fresne (hoy día Le Fresne – Camilly), modesta parroquia cercana a Caen,. Por primera vez mencionaba al bienhechor que *costeó* la misión: Jacques Blouet de Camilly (en 1661), que tenía sus tierras en esa parroquia. Este oficial de finanzas y su esposa Anne Le Haguais, fueron para Juan Eudes algo más que colaboradores: amigos muy cercanos y queridos: los seguiremos encontrando a menudo. Por otra aparte fue en su casa donde conoció a un joven, futuro

---

35   DU CHESNAY, M. p. 124-125; *Lettres*: OC XI 29-30. Plouet; hoy Plouet – sur – Rance (Côtes du Nord).
36   *Fleurs* JE II 5: 31/412.

sacerdote que era preceptor de sus hijos, Simón Mannoury (1613-1687) que llegaría a ser posteriormente uno de sus hermanos más fieles.

Dos recuerdos están vinculados a esa misión de Le Fresne. Por una parte la conversión de *buen número de hugonotes* – probablemente doce o trece durante la misión y treinta siete, según el analista Costil, en los años siguientes. Por la otra una innovación en la técnica misionera: *las oraciones de la mañana y la noche*. Se introdujo la costumbre de invitar a los cristianos a orar en la iglesia, antes del sermón de la mañana y después del catecismo de la tarde. Se les hacía hincar las rodillas y repetir, palabra por palabra, pues muchos, sobre todo mujeres, no sabían leer. El P. Eudes consideraba que adquirir la costumbre de la oración regular en familia y de rodillas, era una señal de que la misión se había "logrado" y tendría efectos duraderos. De hecho, al regresar a esas parroquias, treinta o cuarenta años después, sucedía que sus compañeros encontraban, todavía viva. esta costumbre. Con intención de mantenerla, Juan Eudes publicó en ese mismo año el primero de sus libros, o más bien el opúsculo, llamado: *Ejercicios de piedad*[37].

En el año siguiente (1637) su diario menciona una sola misión. Probablemente consignó emocionado el nombre de la pequeña aldea. "Hice una misión en la parroquia de Ri, lugar de mi nacimiento". Y enseguida añade la primera de aquellas aclamaciones de asombro que van a subrayar, desde entonces, el relato de sus trabajos: "a la que Dios concedió grandes bendiciones".

## "Amadísimo Jesús..."

Tales expresiones nos dejan vislumbrar -con mucha discreción- algo de lo que vivía en su interior. Podemos también sorprender algunas migas de sus sentimientos y de su vida íntima en el libro que compuso durante ese año y que presentaremos en el siguiente capítulo: *La vida y el reino de Jesús en los cristianos*, y en un escrito más personal que sólo se conoció más tarde: el *Voto de martirio*

Algunos apartes de su libro nos hablan, en efecto, del amor a Jesús con tal vibración que nos permiten descubrir en ellos confidencias a medias. Veámoslo, por ejemplo, orando ante nosotros:

> Bien sabes, Señor, lo que quiero pedirte. ¡Mi corazón te lo ha dicho ya tantas veces! No deseo otra cosa sino amarte. Tu eres, queridísimo Jesús, el mayor de mis amigos, mejor

---

[37] OC II 245ss.

dicho, mi solo y único amigo. Tu eres mi hermano, mi padre, mi esposa y mi cabeza. Eres todo mío y yo quiero ser totalmente tuyo...

Y ya asoma un tema que le será familiar:

> Quiero reunir en mí todas las fuerzas del cielo y de la tierra, que son mías porque tú me lo has dado todo, para emplearlas en amarte.

Otro tema es probablemente la ocasión de una confidencia personal. A propósito del "desprendimiento hasta del mismo Dios" insiste en la libertad del corazón frente a los proyectos apostólicos. Ciertamente debemos hacer todo esfuerzo para realizarlos pero debemos evitar apegarnos a ellos, de manera que si nos vemos obligados a renunciar a ellos "no perdamos la paz y el sosiego de nuestro espíritu"[38]. Aquél a quien adivinamos tan activo y apasionado, tan feliz de emprender y de realizar, sobre todo tratándose del servicio del evangelio, sabe lo que cuesta conservar el corazón libre y abandonado en Dios.

Pero el escrito en el que se da a conocer más íntimamente, redactado para su uso exclusivo, es el texto de pocas páginas titulado: "Voto hecho a Jesús para ofrecerse a él en calidad de hostia y de víctima que ha de sacrificarse a su gloria y a su puro amor". Todavía se conserva hoy este precioso escrito de su mano: la firma y las últimas líneas están trazadas con su propia sangre, como la usaban otros autores espirituales de ese siglo de heroísmo. (¡Se acababa de aplaudir *El cid*, y *Polyeucte*- no tardaba!). En ese escrito Juan Eudes adora a Jesús en el *martirio* que padeció en la cruz y en el que María tomó parte, y en su deseo de continuar en sus miembros la entrega de sí mismo hasta el fin del mundo y agrega:

> Me ofrezco y me entrego, me dedico y consagro a ti, mi Señor Jesús, en el estado de hostia y de víctima, para sufrir en cuerpo y alma (...) toda clase de tormentos (...), hasta derramar mi sangre y hacerte el sacrificio de mi vida, con el género de muerte que te plazca, sólo por tu gloria y tu puro amor.

---

38   Todos estos textos se hallan en RJ IV 8 y II 10: OC I 385 ss y 188.

Estas palabras son sinceras: quien así habla expuso en dos ocasiones su vida muy conscientemente, al servicio de los apestados, por amor a los miembros de Jesús.

Que toda mi vida sea un sacrificio perpetuo de amor y de alabanza a ti (...) Hecho en Caen, en el Oratorio de Jesús, el 25 de marzo de 1637, Juan Eudes[39].

¡Estamos una vez más en 25 de marzo, como en 1624! El voto de *martirio* retoma y profundiza el *voto de esclavitud* a Jesús de sus comienzos en el Oratorio; hace explícito el vínculo bautismal con Jesús, el Verbo que se hizo carne en María, y añade una nota sacrificial que podría ser el eco de las enseñanzas de Condren.

Veinte años más tarde, Juan Eudes habría de anotar: "Dios puso en el corazón de san Francisco de Asís, de santo Domingo, de san Francisco Javier deseos inmensos del martirio pero sólo les dio cumplímeto en sus hijos y sucesores". También en su caso eso mismo tendrá lugar, a la letra,[40].

En todas estas páginas adivinamos cual es el centro y el alma de la predicación del joven misionero: ama a Jesús, renuncia a si mismo para vivir de Jesús, quiere con todas sus grandes energías decir a los hombres que lo rodean la Palabra de Jesús, revelarles ese amor que se ha apoderado de él para que a ellos también los colme de alegría.

---

[39] OC XII, 135-139.
[40] *Abrégé de la vie et de l'état de Marie des Vallés*, BM Cherbourg, ms 68 f. 49 vol. Como es bien sabido, varios eudistas pagaron con su vida su fidelidad a la fe durante la revolución francesa: cuatro de entre ellos han sido beatificados: François-Louis Hébert, François Lefranc, Claude Pottier y Charles Ancel.

## CAPÍTULO V

# "La vida y el reino de Jesús en los cristianos"

### (1636-1637)

Juan Eudes escribió mucho. Nos quedamos asombrados al ver cómo pudo redactar tantos libros en medio de continuos desplazamientos y de múltiples tareas.

Es obvio que le gustaba escribir. Pero no podemos decir que fuera un buen escritor. Su estilo peca de prolijo y carece de encanto. Sólo cuando se concentra, logra fórmulas densas y fuertes que nos impactan todavía hoy. En el púlpito era otra cosa: pero ya no tenemos ni su voz ni su mirada. Después de haberlo leído, Julián Green dice de él: "su lenguaje no cautiva", pero añade "Es una personalidad torrencial que se impone"[1].

Su pensamiento es realmente vigoroso: a pesar de que tres siglos nos separan de él y de que existe un inmenso desfase cultural, cuando logra alcanzarnos nos habla y estimula.

Vamos a presentar ahora el libro que preparó durante el año de 1636 y que publicó en 1637, en momentos en que Descartes, en un mundo conceptual muy distinto (pero en otro tiempo estimulado por Bérulle) preparaba y publicaba su *Discurso sobre el método*.

El libro de Juan Eudes se llama: *La vida y el reino de Jesús en los cristianos*[2]. Para abreviar: *El reino de Jesús*. Es su obra maestra. Si se exceptúa la doctrina sobre el Corazón de Jesús, que todavía no está allí desarrollada, ya ese libro contiene todo su pensamiento.

Pero tenemos que regresar un poco para descubrir a Juan Eudes que se ejercita paulatinamente en expresar su pensamiento por escrito.

---

1    J. GREEN, *Vers L'Invisible*, París, Plon, 1967, p. 412.
2    OC I.

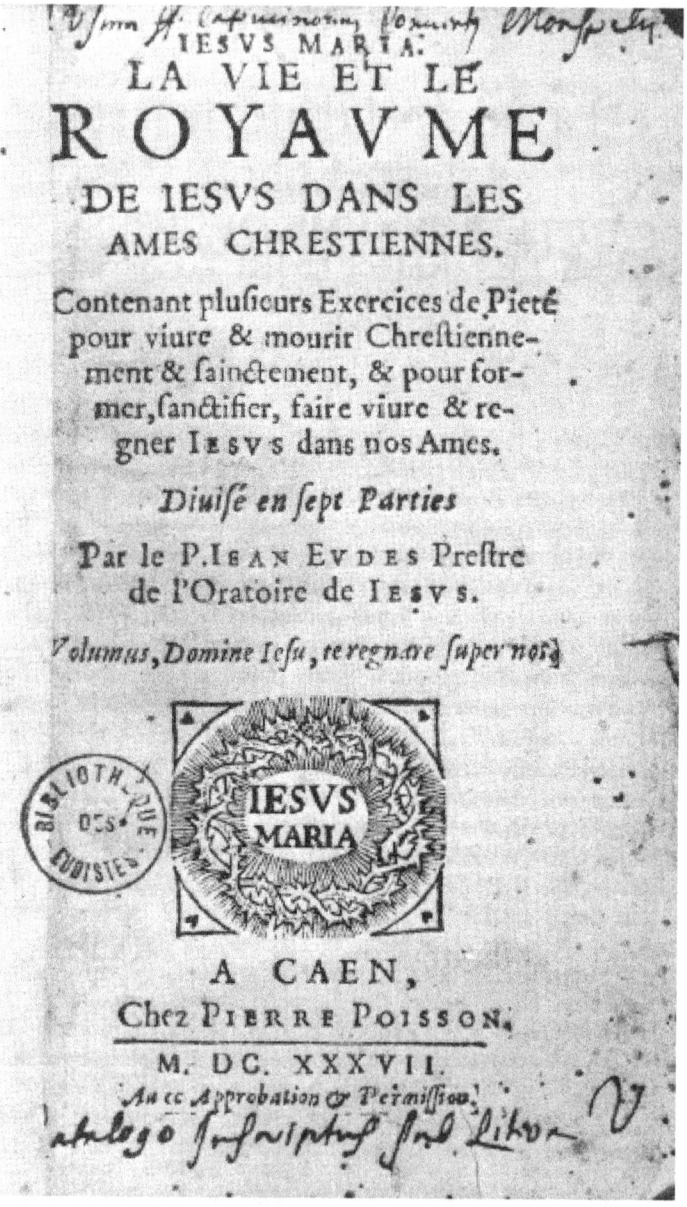

LA PÁGINA DEL TÍTULO DE *EL REINO DE JESÚS,* PRIMERA EDICIÓN (1637)
El escudo de armas es el del Oratorio.
(Fotografía: Archivos Eudistas)

## Una correspondencia espiritual

Comenzará escribiendo cartas de "dirección espiritual".

Ya hemos presentado a madame de Budos, la abadesa de las benedictinas de Caen, a la cual, por otra parte dedicará *El reino de Jesús*. En esos años estuvo enferma. El P. Eudes le escribe invitándola a que en medio de sus sufrimientos, fije a menudo su mirada en Jesús. No se comprometa sino con él, no se aplique sino a él. No se concentre en sus propias molestias y desagrados; no los contemple ni insista en ellos (...). Vuélvase enteramente hacia Jesús. Lo medular de la doctrina eudista, heredada de Bérulle, ya está ahí[3].

Otra benedictina de Caen, una hermana conversa, sor Marie de Taillepied le pedía consejo y entre ambos se había creado una profunda comunión. Esta mañana – le escribe Juan Eudes – durante la misa, renové la unión que nuestro Señor ha suscitado entre el alma de usted y la mía. Cómo se encuentra enferma, él no se atreve a pedir su curación, pero le obsequia la solemnidad de Jesús, la gran fiesta del Oratorio que se celebraba el 20 de enero: si Dios quiere, irá ella a celebrarla en la luz..... La religiosa no murió, pero aparece que arrastró, en adelante, una salud deplorable. Juan Eudes la tranquilizaba:

> Que no le cause pena el no poder recitar su oficio, hacer la meditación y practicar los demás ejercicios, como quisiera; porque varias[4] personas están haciendo esas mismas cosas por usted, y, lo que es más importante, Jesús mismo, el que es su todo, se halla incesantemente en ejercicio de contemplación, de alabanza y de amor, en nombre de usted, ante su Padre eterno.

Tenemos pues una inmersión en el misterio del Cristo total que está en el centro de la doctrina beruliana y eudista. Y luego, un aletazo hacía lo universal, muy característico también: "Todo es suyo, en el cielo y en la tierra. Manténgase, pues, en paz"[5].

Y no eran sólo las cartas: compuso también un pequeño libro que precedió y preparó *El reino de Jesús*. Es *Los ejercicios de piedad, que contiene*

---

3   OC XI 30-34.
4   Para futuras referencias, en los textos de esta era, *varias* significa generalmente *muchas*..
5   *Lettres*, OC XI, 23, 27, 32.

*en resumen las cosas principales, necesarias para vivir cristiana y santamente,* publicado en 1636. Ya aludimos a él cuando hablamos de las oraciones en familia.

*El reino de Jesús* resume y desarrolla mucho más ampliamente los mismos temas.

## Espiritualidad bautismal

La doctrina que se expone en el libro es la de Bérulle y de Condren. Se encuentra también, por otra parte, en las obras de Olier. Hay algunas diferencias de vocabulario, ciertas simplificaciones, pero las grandes intuiciones son las mismas. Hasta se pueden reconocer, casi sin cambio, ciertas fórmulas de Bérulle[6]. Y Juan Eudes cita la hermosa oración de Condren, *Ven Señor Jesús*, que llegará a ser, en Olier: *Oh Jesús, que vives en María*[7]. Aquí y allá se pueden reconocer también pensamientos de Francisco de Sales, a quien Juan Eudes apreciaba mucho[8]. Pero sobre todo- y en ello es también fiel a Bérulle- encontramos por doquiera la Escritura, una multitud de expresiones de los profetas, de san Pablo, de san Juan, incorporadas y como tejidas dentro del texto mismo de Juan Eudes.

Lo caracterizaba, al compararlo con sus maestros, su gran orientación práctica. Busca proporcionar a su *querido lector*, como él dice, medios y materiales directamente utilizables[9]. El mismo plan del libro, por otra parte, hace evidente ese propósito: después de presentar algunos ejercicios de primera necesidad, nos propone aquellas cosas que debemos hacer "en toda nuestra vida", luego, "cada año, cada mes, cada semana, cada día". Todo para "formar, santificar, hacer vivir y reinar a Jesús en nosotros".

El prefacio ya nos da el espíritu de todo el libro:

> Puesto que Jesús, que es simultáneamente Dios y hombre,
> lo es todo en todas las cosas (cf. Ef. 1, 22-23 y Col. 3, 11),

---

[6] Por ejemplo: RJ II 38: OC I 265-270: cf. BÉRULLE, *Narré* (o *Récit*) *des persécutions...* cap. XXIV y XXV, en *OEUVRES*, Migne, col. 614 ss.

[7] RJ V 11: OC I 440. Podría hacerse otro cotejo entre una carta de Condren (*Lettres*, p.p. P. AUVRAY y A. JOUFFREY, París 1943, p. 175 ss el papeleo p. 547 ss) y un aparte de *El Reino de Jesús*. Nunca se ha dilucidado plenamente la cuestión, pero el P. AUVRAY juzga, después de madura reflexión, que Condren "copió ciertamente (ese texto) de *Vida y Reino*" (nota publicada en 1956 y carta dirigida por el autor, 6 de diciembre de 1963). Se encuentra, por otra parte un fragmento del mismo texto en las *Considérations sur les mystéres* p.p. CLOYSEAULT. p. 5-7.

[8] Cfr. Introducción al RJ, OC I 58-64.

[9] RJ Prefacio: OC I 94-95.

nuestra principal preocupación debe ser formarlo y establecerlo dentro de nosotros, hacer que allí viva y reine para que sea nuestra vida, nuestra santificación, nuestra fuerza y tesoro, nuestra gloria y nuestro todo[10].

Juan Eudes escribía siempre JESÚS, con mayúsculas, y esto es significativo. Lo mismo hará Charles de Foucauld.

Se dirige a todos los cristianos e insiste con ello:

> No pienses que este libro es exclusivamente para personas religiosas. Se dirige a todos los que desean vivir cristiana y santamente. Y ésta es obligación de todo cristiano, de cualquier estado y condición.

Más adelante, hablando de renunciamiento, vuelve sobre el tema:

> No pretendo decir que dejes el mundo y que te encierres dentro de cuatro paredes (...) sino que vivas en el mundo sin pertenecerlo[11].

Se situaba así en la misma línea que san Francisco de Sales: sabía, por otra parte que se habían dejado escuchar voces clericales escandalizadas cuando la *Introducción a la vida devota* afirmó en 1608, que los laicos de toda condición estaban llamados a la santidad[12].

Porque el bautismo abre el camino hacia la santidad y nos proporciona los medios para ello y, además nos hace entrar en alianza y comunidad de vida con Jesucristo. El cristiano renuncia así mismo, se entrega y consagra a Jesús, hace profesión de *permanecer* en él y de *adherir* a él.

> Ser cristiano –dice Juan Eudes en una de sus meditaciones– es hacer profesión de ser una sola cosa contigo (Jesús), como los miembros son una sola cosa con su cabeza (...); de no tener sino una vida, un espíritu, un corazón, un alma, una voluntad, un pensamiento, una misma devoción y disposición contigo (...); es hacer profesión de ti mismo[13].

---

10  RJ Prefacio: OC I 90.
11  RJ II 8 OC I 180. También VI 1: OC 1, 441.
12  F. LEBRUN, *Historie des Catholiques de France du XV s. à nos jours* (colectivo) París, Privat, 1980 p. 86.
13  RJ VIII 13: OC I 515.

Mediante un conjunto de reflexiones fuertemente arraigadas en la Escritura y de consejos muy prácticos inmediatamente utilizables, Juan Eudes dibuja la imagen de una vida cristiana que sea, muy explícitamente, *continuación y plenitud* de la vida de Cristo en sus miembros., Según expresión de san Pablo (Gal. 4, 19) que él recuerda a menudo, se trata de *formar a Jesús en nosotros*, de tal manera que Jesús sea el nombre de todo lo que vivimos: tratamos de vivir *las virtudes* de Jesús, *las intenciones y disposiciones* de Jesús; nuestro sufrimiento continúa la pasión de Jesús, nuestros gozos son comunión con su alegría y, llegada la hora, moriremos de la muerte de Jesús[14]

La misma fe es en nosotros mirada nueva que nos hace comulgar con la sumisión amorosa con que Jesús acogió la verdad comunicada por el Padre y nos permite también redescubrir toda realidad – el hombre, Dios, nuestra propia existencia, el mundo – con los ojos de Jesucristo[15].

### En unión con Jesús

Todas las etapas de nuestra vida – cada día, cada mes, cada año – estarán señaladas por el único propósito de entrar en comunión más profunda con *los estados y misterios de Jesús*, es decir, con todo los aspectos de su vida humana y divina al mismo tiempo: su nacimiento, su infancia, su vida de relación con los demás, su amor por el hombre y su sed de justicia, su sufrimiento, su victoria sobre toda muerte, todo esto nos pertenece y se nos da para que lo vivamos. Entramos en esa vida de Jesús a la vez mediante nuestra oración, al compás del año litúrgico y mediante nuestra existencia cotidiana vivida en referencia a Jesús, en comunión con Jesús, marcada por entero por el gran ritmo bautismal, mil veces reasumido y renovado:" renuncio a mí mismo y me entrego a ti, Jesús"[16].

Juan Eudes propone ejemplos muy concretos de este proceso. Así, cuando tenemos que hablar con los demás:

> Que todas mis conversaciones con el prójimo, oh Jesús, honren tus conversaciones divinas con los hombres en la tierra. Comunícame la humildad, dulzura, mansedumbre y caridad que mostraste en el trato con toda clase de personas[17].

---

14    RJ 11 2: OC 164 – 167.
15    RJ II 4: OC I 171.
16    RJ III 4 ss: OC I 310 ss.
17    RJ VI 4: OC I 446.

"La vida y el reino de Jesús en los cristianos"

Escuchemos el siguiente consejo, delicado y profundo:

> Cuando te dispongas a dar descanso, alimento o alivio a tu cuerpo hazlo con esa misma intención: considera tu salud, tu vida y tu cuerpo, no como algo tuyo, sino como uno de los miembros de Jesús (...) como algo que pertenece a Jesús: "el cuerpo es para el Señor" ( 2 Cor. 6, 13), lo cuidarás, pues, no para ti sino para Jesús[18].

Nuestro deseo de conversión no se manifestará, primordialmente, con esfuerzos metódicos aunque fueren necesarios, sino, principalmente, como una mirada amante y extasiada sobre Jesús: lo contemplamos prolongadamente en espíritu de alabanza; le pedimos perdón por lo que en nosotros se aleja de él y nos entregamos a su Espíritu para que destruya en nosotros cuanto obstaculiza la vida de Jesús y para que nos haga vivir de él. Así los esfuerzos no tiene nada tenso o de angustioso: estarán impregnados de oración, de confianza, de acción de gracias, porque toda nuestra conversión la realiza en nosotros el Espíritu de Jesús, haciéndonos dóciles y disponibles a su acción.

Juan Eudes insiste en esta iniciativa del Espíritu. Después de proponer varios ejemplos de oraciones y de adhesión a Jesucristo, añade:

> La práctica más excelente, el secreto supremo, la devoción perfecta consiste en no apegarte a prácticas o ejercicios de devoción sino en entregarte en todos tus ejercicios y acciones al santo Espíritu de Jesús con humildad, confianza y total desprendimiento. Así podrá él actuar en ti con pleno poder y libertad, según sus designios (...) y conducirte por los caminos de su agrado[19].

Entonces podrá, si es su voluntad, introducirnos aunque sea de maneras muy ocultas e imperceptibles, a una comunión viva con el Dios viviente. Ya se encuentra una apertura discreta a lo que hoy llamamos la vida mística en esa oración sencillísima "para hacer santamente nuestras acciones":

> Oh Jesús, me entrego enteramente a tu divino poder y a tu santo amor. Arráncame totalmente de mí mismo y atráeme

---

18   RJ II 36: OC I 261.
19   RJ VI 18: OC I 452.

santamente dentro de ti. Así viviré y hablaré y actuaré solo en ti, por ti y para ti[20].

Es éste un ligero bosquejo del pensamiento de Juan Eudes tal como lo expresa en *El reino de Jesús*. Como se ve, está totalmente basado sobre la fe en el bautismo, como en el misterio del cuerpo místico, en el amor de misericordia que Dios nos ha dado en Cristo Jesús.

Esta era también la doctrina que Juan Eudes predicaba en sus misiones, pero acuñada y explicada según las posibilidades de acogida de los diferentes grupos de cristianos.

A pesar de su austeridad, el libro de Juan Eudes fue muy leído. Durante los primeros veinte años (1637-1656) conoció por lo menos 12 ediciones, en Caen, Ruan, París, Lyon. Respondía a una necesidad y la respuesta era buena.

---

20   RJ VI 2: OC I 444.

## CAPÍTULO VI

# En los tiempos de la revuelta de los descalzos

(1638-1640)

*Los pobres*
*Tensiones políticas*
*Arresto de Séguenot y de Saint-Cyran*
*Misión en Saint Étienne de Caen*

"Manifiesto del alto e indomable capitán Juan Descalzo, general del ejército del sufrimiento"[1].

El anterior escrito, cuya autor no conocemos con exactitud, ilustra un período dramático del reino de Francia y especialmente de Normandía. Juan Eudes estuvo mezclado en estos acontecimientos, cuyo horror ya no nos podemos imaginar.

Pero debemos reanudar el hilo de nuestra historia donde lo dejamos, es decir, a fines de 1637.

### Tantos "indefensos y oprimidos"

Por esta fecha, el consejo del Oratorio envió al Padre Eudes a predicar el adviento en Amiens[2]. No se trataba de una misión, sino de una estación. Sólo se invitaba a un predicador a dar los sermones de un tiempo litúrgico: los domingos y tal vez una o dos veces por semana. Por esta predicación recibía, generalmente, honorarios apreciables.

Juan Eudes ha ampliado su experiencia. En Normandía y en París, desde el río Rance al río Somme, en la ciudad y en el campo entre pobres,

---

1   Todo ese capítulo se basa en: DU CHESNAY, *Les Nupieds et saint Jean Eudes* en NV IV ss. Quien vez cita a F. De VERTHAMONT, *Le diarie du Chancelier* (ya cit.); M. FOISIL, *La Revolte des Nupieds...* (ya cit.) G. DESERT, *Histoire de Caen* (ya cit.), especialmente p. 130-131; A. CORVISIER, *La France de Louis XIV...* (ya cit.); J. DUPAQUIER, *La Population française...* (ya cit.)..

2   AN, M 228 B: *Actos de Conseil de L' Oratorie*, 27 de octubre. 1637.

ricos y cortesanos, ha conocido muchos especímenes de humanidad, muchas necesidades y miserias. Conocía cada vez más y mejor los problemas de la Iglesia y de la sociedad de su tiempo.

Se interesaba mucho por los pobres. Le gustaba hablar con ellos y acogerlos en el confesionario.

Para inspirar ese mismo interés en sus compañeros de misión, anota uno de ellos, les repetía los pasajes evangélicos donde se refiere el entusiasmo con que el pueblo sencillo escuchaba las palabras del Hijo de Dios, y añadía lo que cuenta san Lucas (7, 19): "Todo el pueblo quería tocarlo" y este otro del discípulo amado: ¿"Se ha visto acaso algunos de los jefes o de los grandes que haya creído en él"?(Jn 7, 43)[3].

Los pobres abundaban. La mayoría de los campesinos vivían con dificultad. El peso de los impuestos se les hacía cada vez más abrumador. Richelieu, desde hacía años, tenía que hacer frente a guerras costosas: la guerra europea llamada "de los treinta años", la guerra contra los protestantes y los ingleses, la guerra contra los españoles, empezada en 1635, que duraría veinticinco años... Se necesitaba dinero, mucho dinero. Y se exprimía sobre todo al pueblo humilde. En 1639, en el peor momento de esa presión fiscal, la tasa que pagaban principalmente los campesinos, se elevó a más de cuarenta y cinco millones de libras; y la "gabela" (impuesto sobre la sal), a catorce millones. El total del impuesto para el reino, alcanzó para ese año los ciento dieciocho millones, o sea, cinco veces los ingresos de América española. La provincia de Normandía, para su infortunio, era considerada como la despensa del Estado y ella sola pagaba la quinta parte del impuesto de la "talla".

A este agobio de los impuestos se añadían otras miserias. El paso de las tropas y sus cuarteles de invierno y, precisamente en esa época, la toma de Corbie por los españoles (1636) había acentuado esas cargas al hacer de Normandía, por un tiempo, una provincia de frontera. Las tropas no eran sólo soldados. Estos iban acompañados de una nube de auxiliares, mercaderes, prostitutas... Y su presencia desorganizaba la vida agrícola con la requisición de caballos, de forraje, de maderas. Las cercas se arrancaban para encender fuego. Los campesinos, privados de provisiones y de semillas, abandonaban sus tierras y buscaban refugio en las ciudades sin encontrar trabajo.

---

3   *Fleurs*, JE I 12: 31/ 51-52.

La ciudad tenía que acogerlos y se aumentaba por tanto el número de los pobres. Había en Caen todo un pueblo humilde, en particular de jornaleros y trabajadores a destajo de las fábricas de paños que confeccionaban sargas o tejidos llamados lingettes hechos con lana de la región. Esta industria estaba por entonces en cierta expansión, pero con fluctuaciones. Los obreros, pagados según el número de piezas tejidas al día, no tenían seguro su empleo. Había, pues, una masa relativamente considerable de gentes menesterosas, analfabetas, a menudo endeudadas. Parte de ellas se alojaban en los barrios periféricos sin muebles ni ropa. Ya hemos visto que eran material listo para disturbios muy frecuentes. Formaban parte de los que Juan Eudes llamaba los indefensos y oprimidos y los recomendaba a la especial solicitud de los pastores[4]

En la ciudad o en el campo esas pobres gentes sólo tenían una alimentación mediocre, basada en pan moreno y habichuelas. El solo pan podía absorber la mitad de los recursos de la familia. Faltos de vitaminas, muchos eran víctimas del raquitismo y del escorbuto. Esta población resistía mal a las epidemias. La más temida seguía siendo la peste[5].

Justamente en 1638 una nueva epidemia golpeó a Argentan, la ciudad vecina de Ri. Juan Eudes no tenía ya la posibilidad de ir allí. Esta vez su hermano menor, Charles Eudes d'Houay (1611-1679), "alumno de cirugía que prestaba sus servicios en el hospital" se consagró a sus paisanos enfermos. Un cronista cuenta cómo después de la muerte de un médico muy sacrificado no se veía a nadie por las calles de la ciudad desolada, fuera del cirujano de la salud, maese Charles Eudes, señor d'Houay (...) quien iba buscar en casa del señor de Bordeaux los remedios que necesitaban y que le depositaban en la mitad de la calle". Se cuenta que la ciudad, en reconocimiento, lo eximió definitivamente a él y a su futura familia, de la obligación de alojar tropas y de pagar impuestos. Pero la población, como tantas otras, siguió siendo por largo tiempo aplastada por el infortunio[6].

Toda la provincia había llegado a un límite extremo de sufrimiento y de exasperación. Por tanto cualquier mínimo incidente podía desatar grandes violencias. Bastaba que se anunciara la supresión de una exención

---

4   *Mémorial* II: OC III, 40.
5   P. GOUBERT, *Louis XIV et vingt millons de Français*, París, Fayard 1966, p. 32-33; P. GOUBERT, *La Vie quotidienne des paysans français au XVII siècle*, París, Hachette 1982, p. 118 ss. ; P. GUTTON, *La société et le pauvres en Europe aux XVI-XVIII siècles*, París, PUF, 1974, p. 60,71.
6   L. PORQUET, *La Peste* (ya cit.), p. 87, 88 Ms de Tomás Prouverre de Bordeaux, cit. Por B I p. 153 n. 1.

de gabela, o el establecimiento de un impuesto sobre los cueros para que estallara un levantamiento o masacraran a un representante del rey.

## Richelieu, el "Marte francés"

Durante sus misiones de 1638, Juan Eudes, siempre atento a la vida de las gentes, debió percibir cómo crecía ese clima de desesperación y de revuelta. Hubo, es verdad, algunos momentos más alegres, como el anuncio tan esperado del nacimiento del delfín (el futuro Luis XIV) (5 de septiembre de 1638). Pero sólo eran intermedios dentro de una situación por demás inquietante.

En el curso del verano, Juan Eudes había predicado en la diócesis de Bayeux, en *Brémoy*, luego en *Ouistreham*. (La abadesa de las benedictinas de Caen, Madame de Budos era señora y patrona de esta última parroquia y fue ella quien asumió los gastos de la misión.)[7].

En diciembre dio una misión en *Pont-l'Évêque*, en la diócesis de Lisieux (hoy en día perteneciente a la de Bayeux). El Obispo de entonces, Philippe Cospéan (1571-1646) era un varón apostólico, inteligente, bastante conocido en la corte y amigo del Oratorio: No conocía aún al P. Eudes que por primera vez estaba evangelizando su diócesis, pero le escribió el 19 de diciembre que deseaba encontrarse con él después de Navidad y retenerlo el mayor tiempo posible al servicio de su iglesia. Cuando se conocieron nació entre ellos gran amistad, preciosa para Juan Eudes. Cuando Cospéan tenía setenta años de edad y treinta de episcopado, se declaraba sus discípulo y sus hijo.

Juan Eudes anota esas predicaciones de 1638 en su diario. Y añade: "Son indecibles los frutos que Dios sacó de esas tres misiones, por las cuales sea bendito y glorificado eternamente". Se nota como un crescendo en esos gritos de admiración con que subraya el recuerdo de sus actividades misioneras.

Antes de despedirnos de ese año de 1638, mencionemos un acontecimiento de la vida del Oratorio en el que Juan Eudes no estuvo mezclado directamente pero del que seguramente oyó los comentarios. También allí se perciben fuertes implicaciones políticas y esto lo relaciona con el tema predominante de este capítulo. Tuvo lugar en el mes de mayo. El Oratorio estaba celebrando una asamblea general en Saumur, en el lugar de peregrinación de Nuestra señora de Ardilliers. El 7 de mayo, en plena sesión de la

---

[7]  Para todo este capítulo cfr. MBD 25-31: OC XII 109 ss. ; *Annales* I 10-11: 27/33.

asamblea, los sargentos del rey irrumpieron en el recinto. Venían a detener a un oratoriano, superior de la casa de Saumur, que era miembro de la Asamblea, Claude Séguenot (1596-1676), culpable de haber cuestionado, en notas poco conformistas de su libro *Sobre la santa virginidad* (marzo de 1638), la importancia de los votos de religión, lo que había levantado una tempestad entre los religiosos. (Un año antes, en *El reino de Jesús*, Juan Eudes había sugerido, pero discretamente, ideas bastante afines: los "votos" más importantes son los del bautismo)[8]. Algunos días después, el 14 de mayo, Richelieu hacía detener al amigo de los oratorianos, el abad de Saint-Cyran. Se le reprochaba algunas posiciones doctrinales: habría sido el inspirador de Séguenot, por lo cual era preciso detener a éste primero —pero se sospechaba que los verdaderos motivos eran políticos. De una inteligencia aguda, crítica y combativa, Saint-Cyran era culpable de haber censurado ásperamente al cardenal y de haber inspirado el panfleto terrible que su amigo de Lovaina, Jansenio, había publicado: *Mars Gallicus*. Ese "Marte francés", ese dios de la guerra, era el cardenal-duque, Richelieu, que acababa de hacer alianza con las Provincias-Unidas y Suecia, protestantes. Durante los cinco años de arresto que siguieron, Séguenot en la Bastilla y Saint-Cyran en la torre de Vincennes, invitarían silenciosamente a escritores y predicadores a medir bien sus palabras. Su encarcelación, sobre todo la de Saint-Cyran, había causado estupor aún entre aquellos que no aprobaban todas las "máximas" del maestro[9].

Una vez más Juan Eudes, en el seno mismo de esa familia espiritual que él venera, se ve invitado a elegir su camino, deslindándose más o menos del pensamiento o de las maneras de expresarse de algunos de sus hermanos: de un Claude de Séguenot, de un Charles Maignard, o de ese normando, Toussaint-Guy Desmares, a quien Berulle, antaño, "había puesto en manos de Saint-Cyran"[10].

Coincidencialmente Jansenio, gran profesor en Lovaina y fiel colaborador de Saint-Cyran, nombrado dos años antes obispo de Ypres, en los Países-Bajos, fue arrebatado por una muerte cruel ocho días antes del arresto de su amigo. Se comentaba que Jansenio estaba preparando desde hacía veinte años una gran obra decisiva sobre el pensamiento de san Agustín. ¿Se publicaría después de su muerte?

---

8   RJ II 38 y VII 12-13: OC I 267 ss y 514 ss.
9   Hasta el prudente Cospéan "confesaba haber sido en otro tiempo el maestro de Saint-Cyran pero que ahora gustoso sería su "discípulo": N. FONTAINE, *Mémoires pour servir a l'historie de Port-Royal*. Cologne, 1753, t.I p. 250. Sobre todos estos hechos cf. J. ORCIBAL, *Les Origines du jansenisme* (ya cit.).
10  J. ORCIBAL, *op. cit.* T. II p. 288, n.11.

Pero despidamos, finalmente con Juan Eudes, el año de 1638.

## 99 días, más de 100 confesores

El 10 de enero de 1639, en ese tenso clima político y social, comenzó Juan Eudes una gran misión en Caen, "misión cuyos frutos fueron muchos más grandes de lo que pudiera decirse". Al darle facultades para la misión, el obispo de Bayeux, Jacques d'Angennes, le confirmó el título y el cargo de superior de las misiones de la diócesis de Bayeux[11]. El marco de la gran misión de Caen iba a ser la iglesia más amplia de la ciudad, la de la abadía de los Hombres, *Saint Étienne*.

Esta gran abadía no había podido ser reformada a pesar de los esfuerzos de un "prior claustral" enérgico y lleno de celo, Don Jean de Baillehache (1562-1644); éste había logrado salvar de la demolición el coro de la espléndida iglesia abacial y hacer restaurar la torre central. Pero no logró restaurar la disciplina monástica entre sus hermanos de religión. Moriría cinco años después de la misión y los desórdenes empeorarían aún más, hasta el punto de ser escándalo para los habitantes de Caen. Se veían monjes vagabundear por la ciudad, "con adornos de colores y hábitos indecentes", frecuentar tabernas, jugar dinero en los naipes y "hacer orgías en sus casas". Porque se habían repartido el edificio monástico y cada uno vivía por aparte[12].

Esos veinte o treinta religiosos no perturbaron, ciertamente, la misión, pero la mayoría de ellos debió permanecer al margen. En todo caso su iglesia acogía la muchedumbre de cristianos y su inmensa nave resultaba demasiado pequeña. Sabemos por una carta de Condren que hubo hasta cien confesores. Esa carta, dirigida al obispo de Amiens es interesante. Se estaba dando por entonces una misión oratoriana en Amiens y el obispo solicitaba refuerzos. El superior general (después de haber proyectado enviar allí al joven Jean-Jacques Olier, que se había hecho su discípulo)

---

11  BESSELIEVRE VIII: ms 22/13-14. Estas facultades le serán renovadas en 1645.
12  E. MARTÈNE , *Hist. de la Congreg. de Saint-Maur*, p.p. G. CHARVIN, Ligugé, 1928-1954, t. III (1645-1655) p. 258-260 y t. IV(1656-1667) p. 152-153; C. HIPPEAU, *L'abbaye de Saint-Etienne de Caen* (1066-1790), Caen, 1855 p. 212-233. Dom de Baillehache fundó sus esperanzas en un joven religioso, François Blouet de Than, hermano (?) de Jean y Nicolás, a quienes encontraremos más tarde, por lo mismo primo de los Blouet de Camilly. Pero el joven murió de peste en 1638 (Hippeau p. 251). La reforma de la abadía sólo tuvo lugar en 1633, por un "concordato" con la Congregación de Saint-Maur; en estas circunstancias, Jean Blouet de Than, hermano menor de François, que entró a la abadía después de la muerte de éste, desempeñó un papel activo: Cfr. AD Calvados, H 1886; BN, N, acq. Fr 20218, f. 286- Es HIPPEAU, p. 230 el que habla de un monje entre los revoltosos del 26 de agosto de 1639; cfr. Infra.

responde al obispo lamentando que los diecisiete sacerdotes del lugar que habían comenzado a oír confesiones junto con los misioneros, no hubieran querido continuar, porque esta asociación hubiera sido provechosa para la misión y para los sacerdotes de la ciudad y le presenta, sin nombrarlo el ejemplo del P. Eudes:

> Hace algún tiempo yo aconsejaba este medio a uno de los nuestros que está casi siempre en misión en Normandía. Un tesorero de Francia de la ciudad de C. me dijo aquí recientemente que lo había dejado allí, donde lo había visto durante una semana seguido en tal forma por el pueblo y por los sacerdotes de la región que ocupaba cien confesores. He sabido después que este fervor ha continuado. Sin embargo sólo lo acompaña un sacerdote del Oratorio. Dios le ha concedido la gracia de que el pueblo logre el servicio de los demás sacerdotes y que éstos lo ofrezcan.

Sabemos, por otra parte que, de hecho, el "tesorero de Francia" Jean de Bernières, estuvo en París en enero de 1639. Fue él quien informó al P. de Condren sobre este carisma de su amigo, de despertar el celo de los sacerdotes y de conducir hacia ellos el corazón de su pueblo[13].

Se nos dice también que durante esa misión hubo protestantes convertidos. Sería interesante saber cómo miraba Juan Eudes a los reformados de su ciudad, cuyo templo, en el Bourg-l'Abbé, estaba cerca de Saint-Etienne y formaban un ambiente muy vivo. ¿Qué pudo conocer acerca del gran Samuel Bochart (1599-1667), pastor en Caen, especialista en lenguas orientales, y un precursor de los estudios bíblicos modernos? ¿Y ellos, por su parte, cómo apreciarían la acción del misionero? Es un estudio que está por hacer[14].

En cuanto Philippe Cospéan, sólo se alegraba a medias de estos éxitos apostólicos: hubiera preferido que el P. Eudes se fuera a trabajar a su diócesis. Y se lo escribe el 20 de enero: "Usted ha concedido, pues, a sus paisanos de Caen lo que yo deseaba obtener para mis gentes de Lisieux: que usted adelantara aquí el combate de Cristo y que me aceptara como compañero de armas y como hermano". Esperaba que algún día ese anhelo le sería satisfecho[15].

---

13  DU CHESNAY, M. p. 33, 39-41; Bibl. de l'Arsenal, ms 3597, p. 68. I. NOYE, *Chronologie de J. J. Olier* ronco., 1980: año 1639.

14  El estudio de J.A. GALLAND, *Essai sur l'histoire de protestantisme à Caen* (1598-1791), París 1898, habla del p. Eudes (p. 52-53) según Martine-Le cointe, sin aportar elementos nuevos. En la p. 53, n. 4, anota: "El P. Eudes tenía toda la rudeza de un jansenista".

15  Cartas de Cospéan, reproducidas todas en MARTINE, ms, 17, ff. 86,94,99,106-110,128.

Efectivamente el P. Eudes volvió, sin tardanza, a Pont-l'Évêque, donde predicó la estación de cuaresma. Fijó con monseñor Cospéan las modalidades de la misión anhelada para Lisieux y el prelado vino a Pont-l'Évêque y allí aprobó, el 20 de marzo, los estatutos de una cofradía del Santísimo Sacramento[16].

## Violencias desencadenadas

Durante la primavera, en el mes de mayo, se dejaron oír los primeros rumores de revuelta. Se produjo, primero, en Ruan, un levantamiento de los fabricantes de naipes de juego por causa de una tasa. Un edicto sobre las tintorerías, otro sobre gabela, la apertura en el mes de marzo anterior de una Corte de Ayudas (destinada a controlar mejor la recaudación de impuestos) aumentaban la exasperación de las gentes.

Lo cual no impidió que el P. Eudes comenzara el 24 de junio, junto con dos hermanos oratorianos de Caen,[17] la misión de Lisieux tan deseada por Cospéan. El obispo se hizo presente allí para ponerla en marcha. Terminaría a comienzos de agosto.

En Lisieux se enteró Juan Eudes de los acontecimientos de Caen y luego de los de Avranches. El 13 de julio, en Caen, una acción policiva ejercida abusivamente por un funcionario de la gabela había desencadenado la ira popular. Tres días después, en Avranches, fue masacrado un funcionario de quien se sospechaba que fuera el portador del edicto sobre la gabela. Siguieron otros asesinatos y saqueos de oficinas. Toda la región de Avranches se agitaba y se organizaban cuadrillas armadas. En el otro extremo de Normandía, en Ruan, el 4 de agosto, fue asesinado un funcionario enviado a controlar las tintorerías.

El 8 de agosto en Caen insultaron y golpearon a un funcionario de la marca de los cueros: después de lo cual siguieron ocho días de revueltas. La agitación se reanudó en Avranches, en Ruan, en Bayeux. De nuevo en Caen, el 26 de agosto, una turba de dos mil personas, en cabezada por mujeres, alrededor de un agitador apodado Bras-nu, pilló y destruyó la residencia del señor Le Haguais, recaudador de "tallas", el cual se había refugiado a tiempo dentro de las murallas del castillo; se trataba del padre de madame Blouet de Camilly. Luego los revoltosos, entre los que se señala a un monje de la abadía de San-Esteban, atacaron a un oficial de gabelas. El 27 y el 28 saquearon la casa de un burgués y la de dos grandes comerciantes: así se pasó de una negativa de pagar impuestos, a un comienzo de

---

16 DU CHESNAY, M, p. 133 n.4.
17 DU CHESNAY, M.p. 253.

subversión social. El 29, el duque de Matignon, lugarteniente general de la Baja Normandía quebrantó finalmente la revuelta, al detener a Bras-nu y a otros agitadores.

LA IGLESIA REFORMADA DE CAEN.
Construido en 1611, destruido en 1685, coincide aproximadamente con la duracióndel Edicto de Nantes, y tambiéncon la existencia de P. Eudes. Simboliza no sólo la presencia protestante, sino tambiénla urgente necesidad de reforma en el seno de la Iglesia católica. Se encontraba en Bourg-l'Abbé, fuera de la ciudad. (Documento y foto: Biblioteca Municipal de Caen.)

Pero el 6 de septiembre le llegó el turno a Coutances: la turba se apoderó de un recaudador de tallas y lo masacró. Cogieron también a su cuñado, lo ataron a la cola de un caballo y durante dos o tres días lo arrastraron así por las calles antes de matarlo con pistola. Volveremos a encontrar más tarde este episodio.

También hubo violencias en Mortain y Carentan. Se publicaron manifiestos como aquél cuyo título aparece al comienzo de este capítulo. No se conoce la identidad del tal Juan Descalzo pero se sabe que sacerdotes y gentilhombres tomaban parte en la revuelta, dirigían bandas armadas del "ejército del sufrimiento".

Richelieu se dio cuenta de la gravedad de esos movimientos y decidió reprimirlos. La represión se hacía en dos tiempos: una operación militar seguida de una acción judicial.

La operación se confió a un joven coronel, Jean de Gassion, conocido por su pugnacidad y que comandaba las tropas de mercenarios extranjeros. Richelieu lo llamaba La Guerra. El 10 de noviembre recibió la orden partir a Normandía con 1.200 hombres de caballería y cuatro mil infantes. Entró en Caen el 23 de noviembre.

El 27 el P. Eudes, que acababa de asumir interinamente la responsabilidad de su comunidad "mientras llegaba el superior que se enviaría a ella"[18] comenzó la estación de adviento en la iglesia de Saint-Pierre de Caen. ¡Un adviento dramático!

Mientras tanto Gassion llegó a Avranches con su tropa. Allí se encontraron los grupos rebeldes mejor organizados. Emprendió combates durísimos y ejerció controles y castigos severos. Los soldados pillaban, violaban. Hubo ejecuciones sumarias. Llegó también a Coutances, precedido de su terrible reputación. Se decía que lanzaba a los bebés por las ventanas. (Véase página 134.) El 22 de diciembre, Gassion regresó a Caen. Bras-nu fue descuartizado vivo, y su cuerpo, repartido en trozos, fue expuesto en las puertas de la ciudad. Al día siguiente de navidad, Richelieu felicitaba a Gassion.

¡Extraña navidad para Normandía! Después de Caen el turno fue para Ruan, donde el coronel pasó mes y medio.

## El canciller Séguier

El canciller Séguier, encargado de ejercer la acción judicial, le había precedido allí. El 19 de diciembre, había llegado solemnemente con séquito de veintidós o veintitrés carrozas, "la mayoría de seis caballos, y buen número de caballería", investido de poderes exorbitantes. Richelieu le escribió el 26 de diciembre: "Le conjuro que recuerde que nunca será bastante el escarmiento en esta ocasión". La justicia fue expeditiva y rigurosas condenas se ejecutaron sin dilación. La ciudad fue condenada a pagar pesadas indemnizaciones.

Por su parte, durante ese tiempo, Pierre Corneille, natural de Ruan, meditaba el tema de su nueva tragedia: *Cinna, o la clemencia de Augusto* (1640). ¿Estaría pensando en Luis XIII?

---

18   AN, M 228 B, *Actes de Conseil de l'Oratoire*, 27 de oct. de 1639.

En este contexto se comprende la carta que Cospéan, a su regreso de París a Lisieux, escribió al Padre Eudes, cuando éste se hallaba predicando el adviento en Caen:

> Excelente Padre: me hallo finalmente aquí de regreso y listo para abrazarlo cuanto antes, porque usted es lo que más quiero en Jesucristo. Desgraciadamente, Padre mío, la esperanza de la misión de Ruan (se trata de un territorio de la diócesis de Lisieux enclavado en la ciudad de Ruan) ya es caso perdido. Porque los horribles disturbios que arruinan esa infortunada ciudad no permiten nuestra presencia allí.

Una vez terminada su tarea en Ruan, el canciller se dirigió a Caen. De paso fue recibido en Lisieux por Cospéan. Era deber de los obispos acoger los personajes importantes. En Caen (16 de febrero de 1640) Séguier pasó quince días con Gassion y sus tropas. Allí también se mostró implacable, suspendió a todos los empleados oficiales y los remplazó por comisarios, pronunció condenas verbales sin fórmula de juicio, condenó la ciudad a indemnizaciones. El 4 de marzo se encontraba en Coutances. A su llegada "el Señor Canciller se vio importunado por los clamores de las mujeres que de rodillas gritaban: *"Misericordia"*. Así protestaban contra las detenciones de sus maridos y de tantos otros prisioneros a quienes no se hace justicia". Pero Séguier no se dejó enternecer e hizo levantar en la ciudad una horca de cuatro brazos. Condenó al suplicio de la horca y de la rueda.

Luego regresó a Caen por algunos días. Durante sus visitas a Caen es posible que escuchara una que otra predicación de cuaresma que el P. Eudes estaba dando en Saint-Pierre. El predicador anota: "Allí plugo a nuestro Señor producir grandes frutos de gracia, en muchas almas por la virtud de su divina Palabra".

Lo cierto es que el 18 de marzo, domingo *Laetare*, Séguier tomó en consideración una solicitud presentada por el P. Eudes a favor de los pobres detenidos. Y mientras el canciller presidía una sesión de sustentación de tesis en la universidad, envió a uno de sus colaboradores para que visitara las cárceles. Este, al frente de una comisión, vio allí "más o menos treinta y seis prisioneros por contravenciones leves de contrabando de sal" y algunos le parecieron "tan miserables que no hay mendigos andrajosos que despierten más compasión que ellos". Entre ellos vio a "unas pobres mujeres octogenarias a quienes no se les imputaba ni siquiera contravenciones de diez sols". Comprobó, por otra parte, "que el capellán ordinario es persona sumamente caritativa y que de él, como del P. Eudes, los detenidos reciben gran solicitud".

El P. Eudes, como lo aconsejará más tarde a sus hijos, frecuentaba personalmente la prisión, en compañía de un "capellán ordinario" (que bien podía ser un jesuita del colegio, ya conocido por él cuando era alumno allí). Así pudo verificar personalmente la situación lamentable de los detenidos. Algunos años más tarde describiría a la reina regente de la situación de esas pobres gentes: "Se pudren ahí adentro –le dice- por haber vendido un poco de sal para ganarse la vida" y porque no han podido pagar las gruesas multas que los aplastaban. Entonces "se ven obligados a suplicar como una gracia ser azotados por el verdugo. Esto lo puedo atestiguar por haberme ocupado algunas veces en alcanzar esa gracia para algunos"[19].

Esta vez, en todo caso, su intervención fue eficaz. El 20 de marzo, en Lisieux, "dicho señor canciller firmó las absoluciones para los prisioneros de Caen: una para los contrabandistas de sal, la otra para las "tallas" y las últimas para todos los demás prisioneros, en número de sesenta u ochenta por todos". Estas sentencias absolutorias fueron enviadas a Caen "por un hombre expreso".

El 19 de marzo, Séguier y una parte de su comitiva cenaron en casa de Philippe Cospéan en Lisieux. Es posible que durante esa cena se hablara elogiosamente del Padre Eudes. Lo cual explicaría una pequeña frase de la alentadora carta que Cospéan escribió el 23 al misionero: "Hubiera querido asistir personalmente a sus sermones, cuya fama, aquí me llena de alegría". Y añadía: "Una cosa me aflige y es que usted no se preocupa para nada de su salud, que para mí es más preciosa que mi vida. Usted se agota con un trabajo excesivo...".

Posiblemente Cospéan oyó contar la escena siguiente: en una de las predicaciones de Cuaresma, durante la ocupación de Caen por el terrible Gassion, el P. Eudes había hecho alusión al recibimiento que las mujeres de Coutances habían hecho al canciller que era portador de la justicia del rey. Ellas le habían gritado: ¡Misericordia! Con cuanta mayor razón debemos gritar nosotros: ¡Misericordia!, a nuestros Dios, que ejerce su justicia sólo para nuestro bien... Y toda la asistencia, de rodillas suplicó a gritos, en pos del misionero: ¡Misericordia, Dios mío, misericordia!

Ten torno a esta historia hay una anécdota cómica. Se cuenta que un ilustre predicador, Jean-Pierre Camus, antiguo obispo de Belley, quiso imitar al P. Eudes, a quien conocía bien porque, siendo abad comendatario de Aunay, cerca de Caen, había residido por varios años en el Oratorio. En un sermón que dio poco después, él también gritó: ¡Misericordia! Pero los oyentes permanecieron callados.

---

19   OC XI 59.

Buen perdedor, Camus, dijo, otro día, a "una persona distinguida (...) mostrándole al Padre Eudes que bajaba del púlpito: "Señor, he oído en mi vida a muchos predicadores, y de los más competentes, tanto en Francia como en Italia; pero nunca he oído a alguien que penetrara tan adentro en el corazón del hombre, como este buen padre"[20].

Al final de esos dos años de calamidades públicas este "buen padre" había aprendido a conocer mejor todavía el corazón del hombre y las duras realidades que marcan su vida. Y comprobaba con mayor evidencia la situación de los pobres.

Y con esas realidades alimentaba también su oración. Más tarde expresará algo de esa plegaria íntima en una meditación sobre el corazón de María. Allí contemplaba a la Virgen que en su misericordia, "se compadece de tantos pobres, tantos cautivos y prisioneros (...) tantos indefensos oprimidos por la violencia de quienes están sobre ellos (...) tantos corazones angustiados"[21].

Jamás, tal vez, había sentido tan vivamente esa situación desdichada como durante los meses terribles de la revuelta normanda y de su represión.

---

20   *Annales* I 11: 27/37-38. DU CHESNAY (NV IV 48) corrige la fecha dada por Costil.
21   CA V2: OC VIII 32.

## CAPÍTULO VII

# En la encrucijada

(1640-1641)

*El proyecto Godefroy*
*Muerte de Condren*
*Richelieu*
*Asamblea del Oratorio*
*Coutances y Marie des Vallées*
*La negativa del Oratorio*

Cuando el canciller Pierre Séguier y el futuro mariscal de Francia, Jean de Gassion, abandonaron la provincia de Normandía, ésta pudo finalmente respirar. Después de esos nueve meses de pesadilla era preciso seguir viviendo y reconstruir.

Había que reconstruir también la Iglesia. Es posible que Juan Eudes viera en esas desgracias una prueba purificadora, un llamado de Dios a emprender con mayor fervor y método "la restauración de las pobres Iglesias", y en especial la reforma del clero.

### Vuelve "el proyecto Godefroy"

En esa primavera de 1640 el P. Eudes tenía treinta y ocho años. Rico ya en experiencia, dueño de dotes que sabía poderosas, venerado en Caen desde los tiempos de la peste, autor ya apreciado, sentía bullir en su interior muchas energías, muchos pensamientos vueltos hacia un futuro mejor de la Iglesia. ¡Tenía tantas cossas importantes por decir, por gritar, tantas iniciativas por realizar para que Jesús viviera y reinara con mayor plenitud!

Las misiones le habían permitido palpar grandes necesidades, grandes expectativas y también, sin duda, grandes posibilidades. En ellas había madurado, por ejemplo, aquel proyecto de acoger a las jóvenes con dificultades morales, sobre el que había cambiado ideas, seis años antes con Jean de Bernières. Pero sobre todo sentía cada día con mayor intensidad la urgencia de ayudar a los sacerdotes en su formación, para que los cristianos tuvieran verdaderos pastores, testigos vigorosos del Evangelio.

Mucho había por hacer en esta renovación, para la defensa del "orden sacerdotal" como entonces se decía. Y no era fácil. En primer lugar porque muchos sacerdotes no sentían deseos de reforma. Eran numerosos los que carecían de instrucción – algunos apenas si sabían leer – y pocos era conscientes de la grandeza espiritual de su misión. Estaban cerca de sus gentes y les prestaban gustosos su ayuda, pero casi no acertaban a transmitirles los llamados incisivos del Evangelio. Hasta había entre ellos borrachos o libertinos. Los parroquianos, en ciertos casos, podían acomodarse bastante bien con un cura concubinario, por ejemplo, cuando él mismo se mostraba, y es comprensible, indulgente, con ellos. Sucedía a menudo que en una visita pastoral nadie informaba al obispo y éste regresaba sin haber descubierto nada. Otros sacerdotes llevaban una vida mundana y meramente intelectual, sin la menor solicitud pastoral[1].

Muchas personas, conscientes de esta situación, deseaban remediarla. Por ejemplo, el rudo y tenaz Adrien Bourdoise, no había cejado, desde hacía veinticinco años, de presionar y acorralar a los responsables. El mismo, en la parroquia parisiense de San Nicolás-du-Chardonnet, a la que estaba agregado, había transformado al clero en comunidad, y luego a esa misma comunidad en un cuasi-seminario. Más de quinientos sacerdotes se formaron allí entre 1631 y 1644, fecha en que esa casa fue reconocida como seminario.

Además de esta iniciativa, que por largo tiempo permaneció marginal, se habían intentado múltiples ensayos, desde finales del siglo XVI para poner por obra el impulso dado por el Concilio de Trento. Pero los resultados fueron decepcionantes por dos razones principales: por una parte, esas casas, concebidas según el modelo propuesto por el Concilio, recibían muchachos de doce años que se marchaban al llegar la adolescencia. Por la otra, buen número de esos intentos había naufragado por falta de recursos. Hay que reconocer que este último problema era difícil. Porque todos los recursos del clero venían de "beneficios", es decir, asignaciones fijas unidas a funciones pastorales. En la apretada red de tales beneficios, ¿cómo hacerles campo a los seminarios que no cumplían directamente una función pastoral? Nadie había encontrado respuesta adecuada a esta pregunta.

Aún Richelieu, joven obispo de Luçon, había tropezado en ello. Había abierto en su diócesis un seminario que confió a los oratorianos, y con ser todo un Richelieu, fracasó: la contribución que impuso a su clero

---

1 Véase M. VENARD, "Le Prêtre en France au début du XVIIe siècle" en *Bulletin de Saint-Sulpice* n 6 (1980) p. 1980 ss: F. LEBRUN, *Histoire des catholiques en France*; R. TAVENEAUX, *Le Catholicisme dans la France classique*; V.-L. TAPIE, *La France de Louis XIII*.

para financiar el seminario no fue pagada y los oratorianos, escasos de víveres, se fueron yendo uno tras otro².

En el Oratorio estas cosas causaban gran preocupación y se comentaban incesantemente. Se había comprado en París un antiguo convento, Saint-Magloire, desde 1618 con el propósito de convertirlo en seminario. Pero en 1645 todavía no había albergado al primer seminarista que no fuera oratoriano. Era una especie de impotencia. Juan Eudes, emprendedor y tenaz, debía mirar esta inoperancia con alguna impaciencia. Posiblemente se preguntaba a veces, si no debía tomar él mismo iniciativas en este campo.

Le debía parecer inconcebible que un proyecto coherente, como el del normando Charles Godefroy (véase p. 19), aprobado solemnemente quince años atrás, exactamente en el momento de su ordenación, por la Asamblea general del clero de Francia, no hubiera tenido todavía realización. Una vez muerto Godefroy nadie había puesto en pie aquella "sociedad de pocas personas", la "congregación de eclesiásticos que se entregarían por entero a esa obra" que habían anhelado Godefroy y los obispos. Sin embargo aparecía absolutamente necesaria para garantizar la puesta en marcha y la duración de la empresa y para atraerle las donaciones necesarias para su subsistencia (véase p. 116). ¿Quién la realizaría?

## Richelieu "a quien Juan Eudes tenía acceso y ante quien gozaba de bastante crédito"

Tal vez el P. Eudes estaba rumiando esos pensamientos cuando llegó en mayo de 1640, a la capital. Venía precisamente a hablar allí a los sacerdotes en esa casa de Saint-Magloire que era la segunda comunidad oratoriana de París, pero que no llegaba a ser verdadero seminario³.

Estaba en el ambiente dar conferencias a sacerdotes. Vicente de Paúl, precursor en este campo, como en tantos otros, lo estaba haciendo cada martes desde hacía siete años.

No sabemos si fue en esa ocasión o al volver a París en 1642, cuando Juan Eudes tuvo entre sus oyentes a dos sacerdotes jóvenes de la diócesis de Avranches, quienes, al escucharlo, se sintieron cuestionados en profundidad, y se dijeron el uno al otro: ¿"Qué estamos haciendo aquí? ¿Por qué

---

2   A. DEGERT, *Histoire des séminaires français jusqu'à la Révolution*, 2 vol. París, 1912. Sobre San Nicolás-du- Chardonnet, véase además de las obras citadas , M. VENARD, "Les seminaires en France avant S. Vincent de Paul" en *Vincent de Paul, Actes du colloque d'etudes vicentiennes*, Roma, CLV, 1983, p. 1 ss –Sobre el sistema de los beneficios, F. Lebrun, op. cit. p. 98.

3   Sainte-Magloire estaba situado sobre la montaña Sainte-Geneviève, a la sombra de la iglesia Saint-Jacques-du-Haut-Pas.

no imitamos a este santo sacerdote? Somos de una región inmensamente necesitada de instrucción. Hagamos en nuestra tierra, por nuestros compatriotas, lo que estamos viendo hacer aquí para extranjeros...". Y al finalizar sus estudios regresaban a Avranches para consagrarse a la misiones. Uno de ellos fundó en Brouains un seminario presbiteral. Y el analista Costil, quien conocía bien la región, anota que desde entonces se han sucedido predicadores y confesores celosos, que han "cambiado el rostro de la diócesis"[4].

Durante esa permanencia en París, Juan Eudes fue recibido por el cardenal Richelieu. Ignoramos si era la primera vez, pero Batterel refiere que el P. Eudes tenía fácil "acceso y aun bastante crédito" con Richelieu. En todo caso sabemos que el P. Eudes le recomendó a un joven sacerdote que le había impresionado entre sus oyentes, Félix Vialart de Herse (1613-1680). Algunas semanas después el cardenal-ministro lo hizo obispo. Se necesitaba un coadjutor en Châlons. El año anterior Jean-Jacques Olier había rehusado este cargo. Vialart (que era primo hermano de J. J. Olier) fue nombrado en su lugar. Y va a ser uno de los mejores obispos reformadores. Durante su largo episcopado permanecerá fiel al P. Eudes. Volveremos a encontrarlo[5].

En el mes de julio de 1640, Juan Eudes cambió de horizontes: pudo disfrutar del verano y del aroma de los pinos en la región del Rance, acompañando a monseñor de Harlay-Sancy en sus visitas pastorales. Esta era una tarea esencial que muchos obispos, a comienzos del siglo, descuidaban todavía. El Obispo de Saint-Malo que conocía bien a Juan Eudes, había solicitado su ayuda y el consejo del Oratorio la había concedido[6].

No conocemos las conversaciones entre el obispo y el joven misionero durante las largas horas pasadas en la diligencia o a caballo, por los caminos que los llevaban de una a otra parroquia. Sin embargo, un indicio permite suponer que Juan Eudes, de espíritu siempre alerta, interrogó al antiguo embajador en Constantinopla sobre la vida que allí se lleva; sin duda le oyó contar cómo viven los turcos y cómo nuestra Señora, la Virgen María hace a veces milagros aún a favor de los infieles. Una página del *Corazón admirable* ha conservado el recuerdo[7].

---

4    *Annales* I 24: 27/91. G. BONNENFANT, *Les Séminaires normands du XVI au XVIII s.*, París 1915, p. 231-232.

5    DU CHESNAY, M, p. 368-369; B. RACINE, *Abregé d'Histoire Ecclésiastique*, Cologne 1754, t. XIII p. 63; I NOYE, *op. cit.* año 1639; BATTEREL, II p. 235 n. 1 y p. 242.

6    AN, M 228 B: *Actes du conseil...* 24 de mayo de 1640. Para el conjunto de este cap. MBD 29-35: OC XII 110-112; *Annales* I 12 y 18-20: 27/37ss y 65ss.

7    CA IV 7: OC VI 430.

Y es muy probable que hablaran también de una tal Elizabeth de Ranfaing, mujer sorprendente, a la que conocía muy bien monseñor de Harlay-Sancy: extrañamente maltratada por el demonio, había sido librada de él como santa Magdalena y dirigía ahora en Nancy una casa de "Refugio" para mujeres arrepentidas. En todo caso, el Padre Eudes parece haberse acordado de esa experiencia cuando fundó un poco más tarde, el Refugio de Caen[8].

Cuando terminaron las visitas pastorales de las parroquias bretonas, Juan Eudes regresó a Normandía, tal vez con cierta premura, para reanudar el trabajo misionero, y siempre en busca de iniciativas posibles para la renovación de la vida cristiana. En el otoño hizo una misión en Mesnil-Mauger (diócesis de Lisieux), sobre la cual Dios derramó gracias indescriptibles y numerosas, anota en su diario. Una de esas gracias fue el encuentro con un joven sacerdote, Thomas Manchon (1613-1663), amigo de Simón Mannoury: inteligente, buen orador. "de ojos brillantes y porte majestuoso"... Juan Eudes lo conquistó para el trabajo misionero: desde entonces el P. Manchon lo acompañó en sus misiones y estuvo asociado en todas las búsquedas e iniciativas.

El 20 de octubre el P. Eudes fue nombrado superior del Oratorio de Caen. Parece que hubo vacilaciones dentro del consejo de la congregación: se encuentran trazas de ello en las actas, en repetidas ocasiones, entre enero y octubre de 1640. ¡Es verdad que Juan Eudes estaba tan a menudo fuera de casa! Pero se tiene la impresión de que sus hermanos insistieron para que fuera nombrado superior[9]. En todo caso ese nombramiento le demostraba la confianza del Padre de Condren. También tenía la confianza de varios obispos: los de Saint-Malo, Coutances, Bayeux y, claro está, de Lisieux. ¡Sin hablar del Cardenal-ministro! Podía, pues, seguir adelante.

Terminó el año de 1640 en Lisieux, en casa de monseñor Cospéan que lo apreciaba tan vivamente y que hubiera querido reanudar en enero de 1641 el proyecto de misión de Ruan. En Lisieux predicó el adviento. Allí también predicaría la cuaresma de 1641. Sin duda aprovechaba el tiempo que le dejaban las estaciones para escribir. Porque siempre tenía un libro en preparación. En ese mes estaba trabajando en *El catecismo de la misión*, del cual volveremos a hablar.

---

8   DU CHESNAY, "Les fondations de saint Jean Eudes dans leur temps" en *Cahiers eudistes*, París 1963, p. 33 ss.
9   AN, M 228 B: 19 y 26 enero 1639; 27 de oct. 1639; 20 de oct. 1640 BATTEREL, II, p. 238-239

Pero entre el adviento y la cuaresma Juan Eudes había recibido un golpe durísimo, tanto para él como para el Oratorio: la muerte repentina del superior general, el Padre de Condren.

## Delegado a la asamblea del Oratorio

Condren que sólo tenía cincuenta y dos años, había presentido su muerte y hablaba de ella desde hacía algún tiempo. Sentía prisa por adelantar un proyecto que tenía secreto y para el cual preparaba desde hacía largo tiempo a un grupo de jóvenes no oratorianos, discípulos suyos, entre ellos Jean-Jacques Olier. Para ellos recibía, además, el estímulo de una mujer del barrio de Saint-Germain, Marie Rousseau. Era viuda, dueña de un restaurante, y vivía en gran familiaridad con Dios y presionaba al Padre de Condren, en el nombre de Dios, para que llevara adelante su proyecto. Pero Condren no era un hombre de acción y jamás tenía prisa. Finalmente, en la mañana del 29 de diciembre de 1640, convocó a uno de sus discípulos, el Padre du Ferrier y dialogó con él por espacio de cuatro horas. Le reveló su plan: formar un seminario de ordenandos, una casa estable, que recibiría para permanencias prolongadas a los candidatos a la ordenación. Habló largamente y prometió continuar otro día... pero al día siguiente cayó enfermo y murió una semana más tarde, el 7 de enero de 1641. Antes de morir bendijo a sus hermanos: *Ven, Señor Jesús, y vive en tus siervos*[10].

Sin tardanza, desde la primavera, Olier y sus amigos se dirigieron a Chartres para dar comienzo allí a un primer ensayo de seminario.

Sabemos que el P. Eudes veneraba al Padre de Condren. Un poco más tarde, después de haber dejado el Oratorio, hará que sus nuevos hermanos lean su vida cada año por. No es imposible que conociera entonces el proyecto de seminario largamente madurado por el superior general. En ese caso debía encontrar en él un tema de reflexión. Condren quería confiar la misión de crear un seminario de ordenandos, no a un personal oratoriano sino a sacerdotes seculares que él mismo había agrupado para esa tarea.

Juan Eudes meditaba tal vez estas ideas cuando reanudó sus misiones después de Pascua, en la diócesis de Bayeux, en *Urville*, cerca de Falaise.

Pero fue llamado a París. Sus hermanos de Normandía, de Picardía y de Inglaterra lo habían elegido como delegado a la asamblea general que debía dar un sucesor al Padre de Condren.

---

10   Bibliot. de l'arsenal, ms 3597; *Mémoires de feu M. du Ferrier*.

Deja, pues, las misiones y se reúne con sus hermanos congregados en el mes de agosto de 1641. Llegaba allí con gran deseo de tomar parte en el progreso de esa sociedad que él amaba y de la que tanto había recibido. Insistimos sobre su afecto al Oratorio. En el mes de febrero anterior, había recomendado al consejo de la congregación a un cura párroco de Caen que quería hacerse oratoriano[11]. Por la misma época había enviado también a la casa de Saint-Honoré a un joven sacerdote a quien dirigía, Michel de Répichon, sobrino de su antiguo superior arrebatado por la peste (Véase la página 97.).

En la asamblea, Juan Eudes encuentra a muchos de sus hermanos dignos de admiración, como Jean-Baptiste Gault (1595-1643), recién nombrado obispo de Marsella, un hombre maravillosamente evangélico que pudo muy bien inspirar el retrato que trazará más tarde de un *pastor según el Corazón de Dios*[12]. En Marsella cuando hubo tomado posesión de su obispado, Gault ensayó, en primer lugar, dejar su palacio para irse a vivir entre los pobres; fue a predicar, personalmente, una misión a los galeotes; acogía, visitaba y confesaba a mujeres prostitutas... Durante la asamblea, en la que era "primer consultor", ocupó, por otra parte, un puesto importante[13].

Ante todo había que elegir al superior general. Fue elegido el Padre François Bourgoing (1585-1662), uno de los primeros compañeros de Bérulle y a quien, por otra parte, desde hacía mucho tiempo, Condren delegaba el cuidado de gobernar el Oratorio. Antes de la elección se había consultado a Richelieu, y este había señalado entre los candidatos posibles, el nombre de Bourgoing. Era un hombre de fe y de orden, muy deseoso de trabajar en la reforma del clero, pero en extremo autoritario. Se ha conservado el recuerdo de sus "maneras duras y secas" de su "carácter de una sola pieza". Se le reprochaba el querer hacerlo todo según su criterio[14] y se dice que Condren, a pesar de la confianza que parecía otorgarle, cuando pensaba en su propia muerte y en el que había de sucederle, preveía con inquietud que el P. Bourgoing "lo estropearía todo".[15]

Apenas designado, Bourgoing tomó con firmeza las riendas de la asamblea. Hizo un discurso sobre la vocación de la congregación, en el que insistió en el llamamiento a trabajar "en la formación de los sacerdotes

---

11   AN, M 228 B: 14 de feb. y 14 de marzo de 1641.
12   Archiv. del Oratorio, ms in-folio 32: *Actes de la 4 Assemblée générale*. OC III 24 ss.
13   BATTEREL I, p. 103.
14   BATTEREL, *Mémoires domestiques...* copia dact. del texto integral, en los arch del Oratorio, p. 221-223.
15   BN, F. fr 24998; *Journaux de Des Lions*, f. 620, cit. por ORCIBAL, *Les origines* ... t. II p. 288, n.2.

y de quienes aspiran a las órdenes sagradas". Pero entre los medios contemplados no se insistía especialmente en los seminarios. Algunos días más tarde Gault abrió una ofensiva sobre la formación de los sacerdotes, tarea más importante, a su juicio, que la de las misiones. Habló ex professo de los "seminarios e instituciones formadas principalmente para el uso de la ciencia, para la piedad y las buenas costumbres". Y el acta añade: "Sobre este tema muchos de la Asamblea hablaron también y propusieron cosas dignas de consideración para incitarnos a abrazar estos empleos tan dignos de nuestra vocación". ¡Nos hubiera gustado saber que parte tomó Juan Eudes en este debate! Lo cierto es que se sintió estimulado por estos trabajos para tomar una iniciativa misionera orientada a los sacerdotes: en el curso de las misiones "reunir a los curas y demás pastores del lugar e instruirlos". Esto dijo Gault y sus hermanos aprobaron un reglamento a ese propósito. Adoptaron también muchos bellos reglamentos para dirigir nuestros seminarios"[16].

Juan Eudes debió dejar ese encuentro con mezcla de aprehensión y de esperanza. Sin duda la elección del Padre Bourgoing le producía cierta inquietud, pero la voluntad de trabajar en la renovación del clero, que se había expresado tan viva en la Asamblea, debió infundirle valor y estímulo.

## La gracia de Coutances

Partió, pues, lleno de ardor, para la diócesis de Coutances, adonde iba a dar una misión en *Remilly*. Estaba bien decidido a aplicar sin demora, las directivas señaladas por su Congregación, proponiendo a los "eclesiásticos" de la región conferencias adaptadas a sus necesidades, y ésa sería la misión para ellos. Y así lo hizo. En su diario ha anotado el recuerdo de esa experiencia que consideraba muy importante y que renovaría en adelante en todas sus misiones. Por su parte, Bourgoing anotaría en la *Dirección para las misiones* la misma invitación a hablar especialmente a los sacerdotes:

> A menudo se debe hacer con ellos lo mismo que se hace con los laicos, con la diferencia de que, a veces, las abominaciones son más grandes en aquellos, los espíritus más enceguecidos y los corazones más endurecidos y menos dispuestos, y se necesitan esfuerzos mayores y una gracia verdaderamente extraordinaria[17].

---

16    BATTEREL, t. I p. 126; Arch. de l'Oratoire, *Actes de la 4e Ass. Gen.*
17    F. BOURGOING, *Direction pour les missions* (ya cit.) p. 97

Esa "gracia" de tocar el corazón de sus hermanos sacerdotes parece que Dios la dio abundantemente a San Juan Eudes.

CATEDRAL DE COUTANCES
El Padre Eudes predicó allí misiones o estaciones en numerosas ocasiones.

Es probable que su amigo Jean de Bernières estuviera presente en la misión que *costeaban* la hermana y el cuñado de ese gran testigo de la vida espiritual. Debió sentirse feliz con lo que veía, porque él también deseaba con pasión la renovación evangélica de la Iglesia[18].

---

18   DU CHESNAY, M. p. 29 n. 17, que cita AD Calvados, 4 C *Registre des delib*. Año 1641
    —Una de las hermanas de Bernières, Laurence, se había casado Henri Le Marquetel de Montfort; , vivían la mayor parte del tiempo en su mansión de Remilly, sino que formaban parte de los "devotos" de Caen: DU CHESNAY, M, p. 348. Se ha observado que, del 19 de junio al 2 de agosto, el concienzudo tesorero de Francia que fue Bernières no asistió a las reuniones de la Oficina Financiera: sin duda estaba en la misión.—Remilly: hoy Remilly-sur-Lozon (Manche); Landelles (debajo de): hoy Landelles-et-Coupigny (Calvados).

De Remilly, Juan Eudes pasó a otro poblado de la misma diócesis, a *Landelles*. Fue llamado allí por un hombre todavía muy joven pero investido ya de grandes responsabilidades: Gastón de Renty (1611-1649). Tenía treinta años, casado y padre de familia, era amigo de Bernières. Ya era superior de la secreta y poderosa Compañía del Santo Sacramento fundada doce años antes en París por el duque de Ventadour y todo un grupo del que formaban parte Condren y Vicente de Paúl. Un poco más tarde Bernières y Eudes participaron en la fundación de la Compañía en Caen. En cuanto a Renty, discípulo a su vez de Condren, llegaría a ser uno de los más fieles y estrechos amigos de Juan Eudes y costearía siete misiones animadas por él.

Finalmente el P. Eudes llegó a *Coutances*. Lo que iba a vivir allí tendría para él grandes consecuencias. Había ido para dar una misión fijada para el mes de agosto de 1641 y solicitada por el Vicario general de la diócesis, Raoul Le Pileur. Se trata de un amigo de Juan Eudes. Probablemente hablaron mucho durante esos dos meses que iban a ser tan importantes en la vida del misionero de Caen. M. Le Pileur será siempre para él un apoyo amistoso y fiel.

Juan Eudes recuerda con emoción y solemnidad un encuentro conmovedor que tuvo lugar durante la misión de Coutances: "Dios me concedió una de las mayores gracias recibidas de su bondad; en ese tiempo tuve la dicha de empezar a conocer a la hermana Marie des Vallées, por quien su divina majestad me ha hecho gran número de señalados beneficios".

Se trataba de una campesina de 51 años que había llevado desde los 19 una existencia dramática. Se consideraba, y muchos con ella, poseída por el demonio. De hecho tenía a menudo comportamientos desconcertantes: apenas si comía, se entregaba a gesticulaciones espectaculares, sufría inhibiciones increíbles... Y al mismo tiempo irradiaba una paz extraña y hablaba con gran sabiduría, brotada de no sabemos qué profundidades. Ya tendremos ocasión de presentarla detenidamente. Digamos sólo que el obispo de Coutances, Léonor de Matignon, desconcertado por un caso semejante, pidió al P. Eudes que se ocupara de ella. Este aceptó y de inmediato quedó cautivado. Aunque la habían exorcizado a menudo, él la exorcizó de nuevo en griego, precisa él mismo. Sobre todo departía largamente con ella y se encomendaba a su oración[19].

---

19   *Vie admirable de Marie des Vallées*, I 2: ms de Québec, f 7 Ro y Vo (cfr. cap. X infra). El título de "hermana" no significa que sea religiosa. Juan Eudes la llamaba a menudo así: "Sor Marie".

Hasta le confió, cuanto antes, un proyecto que acababa de precisar: Crear personalmente un grupo de sacerdotes que se encargaría de un seminario de ordenandos. Fue, en efecto, anota él mismo, en Coutances, durante la octava de la Natividad de la Santa Virgen, (8-15 de septiembre), cuando esa idea se cristalizó en él. Si deseaba que el Oratorio se orientara más radicalmente a la creación de los seminarios ¿Por qué no podía comprometerse él personalmente en la empresa? Y así pidió a Marie des Vallées que encomendara este asunto a Dios. Después de orar, ella le respondió, de parte del Señor, "que la fundación que proyectaba le agradaba mucho, que él mismo la había inspirado y que la edificaría sobre tres fundamentos: la Gracia (...), su divina Voluntad (...) y la Cruz (...)"[20].

Este proyecto era consecuencia lógica de las reflexiones que él había ido madurando desde hacía uno o dos años. Con toda naturalidad había nacido en su conciencia la pregunta: ¿Por qué no yo? Y al punto, como buen realizador, debió empezar a imaginar los perfiles posibles... Pero lo había puesto todo en manos de Dios, renunciando a cualquier búsqueda de sí mismo. Sólo deseaba cumplir la voluntad del Señor, como se había ejercitado en hacerlo desde hacía largo tiempo[21]. Debió hablar también largamente de esto con su amigo Le Pileur: lo veremos dos años más tarde preparar juntos un texto de presentación del nuevo seminario, en el que se refieren, por otra parte, muy explícitamente, a las sugerencias de Charles Godefroy y a la Asamblea del Clero de 1625[22].

Es muy probable, como lo anota el analista Martine, que el P. Eudes no tenía en ese entonces, "ninguna intención de hacer casa aparte ni de separarse del Oratorio"[23]. Su proyecto coincidía más bien con el del Padre de Condren: permaneciendo oratoriano, formar un grupo de sacerdotes, seculares, animados por él, con quienes se entregaría enteramente a esa otra tarea. Por otra parte, como lo explicaría más tarde, sabía que los miembros del Oratorio tienen como objetivo "seguir libremente todos los designios de la Iglesia y entregarse (...) a aquellas obras de piedad y de servicio a la Iglesia que quieran escoger, sea dentro, sea fuera de la Congregación"[24].

## Seminarios

Conviene dar aquí una breve explicación sobre el sentido de las palabras: Seminario de ordenandos. El Concilio de Trento había invitado a

---

20  *Annales* I 18 27 / 68..
21  RJ II 10: OC I 187 ss.
22  *Annales* II 6 27 / 110-112
23  Martine II 50: 17/104 (explicación de siglas y abreviaturas:ANNEXE).
24  OC XII 149.

cada obispo a crear un seminario en su diócesis, pero se trataba, como ya dijimos, de un pensionado en el que se recibirían jóvenes para prepararlos poco a poco a las ordenaciones. En Francia ese tipo de casa no tuvo mayor éxito, y Vicente de Paúl fue uno de los primeros en criticarlos, a lo mejor en forma exagerada[25]. En todo caso fue él quien, precisamente, en el año de 1641, transformó en seminario de ordenandos el seminario "conciliar" de Bons Enfants de París. También Jean-Jacques Olier y sus compañeros estaban ensayando esto mismo, después del fracaso de Chartres, en el pueblo de Vaugirard, cerca de París. Es, en fin, lo que el Oratorio, el año siguiente, trataría a su vez de fundar en Saint-Magloire, en Ruan y en Toulouse[26].

Hay que tener en cuenta que no se trataba de centros de estudio, como serán más tarde los seminarios. Eran casas animadas por pastores, que no abandonaban sus actividades misioneras o parroquiales, destinadas a recibir para una permanencia de algunas semanas o de algunos meses, sea a sacerdotes deseosos de renovarse espiritual y pastoralmente, sea a candidatos a la ordenación. Ellos vendrían allí no para realizar estudios intelectuales (esta era una función de los colegios y universidades), sino para formarse en la oración, en la liturgia y en las diversas funciones pastorales. Allí se perfeccionarían "no en la ciencia sino en el uso de la ciencia" como decían en el Oratorio. El proyecto de Juan Eudes se iría precisando poco a poco pero se situaba en esa línea... Se trataba, como se ve, de una innovación con relación al decreto del Concilio de Trento. Sin embargo existían modelos contemporáneos del mismo Concilio: el primero era "el Colegio Germánico" de Roma, creado en 1552 por el mismo san Ignacio de Loyola. Luego apareció en 1564 el seminario diocesano de Roma y luego toda una serie de "colegios" nacionales, en Roma, confiados todos a los jesuitas y todos, seminarios de ordenandos..."[27]. Se comprende que los jesuitas hubieran estado prontos a apoyar a Juan Eudes y a sus émulos.

Pero retomemos el hilo de la historia del P. Eudes después de los acontecimientos íntimos y decisivos que acababa de vivir en Coutances. Regresó entonces a Caen, resuelto a pasar a la acción.

---

25  Vicente de Paúl, Corr. II 152-154, 188 459-460, 472; III 243; t VIII 310; XII 288; XIII 185. Cfr. M Venard, art. cit en *Vincent de Paul* (Colloque Vincentien).

26  Habría que citar además el seminario de Valences, fundado en 1639 por C. d'Authier de Sisgaud; Juan Eudes no tenía probablemente conocimiento de él en 1641:p. 143-144

27  Según una nota del P. Botterau, arch. romano de la Compañía de Jesús, de 2 de junio de 1981.

## "Desde entonces, perdió toda esperanza"

De paso por Bayeux, Juan Eudes hizo aprobar *El catecismo de la misión* del cual preparaba la publicación. Siempre estaba llevando de frente varios asuntos al tiempo, sin descuidar ninguna de sus tareas.

Y volvió a su comunidad a comienzos de octubre de 1641, entusiasmado con el proyecto que le había sido dado concebir. Pero iba a padecer una cruel decepción.

Parece, en efecto, que propuso a sus hermanos acoger en su casa al pequeño equipo de sus discípulos: Simón Mannoury, Thomas Manchon y algunos más.

> Se trababa, en su mayoría, anotaría un eudista del siglo siguiente, el sagaz Besselièvre, de buenos sacerdotes y de otros jóvenes clérigos que lo habían conocido y acompañado en sus últimas misiones, varios de los cuales serán más tarde sus primeros hermanos en su nueva congregación[28]

En la casa del Oratorio ellos hubieran cumplido, por cuenta propia, un tiempo de "seminario", una reactivación de su formación espiritual y pastoral y se habrían preparado para ayudar a otros mientras continuaban su actividad misionera.

Pero la comunidad de Caen no aceptó y sin duda tampoco el superior general.

> En el Oratorio juzgaron, prosigue Besselièvre, que tal empresa no carecía de dificultades: sólo se percibían, en todo, intromisiones enojosas, trabajos y molestias, sin la menor apariencia de éxito (...) Consideraron prudente no escuchar por entonces las propuestas del P. Eudes y esperar una ocasión más favorable.

El P. de Montigny, jesuita del siglo XVIII que se interesó en Juan Eudes, mira las cosas más o menos de la misma manera y añade:

> Es de suponer que las circunstancias que acompañaron esta negativa hicieron una dolorosa impresión en el espíritu del

---

28    Besslièvre: 22/17.(véase el APÉNDICE).

P. Eudes, porque desde entonces perdió toda esperanza de lograr, que uno solo de sus hermanos lo secundara en sus propósitos[29].

¿Sería que Juan Eudes no supo decir a sus hermanos y superiores, con suficiente y risueña confianza, los motivos que hubieran podido convencerlos? ¿O que no supo caminar pacientemente con ellos? ¿Sería que desesperó demasiado pronto hasta romper el diálogo? O, más bien, sobre todo, ¿sería que el mismo Bourgoing no supo acoger su iniciativa y hacerla aceptar por los oratorianos de Caen? Lo que se transparenta a través de los retazos de historia que nos han llegado de este final del año de 1641 en el Oratorio, es que allí ya no había confianza ni posibilidad de diálogo. ¿Qué hacer?

Fue sin duda en ese momento cuando se presentó a Juan Eudes la idea de abandonar la congregación. Estaba cada día más convencido de que el mismo Oratorio tendría demasiada dificultad para abrir la brecha necesaria a través de un espeso muro de inercia y de obstáculos para poner finalmente en marcha los seminarios tan esperados y que sería necesario un equipo especializado, más cercano aún al clero secular que los reverendos padres del Oratorio. Pensaba también que él, personalmente, se hallaba en capacidad para dar nacimiento a esa pequeña sociedad, y precisamente en Caen, centro de la Baja Normandía, ciudad bastante poblada y en la que la universidad atrae a gran número de eclesiásticos de toda la provincia, ciudad en la que él se sabía conocido y apreciado[30].

De manera, pues, que si el Oratorio no quería permitirle emprender este servicio, abandonaría el Oratorio. Lo cual, por otra parte, era bien sencillo, pues no estaba ligado con votos. Todavía no había tomado la decisión, pero fue tal vez en este otoño de 1641 cuando contempló, por primera vez, su eventualidad.

## "No es ahí donde se encuentra la liebre"

Todo esto no le impedía proseguir sus demás compromisos. Se preocupaba por las mujeres "arrepentidas" que había puesto en manos de Madeleine Lamy y de algunas otras personas. También por las que había encontrado en sus misiones más recientes, a quienes había prometido ayuda y que esperaban un albergue. "Ellas lo consideraban como

---

29   MONTIGNY: 55/138 (véase el APÉNDICE)
30   OC XII 139 ss.

su apóstol" dice el cronista y de ellas se sentía responsable. Pero no veía con claridad como proceder.

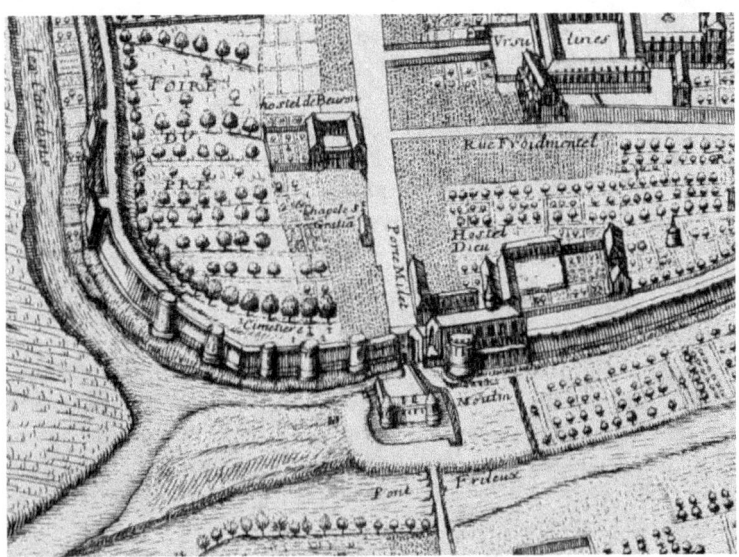

LA PUERTA MILLET Y LA CAPILLA SAINT-GRATIEN
(Detalle de un mapa de Caen por Bignon, 1672)
La primera casa de Nuestra Señora del Refugio (1641)
estaba frente a la capilla Saint-Gratien.
(Documento y foto: Biblioteca municipal de Caen.)

Pues bien, un día, cuando pasaba con algunos amigos, el señor de Bernières, el señor y la señora de Camilly, en el Faubourg Saint-Julien, frente a la casa de Madeleine Lamy, ésta los interpeló rudamente:

> ¿Adónde van Ustedes? Seguramente a las iglesias, a comerse las imágenes para después creerse muy devotos. No es ahí donde se esconde la liebre sino en trabajar para fundar una casa a favor de estas pobres muchachas que se pierden por falta de recursos.

El P. Eudes agrupó a algunas personas de buena voluntad que había encontrado en sus misiones, alrededor de una tal Marguerite Morin, convertida del protestantismo. Se tomó en arriendo una casa y el 25 de noviembre de 1641, el grupo pudo instalarse en la calle San Juan, "cerca de la puerta de Millet, frente a la capilla de Saint-Gratien". Con la autorización del obispo Jacques d'Angennes se acondicionó un oratorio y el 8 de diciembre Juan Eudes pudo celebrar allí, por primera vez, la Eucaristía. Un poco más tarde volveremos a encontrar todo ese personal[31].

El P. Eudes terminó ese año lleno de acontecimientos con una misión en Pont-Audemer, en la diócesis de monseñor Cospéan. Con miras a esa misión el obispo había solicitado a Roma, a la congregación de la Santa Sede, encargada de las misiones, (*De Propaganda Fide*), facultades especiales para él mismo y para el P. Eudes[32]. Es una idea sobre la que el P. Eudes volverá más tarde. Infortunadamente el anciano obispo, inmovilizado por la gota, no pudo asistir a la misión. Pero al menos en dos ocasiones escribió al P. Eudes cartas conmovedoras de afecto y le envió algún dinero.

En ese final de 1641, ya Juan Eudes no es exactamente el mismo. Lleva dentro de sí proyectos que lo comprometen hacia un futuro nuevo. En estos momentos, es responsable de una casa de penitentes, bien precaria, a decir verdad. Se haya decidido a formar un grupo de sacerdotes seculares con el propósito de encargarse de un seminario de ordenandos, aunque para ello tuviera que abandonar su familia espiritual. Está comprometido, pero cuando mira hacia el futuro, lo desconocido toma ventaja notoria sobre las evidencias.

Durante ese mes de diciembre, Jean-Jacques Olier vino, en dos ocasiones, a hacer retiros en la casa de los oratorianos, junto a María, en el santuario de Nuestra Señora de los Milagros, de Aubervilliers, casa que Juan Eudes conocía muy bien (véase p. 17). De allí salió Olier resuelto a proseguir su propósito junto con sus compañeros: el 29 de diciembre comenzaron su seminario de Vaugirard.

Parece, pues, que el mismo Espíritu actuaba aquí y allá, solícito por la renovación de su Iglesia[33].

---

31    *Annales* I 21: 27 / 72 ss
32    *Sacrae Congregationis de propagnda Fide Memoria rerum*, 2 vol. Roma 1972, t. ½ p. 134, n. 236.
33    Al referir los hechos de la vida del P. Eudes intentamos a veces descubrir sus resortes psicológicos y tal vez hacer de ellos una lectura de orden espiritual; se podría, también, pero no es ese mi propósito ni mi competencia, hacer una interpretación sociológica. Un esbozo muy sugestivo de un estudio de esa naturaleza puede verse en Archives de Sciences soc. des Rel. 1981 / 52 /1 (julio a septiembre). Pg. 37-67: J. SÉGUY, *D'une jacquerie à une congrégation religieuse, Autour des origines eudistes*.

## CAPÍTULO VIII

# ¡Seminarios! Cueste lo que cueste

(1642-1643)

*Llamado a la misericordia*
*La misión de Ruan*
*El "Catecismo de la Misión"*
*París*
*Saint-Malo*
*Llamado por el cardenal*
*Muerte de Richelieu*

**"Considerar a los pecadores "como pobres enfermos"**

Juan Eudes nos ha dejado muy escasas confidencias. Cuando sorpresivamente hace alguna, debemos recogerla cuidadosamente. Pues bien, hay una, muy personal, a la que dio, de manera inesperada, carácter público, al utilizarla como conclusión para uno de sus libros. Su mensaje nos remite a una experiencia que vivió probablemente a fines de 1641 o comienzos de 1642. Escuchémoslo con atención, porque nos revela un aspecto de aquel "fervor del Espíritu" (Ro 12, 11) con que vivió ese período crucial de su existencia.

Podemos leerlo en un opúsculo cuya redacción había terminado en julio de 1642: "Advertencias a los confesores misioneros"[1]. Por él nos damos cuenta de que el predicador de las misiones atravesó un período de incertidumbre y de búsqueda: él que tantas veces acogía a los pecadores en "el tribunal de la penitencia" como entonces se decía, "¿cómo debería comportarse para atraerlos a Dios (...)? ¿Usar la dulzura o el rigor? ¿O mezclar ambas cosas?" Juan Eudes reflexionó y oró. Se dirigió a la Virgen María "como a su refugio habitual". También juzgó que debía pedir a otros que oraran por él. Pero ante de que hubiera hablado con nadie, nuestra Señora le envió un "mensajero", en el que podemos reconocer a la campesina Marie des Vallées: "Hermano mío, nuestra Madre le envía, le hace decir, esta instrucción santa y hermosa". Cuando usted predique, ármese de *cañones y de mosquetes* para fulminar el pecado; pero cuando hable con un pecador en particular debe ser sólo dulzura y benevolencia. (Y tal

---

1   OC IV 366 ss, y n. 1. Cfr. *Vie admir. de Marie des Valléss*, IV 3: Q, f. 98 r° y v°.

vez para un temperamento un tanto áspero y apasionado de lo absoluto, como el suyo, esos consejos eran de verdad útiles): "Usted debe considerar a quienes se hallan en pecado, como pobres enfermos (...) que merecen gran compasión... Ante todo invitará con mansedumbre al pecador a descubrir sus llagas, excusándolo cuanto le sea posible, compadeciéndolo, tratando de penetrar en su espíritu y en sus sentimientos, y casi justificándolo". Luego es preciso *lavar* (sus llagas) con vino tibio (...) es decir, mostrándole "grandísimo afecto y hablándole con caridad y cordialidad". Enseguida "tomar aceite con una pluma y untarlo suavemente en las llagas del enfermo. La pluma es la Sagrada Escritura. La santa Virgen le ordena, sobre todo que tenga gran cuidado de no llevar jamás vinagre consigo. Se trata de una orden: ¡vinagre... jamás!"

Juan Eudes recogió este mensaje liberador y lo hizo suyo. Lo consignó, textualmente, al final del opúsculo que publicó para utilidad de los confesores. Quince años más tarde lo reasumirá, en forma menos personalizada, como conclusión de su libro *El buen confesor*.

Dentro del gran movimiento de renovación espiritual en ese comienzo de siglo, Juan Eudes hizo una opción decisiva. Como otros, él también anhelaba ser testigo de la santidad de Dios y de las exigencias de la alianza bautismal. Pero, a diferencia de algunos, comprendió, después de una crisis, que debía ser, sobre todo, el testigo de la misericordia del Padre. Por los mismos días en que acababa de aparecer en Louvaines (en 1640) y luego en Francia (1641), el gran libro póstumo de Jansenio, el *Augustinus*, y mientras Antoine Arnauld, discípulo de Saint-Cyran y hermano de Angélica, la abadesa de Port-Royal, meditaba la composición de su riguroso tratado *La comunión frecuente*, que iba a ser, en Francia, como el manual del jansenismo naciente; cuando muchos de sus hermanos no ocultaban su simpatías por la austera exigencia de los "discípulos de san Agustín" (los que pronto serían llamados "los jansenistas"), Juan Eudes, después de un período de vacilación, aunque se hallaba muy próximo a ellos por una parte de si mismo, sin renunciar a ninguno de los requisitos de una verdadera renovación espiritual, sin renegar de san Agustín, optó por la misericordia[2].

---

2   Hay que evitar los contrastes simplistas: Arnauld, en su largo *Prefacio* del tratado *La comunión frecuente* (París 1643), habla de la "misericordia infinita" de Dios (p. 44) y dice que el sacerdote debe actuar "Como un médico con su enfermo, que toca la llaga con toda suavidad posible" (p. 55-56)... Se trata, sobre todo de acentuación y de tendencia: si Arnauld no quiere "excederse ni en condescendencia ni en rigor" (p. 54) sin embargo insiste en que el médico no oculte el mal, y alaba los cristianos que se abstienen de comulgar, por "sentirse indignos de gozar de la visión bienaventurada de los misterios igualmente terribles y venerables" (p. 126). Entre los obispos que aprobaron en 1643 *La Comunión frecuente* encontramos los nombres de Aquiles de Harley-Sancy y Félix Vialart de Herse.

Y no es casualidad que esta lucha interior y este opción hubieran tenido lugar en el preciso momento[3] en que fundaba la casa del Refugio para las mujeres prostitutas, en que meditaba asociarse a nuevos compañeros para formar sacerdotes y en que se maduraban en él nuevas intuiciones espirituales que iba a traducir con el signo del Corazón. Al compás de sus opciones y de sus progresos comprendía cada vez mejor que Dios se revela en plenitud en el corazón amantísimo de Jesucristo, que es también el corazón de María su madre.

## La duquesa de Aiguillon encantada con los frutos de una misión

Tal vez alimentaba estos pensamientos cuando, a comienzos de enero de 1642, comenzó una gran misión en Ruan, capital de la provincia. En efecto, el 8 de enero, el consejo del Oratorio designó a Juan Eudes jefe de esa misión: "A todos nuestros padres y demás eclesiásticos asociados se les suplica que lo respeten y acaten sus órdenes"[4]. Todos nuestros padres: es decir de ocho a doce oratorianos, los de Ruan y algunos otros, y los eclesiásticos asociados, algunos de los cuales (cuatro o cinco) venían de fuera con los misioneros, y una decena de asociados ocasionales, sacerdotes de Ruan que habían aceptado trabajar en la misión. Doce o quince, todos los misioneros venidos de fuera, "fueron alojados, hasta el fin, en la residencia del rey", es decir en la casa de campo abacial de Saint-Ouen[5]. Eran, pues, por todos unos treinta los obreros los que iban a conducir ese combate de la misión durante dos meses y medio. Conocemos ya a dos de los sacerdotes asociados que acompañan al P. Eudes con frecuencia: Simón Mannoury y su amigo Thomas Manchon. De seguro que otro ya se ha reunido con ellos, Pierre Jourdan (1608-1661), presbítero de la diócesis de Coutances y a quien volveremos a encontrar.

El arzobispo, el anciano François de Harlay de Champvallon[6], amigo de los oratorianos, no ahorraba los estímulos: desde su casa de campo de Gaillon envió el 11 de enero, con uno de sus capellanes una carta muy

---

3   Entre sept. De 1641(encuentro con María de Valléss) y julio de 1642 (Aprobación de las *Advertencias*).
4   AN, M228 B: 2 DE Enero DE 1642 (Cfr. Du Chesnay, M. p. 41-42)
5   "Journal historique" en *Revue de Rouen*, 1840, II, p.216; AN, M 228 B: marz 1642. — Para el conjunto de este capítulo MBD 36 OC. XII 112; *Annales* I 19-20 y 223-25: 27/69 ss y 87ss.
6   Era un hombre apostólico y muy inteligente, pero impulsivo y conflictivo. Las malas lenguas decían de él "es una biblioteca patas arriba"; es "un piélago de ciencia en el que nadie entiende ni gota..." (H. Fouqueray *Histoire de la Compagnie de Jesús en France des origines a la suppression*. V volumen, París, 1920-1925, t V p. 68.

elogiosa que debía leerse públicamente y fijarse en carteles por toda la ciudad. En ella se declaraba al P. Eudes "jefe de las misiones de Normandía".

Ruan, que entraba en misión, era una ciudad grande: se decía que era la segunda del reino de Francia[7]. Sus habitantes, todavía lastimados por los acontecimientos trágicos de 1639-1640, eran muy diversos. Había allí una gran población obrera, muy pobre, empleada en las fábricas de paños y telas. Estas gentes, agrupadas en los barrios populares de Saint-Madou, Saint-Vivien, Saint-Nicaise eran conocidas como los "purins" (jugos de estiércol)[8]. Pero Ruan era también la ciudad del parlamento de Normandía y capital administrativa: contaba, por lo mismo, con una gran población "de toga", a menudo ennoblecida, y de funcionarios reales. Entre ellos podemos citar a Étienne Pascal, recientemente instalado en Ruan con su familia, en calidad de adjunto del intendente de Normandía. Residía "detrás de los muros de Saint-Ouen, parroquia de Santa Cruz"[9]. Su hijo, el genial Blaise Pascal, tenía en ese entonces diecinueve años. El año anterior había inventado la máquina de calcular. ¿Participaría la familia de Pascal en la misión? En todo caso, ellos y otros cristianos fervientes, arrastrados por el cura de Santa Cruz, el oratoriano Maignard, de quien ya hemos hablado, formarán, dos o tres años más tarde, un hogar jansenista, ardiente y austero.

Así pues, la misión comenzaba numerosa, diversa, viva. Las predicaciones se daban en la vasta y hermosa iglesia de la venerable abadía de Saint-Ouen, cuyos monjes, como los de Caen, tardaban en reformarse,[10]. No se trataba de una misión parroquial sino de toda la ciudad. Como en otras partes, Juan Eudes predicó todos los días y daba dos conferencias semanales a los sacerdotes de la ciudad.

Desde su llagada a Ruan había recibido una carta de Cospéan que le causó sin duda cierta inquietud. Su viejo amigo le escribía desde París que se pensaba alejarlo de Normandía: "sólo temo una cosa, mi queridísimo Padre, y es que me lo arrebaten para enviarlo a otra parte y que usted me abandone"[11].

El P. Eudes se sabía apreciado por el obispo, pero debía maniobrar dentro de una situación bastante delicada. En efecto, Harlay no quería a los jesuitas. Había tenido en los años anteriores ásperos altercados con

---

7   F. DE VERHAMONT, *Diario du chancelier Séguier*, p. 66 (¡pienso que sin contar a París!).
8   F. DE VERTHAMONT, *op. cit.*, p117, n. 1.
9   J. MESNARD, Pascal, *l'homme et l'oeuvre*, París, 1956, p. 27.
10  Abrazaron la reforma de Saint-Maur en 1660 (L.-H. COTTINEAU, . *Répertoire bio-bibliographique des abbayes et prieurés*, 3 vol., Mâcon 1935).
11  MARTINE II 53: 17/108 y 106.

su rector, el P. Cellot, que conocía a Juan Eudes; dicho padre había tenido que presentar excusas y abandonar a Ruan. Para cerrarles el camino, el arzobispo había abierto bruscamente, en 1641, en su propio palacio, un colegio de teología, rival del jesuita, en el que enseñaban, casualmente, los oratorianos. El Padre Eudes, fiel a sus maestros jesuitas, no aprobaba ciertamente esa iniciativa. Necesitaba mucho tino y discreción para encontrar el hilo en una madeja bastante enredada.

En todo caso monseñor de Harlay estaba encantado con lo que veía u oía de los comienzos de la misión. Tanto que propuso al P. Eudes que la prolongara, predicando la cuaresma en la catedral. Bourgoing al enterarse, se opuso. Los analistas nos refieren que escribió varias cartas al P. Eudes, su hermano, y subrayan el tono amable de las mismas, las deferencias con que los responsables del Oratorio parecían rodear al misionero, como también sus discretas alusiones a la intención que él podía tener de abandonar la congregación.

> En cuanto a usted, le escribía el superior el 18 de febrero, es imposible, sin mandarlo al sepulcro, que se encargue de la cuaresma en Nuestra Señora. Le ruego terminantemente se haga excusar. Nuestro Señor no pide eso de usted: sólo dos conferencias semanales a los sacerdotes de Saint-Magloire.

Luego, pasa a otro tema:

> Si se abre una institución en Ruan (es decir, un seminario de ordenandos, distinta de la casa de estudios de que acabamos de hablar ), como es mi deseo, es necesario que el padre de Saint-Pé resida allí (...). Me han informado que le han ofrecido a usted la manera de que abra una en Caen. (Supo, pues, que Juan Eudes había formado el proyecto de un seminario distinto de la casa del Oratorio). Hágamelo saber porque quiero escribirle a este respecto.

Así, pues, el superior no se oponía, como se ha dicho, a que Juan Eudes creara una casa semejante en Caen. Al contrario, añadía: "Usted seguiría ese modelo". De ese "modelo" se había tratado la víspera en el consejo del Oratorio[12]. Era un directorio para los seminarios de Ruan, Toulouse y Saint-Magloire. Luego, hablando de una parroquia que el arzobispo había

---

12   AN, M 228 B: 17 de feb. De 1642: "para la institución eclesiástica, se enviarán copias del modelo a Ruan, a Toulouse, a Saint-Magloire".

pensado ofrecer como fuente de ingresos a la casa del Oratorio de Ruan, agrega Bourgoing el siguiente reproche:

> Si usted me lo hubiera hecho saber yo hubiera expresado mi criterio de que él podía unirla a la casa de Ruan, en provecho del seminario, pues era buena manera de ayudar a la institución[13].

Así, pues, Juan Eudes, mientras se desempeñaba como superior interino de los oratorianos de Ruan, tomó la iniciativa de rehusar esa parroquia sin contar con el superior de la congregación, y esa iniciativa parecía perjudicar el proyecto de seminario oratoriano. ¿Por qué? Todo ello demuestra que no existían buenas relaciones entre él y su superior, sin que podamos precisar claramente cual era la causa del desacuerdo. En todo caso, Bourgoing quería absolutamente que Juan Eudes abandonara a Ruan apenas terminara la misión. Y no es seguro que la preocupación por su salud fuera el único motivo.

Al mismo tiempo que a Juan Eudes, Bourgoing escribía también al arzobispo. Se hacía eco de los rumores que corrían sobre el Pa Eudes. Se le acusaba, en particular, de no ser desinteresado. Harlay de Champvallon respondió el 3 de marzo. Expresaba con entusiasmo su confianza en el P. Eudes y deseaba al informante del superior general –un oratoriano que él nombra- que, para ser perfecto, participara del espíritu del Padre Eudes.

Mientras tanto, Juan Eudes recibió otra carta que le enviaba desde París el 22 de febrero su amigo Cospéan. Ella le traía un serio motivo de confianza pero también nuevas inquietudes:

> He hecho escribir a los de Saint-Candre (parroquia de Ruan que dependía de la diócesis de Lisieux), que no pierdan la bendición que Nuestro Señor otorga por medio de usted a todo Ruan. Pero suplico a usted, en nombre de Dios, que nada pueda privar (de esa bendición) al pobre Pont-Audemer, que lo espera a usted como a un segundo Mesías para esta cuaresma. Madame d'Aiguillon (la sobrina de Richelieu que costeaba la misión) está encantada con los frutos que usted está logrando en Saint-Ouen: ella me cuenta maravillas de ellos. Pero todo eso me espanta porque temo que lo retiren de en medio de nosotros.

---

13  El texto de esta carta se cita en parte por BESSELIEVRE 22/22 y en parte por Costil, *Annales* I 23: 27/87.

Es verosímil que el tío cardenal habiera recogido también ecos favorables, lo que no dejaba de tener importancia. Pero son siempre rumores de alejarlo.

La clausura de la misión se hizo en mitad de la cuaresma, que caía el 25 de marzo[14]. El Journal historique de Ruan conservó el recuerdo de la procesión final, seguida de una adoración eucarística. Como lo hacía a menudo en esas circunstancias. "El Padre Eudes, llevando en sus manos el Santísimo Sacramento, subió al púlpito instalado delante de la puerta del coro; de cada lado había dos niños con candelabros. Mostrando al pueblo el Santísimo Sacramento hizo una breve exhortación que solo duró una media hora..."[15].

Así terminó la gran misión de Ruan.

## Juan Eudes no cesaba de trabajar, de inventar, de crear

En el curso de esa misión, los catequistas pudieron utilizar, por primera vez, un librito que el P. Eudes había compuesto para ellos y que acababa de imprimir: el Catecismo de la misión[16]. Se mostró feliz de poder ofrecerlo. No cesaba pues de trabajar, de inventar, de crear.

Demos una hojeada al libro, en compañía de los misioneros. Percibiremos en él, una vez más, algo del clima de fe ardiente que embargaba al P. Eudes aún en lo más fuerte de sus trabajos y preocupaciones.

El catecismo está redactado en forma de preguntas y respuestas; no para ser memorizado sino para hacerlo más familiar e instructivo.

- ¿Qué llama usted nuestra vida eterna?
- Llamo nuestra vida eterna la vida que un cristiano debe vivir en este mundo.

Como se ve, desde la primera página hunde audazmente sus raíces en pleno evangelio de san Juan.

- ¿Qué idea debes tener de Dios?
- Que él es Dios y el gran Dios que vive...

---

14  Aquí hay un error en la preciosa cronología de DU CHESNAY, M, p.225: El miércoles de ceniza de ese año caía el 5 de marzo. Corregir en Du CHESNAY M. P. 255.
15  "Journal historique" (ya cit. p. 216.).
16  OC II 369. Cf. J-C. DHOTEL, *Les origenes du catechisme moderne*, París 2967.

Creeríamos estar escuchando a Anna hablar de Mister God...[17].

La presentación que hace de la Iglesia es deliberadamente espiritual. Algo muy distinto de los esquemas jurídicos que se impondrían después:

> ¿Qué es la Iglesia?
> Es el cuerpo místico de Jesucristo, del cual él es la cabeza
> (...)
>
> ¿Cuál es el alma o el espíritu que anima y conduce este cuerpo y sus miembros?
> Es el Espíritu Santo.

Tiene también páginas muy prácticas, por ejemplo, exámenes de conciencia sumamente concretos.

Juan Eudes dedica ese pequeño manual a los misioneros, con el propósito audaz de ayudarlos a restablecer la gracia, el espíritu y la vida del cristianismo, que hoy se encuentra apagada en la mayoría de los cristianos. Es un pensamiento que le es familiar y que se encuentra también en contemporáneos suyos, (particularmente en Arnauld y en los primeros jansenistas).

Juan Eudes, siempre activo, había aprovechado su permanencia en Ruan para someter al juicio de dos padres carmelitas, teólogos, un saludo a María que había compuesto poco a poco en el curso de los años anteriores, partiendo de sus propias inspiraciones y de fórmulas halladas en algunas religiosas de la Edad Media. Este es el comienzo y el final:

> Te saludamos, María, hija de Dios Padre
> Te saludamos, María, madre de Dios hijo
> Te saludamos, María, esposa del Espíritu Santo (...)
> Te saludamos, María, lirio en el que resplandece la luz inmutable de la Trinidad (...)
> Tú eres la llena de gracia, el Señor está contigo.
> Bendita eres entre las mujeres.
> Bendito sea Jesús, tu Hijo.
> Bendito sea tu esposo, san José.
> Bendito sea tu padre, san Joaquín.
> Bendita sea tu madre, santa Ana.

---

17  FYNN, *Anna et Mister God*, París, Seuil, 1976.: cómo no pensar también en el grito deMaurice CLAVEL: *Dieu est Dieu, nom de Dieu!* (París, Grasset, 1976).

Bendito sea tu hijo, san Juan.
Bendito sea tu ángel, san Gabriel.
Bendito sea el Padre eterno que te escogió,
Bendito sea el Hijo que te amó.
Bendito sea el Espíritu Santo que te hizo su esposa.
Benditos sean por siempre todos los que te bendicen y te aman.

Hemos citado esta oración porque en ella se encuentran algunos temas característicos del pensamiento eudista, de los que volveremos a hablar, y también porque Juan Eudes le tenía predilección. Estaba convencido -pensaba haber recibido esta seguridad de María misma- de que esta oración tenía gran poder para mover los corazones de los pecadores: la proponía a ellos a menudo o al menos les pedía que aceptaran que se recitara por ellos[18].

## "El Padre Eudes ¡Qué gran predicador! El portento de su siglo"

Es probable que el P. Eudes haya pasado de Ruan a París, obedeciendo la orden de su superior general, para dar en Saint-Magloire conferencias a los sacerdotes, como en 1640. Le era muy natural pasar del pueblo a los pastores -pastores tan esperados, tan necesarios al pueblo cristiano- y dirigirse a los sacerdotes, impregnado todavía de las fuertes experiencias vividas en el curso de la misión.

Tal vez se dirigió también a los estudiantes oratorianos. Había entonces, entre ellos, en Saint-Magloire, un joven soñador, poco apasionado por la teología, llamado Jean de la Fontaine. Este terminaría, algunos meses más tarde, el extraño rodeo de su vida por los oratorianos. No es imposible que hubiera escuchado distraídamente algunos sermones del pequeño misionero normando[19].

Fue, sin duda, durante esa permanencia en París cuando Juan Eudes hizo contactos, para pedir consejo a diversas personas y para preparar, tal vez, la realización de su proyecto de seminario. Consultó a varias personalidades, como el padre Chrysostome de Saint-Lô, religioso penitente de la Tercera Orden de San Francisco, gran espiritual (era el "director" de Bernières), a quien acudía a menudo; o al benedictino Grégoire Tarrisse, de Saint Germain–des-Près, superior general de la Congregación de

---

18  Introducción a l'*Exercice de Piété* OC II 279-281.
19  AN, M 228: 28 de oct. De 1641. La FONTAINE, *Oeuvres* p. p. H. REGNIER, t. I p. 12-13; "Juan fue enviado al seminario Saint-Magloire, el 28 de octubre y permaneció allí alrededor de un año.".

Saint-Maur. Se entrevistó también con varios jesuitas, lo que no era tan explicable en momentos de tensas relaciones entre el Oratorio y la Compañía: El Padre Dinet, provincial, que lo había asociado a las oraciones de la provincia de Francia en 1640, y debía algunos meses más tarde trasmitir a su superior general, de parte de Juan Eudes, una petición de participación en los méritos de toda la Compañía; los padres Hayneuve, rector del colegio de Clermont, Saint-Jure, rector del noviciado[20]. Todo acontece como si en el momento de abandonar el Oratorio, Juan Eudes asegurara bien sus posiciones por el lado de los jesuitas.

Recibió también, claro está, los estímulos del fiel Cospéan. Dios le concede –le decía– hacer en sus misiones maravillas "dignas de los Hechos de los Apóstoles. Dudar, después de eso, que Dios está con usted y conduce su proyecto, es una necedad".

Es interesante anotar que varios de esos consejeros fueron consultados también por Jean-Jacques Olier en la misma época.

Una de esas relaciones comunes a Eudes y Olier, es Marie Rousseau, la viuda de la calle Des Canettes, a quien ya encontramos junto a de Condren. Luchando, con su oración, por la renovación de la Iglesia y en especial de la inmensa parroquia de Saint-Sulpice, desempeñó un papel muy importante y continuo ante Olier. Y éste ha notado precisamente en su diario espiritual, de aquel año, a propósito de Marie Rousseau:

> No conozco ninguna alma santa que no se considere dichosa de verla para aprender de sus labios el camino que debe seguir (...). No hay ningún sacerdote apostólico que no vaya a buscarla para recibir su instrucción. El gran predicador, el Padre Eudes, el portento de su siglo, se siente feliz de consultarla muy a menudo...[21].

Parece que Marie Rousseau, como otros muchos, animó a Juan Eudes a proseguir la realización de su proyecto.

---

20  G. BITTETREAU, *Jean-Baptiste Saint-Jure*, s.j.1588-1657. Arch. hist. de la soc. de Jesús, Roma 1980, especialmente p. 179. No hay rastro de la petición del P. Eudes en los archivos romanos de la Sociedad. Es probable que fuera transmitida oralmente, al igual que la respuesta, por el P. Dinet, que llegó a Roma al final de su superiorato, a finales de 1642 (nota de P.G. Bottereau, 16 de julio de 1980). Costil ha reunido aquí, de forma un tanto artificial, a muchas de las personas que apoyaron a Juan Eudes en diferentes momentos:. nombra aquí, p. ex., Lambert de la Motte et Montmorency-Laval, que entonces sólo tenían veinte años

21  Arch. De Saint-Sulpice, *Mémories de Jean-Jacques Olier*.f. 221 r°, 17 de junio de 1642.

## Valiosos apoyos en Caen

Después de esa experiencia muy fructuosa en París, regresó a Caen donde pasó el mes de mayo. Es el único período un poco prolongado de ese año en su ciudad y en su comunidad. Tal vez por ese motivo el consejo del Oratorio le dieron entonces un asistente, en la persona del P. Guillaume de Boisne, que va a ser también su sucesor. Gobernará la casa durante las largas ausencias de Juan Eudes. ¿Pero sería ese el único motivo?

El 6 de marzo, el Padre Gibieuf le escribía desde París una carta que nos interesa. Posiblemente debió llevarla a Caen el joven Michel de Répichon, hijo de Robert y sobrino de Gaspard, el oratoriano, que murió de peste en 1631. Michel, dirigido por el P. Eudes, había solicitado, al parecer, entrada en el Oratorio. Decía Gibieuf:

> Mi reverendo Padre, el señor de Répichon, va a Caen para asuntos familiares. No dudo de que usted apoyará con gran caridad y solicitud la gracia especial que Dios ha puesto en su alma. Se lo suplico ya que usted tiene en ello mayor parte que nosotros; Dios lo dirigió hacia usted y de sus manos lo hemos recibido. Por lo demás, él, en dos o tres oportunidades nos ha dado a entender que él y su señor padre habían resuelto emplear la mayor parte de sus bienes en buenas obras y especialmente en los gastos que exigen las misiones y para fundar una institución de eclesiásticos en Caen. Yo le he dicho que mientras se realiza en Caen, pueden reunir a eclesiásticos jóvenes de la región y enviarlos y sostenerlos en la institución de Ruan. Usted hablará de todo esto con nuestro R. P. general que estará con usted antes de esta carta. Suplico a usted que nos haga partícipes de sus buenas obras y que me considere siempre, etc[22].

Nada sabemos de su encuentro con el P. Bourgoing. El señor de Répichon trató su asunto con el Padre Eudes y donó una parte de sus bienes para la institución eclesiástica de Caen... que no sería ya una institución del Oratorio. Podemos imaginar la delicada situación del joven, repartida entre la fidelidad a su padre espiritual y la fidelidad a la sociedad en la que, bajo la guía del mismo, soñaba entrar. En realidad no llegó a ser oratoriano. Entregó solamente una parte de la donación que había previsto dar inicialmente a favor del seminario y vivió en Caen como

---

22  BESSELIEVRE VIII: ms 22/18, n. 1.

sacerdote secular y miembro de la Compañía del Santísimo Sacramento. Allí moriría, prematuramente, en 1650[23].

Tal vez fue precisamente en esos meses cuando el Padre Eudes trabajó con su amigo Bernières en poner las bases de una Compañía del Santísimo Sacramento en Caen, filial de la que dirigía Renty en París. El analista Herambourg nos lo hace saber encareciendo un poco, al parecer, el papel de Juan Eudes:

> Reunió a varias personas distinguidas para llevar a cabo todas las obras caritativas que se presentaban. Ellos tomaron el nombre de cofrades del Santísimo Sacramento y se propusieron, siguiendo sus instrucciones, vivir los consejos y las máximas evangélicas (...). les daba a veces conferencias para animarlos y sostenerlos en su propósito, y él mismo se unió a ellos para ayudarlos en todo lo que le fuera posible[24].

Pero lo contrario es también cierto. Juan Eudes encontró en ellos apoyo eficaz para sus propias creaciones, Refugio y seminario, que, por otra parte, coincidían con las principales preocupaciones de la Compañía. Es probable que el señor de Camilly, el amigo del P. Eudes, fuera también miembro de ella[25].

Algo original de la Compañía de Caen fue que su principal animador laico, Jean de Bernières, le obsequió un poco más tarde su propia casa. Era una gran mansión que había hecho construir sobre el terreno de las ursulinas que su hermano Jourdaine había puesto a su disposición. En esa casa llamada el Ermitage se podía llevar una vida común casi religiosa. El joven Francisco de Montmorency-Laval que había de ser el primer obispo de Quebec, fue miembro del Ermitage[26]; también Boudon, futuro arcediano de Évreux, así como los hermanos Dudouyt, uno de los cuales entró a la Congregación del P. Eudes. En medio de ellos, Jean de Bernières, ese laico célibe y director de almas, era él "hermano Juan de Jesús pobre". El

---

23 A RÉBELLIAU, *La Compagnie secrète du Saint – Sacrement, Lettres du groupe parisien au groupe marseillais* (1639-1662), París, 1908, p. 78: el 1° de agosto de 1650, menciona su muerte: "El señor de Lion de Répichon, eclesiástico de la Compañía de Caen".

24 HARAMBOURG I 23: 52/223, completado por los manuscritos 43 f. 71 r° y Y°; allí se encuentra el "borrador" de Herambourg que aquí es mucho más amplio que el texto definitivo; Véase ANEXO y DU CHESNAY NV VIII 296ss y M. P. XXXIV-XXXV. Para la fecha de 1642, véase R. ALLIER,*La Cabale...*, p. 239.

25 DU CHESNAY, M. P. 53.

26 R. ALLIER, *La Compagnie du Trés Saint-Sacrement de l'Autel á Toulouse*, París, 1914, p. 82 n.3 DU CHESNAY, NV VII 267ss..

Ermitage habría de ser durante diez años, una de las cumbres de la vida espiritual en Normandía y la irradiación de Bernières como maestro de oración se extenderá a todo el reino.

## "Desde luego, Padre, con mucho gusto, ¿dónde están?"

El 27 de mayo, Juan Eudes prosiguió su jornada misionera. Iba una vez más a Saint- Malo donde monseñor de Harlay-Sancy lo volvía a solicitar. Esta vez se trataba de una misión en la ciudad episcopal.

Había en esa ciudad de marineros numerosas familias que se habían enriquecido con las ganancias en sus lejanas correrías. Pero había también muchos pobres y gentes humildes por los que el misionero tenía gran predilección. Testigo de ello es el episodio que quedó célebre entre sus compañeros.

Un día dos misioneros se habían rehusado a oír la confesión de una mujercita pobre, "bastante mal vestida" que no podía ocupar puesto en la fila para las confesiones; ella los incomodaba. El Padre Eudes la atendió. Algunos días después en un momento de recreo, después del almuerzo, les preguntó si podían atender a dos distinguidas señoritas. Ellos contestaron: "desde luego, Padre, con mucho gusto". Y corriendo a la ventana preguntaron: "¿dónde están?". El padre se echó a reír y dijo: "eso es todo lo que yo quería saber". Luego, cuenta el analista, les hizo una suave represión en presencia de los demás misioneros, recomendándoles que nunca mostraran preferencias a no ser por los pobres y los enfermos. Después, con frecuencia, les recordaba, viendo, su premura: "Desde luego, Padre, con mucho gusto, ¿dónde están?"[27]

De Saint-Malo escribió una larga carta a ciertas señoras de Ruan, las "damas de la misericordia", que formaban una asociación de ayuda mutua dentro del espíritu de San Vicente de Paúl. Durante la misión de Ruan había podido admirar su generosidad: Ustedes hacen revivir en la Iglesia de Dios ese espíritu de santidad que florecía entre los primeros cristianos. Las invitaba a sostener el Refugio de Caen, ya que contaban con medios financieros: los bienes y el dinero que están en sus manos no pertenecen a ustedes sino a Dios. Es una fuerte afirmación de la función universal de los bienes terrenos. Es atentar contra Dios, emplearlos como lo hacen otros, en festines, bailes, juegos, vestidos superfluos... y les daba buenas noticias sobre la pequeña comunidad de nuestra Señora del Refugio a la

---

27 MARTINE, II 56 : 17/110.

que había encontrado, a su paso por Caen, bien viva y llena de esperanza[28]. Terminada la misión, el obispo lo envió a Saint-Pol-de-Léon para una diligencia rápida. Se trataba de examinar allí a una "mística", Marie-Amice Picard[29]. Juan Eudes no temía los largos viajes. Después de éste, por cierto bastante decepcionado, regresó a Caen por algunos días.

Volvió luego, a la tercera misión del año, en Saint-Lô, donde pasó los meses de septiembre y octubre. Parece que los misioneros se habían alojado en el castillo del gobernador, François de Matignon[30], a la sombra de la Iglesia de Notre-Dame. La señora de Matignon les hacía servir por un paje de su casa, un muchacho de nueve a diez años "de genio encantador" que se llamaba Léonor de Béton. Al P. Eudes le gustaba charlar con él, y lo llamaba su angelito. Quince años después, en la misión de Lingèvres, ahora ya hecho un joven, hará confesión general con el Padre Jourdan y luego entrará en la congregación del Padre Eudes[31].

## Llamado por el cardenal

En Saint-Lô, Juan Eudes recibió una carta de Richelieu: el ministro, que había regresado a París el 17 de octubre, agotado y enfermo después de prolongada permanencia en las provincias del sur. Le pedía que fuera a verlo. El predicador, una vez terminada la misión se dirigió a París, acompañado de Pierre Jourdan. Richelieu que había residido en su castillo de Rueil, entró también a París el 14 de noviembre[32]. Parecía estar mejor. Fue sin duda después de esta fecha cuando recibió al Padre Eudes.

No conocemos al tenor exacto de la entrevista. Hablaron seguramente de los requisitos para la renovación de la Iglesia y especialmente de clero que era una de las grandes preocupaciones del cardenal (Algunos meses antes había ofrecido su propiedad en Rueil a Jean-Jacques Olier para que instalara allí el seminario)[33]. Y Juan Eudes lo encontró muy dispuesto a acoger su idea de un seminario en Caen, animado por un grupo de sacerdotes seculares, formado expresamente para ello. Si Juan Eudes le confió, como es posible, su intención de dejar el Oratorio, el ministro no se mostró necesariamente descontento. Es verdad que protegía al Oratorio

---

28     OC. XI, 35-40.
29     BOULAY I, App. 90 ss..
30     Véase el table genealógico de la familia Matignon p. 493; y DU CHESNAY M, p. 353.
31     DU CHESNAY, M. P. 52; HERAMBOURG I21: 52/314-319; Arch. De los Eudistas AA I, p. 7-8 (*Necrologie de Rouen*).
32     *Gazette de France*, oct. 18., 1° de nov., 8 de nov. De 1642
33     I. NOYE, *Chronologie de Jean Jacques Olier*, roneotypado, 1890, año 1642

para utilizar la energía, en pleno auge, de esa sociedad: pero ocasionalmente no le disgustaba limitar dicha energía, un poco turbulenta, para controlarla mejor. Aceptó, pues, preparar secretamente letras patentes, no a nombre del Oratorio, ni del padre Eudes, sino del obispo de Bayeux, Jacques d'Angennes.

Richelieu encargó de ello al señor de Beaumont, vice- preceptor del delfín y futuro arzobispo de París[34]. Prometió también que su sobrina, la duquesa de Aiguillion, que había encomiado el éxito de la misión de Ruan, promovida y costeada por ella, ayudaría con subsidios[35]. Y concluía con una frase de la Escritura: "Bendito sea el Señor que ha dado a David (o sea a Bérulle) un hijo tan sabio" (1 R 5, 21).

El P. Eudes se dedicó sin demora a hacer redactar, conforme a sus intenciones, las letras patentes prometidas. Se enteró también, con alegría, de que las solicitudes para Nuestra Señora del Refugio ya estaban listas: las recibió a fines de noviembre.

Sin duda aprovechó su estadía en París para visitar a muchos de sus amigos y consejeros. En particular debió visitar de nuevo, comienzos del mes, a Marie Rousseau; ella misma, en efecto, anotó en su diario espiritual, el 9 de noviembre, una alusión al misionero normando. Un día en que estaba orando por los que trabajaban en la renovación de la Iglesia, vio "que la compañía del P. Eudes de Caen y la de los nuestros (se refiere al señor Olier y a sus amigos) realizarían las mismas cosas unos y otros, que se acercarían a nosotros y nos darían misiones "[36]. De hecho, ocho años y medio más tarde, invitado por Olier, Juan Eudes dará una misión a los fieles de la parroquia de Saint-Sulpice.

Pero el 29 de noviembre se difundió una noticia que produjo consternación: el cardenal estaba de nuevo enfermo y esta vez de gravedad, con un dolor violento en el costado. Luchó algunos días contra la muerte. El P. Eudes ofreció su oración a la duquesa de Aiguillon; ésta lo hizo llevar en su carroza para que celebrara la misa en su presencia en Notre –Dame[37]. Pero

---

34  Hardouin de Beaumont de Péréfixe (1606-1671) fue más tarde arzobispo de París (de 1662 hasta su muerte)..

35  Parece que Renty intervino directamente con ella: *Fleurs*, JE I 30 : 31/209..

36  BN, F fr. 19 329: *Journal de Marie Rousseau*, p. 468, 9 de nov. De 1642.

37  BN, F, fr. 24 998 p. 268: según Des Lions (*Journaux*) el P. Desmares contó que el P. Eudes habría "hecho circular una revelación sobre la curación del cardenal de Richelieu;"; la duquesa de Aiguillon que la creyó en un primer momento, se habría mostrada después muy decepcionada... Desmares decía que había conocido esto por la princesa de Brienne, a la cual "había sido enviada por los superiores para hacer que esas damas influyeran en el P. Eudes para que no se separara del Oratorio, lo que nunca de pudo impedir". Pero más tarde veremos cómo la duquesa de Aiguillon sostuvo de nuevo la acción del P. Eudes. BETTEREL, II 242 se hace eco de la misma tradición que habría transmitido el P. d'AREY véase en Caen Coll. Mancel ms 97, f. 237.

el 4 de diciembre Richelieu murió serenamente a la edad de cincuenta y dos años.

Dos días después, fueron selladas las letras patentes para el seminario de Caen, debidamente firmadas por el rey. Fueron entregadas al Padre Eudes que había inspirado su redacción. Según su deseo, concedían al obispo de Bayeux la autorización para erigir en Caen.

> "Una compañía y sociedad de sacerdotes (...) que habrán de vivir juntos en comunidad, bajo el nombre y título de Sacerdotes del Seminario de Jesús y María, cuyo fin principal será imitar y continuar en la tierra (...) la vida, la conducta y todas las funciones sacerdotales de Jesucristo (...), trabajar con su ejemplo y sus enseñanzas en establecer la piedad y la santidad entre los sacerdotes y todos cuantos aspiran al sacerdocio (...), como también ocuparse en instruir al pueblo en la doctrina cristiana mediante las misiones, predicaciones, exhortaciones, conferencias, catecismos y demás ejercicios".

Podemos considerar este texto como el acta de fundación de "esa congregación de sacerdotes que él (el P. Eudes) consideraba como la base y parte esencial de su proyecto"[38], para emplear la fórmula exacta del jesuita Montigny. Ella nace, inseparablemente unida al seminario de Caen. No existe sino dentro de ese seminario, por él y para él, y para los que podrían fundarse en el futuro.

Como veremos, ese futuro aparece aún borroso a los ojos de Juan Eudes. Buscará en varias direcciones antes de percibir los contornos de la pequeña sociedad que acaba de crear. Lo esencial es la misión de abrir finalmente una brecha en la muralla contra la que venían a estrellarse desde hacía tanto tiempo los esfuerzos por asegurar la formación de los sacerdotes. Ella no tiene ni puede tener existencia fuera de ese propósito.

Así pues, Juan Eudes tenía en sus manos u documento oficial de gran importancia; ¿pero qué iba a hacer con él? Una vez muerto el cardenal ¿qué podría realizar? Atravesó a no dudarlo, momentos de angustia. ¿Su proyecto habría nacido muerto?

Pero iba decidido a poner de su parte todo su esfuerzo. Entregó a las manos de Dios ese futuro incierto y regresó a Caen. Pasó probablemente

---

38   MONTIGNY: 55/186.

las fiestas de navidad y los dos meses siguientes en su comunidad del Oratorio.

Compartía su vida con sus hermanos pero ya no era completamente el mismo hombre que ellos creían conocer. Porque albergaba un secreto. Durante su estadía en París había tomado una decisión y realizado actos que ya no le permitían volver atrás. Un porvenir distinto lo llamaba a otra parte.

Había tres cosas que se imponían. Debía consolidar el pequeño equipo con que contaba: Mannoury, Manchon, Jourdan y algunos más. Debía encontrar fondos y aún asegurar una fuente de ingresos, que era, ya lo sabemos, punto esencial de su proyecto. Finalmente debía comprar o tomar en arriendo un albergue cercano al centro de la ciudad.

Descubrió uno, en efecto, próximo a la residencia de los jesuitas, lo que parece un símbolo, e hizo un contrato de arrendamiento.

Todo esto exigía numerosas diligencias que debían permanecer secretas, porque temiendo vivas oposiciones, no quería dar a conocer su plan antes de que tuviera un comienzo de realización.

En el Oratorio nada se sabía; y sin embargo... en París el consejo del 23 de febrero de 1643 ya estaba ventilando su reemplazo como superior[39]
Finalmente, a comienzos de marzo juzgó que todo estaba listo. Podía dar el paso adelante. El 7 envió al Padre Jourdan al obispo de Bayeux con las cartas reales selladas tres meses antes. Monseñor d'Angennes le hizo buena acogida y le contestó con una carta estimulante. Consideraba que las finanzas aseguradas eran exiguas, pero hacía confianza a la prudencia del Padre Eudes. Por otra parte ofrecía él también, personalmente, un poco de dinero.
El pequeño equipo, pacientemente preparado, podía, finalmente, emprender la marcha.

---

39   AN, M 228 B: 23 de feb. 1643.

## CAPÍTULO IX

# La Congregación del Seminario de Jesús y Maria

(1643-1644)

*El 25 de marzo de 1643*
*El Jansenismo naciente*
*Saint-Saveur-le-Vicomte y Valognes*
*Los comienzos de la Congregación*
*El seminario de Caen*

**Otro 25 de marzo**

El Padre Eudes "ejecutó su proyecto, haciendo llevar sus trapos furtivamente y largándose sin chistar palabra, el 19 de marzo por la noche del año 1643, mientras la comunidad estaba en la iglesia, sin que hubiera podido embaucar a ninguno de los nuestros, por más esfuerzos que hizo para conseguir seguidores"[1]. Quien así se expresa es, claro está, un oratoriano, el corrosivo Batterel, que detestaba a Juan Eudes. Sea cual fuere el detalle de los hechos, lo cierto es que el P. Eudes abandonó repentina y clandestinamente la casa de la que era superior. Hay cosas desconcertantes en la vida de los amigos de Dios...

Con sus maletas iba al encuentro del grupo de jóvenes que lo esperaban en la residencia alquilada para ellos, a diez minutos de la casa del Oratorio. La casa se llamará en adelante *La misión*. Era espaciosa, construida en piedra, unas decenas de años antes y existe todavía hoy[2].

---

1 BATTEREL, 11, P. 240.
2 Véase G. De BERTIER DE SAUVIGNY, "Le premier établissement de S. Jean Eudes à Caen" en *Bulletin de la Societé des Antiquaires de Normandie*, t. L (1974).

CASA DE LA MISIÓN,
alquilado t comprado por P.. Eudes para fundar el primer seminario de Caen. Una de las ventanas del primer piso del frontón habríailuminado el dormitorio del P. Eudes; se construyóun oratorio en esa sala.
(Foto: J. Debout)

El martes 24 de marzo, con las primeras vísperas de la Anunciación, se pusieron en camino en dirección del mar. Tres leguas y media de viaje los condujeron al viejo santuario mariano de La Délivrande. Iban a depositar en manos de la Virgen María su frágil empresa. A la Virgen en el misterio por el que acogió en nuestra carne al Verbo de Dios, para anudar en Jesús, su hijo, una prodigiosa alianza de amor entre Dios y la humanidad. El 25 de marzo no era solamente para Juan Eudes el aniversario de fechas amadas de su corazón: su voto de servidumbre (1624), su voto del martirio (1637), sin olvidar su entrada oficial al Oratorio, veinte años antes, día tras día. Era ante todo, a sus ojos, el día en que el Hijo de Dios, se encarnó en las benditas entrañas de la ( santa) Virgen (...) día en el que la religión cristiana ya nació en su Cabeza[3].

Juan Eudes y sus compañeros oraban mientras caminaban. Pasaron la noche al pie de María y a la mañana siguiente celebraron la eucaristía.

¿Quiénes eran, exactamente esos peregrinos del 25 de marzo? No sabemos con precisión si eran seis u ocho. Más probablemente eran seis. Además de Juan Eudes, de cuarenta y un años, estaban Simón Mannoury,

---

[3] Juan Eudes pensaba que el Jueves Santo había coincidido con un 25 de marzo. Véase *Manual* OC III 397; RJ IV 14 OC I 414.

de veintinueve; Thomas Manchon, de veintiséis; Pierre Jourdan, de treinta y cinco André Godefroy y Jean Fossey. A menudo se les agrega Richard Le Mesle, de treinta y cinco años y Jacques Finel de cuarenta y cinco. Pero parece que estos últimos, ya ligados a Juan Eudes, entraron al grupo más tarde. Remplazaron a Godefroy y Fossey que se retiraron pronto. Sea lo que fuere, estos ocho sacerdotes son considerados, en conjunto, como los fundadores de la Congregación[4]. Eran hombres todavía jóvenes. Unicamente Jacques Finel de un poco más edad que Juan Eudes. Pero todos, salvo Simón Mannoury, (+ en 1687) habrían de morir mucho antes que él.

Regresaron a Caen para pasar juntos la semana santa y pascua y dar forma, poco a poco, a su vida fraternal, al mismo tiempo que trabajaban en adaptar la casa, pobremente amoblada, en la que se iban a instalar. Un "salón alto"[5] se adaptó para capilla. Los amigos quisieron aportar su ayuda para dotar el albergue y el oratorio. Se nos habla, claro está, de las benedictinas de Caen. ¿Cómo podrían estar ajenas a esta empresa, madame de Budos y sus hermanas? Estaban también las ursulinas de Caen, cuya superiora era Jourdaine de Bernières, y las de Falaise, fundadas por Madame de Sacy. Y otras. madame de Camilly obsequió el sagrario y la capilla y se comprometió a alimentar el aceite de la lámpara que señalaría la presencia eucarística[6].

Desde los comienzos, los nuevos hermanos tomaron la costumbre de lavar juntos su vajilla. Comenzaron a elaborar sus plegarias comunes. En esos primeros tiempos de alegre fervor, un poco más tarde[7], empezaron a recitar en común una hermosa oración compuesta por Juan Eudes, el *Ave, Cor Sanctissimum*. Estaba dirigida, con fórmula audaz, al *Corazón amantísimo* (en singular) *de Jesús y de María*, en comunión estrecha de unión y de vida. El corazón de Cristo y el de su Madre, no son dos sino un solo corazón. La plegaria se termina con invocaciones bien características del despliegue eudista. "Te ofrecemos nuestro corazón, te lo entregamos, lo

---

4   MARTINE III 117/126: "Eran seis los compañeros". La comparación entre los *Annales* (1722) y las *Fleurs* aclara las cosas. En los *Annales* (1722), Costil enumera ocho; en las *Fleurs* (1725), enumera seis y añade: "más tarde se les agregaron los señores Jacobo Finel y Víctor (sic) Le Mesle (...) que la providencia había preparado para llenar el puesto de los dos anteriores (...). Como estos se les unieron a los seis primeros antes de la redacción de las constituciones y de la manera de recibir a los miembros de la congregación, se les ha mirado en pie de igualdad". Ver también OC, IX 414: "los primeros que dieron nacimiento a la congregación son ocho".

5   Según el acta de interdicción de 1650.

6   Para este cap. Seguimos MBD 37-38: OC XII 112-113: *Annales* II 1-11: 27/96-138.

7   Véanse las cartas a Mannoury resumidas por MARTINE I 8 17+406 y Manual OC III 268-269 con n-2 y OC II 281 y 361.

consagramos a ti, lo sacrificamos a ti. Recíbelo y toma entera posesión de él; purifícalo, ilumínalo, santifícalo. Vive y reina en él ahora y por siempre".
Dejemos por unos instantes la nueva comunidad, para reencontrarnos con la otra, la del Oratorio. Asumió la partida del Padre Eudes, como era natural, con estupor. Por los lados del Oratorio, antes del 28 de mayo, no aparece reacción alguna en las actas. En ese día se lee:

> El Padre Juan Eudes, hasta ahora de nuestra casa de Caen, que había sido recibido desde hace más o menos veinte años en la congregación, que fue educado, instruido, alimentado y mantenido a expensas de ella y había sido aun establecido como superior de nuestra de casa de Caen, se separó de ella desde el día de san José último, sin orden alguna de parte nuestra, y aun contra nuestras intenciones, que le dimos a conocer por escrito. (Dicho padre) será conminado, una, dos y hasta tres veces por un padre de la casa de Caen, para que regrese, apenas termine la misión en la que se halla ocupado actualmente, con plazo hasta de un mes a partir de la fecha en que las presentes disposiciones le hayan sido notificadas, a nuestra casa de Caen, para vivir en ella bajo la dirección del superior de la casa para trabajar y servir a Dios conforme a los empleos que le señalaremos. En caso contrario se le declarará excluido de la congregación[8].

## ¿Podía hacerlo... Debía hacerlo?

Vale la pena que reflexionemos un poco sobre esta situación.

¿Tenía derecho Juan Eudes de abandonar el Oratorio? Sí, porque no estaba ligado por voto público alguno, por ningún compromiso irrompible. Y en esa sociedad de libertad, la regla era: "entra el que puede, sale el que quiere"[9]. Llama la atención, por otra parte, cuando se recorren las reseñas biográficas del analista Batterel, encontrar a menudo, después del nombre de los padres cuya vida relata: "entró el día... salió el día"... parecía algo natural.

Pero es muy explicable que en el Oratorio hubieran sentido dolorosamente la partida del Padre Eudes. El poder de su predicación era uno de

---

8     AN, M 228 B 25 de mayo de 1643.
9     Esa sentencia estaba inscrita en el frontispicio del colegio de Juilly. Se ha querido afirmar (BATTEREL II 236-238) que J. Eudes había hecho en el Oratorio votos de obediencia y de estabililidad, pero no se ha dado ninguna prueba seria. Y de haberlos hecho habrían sido votos privados dispensables por cualquier confesor por un motivo proporcionado.

los sólidos valores del instituto. El año anterior, en un informe oficial sobre su sociedad, Bourgoing había escrito, con no disimulada satisfacción: "En Caen un presbítero del Oratorio con otros que él se asocia, hace misión casi continua con inmenso fruto. Monseñor de Lisieux (Cospéan) tiene conocimiento de ello y lo considera un varón apostólico"[10]. Además, el que hubiera salido del Oratorio para crear un seminario de ordenandos, era como dar a entender que el Oratorio estaba poco calificado para esa tarea, en el momento mismo en que acababa de fundar tres seminarios: Saint-Magloire, (en París), Ruan y Toulouse. Se comprende que los hermanos de Juan Eudes, aunque éste estuviera en su derecho de abandonarlos, miraran mal su partida.

A veces se ha planteado el interrogante de si existieron otros motivos para que el Padre Eudes abandonara el Oratorio, fuera de la urgencia de poner en marcha los seminarios de ordenandos. ¿Se sentiría, por ejemplo, menos ubicado en el Oratorio de los años cuarenta que en el de diez años antes? Mucho más tarde, en la conclusión del extenso libro sobre *El corazón admirable de la Madre de Dios*, el anciano Juan Eudes nos ha hecho una última confidencia, bajo forma de oración: "Para alejarme de peligro evidente de perderme, tú me comprometiste con la Congregación de Jesús y María"[11]. ¿De qué peligro se trataba? Solo pueden hacerse conjeturas. ¿Sería la tentación de no contribuir en la medida de sus posibilidades al difícil nacimiento de los seminarios prefiriendo su seguridad y sus éxitos personales a las incertidumbres de la empresa? ¿O sería el peligro de dejarse arrastrar hacia las querellas de ideas que ocupaban demasiado puesto en la inquiera familia del Oratorio? Había crecido demasiado pronto[12] y no había encontrado tal vez, entre el método lento de Condren y el autoritarismo de Bourgoing, la dirección a la vez firme y espiritual que necesitaba después de la muerte prematura de Bérulle.

Otro motivo de la partida de Juan Eudes del Oratorio pudo ser la penetración de ideas jansenistas en el seno de esa comunidad. Según Batterel, ése era el motivo que aducía el mismo Padre Eudes: "El insinuaba en toda ocasión que nos había abandonado únicamente por causa del jansenismo y para poner en seguro su fe y su conciencia"[13]. Batterel, que era jansenista, rechazaba esa explicación. Es verdad que en 1642, cuando Juan Eudes se proponía dejar el Oratorio, no existía en Francia un partido jansenista organizado. Pero si se leen atentamente las correspondencias

---

10    AE, F. Efl. 832, f. 219 r°. Cfr. Carta de Bourgoing a Chavigny, AE, F.fr 1590.

11    OC VIII 354.

12    Según la reflexión de Batterel, *Mémoires domestiques*, nota sobre Condren, mecanografiado íntegro, p. 189 (del Arco del Oratorio).

13    BATTEREL, II 258

intercambiadas en esa época, hay que concluir que sí existía evidentemente uno, desde 1641, en los "Países Bajos" (más o menos la Bélgica actual); existía igualmente un partido antijansenista al menos tan identificado como el primero, compuesto esencialmente por jesuitas (a quienes Jansenio había detestado) y que combatía a los editores del Augustinus y buscaba hacer condenar ese libro en Roma. En Louvaines o en Amberes ya se empleaban para designar a los miembros de uno y otro partido las palabras latinas janseniani y antijanseniani[14].

Los "antijansenistas" tenían un corresponsal asiduo en Ruan, el jesuita Westhoven, quien, a su vez, estaba en contacto con el provincial de Francia, Jacques Dinet, y con Louis Cellot, dos miembros de la compañía bien conocidos del Padre Eudes. Se sabía en Amberes, desde el 17 de mayo de 1641, que el Augustinus había sido leído en Ruan por "nuestros adversarios", que estaríamos tentados a traducir "por los oratorianos", y que allí se discutía acaloradamente en pro y en contra de Jansenio. Los jesuitas belgas veían en el oratoriano Jean-Hugues Quarré, un apoyo del partido jansenista. Y en octubre de 1641 el internuncio en los Países Bajos escribía al "Cardenal-sobrino" Barberini que los padres del Oratorio eran, a su parecer, "muy adictos a Jansenio y a sus albaceas testamentarios". En Francia, el 17 de mayo de 1642, Martin de Barcos enviaba a su tío Saint-Cyran, el venerado encarcelado de Vincennes, noticias del enfrentamiento entre partidarios y adversarios de Jansenio, su difunto amigo. Pero sólo después de la muerte de Richelieu se desataron completamente las lenguas, en el reino. El nuncio en París hablaba de ello en una carta a Roma, el 24 de abril de 1643 (un mes después de la salida de San Juan Eudes): "Los espíritus proclives a enredarlo todo casi han logrado crear una facción y han adelantado tanto las cosas que hasta las damas hablan apasionadamente de uno y otro partido". En septiembre la reina llama al orden... a los oratorianos: "La reina regente, escribe un jesuita de París, hizo llamar a algunos padres del oratorio que son los principales partidarios del dicho Jansenio y les advirtió seriamente que no predicaran ni sembraran entre las comunidades dicha doctrina de Jansenio". Juan Eudes, seguiremos recordándolo, estaba en estrecha relación con los jesuitas. Probablemente ellos lo pusieron en guardia contra las tesis Jansenistas. Sabemos ya, por otra parte, que él mismo, en una toma de posición espiritual personal, había optado firmemente, en 1641-1642, por la misericordia, frente a tendencias más rigoristas.

---

14  L. CEYSSENS, *Sources relatives aux debuts de jansenisme et de l' antijansenisme, 1640 – 1643*, Louvaines,1957, especialmente los documentos n° 32, 84, 85, 92, 101, 103, 105, 111, 113, 148, 182, 222, 244, 319, 387, 529, 593, y la carta citada p. 652.

Todos esos hechos nos obligan a admitir que, obviamente, había en Francia, desde 1642, dos corrientes opuestas alrededor del libro de a good Jansenio; y que los jesuitas estaban de un bando y ciertos números de oratorianos del otro. Pero no eran todos: Bourgoing fue antijansenista tan acérrimo como Juan Eudes. Y era ésa una de las características del Oratorio. En él podían convivir libremente hombres de tendencias extremadamente diversas[15]. Se podía perfectamente, aún en 1643 y en los años siguientes, ser buen oratoriano y rechazar con firmeza la doctrina de Antoine Arnauld y de sus amigos.

Sobre los motivos de la salida del P. Eudes no tenemos, pues, certidumbre distinta de la siguiente: que abandonó el Oratorio de Jesús, que había amado tanto, para emprender, junto con algunos sacerdotes seculares, la fundación de un seminario ya que el Oratorio no quiso prohijar ese proyecto. Es probable que otros motivos vinieran a reforzar esa razón principal, pero nada cierto sabemos sobre ellos.

Mientras el P. Eudes vivía esa lucha interior y, luego, el fervor de los comienzos de su Congregación, grandes acontecimientos afectaban el reino. El 14 de mayo, Luis XIII, siguiendo de cerca su ministro Richelieu, había muerto en París. Dejaba a Francia en manos de la reina, Ana de Austria, asistida por un consejo presidido por el hábil cardenal Mazarino. Cinco días después de la muerte del rey, el ejército de Picardía, comandado por un joven de veintidós años, el duque de Enghien (futuro príncipe de Condé) lograba brillante victoria en Rocroi, sitiado por los españoles. Por la misma fecha otro joven de veinte años, con algunos compañeros, creaba en París el Ilustre Teatro. No se habló casi de él por el momento, pero ya era candidato a la gloria, bajo el seudónimo de Molière escogido por él mismo. También en París, en el mes de junio, Jean-François-Paúl de Gondi, fue nombrado coadjutor de su tío el arzobispo Jean François de Gondi. El señor coadjutor iba a jugar un gran papel en las intrigas de los años siguientes y llegaría a ser el demasiado célebre cardenal de Retz. La reina, atendiendo los concejos de Vicente de Paúl, creaba un "concejo de conciencia" que durante diez años la ayudaría a escoger buenos obispos: el mismo Vicente fue uno de sus miembros y realizó una gran labor.

Es de suponer que Juan Eudes y sus compañeros miraran con atención tales hechos que marcaban la vida de su pueblo y que repercutían posiblemente en su propia empresa. Ellos por su parte, ya se habían embarcado y estaban dispuestos a vivir esa aventura confiados en la gracia de Dios.

---

15  Cfr. DS, "Oratoire berullien" ; el ejemplo citado, col. 849, a saber la cohabitación de Amelotte, Quesnel y Malebranche se sitúa entre 1670 – 1675, pero ilustra una características de los primeros tiempos del oratorio.

Se acercaba Pentecostés. Se habían preparado mediante la oración y el aprendizaje de la vida común, a la venida del Espíritu. Sin mirar hacia atrás, el pequeño equipo salió a misión.

## "Dos grandes misiones con frutos extraordinarios"

En adelante, en su diario, Juan Eudes escribirá "nosotros" y dejará el "yo". "Dimos dos grandes misiones con frutos extraordinarios que superaron los de todas as misiones anteriores, como si nuestro Señor hubiera querido hacer ver a todos que estaba con nosotros y que era el autor de dicha fundación".

Las dos misiones se dieron en las diócesis de Coutances. El obispo, Léonor de Matignon, debió alegrarse al ver regresar al Padre Eudes con su equipo. Dos años más tarde señalará al canciller Séguier los beneficios producidos por las misiones en su diócesis y en particular el "gran cambio que en ella se nota, tanto en los sacerdotes como en el pueblo, como consecuencia de algunas misiones dadas por el Padre Eudes (...). Dios le ha dado extraordinarios talentos para mover los corazones y para convertir las almas con sus predicaciones. Pero tiene el don especial de convertir a los sacerdotes demasiado independientes y de hacerlos volver a su deber, para que trabajen en la salvación del pueblo"[16].

La primera de esas misiones empezó el día de Pentecostés (24 de mayo), en Saint- Sauveur-Le-Vicomte y duró todo el mes de junio.

Fue allí donde Juan Eudes recibió la conminación del P. Bourgoing a la que contestó con una carta cuyo texto desconocemos. Declaraba en ella su decisión de abandonar el Oratorio.

Juan Eudes recibió también, según el analista Costil, cartas de algunos oratorianos amigos que lo animaban a "proseguir su propósito, sin extrañarse por la actividades y medidas que sus hermanos empezaban a promover para obstaculizarlo o para destruirlo por completo". Este apoyo fraternal es un detalle que recogemos con aprecio.

En la parroquia de Saint-Sauveur-Le-Vicomte había una jovencita de once años, de fe precoz, Marie-Catherine Symon de Longpré. Vino amablemente a visitar al Padre Eudes. Este la animó en su proyecto de consagrarse a Dios, le aseguró que tendría éxito y prometió encomendarla a la oración de Marie des Vallées. De hecho, el año siguiente entró en la comunidad de las religiosas hospitalarias de Bayeux y se ofreció para las misiones en el Canadá. Con el nombre de sor Catalina de san Agustín se embarcó a los quince años en la Rochelle y llevó en el hospital de Québec

---

16     Carta de Matignon a Séguier (inédita): BN, F. Fr. 17 362 f.182 nª citada por DU CHESNAY, M. 176 – 177.

una vida de sufrimiento y de excepcional intimidad con su Dios. Allí murió a los the treinta y cuatro años, después de una existencia asombrosamente llena. Hoy día se habla de su beatificación[17].

Desde los primeros ejercicios, los misioneros quedaron impresionados por la presencia de una alta y bella dama:

> Confieso, contaba uno de ellos cuarenta años más tarde, que cuando la vi entrar a la iglesia vestida con tanta pompa, con un séquito de muchas damas y señoritas y gran número de criadas lujosamente ataviadas, quedé bastante sorprendido (...) Pero me sorprendí más todavía cuando la vi acercarse a mi confesionario, porque no podía creer que un exterior tan pomposo escondiera un alma de oración...[18].

Se llamaba Marie de Soulebieu, esposa de Jean Simón, marqués de Boisdavid, capitán de las tropas francesas, que estaban por entonces en campaña y se habían batido en Rocroi. En esa época tenían tres niños. Ella vivía en casa de su cuñado, Georges-Simón de Mémont, en la mansión de Grosley, cercana de Saint-Sauveur-Le-Vicomte. En el curso de la misión, el Padre Eudes fue a comer, una noche, a casa del señor de Mémont, que era amigo común de él y de Bernières, en compañía de esa dama elegante, ¿tal vez un poco descotada? Se dice que él se lo hizo notar[19] Y ella, profundamente impresionada, lo tomó como su guía espiritual.

Durante la misión , Juan Eudes recibió de Caen una carta inquietante de Madame de Camilly: la casa del refugio se hallaba escasa de dinero y de víveres. Le contestó animándola, como a fiel administradora de la casa de los penitentes, y la encomendó a las oraciones de Marie des Vallées. Esta no se contentó con orar. Tenía ahorrada una suma de ochocientas libras, de algunas donaciones que había recibido. La Virgen María, que le había pedido que la guardara, le permitió ahora entregarla al Padre Eudes para la casa de Caen[20].

---

17  P. RAGUENEAU. *La Vie de la Mere Catherine de Saint-Agustín*, París, 1671 ( o Québec, 1923)

18  Recuerdos de Simón Mannoury, relatados por Mlle. Le Conte, *La vie de Madame de Boisdavid*, manuscrito hoy destruido pero citado por E. LELIÈVRE, *Madame de Boisdavid*, Coutances, 1925, p. 99. Ver *Annales* IV 4: 27/403-404 y NV VIII 353.

19  E. LELIEVRE, *op. cit.* p. 102 – 103; HERAMBOURG I 16:52/ 223 – 224.

20  *Ann.* NDC I 5 : Chev/17; OC XI 41, n.2, sitúa esa donación en 1664. Recordemos que una persona podía vivir holgadamente con 300 libras anuales. Parece que el P. Eudes fue a buscar a Marie des Vallées a Coutances para llevarla a Saint-Sauveur-le-Vicomte para los

A comienzos de julio, Juan Eudes fue recibido por madame de Boisdavid en el castillo de su padre, el áspero señor de Soulebieu, cerca de Montmartin-en-Graignes. También estaba allí Marie des Vallées. En ese día Juan Eudes la oyó declarar en el curso de una vibrante exhortación: "Atrás tantas frivolidades de que se hablaba, que son naderías. Yo busco a mis hermanos que están perdidos"[21]. ¡Cuánta fuerza, aun en el estilo! Se habló también de la casa de Nuestra Señora del Refugio que era para Marie des Vallées objeto especial de solicitud y oración.

### ...y Valognes

De Saint-Sauveur-le-Vicomte, el equipo misionero, cuyo núcleo era la joven Congregación del Seminario de Jesús y María, pasó a la ciudad de Valognes, no lejos de ahí. Sin duda la misión que estaba terminando había despertado la atención de las gentes. Vinieron en tropel a Valognes a escuchar al P. Eudes. La multitud de gentes era tan grande, cuenta él mismo, que me veía obligado a predicar todos los días fuera de la ciudad, detrás del castillo. Se calcula que había cuarenta mil personas los domingos y días festivos. Todos lo oían, aún los que estaban lejos, en sus carrozas.

Un día, mientras el Padree Eudes hablaba a esa muchedumbre, se amontonaron nubarrones amenazantes y se desencadenó furiosa borrasca. En la multitud se inició un movimiento de desbandada. Pero el predicador los detuvo: Que nadie se mueva: este aguacero es obra del demonio. Ya verán ustedes que no sufrirán molestia alguna[22]. Y de hecho, a pesar del torrencial aguacero, que cayó alrededor de la plaza, los oyentes sólo recibieron algunas gotas.

En Valognes se enriqueció el método misionero. Recordemos que en la misión de Fresne se habían implantado las oraciones de la noche y de la mañana y en la de Remilly las conferencias a los sacerdotes. Aquí aparecen otras tres innovaciones. En primer lugar se empezó a hacer la comunión general dos veces a la semana, a saber los domingos y los jueves, para satisfacer la devoción de los fieles. Luego se inició la costumbre, por lo menos en el verano, de hacer las devociones a domicilio. "Cuando el fuego se apoderado de la misión" y se ve a los cristianos decididos a hacer en familia las oraciones de la mañana y de la noche, se anuncia en el púlpito "Que gustosamente irán (los misioneros) a rezarlas en la casa de quienes lo soliciten" y se envía a dos sacerdotes, después de la cena de la comunidad,

---

últimos días de la misión; de allí ella pasaría a la Délivrande pasando por la residencia del señor de Soulebieu; cf. E. LELIEVRE, *op.cit.* p. 112 ss.
21   *Vie admir.* IX, 11, 5: Q. f. 383 ss.
22   *Ann.* NDC II 34: Chev/155.

para que oren allí[23]. La tercera novedad fue la "ceremonia de la fogata al final de la misión para dar gracias a Dios con mayor solemnidad por los favores recibidos durante ella y para quemar allí los libros malos y demás instrumentos de pecado..."

Así se acentuaba también el carácter festivo de la misión.

A una legua de la ciudad, en la aldea de Alleaume, se estaba derrumbando una antigua capilla, totalmente desierta y abandonada. El misionero sugirió a los fieles de Valognes que la restauraran y establecieran allí, -en el curso de una fiesta brillante- la devoción de nuestra señora de la Victoria. ¿Era acaso un recuerdo de la Virgen de las Victorias de Praga, cuyo culto había nacido, en un antiguo templo protestante, después de la victoria de la Montaña Blanca (1620) considerada por el pueblo católico como una victoria de María? Habría sido extraño, en todo caso, que Juan Eudes no se hubiera hecho eco en la predicación, de la reciente victoria de Rocroi, él que sabía aprovechar tan oportunamente las grandes emociones colectivas.

El analista nos refiere una escena pintoresca que tuvo lugar en Valognes. Esa pequeña ciudad era en su región una capital en la que se desplegaba una vida mundana e incluso intelectual; de ello dan testimonio, todavía hoy, las mansiones elegantes construidas en esa época o un poco más tarde. Había mujeres que participaban en ese movimiento, sin duda con cierta pedantería. (Quince años después, en el mismo París, Molière debía cerrar el paso a las Preciosas ridículas y a las mujeres sabihondas... y tal vez también, por un tiempo, a cierta posibilidad de que las mujeres tuvieran acceso a la cultura intelectual). Sea lo que fuere, Valognes llevaba la delantera. Allí hacía bastante ruido "un grupo de mujeres jóvenes que formaban una academia" y se dedicaban a una labor de crítica, especialmente de los predicadores. Esto era, desde hacía algún tiempo, causa de malestar entre las personas preocupadas por la renovación cristiana. Estas informaron de ello a los misioneros. El P. Manchon se encargó del problema. Convocó a toda la ciudad a un sermón que tendría carácter especial. Y usando de todos los recursos de su gran elocuencia, comenzó elogiando esa ciudad tan distinguida, aún en el campo de la inteligencia. Pero lo más extraordinario, añadió:

> Es que también las mujeres participan en ese refinamiento. Porque entre las personas que se dedican al estudio de las bellas artes, hay un grupo de muchachas que hacen gala de especial discernimiento. Sólo les hace falta una cosa: una

---

23   *Annales* II 14:27/145-146; cf. RENTY, *Corr.* p. 815.

presidenta para sus reuniones. Y se me ha ocurrido escogerles una a su medida. Y no he encontrado otra mejor que... la burra de Balaam.

Y se dice que la petulancia de tales preciosistas se vino abajo con las risotadas de los asistentes.

Se nos cuenta también, con motivo de esa misión, dos detalles significativos. Un día viernes, el hermano cocinero sirvió pescado para la cena, sin duda alguien lo había obsequiado. En esa península al menos los ricos podían comer pescado, aún en verano. Pero el jefe de la misión "lo reprendió fuertemente y le prohibió servir en ese día cosas distintas de huevos o legumbres como se acostumbraba en el seminario". Como en el seminario: en la misión se continuaba una vida de comunidad bastante estricta y esa fidelidad era uno de los elementos de la que se ha llamado "seducción misionera"[24].

Otro día el Padre Eudes al darse cuenta de que "pensaban hacerle un retrato, hizo despedir al pintor y tomó a mal que hubieran pensado en eso"[25]. ¡Qué lástima para nosotros!, a menos que el retratista hubiera tenido tiempo de tomar un bosquejo que sirviera de base para el grabado hecho más o menos en esa época, que se conserva en la Biblioteca nacional[26].

En Valognes el P. Eudes conoció a varias personas generosas que, al menos por un tiempo, le iban a colaborar en la parroquia Nuestra Señora del Refugio. Eran Renée Eustache de Taillefer y algunas amigas suyas que le seguirían para entrar en una orden que por entonces sólo estaba en proyecto. Mademoiselle de Taillefer contó muchas veces más tarde que la tempestad dominada por la oración del predicador le había causado honda impresión y había contribuido a " alinearla bajo su dirección"[27].

---

[24] *Fleurs*, JE II 25:31/554. Conocemos el nombre de ese hermano: Roger Le Grand, entrado en la Congregación en mayo de 1643, gracias al *Livre qui contient les noms des frères domestiques...* (1643 – 1763) AD Calvados, H. Eudistas. Sobre la "seducción misionera" o ( recursos misioneros para atraer a los fiele, cf. Du CHESNAY, M . p. 140 ss.

[25] *Fleurs*, JE II 24: 31/ 546

[26] BN. Estampes n°14 963-1. Ver L TOLMER, *Du "nouveau" sur S. Jean Eudes*. Caen, 1943, p.11-12 y fig.10.

[27] *Annales* I 22: 27/18 ss. Ver HERAMBOURG I 9: 52/117.

PADRE EUDES, HACIA 1640
Hay does formas de este grabado: una muestra la figura "R. P. Juan Eudes, superior del Seminario de Jesús y Marí." La otra,, probablemente primitiva, muestra sólo el nombre del grabador: Jean Durant, de Orléans. Parece que, por el escudo de armas, Padre Eudes sigue siendo un Oratoriano. (Imagen: B.N.)

Fue probablemente en Valognes donde el P. Eudes recibió, -no sin dolor- la notificación oficial de su exclusión del Oratorio[28]. Del Oratorio le llegó también, por esa época, un reclamo. El había llevado consigo, junto con sus pertenencias, la preciosa casulla del Padre de Bérulle que le había obsequiado en Saint–Malo, monseñor de Harlay–Sancy (véase p. 45). Pero sus antiguos hermanos alegaban que había sido donada a la comunidad y no a la persona del Padre Eudes. La carta de los oratorianos le causó gran pena. Pero después de orar, tomó su decisión y declaró a quienes se hallaban con él (Jacques Finel era uno de ellos y nos lo ha referido):

> Aunque estuviera seguro de ganar el pleito que pudieran abrir contra mí por tener esa reliquia les aseguro que la cedería gustoso antes de litigar. Dios me ha dado a conocer esta mañana el gran provecho que se deriva de renunciar a su derecho en circunstancias como ésta y el tesoro que se gana haciendo donación de esta casulla (...) Es la oportunidad para hacer lo que nuestro Señor dijo: 'Al que quiera quitarte la túnica déjale también tu manto'(Mat. 5, 40) No seremos más pobres por eso.

Y prometió devolverla[29].

Ahora la ruptura, amarga ruptura, se ha consumado y sólo queda seguir adelante.

## La Congregación del Seminario de Jesús y María

La pequeña sociedad, que Juan Eudes acababa de fundar y que decididamente no podía apoyarse en el Oratorio, era bien frágil. No tenía como confirmación oficial sino las letras patentes del rey difunto, ordenadas por el, también difunto, cardenal, y sin registrar en el parlamento de Ruan. Es decir, no tenían valor. Y en el campo eclesiástico, ¡nada!

Decidió, para comenzar, solicitar la aprobación del Papa que era, desde hacía veinte años, Urbano VIII (1623-1644).

Para ello se dirigió primero a Coutances, donde se sentía un poco como en su casa, al menos tanto como en Caen. Tenía allí a su amigo Raoul Le Pileur, el vicario general. Con él elaboró un primer texto. La

---

28    AN, 228 B: 31/412 – 413; y OC XII 208. Véase también BATTEREL, II, 240.
29    *Fleurs*, JE II 8: 31/ 412 – 413; y OC XII 208. Véase también BATTEREL, II, 240.

carta debería servir de referencia para la redacción de las recomendaciones episcopales que deseaba obtener. Está fechada el 3 de septiembre.

Por esos mismos días, el obispo en persona, Léonor de Matignon, le da una carta oficial muy elogiosa.

El padre Eudes regresó a Caen pasando por Bayeux. El obispo, Jacques d'Angennes aceptó redactar, también él, una recomendación en el mismo sentido, para dirigirla al Papa. Y añadió otra destinada a un cardenal influyente.

El fidelísimo monseñor Cospéan hubiera debido ser el primer solicitado para que escribiera al Papa, pero al morir Luis XIII había sido marginado. Considerado como "el santo de la corte" hablaba con mucha libertad y llamaba a la reina "mi buena hija". Esto molestaba al cardenal Mazarino, quien, "sin consideraciones por su barba blanca" se las arregló para hacerlo regresar a Lisieux y que ya no se hablara más de él[30]. Por eso Juan Eudes prefirió no presentarlo en primera línea.

¿Qué idea de la nueva sociedad nos dan esos textos? Subrayemos tres puntos:

En primer lugar, la Congregación está compuesta de sacerdotes seculares, no de religiosos. Es "un cuerpo eclesiástico cuyo estado es meramente jerárquico y cuyos miembros no emiten voto alguno[31]. La caridad es el único vínculo que los mantiene unidos entre sí"[32].

Además la sociedad no tiene consistencia fuera del seminario que ella anima y de los que podrá animar. Los mismos seminarios la constituyen. Lo afirmará más tarde el analista Herambourg en aquella fórmula límite: "Puede decirse que esta institución no es una congregación nueva, sino más bien una fundación de los seminarios, conforme a los deseos del sagrado concilio y los decretos de nuestro Santo Padre, el Papa..."[33]. La asociación se llamaba al comienzo: Los presbíteros de la Congregación de Jesús y María. (Hacemos notar que a mediados del siglo XVII el término "congregación" como el término "colegio" no tiene inicialmente el sentido institucional que le conocemos. A menudo sólo significa algo así como "asociación" "agrupación", "cuerpo"). Se encuentra también el título, muy significativo, de Congregación del Seminario de Jesús y María; luego,

---

30   Mme DE MOTTEVILLE, *Mémoires*, p. p. MICHAUD et POUJOULAT, 1838, t. x p.63.
31   Sobre los votos, véase OC XII 178. Ver también las *Constituciones* IV 6: OC IX 235 y n. 1, que es interesante comparar con un texto de la Asamblea General del Oratorio en 1638, después del arresto de Séguenot y en relación con él (BATTEREL, *Memorias dom.*, *Condren*, dactilografía no abreviada, p. 180, en el Arco del Oratorio)..
32   *Annales* II 2: 27/99.
33   HERAMBOURG 1 4: 52/43.

después de 1650, Congregación de los seminarios de Jesús y María. Finalmente: Congregación de Jesús y María.

A estos rasgos se añade otro que ya hemos tocado ligeramente y del que volveremos hablar. Tales casas deberían tener medios de subsistencia propios, independientes de la generosidad cambiante de un bienhechor o de las rentas de un "beneficio" eclesiástico, como los colegios de los jesuitas. Debían estar desde su creación "fundados" es decir, dotadas de rentas fijas.

Tal vez redactó varios esbozos sucesivos de su proyecto, como se podría deducir de algún texto que ha llegado hasta nosotros[34] o del testimonio de algunos de sus contemporáneos. Me refiero aquí a algunas páginas del libro de Jean-Pierre Camus, el antiguo obispo de Belley, abad de Aunay, y muy conocido en el Oratorio de Caen. Su libro está escrito de prisa, como las doscientas obras (cuatro por año) que publicó ese escritor inagotable aunque poco exigente. El libro se llama El Noviciado clerical, aparecido en el verano de 1643[35]. El obispo describe allí varias fórmulas para prepararse a la ordenación. Esto es lo que dice una de ellas, que es, con toda seguridad, la recentísima iniciativa del Padre Eudes:

> Hace algunos días una noticia me llenó de alegría y es que en una de las buenas ciudades de este reino, y en una diócesis en la que poseo una abadía, se ha formado bajo la autoridad del obispo una pequeña asociación de eclesiásticos del clero. Doce o quince eclesiásticos, animados por un mismo espíritu, que no tienen sino un solo corazón y una sola alma sin poner sus bienes en común, pero que viven como asociados y comensales han resuelto ofrecer a los a los curas párrocos todo el servicio y la ayuda que ellos puedan desear. Recibirán, pues, a los curas párrocos para retiros y ejercicios de ocho a treinta días...

Además los obispos les confiarán el cuidado de "jóvenes clérigos aspirantes a las órdenes. No se admite a nadie a la ordenación si no ha pasado de quince días a un mes de la casa de congregación."

Mientras una parte del grupo esté en misión reemplazando a los curas que hacen su retiro, los demás, en la casa, estarán a disposición de esos curas párrocos y de los ordenandos. Y en otro capítulo, Camus, hablando de los Lazaristas anota el siguiente de talle que vale también para los discípulos del Padre Eudes: llegan "hasta a abandonar el título de padre que

---

34    *Requeête à l'archev. de Rouen*, OC XII 149/150.
35    J. P. CAMUS, *Le Novitiat clerical*, París 1643; cf. H. WATRIGANT, Exercises spirituels à la naissance des séminaires en *Biblioth. Des Exercises de S. Ignace*, nª 40 p. 113 ss.

parecía conservar un sabor de convento y de claustro y conservan el de "señor", que es más común entre los presbíteros del clero (diocesano)".

En este cuadro no todo es rigurosamente exacto. Parece que Camus no tomó su información del mismo Padre Eudes sino de algún sacerdote próximo al grupo (¿Michel de Répichon?) y tal vez de uno de los bosquejos redactados por Juan Eudes en el curso de su búsqueda. Algunos detalles hacen pensar en un texto que el fundador someterá cuatro años más tarde al arzobispo de Ruan[36]. Pero lo que sí ha captado con precisión el espíritu de la fundación. Es así como un testigo desprevenido podía percibir la empresa del P. Eudes en sus primeros comienzos. Ella era, a sus ojos, unos de los signos que permitían adivinar "que la reforma viene poco a poco, aunque con pies de plomo, al encuentro del clero".

### Una fundación bien frágil todavía

Mientras tanto Juan Eudes y sus compañeros regresaban a su casa de Caen. ¿Habrán acogido, ya desde ese otoño, sacerdotes y ordenandos? No lo sabemos... Pero prosiguen sus búsquedas e iniciativas.

Par esa época el Padre Eudes escribió al Padre Gibieuf para contarle la curación milagrosa de su madre. (Véase p. 40.) ¿Sería esta carta una tentativa para reanudar relaciones con el Oratorio?

Escribió también a un hombre a quien no conocía directamente, Christophe d'Authier de Sisgaud (1609-1667) Este había fundado en el sur una compañía de sacerdotes. Es posible que Richelieu, habuiera tomado la iniciativa de hacer venir a París al señor d'Authier para que fundara allí, junto con veinticuatro misioneros, un seminario en el colegio de Bourgogne. D'Authier se había puesto en camino, pero en Valence se enteró de la muerte prematura del P. Joseph que ponía fin al proyecto. De inmediato se había fijado en Valence con sus compañeros y había abierto allí, en 1639, el primero de los seminarios franceses de ordenandos. Por lo demás continuaba sus misiones. En su viaje al sur en 1642, Luis XIII y Richelieu habían visitado el seminario de Valence y habían animado cálidamente al señor d'Authier. No sería, pues, de extrañar que algunos meses después Richelieu se refiriera a esta experiencia en su entrevista con el P. Eudes[37].

---

36   OC XII 149 – 150.
37   *Exordia et instituta Congregationis Smi. Sacramenti*, Grenoble, 1658 p. 43 y t 78; A. BORELY, *Lavie de mestre Christohpe d'Authier de Sisgaud*, Lyon, 1703, p. 67 y 73; chan. NADAL, *La vie de Mgr. d'Aauthier de Sisgaud*, Valence 1880 p. 78.

Además Juan Eudes pudo oír hablar también del señor d'Authier por los jesuitas de las cuales había sido alumno en Avignon. Y sabía, sin duda, que el superior de Congregación del Santísimo Sacramento estaba en contacto con la congregación de romana *De Propaganda Fide* (de las misiones) que sostenía su labor y que reconocía, un poco más tarde, su congregación[38].

Tal es el motivo de que Juan Eudes se dirigiera a ese misionero creador de seminarios para proponerle que hiciera causa común con él. Conocemos la respuesta cordial de d'Authier, de 14 enero de 1644. "... Yo habría firmado gustoso los artículos que usted ha tenido a bien enviarme. Pero tengo muchas cosas por contarle de viva voz y por eso me reservo ese placer para nuestra primera entrevista", en París o aun en Normandía. De hecho no parece que esa entrevista haya tenido lugar. En todo caso en todo caso el proyecto de unión no se realizó[39].

Pero Juan Eudes había tomado ya un derrotero más realista: lograr el apoyo de la reina para facilitar el registro en el parlamento de Ruan de las letras patentes reales de 1642. ¿Cómo acceder a la Reina? Juan Eudes escribió a un religioso penitente de la tercera orden de San Francisco, Jean-Baptiste de Laigle, normando como él y amigo del célebre Padre Chrysostome de Saint-Lô, el director espiritual de Jean de Bernières. Ambos vivían en París y tenían allí muchas relaciones. El 25 de noviembre de 1643, el Padre Jean-Baptiste respondió que no veía la forma de ayudarlo pero, decía, el Padre Eudes haría bien en venir a París "para que juntos busquemos el acceso a la reina" y añadía:

> Haga lo conducente para que su llegada sea ignorada por los padres del Oratorio. Porque según entiendo no están ellos en disposición de verlo actualmente con buenos ojos. El Padre Chrysostome habló de usted al padre Vicente de Paúl, quien prometió prestar a usted toda la ayuda posible. Es él quien tiene mayor poder sobre el espíritu de la reina para esta clase de asuntos..."[40].

Juan Eudes siguió el consejo. El 9 de diciembre estaba en París de donde envió a sus hermanos una palabra de aliento. El Padre Manchon, que lo acompañaba, agregó una carta noticiosa que infortunadamente se ha perdido[41]. Es probable que el plan previsto fuera ejecutado y que el P.

---

38  B DOMPNIER, "La congreg. *De propaganda Fide* et les compagnies de prêtres" en *Vincent de Paul, actes du colloque...*, p. 42ss
39  J. ARRAGAIN, en SS CC, 1939, P. 41 – 42.
40  DU CHESMAY NV VIII 130
41  *Lettres*: OC X 383.

Eudes se encontrara con Vicente de Paúl. Si embargo las letras patentes no fueron registradas. Es posible que en Ruan hubiera alguien que presionaba a los parlamentarios en sentido opuesto.

Por el lado eclesiástico había un poco de esperanza de que las cartas dirigidas al Papa tuvieran algún resultado.

En todo caso, sin esperarlo, el obispo de Bayeux, Jacques d' Agennes, concedió a la nueva sociedad, el 14 de enero de 1644, Letras de institución, que le conferían oficialmente existencia eclesial.

A petición del sacerdote Juan Eudes:

> Le hemos permitido y le permitimos, para llenar el propósito de los colegios de los santos ejercicios (eran las palabras usadas por Godefroy. No olvidemos que Jacques de Angennes había participado en la Asamblea del Clero en 1625), erigir en nuestra diócesis la dicha congregación eclesiástica, bajo el nombre y título de los sacerdotes de la congregación de Jesús y María quienes permanecerán bajo nuestra entera jurisdicción y los autorizamos a recibir y poseer y usufructuar fondos, donaciones y demás rentas. Además hemos escogido al dicho Juan Eudes como superior de esa congregación...

Esta carta episcopal fue acogida con acción de gracias. Era el acta de nacimiento de la nueva sociedad en la Iglesia.

Quedaba por proseguir un duro combate para que ocupara del todo su puesto y se capacitara para prestar el servicio que inspiró su nacimiento.

CAPÍTULO X

# La cuaresma de Coutances

(1644)

*Marie des Vallées*
*Una misión de intercesión y de ofrenda*
*Asombrosa sabiduría*

## Una sencilla aldeana de cofia

El año de 1664 predicaba yo la cuaresma en Coutances con bendición singular. Tuve la felicidad de hospedarme en casa del señor Potier, un santo sacerdote. Allí vivían sor María con quien yo me encontraba y dialogaba todos los días muy en particular, con tanto fruto y provecho para mi alma que palabras no pueden expresar[1].

Tenemos, pues, al Padre Eudes en Coutances donde pasará seis semanas. Sus hermanos permanecían, tal vez, en la casa de Caen, para acoger allí a algunos sacerdotes u ordenandos; o se hallaban misionando. Juan Eudes predicaba la estación de cuaresma que le dejaba algún tiempo libre. Se alojaba en una casa cercana a la catedral, en la que vivían dos sacerdotes.

La criada era, desde hacía unos veinte años, Marie des Vallées. Juan Eudes podía, pues, verla y escucharla a sus anchas, y esto fue, sin duda, uno de los motivos para su permanencia prolongada en Coutances[2].

Juan Eudes notaba cuidadosamente todo lo que observaba, todo cuanto ella decía. Había sido encargado por el obispo de Coutances de una misión de observación y discernimiento respecto a la vidente posesa recibiera abundantes gracias para él mismo[3].

---

1    MBD 39: OC XII 113. Sobre Marie des Vallées ver: E. DERMENGHEM, *La Vie admirable et les révelations de Marie des Vallées*, París, 1926; I. HAUSMANN. *Marie des Vallées, Suhnopfer fur die zeit der grossen Bekerung*, München 1971. Sobre los escritos de J. Eudes respecto a ella cfr. Infra n. 12.

2    *Abregé*. Cherb. 68, f. 23 r° y v°. Muchos otros espiituales se interesaron en M. des Vallées, antes de J, Eudes, por ej. *El P. Coton*, sj (confesor de Enrique IV que estuvo en Coutances en 1625; el *P. Saint-Jure*, sj.; el *P. Chrysostome de Saint-Lô*, terciario franciscano y muchos otros, sin olvidar a *Bernières* y *Renty*.

3    No es muy exacto decir que el P. Eudes era "director espiritual" de M. des Vallées; ella se dirigió en primer lugar al Sr. de Juganville, el compañero del Sr. Potier (*Fleurs* JE I 15:

Por otra parte el testimonio favorable de Gaston de Renty reforzaba su estima por Marie des Vallées. Ese joven laico, hombre de profunda fe, había entrado en relación con ella en 1642, en circunstancias sorprendentes. Él visitaba con frecuencia el Carmelo de Pontoise, en el que a veces pasaba, "gran parte de la noche en oración". Allí conocía a una gran religiosa, la madre Jeanne de Jesús, hermana del canciller Séguier. Esta le dijo un día que otra religiosa de su convento, recientemente fallecida, había sido enterada por Dios mismo en su oración, de que había en Coutances, una "aldeana sencilla", "un alma de eximia santidad, de las que le impedían en estos últimos tiempos castigar al mundo con su ira" y que ella la había "visto", siempre en su oración como pobre campesina, con la cabeza metida dentro de una cofia. La tal religiosa, antes de morir, había confiado esa revelación, que por otra parte había anotado al instante, a la madre Jeanne de Jesús.

Apenas Renty supo estas cosas se dirigió a Coutances en el verano de 1642 a visitar a la gran orante. Pues bien, la Virgen María había prometido desde hacía largo tiempo a Marie des Vallées que le enviaría a un "buen hijo" y le reveló que el que ahora la visitaba era ese "buen hijo". Desde entonces el joven barón y la campesina de Coutances establecieron un profundo nexo espiritual recíproco que contribuyó a unir a Renty con Juan Eudes[4].

Este, por su parte, fue también a Pontoise a visitar a la madre Jeanne de Jesús, la cual le hizo idéntico relato. Además le hizo leer el papel en el que la hermana había anotado, el 26 de noviembre de 1634, una especie de mensaje relacionado con Marie des Vallées: (Te considerarán), "bruja, loca, espíritu engañador; pero todas sus maquinaciones se quebrantarán a tu derredor: nadie tocará ni siquiera tu vestido"[5].

Con estos pensamientos la observaba Juan Eudes en casa del señor Potier, en esa primavera de 1644. La veía a veces en su cocina hilando o tejiendo mientras canturriaba. Prestó atención a las palabras que spinning pronunciaba y anotó el texto de dos cánticos compuestos por ella misma. He aquí extractos de uno de ellos.

---

31/72), luego, despúes de anhelarlo durante mucho tiempo, al sr. Le Pileur (*Vie adm*.VI 13 1: Q. F. 266 V°; III 9 1: Q. f. 84 r° y v°. Solamente después de la partida de R. Le Pileur (1646) o aún después de su muerte (1652), Juan Eudes llegó a ser, según parece, su padre espiritual, al que reemplazaba frecuentemente el P. De Montaigu.

4    H.M. BOUDON; *Le triomphe de la Croix en la personne de la ven. Marie-Elisabeth de la Croix de Jesús*. Bruselas 1686, p. 209 ss. G de Renty, *Corre* p. p. 113-114 BN, F, fr. 11944. XII. 4, f. 338. La religiosa que tuvo esas revelaciones era hija del Canciller Michel de Marillac, y prima de santa Luisa de Marillac.

5    *Vie adm*. V, 3: Q f. 177 v°

Sor María:
*Esposo mío fidelísimo, ¿dónde estás?*
*Por favor te lo pido, dínoslo.*

Nuestro Señor:
*Estoy en la hoguera de mi amor*
*Para salvar las almas perdidas.*

Sor María:
*Madre mía fidelísima, ¿dónde estás?*
*Por favor te lo pido, dínoslo.*

La Santa Virgen:
*Estoy ante la presencia del eterno*
*implorando el perdón del criminal.*

Nuestro Señor:
*Fiel esposa mía, ¿dónde estás?*
*Por favor, te lo pido, dínoslo.*

Sor María:
*Estoy dentro de tus sufrimientos, esposo mío*
*para salvar las almas contigo.*

Nuestro Señor:
*Hija mía amadísima, ¿dónde estás?*
*Por favor, te lo pido, dínoslo.*

Sor María:
*Estoy en mi morada, que son las tinieblas,*
*Para cambiar la oscura noche en bello día.*

............................................................

Sor María:
*Amor fidelísimo, ¿dónde estamos?*
*Por favor, te lo pido, dínoslo.*

El amor:
*Estoy en los abismos contigo,*
*para rescatar la herencia de tu esposo...*

Y la endecha dialogada prosigue, llena de aciertos, sobre un fondo de drama escatológico[6].

Por los demás, mientras Marie des Vallées cantaba esas endechas, trabajaba eficazmente. El señor Potier, al morir, (en 1648) legará al seminario de Caen doce camisas y doce sábanas nuevas hiladas por sor Marie. Ella dijo un día al Padre Eudes que nuestro Señor le había prometido velar personalmente por acciones exteriores. "No sé cómo podría dedicarme a todos los quehaceres de la casa estando tan ocupada en el espíritu, si Nuestro Señor no me ayudara de manera muy especial"[7].

LA CAPILLA DE LA ROQUELLE, CERCA DE COUTANCES
Marie des Vallées peregrinaba a menudo y Padre Eudes la acompañaba a veces. (Foto: eglisesenmanche.com)

La casa del señor Potier no era su único mundo. A menudo iba a orar en la catedral, que estaba muy cerca. Allí tenía predilección por la capilla de Nuestra Señora del Pozo[8]. También iba donde los dominicos. A veces salía de la ciudad y se iba cerca de María a la capilla de la Roquelle, que todavía existe y guarda su recuerdo. Veremos que también

---

6   NV VIII 97. *Vie adm*. IV, 10, 15: q. F. 152 r° y ss.
7   *Vie adm*. IV, 10, 1: q. F. 135 v°.
8   Había en esa capilla, dedicada a la concepción de María, un aljibe que sin duda había servido para los trabajos de la catedral y que luego se conservó con fines utilitarios. Pero pronto llegó a ser un sitio de oración y de "milagros". Fue acondicionado en 1915 y existe todavía. La tumba actual de Marie des Vallées se encuentra a pocos pasos de allí. (Cfr. Chan. PINEL, *Coutances et sa cathedrale*, Coutances 1920, reedit. En 1947; A: HUET, *Notre Dame du Puits*, Coutances, 1915.). —En las peregrinaciones de Marie des Vallées aDélivrande o Mont Saint-Michel, véase *Abrégé*: Cherb. 68/f.14..

iba hasta La Délivrande, cerca de Caen o participaba en alguna misión del Padre Eudes. Pero otras veces, por más que deseaba, le era absolutamente imposible poner el pie fuera de casa. Se sentía inmovilizada por una fuerza irresistible.

Juan Eudes ha conservado de ella la imagen de una campesina jovial, suave (...) y servicial hasta más no poder[9]. Pero a veces se la veía sombría y taciturna. Gaston de Renty la observó en 1642: "Todo el día parece una persona enferma, en cuclillas, como un bulto, en el ángulo de una chimenea o de un cuarto". La vio como "una pobre mujer, vestida cual de simple aldeana, con el rostro arrugado, austero y seco por el rigor de sus sufrimientos, casi siempre enferma y callada..." Por momentos era alegre y sociable, pero a veces lloraba sin parar[10]. La sabiduría de una "humilde criada" a la que Dios instruye directamente y a la que vienen a consultar los doctos, era un tema muy sensible en esa época[11].

Es posible que en los rasgos que se atribuyen y que se encuentran en otros retratos haya algo estereotipado. Pero cuando se lee al señor de Renty y más aún al Padre Eudes, uno queda impresionado por el carácter tan personalizado y estremecido del testimonio. Ellos, como ya otros antes, quedaron asombrados con motivo de ese encuentro.

### Extraña existencia

Juan Eudes, encargado de ayudar a Marie des Vallées, quiso conocer su pasado. Hizo una seria investigación, cuyos resultados consignó en dos libros que han quedado manuscritos[12] y que más tarde le causarían ataques terribles; pero él defendió siempre la memoria y la misión de Marie des Vallées como bien mayor que le había sido confiado.

---

9   Vie adm. III 9: Q. F. 82 r°
10  Renty i 39: Vie adm. III 9: Q. F. 82 r°
11  Ver, por ejemplo, M de CERTEAU, *La Fable mystique*, París, NFR, 1982, p. 43-44., 324-329.
12  Los dos escritos de J. Eudes son: 1: *La vie admirable de Marie des Vallées et des choses admirables qui se sont passées en elle*. Ya no se conserva el texto íntegro de esta obra; el "manuscrito de Quebec" (llevado al Canadá probablemente por Monseñor de Montmorency-Laval) contiene largos extractos de los diez primeros libros, según una primera redacción que Juan Eudes retocará posteriormente; Los manuscritos Bn, F. Fr 11943, 11944, completados por 11950 ofrecen amplísimo resumen de los doce libros, después de retocados. 2. *Abregé de la vie et de l'état de Marie des Vallées*: el manusc. De la BM de Cherbourg es el original dictado por J. Eudes; el manusc. 6980 de la Staatsbibliothek de Viena (Austria), tiene un texto idéntico. A esos dos escritos hay que añadir el "manuscrito Renty": *Mémoire d'une admirable conduite de Dieu sur une âme particuliere appelée Marie de Coutances* (Bibliot. Mazarine, n°3177). Designaremos estos tres escritos con siglas *Vie adm.*, *Abregé y Renty*.

Sabemos por él que María había nacido en 1590 en Saint-Sauveur-Lendelin, de padres pobres, La muerte de su padre y el nuevo matrimonio de su madre trajeron consigo toda clase de malos tratos. A los diecinueve años rehusó una petición de matrimonio. El pretendiente, con la complicidad de una bruja, lanzó sobre ella un maleficio. Desde entonces vivió extraños tormentos y adoptó un comportamiento más extraño aún. Como ya no podía trabajar, sus vecinos, que la apreciaban, contribuían con cuotas para alimentarla, Sus allegados, y el mismo obispo, terminaron persuadidos de que estaba poseída por el demonio. En vano la exorcizaron. Pasó meses en Ruan, cerca del arzobispo, para exorcismos más solemnes, sin resultados.

El 8 de diciembre de 1615 vivió en su oración una experiencia decisiva: acepta un "intercambio de voluntad" con Dios. "Renuncio de todo corazón a mi propia voluntad y me entrego a la adorabilísima voluntad de mi Dios, para que tome posesión tan perfecta de mí que no lo ofenda jamás". A partir de esa entrega le fue imposible comulgar durante treinta y tres años, a pesar de sus deseos y de todos los esfuerzos empleados para ayudarla. Ninguna fuerza la hubiera podido obligar a ello.

Por esa época vino ella a Coutances y fue alojada primero en el obispado y luego en casa del señor Potier. Se creía poseída y lo aceptaba lo mejor posible. Humillada, angustiada, a menudo repelida por la gente que sentía miedo ante ella, se decía: "No he querido hallarme en este estado. Se trata, pues, para mí, de la voluntad de Dios. Es ahí y no en otra parte, donde debo creer en el amor de Dios y vivir mi misión".

En nuestros tiempos muchos interpretarán en forma distinta estas experiencias extrañas. Se podría hablar de esta o aquella enfermedad psíquica. Desde su misma época había espíritus críticos que se preguntaban si tales situaciones no podían tener una explicación natural. Por ejemplo Marescot, médico de Enrique IV, había intentado interpretar naturalmente el comportamiento de una tal Marthe Brossier. Pero Bérulle se había opuesto a ello como a una falta de fe[13]. Juan Eudes, discípulo de Bérulle, escogía, desde luego, una explicación de orden espiritual. Pero, en definitiva no es eso lo más importante. Cualquiera que haya sido la causa, se trataba de una persona que se hallaba en una situación dolorosa y humillante y que la asumía lo mejor posible, con una fe muy fuerte y pura. El Señor la asociaba a su pasión y le comunicaba, para el bien de la Iglesia, una asombrosa sabiduría.

Cuando sor María llegó a Coutances no sabía leer. Se propuso aprender sobre todo para aprovechar los libros espirituales. Cuando

---

13 [P. de BÉRRULLE] *Traité des Énergumènes, suivi d'un Discours sur la possession de Marthe. Brossier, contre les calomnies d´un medecin de París*, por León d´Alexis, Troyes 1599

apenas deletreaba y balbuceaba se sumergió en la Regla de la Perfección del capuchino Benoît de Canfield, y devoraba lo que él escribió sobre la contemplación[14].

Cuando la recibió el señor Potier, era aún un sacerdote joven y pasablemente desocupado, (en la pequeña ciudad de Coutances había cerca de ochenta sacerdotes)[15]. Gustaba de la bebida. Como era jovial y de buen humor los demás sacerdotes venían a buscarlo a toda hora y lo llevaban a beber con ellos. Había, en especial, cierto grupo adonde iba con frecuencia por las tardes y donde pasaba largo tiempo bebiendo. Por las noches recorría las calles con la espada al cinto... Un día Marie des Vallées le suplicó que se convirtiera. Pero se le hacía imposible. Prefería separarse de ella. "Antes de separarse, le dijo ella, recitemos juntos un Miserere". Comienzan a orar lentamente. El se deshace en sollozos. El Miserere dura una hora. En la noche siguiente se siente inundado de alegría y se produce una conversión radical. Estos hechos ya eran bien remotos cuando Juan Eudes conoció al señor Potier y a Marie des Vallées[16].

### Pido a mis hermanos que se pierden...

Ella destacaba en sus tormentos interiores dos períodos particularmente atroces, que llamaba el infierno (1617-1619), y el mal de doce años (1622-1634). Conoció angustias espantosas, abismos de desesperación, inhibiciones totales, horrorosas obsesiones sexuales... Unas veces entraba en trance, otras caía desmayada.

Todo eso lo vivía con y por los brujos y sus víctimas, ante todo por la bruja a quien consideraba responsable de su desgracia, la Grivelle, que posteriormente fue quemada en Coutances[17], y luego por todos los demás; y más ampliamente, por todos los pecadores.

Tu dices que ellos han merecido las penas eternas; me ofrezco a ti, le decía a Cristo, para sufrirlas ahora en el

---

14  *Vie adm.* IX, 6: o. P. 350 v°.- Benoît de Canfield, *La Régle de Perfection*, p.p. J. Orcibal, (París: PUF, 1982).—Este patrón, como otros, se encuentra en los relatos de varias figuras de la época; ¡obviamente, no es recomendable!

15  C. LAPLATTE, *Le Diocèse de Coutances*, Coutances, 2° ed. 1942,p. 40, 52

16  *Renty* I, 15

17  *Abregé:* Cherb. 68, f. 3 v°.—El nombre de la bruja, según BN, F. fr. 11950, f. 4, sería probablemente Grivelle (y no Grinelle como indica J.-L. ADAM, *Le Mysticisme à la Renaissance* (París: 1894), p. 50.)—La ambivalencia mística/bruja—Marie des Vallées/Grivelle merece ser retomada y desarrollada (observación secundaria por el Sr. J. Le Brun). ¿Cómo podía una joven, en el siglo XVII, supuestamente "convertirse en una bruja" sin saberlo y sin quererlo es descrita por E. LE ROY-LADURIE en *La Sorcière de Jasmin* (París: Seuil, 1983).

tiempo, para que ellos se libren de ellas en la eternidad. Pero ellos han merecido la ira de Dios... Pues también la soportaré... Para que tengas misericordia de ellos. ¡Ah, no sabes lo que estás pidiendo!. Perdóname, pero yo si sé muy bien lo que pido: Pido a mis hermanos que se pierden... Aquí estoy, ¡tómame![18]

Más tarde en *El buen confesor*, Juan Eudes evocará las palabras ardientes de la humilde sirvienta. Cuantas veces, dice, la hemos oído, animada por un movimiento extraordinario del Espíritu de Dios que la hacía hablar, declarar en voz alta y desde lo más profundo de su corazón que sufriría gustosa todos los tormentos del infierno... Para preservar de él a una sola alma[19].

Por momentos se sentía devorada por el hambre y la sed, quemada por las llamas, o arrojada en el agua helada. Era presa de miedos horribles, de espantos que helaban la sangre en las venas y que sacudían las raíces de la vida, son sus propias palabras[20]. Intentó suicidarse[21]. Un día dijo al Señor: ¿Por qué siento ese miedo tan grande que me acompaña a todas partes?. Es porque cuando te di los pecados ajenos te di también las secuelas del pecado[22].

Por otra parte rehusaba consuelos y alivios. Parecía apresurarse hacia los sufrimientos, afanosamente, con desespero, como ella decía[23].

Conversaba familiarmente, llanamente, con el Señor y con la Virgen. Un día en que ella llamaba a nuestro Señor su esposo:

Eres muy atrevida cuando me llamas tu esposo.

¡No tan atrevida! Espera un poco, que te voy a mostrar cómo te desposaste conmigo en la cruz: Los martillazos eran los violines de bodas; la hiel, el vino del banquete nupcial; las blasfemias los parabienes... ¿Ahora qué dices? ¿No es verdad que tú eres mi esposo?

Tienes razón, allí me desposé contigo y con toda la humanidad[24].

---

18  *Vie adm* II, 2: Q. F. 40 r°.
19  BC II: OC IV 179.
20  *Abregé:* Cherb. 68, f. 27 r°.
21  *Vie adm.* II, 5: Q, f. 48 v°.
22  *Vie adm.* III, 7: Q. F. 77 bis r°.
23  *Renty* II, 2.
24  *Vie adm.* VI, 10: Q.f. 252 v°.

Nótese la ampliación final, característica de la sabiduría espiritual de Marie des Vallées.

Y, en verdad, ella reconocía que tenia una misión en particular de intercesión por el mundo, de cooperación con la cruz salvadora. Oraba en particular por la Iglesia, su madre, que está bien enferma[25]. Oraba por los sacerdotes; sucedió que se sintió con el corazón rodeado de lagartos, de sapos, de víboras...Que mordían, la picaban y devoraban. Esos animales horribles son los pecados de los sacerdotes que son el corazón de la Iglesia[26]. Ella juzgaba que hay menos corrupción o injusticia entre los soldados que entre los sacerdotes[27]. Un día en que recibían a un gran señor en la catedral, pareció bien hacer sonar el órgano y cantar algunos motetes, para darle gusto y divertirlo. Y mientras esto tenía lugar, sor María escuchó que nuestro Señor decía a la Iglesia:"Libertina desvergonzada, tú profanas las cosas santas'"[28]. Pensaba ella que la mayoría de las gentes humildes estaban cerca de Dios, pero que gran número de eclesiásticos, de religiosos, de hombres de la nobleza se hallaban en gran peligro de perdición; y oraba y se ofrecía por ellos. Los veo que ríen y se alegran y se creen grandes santos. Y están próximos a su condenación... Y esto me hace aullar por la violencia del dolor que experimento[29].

Extendía su plegaria a los paganos: que se convertirían y producirían mucho más fruto, después de su conversión, que los cristianos. Era éste, por la misma época, un pensamiento familiar a Vicente de Paúl[30].

Un día en que celebraba la fiesta del corazón de María, nuestro Señor mostró a sor María su corazón totalmente abrasado y rodeado de llamas... Él le dijo: éste es tu corazón. No, le contestó ella, no es el mío sino el tuyo. Es verdad, dijo el Señor, es el mío, y el de mi madre, pero es también el tuyo, porque yo te lo di... "Estas imágenes son bien eudistas, como lo veremos más adelante. El diálogo prosigue, por otra parte, en forma inesperada pero impresionante, porque el fuego es vencido por el hielo... Pero no podemos citarlo todo[31].

Hay una nota en extremo dramática, pero no pesimista, en ese pensamiento y en esas visiones. Se percibe en ellos un sentimiento fortísimo

---

25   *Vie adm.* VII, 6, 1: Q. F. 291 v°.
26   *Vie adm.* III. 7: Q. F. 75 r°.
27   Renty, II, 76.
28   *Vie adm.* VIII, 5: Q. F. 311 v°. Es posible que ese " gran Señor" fuera Séguier. *El Diaire de Verthament.* P. 320. Refiere que el 11 de marzo de 1640, en Coutances el canciller asistió a la santa misa solemne en la catedral, "de la cual le agradó la música que oyó dos o tres veces en su misa particular que se dijo en la capilla de Nuestra Señora, detrás del coro".
29   *Vie adm.* IX, 11, 4: Q. F. 382 v°.
30   *Vie adm.* VI. 4 1: Q. f. 241 r° Véase J SÉGUY, " Monsieur Vincent, la Congreg. De la Mission et les derniers temps" en *Vincent de Paul* ( Colloque Vicentien) cit. P. 224 ss.
31   *Vie adm.* Iv, 10,20: Q. f. 166 r° cf. BN F fr. 11950, Lelièvre p.55.

del enfrentamiento escatológico entre el mal y el amor. Esa intuición se nutre con los acontecimientos contemporáneos. Hallamos, por ejemplo, ecos claros de los horrores vividos en Coutances durante la revuelta de los descalzos y su represión. Así Marie des Vallées supo del horrible linchamiento de un controlador de impuestos y de su cuñado (Véase la página 66.). Algún tiempo después se vio atada a la cola del caballo de nuestro Señor, que es su amor divino, para que lo siguiera por todas partes. En momentos que se temía la llegada del coronel Gassion, de quien se decía que arrojaba por las ventanas a los niños de cuna y los aplastaba, María oraba al Señor por su pobre pueblo. Nuestro Señor le dijo: Cuando llegue mi misericordia arrojará por las ventanas a los hijos de los pecadores, que son sus pecados, para librarlos de ellos[32].

Una mirada atenta puede descubrir en las revelaciones de Marie des Vallées otro aspecto que la inscribe dentro de una tradición que se remonta al siglo XII, al cisterciense Joaquín de Fiore. Ella entreveía, como él, después del desencadenamiento del mal. Una era futura en la que el reino de Dios se establecería totalmente sobre la tierra, en la historia, antes del final de los tiempos. Es la llamada tradición milenaria. Dios enviaría entonces predicadores llenos de su espíritu, los apóstoles de los últimos tiempos: El mismo daría la misión para el mundo, y habría una conversión general. Marie des Vallées la pedía con incesante súplica. Hasta pensaba que tenía el encargo especial de prepararla. Creía, por otra parte, que todo se haría, en esa misión, por la Santa virgen. Es curioso anotar que hallaremos un poco más tarde en los escritos de San Luis María Grignon de Montfort este último tema, ciertas expresiones características y la misma perspectiva milenarista. De Montfort había sido por largo tiempo bibliotecario de Saint-Sulpice y es posible que leyera el "manuscrito Renty", que por entonces se encontraba allí[33].

Marie des Vallées se sentía, pues, investida de una misión especial de oración y de sufrimiento que ofrecía por la iglesia, por el mundo pecador y por la llegada de la última era del "diluvio de fuego", que será el Espíritu. Ayudaba a los demás a convertirse haciéndolos participes de su propia sabiduría recibida de Dios.

---

32  Vie adm. IV, 4 1: Q. f. 106 r° y Vi, 5: q. f. 244 v°.
33  Vie adm. III, 7: Q. f. 73 v° ss; V, 10. Q. f. 201 v°; Renty II, 19. J. SÉGUY, "Millenarime et "ordres adventistes": Grigno de Montfort et les Apôtres des derniers temps".en Arch. de SC. soc. des Religions. n°53/1 (1982).

## Sorprendente sabiduría

A veces se trataba de mensajes personales. Un día hizo saber,

> que una pobre muchacha de Coutances, llamada Bouffone, que había sido prostituta y dada a la bebida, se salvaría porque había asistido a una huerfanita de cinco años que unas religiosas habían hecho retirar de la entrada de su casa creyéndola apestada... Estas habían rechazado una espléndida vestidura roja y habían dejado que se vistiera con ella esa pobre muchacha[34]...

En otra ocasión envió un mensaje a Madame de Camilly, relacionado con su hija Francisca, el bello botón de lis que el divino esposo contempla: él desea que ella, a su vez, lo contemple a él. Que se guarde de canciones profanas[35].

O bien son lecciones de fe de amplias perspectivas, vigorosamente formuladas. María ora prolongadamente, siete horas, de rodillas para agradecer a Dios el llamamiento de los infieles a la fe. Se siente invitada hacer una especie de procesión alrededor de la iglesia. Se detiene frente a cada puerta y proclama: Un Dios, una fe, un bautismo, una iglesia, un pastor como si, anota Juan Eudes, hubiera convocado a todos los infieles[36]. Un día hablaba del Ave María que contiene la encarnación del hijo de Dios y la redención del mundo. Cuánta fuerza espiritual hay en esta "pueblerina, de la más humilde condición entre los campesinos"[37]. Además, inventa parábolas o fábulas sumamente originales. "Los ciegos se han reunido, para hacerle un proceso al sol. Argumentan que ha perdido su luz y que es preciso arrojarlo del cielo donde está ocupando su puesto inútilmente"[38]. Tenemos que admitir que es algo original.

Un día reflexiona sobre la vida religiosa. El Señor le dice:

> Doy mis manzanas bien despellejadas a los niños, vale decir a quienes, están en los conventos: les doy los consuelos representados por los jugos de manzana que aparece cuando se quita la corteza. Pero a los que tiene buen estómago, a los

---

34     *Vie adm*. IX 9: Q. f. 372 v°. Renty, I, 1.
35     *Vie adm*. VIII, 9: Q. f. 324 r°.
36     *Vie adm*. III, 3: Q. f. 65 v°.
37     *Vie adm*. V, 10. 14: Q. f. 224 v°; Renty I, 1.
38     *Vie adm*. V, 2. 4: Q. f. 175 r°. De paso, en un arranque oratorio, J Eudes utilizará esa frase que debió impresionrlo: "Pero dejemos a estos ciegos que quieren hacer proceso al sol"... ( CA VI: OC VII, 189).

que están llamados dentro del mundo, les doy la manzana con su corteza, es decir las riquezas temporales, para que usen bien de ellas y por ese medio adquieran gracias mayores. Pero son pocos...

Tenemos aquí, dentro de las querellas de su tiempo sobre la eminente ventaja de la vida religiosa, una enérgica toma de posición. El staretz Zossima, hubiera podido inspirarse en ella cuando hacía volver al mundo al novicio Ali Ocha Karamazov[39]. El P. Eudes tenía gran confianza en el don de discernimiento espiritual de Marie de Vallées. Estaba convencido de que Dios hablaba con ella. La colocaba entre los pequeños, los parvuli, a quienes Dios se complace en revelar los secretos del reino[40]. Y admiraba lo certero de su criterio:

> Sé con certeza de un gran número de personas... que eran tenidas por santos y santas entre los espíritus más distinguidos, cuyas ilusiones y engaños sor Marie ha desenmascarado tan pronto le han hablado de ellos. Luego se ha comprobado que era verdad... Podría aducir más de veinte casos de los que estoy muy seguro[41].

Hay que reconocer que al servicio de sus instituciones espirituales estaban sus dotes poco comunes: inteligencia viva, imaginación rica y fantástica, expresión incisiva. Sus cualidades, aún literarias, sedujeron al exigente Bremond: "Teóloga, filósofa, poetisa, la admirable variedad de sus dones brilla principalmente en sus vastas composiciones simbólicas en las que se complacía la extraordinaria actividad de su espíritu". Y la compara a Santa Gertrudis, atribuyendo a la campesina normanda una "teología más sutil"[42].

No es de extrañar, por consiguiente, que Marie des Vallées hubiera desempeñado un papel importante cerca del Padre Eudes. Es verdad qué éste acogía con discernimiento lo que de ella venía. Por ejemplo, no se encuentran en él huellas de milenarismo. Pero es indudable que lo animó y confirmó en la creación de sus institutos. Veremos en el capítulo siguiente cómo cooperó en los difíciles comienzos de Nuestra Señora del Refugio. Hemos visto también cuán decisivo fue para el Padre Eudes su mensaje sobre la misericordia, (Véase la página 87-88.). Ella aprobó la fiesta del

---

39  Renty II, 77 véase también BN, F. Fr, 11950, f. 108.
40  MBD 34: OC XII 112. Debo esta conversación a J. Le Brun, en VE 3 (1972), p. 47.
41  Vie adm, X, 11, 1: Q. f. 428 v°.
42  H. BREMOND, *Histoire litteraire du sentiment religieux en France*, t. III. París, 1921, p. 622.

Corazón de María. Recibió el encargo de asegurar al P. Eudes que esa liturgia[43] se la había inspirado el Señor.

A María des Vallées le fue concedido el don de conocer a distancia, por medio de la oración a personas que nunca encontró.

Tal fue el caso de Madame de la Peltrie. Había oído hablar de esa joven viuda que lo había dejado todo para irse al Canadá a instruir a los pobres canadienses. Jean de Bernières, en 1638, había cooperado en forma novelesca para su partida, en compañía de la ursulina, (hoy Beata), Marie de l'Incarnation. Para facilitar la aventura se hizo pasar por su marido, tenía entonces 35 y 36 años, y en calidad de tal la había acompañado a Dieppe, con dos ursulinas, el 4 de mayo de 1639. Marie des Vallées había oído hablar de estos hechos y pidió ver a madame de la Peltrie. "Habiendo corrido mi esposo una cortina, vi a la Reina del cielo y de la tierra sentada a su derecha y a su izquierda a una bella y joven princesa vestida de blanco y rojo, a la que miraba y con mirada aumentaba grandemente su belleza". La princesa se acerca a Marie des Vallées que está bañada en lágrimas, insensible... La princesa descubre, escondida en ella, la divina voluntad y ella la adora; la divina voluntad la bendice. Marie des Vallées envió enseguida por carta el relato de esta visión a Madame de la Peltrie, al Canadá, y al señor de Bernières, a Ruan. La primera de esas cartas termina así: Adiós, pues, en Dios, mi queridísima hermana, huésped de mi corazón. Ten piedad de quien te mira... Nuestro fiel esposo ha vuelto a cerrar la cortina. Adiós[44].

A orillas del río San Lorenzo otros espirituales tuvieron con "sor Marie" profundos nexos de gracia, por ejemplo, la hermana Catherine de Saint-Augustin, a la que ya hemos encontrado, (Véase la página 112.) y monseñor de Montmorency-Laval, primer obispo de Quebec.

El Canadá, uno de los sitios cumbres de la misión en su época, le interesaba apasionadamente, porque era consciente de tener una responsabilidad importante en el combate por la salvación del mundo y el avance del evangelio. Por sus terribles sufrimientos, pensaba ella, y el P. Eudes compartía su convicción, cooperaba en virtud de un llamado muy especial, en el alumbramiento del mundo salvado. Un día oyó que el Señor le decía estas maravillosas palabras que Juan Eudes nos transmitió: Estás en trance de alumbramiento,... Darás a luz la alegría[45].

---

43    *Vie adm.* VII, 3: Q, f. 281 ss.
44    BN; F: Fr. 11944, XII, 5: f. 339 v°. Cf. DU CHESNAY, NV VV 267.
45    *Vie adm.* V, 6,6: Q. f. 187 v°.

CAPÍTULO XI

# Nuestra Señora del Refugio

(1641-1647)

*"La gran reclusión"*
*Marguerite Morin*
*La madre Patin*

**"La gran reclusión"**

"Jeanne Laguel, prisionera de la cárcel de esta ciudad de Caen, fue (...) declarada culpable del crimen de falsificación de moneda y de haber intentado asesinar a su marido (...). Por esa razón su marido la había repudiado como ramera y se había apartado de ella. Por tales crímenes y maleficios la condenaron a la horca y al estrangulamiento en el viejo mercado público de Caen..." Quien esto cuenta es un burgués de la ciudad, testigo de los hechos.

El día de la ejecución "se congregó en la plaza un gran gentío, que, espada en mano, gritaba al unísono: ¡Perdón, perdón! La descuelgan, la desatan y se la llevan, a la vista de los gendarmes de la ciudad, y del notario (...). pero daba lástima ver cómo la gente escapaba por encima de los demás, pensando que los matarían a todos (...) Lo más triste era ver a pobres mujeres y muchachos llenos de lodo y fango, que habían perdido unos sus sombreros, otros sus zapatos, delantales, sortijas ..."[1].

¡Cuánta violencia se vivía en ese pueblo, pero también cuantas reservas de ternura!

Esto sucedía en enero de 1633. No sabemos si Juan Eudes presenció aquella ejecución fallida. No es imposible porque se nos cuenta en otra fuente que "el verdugo de la ciudad de Caen había oído repetidas veces las conmovedoras exhortaciones que el Padre Eudes hacía a los que él iba a ejecutar, y que al ser testigo de la ardiente caridad que les mostraba por su salvación, se sintió tan conmovido que le suplicó se hiciera cargo de su conciencia y le ayudara también a salvarse"...[2]. Se nos dice que el P. Eudes lo recibió con los brazos abiertos.

---

1  *Journal de Simón le Marchand* p. 135.
2  MARTINE VIII 53: 17 bis / 361.

**LA PROSTITUCIÓN EN TIEMPOS DE PADRE EUDES**
Imágenes populares como éstas a menudo portadoras de leyendas
medio vulgar y medio moralizantes, estaban muy extendidas...y debían
alimentar los sentimientos de alegría al final de las misiones.
(Foto: B.N.)

Sea lo que fuere, Juan Eudes conocía bien hechos parecidos, miserias semejantes. Sabía que el cura de Saint-Pierre, por ejemplo, se alarmaba por el crecido número de prostitutas que invadían su parroquia, atraídas por la proximidad de los soldados de la fortaleza, de los estudiantes de derecho y otros escolares, de los agentes de gabela y del tráfico de mercaderías[3]. Algunas venían a buscar a los soldados hasta debajo de las ventanas

---

3    J. LAFFETAY, *Histoire du Diocèse de Bayeux* 1855-1876 vol. J. GRANDET, *La Vie de messire Pierre Crestey, prêtre*, p.p. J. Blouet, París, 1897, p. 314. -En París había entre 20.000 y 30.000 prostitutas, muchas de ellas más o menos trabajadoras de lencería o costureras de oficio. P. GOUBERT, *La Vie quotidienne...*, p. 86.

de la casa en la que el Padre Eudes se había instalado en 1643; allí se sucedían "mil infamias"[4]. Sobre todo, como lo hemos visto, el misionero había encontrado gran número de esas muchachas en el curso de sus predicaciones que habían depositado en él su confianza y con las cuales se sentía comprometido.

Recordemos que había recurrido, para acogerlas, a un sistema de ayuda mutua. Ya hemos mencionado en particular, a Madeleine Lamy.

Pero las jóvenes resultaban demasiado numerosas para que bastara esa acogida por pequeños grupos, en casas particulares. Además el espíritu de la época tendía a "recluirlas" como a todos los que se consideraban mancha de la ciudad. Se aspiraba a poner orden en todo y se creía que eliminando de las calles a los mendigos, idiotas, borrachos, a toda clase de antisociales o marginados se llegaría a realizar finalmente al ideal de una sociedad limpia, despejaba de los vagos que la contaminaban[5].

Así vemos a Jean de Bernières, en Caen, ocupado desde 1633 de un asilo de pobres recluidos (o de Pequeños recluidos) para recoger a los niños abandonados, de ambos sexos, en dos casas separadas, "para educarlos en la piedad, enseñarles diversos oficios y darles la posibilidad de ganarse la vida"[6].

Veinte años después aparecerán los asilos generales en los que se recluirán todas las formas de marginalidad... El mundo clerical participaba evidentemente de la sensibilidad y criterios de su época, pero les infundía un espíritu evangélico, como lo demuestra la acción de un Vicente de Paúl.

Esto mismo realizaban, para las mujeres prostitutas o que vivían en situaciones irregulares, los miembros de la Compañía del Santísimo Sacramento, en Lyon, París, Marsella, Aix. Donde fuera posible trataban de fundar casas de refugio, para reunirlas. Allí se les enseñaba a trabajar, porque la ociosidad se miraba como un gran mal. Se les hacía orar porque no conocían el camino de Dios y se las instruía. Pensaban, en efecto, que

---

4   SEGRAIS, Oeuvres diverses, Amsterdam, 1723, p. 33: "Puse la primera piedra en la iglesia de los jesuitas de Caen, como primer concejal de nuestra ciudad [...] Fui yo quien hizo que la ciudad les cediera la plaza. Fue un lugar donde se cometieron mil infamias por parte de los soldados, que la utilizaban como lugar de reunión para atraer a coqueteos".

5   El movimiento de la "Gran Reclusión" ha sido estudiado repetidas veces, en particular veces. Véase, en particular M. FOUCAULT, Folie et deraison. Historie de la folie à l'âge classique, París, 1961; J.P GUTTON, La Societé et les Pauvres en Europe, p. 128 – 129, 131, 144. Gutton hace notar con insistencua que la reclusión no ha agotado el pensamiento del siglo XVII sobre el pauperismo: la mística del pobre, miembro de Jesucristo, permanecía muy viva ; cf. infra, p. 218. -En la Edad Media, las prostitutas la Edad Media, las prostitutas tenían más derechos: en la época de la construcción del N.-D.de París, hubo un debate público sobre si se les permitiría ofrecer sus joyas... Y en muchas ciudades, los reglamentos estipulaban el papel de las «femmes galantes» en caso Courage et Dévouement. Les sapeurs-pompiers au cours des siècles (París: 1970), p. 52.

6   P.D. HUET, Origines.... p. 220.

la ignorancia engendraba toda clase de miserias. En esas casas de Iglesia se encontrarían respetadas y amadas, se las prepararía pacientemente para que pudieran casarse y ganarse la vida. Exactamente con ese mismo espíritu creó Juan Eudes el refugio y esa casa fue considerada más tarde como un modelo por la Compañía[7].

Juan Eudes conocía con seguridad otras fundaciones. Desde su infancia pudo escuchar a sus propios padres que evocaban la existencia de una casa bastante conocida en la región de Argentan que se llamaba la Magdalena de Essay: Al comienzo todas las monjas de ese convento eran penitentes (1519-1559). Más tarde había existido en París Santa Magdalena (1618). Allí también las penitentes podían llegar a ser religiosas. En 1629 las visitandinas fueron a ayudar a esa comunidad y permanecieron allí hasta 1671. Pero sobre todo Juan Eudes había seguramente escuchado hablar de Elizabeth de Ranfaing a monseñor de Harlay-Sancy, oratoriano que había llegado a ser obispo de Saint-Malo. El, había examinado su caso de "posesión" desde 1620 y sabía de la casa que ella había fundado en Nancy en 1624: Nuestra Señora del Refugio. Además los oratorianos de Nancy la conocían. Esa casa había enjambrado a Avignon en 1634 con aprobación del Papa. Las religiosas que eran, en parte, penitentes, añadían a los tres votos tradicionales, "un cuarto voto", de dedicarse a su obra apostólica[8].

Si se prescinde del hecho de que las antiguas penitentes podían ser religiosas, la fundación de Nancy pudo muy bien inspirar la de Caen. Pero todavía no hemos llegado ahí. Cuando Juan Eudes y varios de sus amigos laicos, estimulados por Madeleine Lamy, abrieron una casa cerca de la Puerta Millet, a fines de 1641, es probable que no pensaran todavía hacer de ella una comunidad religiosa. Las "directoras", que acompañaban a Marguerite Morin, protestante convertida, eran simplemente "buenas señoras"[9].

---

7  L. DU FOURNEL, *Maniére de pratiquer solidement et avec facilité les oeuvres de pieté, tirée des mémoires de M. De Renty*, París, 1663 p. 189 – 190, más ampliamente en Du Chesnay, "Les fondations de saint-Jean Eudes dans leur temps" en *Cahiers eudistes*, París 1963.

8  Además del art. anterior véase JE, *Lettres*: OC X 549 – 550.

9  P.D. HUET, *Origines*... p. 242 A.R.R. de FORMIGNY DE LA LONDE, *Opinion définitive de Daniel Huet sur le Pére Jean Eudes*, Caen, 1869 (reed. 1909, p. 28). Este folleto contiene el texto escrito por la Madre Marie de Saint-Isidore Hellouin du Bocage, en 1705, proponiendo a Huet algunos cambios que debían introducirse en la primera edición de *Les Origines* (1702) sobre Juan Eudes; el obispo lo tuvo parcialmente en cuenta en la segunda edición (1706). Esta memoria, muy estudiada, refleja el pensamiento del Superior de la Caridad a principios del siglo XVII. el Superior de la Caridad a principios del siglo XVII: «En 1651, después de la fundación de M. de Langrie, se formó una nueva Orden que se llamó la Orden de la Caridad. de Langrie, se formó una nueva Orden que se llamó Hermanas de Notre-Dame de Charité...».

Juan Eudes, desde el arranque de la obra, debía inspirarles el espíritu que más tarde inculcaría a las religiosas y que daba a la "reclusión" un carácter evangélico: gran compasión por esas mujeres abandonadas y sin ayuda, respecto profundo hacia ellas, que son las hermanas de aquellas a quienes tienden la mano y en las que debe resplandecer de nuevo la imagen de Dios; y finalmente fe tenaz en Cristo resucitado: su resurrección habita en ellas y las hará revivir[10].

## "La tal Morin y sus compañeras se escaparon con sus bártulos"

Sea cual fuere el pensamiento del P. Eudes, parece que Marguerite Morin, que era una mujer obstinada, soñó desde el principio con la vida religiosa. "Desde el primer día de su entrada se presentó con un vestido largo, negro, una cinta en la frente y un crespón a guisa de velo. Y lo mismo hicieron sus compañeras; todo sin consultar al Padre Eudes"[11].

Por lo demás la fundación conoció alegres comienzos, duros, sin duda, pero llenos de fervor. Y cuando el Padre Eudes, después de una larga ausencia, volvió a Caen, en mayo de 1642, encontró su pobre casita bien viva y prometedora[12].

Parece que al poco tiempo él también pensó en la creación de una comunidad religiosa. En todo caso tal proyecto se halla claramente expresado en las letras patentes del rey que él solicitó y obtuvo, como ya lo dijimos, en noviembre de 1642. En ellas leemos: la casa podrá recibir "dos clases de personas: por un parte a las jóvenes o mujeres que después de una vida escandalosa se retiren allí voluntariamente, por algún tiempo, para cambiar de conducta, quedando libres para salir y entrar en ella". Se las nombra en primer lugar porque la casa está hecha para ellas. Y, por otra parte, "jóvenes honestas o mujeres solteras que movidas por el deseo de servir a Dios y de colaborar en la salvación de las almas descarriadas se encierren voluntariamente en dicha casa..." Las segundas están autorizadas para "profesar como religiosas, bajo la regla de san Agustín". Alguien podría lamentar que Juan Eudes no hubiera prohijado la audacia de las casas que le sirvieron de modelo, permitiendo que las penitentes pudieran profesar como religiosas en la comunidad que las había acogido. Pero tal vez esa prudencia, ajustada a su época, fue lo que permitió que su obra perdurará, mientras las otras fueron bastante efímeras.

---

10   Cf. JE, *Lettres*, OC X 511, 514, 569; *Constitutions de NDC*, OC X 82. Todo el presente capítulo sigue *Annales* 1 21 ss; 27 / 27; Ann. NDC: Chev./ 12 (corrección de fechas inexactas)..

11   *Annales* 1 21; 27/27; Ann. NDC: Chev / 12.

12   JE, *Lettres*: OC XI 39.

En realidad, en ese final de 1642, a pesar de las letras patentes y de la impaciencia de Marguerite Morin[13], la casa no llegó a ser una comunidad religiosa. Las asociadas, a las que se había unido, valientemente, la sobrina del fundador, Marie-Madeleine Herson, de trece años y medio de edad[14], permanecieron laicas, consagradas por entero a acoger a las muchachas heridas por la vida, que les pedía, albergue.

Pero iban a surgir varias discrepancias. En primer lugar una tensa antipatía entre Marguerite Morin y una nueva asociada, protegida del señor de Bernières. Esta última se retiró y, de inmediato, el amigo del Padre Eudes suspendió sus larguezas con la casa.

Luego la divergencia fue entre Marguerite Morin y el P. Eudes. La directora, en efecto, quería acoger también en la casa a las convertidas del protestantismo, a las " nuevas católicas" como las llamaba. El P. Eudes opinaba que se debía mantener el propósito inicial, y Marie des Vallées confirmó su opción. La nueva propuesta no era, decía ella, sino "tentación del demonio" que estaba irritado contra esa casa". Y añadía: "no soy yo quien lo dice; es nuestro Señor el que me obliga a decirlo"[15].

Por otra parte, en caso de orientarse hacia la vida religiosa, ¿en qué escuela espiritual debía matricularse? El fundador pensaba ya en la Visitación, cuya fundadora, la madre Juana de Chantal (1572-1641) acababa de morir. Tal vez sabía igualmente, que las visitandinas habían acudido en ayuda de la casa Santa Magdalena de París y de otras casas de Refugio. Marguerite Morin, por el contrario, prefería a las ursulinas y su cuenta que iba " secretamente a visitarlas y a copiar sus estatutos o reglamentos para insinuárselos mañosamente a sus hijas con el fin de atraerlas a su partido"...

En el verano de 1643, Juan Eudes y sus hermanos, unidos en la nueva Congregación del Seminario de Jesús y María, partieron en misión a Saint-Sauveur-le-Vicomte, y después a Valognes. Juan Eudes no olvidaba el Refugio y proponía esa forma de servicio a algunas de las jóvenes que se dirigían a él. Así, en los meses siguientes desembarcó de Saint-Sauveur la señorita de Saint-André, y de Valognes la señorita de Taillefer, seguida de su hermana y de dos amigas. La primera no perseveró. Es posible que

---

13   Marguerite Morin declará en 1657 que se retiró en 1644 porque le habían rehusado la posibilidad de ser religiosa (Arch. De las Hnas de la Caridad de Saint-Vigor de Bayeux, *Livre des novicés*. 4°, comertada por DU CHESNAY en *Les fondations... dans leur temps*, ya cit p. 40 – 41. En realidad, su testimonio es cuestionable: es natural que desee, aunque sea inconscientemente, ser la protagonista en 1644; y su memoria puede haberla engañado... Pero las letras patentes prueban que a más tardar a fines de 1642, Juan Eudes soñaba con una comunidad religiosa.

14   Con la misma edad, Laurence de Budos, era ya abadesa de Sainte Trinité de Caen.

15   *Ann*. NDC 1 3: Chev / 13.

su rica dote hubiera despertado envidias. En cuanto a Renée Eustache de Taillefer llegaría a ser uno de los sólidos cimientos del proyectado instituto. Entre tanto la casa había resultado demasiado estrecha. En la cuaresma de 1644 encontramos al P. Eudes carteándose con su fiel colaboradora, Madame de Camilly, a propósito de otra residencia propuesta por el señor de Montfort (cuñado de Bernières). Está un poco cerca del Oratorio pero eso no importa mucho(...) le ruego que trate de ellos con el señor de Buison[16], luego ya haré lo que ustedes hayan acordado... igualmente dejó a Madame de Camilly la administración de las 800 libras que le habían donaba a él en Coutances. Es interesante relevar que el fundador acata plenamente lo que deciden los laicos a quienes considera integralmente responsable, junto con él, de la obra emprendida.

Y no solamente se fiaba de ellos en los asuntos materiales. Por algunas cartas, migas de la nutrida correspondencia que mantenía con Madame de Camilly. A cada correo él esperaba sus cartas[17]. Vemos que llega hasta confiarle el oficio de admitir o rechazar a las postulantes.

> Para la de Caen, juzgo más conveniente postergar su admisión hasta mi regreso. Sin embargo lo dejo a su criterio, mi querida hija, y a su decisión. Sólo le encarezco que la examine bien para cerciorarse de que posee las cualidades requeridas[18].

Los motivos de tensión continuaban vigentes. Por otra parte tal vez la fuerte personalidad de Marguerite Morin y el temperamento absoluto del Padre Eudes estaban destinados a enfrentarse. Ya se sospechaba que la directora no podría permanecer en su puesto. Y ella, de seguro, había dejado entender que no partiría sola. El P. Eudes escribió entonces a la señorita de Taillefer una carta patética. Estoy -le dice- en extremo afligido (...) al ver cómo almas que Dios ha dirigido hacia mí y a las que amo más que a mí mismo, se hallan sumidas en la angustia[19]. Un día se dirigió el fundador a la casa del Refugio y pidió entrar, Renée de Taillerfer intentó

---

16  M. du Buisson podría ser Claude du Buisson de Cristot (+1679; véase NV VII 110, n. 18; Lch p. 91, n. 145 y p. 92, n. 148); o más bien (fue la última opinión de C. du Chesnay) Jean de la Cour du Buisson (1600-1668), primer regidor de Caen (1634), maître ordinaire del hôtel du roi (1644), benefactor de las ursulinas y amigo de Bernières: véase M, p. 340; M. BÉZIERS, *Mémoires pour servir à l'état historique et géographique du diocèse de Bayeux (terminado en 1792),* p.p. G. LE HARDY, 3 vols, Ruan-París, 1894-1896, t. 111, p. 354- 355; *Bull. de la Soc. des Ant. de Normandie,* XX (1898), p. 552; y AD Calvados, F, Chartrier d'Escoville, liasse 23. - En el DU CHESNAY, M.P. 340 Y OC X1 41 ss.

17  *Lettres:* OC XI 47.

18  *Lettres:* OC XI 48.

19  OC X 491.

abrir la puerta, pero "recibió una bofetada"... de Marguerite Morin. El Padre se vio obligado a volver sobre sus pasos.

"La noche siguiente, cuenta el analista, la tal Morin y sus compañeras se escaparon llevando sus bártulos". Ella entró al servicio del "albergue para niños asilados" patrocinado por Bernières. Allí permaneció algunos años antes de ir a Bayeux, donde fundó una nueva comunidad religiosa, en la que murió santamente[20].

En cuanto a la casa del refugio, en era primavera de 1644 quedaba bien desprovista. Renée de Taillefer y Marie Herson (que entonces tenía quince años) eran las únicas que acompañaban a las penitentes.

## La madre Françoise-Marguerite Patin

Se trataba de una dura prueba. El P. Eudes reunió a los amigos de la casa para buscar soluciones. En primer lugar apareció claro que esta crisis corroboraba el proyecto de formar un verdadero instituto religioso en el que los votos asegurarían la cohesión y la perseverancia. Se propuso solicitar, mientras tanto, el concurso de algunas visitandinas, y "este proyecto fue del agrado de todos los asistentes". Consultado el obispo, se mostró al principio poco favorable, pero terminó dando su consentimiento el 30 de julio de 1644. Su vicario general, Michael Rocher (llamado el señor de Bernesq), superior de la Visitación, amigo constante del P. Eudes, había abogado a favor de esta solución[21].

Mientras se llevaban a cabo esas diligencias, Marie des Vallées, con un pequeño grupo de peregrinos de Coutances, fue a orar ente Nuestra Señora de La Delivrande, probablemente para el 15 de agosto. De regreso, la criada inspirada pasó por Caen y se detuvo en la casa de la Puerta Millet. Allí permaneció por unos momentos en oración. "De improviso – dice Juan Eudes- dijo, en un arranque extraordinario: "Pronto, pronto, habrá alivio para esta casa".

Seguramente había orado ese día ante la graciosa estatua de la Virgen, en madera policromada, que adornaba el oratorio de la humilde casa. Esa Virgen con el Niño, obra de un artista normando[22] había sido obsequiada a la frágil fundación del P. Eudes, un año antes, por las carmelitas de Caen.

---

20   Cf. B 11 p. 100 p. 1.
21   MARTINE V 17: 17 bis /83.
22   Esta estatua, que durante mucho tiempo se creyó de origen español, debe ser obra de un escultor de Ruán muy original, Michel Lourdel (1577-1676); *Cahiers Léop. Deslisle*, 1959, n' 2 et 3; *Bull. de la Commission des Antiquités de Seine-Martine*, t. VI, 10 junio de 1882. Esta estatua está siendo restaurada actualmente (1984) en el taller del Sr. Bernard Legrand (Bihorel, Seine-Maritime).

Era una prueba de su fiel amistad hacia él y de la fraternidad que unía a las carmelitas francesas con el Oratorio beruliano. La estatua se llama ahora Nuestra Señora de Caridad y es objeto de constante veneración por las religiosas de la comunidad de Caen.

Las tres visitandinas cedidas a petición del P. Eudes llegaron el 15 de agosto de 1644. La que iba a ejercer el superiorato, Françoise-Marguerite Patin (1600-1668) dejaba su cargo de maestra de novicias del monasterio de la Visitación de Caen. Era una mujer enérgica, inteligente y de fe robusta[23]. Y precisamente con motivo de su llegada, la comunidad tomó un nuevo nombre que será el definitivo: Nuestra Señora de Caridad.

Ciertamente las visitandinas necesitaban fe y valor. Encontraban una casa bien pobre. Ni siquiera había sillas suficientes para todas. Un día sólo les quedaba un huevo, que dio la vuelta al refectorio. No había leña para calentarse. Hubo que derribar un árbol del jardín que duró largo tiempo... La comida sólo disponía de un hornillo portátil, "en el que, por turno, se calentaban los pies", porque ese invierno fue particularmente crudo.

Entre tanto las habitantes de la casa habían emigrado para instalarse en un local más amplio, en la calle de los Dominicos, el mismo que se mencionaba en la correspondencia entre el P. Eudes y madame de Camilly. Pero no era una casa nueva: los muros construidos en entramado, a la manera normanda, dejaban pasar el aire frío. El pan se helaba en las arcas.

A pesar de todo, resistieron. Y hasta tuvieron fuerzas para mirar hacia delante, estimuladas, además, por la llegada de postulantes. Se decidió pedir la aprobación del Papa para la nueva comunidad. El obispo de Bayeux, Jacques d'Angennes, basado en los informes del P. Eudes, redactó una súplica a Inocencio X (3 de enero de 1645). Se presentaba así la casa creada en 1641: Se acoge allí a personas que quieren convertirse de su mala conducta y, al cabo de cierto tiempo, "se busca darles estabilidad mediante un matrimonio honesto, como ya ha tenido lugar para algunas de ellas, o bien se las coloca al servicio de alguna señora piadosa...". Se contempla también la posibilidad de acoger en la casa a convertidas del protestantismo (lo cual no deja de ser extraño. Se trata, sin duda, de un punto teórico, que parece incluido para propiciar la benevolencia de Roma), y a personas que sin aspirar a la vida monástica desean retirarse del "mundo" y "trabajar en su salvación". Pero es preciso ofrecer a las que van a ser animadoras de esa casa y que manifiestan gran deseo de ello, la posibilidad de emitir los tres "votos de religión" "y de añadir un cuarto voto que tiene relación especial con el fin del instituto voto "de caridad y de instrucción" para las mujeres que allí se reciben[24].

---

23   DU CHESNAY, en NV V 130 ss., presenta un texto de la Madre DE CHAUGY.
24   Los *Ann.* NDC II 27: Chev/ 126 dan luz sobre esta tema: anotan que en la petición del señor Boniface, en Roma, en 1662, no se habla ya "de las muchachas herejes en cuya

NUESTRA SEÑORA DE LA CARIDAD.
Estatua de madera policromada donada a la casa de Nuestra Señora del Refugio por los carmelitas de Caen. Probablemente obra del escultor de Ruan Michel Lourdel (1577-1676).
(Actualmente en la comunidad de Nuestra Señora de la Caridad de Caen)
(Foto: N.-D. -de-Charité)

Se solicitó al obispo la autorización para que las asociadas llevaran un hábito religioso. Y se confió esta intención a la oración de Marie de Vallées. Renée de Taillefer que asumió el nombre Marie de l'Assomption, fue la

---

conversión debíamos ocuparnos, como rezaba la primera súplica dirigida al Papa Inocencio X en 1645. Esta finalidad ya no tenía vigencia desde que monseñor Servien había fundado en esa ciudad, en 1658, una casa para las nuevas católicas. Esto permitió a las hermanas liberarse del doble oficio que nuestro buen Padre sólo había aceptado para complacer a los señores Obispos predecesores de monseñor Servien". En ese documento de 1645 el instituto todavía se llama "Nuestra Señora del Refugio" tal vez para guardar coherencia con las letras patentes de 1642.

primera en vestir ese hábito el 12 de febrero de 1645. Era un hábito muy sencillo, blanco. Su corte era el de los vestidos femeninos de la época pero completado con una faja sobre la frente, un velo negro y un escapulario.

Al principio había como sola regla las constituciones de la Visitación, redactadas por san Francisco de Sales. Pero ya se podía presentir en qué sentido serían modificadas o contempladas poco a poco en función del fin apostólico de la comunidad. Así, por ejemplo, se reemplazaría el oficio monástico, por un "oficio parvo" más breve. El silencio podría romperse cada vez que las hermanas tuvieran que ponerse de acuerdo para facilitar el servicio. Ellas deberían emplear su espíritu y su corazón, su fervor y su iniciativa para llegar a ser dignas colaboradoras de Jesucristo en la salvación de las almas. En esto debía centrarse todo porque ése es el espíritu y el alma de su instituto. Estas palabras fueron redactadas más tarde pero expresan lo que desde entonces el mismo Juan Eudes proponía a su amada comunidad, toda apostólica.

Un episodio un poco posterior ilustraba bien ese eje de la nueva fundación. Un bienhechor, en extremo generoso, el señor de Langrie, a quien volveremos a encontrar, había obsequiado un órgano a la comunidad. Varias hermanas tenían bella voz. La gente acudía a escucharlas y prestaba "más atención a esas armonías que a la oración". El Padre Eudes de dio cuenta de ello al cabo de algún tiempo y ordenó llevar el órgano al granero, mientras se vendía. Y consigno en las constituciones: No poseerán órgano[25]. Hay que reconocer que en el siglo XVII la liturgia podía tener el aspecto de un hermoso espectáculo que se ofrecía a los privilegiados de la sociedad. Pero no para eso el pastor, que da su vida por sus ovejas, llamaba a sus discípulas a esa casa que era su casa.

### "Muchas bellas monedas de plata..."

Se buscaba, pues, una aprobación pontificia. Mientras tanto era urgente obtener al menos una autorización oficial, la de los ediles de la ciudad[26]. Para ello se elevó primero una suplica al obispo de Bayeux, el cual la comunicó, adicionada con su aprobación, aprobada a dichos ediles, quienes reconocieron lo bien fundada de la misma. Se cuenta que mientras ese concejo de la ciudad estaba deliberando, el Padre Eudes, oraba afuera en la puerta. Los ediles decretaron el 20 de diciembre de 1646 "que

---

25 *Constituciones de NDC*: OC X 82, 85, 94.
26 La ciudad de Caen estaba gobernada por un cuerpo de seis ediles elegidos, cuya administración controlaba, en esa época, un "magistrado y alcalde", nombrado por el rey. (Luego, a partir de 1648, por un "gobernador-magistrado"). Véase G. Désert, *Histoire de Caen*, p. 156.

tal establecimiento para esa clase de jóvenes es muy útil es esta misma ciudad, tanto para dar gloria a Dios como para el bien público". Este buen resultado dio un gran alivio al P. Eudes y a las cinco futuras religiosas, una novicia y cuatro postulantes que habían firmado la súplica[27]. Es de anotar que los ediles, en su acta, hablan de las "hijas religiosas de Nuestra Señora de la Caridad, llamada también el Refugio"[28].

Durante ese tiempo el P. Eudes había enviado a Roma a uno de sus compañeros, Simón Mannoury, con el encargo de solicitar allí la aprobación de las dos sociedades recientemente fundadas. Allí se encontró, como lo veremos, con fuertes oposiciones y con los complicados mecanismos de la administración Romana. Y se supo, en la primavera de 1647, que nada había conseguido.

Entonces Juan Eudes se dirigió a monseñor d'Angennes, anciano y enfermo, en la casa de veraneo de Moutiers-au-Perche. El obispo aceptó gustoso dar a la comunidad una aprobación oficial a nivel diocesano y escribió para ello a su vicario general, el señor de Bernesq. Este preparó los documentos... pero el obispo murió el 14 de mayo de 1647, antes de que hubiera podido firmarlos.

A esta doble decepción sucedió una dura prueba para la casa de Nuestra Señora de la Caridad. La madre Patin, que había conducido la casa con mano segura durante tres años, fue elegida superiora de su propia comunidad. De manera que el 6 de junio regresó a la Visitación, seguida, por cierto, de dos o tres de las jóvenes que habían entrado en la casa de la calle de los dominicos. Ella contó más tarde que volvió un día a visitar la casa, en la que le había sucedido otra visitandina de menor envergadura y que se fue a la capilla a orar a los pies de la bella imagen policromada de Nuestra Señora de la Caridad. Pues bien, mientras oraba, vio que María la miraba con aire de reproche y que extendía hacia ella el brazo derecho, mientras le decía: "Usted ha causado perjuicio a mi casa al retirarle sus mejores elementos"[29].

En esos tiempos se consideraba muy normal que, según la promesa del Evangelio, los signos acompañaran y confirmaran la palabra...[30]. Y fue así como Marie de Vallées, puesta a la corriente de las dificultades que estaba atravesando la casa, había recibido un mensaje para Juan Eudes:

---

27     Además de Renée Taillefer y de Marie Herson, eran: Catalina le Roux (de Langrie), Anne de Hecquet, Bárbara Eustache.
28     AM Caen, BB 53, f. 154 V°.
29     Carta de la madre Patin, citada por Marie-Angélique de Balde, *La vie de la ven. M. Françoise-Marguerite Patin, religieuse de la visitation Sainte Marie et prémiere superieure de Notre-Dame de Charité fondée a Caen*, para une religieuse de la dite Charité, Caen, 1670 p. 72.
30     Mc. 16, 20.

Tengo estas dos hermosas palabras para decir a tu hermano. La primera es que mi Hijo y yo disponemos de muchas bellas monedas de oro para formar la congregación de los misioneros y muchas bellas monedas de plata para fundar la congregación de las hijas de la Caridad" (se trata de nuevas vocaciones para los dos institutos). "La segunda palabra es que, en lo referente a lo temporal, esas dos casas tendrán siempre más de lo necesario[31].

Este estímulo resultaba precioso y con él se invitaba al P. Eudes, y a quienes confiaban en él, a apoyarse cada vez más enteramente en la increíble misericordia (la expresión es de Juan Eudes)[32] del corazón maternal de María.

---

31  En realidad fue el año anterior, el término de la misión de Torigni, cuando J. Eudes escribió este mensaje: ver *Annales* II 29: 27/207.
32  CA V 1: OC VII 18.

## CAPÍTULO XII

# El luchador

(1644-1647)

*Oposiciones*
*La Asamblea del Clero de 1645*
*Gaston de Renty*
*"Incorporación" de Lion-sur-Mer*
*Simón Mannoury va a Roma*
*Recibido por la reina*
*Pierre Daniel Huet*

Pascua de 1644. Hemos dejado a Juan Eudes en Coutances, al final de una cuaresma durante la cual escuchó prolongadamente a Marie des Vallées.

Desde hace un año había salido del Oratorio y se hallaba, junto con algunos asociados, responsable, en Caen, de un "seminario", una modesta casa destinada a acoger, para permanencias bastante breves, a algunos sacerdotes o futuros sacerdotes, deseosos de renovarse o de prepararse a las ordenaciones. Era una fundación precaria. La había prohijado, es verdad, el anciano obispo Jacques d'Angennes pero ninguna otra autoridad la respaldaba. En la sociedad tan estructurada de aquel tiempo una iniciativa que no se hallara reconocida por las autoridades competentes ni amparada por personajes importantes estaba casi condenada a perecer. Y más aún si la combatía un grupo influyente y bien ubicado. Ahora bien, los antiguos hermanos del P. Eudes no aceptaban gustosos la existencia de la nueva comunidad.

Se iba a ver obligado, por consiguiente, a una lucha larga y tenaz para que le reconocieran carta de ciudadanía. Vamos a asistir a esos combates durante los años 1644-1647. Juan Eudes nos demuestra en ellos temple de luchador audaz, emprendedor, resuelto. Algunos, molestos por su porfía, lo han tachado de testarudo, inquieto o ambicioso.

Pero quienes lo conocían mejor adivinaban que estaba sostenido por una fe valiente y humilde, por un amor apasionado a la Iglesia. Recibía como venidos de Dios los mensajes y exhortaciones de Marie des Vallées, que confirmaban su proyecto, y también los estímulos que le daban Cospéan, Le Pileur, Renty y muchos otros.

Vamos a seguirlo año tras año en sus diligencias emprendidas en diferentes direcciones y en las numerosas misiones de este período. Ellas también representaban un combate, pero un combate espiritual acompañado de gran alegría.

## 1644

### "Cuando entra en juego el maldito dinero"

Parece que Juan Eudes pasó la primavera y el verano de 1644 en clima de paz interior y hasta de cierta alegría con sentimientos de gran seguridad[1].

Probablemente pasó en Caen los meses de abril y mayo. Es posible que en el curso de esas semanas ayudara con sus consejos y enseñanzas a algunos grupos de sacerdotes o de ordenandos venidos a pasar unos días en el seminario. El encargado de acogerlos era de ordinario, Jacques Finel, el de mayor edad entre los asociados[2]. Un poco más tarde se nos dirá que ya no era suficiente el sitio disponible de la casa para recibir a todos los que se presentaban[3].

Un día Juan Eudes partió con sus hermanos a dar una misión en Honfleur (diócesis de Lisieux). El obispo, Cospéan, había soñado participar en ella, infortunadamente un enojoso proceso lo retuvo en Ruan. Pero por tres veces escribió, durante ese mes, a su querido misionero, a la vez "hermano, padre e hijo y con todos los demás nexos de parentesco y de afecto que pudieran existir"[4].

Después de esas cuatro semanas, Juan Eudes volvió a Caen. Parece que no dio otras misiones durante el resto de 1644.

A comienzos de julio, el obispo de Bayeux supo que la Congregación para la Propagación de la Fe había estudiado en Roma, en el curso del mes de junio, la carta de recomendación que él le había dirigido ocho meses antes. "Esto demuestra suficientemente, anota con malicia Martine, lo que les esperaba a quienes tienen un asunto pendiente en Roma y de cuánta paciencia han menester"[5]. Por otra parte no se produjo decisión alguna fuera de que se debía consultar al nuncio de París, lo cual se hizo. Pero, en esos momentos, murió el papa Urbano VIII, a quien reemplazó Inocencio X (1644-1655). Todos los trámites tendrían que comenzar de nuevo.

---

1     MARTINE III 34: 17/157.
2     *Fleurs*, J. Finel: 31/709.
3     *Annales* III 41: 27/232.
4     MARTINE III 26-28: 17/152-154 (y 106).
5     MARTINE III 29: 17/155.

Y eso se haría un poco más tarde. Por el momento habría que luchar en un terreno mucho más cercano y asegurar, ante todo, la subsistencia material del seminario. Esta había sido, como ya lo dijimos, desde el comienzo, clara preocupación del P. Eudes. Hasta había explicado que este cuidado de obtener recursos era uno de los motivos que le había conducido a prospectar la creación de un cuerpo especializado. Su existencia, pensaba él, inspiraría confianza en los eventuales donantes. Permitiría obtener "fundaciones" es decir, la garantía de entradas fijas y perpetuas[6]. No se podía depender de las liberalidades de un protector, como había sido el caso de los seminarios oratorianos de Ruan y de Toulouse. Después de la muerte de Richelieu, tuvieron que cerrar sus puertas. Sólo habían durado aproximadamente un año. Tampoco se podía depender de un "beneficio" eclesiástico, de una gran parroquia o de un priorato porque no era deseable mantener ese sistema que hacía de un ministerio del Evangelio, fuente de ingresos, a veces envidiables. A Juan Eudes no le gustaba tal fuente de recursos[7]. El año anterior, con ese mismo espíritu, Marie Rousseau había exhortado al señor Olier a que renunciara a sus ricos beneficios y a que fundara, finalmente, el seminario de Saint-Sulpice[8]. Desde el año 1642, Juan Eudes, todavía oratoriano, había tenido conferencias sobre ese tema con un joven sacerdote, Michel de Répichon (llamado a veces de Lion) y con su padre. Veremos cómo esas iniciativas tuvieron salida exitosa[9].

Antes, otros dos fundadores habían hecho acto de donación al seminario de Caen. El 2 de agosto de 1644, Nicolás Blouet de Than, sobrino de Jacques Blouet de Camilly, donó una renta anual de 1500 libras (con dos años de retrovalidez), mientras que Jacques Finel constituía una renta de 300 libras. Algunos días después, el 15, Blouet de Than entraba en la congregación. Tenía ardiente amor a María y a ella había hecho ofrenda de sus bienes y de sí mismo en ese día de la Asunción de Nuestra Señora.

En el mes siguiente fueron los señores Répichon, padre e hijo, quienes el 11 de septiembre hicieron donación de catorce mil libras al seminario, las cuales venían a sumarse a la primera de dos mil libras. Es verdad que ellos condicionaban su cumplimiento a la verificación de las letras patentes por parte del parlamento de Ruan y al beneplácito de los ediles de Caen, dentro de un plazo de dos años. Como esta condición no pudo cumplirse,

---

6 OC XII 144. Cf. J. P. Camus, *Le Noviciat clérical*, 1643, p. 180.
7 OC III 155-156.
8 M. Dupuy, *Se laisser á l Esprit. Itineraire spirituel de Jean-Jacques Olier*, París, Cerf, 1982, p. 234-235, que cita el *Journal de Marie Rousseau*, agosto de 1642, 327; abril 1643 p.493.
9 Para todo este tema cf. *Annales* II 18-19: 27/163-167.

redujeron posteriormente su donación a tres mil libras (3 de agosto de 1650)[10].

Pero, como lo hace notar Jean-Pierre Camus, precisamente a propósito de los seminarios, "cuando se trata del dinero maldito..., es increíble el inmenso murmullo, o mejor dicho, las extrañas convulsiones que produce..."[11]. Y eso fue lo que sucedió. Por una parte la familia Blouet de Than reprochaba amargamente a Nicolás el que se hubiera despojado de esa manera y al Padre Eudes el que le hubiera seducido. Por otra parte fue menester que Robert de Repichon, unos meses mas tarde, precisara personalmente ante esas "calumnias" (emplea esa palabra) que "nunca pensó" donar al Oratorio lo que había dado al Padre Eudes "para ayudarle a la fundación de su instituto"[12].

Así el hermoso cielo de verano se veía cubierto de nubarrones, y una tempestad iba a desencadenarse en los últimos meses de 1644. Los rumores lanzados contra el fundador, sea por algunos de sus antiguos hermanos, sea por otras gentes a quienes sus iniciativas amenazaban de incomodar, se engrosaron poco a poco y lograron impresionar aún a sus amigos. Se le acusaba de ser "un verdadero charlatán que sólo buscaba engañar a la gente, que todo lo sacrificaba a sus intereses y a su ambición"[13]. Un día una mujer lo insultó en plena calle, tratándolo de "santurrón, de brujo y de pícaro, que se echaba al bolsillo las restituciones que se le confiaban ...". El nada respondió. De vuelta al seminario dijo a su acompañante: Vamos, hermano, a dar gracias a nuestro Señor por el honor y la gracia que acaba de hacernos[14].

Hasta el mismo barón de Renty, su fiel apoyo en aquellos años, pareció dudar y se alejó algún tiempo de él. Pero regresó muy pronto y sabemos por sus cartas y por su colaboración que fue activa su presencia y su aprecio a lo largo de los brevísimos años que le quedarían de vida. Pronto encontraremos prueba de ello.

## ¿Sería posible la reconciliación?

La oposición de los oratorianos parece haber sido obra de algunos encarnizados enemigos, decididos a acabar con "el ambicioso padre

---

10     *Annales* II 18: 27/163-164 y 1243, MARTINE III 42: 17/165. Sobre la "fundación" Blouet de Than, véanse también *Fleurs*, N. Blouet de Than, 31/771 ss. OC X-384 m. 2. Véase en el anexo, p. 490 en el table genealógico sobre la familia Blouet.
11     J. P. Camus, *op. cit.* p. 45; cf. Luc. 16, 9.
12     *Fleurs*, JE II 29: 31/197.
13     Para todo este pasaje nos apoyamos en MARTINE III 34: 17/157.
14     *Annales* II 24: 27/183.

Eudes", como decían ellos. Al ver todo el bien que se hacía en las misiones, atribuían a astucias tramposas los efectos prodigiosos de la gracia[15]. En cuanto al P. Bourgoing no estaba ciertamente de acuerdo con esta campaña de difamación, como lo expresó confidencialmente "a algunas personas de su confianza"[16]. A lo sumo expresará más tarde el deseo de que uno de sus hermanos del Oratorio, con buenas dotes de predicador, resida en Caen, para equilibrar la influencia del que los había abandonado: " Deseo que el ángel custodio del Padre Barrême le inspire que se detenga en Caen por largo tiempo. Empléelo usted. le ordenaba al superior de Caen (...). Será de gran utilidad en su casa y hará contrapeso al señor Eudes"[17].

Por otra parte, desde fines de 1644 propuso e hizo proponer al Padre Eudes una reconciliación. Podía regresar al Oratorio con tal que aceptara "dar cuenta, de alguna manera, de las actividades principales que emprendiera y que aceptara las fundaciones para su seminario a nombre de la congregación del Oratorio". Pero eso era precisamente lo que él no podía admitir: era esencial, a sus ojos, que el seminario estuviera animado por un grupo de sacerdotes seculares formados para ello y capacitados para recibir subsidios[18].

Y así respondió junto con sus hermanos: Los presbíteros del seminario de Caen piden a los reverendos padres del Oratorio la perfecta unión de corazón y de espíritu que tanto recomendó Jesucristo a sus hijos... Para ello están dispuestos a acompañarlos en sus misiones que serán misiones del Oratorio. No pueden considerar su propio seminario como si fuera del Oratorio, pero en el caso de que los reverendos padres del Oratorio quieran abrir otro seminario en Caen estarán dispuestos a colaborar lealmente. Igualmente estarían dispuestos a dividir por mitad con el Oratorio la fundación hecha por los señores de Répichon a favor de su seminario. Aunque hubiera cuatro seminarios en la sola diócesis de Bayeux pronto estarían llenos. Por eso los dichos presbíteros suplican muy humildemente, por la sangre preciosa de Jesucristo, a los reverendos padres que suspendan sus oposiciones y que acepten una colaboración[19]. Esta carta no tuvo éxito.

Monseñor Cospéan no olvidaba a su amigo sumido en tales dificultades. Le escribió el 22 de noviembre: "Suplico a Usted en el Señor que me diga con franqueza quienes son esos calumniadores que ladran así contra

---

15   HERAMBOURG I 10: 52/135-136.
16   Según el testimonio de Mannoury en *Annales* III 4: 27/236. Sobre la oposición de los oratorianos, véase DU CHESNAY, M. P. XII.
17   Caen, Coll. Mancel. 97, f. 234 r°: carta del P. Bourgoing al P. De Brithon, 20 de abril de 1649.
18   *Annales* II 20: 27/168.
19   *Ibid.* y OC XII 139 ss.

nosotros". (Nótese bien ese nosotros...). Y lo animaba diciendo: También Jesús fue acusado falsamente, y "como es a él a quien se ataca, será también él quien salga vencedor por usted"[20].

Fue probablemente hacia esa época (1644-1645) y en vista de las diligencias que debían reiniciarse tanto con el Papa como con la reina o con el parlamento de Ruan, cuando el P. Eudes se decidió a redactar un primer bosquejo de constituciones para su congregación. Parece que lo hizo empujado por Cospéan. Redactó, pues, un texto breve, actualmente perdido (salvo un capítulo de los veinte que contenía)[21].

Juan Eudes escribió también otro librito, muy hermoso, que sus discípulos conservan como un tesoro. Se llama *Las reglas de la congregación*. Se trata de un centón de la Escritura, es decir un ensamble de versículos de la Biblia, ligados por alguna frase muy discreta. Contiene dos partes: La Regla del Señor Jesús muestra el camino que deben seguir los hijos de la congregación en su calidad de bautizados, que han muerto y resucitado con Jesús; luego en calidad de sacerdotes; y La regla de la Virgen María presenta las "virtudes" de los discípulos de Cristo[22].

## 1645

### ¿Jefe de todos los seminarios de Francia?

Así terminó, trabajando pero también asediado por las oposiciones, el año de 1644. Fuera de buenas bases económicas, el seminario de Caen nada había logrado todavía. La lucha proseguía. El P. Eudes iba a dirigir sus esfuerzos primero hacia el poder "civil" como decimos hoy.

En la primavera de 1645 emprendió una ofensiva en dirección del "consejo de conciencia", que asesoraba a Ana de Austria en los asuntos religiosos[23]. Parece que Juan Eudes deseaba que lo encargaran oficialmente de la dirección de los seminarios de Normandía. El obispo de Coutances, Léonor de Matignon y el de Lisieux, Cospéan, escribieron a Séguier, el 14 y el 20 de marzo, para recomendar al P. Eudes. Sus testimonios son cálidos. Pero el mes siguiente, Harlay de Champvallon, el anciano arzobispo de Ruan, siempre fiel a los oratorianos, puso en guardia al canciller contra

---

20   MARTINE III 40: 17/162-163.
21   OC XII 145 ss.
22   OC IX 69-140; o, en español: *Reglas y Directorio espiritual de la Congregación de Jesús y María* Cf. *Annales* II 26: 27/193 ss.
23   El "consejo de conciencia" estaba compuesto por Mazarino, Séguier, Jacobo Charton (penitenciario de París) y Vicente de Paúl.

ese desertor y sus proyectos inoportunos. El consejo deliberó en el mes de mayo. Séguier se opuso a la súplica "que fue considerada como fruto de la ambición y de la inquietud de ese hombrecillo". Quien así habla es Batterel y añade que el P. Eudes había sido rechazado "por la reina madre y por el señor canciller hasta por tres ocasiones distintas". La empresa, pues, había naufragado[24].

Pero otro proyecto, un sueño más audaz, germinó en el espíritu del Padre Eudes. Sabía que en ese año se abriría la Asamblea general del Clero de Francia, la gran asamblea decenal. ¿Por qué no aprovecharla para resucitar la decisión tomada veinte años antes por la misma entidad, en la euforia de los comienzos del gobierno de Richelieu, de dotar al reino de una organización de conjunto de los seminarios?. ¿Y por qué él, Juan Eudes, no podría ofrecerse para llenar la misión encomendada a Charles Godefroy, a quien la muerte impidió llevarla a cabo?

Pensaba, sin duda, en las dificultades. En la enormidad de los obstáculos por vencer, en las iniciativas ya tomadas por otros, tal vez con mas títulos que él: Olier, Bourdoise, Authier de Sisgaud y sobre todo, Vicente de Paúl[25]. Y luego la oposición previsible de sus antiguos hermanos. Sin embargo, se sentía capaz de hacer frente a tales dificultades. Por otra parte esa organización racional estaba dentro de la lógica de cuanto había emprendido y logrado- en Caen. Sencillamente porque creía en ello, y tuvo el valor de emplear los medios apropiados.

Redactó, pues, junto con sus hermanos, un memorial que hizo colocar sobre la mesa de la Asamblea, con un expediente que contenía entre otros documentos, dos cartas de recomendación de sus incondicionales apoyos, los obispos Cospéan y d' Angennes[26].

En la sesión del 6 de septiembre la Asamblea tomó en consideración esa petición. Se originó un amplio debate y se decidió crear una comisión de cuatro obispos y cuatro presbíteros que estudiarían más a fondo el problema. (entre los obispos figuraba el de Chalons, Félix Vialart de Herse, recientemente promovido por recomendación del P. Eudes). Dos meses después, el 7 de noviembre Antoine Godeau, obispo de Grasse, presentó el informe a la comisión. En él subrayo la continuidad entre este proyecto y el de Charles Godefroy, que había aceptado la Asamblea de 1625 y mostró las ventajas y las dificultades de la empresa. La Asamblea deliberó y juzgó que las dificultades serían demasiado grandes. "Sin embargo, se declara

---

24  BETTEREL II, p. 244. Véase DU CHESNAY, M. 176-177 y nn. 68 y 69 y p. 259. Y MARTINE III 41: 17/165.

25  A mediados de 1645, La Misión (lazaristas) había aceptado ya, además del seminario de Bons Enfants, los de Annecy, Cahors, saintes, Le Mans. Había ayudado al de Alet ( DEGERT I, p. 197-207).

26  OC XII 142-145. *Annales* II 25: 27/186 ss.

satisfecha por el celo de dichos sacerdotes a quiénes alaba y exhorta a trabajar en las diócesis a donde fueren llamados, como lo han hecho hasta ahora en la de Bayeux"[27]. Se trataba de un nuevo fracaso, pero atenuado por un precioso estímulo y una apertura hacia la ampliación del campo de acción de la nueva sociedad.

Como tercera iniciativa en ese año, Juan Eudes se propuso hacer "registrar" (o verificar) las letras patentes de 1642 en el parlamento de Ruan. Este registro por la corte suprema de Normandía era necesario para la validez del acto real. Cospéan se comprometió en este asunto casi tanto como su amigo Eudes. Estaba en buenas relaciones con el señor de Amfreville, presidente del parlamento de Normandía y amigo de los jesuitas de Ruan[28]; le escribió una cálida carta de recomendación. En ella le presentaba al P. Eudes "que es un verdadero santo y a quien se puede llamar, a mi juicio, el apóstol de Normandía". Le insistía en que había visto con sus propios ojos los frutos extraordinarios de las misiones: no puede encontrarse nada más apostólico. Cospéan escribió también a un abogado del rey ante el parlamento, y a su colega d´Angennes, obispo de Bayeaux, a quien encarecía que interviniera también por su lado. No parece, sin embargo, que esta vez monseñor d´Angennes haya hecho algo por el P. Eudes. Sea lo que fuere y a pesar del precioso apoyo de Cospéan, habrá que esperar hasta 1650 para que se logre ese registro. Era un nuevo revés[29].

## Familias enemistadas en Estrées

Había adelantado los tres intentos infructuosos paralelamente con cuatro misiones que ocuparon un poco más de cuatro meses en ese año de 1645. Las recordaremos brevemente, conscientes de que merecerían una presentación más amplia si tenemos en cuenta la importancia que tenían a los ojos del P. Eudes y sus compañeros. Dieron dos de ellas en la diócesis Lisieux y las otras dos en las de Autun.

La primera fue la misión de Estrées, un pueblo rural entre Lisieux y Caen, y ocupó más o menos la cuaresma. Se cuenta que en esa región dos familias nobles se enfrentaban violentamente desde hacía diez años, por motivos de precedencia honorífica. Había habido muertos y hasta las mujeres sólo salían de sus casas con pistola al cinto. Pues bien, el P. Eudes, a causa del gentío, tuvo que predicar fuera de la iglesia, en un prado. Algunos miembros de ambas familias fueron a escucharlo, pero

---

27    *Procès Verbal* de l Ass. Gen. Du clergé de France, 1645, p. 306 y 436.
28    DU CHESNAY; M. P. 137.
29    *Annales* II 26: 27/195-197.

escondidos detrás de los setos para no ser vistos. Advertido del hecho, habló para ellos. Una de las mujeres, cuyo marido había sido asesinado, se sintió compungida y se acercó al confesionario. Este fue el comienzo de un camino, pues terminó contemplando la posibilidad de perdonar. El P. Eudes encontró a algunos de los adversarios. El obispo -Cospéan- aceptó intervenir también. Y se llegó a un entendimiento del perdón mutuo "con la alegría y edificación de toda la región"[30]. El P. Eudes a partir de estos sucesos que habían impresionado la opinión pronunció un poderoso sermón sobre el perdón y la reconciliación.

Parece que fue en junio-julio cuando predicó en Vimoutiers. Un burgués de esa ciudad había querido costear la misión y alojar en su casa al grupo de "obreros". Los servía personalmente y tomó gran parte en sus trabajos, causando la impresión entre las gentes[31].

Luego Gaston de Renty, que había recuperado definitivamente en la confianza en su amigo, lo invitó a Borgoña, donde tenía propiedades. Asumió los gastos de las misiones de Arnay-Le-Duc y de Couches que tuvieron lugar desde el 28 de septiembre al 21 de noviembre[32]. El Padre Eudes regresaría dos años mas tarde a Borgoña para trabajos importantes.

## 1646

### "Un admirable y extraordinario instrumento de Dios"

En 1646 se dieron tres misiones, todas ellas en Normandía.

La primera tuvo lugar en Torigni (Diócesis de Bayeux)[33] durante la cuaresma. La había solicitado Madame Matignon, esposa del lugarteniente general del rey de la Baja Normandía, y cuñada del obispo de Coutances. Ella había recibido ya a los misioneros en Saint-Lô en 1642 -recordemos al pajecito Léonor de Beton- y también esta vez debió alojarlos en su casa, probablemente en su castillo de Torigni. Loa gastos corrieron por su cuenta y por los mismos habitantes "sin que nadie les insinuara".

Luego Juan Eudes regresó probablemente a Caen. Allí recibió la dolorosa noticia de la muerte de Felipe Cospéan, su más eficaz protector, amigo y apoyo preciosísimo (8 de mayo).

---

30   MARTINE III 48: 17/172ss. Estrées: hoy Notre-Dame d'Estrées (Calvados).
31   *Annales* II 27: 27/198.
32   RENTY, *Corr.*, en particular p. 588.
33   Hoy día Torigni-sur -Vière ( Manche). *Annales* II 29: 27/207ss. Sobre la familia Matignon véase p. 493 el table genealógico en el ANEXO.

En el verano, el señor de Renty invitó a los misioneros a Beny, su pueblo natal, cercano a Torigni[34]. El mismo participó activamente en la misión y en varias de sus cartas alude a ella. Cuenta, por ejemplo, que dos veces por semana el P. Eudes "reúne a los eclesiásticos para darles conferencias sobre el estado clerical y lo que él exige. Acuden en gran número de todas partes…" "Reúne también a la nobleza una vez por semana. Proyecta proponer a los hidalgos, a las señoras y señoritas, que se formen grupos que se reunn luego una vez al mes. Algunos días más tarde, una vez terminada la misión, el señor de Renty hacía un balance de la misión: restituciones, quema de libros malos…

> En fin, los misioneros, que sólo eran dieciocho, hubieran querido ser un centenar para atender al pueblo que esperaba a veces dos, tres, y cuatro días para poderse confesar, y al cabo de cuatro semana muchos todavía no lo habían podido lograr. Se comulgaba a las cuatro, a las cinco de la tarde y hasta las siete de la noche.

Y añade con admiración entusiasta:

> Es imposible no conmoverse al contemplar el fervor de las gentes humildes que lo abandonan todo por buscar la Palabra de Dios; y hay que rendir este homenaje al P. Eudes y considerarlo como admirable y extraordinario instrumento de Dios para el ministerio al que fue llamado. No se puede resistir a verdades dichas de manera tan directa, santa y fuerte…[35].

Un hecho excepcional señaló esta misión. Marie des Vallées había pedido permiso a su director, el señor Le Pileur, para asistir a ella. Con el beneplácito del señor de Renty vino a Beny para los últimos cuatro días de la misión (del 25 al 29 de julio). "Una vez más –anota Gaston de Renty-, ella nos ha alcanzado muchas gracias evidentes, porque Dios hacía palpable en ella su poder y su presencia"[36]. Juan Eudes, por su parte, escribe: Dios obró allí muchas maravillas por su mediación[37]. No sabemos de qué maravillas se trata, salvo de una que nos cuenta el P. Eudes: en el momento previsto para lo procesión de clausura, amenazaba tempestad y se pensó en suprimir el ejercicio. Las gentes estaban desconsoladas. Entonces sor

---

34  Hoy LE Beny-Bocage (Calvados). RENTY, *Corr.*, p. 682.
35  RENTY, *Corr.* p. 687.
36  RENTY, *Corr.* pp. 686, 688..
37  OC XII 114.

María se puso en oración y la tempestad no se desató[38]. Un poco más tarde Renty habla de nuevo sobre Marie des Vallées, tal como la vio en Beny: "Es un inmenso tesoro en la tierra. Se necesitan columnas de esa clase en diversas regiones del mundo para soportar el peso de las iniquidades de este siglo y prolongar su duración hasta que se complete el número de los elegidos..."[39].

La tercera misión de ese año tuvo lugar en Lion, muy cerca de Caen " y fue costeada por el señor de Répichon, quien quiso tener la satisfacción de alojar y alimentar a los misioneros"[40]. Allí, al terminar la misión, Juan Eudes y sus compañeros celebraron, el 20 de octubre, una fiesta litúrgica en honor al Corazón de María[41]. No conocemos los textos. Todavía provisionales, que se utilizaron en esa liturgia comunitaria[42]. Pero sabemos que esa fiesta fue la ocasión para una ceremonia íntima de "incorporación" a la Congregación. En efecto, desde Lion el P. Eudes había escrito a dos jóvenes sacerdotes amigos suyos, Richard Le Mesle y Thomas Vigeon:

> Les suplico que vengan acá para que coronen plenamente su sacrificio y permanezcan con sus hermanos que los aman con ternura y desean ardientemente contar con ustedes *ad convivendum* et *ad conmoriendum*, para la muerte y para la vida (...). Vengan pues, ustedes, hermanos muy amados, para que juntos consagremos lo que nos resta de vida al servicio de nuestro buen Señor..."[43].

Una carta parecida dirigió a Jacques Finel.

Tal vez Thomas Vigeon se hallaba impedido y postergó por algunos días su entrada en la congregación. De todas formas Jacques Finel escribe en su diario:

> El sábado 20 de octubre, día y fiesta del santísimo Corazón de María (...), antes del medio día, una vez recitadas, comode costumbre, las letanías, antes del almuerzo, el P. Eudes me llamó a su despacho. Me dijo que desde hacía

---

38   *Vie adm.* X 161 según BN, F. fr. 11944, copia Lelievre, p. 224. Sobre la misión de Beny véase también *Vie adm.* IV 45: Q, f. 107 v.
39   RENTY; *Corr.*, p. 697-698.
40   *Annales* II 29. Lion es hoy Lion-sur-Mer (Calvados).
41   Tal vez no era el primer año en que se celebraba. Costil supone, según Blouet de Camilly, que esa fiesta íntima puede empezar en 1643. En todo caso en 1647 ya no se hizo el 20 de octubre sino el 8 de febrero cf. *Annales* II 29: 27/210-211. Véase la página 183..
42   María de Vallées, en Coutances, se unió a esta fiesta: véase *Vie adm.* VII 3: Q. F.280 v°; y algunos días antes, VI, 10, 1: Q. F. 253 r° y v°.
43   OC X 385.

tiempos deseaba hablarme (...). Y me preguntó si estaba dispuesto a darme y consagrarme a Jesús y María, para vivir de acuerdo con las máximas del Evangelio y según las promesas hechas a Dios en el bautismo...

Después de un instante de vacilación, Finel asintió.

El P. Eudes,
Llama entonces al señor Le Mesle que estaba en su celda. Este respondió con mayor franqueza, generosidad y entusiasmo, aunque yo también había dado el sí. Entonces los tres nos hincamos de rodillas. El P. Eudes oró a Dios, a Jesús y a María y les hizo ofrenda de nuestras personas de manera que viviéramos para ellos en tiempo y eternidad (...). También me dijo que los hermanos me amaban mucho (...) y que desde hacía mucho tiempo los padres Jourdan y de Than pedían esta gracia para mí, por intercesión de la santa Virgen.

Y Jacques Finel añade: "Considera este día como tu día natalicio"...[44]. Tales fueron las tres misiones de 1646. Paralelamente a ese trabajo apostólico, Juan Eudes había proseguido sin interrupción sus diligencias para lograr finalmente el reconocimiento de su congregación.

## El baron de Renty saca la cara por el Padre Eudes

El P. Eudes quiso obtener la aprobación de los ediles de Caen. Para ello, junto con sus compañeros, se dirigió primero al obispo de Bayeux, a quien solicitó una nueva confirmación del seminario de Caen. La carta, fechada el 24 de agosto de 1646, está firmada por Juan Eudes, Nicolás Blouet de Than (por entonces diácono), Antoine Bernard, Jacques Finel, Pierre Jourdan, Simón Mannoury, Thomas Manchon, Thomas Vigeon y Richard Le Mesle. Así, pues, nueve hermanos formaban en ese momento la pequeña sociedad[45]. Es de anotar que la petición de autorización presentaba al seminario de Caen pero no hablaba de "Congregación"; era lo más indicado teniendo en cuenta las vivas oposiciones con que tropezaban en Caen. El obispo escribió sobre la solicitud. "Comuníquese la presente

---

44   *Annales* II 29:27/208 ss.
45   *Annales* II 30: 27/211 ss. En esa fecha ni Bernard, ni Finel, ni Le Mesle, ni Vigeon estaban "incorporados" a la Congregación, pero formaban parte de la comunidad del seminario.

a los señores alcaldes y ediles de la ciudad de Caen, para que una vez conocida su respuesta y consentimiento se provea lo conveniente". Pero ni la habilidad puesta en juego, ni la aprobación episcopal lograron la aceptación del concejo de la ciudad. Es que los oratorianos estaban alerta.

Estos, por su parte, depositaron en el ayuntamiento de la ciudad una solicitud, fechada el 3 de septiembre de 166, contra el "pretendido establecimiento" del seminario[46].

Felizmente el mismo día, Renty escribía al Padre de Boisne, superior del Oratorio de Caen, una carta admirable a la que pertenecen los siguientes apartes:

> He sabido que usted ha manifestado su extrañeza porque escribo a favor del Padre Eudes. Lo aprecio mucho a usted y de tal manera respeto su congregación que no puedo demorar para explicarle mi conducta. Cuando oí hablar de una congregación que podía hacer competencia a la suya no podía aplaudir ese proyecto. Pero al ver ahora a estos sacerdotes reunidos que anhelan junto con el Padre Eudes, y aún sin él, servir a la Iglesia según las consignas del Concilio de Trento, en un seminario, quisiera colaborar con esta obra en todas las diócesis del mundo, si me fuera posible (…).
> He comprobado los grandes talentos del P. Eudes en los campos en los que lo he visto actuar y los grandes frutos que pueden producir sus hermanos. Es claro que por todo ello los aprecio. Pero sin quitar nada a la estima que profese a los que sirven junto con ellos al mismo Señor. Jesucristo no me enseña a dividir a Jesucristo sino a desear que todo se realice sin celos amargos (…). Lo que más me ha extrañado es que ustedes proclamen que todo cuanto el P. Eudes sabe lo debe a ustedes y que se ha ido a repartirlo en otra parte. Perdóneme si me atrevo a expresarle mi pensamiento, que debo al mismo P. de Condren, y es que sería una gracia inmensa para la congregación si pudiera proporcionar buen número de obreros a la Iglesia y ofrecer de entre sus miembros y de su cuerpo, elementos para surtir útilmente los puestos de la jerarquía. Yo sé que muchos de ustedes lo hacen sin separarse de la congregación, pero como existe completa libertad no hay pecado alguno en hacerlo ni, por

---

46 DU CHESNAY, M. P. 260.

consiguiente, motivo de reproche para quien lo ha hecho, tal vez, con justa razón. Digo "tal vez" porque Dios tiene maneras de actuar sobre los corazones, distintas de las que están a nuestro alcance...[47].

Qué criterio tan seguro, cuánta delicadeza y también cuánta firmeza en ese laico de treinta y cinco años.

En ese mismo año de 1646, Juan Eudes volvió de nuevo sus ojos a Roma[48]. Esta vez no se contentaría con escribir cartas sino que enviaría un emisario. El escogido fue Simón Mannoury, de buena salud, de treinta y tres años de edad. (En el capítulo anterior hicimos ya alusión a ese viaje, al hablar de Nuestra Señora de la Caridad).

La aprobación romana no solo era útil para consolidar el seminario, sino también para las misiones. Porque una vez salido el P. Eudes del Oratorio ya no gozaba de las amplias facultades concedidas por Roma a esa congregación. Debía, por consiguiente pedir al obispo, en cada diócesis, las facultades de absolver y de conceder indulgencias, y deseaba obtener directamente de la Santa Sede facultades más importantes y universales[49].

La gestión ante el Papa fue preparada con bastante anticipación. Juan Eudes ya pensaba en ella como lo hemos visto, cuando en 1644-1645 redactaba un esbozo de constituciones. Había sometido ese texto a monseñor Cospéan, quien lo apreció mucho, y había escrito igualmente a monseñor d'Angennes, el 13 de septiembre , rogándole que le diera también su aprobación[50].

Poco antes de su muerte, Cospéan había escrito igualmente una carta de recomendación muy elogiosa, al Papa Inocencio X y otra al cardenal Grimaldi, nuncio apostólico en Francia[51]. También había cartas de los obispos de de Coutances y de Bayeux, así como un certificado de Le Pileur: estas volvían a utilizar los textos de las cartas de 1643 que no habían sido presentadas a Urbano VIII sin olvidar las cartas relacionadas con Nuestra Señora de la Caridad de las que ya hemos hablado. Una de

---

47    RENTY, *Corr.* p. 704.

48    Al igual que DU CHESNAY, M, sigo la cronología de Martine, más precisa y más acorde con la datación de los documentos; Costil, por su parte, sitúa el primer viaje de Mannoury en 1645-1646. Sin embargo, una carta de la madre Mectilde (NV IV 112, n. 4) parece darle la razón: alude a una visita de Mannoury poco antes del 7 de abril de 1647. Si esta fecha fuera correcta, demostraría que Mannoury no viajaba entonces. Es un punto aún por aclarar.

49    DU CHESNAY, M. P. 150-151.

50    *Annales* II 26: 27/194-195.

51    Jerónimo de Grimaldi- Ravalleroni (1597-1685), nuncio en Francia en 161, cardenal en 163, arzobispo de Aix en 1648 fue muy adicto al P. Eudes. Cfr. *Annales* III 5: 27/238 II 22: 27/173 ss. y G. DE BERTIER DE SAUVIGNY, SS CC, 1939, p. 39 y ss.

las peticiones de monseñor d' Angennes llevaba la fecha del 2 de febrero de 1645 y ya estaban en el otoño de 1646; no importa: se raspó el 5 y se le reemplazó por el 6[52].

El Padre Mannoury partió animosamente, a pie, apoyado en su bastón. La gran pobreza no permitía fletar una cabalgadura ni tomar la diligencia. Pasaría en Roma los meses invernales de 1646-1647.

## 1647

### El arzobispo da la aprobación a "ese instituto provinciano"

Muy magros resultados obtuvo Mannoury. En marzo escribió que monseñor Ingoli, secretario de la Congregación para la Propagación de la Fe, le había comunicado la noticia de la muerte de monseñor d'Angennes. Era una falsa alarma divulgada por los adversarios. Si el obispo estaba muerto ya nada se podía avanzar y era preciso esperar el nombramiento del sucesor, a lo cual se decidió Mannoury. A pesar de todo, él creía percibir que las puertas no estaban del todo cerradas. Escribió al Padre Eudes el 22 de marzo de 1647: "Como los padres del Oratorio de acá y de Caen saben que me encuentro en Roma, es mejor que me ausente...". El Padre Eudes estuvo de acuerdo y el emisario regresó probablemente en el mes de mayo, sin haber obtenido nada preciso, ni para el seminario, ni, como ya lo vimos, para Nuestra Señora del Refugio. Tenía la intención de regresar a Roma un poco más tarde, "dentro de uno o dos años" decía él[53].

Monseñor d'Angennes no había muerto pero su estado de salud era bastante precario. Murió, como ya lo dijimos, el 15 de mayo de 1647, un año después de Cospéan. Con él desaparecía un sólido apoyo del Padre Eudes, en el episcopado. Le quedaba, pero no tan cercano, Léonor de Matignon, obispo de Lisieux y antiguo obispo de Coutances. Pero la situación del P. Eudes en la diócesis de Bayeux se volvió muy frágil. Dependía por completo del obispo que nombrarían para suceder a monseñor d'Angennes. Mientras estuviera la sede vacante Juan Eudes sabía muy bien que sus adversarios, ahora con las manos libres, podrían cerrarle el camino. Y hasta el futuro mismo del seminario corría peligro. De hecho, el capítulo de Bayeux le retiró sin demora las licencias ministeriales y le prohibió trabajar en la diócesis. Por eso, durante nueve años, no volverá a dar allí ninguna misión[54].

---

52  DU CHESNAY M. p. 259; Cf. Gabriel Mallet, *Revue du S.C. de Marie*, 15 de junio de 1901 p. 233.
53  *Annales* II 21: 27/174. MARTINE III 46: 17/170.
54  MARTINE III 61-62: 17/185-187 y 218.

En mayo, o a comienzos de junio, partió de nuevo a predicar en otras comarcas. Una vez más era Renty quien lo llamaba. Esta vez lo introdujo en la diócesis de Chartres y se encargó personalmente de solicitar del obispo las licencias necesarias. Monseñor Lescot tenía el ánimo muy prevenido contra el Padre Eudes, pero Renty supo hacerle cambiar de parecer. Lo convenció de que propiciara una misión en Nogent-le-Rotrou. Finalmente el mismo Lescot hizo saber al Padre Eudes que contaba mucho con sus conferencias a los sacerdotes de ese cantón[55].

Parece que el misionero tuvo que hacer frente a oposiciones locales. En efecto, recibió una carta estimulante de Renty, a mediados de junio: " La misión que usted predica crecerá en gracias por la contradicción que allí encuentra". Tal vez esa "contradicción" no provenía de los habitantes de Negent. Era el eco de la que se desató en Caen a raíz de la muerte de monseñor d' Angennes. Y Renty añadía: "Su confianza y su humildad triunfarán de todo eso"[56].

En otra carta Renty le escribía en plena sintonía con su pasión apostólica: "Qué felicidad la suya, encontrarse en plena cosecha. Siente que su corazón quisiera abrirse y desparramarse por todas partes para dar a conocer el Reino de Dios en Jesucristo"[57].

Efectivamente, aunque la misión conoció dificultades en sus comienzos, terminó en la alegría. Tanto fue así que las gentes de la ciudad ya no querían dejar partir a los misioneros. Cuando se despidieron para otra misión, fue grande la desolación —escribía Juan Eudes- como nunca había visto antes nada igual. Y eso que no eran sus primeros éxitos. Y añadía: Por eso, cobremos ánimos, queridísimo hermano (le escribía a Mannoury); en los asuntos de Dios mientras más cruces hay más abundan las bendiciones[58].

Entre Nogent y Fougueville (diócesis de Évreux), Juan Eudes se dirigió a Gaillon, a bordes del Sena. Quería entrevistarse con el arzobispo de Ruan que residía a menudo por allí, en su palacio episcopal. Al no contar ya con apoyo de en Bayeux sentía urgencia de buscar respaldo en el arzobispo de la provincia: Pero tenía que hacerse perdonar: recordemos la carta ácida que el viejo Harlay de Champvallon había escrito al canciller Séguier, en 1645, contra ese desertor del Oratorio. Así, pues, Juan Eudes le llevó, el 23 de julio de 1647, una súplica en la que los presbíteros del seminario de Caen respondían humildemente, punto por punto, a las quejas contenidas en esa carta del arzobispo. En resumen, la súplica decía: El

---

55  *Annales* II 31: 27/216-217.
56  RENTY, *Corr.* p. 763.
57  RENTY, *Corr.* p. 780.
58  OC X 385.

P. Eudes ha sido fiel a su vocación oratoriana, dedicándose enteramente, pues era superior del Oratorio (...) a la obra de los seminarios. Al hacer eso no esta perjudicando al Oratorio, y hasta se sentiría feliz de proporcionarles vacaciones. Quiere, con sus hermanos, estar sometido plenamente a los obispos. Prometen, además, que no quieren jamás fundar un instituto distinto de vuestros seminarios. Suplican, pues, al arzobispo que apruebe este instituto provincial y que permita que durante el invierno se dediquen a los ejercicios de los seminarios y, en verano, a las misiones para que en un mismo año muestren la teoría y la práctica, además de los servicios continuos que presten a las parroquias bajo los señores curas párrocos...

Monseñor de Harlay aceptó gustoso este acto de sumisión e hizo comunicar inmediatamente su beneplácito: "Que se ejecute conforme a lo pedido y se registre en nuestro despacho y en todos los de nuestros religiosísimos colegas y coprovinciales, para aprobación y confirmación canónica o incorporación en el de nuestros seminarios"[59].

Después de varias luchas saboreaba finalmente una victoria. La pequeña sociedad, amenazada en Caen, se encontraba en Ruan investida de una misión provincial. El luchador Juan Eudes debió vivir un momento de intensa acción de gracias.

### En casa del duque de Saint-Simón

De allí Juan Eudes partió a encontrarse con sus hermanos en Fouqueville, o más bien en Bec-Thomas, parroquia vecina, donde se hospedaban en casa de la dueña del castillo del lugar (la cual se casaría un poco después con el señor de la Porte, consejero del parlamento de Ruan, lo cual constituía una relación preciosa), La misión ocupó, al parecer, el mes de agosto de 1647[60].

Allí recibió carta de Mannoury, que se ocupaba en París de los asuntos de la congregación y preparaba un segundo viaje a Roma. Ahora ya se conocía el nombre del sucesor de Jacques d' Angennes, y Mannoury se lo da a conocer: se llamaba Édouard Molé, "bastante joven, y un tanto deforme"[61]. Tenía mediocre reputación. En ese nombramiento como en algunos otros, Vicente de Paúl, en el consejo de conciencia, no había podido oponerse a las razones "políticas". Había que complacer al señor Molé, primer presidente en el parlamento de París, dotando a uno de sus hijos, por poco digno que fuera, de un holgado beneficio. Este, designado

---

59    OC XII 149-15. *Annales* III 1-2 27/218-219 Ver DU CHESNAY M, p. 261.
60    MBD 42: OC XII 114.
61    RENTY, *Corr.* p. 759.

prontamente, sólo se hizo ordenar en 1649, de manera que la diócesis de Bayeux permaneció sin obispo cerca de dos años

El Padre Eudes consideró de importancia presentarse sin demora al nuevo titular de la diócesis de Bayeux. Viajó, pues, a París, a verlo, en septiembre de 1647, acompañado de Simón Mannoury. Sin duda Édouard Molé ya había sido prevenido por los adversarios del fundador y lo acogió con mucha frialdad, sin dejarle mayor esperanza[62]. Una vez más Renty dio valor a su amigo:

> Le confieso -escribía al Padre Eudes- que me he conmovido mucho al enterarme de las tempestades y continuas persecuciones que ha tenido usted que soportar (...). Pero tales contratiempos de ninguna manera son de extrañar. Me basta saber que usted pertenece a Jesucristo (...). Sea solamente fiel en abandonarse a nuestro Señor y guárdese de que el ruido exterior ni perturbe ni oscurezca la luz que lo ha iluminado e impulsado a salir...[63].

El Padre Eudes permaneció en París para diversas diligencias que juzgaba necesarias, pensando en particular, en el viaje a Roma, que ahora se proponía hacer personalmente a la mayor brevedad. Pensaba que su presencia tendría mayor peso que la de su joven hermano. En particular visitó al nuncio Niccolò Guidi di Bagno, quien le dio una carta para el cardenal Capponi, prefecto de la Congregación *De Propaganda Fide*. El P. Eudes, decía el nuncio, daría todos los informes solicitados por la congregación en su decreto del 9 de abril de 1647 (exactamente antes de que se anunciara falsamente la muerte de monseñor d'Angennes ...) y la carta ponderaba la calidad del trabajo realizado por el misionero[64].

Sin dejar de pensar en ese viaje, Juan Eudes se dirigió de nuevo a la diócesis de Chartres, donde debía predicar en La Ferté-Vidame. Lo había invitado allí el duque de Saint-Simón ( 1607-1693) uno de los grandes personajes del reino (el padre del célebre memorialista). Es posible que el duque lo conociera por el barón de Renty pero también por su tía, Madame de Budós. En efecto se había desposado en 1644 con Diane-Henriette de Budos, sobrina de la gran abadesa[65].

El obispo de Chartres había quedado plenamente convencido con la misión de Nogent-le-Retreu y quiso venir personalmente para la apertura de esa segunda misión en su diócesis, que tuvo tanto éxito como la

---

62    MARTINE IV 4: 17/221.
63    RENTY, *Corr.* p. 778-779.
64    Arch. S.C. *De Propaganda Fide*, Vol. XCVII, cit. por B II, p. 359-360.
65    DU CHESNAY, M. P. 365. Ver p. 489 Tablas genealógicas.

primera. Así lo informó el mismo Juan Eudes. Escribe a Mannoury que sería cansón entrar en el detalle de las bendiciones; y añadía:

> Hemos dedicado nueve semanas a esta misión. En ella estuve enfermo con una fiebre continua de tres semanas, sin poder hacer nada, pero fui curado por nuestra Madre Admirable. Hice el ultimo sermón de la misión y me encuentro bien. Gracias a Dios (...). El señor (obispo) de Chartres[66] se ha mostrado muy satisfecho y ha predicado personalmente (...). Estuvo tan contento que me ofreció todos los advientos, cuaresmas y misiones de su diócesis. También el señor duque de Saint-Simón ha estado muy satisfecho de la misión[67].

Juan Eudes, en efecto, había estado gravemente enfermo, hasta hacer temer por su vida. Recibió la unción de los enfermos, y con tanta fe, cuenta Finel, "que hizo brotar lágrimas a todos los asistentes". Añade que el misionero hizo voto de ir a predicar a Borgoña (como se lo pedía el señor de Renty desde hacía dos años). En otra parte Juan Eudes reveló que había acudido a la oración de Marie des Vallées y que su curación la debía a su intercesión ante la Virgen María[68].

Renty, siempre vigilante, le escribía:

> Permítame que le diga con toda sencillez que uno de mis mayores temores en lo que a usted se refiere es que no mida sus esfuerzos y que si no se concede descanso se vuelva inútil (...). Usted ya no se pertenece: es un hombre para todo el mundo...[69].

En realidad es lícito pensar que el P. Eudes revelaba así no sólo el peso de sus fatigas apostólicas sino los golpes emocionales del combate que duraba ya cuatro años.

Sin duda comprendió que no sería prudente ir en persona a Roma y escribió a Mannoury que se preparara para ello. Por lo demás, Borgoña lo estaba esperando. Recibió de La Ferté-Vidame una carta de Mannoury en la que le informaba que estaba listo para el viaje, que tenía ya cartas

---

66    S. de Chartres es el obispo de Chartres: esta forma de hablar era habitual en el siglo XV. A los obispos se les llamaba a veces de Señor, y a veces de Monseñor.

67    MARTINE IV 7: 17/225. Este aparte de la carta no figura en las OC, no en Och. Ni en *Lettres* ch.

68    *Vie adm.* X 12: Q. F 431 v°. *Fleurs* JE I 32:31/238.

69    RENTY, *Corr.* p. 795.

de recomendación y esperaba otra todavía, que el nuncio, al despedirlo, le había dicho palabras estimulantes y que sólo le faltaba la orden de partir. Parece que a comienzos de noviembre emprendió su viaje, a pie, como la primera vez[70].

En cuanto al P. Eudes, terminada la misión, se dirigió a París. Una vez más intentaría hablar con la reina que hasta ahora lo había esquivado. Pero esta vez tuvo una ayuda poderosa. Simón Mannoury, que nos transmite el recuerdo, no nombra al intercesor. Sólo nos dice: "Una persona distinguida que estaba bien informada sobre la virtud del P. Eudes, y de los grandes beneficios que resultarían del seminario..." ¿Quién sería esa persona distinguida que a buscar a sus majestades para hacerles caer en cuenta, respetuosamente, que estaban obligados en conciencia a conceder audiencia al P. Eudes?. Podemos suponer con probabilidad que se trata del duque de Saint-Simón, impresionado todavía por la reciente misión y a lo mejor solicitado discretamente por su tía de Caen[71].

Efectivamente, el P. Eudes fue recibido, dice Costil, "por el rey y la reina". No es muy seguro en lo que se refiere al rey. Luis XIV apenas tenía nueve años y posiblemente se hallaba ya afectado por la viruela que se declaró precisamente a mediados de noviembre[72]. En todo caso la reina le hizo buena acogida: "le confesó que había prometido no escucharlo nunca..." Algunos días mas tarde, el 19 de noviembre, se produjeron tres cartas firmadas por "Luis", dirigida la primera al Papa Inocencio X, la segunda al cardenal d'Este, promotor de los asuntos de Francia ante la corte romana, y la tercera al marqués de Fontenay, embajador del rey ante la Santa Sede. Y a la mayor brevedad el Padre Eudes envió a Mannoury el precioso correo.

Después de tantas pruebas llegaba una alegría. Juan Eudes había luchado con denuedo, hasta con obstinación, a veces con temeridad, a riesgo de inquietar a los prudentes. Finalmente parecía estar tocando la meta.

---

70  MARTINE IV 10: 17/226-227.
71  cf. *Annales* III 4: 27/230 y DU CHESNAY NV VIII 134.
72  Lo que entonces anhelaba "apasionadamente" el reyecito era ver el caballo inglés que Mazarino le había prometido: hubo necesidad de hacérselo subir a su cámara: cf. DU CHESNAY, *ibid*. Quien cita a AUBERY, *Histoire du card. Mazarin*, Amsterdam 1751 II p. 164.

## "Ninguna consideración lo detenía cuando se trataba de los intereses de Dios"

Sin duda a lo largo de este porfiado combate, Juan Eudes había dejado transparentar algo de su temperamento a la vez apasionado e inquieto. Precisamente algunos de sus contemporáneos han acuñado de él esa imagen y nos la han transmitido. Así podemos leer en los recuerdos del académico Segrais (1625-1701), curioso respecto de todo lo que sucedía en Caen: "Al Padre Eudes le gustaba mucho cambiar de casa y quería ser siempre el director"[73].

Segrais recogía rumores. Pero Henri-Marie Boudon (1624-1702), arcediano de Évreux, que profesó siempre gran veneración al Padre Eudes, escribía a un amigo, a propósito ciertamente de una opinión que le afectaba a él: "Se le ha metido metido en la cabeza al Padre Eudes y nadie podrá hacerlo cambiar"[74].

Un retrato, más matizado, del Padre Eudes nos ofrece en 1702 Pierre-Daniel Huet (1630-1721), obispo de Avranches, gran animador de la vida intelectual en Caen, quien lo conocía muy bien:

> Tenía una elocuencia natural, viva y vehemente, más inclinada a conmover a sus oyentes por el temor que a atraerles por la dulzura (…). Era de natural intrépido y ardiente (…). Ninguna consideración lo detenía cuando se trataba de los intereses de Dios. Y dejándose llevar por su celo, no siempre suficientemente controlado, (…) emprendía acciones audaces que tuvieron a veces consecuencias molestas. Sin embargo, no puede desconocerse que es un gran servidor de Dios (…). Ha publicado varios libros de piedad, llenos de ese espíritu santo que lo animaba[75].

Por su parte en sus memorias, publicadas en 1718[76], Huet rinde homenaje sin sombras a la "santidad" del gran misionero y recuerda que repetidas veces él mismo se sintió estimulado por sus predicaciones o por encuentros personales con él.

---

73    SEGRAIS, *Oeuvres diverses*, ya cit. p. 141.

74    H. M. Boudon, *Lettres*, ed. Migne, t. III col. 957. Ver también en la col. 965 "Es un hombre muy altivo…" Otro ejemplo de tenacidad: en Vesly, en 1650, JE hizo cuatro veces la misma recomendación (*Annales* III 26: 27/315).

75    P. D. Huet, *Les Origines…* 2° ed., p. 429-431. Ver también A. R. R. DE FORMIGNY DE LA LONDE, *Opinión définitive…*

76    P. D. HUET, *Commentarium de rebus ad eum pertinentibus*, Amsterdam, 1718 p. 352-354.

Y en verdad, Juan Eudes servía a Dios y a la Iglesia con todo su ser, con todas las riquezas y las lagunas de su personalidad. En aquellos que lo conocían más de cerca y sobre todo que lo habían visto actuar en misión, despertaba una adhesión entusiasta. Pero otros se sentían chocados porque comprobaban a veces en él cierto exceso de tenacidad, de audacia o de insatisfacción.

Juan Eudes era consciente de ello y a veces sentía vivamente sus consecuencias. Pero sabía también por qué y por quién enfrentaba ese combate y sufría esas pesadumbres. "No importa, decía a menudo, que nosotros estemos o no contentos, con tal que esté contento Jesucristo"[77].

---

77   HERAMBOURG II 33: 53/332.

## CAPÍTULO XIII

# Tres hermanos

En el otoño de 1644, Juan Eudes recibió la noticia de que su padre estaba muy grave. Se dirigió de inmediato a Ri, pero llegó demasiado tarde para encontrarlo con vida. Presidió las exequias e hizo personalmente la homilía[1].

Algunos días después, el 29 de noviembre, se procedió a la repartición, entre los hermanos, de las tierras paternas que equivalían a unas 20 hectáreas. François (el llamado Mézeray), estaba ausente y se había hecho representar. Juan recibió un lote de aproximadamente 7 hectáreas. Todavía se conserva en los archivos del ayuntamiento de Ri el acta de repartición. Los tres hermanos se habían puesto de acuerdo para entregar cada uno a su madre, por el tiempo de su vida, la tercera parte del producido de su propio lote.

Juan Eudes no ha dejado confidencia alguna sobre ese episodio de su vida. Sólo podemos imaginar, al verlo así, atento a las parcelas de tierra que heredó, algo de su emoción al tomar contacto con esos campos y setos, con las aromas de ese terruño que sigue amando, como recuerdo de su infancia, después de tantos años. No nos extrañará saber que siempre sintió cariño por los animales y que en invierno alimentaba a los gorriones del jardín[2].

Tampoco nos ha dicho nada sobre sus hermanos. Sin embargo algunas briznas de historia, ciertos documentos notariales, nos dejan entrever que vino a veces al apartamento de Mézeray, en París, que aceptó su ayuda para determinada diligencia, que recibió de él algún aviso de peligro. Encontraremos esos episodios en el curso de esta biografía. Podemos suponer que *a fortiori* se mantuvo en contacto con Charles, más cercano a él por el lugar de su residencia y por su género de vida.

Evocaremos brevemente a esos dos hermanos, nueve y diez años menores que él. De sus hermanas no tenemos indicio alguno.

---

1   *Fleurs* JE II 25: 31/552-553.
2   *Fleurs* JE II 18: 31/497.

## François Eudes de Mézeray (1610-1683)[3]

Pierre de la Porte, primer ayuda de la cámara de la corte de Luis XIV, ha contado en sus memorias: "el año de 1645, una vez que el rey fue retirado (a los siete años edad) del cuidado de las mujeres (...) yo fui el primero que dormí en la alcoba de su majestad, lo que le causó gran extrañeza en un principio al no ver mujeres junto a él; pero lo que más le entristeció es que yo no podía surtirle de cuentecitos infantiles (contes de peau-d'âne) con los que las mujeres acostumbraban adormecerlo...". Entonces La Porte propuso a la reina que se leyera al rey niño la historia de Francia. Y fue así como "el señor Beaumont[4] me dio la historia escrita por Mézeray que yo leía todas las noches en tono de cuento, de manera que el rey sentía gusto en ello y prometía asemejarse a los antepasados más ilustres, así como se irritaba cuando le decían que iba a ser un segundo "Luis, el Haragán"[5].

De hecho, el primer tomo, un grueso in-folio de la *Historia de Francia* había aparecido en 1643, el mismo año en que Juan Eudes, hermano mayor de François Eudes de Mézeray, fundaba el seminario de Caen. El pesado volumen, servía, pues, a La Porte cuando quería, por las noches, deleitar y arrullar a su pequeño rey Luis XIV.

Mézeray contaba entonces treinta y cinco años. Después de una doble campaña militar en los Países Bajos, como oficial apuntador, se había establecido en París, y su protector Vauquelin des Yveteaux lo había introducido en la corte, al mismo tiempo que le señalaba el camino de una vida bastante libre. Se había entregado al trabajo con empeño y los tres grandes volúmenes de su historia aparecieron en 1643, 1646 y 1651. Se ha hecho notar que de un tomo a otro ha habido evolución[6]: en el primero (el que de La Porte leía al rey niño) Mézeray toma en serio los milagros, encantamientos, profecías, lluvias de sangre con que la leyenda había adornado la historia de Clodoveo y de sus sucesores. Pero frecuentaba círculos de intelectuales críticos y aún escépticos, entre otros el "gabinete" del

---

3     DU CHESNAY, *François Eudes de Mézeray*, en NV III 308SS. Este artículo alude a un manuscrito de 38 páginas de los "papeles Mézeray", de la BN, en los que se halla la defensa de un personaje que abandonó su congregación. El estudio atento de este texto muestra que no se trata probablemente de Juan Eudes. Cfr. G. DE BERTIER DE SAUVIGNY. Nota sobre *los papeles Mézeray* de la BN, en SS. CC 1939 p. 37ss. General VANUXEM, "Les trois fils d'Isaac" en *Au pays d'Argentelle*, n° 3, año 3° (enero-marzo 1979) p.91-103; y sobre todo G. LE VAVASSEUR, *Notice sur les trois frères Jean Eudes, François Eudes de Mézeray et Charles Eudes d'Houay*, París, 1855.

4     Hardouin de Beaumont de Perefixe, preceptor del delfín, futuro arzobispo de París, el mismo que ayudó al P. Eudes en la redacción de las letras patentes en favor del seminario de Caen, en noviembre de 1642.

5     P. DE LA PORTE. *Mémoires de M. de la Porte...*, Ginebra, 1755, p. 248.

6     Cf. R. PINTARD En *Le libertinage érudit dans la première moitié du 17e. s.* París, 1943, t. I p.281ss.

presidente de Thou, animado por los hermanos Dupuy, en el que se elaboró lo que se ha llamado el "libertinaje erudito". Allí aprendió poco a poco a dejar los cuentos y el hada Melusina "a las viejas y a los niños" y a buscar explicaciones naturales a los acontecimientos que refiere. Esto se hará más notorio en 1667 en el "Compendio cronológico" en el que reasume en forma más breve el relato de la historia de Francia. Allí se lee, por ejemplo, a propósito de la brujería: "Los que se han llenado la cabeza de esas vanas y negras fantasías creen que todo está lleno de diablos y de brujos"[7].

Es posible que más de una vez se produjeran discusiones entre los dos hermanos sobre ese y otros temas, porque este criterio de explicación no era ciertamente el de Juan, a quien tal cosa debía parecerle bastante impía, así como la vida libre y poco religiosa que llevaba François. Se dice que éste se mofaba un poco de su hermano mayor y le decía "que contaba tanto con el fervor de su celo y la eficacia de sus oraciones que eso constituía el principio de su seguridad, porque estaba persuadido de que ambos se salvarían, ya que el uno arrastraba consigo al otro".

En su vejez, tal vez después de la muerte de Juan, Mézeray recobró la fe. A sus amigos decía: "Ya no soy aquel que se las daba de escéptico (...). Acuérdense ustedes de que Mézeray moribundo merece más crédito que Mézeray con salud..."[8].

Quiso legar la suma de ciento veinte libras "para contribuir a erigir un monumento al R. P. Eudes, mi hermano, aunque su virtud y su fama le han levantado ya uno más bello que el que podrían erigirle las manos de todos los hombres"[9].

Aunque Mézeray, aún en vida, adquirió celebridad, aun europea[10], y aunque su influencia marcó la investigación histórica de su tiempo[11], su existencia es poco conocida. Un tal Daniel de Larroque hizo correr anécdotas fantásticas sobre él, a través de las que es difícil llegar hasta la

---

7   Cit. Por PINTARD, op. cit. P. 282.
8   Dato que nos da D. de LARROQUE en *Abregé chronologique de l'hist. de Francia... pour servir de suite à celluit de Mézeray*, Ámsterdam, 1728, p.29.
9   *Testament*, art. 13: *ibid.* p. 37.
10  Sobre Mézeray y la reina de Polonia María de Gonzaga, esposa del rey Casimiro, cf. de MAROLLES, *Mémoires*, Ámsterdam, 1755, t. I p. 345-346.
11  Cf. A. CORVISIER, *La France de Louis XIV (1643-1715)*, 2ª. Ed. París, SEDES, 1979 P. 53.

FRANÇOIS EUDES DE MÉZERAY (1610-1683)
Historiador, hermano de Padre Eudes.

realidad[12]. Es seguro, sin embargo, que aunque Mézeray fue un gran trabajador hasta el punto de comprometer su salud, también era aficionado a la diversión y a la buena bebida. Iba con frecuencia al "pequeño caserío de la Chapelle, a la salida del barrio Saint Denis" a degustar buenos vinos en la taberna de su "querido compadre, fiel y verdadero amigo", el tabernero Simón le Faucheur de quien apreciaba la alegre compañía y a quien hizo

---

12 (D. De LARROQUE), *La vie de François Eudes de Mézeray, historiographe de France*, par M, Amsterdam 1726. Véase la reseña de este libro en el artículo de DU CHESNAY, citado en la nota 3, y una bibliografía al final del mismo artículo. —Entre los hechos erróneos, se encuentra el siguiente: se dice que Mézeray empujó a su hermano a predicar en París ante la reina contra los «partidarios» y, en particular, contra el financiero Particelli. BATTEREL II, p. 262, refleja la misma tradición; pero no vemos que Juan Eudes predicara ante la reina alrededor de 1649, como sería el caso aquí. Este punto debería volver a abordarse.

más tarde su legatario universal. Por otra parte le guardaba profunda gratitud por haberlo asistido en una grave enfermedad[13].

Sería bastante fácil enfrentar el carácter y los principios de los dos hermanos: el uno "vivo, bromista, enemigo de imposiciones, contradictor y burlón", el otro grave, amante del orden, respetuoso de todo lo que considera sagrado. El uno ensayará, sentado a manteles, entre las fragancias de la buena mesa, poemas en honor del vino:

"Espíritus poderosos, sacados de la bodega
vinos de España o de Grave,
una botella, más que su cimitarra,
habría dado a Rolando la victoria"[14].

El otro, en cambio, hallaba su deleite en cincelar himnos latinos en el silencio de su habitación, para ponderar el amor de su Señor.

Pero sería también interesante señalar los rasgos comunes. No solo eran ambos de baja estatura; uno y otro tenían la mente clara y el pensamiento sólido; a ambos les gustaba escribir y oliscar a menudo la tinta de imprenta, (pero el estilo de François era más libre y mordaz que el de su hermano mayor).

Ambos, en fin de cuentas, amaban la vida y sabían aprovecharla. Hasta es posible que a ambos les gustara reír. Pero el P. Eudes, por respeto a su ministerio, se controlaba para no caer en la burla. Los analistas han acentuado, ingenuamente, la gravedad del fundador. Sin embargo, aquí y allá nos refieren alguna broma. Por ejemplo, al oír a un sacerdote que cantaba a toda velocidad el oficio de difuntos, cuando llegó a las palabras: "vadam ad portas inferi" (iré a las puertas del infierno), el P. Eudes masculló a media voz: "siga, siga, que a ese paso estará allí muy pronto"[15]. Y, si creemos a Segrais, hasta un chiste de subido color podía hacerle reír como sucedió un día en casa de ese viejo original que era el señor de Riandé...[16].

Ambos eran apasionados de libertad, anticonformistas, preocupados, ante todo, por la verdad, aún a riesgo de discutir a los poderosos. Mézeray irritó a Colbert, hasta el punto de perder una pensión, porque ponía de relieve la opresión de los pobres bajo los impuestos. Y en las elecciones de la Academia francesa, a la que entró en 1649[17], se dice que echaba siempre balotas negras (señal negativa) sea cual fuere el candidato, para dar a

---

13  Cf. *Testament*, ya cit.
14  Canción "iperfecta" a la bebida de BN, F fr. 20796, f. 107.
15  MARTINE VIII 44: 17 bis/345.
16  SEGRAIS, *Oeuvres diverses*, ya cit. P. 96.
17  Ocupó la silla de Voiture. Sería elegido secretario vitalicio a la muerte de Conrart en 1675.

entender que las elecciones para la Academia son libres. En cuanto a su hermano Juan, ya sabemos, y lo comprobaremos cada vez más, cuan independiente fue y fiel a si mismo.

Uno y otro eran realizadores, porfiados y tenaces. Querían ir hasta el fondo de las opciones que escogían (¡y que ciertamente no fueron las mismas para ambos!). También fueron fieles, por encima de todo, a las personas con quienes se habían comprometido, fueran ellas el tabernero de la Chapelle o Marie des Vallées[18].

Y es que una misma sangre corría por las venas de ambos y la reconoceremos también en el tercer hermano, Charles Eudes d'Houay.

## Charles Eudes d'Houay (1611-1673)[19]

Charles es menos conocido que François. Ya mencionamos su valía con motivo de la peste de Argentan en 1638, cuando era todavía estudiante de cirugía (véase la página 59). Algunos años más tarde se estableció en Argentan y se casó con Sapience Boirel (1617-1650)[20], hermana de un afamado fisiologista[21]. Tuvieron tres hijos y una hija: uno de los hijos, Luis, tomó el apellido de su tío Eudes de Mézeray[22].

Una anécdota ha atravesado los tiempos, cuya autenticidad puede ponerse en duda. En todo caso nos presenta a un Charles Eudes, vigoroso y activo, lo que nada tiene de inverosímil. Un día el gobernador de Argentan, el conde Jacques Rouxel de Grancey-Médavy, mariscal de Francia (1602-1680), pidió a la ciudad la demolición de una antigua torre llamada Torre del Reloj. Calculaba que allí había abundantes y baratos materiales de construcción. El gobernador supo que el concejo de la ciudad había deliberado y se oponía a la demolición; y que el más resuelto de los ediles era un tal Charles Eudes. Y ciertamente había hablado fuerte, como vocero de los burgueses de Argentan, que vivían orgullosos de su viejo reloj. El conde fue personalmente a hablar con los ediles y manifestó su deseo. Charles Eudes se le enfrentó y expresó el parecer de los habitantes. El gobernador lo miró desdeñoso y le preguntó quién era él. "¿Que quién soy? respondió Charles. Somos tres hermanos apasionados

---

18  Otro detalle curioso sobre el libertino Mézeray: era clérigo tonsurado de la diócesis de Séez y fue titular (comendatario) de una parroquia: cf. AD Seine-Maritime G. 9591, *Registre du sécretariat de l'archeveché de Rouen*, 1660-1663, f. 1 v°, f. 15, f. 17 n°.

19  Véanse los estudios ya cit. De Le Vavasseur y Vanuxem.

20  NV V p. III y IV (cubierta) retrato de Sapiencia y comentario. Véase V. GUYON DES DIGUÈRES, *La Vie de nos pères en Basse-Normandie* (París: 1879), p. 154-155.

21  Antoine Boirel (1621-después de 1702) autor de un *Traité des playes de teste, par maitre Antoine Boirel" lieutenant des maîtres chirurgiens de la ville d'Argentan*, Alencon, 1677.

22  Véase Tablas genealógicas, p. 489.

por la verdad: el mayor la predica, el segundo la escribe y yo la defenderé hasta mi último aliento"²³. Grancey impresionado por la altiva respuesta se abstuvo de hacer demoler la torre.

SAPIENCE BOIREL (1617-1650)
Cuando se casó Charles Eudes d'Houay (1645), se convirtióen en cuñada de
P. Eudes (Colección P. Jousselin de Saint-Hilaire, París.) (Foto: P. Maroteaux.)

---

23    X. Rousseau cuenta el hecho en *Le Pays d'Argentan*, sept. 1955. La réplica de Charles se halla citada, en traducción latina, sobre el medallón que adorna el aguilón de una casa de Ri (Ver NV VI 35): alrededor de la silueta de los tres hermanos Eudes se lee: *"praedicat, scribit, ego defendam".*

San Juan Eudes: Artesano de la renovación cristiana

## CAPÍTULO XIV

# La fiesta del corazón de María

(1647-1648)

*Misiones de Autun y de Beaune*
*Margarita del Santísimo Sacramento*

En Ferté-Vidame el P. Eudes estuvo a punto de morir. Atribuirá su curación a una gracia de la Virgen María. Enseguida anota:

> Fui curado en forma instantánea (...) y de manera tan perfecta que los médicos y todo el mundo se sorprendieron de que tuviera suficiente energía para ir de allí a Borgoña, apenas curado; hacer a pie parte del camino, en invierno, y trabajar cerca de diez meses seguidos, sin descanso, en las misiones de Autun, de Beaune y de Citry, de la Fère-en-Tardenois[1].

Esta anotación es una síntesis. En realidad pasó por París para las diligencias de que hablamos en el cap. XII, y precisamente de París partió, hacia el 20 de noviembre, a pie, para Autun. Allí llegó el 30, como lo dice en una de sus cartas, "en buena salud, gracias a Dios, después de haber sentido, en forma muy palpable, cada día de nuestro viaje, la particularísima asistencia de nuestro Señor y de su santa Madre"[2].

Al parecer vivía en habitual familiaridad con María, en una especie de dependencia amorosa hacia ella. Uno de sus compañeros dirá después de su muerte: "Nunca le oímos un discurso en el que no diera señales de su devoción hacía ella. No sé si en los tres años que tuve la dicha de vivir con él conversó una sola vez con nosotros sin hablarnos de ella, y cuando lo hacía, era siempre con exclamaciones y entusiasmo: "¡Que buena es, decía de vez en cuando; que amable es!"[3]. Su reciente curación acentuaría más aún su relación confiada con María.

---

1    *Vie adm.* X, 12: Q. f. 431 v°.
2    *Lettres:* OC X 386.
3    HERAMBOURG II 12: 53/112.

## La misión de Autun

Llegó, pues, Juan Eudes a Autun con sus compañeros. Eran trece misioneros y esperaban llegar a veinte un poco más tarde. Fueron acogidos "con grandes demostraciones de afecto, por el señor obispo, los sacerdotes, los gobernantes y todo el pueblo", e inmediatamente se entregaron al trabajo. La misión comenzó el 1 de diciembre, con el adviento. Desde el día 12, Juan Eudes comprobaba que "Dios derrama bendiciones extraordinarias sobre esta misión"[4].

Hacia esa fecha recibió la carta de su amigo Renty, que había preparado la misión desde hacía dos años y deseaba ardientemente su realización. Él asumiría los costos. Así, pues, le escribía:

> Estuve íntimamente unido con usted el domingo pasado, cuando debió tener lugar la apertura de la misión. Le ruego con toda humildad que si me considera útil, haré lo posible por estar allá hacia el final de la misma, para formar un pequeño equipo de hidalgos y otros grupos en la ciudad, como lo hacemos en la ciudades pequeñas y en las poblaciones más nutridas, pero tal vez yo haría más mal que bien...[5].

No conocemos la respuesta de Juan Eudes. El caso es que Renty no se hizo presente en la misión. Sin embargo ambos estaban muy de acuerdo para promover tales agrupaciones, tanto de gentes de condición como de otras personas. Ese era uno de los objetivos de la misión[6] y Juan Eudes, al menos, dejó la semilla en Autun y en Beaune. En efecto, Renty escribirá siete meses después de terminada la misión de Autun: "Aquí estoy, de regreso a Borgoña (...). Nuestro viaje ha estado colmado de trabajos para lograr la formación de diferentes compañías de hombres y de mujeres con grandes deseos de servir debidamente a Dios". Se percibe en esas organizaciones el resultado durable del trabajo misionero.

Como en las demás misiones, Juan Eudes predicó casi todos los días durante las once semanas de trabajo en Autun. Lo sabemos por el relato

---

4   Carta citada: OC X 386.
5   RENTY, *Corr.* P. 786 y 846. Cuando Renty dice "nosotros" habla de la Compañía del Santísimo Sacramento. -Pasó la primavera y el verano en Citry y llegó a Borgoña entre el 25 de agosto y el 8 de septiembre. - Véase también p. 697.
6   HERAMBOURG I 11: 52/161.

detallado que los notables de Autun redactaron y firmaron después de la misión[7].

Desconocemos el contenido de sus predicaciones tanto en esta como en otras misiones. Sin embargo existe un texto, apenas revisado y completado, de un sermón que dio, sin duda, hacia esa época. Es el *Tratado sobre el honor debido a los lugares sagrados*, que a partir de 1648 aparece añadido en la mayoría de las ediciones del *Reino de Jesús*[8]. El respeto a las iglesias y al culto que a Dios se tributa, era, por otra parte, uno de los temas familiares de la reforma católica. Juan Eudes conjura aquí con aspereza a los que "hablan y charlan" en las iglesias y "gritan en voz alta como si estuvieran en una plaza de mercado", a los que llevan sus perros y permiten a sus hijos que jueguen allí[9]. Su palabra es vehemente y esgrime la amenaza de los castigos de Dios "que se desencadenarán de imprevisto sobre tu cabeza y te precipitarán en el abismo de la perdición eterna"[10].

La utilización del miedo era, sin duda, frecuente en los sermones del P. Eudes, al lado de la proclamación extasiada de la misericordia inmensa de Dios. Es también un rasgo de la época. Juan Delumeau, que se dedicó a rastrearlo, hace notar que los predicadores de entonces, al percibir la sinrazón de los temores que atenazaban a sus contemporáneos, como "pesada angustia colectiva resultante de tensiones acumuladas" hacían de ello una trasposición teológica con vistas a la conversión[11]. Resucitaban los viejos terrores para conmover las libertades e invitar a un cambio del corazón.

Las predicaciones del P. Eudes en Autun no tenían como escenario la admirable catedral románica, sino una antigua y vasta cripta, muy cercana, que ya no existe hoy, y que funcionaba en ese entonces como templo parroquial[12].

Sabemos, por otra parte, que en las misiones de su edad madura confesaba poco personalmente. Además de las "conferencias" de que vamos a hablar, tenía que "escuchar a infinidad de personas que acudían a sus luces"

---

7   *Annales* III 6-13:27/243ss; MBD 43: OC XII 114.
8   Introducción a *Traité* (¡que no lo es!): OC II 7-8.
9   OC II 18ss; 27ss. Cf. R. TAVENEAUX, *Le Catholicisme...* p. 335.
10  OC II 17.
11  J. DELUMEAU, *La Peur en Occident. Une cité assiegée*. París, Fayard 1978, p.22-23.
12  Le *Registre capitulaire* indica que el canónigo de Montaigu fue a la iglesia de Saint-Jean-de-la-Grotte a cantar misa el 8 de febrero «para ayudar allí a los misioneros» (nota comunicada por L. Ravenet, archivero del obispado de Autun, el 16 de diciembre de 1947). Hay que señalar, sin embargo, que el P. Eudes escribe: «en la iglesia catedral» (OC XI 63): ¿una manera general de expresarse? ¿un error de memoria tras un intervalo de algunos años? o ¿hubo dos celebraciones diferentes el mismo día? V.C. COURTÉPÉE E, *Description générale et particulière du duché de Bourgogne*, Dijon,1847, t. 111, p. 418.

y "velar sobre innumerables asuntos que tenía entre manos"[13]. Además atendía gustoso los deseos de las familias de recibirlo en sus casas, muy rara vez para comidas, como era norma de la misión. Tales visitas significaban a sus ojos que un hogar cristiano es, como él lo repetía, una "Iglesia doméstica"; bendecía gustoso a los niños y les hacía "mil caricias"[14].

Había conferencia para los sacerdotes dos veces por semana como era costumbre desde la misión de Romilly (1641), para hacerles descubrir de nuevo la grandeza espiritual de su ministerio y para ayudarlos a adquirir una mejor formación práctica; se les invitaba a "formar entre ellos mismos una pequeña sociedad con el fin de estimularse en la práctica de sus deberes, reuniéndose dos veces al mes".

También se daban conferencias a diversas categorías sociales, a los hidalgos, a los oficiales (es decir a titulares de un "oficio" real, de una función administrativa) "a las personas distinguidas del lugar (...) para recordarles las obligaciones de su estado o de su cargo, y en particular lo concerniente a la policía, al cumplimiento de los edictos y declaraciones"[15]. Tales fórmulas pueden causarnos extrañeza, pero conviene recordar que en esa sociedad el poder civil y la Iglesia se hallaban estrechamente entrelazados y que ciertos reglamentos de "policía" estaban al servicio de la "religión": Así el respeto por las fiestas de guarda, la prohibición del duelo y de la blasfemia, etc. El "partido devoto" reprochaba a menudo a las autoridades estatales el ser demasiado acomodadizas a este respecto[16]. A los unos y a los otros de esos notables, Juan Eudes les recordaba con frecuencia sus responsabilidades especiales hacia los que él llamaba los *indefensos*.

El catecismo era uno de los elementos importantes de la misión. Se daba en diferentes sitios de la ciudad para facilitar la asistencia. Se hacían sesiones especiales de catecismo para los pobres mendigos. Porque en Autun había una cantidad increíble de gentes cuya única fuente de supervivencia era la limosna. Se trataba de campesinos reducidos al desempleo, porque los combatientes habían pillado o destruido sus reservas de semilla, sus animales o sus casas... Se contaban por lo menos dos mil de ellos. Esta cifra no nos debe extrañar: en la Borgoña devastada de esa época se calculaba que las viudas, los pordioseros y los jornaleros pobres formaban las cuatro quintas partes de la población. Las reuniones de mendigos

---

13 *Annales* II 14: 27/149. Numerosos detalles sobre las misiones se han tomado de este pasaje de los *Annales* que reproduce un texto del P. Finel.
14 HERAMBOURG, I 11: 52/163-164.
15 HERAMBOURG, I 11: 52/160.
16 V.L. TAPIE, *La France de Louis XIII*... p. 281.

iban acompañadas de un gesto de compartir: "un centavo para las personas mayores y dos céntimos para los pequeños..."[17].

Thomas Manchon se distinguía como notable catequista. Hablaba con tal claridad que acudían con premura a escucharlo. "Los jóvenes y la gente humilde sacaban, al parecer, mayor provecho que los demás". Tenía el don de iniciarlos en la oración[18].

## Afluencia extraordinaria

La misión estuvo interrumpida por dos acontecimientos que hicieron memoria. El 27 de enero tuvo lugar una peregrinación a la abadía de Saint-Martín, que estaba más o menos abandonada. Pero había allí un "crucifijo milagroso". Una procesión bien ordenada condujo al pueblo. Adelante iban los niños, en filas de cuatro en fondo; luego los misioneros, seguidos de los hombres, y finalmente las mujeres. Se recitaba el rosario, en dos coros. El Padre Eudes predicó cinco veces ese día "según las inspiraciones que Dios le sugería". De regreso los misioneros recitaban los salmos penitenciales y la muchedumbre repetía como estribillo: "Miserere mei, Deus, secundum magnam misericordiam tuam", con tanto fervor que muchos espectadores quedaron conmovidos. El 3 de febrero tuvo lugar también una procesión general con el Santísimo Sacramento. Todas las corporaciones de la ciudad participaron oficialmente en ella. Una procesión resultaba siempre un despliegue majestuoso de toda la ciudad en el que cada grupo llevaba su vestido y sus insignias particulares. De regreso, el P. Eudes subió al púlpito e hizo una exhortación en la que contrapuso, de manera impresionante, "el cortejo triunfal de los elegidos al tropel miserable de los condenados". Parecía un comentario de la escena pintoresca que adorna el dintel del tímpano románico de la cercana catedral de Autun. En todo caso se nos dice que "la mayoría de los asistentes rompió a llorar".

La asistencia extraordinaria a los ejercicios impresionó a quienes fueran testigos de ello. Los once confesores estaban abrumados. Por otra parte mucha gente venía de los campos, desde veinte o veinticinco kilómetros a la redonda, "a pesar del rigor de la estación y de los malos caminos, y pasaban de ocho a quince días esperando sin desmayar al pie de los confesores...". El mismo obispo, primero en Autun y luego en Beaune, adonde parece haber ido personalmente, quedó conmovido por "las lágrimas y los

---

17  Ya dijimos que en Beaune se hacía el catecismo a las 4:30 de la mañana para los viñadores y empleadas domésticas (véase la página 36). Cf. J.P. GUTTON, *La Societé et les pauvres...* p. 73.

18  *Annales* III, 11: 27/265: en realidad se trata de la misión de Beaune. Debió ser lo mismo en Autun.

suspiros" de los penitentes, las señales exteriores de emoción que revelaban su voluntad de conversión[19]. Un día toda una familia, padres, hijos, servidores y domésticas, "fue a buscar a los misioneros cuando salían de cenar. Cada uno llevaba un cirio encendido". "Se arrodillaron ante una imagen de la santa Virgen con nuestro Señor en sus brazos" y allí "gimiendo, llorando y sollozando" pidieron perdón por sus pecados. Estaban, decían ellos, "desde hacía mucho tiempo en estado de condenación", pero la misión los había liberado. "El que hablaba era el jefe de la familia, un hombre apuesto, inteligente y de buen sentido...". Recibieron como regalo la estatua de la Virgen ante la que habían orado; ella les habrá de recordar ese gesto: María "no dejará de velar sobre ellos y de tomarlos bajo su protección en la hora de la muerte" si permanecen fieles a su conversión; ¡si no, los castigaría!

## Un proyecto inesperado

También Juan Eudes parece haber estado impresionado personalmente por todo este trabajo de la gracia. Concibió un proyecto que no llevaba consigo cuando llegó a Autun. En efecto, en la carta de diciembre que hemos citado, manifestaba su intención de terminar la misión el 2 de febrero. Pues bien, se quedó hasta el 15 después de celebrar, el 8, por primera vez, la fiesta del Corazón de María. Desde hacía ya varios años había elaborado todo un oficio en honor del Corazón de Nuestra Señora, que es Jesús. Jean-Jacques Blouet de Camilly sostiene que lo había compuesto desde 1641[20]. Tal vez entonces solo era un bosquejo o un proyecto. Pero parece que celebró esa fiesta desde los primeros años de su congregación, en la fecha del 20 de octubre. En todo caso él y sus compañeros la celebraron juntos en Lion-sur-Mer, como lo hemos visto, el 20 de octubre de 1646, mientras Marie des Vallées, por su parte la celebraba en Coutances[21]. Fue sin duda en el año siguiente cuando escogió la fecha del 8 de febrero. Pero la fiesta no tuvo carácter público, ni había nada impreso. Tal vez los textos no eran definitivos (En realidad aunque hubieran sido impresos no serían definitivos antes de mucho tiempo. Juan Eudes no cesó de retocarlos, especialmente los himnos latinos. ¡Uno se pregunta cómo su vida itinerante y sobrecargada le permitía ese trabajo minucioso de versificación latina!).

Lo cierto es que, repentinamente, decidió hacer imprimir en Autun, la misa y el oficio del santo corazón de María (acompañados de la misa y el oficio del santo nombre de María). Hasta encontró en la ciudad un

---

19  *Annales* III, 13: 27/273: *"Testes denique oculi nostri... Ipsi vidimus..."*.
20  NV V124.
21  *Annales* II 29: 27/208ss. - Ver más arriba cap. XXII, p. 163 y n. 42.

grabador que realizó una graciosa portada. Obtuvo las aprobaciones requeridas y la promesa del editor de que el opúsculo saldría a la luz en el tiempo deseado.

Mientras tanto, bajo el signo de María –acababan de celebrarse las fiestas de Navidad– la misión proseguía y ya se podían entrever algunos resultados: reconciliaciones entre enemigos, devoluciones de bienes sustraídos; "muchos que mantenían en sus casas a personas escandalosas las despacharon, resueltos a convertirse...". Había también el problema de la santificación del domingo. ¡Las carnicerías de Autun permanecían abiertas en el día del Señor! "El Padre Eudes predicó contra ese abuso y los carniceros fueron a buscarlo" y le solicitaron que interviniera cerca del obispo para que éste prohibiera oficialmente a todos que abrieran sus ventas ese día "al menos durante el invierno cuando la carne no corre peligro de dañarse y según la costumbre vigente en París". El obispo accedió gustoso y prohibió también a las demás tiendas vender en ese día, "pues tenían costumbre de tenerlas casi todas abiertas a medias...". En Beaune serán los notarios quienes prometerán por escrito "no volver a recibir contratos ni diligencias, ni ningún acto público en los días domingos". ¡Pero se dice que encontraron sus buenas razones para no cumplir ese compromiso por más notariado que estuviera! Una vez más se confirma que existían estrechos nexos entre la Iglesia y la ciudad.

También el ambiente y las tradiciones de las asociaciones de artesanos sintieron la influencia de la misión: "muchas gentes de artes y oficios cantan ahora cánticos espirituales y los mandamientos de Dios en sus casas y tiendas, en lugar de las imprecaciones y blasfemias que habitualmente se escuchaban allí...". Esta crónica fue redactada en las semanas que siguieron a la misión. ¡Ojalá esos efectos hayan sido duraderos!

En todo caso, algunas consecuencias sociales quedaron grabadas en piedra. Se decidió reparar "el hospital de viajeros" gracias al esfuerzo concertado de muchas personas. Y un vecino de Autun, soltero, se "regaló" al hospital para asegurar su mantenimiento, el orden, las oraciones de la mañana y de la noche, un poco de catecismo y la escuela para niños pobres". Había en Autun otro hospital, el del Espíritu Santo, pero no era suficiente. Se sentía la necesidad de un edificio espacioso que recluyera a los pordioseros y demás marginados, según las ideas de la época. La misión dio nuevo impulso a ese proyecto. "Gran número de personas prometió contribuir para este fin (...) de manera que cuando partieron los misioneros ya se había terminado de comprar el lote y se había dado pronto comienzo a la obra". Ese será el hospital general que, de hecho, solo abrirá sus puertas muchos después[22].

Notemos que los dos hospitales, de inspiración diferente, ilustran bien las dos imágenes de pobre que coexistían en la sociedad europea del siglo XVII, como lo ha demostrado Jean-Pierre Gutton. El hospital general buscaba aislar a los pobres como gente indeseable para corregirlos mediante el trabajo y la instrucción, conforme a una idea bien característica de la época: Pero había también, en Autun y en otras partes, el "hospital de los de paso" que recibía mendigos y peregrinos pobres como miembros doloridos de Cristo e intercesores ante Dios[23]. Aquí vemos cómo la misión del Padre Eudes vigoriza simultáneamente cada una de esas corrientes.

En las misiones Juan Eudes se preocupaba siempre por los prisioneros. Solía ir personalmente a visitarlos. La atención por el mundo carcelario se tradujo en Autun en la "fundación de una misa en la prisión todos los domingos y días festivos y en otro día laboral cada semana".

Parece que la misión logró inquietar también a una abadía cercana: los benedictinos de Saint-Martín —unos pocos y pobres religiosos que vivían mediocremente sin verdadera comunidad monástica— adoptarían la reforma maurista en 1654; desde el tiempo que siguió a la misión, su gran prior escribió al Padre Eudes para contarle los pasos que estaba dando en vista a esa reforma, ante su abad comendatario, muy poco interesado, que se llamaba Nicolás de Castille.

Como se ve, la misión sacudía la población entera, en todas sus capas y bajo todos los aspectos y en sus instituciones. Era un enorme cuestionamiento, en nombre del Evangelio, de toda la realidad personal y social.

Se dice que el mismo obispo, Claude de la Magdelaine de Ragny (+1652) supo sacar provecho personal de la misión. El hecho es que se le criticaba por su escasa vigilancia pastoral sobre su diócesis y sobre su clero. Como llevaba un tren de vida superior a sus recursos se había visto forzado a vender algunos bienes de su obispado; "el círculo de personas que lo rodeaban era deplorable: capellanes y oficiales traficaban con la adjudicación de beneficios..."[24]. Es posible que el autor de los Anales peque de optimista. Según él, fue el obispo quien más aprovechó la presencia y los trabajos del Padre Eudes: "llegó a ser tan cumplidor, como antes había sido descuidado, de las normas de la disciplina eclesiástica...".

---

22  Thérèse-Jean SCHMITT, L'organisation écclesiastique et la pratique réligieuse dans l'archidiaconé d'Autun de 1650 a 1750, Autun, 1957, p. 300, 328 y nn. 4 y 6.
23  J P. GUTTON, La societé... p. 94, 146.
24  Th-J. SCHMITT, op. cit. P. 8.

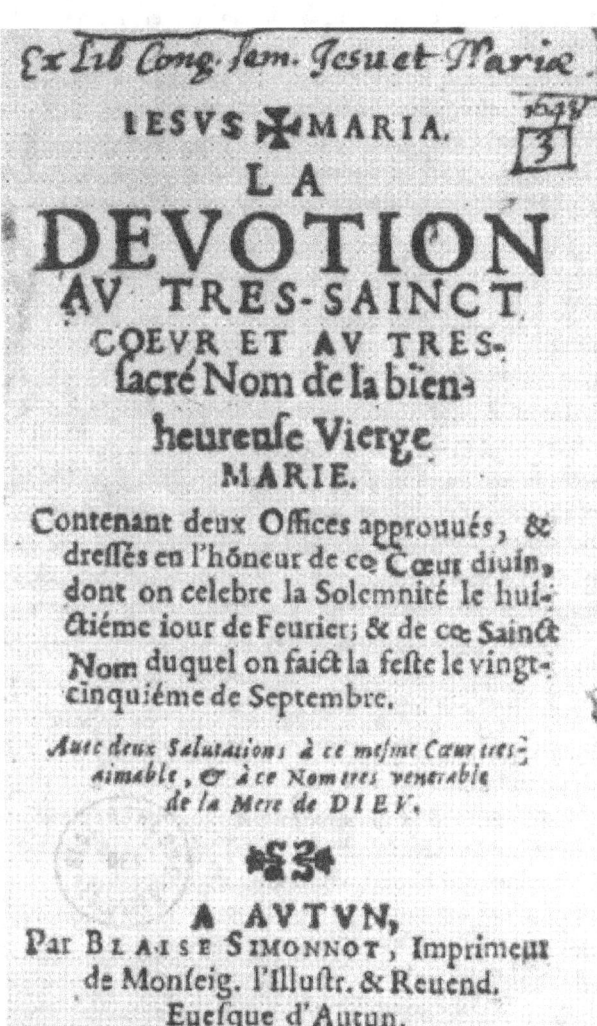

LA DEVOCIÓN AL SANTÍSIMO CORAZÓN DE LA
BIENAVENTURADA VIRGEN MARÍA
Portada del la primera edición (Autun, 1648).
La place estáescrita a mano por el P. Eudes. (Foto: Archivos de los eudistas.)

En todo caso el obispo elogió cálidamente el trabajo de los misioneros en Autun y luego en Beaune, y dirigió el 19 de enero una carta muy encomiástica al P. Eudes, en la que le concedía amplias facultades de predicar y de absolver y lo autorizaba para conseguir otros obreros para su acción misionera.

Y así llegó el 3 de febrero que caía en sábado. El librito, "*La devoción al santísimo corazón de la bienaventurada Virgen María*", estaba listo[25].

## La primera fiesta del santo Corazón de María (8 de febrero de 1648)

Así, pues, los misioneros pudieron invitar a toda la población de Autun a celebrar solemnemente la fiesta litúrgica del Santo Corazón de María. Era la primera vez que ello tenía lugar en la Iglesia[26].

Detengámonos un poco en los textos de esa liturgia, fruto de una lenta maduración. En ellos la lectura de las grandes benedictinas alemanas del siglo XIII, Gertrudis y Matilde desempeñó sin duda, un papel importante.

Las primeras vísperas[27] sitúan de una vez a la humilde María dentro de la profundidades de la vida trinitaria: "En el corazón de María el Padre ha establecido el reino de su amor, el Hijo único se prepara en ella una morada; y el Espíritu, plenitud del amor, hace de ella su Templo": su corazón es *el arca* donde se ocultan *los misterios de Dios* en nuestra humanidad.

El invitatorio de maitines nos muestra el centro de esa contemplación:

> Jesús reina en el Corazón de María
> Venid, adorémosle.
> Él es nuestro amor y nuestra vida.

Como lo explicará María des Vallés al transmitir las palabras de la Virgen: "Ella dice que el corazón de su Hijo es su corazón y que así cuando se celebra la fiesta de su corazón, se celebra la fiesta del adorabilísimo corazón de su Hijo"[28].

---

25  OC VIII 399 ss.
26  OC XI 251ss. Existía, es verdad, una especie de oficio privado (pero no una fiesta litúrgica) del que se hallan rastros en el libro "*Paradis ouvert a Philagie par cent dévotions a la Mère de Dieu*", por el P. Paul de BARRY, SJ (Lion 1636). Juan Eudes hace alusión a él en la "*Devotion du Coeur de Marie*" I, I: OC VIII 415 y n.1 ver L. COGNET, *La Spiritualité moderne*, París, 1966 p. 420-421.
27  OC XII 251.
28  *Vie adm.*, VII, 3 Q, f. 280 vº.

Un responso de los maitines repite un tema patrístico importante: "Bienaventurada eres, María porque formaste a Cristo en tu Corazón por la fe y el amor. Bendita eres entre las mujeres y bendito Jesús, fruto de tu Corazón". Y, de verdad, María acogió primero al Verbo por la fe y así él pudo echar raíces en su cuerpo y formar parte de la humanidad. Desde entonces ella vive totalmente de él, es el icono de la humanidad restaurada en Dios, el logro pleno y definitivo de la gracia de Cristo.

En ella, sin sombra ni falla, Jesús puede repetir al Padre el Sí de su amor filial: "Cristo Jesús, sacrificio perfecto, se ofreció al Padre una vez por todas en el altar de la cruz, pero muchas veces sobre el altar del Corazón de María".

Todos esos temas se hallan concentrados en la oración colecta, cuya exuberante riqueza podó la reciente reforma litúrgica.

> Tu, has querido, oh Dios, que tu Hijo único,
> que vive eternamente en tu propio Corazón,
> viva y reine en el Corazón de María.
> Concédenos celebrar
> esa vida santa de Jesús y de María en un solo Corazón,
> no tener sino un solo corazón entre nosotros y con ellos
> y cumplir en todo tu voluntad con amor ferviente.

Todo, en esa fiesta, se halla centrado en Jesucristo. María nos muestra y nos da a Jesús. Como ya lo escribía Juan Eudes en *el Reino de Jesús*: "De sí misma y por ella misma María no es nada: su Hijo es todo en ella: él es su ser, su vida, su santidad, su gloria, su poder y su grandeza". Mucho más tarde volverá sobre esta idea en su último libro[29]. Puede extrañarnos, al pensar en esa ciudad de Autun en donde había tanta miseria, no encontrar en la liturgia de la fiesta el tema del "corazón maternal", nuestro refugio en toda tribulación, que le era, sin embargo, tan familiar. Es posible que el diálogo con los protestantes haya contribuido al afinamiento cristológico del culto de María.

En medio de la alegría de la fiesta, Juan Eudes recibió, como confirmación de su fe, un favor alcanzado por la Virgen. Lo cuenta él mismo en una carta a la madre Matilde del Santísimo Sacramento. Había -nos dice- en la abadía benedictina de Santa María de Saint-Jean-le-Grand, muy cerca de Autun —que vivía en eso momentos un difícil ensayo de

---

29   RJ III 11: OC I 338. CA II 5: OC VI 180.

reforma[30], una religiosa gravemente enferma. Una complicación de rociola la había dejado ciega y sufría cruelmente de la vista. Había recibido de los misioneros el librito de *La devoción al corazón de María*. Pidió a su enfermera que le hiciera repetir la oración *Ave Cor Sanctissimum*; luego tomó el libro y se lo pasó un instante por los ojos. Entonces el dolor cesó, "los abrió sin dificultad alguna y comenzó a ver tan claro como nunca"[31].

Unos meses antes, en un pueblo de la misma diócesis de Autun, había nacido una niña que en el bautismo se llamó Margarita Alacoque (22 de julio de 1647), quien, sin dejar la diócesis, profesaría como religiosa de la Visitación de Paray-le-Monial (6 de noviembre de 1672), menos de tres meses después de la primera celebración litúrgica de la fiesta del Corazón de Jesús. Allí, en el curso de sus veinte años de vida contemplativa y de sufrimientos, consignó las confidencias brotadas de ese Corazón. Pues bien, en su convento se celebraba la fiesta del Corazón de María, la misma que fue inaugurada en Autun el 8 de febrero de 1648. Un año, durante la octava de esa fiesta, tuvo una visión: había tres corazones, uno pequeñísimo y los otros dos resplandecientes, pero "uno sobrepasaba incomparablemente al otro". Tenemos una ilustración de la intuición del P. Eudes[32].

Pero volvamos a nuestra misión, que no terminó el 3 de febrero. Faltaba todavía la tradicional y alegre fogata de clausura.

## A los borgoñones les gusta reír

"Los señores del concejo de la ciudad" al enterarse de esa tradición, habían enviado el síndico al P. Eudes para prometerle que la ciudad obsequiaba cincuenta haces de leña para esa fogata. En una de las últimas tardes, (en febrero la noche llega pronto), los misioneros se reunieron con "una cantidad extraordinaria de pueblo" en una plaza pública. El P. Eudes subió a "un sitio elevado" y explicó el sentido de la ceremonia: alegría por la victoria de Dios y de su amor, destrucción de la huellas del mal, de libros y cuadros malos, de dados de juego, que serían consumidos por ese fuego. Mientras ardía la leña se cantó el *Te Deum* y se arrojó en la hoguera todo cuanto estaba destinado a la destrucción, lo que hicieron igualmente muchas personas distinguidas que quisieron dar ese ejemplo a los demás. La ceremonia se realizó a la luz juguetona de las llamas, en medio de gran

---

30  Th. J. SCHMITT, *op. cit.* P. 58 n. 24.
31  *Lettres*: OC XI 63. -Véase más arriba, n. 6.
32  Mons. GAUTHEY, *Vie et oeuvres de la binheureuse Marguerite-Marie Alacoque*, 3 vol. 3ª ed., París 1815, t. II p. 164.

silencio. Y cada uno se retiró más impresionado que por la más fuerte predicación.

A los habitantes de Autun les gustaba reír. Cada año aprovechaban la fiesta de San Valentín, el 14 de febrero, para divertirse y entregarse a jolgorios que no eran del todo inocentes. "Enmascarados recorrían las calles con muchas insolencias y disoluciones". Había además un baile que duraba toda la noche, con toda clase de liviandades. Todo ello estaba animado por "los Valentinos" y su jefe "Mamá Locura", herencia directa de la Edad Media.

Se reemplazó la fiesta por una peregrinación que estuvo más nutrida aún que la del 27 de enero. El P. Eudes les dirigió la palabra varias veces. Se celebró la misa en el sitio de la estación. "Mamá Locura", que estaba allí populares derramaban lágrimas. Acompañaron a los misioneros a Arnay-le-Duc, y el carnaval que caía algunos días después, transcurrió en calma y compostura.

Como muchos otros "reformadores" de ese tiempo, también Juan Eudes combatía las diversiones populares y las sustituía por formas de devoción igualmente "populares". Por doquiera, en efecto, la reforma católica luchaba contra las "indecencias", las "supersticiones" esparcidas en el pueblo. Estaba atenta a las capas modestas de la población y les proponía expresiones de oración adaptadas a sus necesidades, pero, al mismo tiempo ejercía una acción represiva sobre formas espontáneas de fiestas y de cultura. Y en esa acción podía caber alguna ambigüedad.

Sea lo que fuere, en la madrugada del 15 de febrero, el P. Eudes partió para Arnay-le-Duc. Los demás se le unieron un poco más tarde. Iban allí a pasar un "repaso de misión". "Creían, anota con malicia el cronista, que no habría gran cosa por hacer y que representaría un descanso de sus fatigas (...), pero hallaron una mies abundante" que debían recoger en pocos días. Fue un gran trabajo, debido, sobre todo, a que llegaron habitantes de Autun para darle última mano a la puesta en orden de su vida espiritual.

Los misioneros habían llevado consigo a un joven canónigo de Autun, Jean-Baptiste de Montaigu, de familia rica y distinguida. Impresionado por la misión había resuelto dejar su vida confortable y entregarse, sin demora, al servicio del Evangelio.

LA FIESTA DEL PUEBLO
Celebraciones que los misioneros generalmente desaconsejaban (Una xilografía popular en la época.) (Foto: B.N.)

Hay que contar aquí un episodio que contribuyó, según dicen, a su "conversión". Sabemos que Juan Eudes coleccionaba gustoso reliquias de santos y "entre todos los santos profesaba veneración singular por los que pertenecieron a la familia de Jesucristo o que habían tratado con él"[33]. Pues bien, en Autun se veneraba desde tiempo inmemorial, a san Lázaro, el hermano de Marthe y de María; y la catedral se ufanaba de poseer "la cabeza de san Lázaro". Los canónigos, accediendo a los deseos del P. Eudes le obsequiaron un diente de tan preciosa cabeza y encargaron de ello a dos de los suyos, a dos amigos, los señores de Montaigu y Hymblot. Pero resultó imposible desprender ningún diente. Ya iban a abandonar la empresa cuando el Padre Eudes "que sentía crecer sus deseos a medida que se hacía más difícil", hizo voto de introducir la fiesta de san Lázaro en el Propio de su congregación. Al momento el diente le cayó en la mano... Su felicidad fue mayor aún porque secretamente había pedido a Dios que le diera esa señal si quería que el joven canónigo de Montaigu entrara en su congregación. Uno y otro sintieron por ello gran alegría[34].

Montaigu iba a ser uno de los miembros más sólidos de la nueva sociedad. Al año siguiente su amigo Hymblot lo siguió, pero solo permaneció unos pocos años en la congregación[35].

Después de Arnay-le-Duc, la tropilla misionera llegó a la ciudad de Beaune. El Padre Eudes llegó desde el 23 de febrero para hallarse allí para el carnaval, e hizo lo posible por moderar los excesos. Es verdad que aquella juventud buscaba, tal vez, olvidar la miseria extrema de la ciudad, duramente probada desde 1643, por la guerra española, y devastada por el paso de los ejércitos. Sobre un millar de casas, según un informe de la época, las dos terceras partes estaban ocupadas por "pobres artesanos, peones, jornaleros y mendigos". Carecían de muebles, de camas y tenían que dormir sobre el heno. La ciudad estaba aplastada por impuestos imposibles de pagar, a los que se añadía el mantenimiento de una pesada guarnición[36]. Las fiestas, por lo menos, hacían olvidar un poco la miseria. Pero el P. Eudes anhelaba liberar a esas pobres gentes de la miseria moral que acompañaba a la otra. Durante los dos días de carnaval predicó en calles y plazas, lo que hacía rara vez[37]. Pero esa predicación en plena calle a gentes que se estaban divirtiendo parece que tuvo muy poco éxito.

---

33  HERAMBOURG II 16: 53/150.
34  *Annales* III 10: 27/260. Debemos a Finel el dato de que Juan Eudes vio en ello una señal de la vocación del P. De Montaigu.
35  *Annales* III 10: 27/260; IV 8: 27/374; V. 26, 27/603.
36  C. ROSSIGNOL, *Le Bailiage de Dijon après la bataille de Rocroi*, Dijon, 1857, p. 237.
37  Es verdad que HERAMBOURG, I 9: 57/127 nos dice que Juan Eudes llevaba consigo una campanilla e iba por los mercados para reunir a las buenas gentes al pie de una cruz.

La misión propiamente dicha, costeada por Renty y por el arcediano de la ciudad, miembro de la Compañía del Santísimo Sacramento, comenzó al día siguiente, miércoles de ceniza (26 de febrero). Los canónigos de Beaune ratificaron la autorización episcopal y permitieron a los misioneros hacer sus predicaciones en la iglesia de Notre-Dame. Pero como en la ciudad había un colegio oratoriano, el P. Eudes debía mostrarse especialmente circunspecto.

### Marguerite du Saint-Sacrament, carmelita de Beaune

En cambio se sintió feliz de poder ir a al Carmelo. Desde hacía varios años había estado oyendo hablar de ese Carmelo de Beaune a su amigo Renty, quien mantenía una profunda "unión de gracia" con la joven sor Marguerite du Saint-Sacrament (1619-1648). Era joven pero muy enferma y en esos días estaba muy cerca de sus últimos momentos. Guardó cama, definitivamente el 9 de marzo y murió el 25 de mayo.

La carmelita había recibido de Dios la misión de hacer conocer y venerar la infancia de Jesús[38]; había asociado a Renty a esta iniciativa de su fe, la que fue muy importante para él. De manera que Juan Eudes se encontró con ella emocionado. (Algunos meses antes, en septiembre de 1647, Jean-Jacques Olier, había ido también a conocer a la joven carmelita). A la muerte de Marguerite, Juan Eudes escribió a sus hermanos: les hablará de ella con acciones de gracias y los invitaba a pedir a Dios "que nos haga partícipes -decía- de su espíritu y de su gracia, que es el espíritu de la infancia de Jesús"[39].

No nos detenemos en narrar el desarrollo de esta misión, sobre la que, por otra parte, tenemos menos detalles que para la anterior. Parece que los misioneros hallaron allí mayor oposición que en Autun. Un día -ante la puerta de la casa del Oratorio- un vecino de Beaune, descontento por las palabras firmes de Juan Eudes contra el libertinaje, lo esperó a que pasara y le propinó un bofetón. Como en los días de su infancia, Juan Eudes, tranquilamente presentó la otra mejilla... y recibió una segunda palmada. Hubo testigos del hecho y esto contribuyó, se dice, a acreditar en

---

Esto debió ocurrir solo en los primeros tiempos cuando aún no estaba tan poderosamente organizada la marcha de la misión.

38    La devoción a la infancia de Jesús se asociaba en una especie de nexo místico con la espera del nacimiento de un delfín; en 1637 Margarita había anunciado la reconquista de Corbie: enseguida anunció el nacimiento de Luis XIV, ver TAVENEAUX, *op. cit.* P. 472. Sobre Margarita del Santísimo. Sacramento: J. ROLAND-GOSSELIN, *L. Carmel de Beaure 1619-1660*, Robert, 1969.

39    OC. XII, 151.

la ciudad la palabra del Padre Eudes. Otro misionero recibió a su vez, un puñetazo y de manera más solemne todavía.

En la tarde de Pascua se daba, tradicionalmente, en Beaune, una "bendición con el Santísimo Sacramento". Se cantaba entonces la prosa *O filii et filiae* y esto desencadenaba una cacofonía de aleluyas. Los niños y los jóvenes que se reunían allí para ello se divertían vociferando cuanto podían. El P. Eudes que había sido prevenido "apenas oyó esa horrible rochela" se levantó de repente, hizo un gesto para que se callaran y "pronunció un discurso tan patético que todas las personas sensatas quedaron sobrecogidas". Pero los gritos volvieron a empezar; Juan Eudes dejó que se agotaran, hizo cerrar las puertas de la iglesia, subió al púlpito y habló durante una hora (ya eran las 8 de la noche), ante un auditorio estupefacto, sobre el respeto que debemos tener a la casa de Dios. Estuvo tan convincente que los "señores del capítulo ordenaron que en adelante se cantaría una prosa en música". De hecho sabemos que el año siguiente, al menos, un motete reemplazó el *O filii*. La procesión de clausura tuvo lugar el martes de Pascua, 14 de abril[40].

Como lo hacía a menudo, el P. Eudes dejaba en la ciudad agrupaciones de hombres y de mujeres resueltos a reunirse regularmente y a ayudarse para llevar una vida cristiana disponible para los demás y para Dios. Pero en Beaune aparece por primera vez una asociación a la que posteriormente el misionero atribuirá importancia, una especie de instituto secular antes de la letra, que el designará con un nombre bastante complicado: *Sociedad de las hijas del corazón de la madre admirable*. El grupo estaba abierto a las mujeres solteras o viudas que deseaban llevar en el mundo una vida consagrada a Dios. Sus miembros hacían voto de castidad y se comprometían a vivir en relación viva y amante con María[41].

Era, una vez más, la expresión de su gran deseo de honrar a María y de hacerla servir, amar y honrar en todas las formas posibles, mediante la gracia de su hijo[42].

---

40    AD Côte-d'Or, G2530, f. 341 y f.202, 216.

41    Esta sociedad se difundió posteriormente de manera importante sobre todo en Bretaña. En el momento de la revolución contaba varios millares de miembros. Véase OC VIII 409ss.: Introducción al *Manuel de la societé du Coeur Adm.*; C. LANGOIS y P. WAGRET, *Structures religieuses el célibat feminin au XIXe. siccle*, roneot. Lyon 1971; *Règlement pour la Societé des filles du t.s.C. de la Mère de Dieu*, Saint-Brieuc, 1859.

42    *Manuel* OC III 297.

## CAPÍTULO XV

# Hacia Coutances

(1648-1650)

*Roma*
*Comienzos de La Fronda*
*Muerte de Gaston de Renty*
*Serias dificultades en Caen*
*Nace el seminario de Coutances*

A comienzos de 1648 Juan Eudes tenía cuarenta y seis años. Desde hacía cuatro y medio estaba luchando, contra viento y marea, para afirmar la modesta fundación del seminario de Caen y el pequeño equipo de misioneros que había reunido para animarlo.

A pesar de las violentas oposiciones que lo afectaron, a veces hasta en su salud, estaba seguro del llamamiento recibido: ¡La congregación por él creada y el seminario, que era la razón para que ella existiera, debían vivir!

Por eso en el momento de entrar en Borgoña para la misión de Autun, había enviado a Roma, en su remplazo, al fiel Mannoury –"mi querido Simón"[1] como lo llamaba Nicolás Blouet de Than, uno de los hermanos que formaban por entonces la pequeña sociedad. Así que, por segunda vez, encontramos a Mannoury en la ciudad pontificia.

Allí logrará algunos resultados que darán ánimo al P. Eudes, pero comprobará también el poder de los enemigos, tan terrible que en los años 1648 a 1650 la congregación estuvo a un paso de su liquidación definitiva. Pero en el mismo momento en que, en Caen, todo iba a derrumbarse, la vida retoñaba llena de promesas, en la diócesis de Coutances, terreno que Juan Eudes había encontrado siempre muy abierto a la semilla del Reino.

---

1   *Fleur*, N. Blouet de Than: 31/780. De hecho, parece que ya se sabía que el primer viaje de Mannoury había logrado cierto resultado mucho después de su regreso: el 20 de septiembre de 1647, la *Propaganda* había concedido varias indulgencias para las misiones. En la misma reunión, también había dado la confirmación oficial a los misioneros de los Santos Sacramentos. los misioneros del Santísimo Sacramento de C. d'Authier de Sisgaud. Véase Du CHESNAY, M, p. 261.

## "Nuestros bienhechores habituales mueven cielo y tierra para destruir nuestro seminario..."

Un poco antes de la navidad de 1647, Mannoury llegó a Roma. El 30 de diciembre informó a su superior que, apenas llegado había caído gravemente enfermo pero que ya se hallaba restablecido y que acababa de recibir, maravillosamente a tiempo, el paquete de las tres cartas reales que el P. Eudes le había enviado.

La carta dirigida al Papa solicitaba la confirmación del seminario de Caen y de las facultades e indulgencias apostólicas para las misiones. Prudentemente se había evitado hablar de *congregación* para no dar más pábulo a los adversarios. Las cartas al cardenal d' Este y al marqués de Fontenay-Mareuil, embajador de Francia, invitaban a esos dos personajes a apoyar la gestión[2].

Mannoury se presentó al cardenal Capponi, prefecto de la *Propaganda*, quien lo acogió muy bien, según la carta del 20 de enero de 1648. El cardenal se enteró de los testimonios favorables del nuncio y empezó a leer el compendio de las constituciones: "Mientras leía el corazón le saltaba de alegría". Pidió conservarlas, lo mismo que las reglas tomadas de la Escritura. Y dio seguridad de que su congregación no limitaría la acción del P. Eudes a la sola diócesis de Bayeux.

Pero los oratorianos espiaban las andanzas del emisario del P. Eudes y depositaron ante la misma congregación una súplica para que se rechazara al P. Eudes y sus pretensiones. Informado Mannoury redactó un amplio memorial en latín y lo presentó a su turno; en él exponía que el obispo de Bayeux quería disponer de un equipo de sacerdotes seculares, en particular para la urgente tarea del seminario. Y con mucha amplitud daba respuesta a las objeciones. ¿Qué temor podían abrigar, pues, "dos mil sacerdotes" oratorianos de los ocho o diez compañeros del P. Eudes?[3].

La *Propaganda* acogió bastante bien la defensa. Pero la oposición era tan encarnizada que el secretario Ingoli[4] aconsejó que no se pidiera, por el momento, sino la aprobación del seminario de Caen, con facultades para las misiones en Normandía. Mannoury se resignó a ello. Y aún para esta solicitud quisieron cerrarle el camino.

---

2   El conjunto de este capítulo se apoya en *Annales* III 4: 27/221 ss.

3   Hay un resumen de ese largo alegato en *Annales* III 4: 27/225 ss; *Ann. NDC* contiene un resumen un poco más amplio, I 14: Chev./35. La cifra *"dos mil sacerdotes"* indicada por Costil, que parece citar la súplica de los oratorianos, es muy exagerada: en 1641 el Oratorio solo contaba 403 sacerdotes (DS, *"Oratoire bérullien"* p. 849). Aun contando los "asociados" seguramente no llegarían a dos mil.

4   Ingoli, "el inventor genial de los modernos métodos de evangelización universal" (M. Cancouet) marcó profundamente los comienzos de la congregación. *De Propaganda Fide*, fundada en 1622.

El 16 de marzo de 1648 Mannoury escribía: "Tenemos aquí a nuestros habituales bienhechores que mueven cielo y tierra para destruir nuestro seminario. Han obtenido carta del rey al señor embajador..."[5] Esta última información era falsa, sin duda. Provenía del secretario, conquistado a su causa por los dichos bienhechores.

Y el P. Eudes contestaba el 7 de abril:

> Valor, mi querido hermano. No estamos buscando nada distinto a la voluntad de Dios. Hagamos, por nuestra parte, todo lo que podamos por los intereses de nuestro Señor y de nuestra Señora y luego abandonémonos enteramente su santísima voluntad.

Y como acababa de vivir las dos misiones tan fructuosas de Autun y Beaune, añadía:

> Hay algo que debe animarnos sobremanera: y es que no es posible dudar de que se trata de una obra de Dios, cuando pensamos en las bendiciones extraordinarias que se digna derramar sobre nuestros humildes trabajos[6].

De hecho, la congregación de la *Propaganda* emitió el 23 de marzo de 1848 un decreto relativamente favorable: el seminario no requería aprobación, ya que estaba en conformidad con las decisiones del Concilio de Trento. Debía "permanecer tal como estaba". Y se añadía: "Los padres del Oratorio no tienen derecho de impedir un seminario de esta clase, bajo el pretexto que dicho Juan Eudes, salido de su congregación, quiere fundar en Francia una nueva congregación con las mismas funciones que la de ellos". Pero hay un detalle increíble: esta última frase, en el documento avalado por la bula papal y firmado por Ingoli, que fue enviado a Juan Eudes, fue suprimida. Los enemigos habían sobornado al escribiente para que falsificara el documento[7]. Así que Juan Eudes solo conoció oficialmente el estímulo que le daba la congregación *De Propaganda Fide*.

---

5   MARTINE IV 6: 17/229.
6   OC X 386.
7   *Sacrae Congregationes...memoria rerum*, ya cit. T ½ p. 134-135; M. CANCOUËT, Saint Jean Eudes fondateur du Seminaire de Caen en *Saint-Jean Eudes* 1601-1680 roneot. París 1980 p. 13 y 26; *Annales* III 5: 27/236 ss. G MALLET en la rev. *Le Saint Coeur de Marie* 1901-1902 p. 205 da los textos (el completo y el recortado) del decreto. Algo muy similar tendrá lugar con su Bula de canonización, en 1925.

Un mes más tarde, el 20 de abril –paciencia y perseverancia– dicha congregación confirió a "Juan Eudes, sacerdote secular y a sus asociados, igualmente seculares, facultades apostólicas para los misioneros, con tal que sean nominalmente aprobados por el nuncio y presentados a la congregación romana. Junto con ese decreto iban "cartas apostólicas" muy estimulante en las que se declaraba que el Papa Inocencio X "ha decidido enviarte y de hecho te envía, a ti, Juan Eudes, a Normandía; te ha designado y acreditado como jefe de misión en esa provincia...".

Es interesante averiguar por qué la congregación de la *Propaganda*, encargada de organizar la actividad misionera de la Iglesia, se ha interesado por un país desde largo tiempo cristiano, como Francia, y por sociedades como la de Vicente de Paúl y del P. Eudes. En realidad a causa de la presencia de los reformados consideraba a Francia como país de misión y favorecía las sociedades de sacerdotes misioneros. Pero quería hacer de ellos instrumentos incondicionales, controlados totalmente por ella. De allí podían derivarse ambigüedades, porque los fundadores franceses buscaban ante todo una aprobación oficial que respaldara sus actividad y los ayudara a situarse dentro de la Iglesia. Veremos más adelante cómo dicha congregación reprochaba al P. Eudes que no la manutuviera informado de sus actividades[8].

Por su parte la congregación del Santo Oficio concedía para la Normandía y por un período de cinco años, las facultades de absolver, de dispensar y conceder indulgencias, correspondientes as esa misión (23 de abril de 1648).

Esas decisiones de la Santa Sede significaron al menos un mediano éxito[9] para la pequeña sociedad. En cambio nada se había logrado para Nuestra Señora de Caridad.

Antes de dejar Roma, Mannoury tuvo la alegría de recibir reliquias de mártires con destino a su superior. Para Juan Eudes las reliquias eran "como una porción de Jesucristo y como los restos preciosos de su cuerpo místico"[10], y con mayor razón las reliquias de los mártires que nos hacen llegar hasta la cruz del mismo Jesús.

Corría el mes de mayo de 1648: "enseguida partió a reunirse con sus hermanos[11].

---

8 Cf. B. DOMPNIER, "La Congregation *De propaganda Fide*" en *Vicent de Paul*, Colloque, ya cit. p. 49 ss. - Sobre nuestra traducción *chef de mission* y no *préfet de la mission*, véase G. MALLET, *ibid*, p. 266-267.

9 Costil presenta esas decisiones como un éxito mediano; en cambio MARTÍNE IV 14:17/231-232 es más pesimista: según él los cardenales consintieron de mala gana y Mannoury se mostró muy decepcionado.

10 HERABOURG II 16: 53/154.

11 *Annales* III 5: 27/243. -El expediente de *Propaganda* sigue abierto. Un poco más tarde, recibió un documento muy favorable al P. Eudes: el testimonio del obispo de Autun

## "No hacen otra cosa que orar y trabajar"

Juan Eudes seguía todo eso desde Francia, a través de las cartas de su enviado. Podía apreciar cada vez con mayor lucidez la determinación adversa de un pequeño grupo de sus antiguos hermanos, activo e influyente, tanto en Roma como en Caen. Y no podía menos de inquietarse. Pero la misión lo reclamaba.

De Borgoña se dirigió con sus compañeros al pueblo de *Citry* en la Brie. Gaston de Renty era allí señor feudal y poseía un castillo; en él recibió a los misioneros a fines de mayo. La misión comenzó el día de Pentecostés (31 de mayo de 1648). Sabemos algo de ella por dos cartas de Renty: dirigida una al P. Saint-Jure, jesuita; la otra, de 16 de junio, al señor Olier[12]:

> El P. Eudes está trabajando aquí con una bendición increíble; el poder de su gracia para dar a conocer las verdades de Dios, su amor por nosotros en Jesucristo y el horror al pecado han penetrado de tal manera los corazones, que los confesores se hallan abrumados por los penitentes (...). Sus sermones son rayos que hacen deshacerse en lágrimas y que no dejan tranquilas las conciencias hasta no revelar sus pecados ocultos...

Luego alude a ciertos hechos, como el siguiente:

> Un hombre de Château-Thierry, ciudad que dista cuatro leguas de aquí, aseguró ayer que una joven de mala conducta había regresado resuelta a romper su sórdido comercio y a manifestar su penitencia y conversión. En fin, que los corazones han sido ablandados y enteramente conmovidos por haber conocido a su Dios y al Señor y sus voluntades.

Y pondera:

> ...la santidad y gracia del Padre (Eudes) y de sus colaboradores. No hacen otra cosa que orar y trabajar.

---

después de las misiones de Autun y Beaune; luego el del obispo de Soissons después de la misión de Fère-en-Tardenois, y otro del arcediano J. du Tour : *Annales* 111 13 : 27/273 y 111 14 : 27/277

12  RENTY, *Corr.* P. 815 y 831. – Citry-sur-Marne (Seine.et-Marme).

Y en una posdata caracteriza la conducta del P. Eudes, alejada, por igual, del laxismo y del rigor excesivo:

> En cuanto a la doctrina, es la del Espíritu Santo. Penitencia rigurosa pero inculcada con tal caridad y empeño que por la fuerza de la gracia, que se palpa en la misión, los confesores trabajan más en consolar que en conmover.

Juan Eudes, por su parte, miraba y admiraba a su amigo. Cuando éste murió, algunos meses después, el misionero escribió al P. Saint-Jure, director espiritual de Renty, y en su carta recuerda precisamente esa misión:

> Lo vimos en la iglesia de Citry, arrebatado de celo y de fervor, barriéndola, quitando las basuras con sus manos y tocando las campanas (...). En esas ocasiones le hemos visto lágrimas en los ojos (...) y él me confesó que eran causadas por la alegría inmensa que sentía de ver a tantas personas conmovidas (...) que empezaban una vida enteramente nueva[13].

¡Qué coincidencia tan profunda debía unir a estos dos personajes!

La misión ocupó todo el mes de junio.

De Citry los misioneros pasaron a *Fère-en-Tardenois* que pertenecía a la misma diócesis de Soissons. Había solicitado y costeado la misión la princesa de Condé[14], madre de los príncipes de Condé y de Conti y de la duquesa de Longueville; era ella, como el duque de Saint Simón, sobrina de madame de Budos. En su condición de Dama de la Caridad fue sólido apoyo de Vicente de Paúl. El obispo Simón Le Gras, (1589-1656) se interesó por la misión, asistió personalmente a ella y quedó impresionado por el trabajo profundo que se realizaba[15].

Juan Eudes anotó en su diario, al recordar los seis o siete meses transcurridos: "en esas cuatro últimas misiones Dios dio numerosas

---

13   OC XI 62.
14   La princesa, Carlota Margarita de Montmorency (1594-1650), esposa del príncipe de Condé. Su madre era Louisa de Budos, hermana de Lorenza, la abadesa de Caen, Richelieu hizo decapitar a su hermano Enrique de Montmorency en 1632. A la muerte de éste la princesa heredó la señoría y el castillo de FERE-en-Tardenois. Cf, Du CHESNAY M., p. 356-357 y Tablas geonealógicas p. 491 en el ANEXO.
15   A este obispo y al de Noyon que pasaba por Fere el 8 de agosto, J. Eudes solicitó una aprobación para su libro *La Dévotion au Coeur de Marie* que acababa de publicar en Autun.

y extraordinarias muestras de su bondad y misericordia. Que por ellas Jesucristo sea alabado y glorificado eternamente"[16].

Semejante trabajo debía ser agotador. Desde Fere volvió por breve tiempo a Citry, a casa de su amigo Renty. Allí pudo descansar en calma. Hablaron juntos de la carmelita, Marguerite du Saint-Sacrament, de Beaune, que tanto había impresionado a Renty y que había muerto el 26 de mayo anterior[17], algunos días después de la visita que le hizo el P. Eudes.

## Los "disturbios de París", primeras sacudidas de la Fronda

Luego Juan Eudes se dirigió a París[18]. El 24 de agosto se presentó al nuncio, con sus hermanos, según la exigencia de la congregación de la Propaganda. Eran doce: con Juan Eudes estaban Mannoury, De Than, Finel, Jourdain, Manchon, Thomas Vigeon, Le Mesle, Montaigu, Le Gentil, Ferrière y Nicolás Vigeon. Los tres últimos solo fueron aves de paso, pues no permanecieron en la congregación[19]. El nuncio se mostró satisfecho de la entrevista y esa misma tarde escribió a la congregación romana de *Propaganda*, la cual en su sesión del 16 de noviembre de 1648 aceptaría, a su vez, a los doce misioneros[20].

Juan Eudes y sus compañeros habían encontrado un París en efervescencia[21]. En las semanas anteriores, el parlamento había intentado afirmar su autoridad frente al poder real ejercido por Ana de Austria junto con Mazarino. Aunque eran magistrados y no delegados elegidos, los parlamentarios pretendían ser "los representantes naturales de la nación", algo así como el parlamento inglés frente a Carlos I. En una sesión con el tribunal de cuentas, con la oficina de controles fiscales y el gran consejo, habían emitido una declaración sobre los derechos de la nación. La reina fingió ceder al principio, pero aprovechó luego la fiesta que celebraba la victoria de Lens sobre los españoles para hacer detener a los cabecillas parlamentarios. Esto sucedía el 26 de agosto.

Al punto estalló una insurrección popular. Se levantaron centenares de barricadas que aislaban el palacio real e impedían los movimientos de tropas. Durante tres días la ciudad estuvo en ebullición. Finalmente

---

16  MBD 43 : OC XII 115.
17  De Citry escribió J. Eudes a la priora del carmelo de Beaune: OC XI 50, ss.
18  El 22 en París, el arzobispo de Bourges le da una aprobación para *La devotion au cour de Marie*.
19  El señor Bernard, cura de Carantilly ya pertenecía de corazón a la congregación, pero solo pudo abandonar su parroquia en 1654: *Annales* III 28: 27/325. Para entonces, Godefroy y Fossey ya habían abandonado la Congregación.
20  *Sacrae Congr... memoria rerum*, ya cit. P. 135.
21  Sobre los acontecimientos políticos de 1648-1653 ver G. De Bertier de Sauvigny, *Histoire de Francia* París, 1977, p. 189 ss; A. CORVISIER, *La France de Louis XIV*, p. 208 ss.

la reina se vio obligada a ceder. Pero esas jornadas violentas solo eran el comienzo. La Fronda iba a desencadenarse y a sembrar la ruina durante cinco años.

EL PRESIDENTE MOLÉ DURANTE LOS DÍAS DE LAS BARRICADAS.
(Agosto 1648)
Era el padre del obispo Édouard Molé y "Monsieur de Sainte-Croix." (Foto B.N.)

A Juan Eudes lo impresionaron esos *disturbios de París*, en los que se hallaba metido, y adivinó su gravedad. Siempre listo a actuar aprovechando las circunstancias para despertar las conciencias y conmover los corazones, se decidió a escribir a la reina. Era algo aventurado pues solo había podido hablar con ella una vez y eso gracias a una poderosa influencia que la liberara de la sospecha que pesaba sobre él. Así que el favor real era quizás muy débil todavía. Pero el pensamiento de hablar a la reina le había venido mientras celebraba la misa en lo que había visto la señal de un llamado de Dios[22].

---

22   OC XI 52 ss.

Él venía a suplicarle –le decía– que emplee el poder que Dios le ha confiado "para detener el torrente impetuoso de la iniquidad que hace inesperados estragos en Francia".

"Nosotros nos matamos en la misiones a fuerza de gritar contra cantidad de desórdenes que azotan a Francia (...) y que causan la condenación de muchas almas..." pero la reina podría hacer mucho más que los misioneros. Con gusto le propondría algunos remedios. Por el momento le indicaba uno solo: "dar a la iglesia buenos obispos" (¡y hablaba ciertamente con conocimiento de causa!); "por este medio en poco tiempo, la Iglesia de Francia cambiaría de rostro y recobraría su primitivo esplendor". Este servicio es tan importante que "bien merece que su Majestad se ocupe de él personalmente" (sobre entendido: en lugar de dejar actuar a Mazarino). "Si su Majestad descuida estas cosas, yo le declaro en nombre y de parte del gran Dios viviente, que cargará con todos los pecados que se cometan en Francia, por no haber actuado personalmente para dotar de buenos obispos a la Iglesia"[23]. ¡Son palabras fuertes! Y no son las más terribles de esa carta de la que he citado breves apartes. (Menos de tres años más tarde J.J. Olier dirigirá también a Ana de Austria una exhortación semejante, precisamente durante la permanencia de Juan Eudes en su parroquia, como diremos más adelante, véase más abajo p. 225.)

No conocemos la reacción de la reina. Sin duda le pediría el informe más detallado que Juan Eudes proponía, puesto que se le envió más tarde. Tenemos su texto, sin fecha[24]. Los seis males que allí presentan son tanto de orden espiritual como temporal, sin que se pueda trazar una línea divisoria, nítida, entre los dos planos. Hay las fiestas de Iglesia profanadas por las ferias, en las que se cometen más pecados "que en todos los demás días del año". También las fiestas patronales de las parroquias. Hay también los casos de coacción ejercida por los agentes del fisco:

> En las misiones que hemos dado en muchos lugares, hemos verificado que las iglesias se hallaban desiertas los domingos y días festivos (...) porque los habitantes (...) no se atreven a venir por miedo de caer en manos de los sargentos y recaudadores de impuestos, que los detienen hasta en el pie de los altares para llevarlos a la cárcel. Es algo inicuo que no se ve ni siquiera entre los turcos... Hay bailes, danzas, comedias y libros eróticos, etc. que arruinan la castidad; si el rey se encontrara afectado u ofendido en lo más mínimo por

---

23   OC XI 55 ss.
24   OC XI 60.

alguna de esas cosas, fácilmente se encontraría la manera de eliminarlas (...) ¿no le es acaso, facilísimo, a su majestad ser la primera en renunciar a los bailes, comedias y a todas esas pompas satánicas, como lo prometió a Dios en el bautismo?... También hay las blasfemias y duelos. Finalmente la herejía.

Para cada uno de esos males proponía remedios sencillos, en parte liberadores y en parte, hay que reconocerlo, represivos, lo que, una vez, más nos desconcierta. Estamos hoy tan lejos de ese tipo de sociedad en la que la Iglesia era la guardiana de un orden que se consideraba necesario para la felicidad del hombre, y en el que el poder real, responsable del bien de sus súbditos, lo era ante todo, de ese bien supremo que es la fe. Semejante visión de las cosas, era, en ese entonces, general, salvo para una franja muy fina de "librepensadores" (y Mézeray era, más o menos, uno de ellos). También Bourdoise se esforzaba por acabar con las ferias que acompañaban las fiestas religiosas; y Vialart de Herse, en Chalons, en 1649, prohibió dar la comunión a los comediantes sin previa penitencia pública[25].

Sea lo que fuere, a partir de su visión personal de la sociedad, hemos visto que Juan Eudes se compromete valerosamente, y hasta con temeridad, pues ya tenía bastantes enemigos, al cuestionar a los detentores del poder y al luchar por lo que consideraba un bien para el hombre. Luchaba también, tal vez, por la paz, si es cierto, como lo sugiere Costil que presentía "las consecuencias funestas de ese primer incendio, si no se luchaba por apagarlo en sus comienzos"[26].

Antes de dejar París, el 10 de septiembre, escribió Juan Eudes al P. Bourgoing, superior general del Oratorio, una carta que debió madurar también en la oración:

"De espíritu y de corazón me postro a sus pies para pedirle su santa bendición". Le ruego que se entere, "con su bondad y caridad habituales", de las reflexiones contenidas en un memorial que le dirijo (que hoy día se halla perdido). "Lo he redactado para informarlo sobre muchas cosas que, a mi juicio, usted no conoce en su verdadera realidad. A lo mejor, cuando usted las conozca, Dios le dará otros sentimientos". Le gustaría que de esta exposición se enterara también el P. Gibieuf. "Si después de ello usted me

---

25  Cf. F. LEBRUN, *Historie des catholiques de France*, p. 121, 122 y p. 109.
26  *Annales* III 16:27/278.
26[bis]  OC XI 60

honra con alguna respuesta, me la puede dirigir a Caen, a donde estoy regresando)...."[26bis]

El tono de la carta es pacífico y humilde, pero digno. No conocemos los preliminares que la sugirieron. Pero podemos imaginar que Juan Eudes, afectado por la amenaza que desde hacía un año se cernía sobre el seminario de Caen, había hallado en ese despojo nueva libertad interior, un deseo nuevo de olvidar las persecuciones padecidas y restaurar la comunión fraterna. Ignoramos cómo fue recibida esa carta y si tuvo consecuencias.

### Normando con los normandos

El P. Eudes regresó a Caen después de una ausencia de casi un año. Seguramente iba a consagrarse por algún tiempo, junto con sus hermanos, a la obra del seminario, al menos si su situación canónica no era demasiado precaria. Podemos recoger aquí una indicación preciosa de Costil sobre los que frecuentaban el seminario. Lo hacían espontáneamente, a impulsos de su piedad. Los libros de entradas muestran, dice Costil:

> Que llegaban tantos o más sacerdotes que ordenandos. Y entre esos primeros se podían distinguir los que venían de las diócesis vecinas (...), que venían ex profeso a Caen, (...) unos para renovarse (...) durante una semana, un mes; otros para prepararse a decir su primera misa...

Algunos de ellos necesitaban aprenderlo todo sobre la liturgia o sobre las actividades pastorales. Su determinación de ir al seminario era el "fruto de la conferencias eclesiásticas que acompañaban las misiones. Se sentían conmovidos por ellas" y querían ahondar ese beneficio participando en la vida común. Allí podían "encontrarse con Dios en el retiro y consultarlo sobre los empleos que iban a recibir"[27].

Así funcionaba el seminario de Caen en los períodos de acogida, entre una y otra misión. Ese fue el caso, al parecer, durante los últimos meses de 1648 y los primeros de 1649, siempre bajo la amenaza de cierre que hacía pesar sobre él la actitud del nuevo obispo Édouard Molé.

---

[27] *Annales* V 10: 27/ 528-529. Y el analista prosigue: "Y fue por este medio como muchos de nuestros primeros hermanos conocieron la vocación que Dios les hacía para entrar en la Congregación".

Es posible que Juan Eudes aprovechara ese período de calma para redactar las constituciones de su nueva sociedad. Finel nos informa que fueron redactadas durante el año de 1649. La amenaza presente no lograba oscurecer su fe en el futuro[28].

El superior emprendió también otras actividades de orden temporal. La situación de la casa que ocupaba el seminario era bastante frágil, porque sólo había sido tomada en arriendo desde hacía seis años. En el ambiente de inseguridad que enfrentaba la comunidad era más tranquilizante tenerla en propiedad. Pero la adquisición debía hacerse discretamente para no despertar oposiciones. La comunidad reflexionó, oró y decidió echar hacia delante. El señor Quetissens, un amigo incondicional y padre de familia, gran amante de la Virgen María, hizo de comprador de la casa. Dos de sus hijas entrarían más tarde en Nuestra Señora de Caridad. El negocio se realizó el 28 de enero de 1649. Un año después el supuesto propietario traspasó la casa al P. Eudes. Riendo de su propia treta el superior decía a sus hermanos *que podría dar lecciones a los demás y poner en aprietos a los más expertos*[29].

Tantas preocupaciones minaron su fortaleza. Parece que podemos situar por esa época la crisis de salud que él mismo nos ha referido:

> Sufrí cerca de dos meses de hemorroides que me hacían perder mucha sangre cada día y que me redujeron a un agotamiento tal que apenas podía hablar. Los médicos ya no veían otro remedio que utilizar el cauterio. Entonces escribí a sor Marie par que me encomendara a la santa Virgen, y esta respondió: "Le devolveré la salud y se encontrará tan bien como antes". En efecto, en el mismo momento, me encontré perfectamente curado[30].

Después de esa enfermedad fue recobrando poco a poco sus fuerzas. Pero debía ser cauteloso con su salud. Como estaba acostumbrado a tratar su cuerpo con rudeza no acertaba muy bien a dispensarle las atenciones necesarias. A veces decía: "¡Este cuerpo miserable no quiere ya hacer nada si no está bien tratado y servido. A menudo este pobre armatoste me incomoda bastante!"[31].

---

28     *Annales* II 1: 27/98. Durante este tiempo Juan Eudes trabajó también en la preparación de un oficio en honor del sacerdocio de Jesucristo que hará aprobar por Auvry el 13 de julio de 1649.
29     *Annales* III 18: 27/288. Sobre el contrato Quetissens AD Calvados H. Eudistes.
30     *Vie adm.* X 12: Q. f. 431 v° Cf. *Annales* III 6: 27/245; DU CHESNAY, M. P. 266.
31     *Fleurs* JE II 25: 31/555.

## Gaston de Renty segado en plena juventud

En momentos en que tantas fuerzas hostiles parecían amenazarlo, bruscamente iba a perder el P. Eudes un poderoso apoyo: la muerte le arrebató a su amigo y colaborador Gaston de Renty. La Fronda hacía estragos, desencadenando numerosas violencias y causando mucha miseria. En enero de 1649 la reina había llamado a Condé y a sus tropas cerca de la capital y había huido con el rey y el gobierno a Saint-Germain. El parlamento se había declarado en rebeldía, no contra la reina sino contra Mazarino. La población parisiense se había armado con entusiasmo, animada por el señor coadjutor, el ambicioso Paúl de Gondi. Cierto número de importantes personajes se había unido al pueblo de París. Pero dentro de la ciudad sitiada se produjeron divisiones entre los príncipes y los parlamentarios. Y tanto los unos como los otros temían las violencias del pueblo: trabajadores manuales, obreros, a los que se unían muchos vagabundos y antiguos soldados. La noticia de la ejecución de Carlos I de Inglaterra puso a pensar a muchos. Bajo la dirección del presidente Molé se entablaron negociaciones que desembocaron en la paz de Rueil (30 de marzo).

Dentro de París, afectado por el sitio y los combates, era necesario hacer frente a numerosos males. Vicente de Paúl, que tenía casi setenta años, se multiplicaba con toda la red de mutua ayuda que había puesto en marcha desde hacía largo tiempo.

Entre los más sacrificados estaba Gaston de Renty. A pesar del frío, de las calles llenas de fango, buscaba aliviar todas las desventuras. Pasaba de una a otra, transido de frío, sin concederse momentos de descanso, ni secar sus vestidos. Agotado, cogió un resfriado y tuvo que guardar cama. Dictó su testamento. Y murió el 24 de abril, a la edad de treinta y siete años. Dejaba cinco hijos pequeños[32].

Fue una noticia por demás dolorosa para Juan Eudes que perdía un amigo fidelísimo y el apoyo de un personaje influyente y dinámico. Pero aceptó ese sufrimiento con fe. Con sus hermanos oró por el señor de Renty y celebró con acciones de gracias "todo lo que Dios realizó en él y por él. En esa oración deseaba prolongar sus devociones, porque los bienaventurados se llevan consigo y conservan por siempre sus devociones en el paraíso"[33].

Posiblemente fue en esta aflicción cuando recibió de su hermano Ricardo Le Mesle un consuelo que le llegó al alma: "Le agradezco, con todo mi ser, sus cartas caritativas, cuya lectura me ha hecho derramar lágrimas

---

32  Corr., Introduction, p. 5.
33  OC XII 152-153.

(...). Le aseguro, mi queridísimo hermano, que no hay nadie en el mundo que lo quiera a usted tanto como yo". Habitualmente era parco en expresar su sensibilidad, al menos en el campo de sus emociones personales, pero aquí la percibimos estremecida[34]. Tenía ciertamente tanto más urgencia de consuelo cuanto que los motivos de inquietud seguían punzantes.

## "Buscar el enemigo en su fortín"

A pesar de esas inquietudes y de ese duelo cruel, partió de nuevo con sus compañeros en junio de 1649, para una serie de misiones en la querida diócesis de Coutances. Primero se dirigieron a *Saint-Sauveur-Lendelin*, pueblo natal de Marie des Vallées. Y como Coutances estaba cerca, ella vino a la misión[35]. La iniciativa de la misión había sido tomada mucho tiempo antes por un gran personaje, el duque de Liancourt. Los Liancourt, ligados por lo demás, con Olier y sobre todo con Bourdoise -tenían allí un dominio-. Solícitos por hacer evangelizar a sus habitantes consultaron a Renty: Éste el 24 de octubre de 1647, les había aconsejado al P. Eudes. Pero había que esperarlo, les decía, porque no estaría libre antes de varios meses. Si estaban muy urgidos podrían dirigirse a los padres del Oratorio de Caen. Sin embargo, insistía Renty, "a mi juicio el personaje merece que le esperen"[36]. De hecho los Liancourt esperaron y la misión tuvo lugar en el verano de 1649, "colmada de grandes bendiciones"[37].

De Saint-Sauveur-Lendelin la tropilla pasó a Coutances, luego a Bricquebec donde la misión tuvo lugar desde mediados de julio a mediados de agosto[38].

Luego dieron una breve misión en Alleaume, el suburbio de Valognes en el que Juan Eudes, en 1643, había hecho restaurar la capilla de Nuestra Señora de la Victoria.

Regresaron más al sur y evangelizaron el pueblo de *Saint-Sever*. Madame de Renty, acatando una voluntad de su marido[39], sufragó los costos de esa misión. Se han conservado dos extractos de carta del mismo Renty, acerca de su preparación. Escribía: "Es preciso ir a buscar al

---

| 34 | OC X 388. |
| 35 | MBD 44 OC XII 115. |
| 36 | *Corr.* p. 796. |
| 37 | Este extracto de carta de Juan Eudes de 13 de junio de 1649, cit. por MARTINE IV, 33: 17/260 no figura en las OC. |
| 38 | MARTINE IV 33: 77/261 cita un extracto de carta a Mannoury de 17 de julio de 1649. |
| 39 | En el testamento dictado por Renty: "item, doy y lego la suma de 500 libras...para hacer una misión en el pueblo de Saint-Sever en Normandía" (*Corr.*, p. 875). |

enemigo en su fortín, ya que usted tiene una milicia tan bien adiestrada y una espada tan poderosa...". Parece que el "fortín" del enemigo era una abadía benedictina muy necesitada de reforma. Por otra parte, para trabajar allí más eficazmente Renty había hablado de ello al abad comendatario, François Fouquet, obispo de Agde: "He escrito a monseñor el obispo de Agde, ya que usted me ha pedido que le haga mirar con buenos ojos este proyecto. Lo hice también para estimularlo a que contribuya en la reforma de los desórdenes espirituales y temporales de esa pobre abadía[40]. Se sabe, por otra parte, que François Fouquet escribió el 27 de abril, al prior de su abadía; había recibido "quejas" de parte del obispo de Coutances sobre el "desorden" de la abadía, expresaba su pesar por ello y añadía: "En caso de que el P. Eudes vaya a dar la misión en dicho lugar, como me lo han informado, le ruego hacer lo posible para que lo reciban como si se tratara de mí mismo"[41].

Y de hecho, los monjes, a pesar de su vida desordenada, le hicieron buena acogida "y aceptaron gustosos los comienzos de regularidad que el P. Eudes les propuso (...), tanto para vivir y alojarse en común como para celebrar el oficio divino...". Todavía no se trataba de la plena restauración de la vida monástica pero sí era comienzo[42]. En realidad no hubo mucha perseverancia. El obispo-abad, a pesar de algunas muestras de cortesía[43], no sostuvo con eficacia los intentos de renovación y dejó la abadía en tal ruina material y moral (1656) que uno de sus sucesores le tuvo que entablar un proceso... Y un poco más tarde hubo necesidad de licenciar a los religiosos de Saint-Sever para reemplazarlos por monjes reformados[44].

Después de esas cuatro misiones "regresó con su equipo a Caen para recuperar un poco sus fuerzas".

El P. Eudes aprovechó ese "descanso" para reanudar contactos con el señor de Amfreville, presidente del parlamento de Ruan, con el propósito de hacer registrar finalmente las letras patentes reales de 1642[45] y la carta episcopal del 14 de enero de 1644. Simón Mannoury quien sirvió, sin duda, del intermediario, escribió al P. Eudes el 12 de marzo de 1650, que el señor de Amfreville "consideraba el asunto como cosa hecha (...) pero que

---

40   *Corr.* p. 874-875.
41   Carta autógrafa, BN, Fonds Latin 10076, f. 154 r°. Nicolás Fouquet fue discípulo de Vicente de Paúl y luego arzobispo de Agde y más tarde arzobispo de Narbonne.
42   *Annales* III 19: 27/293.
43   Véase por ejemplo, la carta (dictada) de Fouquet al prior, oct. 23 de 1655, BN Fonds latin 10076 f. 156.
44   L. LELIÈVRE, *Histoire de Saint-Sever-Calvados*, Vire, 1924, p. 54 ss.
45   Las letras ya habían caducado. El parlamento aceptó recibirlas como válidas.

se debía orar mucho". Efectivamente el parlamento aceptó esa "verificación el 23 de marzo[46].

Este logro importante causó gran disgusto a monseñor Molé, que no había sido consultado. Los oratorianos cultivaron ese descontento, haciendo valer que las letras patentes ya habían caducado y que monseñor d'Angennes, autor de la aprobación, episcopal, había muerto tres años antes[47]. Finalmente prevaleció el buen sentido y se mantuvo. Pero prosiguió la presión de los adversarios sobre el obispo.

## Cuatro misiones y pesadas inquietudes

Con esta sorda inquietud en el corazón los misioneros partieron de nuevo a predicar en la diócesis de Coutances, a mediados de marzo de 1650. Iban a dar de seguido cuatro misiones; pero el P. Eudes acaparado por los asuntos de Caen, sólo estuvo parcialmente en ellas[48].

Sobre esas misiones poseemos el largo y detallado relato del P. Jacques Finel que Costil reproduce casi palabra por palabra. Cargado de detalles muy concretos, a veces maliciosos, el relato es de gran interés. Para no alargar este capítulo nos contentaremos con una breve ojeada[49].

La primera de esas misiones tuvo lugar en *Vesly*. Comenzó el 20 de marzo (tercer domingo de cuaresma) y duró cinco semanas. El P. Eudes no se hallaba presente en los primeros días. En esos casos lo reemplazaba el P. Manchon. Entre los misioneros se nombra al señor Paillot que fue, durante años, el asociado de las misiones del P. Eudes, a quien amaba "como a su propio padre". En esas aldeas rurales bastante remotas se habían instalado toda clase de prácticas perversas, por ejemplo, "la venganza ejercida sobre los animales de los enemigos, envenenándolos con arsénico...", cuando el veneno no era para los mismos enemigos. ¡Los confesores tuvieron harto trabajo! Comenzaron desde el día siguiente de su llegada a acoger a los penitentes, sin concederse un solo día de descanso, hasta el final. Como en Valognes, Juan Eudes hizo restaurar una antigua capilla abandonada, *Notre-Dame de la Sole*. La llamó Nuestra Señora del Consuelo y estableció allí una peregrinación para honrar la aparición de Jesús resucitado a María su Madre. Allí se hizo el martes de Pascua una gran procesión.

De Vesly pasaron a Denneville, muy cerca del mar. Era el 1° de mayo. Costeaba la misión el señor Taillefer, padre de una de las primeras

---

46    MARTINE IV 36: 17/264-265.
47    DU CHESNAY, M, p. 223, N. 102 que cita un memorial conservado en AN, m 237.
48    *Annales* III 21-26: 27/294-325.
49    Se puede leer *in extenso* el texto de Costil (que cita a Fines) en DU CHESNAU, M., p. 202-225.

hermanas de Nuestra Señora de Caridad[50]. En cuanto al cura de la parroquia, se mostraba escéptico, puesto que la gente acababa de confesarse y de comulgar en Pascua ¿Qué necesidad tenían de misioneros?... Para gran sorpresa suya el fervor fue enorme y las confesiones numerosas y cuidadosas. El P. Manchon era el predicador principal y "derramaba un santo temor en el corazón de sus oyentes". Hubo muchas lágrimas y los mismos misioneros estaban conmovidos.

"Todos sentían tanto gusto en oír hablar de Dios" que por la noche, cuando los sacerdotes de la misión hacían en común sus oraciones, y cuando uno de ellos presentaba "el tema de meditación" para el día siguiente, gentes de toda condición se agolpaban a la perta para escuchar. "Por lo cual se designó a un sacerdote de la misión para hacer las oraciones de la noche a toda esa gente que venía de todo el poblado a aprender el camino al cielo...". Parece que tal práctica fue adicionada a los habituales ejercicios de la misión.

Un problema llamó la atención de los misioneros. Cierto número de señoritas de la región iba a trabajar en las islas cercanas de Jersey y Guernesey, probablemente en la fabricación de calcetines[51]. Iban, pues, a una región herética, lo cual, se pensaba, traía peligro para su castidad. Sin embargo se comprobó lo contrario. Una de las jóvenes lo explicaba al P. Finel:

> Usted, señor, no debe extrañarse de lo que está viendo; porque en esas islas se mantiene gran vigilancia sobre este punto. Cuando una joven es demasiado tonta para cometer una falta contra su honor, el juez la condena inmediatamente a que la azoten en las esquinas (...). Esto ha desterrado los desórdenes en la región, ya que el temor de las leyes humanas era más fuerte para esos isleños que el de las leyes de Dios.

Sin embargo se juzgó que no debía permitirse a los católicos "permanecer continuamente" en esas islas porque de todas maneras su fe corría peligro. "Y se rehusaba constantemente la absolución a las personas que no se sometían a esta determinación tan saludable". Es un documento muy revelador de la mentalidad de la época, cuando los católicos consideraban a los reformados sólo como peligrosos "herejes" a quienes debían compadecer, combatir o convertir de verdad.

---

50   El dueño de una gran mansión cercana a la iglesia no quiso recibir a los misioneros que tuvieron que alojarse en casa del señor Taillefer, a media legua del poblado: DU CHESNAY, M. p. 213-214 nn. 78-79.
51   DU CHESNAY, M., p. 220-221.

Es posible que el P. Eudes no participara personalmente en esas deliberaciones sobre Jersey, porque había tenido que dejar la misión contra su voluntad. Había dicho, sin embargo a sus hermanos: "Ojalá no tenga que volver a Caen para que no me atrapen allí". Caen se había convertido para él en una pesadilla: ¡y estaba tan feliz con sus hermanos en esa tarea prodigiosa de renovación cristiana! Pero los asuntos de Caen exigían su presencia. A mediados de mayo tuvo que volver a Caen y aún a París donde se encontraba monseñor Molé.

De inmediato fue a "postrarse a sus pies". Pero sin resultado alguno. También visitó a Claude Auvry[52] el nuevo obispo de Coutances y encontró en él excelente acogida. Tal vez desde entonces Auvry le habló del proyecto de abrir en Coutances un seminario y de confiarlo al P. Eudes[53].

Esas diligencias lo retuvieron por largo tiempo en París, mientras sus hermanos predicaban en *Fierville*. Durante su permanencia en la capital tuvo noticia de la muerte del P. Gibieuf, acaecida el 5 de junio, y de Madame de Budos, el 23 de junio. Recibió también noticias de la misión: supo con alegría que en las conferencias que se daban a los sacerdotes había hasta ochenta participantes. A fines de junio escribió a uno de sus hermanos, que a pesar de sus deseos no podía todavía ir a reunirse con ellos en *Getteville* donde estaban comenzando otra misión. Tenía que permanecer en su *Purgatorio de París*. Pero se corregía al instante: si esa era la voluntad de Dios su verdadero deseo era estar en París. Así que esa ciudad era más bien su *Paraíso*[54].

Seguramente se enteró, gozoso, de la gran afluencia de gentes a la misión. Cada día de la semana se hacían presentes dos mil personas; y los domingos prácticamente sólo se quedaban en casa "los enfermos para cuidar las residencias, de manera que (...) si los barcos de Ostende (una flota española) que bordeaban la costa hubieran desembarcado sus marineros durante ese tiempo, nadie hubiera podido impedirles que se llevaran lo que hubieran querido..."[55].

---

52 Claude Auvry (1606-1687) estudió en Roma, donde trabó amistad con Mazarino. Un tío teólogo lo introdujo junto al Papa. Más tarde llevó a Mazarino su capelo cardenalicio y llegó a ser su camarero. En 1647 fue nombrado obispo de Coutances y nombró como vicario general a Abraham Bazire que había sido su preceptor. Fue siempre el hombre de confianza de Mazarino. En 1653 fue nombrado Tesorero de la Sainte-Chapelle. Cuando en 1658 renunció a su obispado se le llamó *el antiguo señor de Coutances*. Fue vicario general del gran Capellán de Francia, Antoine Barberini, y a este título se ocupó del hospital de Quinze-Vingts. Después de la muerte de Mazarino (1661) siguió habitando su palacio y allí recibía al P. Eudes. Conservó también el cargo de vicario general del gran Capellán de Francia cuando el cardenal de Bouillon sucedió a Barberini.

53 MARTINE IV 43-44: 17/274-275.

54 OC XI 389.

55 *Annales* III 29: 27/327.

Escribió también para invitar a sus hermanos al respeto debido a Dios en los actos de oración. No hacer nunca nada en forma precipitada, ni siquiera el *benedicite* de las comidas. Y añadía: "nuestros asuntos marchan bien, gracias a Dios. Prepárense ustedes para tres grandes misiones: Bernay, Pontoise y Saint-Sulpice". Y enviaba abrazos a todos "sin excluir a nuestros muy queridos hermanos los señores Ameline, Delaunay, Paillot y demás que están con ustedes. Eran los asociados de la misión".

Esta carta deja, pues, adivinar, algunos de los pasos de Juan Eudes durante su permanencia en París. Evidentemente se entrevistó con Jean-Jacques Olier, para preparar la misión de Saint-Sulpice (1651)[56]; vio también en París a Adriano de Croisy, abogado del consejo privado, quien tomó la iniciativa de la misión de Berney (1651); finalmente estuvo en el Carmelo de Pontoise para encontrarse con la madre Jeanne de Jesús Séguier, hermana del canciller, a la que conocía bien: ella costeó en 1653 la misión de Pontoise[57].

El 9 de julio escribía una vez más a sus hermanos: ya no tenía esperanzas de reunirse con ellos en Gatteville[58]. Es posible que llegara a Coutances a comienzos de agosto. Seguramente deseaba preparar en el lugar mismo, sin demora, la creación del seminario[59]. Allí tuvo la noticia de que monseñor Molé había reunido un consejo para estudiar su caso y que había concluido con la decisión de condenarlo. Al punto el P. Eudes partió de nuevo a París. Pidió y obtuvo la reunión de un segundo consejo en el que estaría presente con su abogado. Allí presentó su defensa, restableció la verdad y reivindicó sus derechos. Otros dos abogados y un magistrado participaron en ese consejo. "Los tres señores dijeron que la fundación estaba bien hecha y que no encontraban falla alguna"[60].

### La muerte hace presa en Caen...

### ... pero en Coutances, la vida resurge

El P. Eudes volvió entonces a la diócesis de Coutances, en la que dio, con sus hermanos, la misión de Ravenoville. Luego se separó nuevamente

---

56   OC X 389. Olier se encontraba entonces, sea en París, sea en Péray, cerca de Corbeil, en casa de madame Tronson, donde pasó una parte de julio )I. NOYE, *Chronologie...* p. 35). En Péray tendrá lugar en 1651, la misión del P. Eudes, llamada de Corbeil.

57   DU CHESNAY, M, p. 331-332; véase la página 126.

58   OC X 388-392.

59   Es lo que pretende MARTINE IV 45: 17/276 ss. Pero se equivoca al afirmar que Juan Eudes participó en la misión de Gatteville.

60   MARTINE IV 45: 17/277; *Annales* IV 1: 27/351-353.

de ellos[61] dejándoles que terminaran la misión. Les escribía de Coutances el 6 de noviembre:

> Espero que la tempestad pasará y que nuestro Señor sacará de ella un gran bien. El señor de Coutances, me demuestra una caridad y cordialidad extraordinarias. No les cuento el resto. Ya lo verán por sus efectos...

El proyecto de Coutances se mantenía, pues, más o menos secreto.

Pero en Caen las cosas se precipitaban. Juan Eudes lo supo y escribió al P. Thomas Manchon, "encargado, en su ausencia, de la comunidad de Caen":

> Si le indagan algo, no responda nada. Solamente diga que en ausencia mía usted no tiene nada que decir hasta mi regreso. Sin embargo, si les ordenan cerrar la capilla, ciérrenla y váyanse a celebrar sus misas donde puedan...

Y los invitaba a orar mucho[62].

De hecho, el 29 de noviembre de 1650, la oficialidad de Caen expidió una sentencia que fue comunicada a la comunidad el 1º de diciembre: debían cerrar el seminario y destruir el altar de la capilla. "Se tomó el partido del silencio y de la sumisión como se había acordado anteriormente". La casa solo se abriría de nuevo en mayo de 1653[63].

A Juan Eudes le llegó la noticia en Coutances, donde recibió también mensajes de solidaridad. Así, Pierre Camus, el antiguo obispo de Belley, le escribió para consolarlo: su empresa, le decía, estaba marcada con el sello de la cruz que es "el sello de cancillería del cielo"[64].

El 10 de diciembre, ante un notario del lugar, el P. Eudes declaró que protestaba contra la decisión de la oficialidad de Caen; aunque él y sus hermanos se resignaban a ella la consideraban contraria a los derechos y privilegios de la fundación de dicho seminario y, más aún, contraria al honor del servicio que deben a Dios y a su Iglesia[65].

---

61 Según la "profesión" fechada el 10 de diciembre Juan Eudes se encontraba en Coutances desde hacía un mes, de regreso de una misión dada por él en Cotentin. *Annales* IV 3: 27/358.

62 OC X 392-393.

63 *Annales* IV 2: 27/357.

64 MARTINE IV 47: 17/279-280.

65 *Annales* 3: 27/358-359.

Pero dos días antes, el 8 de diciembre, Monseñor Auvry había firmado las letras de institución del seminario de Coutances. En ellas se refería al acta de verificación del parlamento de Ruan, obtenida el 23 de marzo anterior, y que estimulaba a los obispos de la provincia a abrir seminarios; se refería también a la decisión de la Asamblea del Clero de 1625, que había reconocido que "esta labor de los seminarios" (...) no podía llevarse a cabo fácilmente sino por una congregación de eclesiásticos que se dedicara enteramente a este propósito; recordaba igualmente los estímulos de la Asamblea de 1645. Nombraba a los sacerdotes que debían conformar el primer equipo: Juan Eudes, Simón Mannoury, Pierre Jourdain, Jacques Finel, Jean-Baptiste de Montaigu y Thomas Vaguel. El obispo instauraba en su diócesis "una compañía o congregación de eclesiásticos con el nombre y título de sacerdotes de la congregación del seminario de Jesús y María" para el servicio de los seminarios y el trabajo de las misiones (pero no para enseñar "las letras y las ciencias" a los seminaristas)[66].

Era un nuevo nacimiento de la Congregación y, con ella, del proyecto de seminario. Apenas destruida con la casa de Caen, la pequeña sociedad creada por el P. Eudes resurgía una semana más tarde, en Coutances, en otro seminario. Esto ocurría en la fiesta de la Inmaculada Concepción de María, la "fiesta de los Normandos", celebrada desde hacía mucho tiempo en Coutances y tan amada por el P. Eudes.

---

66   *Annales* IV 5: 27/363 ss. cf. MARTINE IV 51: Auvry dará posteriormente otras letras de un alcance más amplio y más preciso (1656): él solicitó personalmente las letras patentes reales y se ocupó de hacerlas verificar en el parlamento.

## CAPÍTULO XVI

# Coutances y Lisieux

(1651-1655)

*El bautismo*
*En París durante La Fronda*
*Relaciones con Jean-Jacques Olier*
*Nace el seminario de Lisieux*

**El bautismo, tesoro olvidado**

> Merece llorarse con lágrimas de sangre ver que entre tantos hombres que pueblan la tierra, de los que han sido bautizados y por lo mismo son contados entre los hijos de Dios (...) sean más los que viven como bestias, como paganos y hasta como demonios, que los que se comportan como verdaderos cristianos[1].

Desde hacía mucho tiempo Juan Eudes se hallaba obsesionado por el pensamiento del bautismo, sublime realidad *cuyo conocimiento y aprecio se hallan casi extinguidos en el día de hoy*[2]. En los años cincuenta esa idea se hizo más acuciante. Fruto de ella será un opúsculo: *El contrato del hombre con Dios en el santo bautismo* (1654), cuyas primeras líneas acabo de citar.

En el *Reino de Jesús* ya subrayaba la grandeza del sacramento que nos hace vivir de la vida de Jesucristo y advertía a todos los bautizados que a ellos y no solo a los religiosos, les incumbe ser santos. Cuando hablaba de renunciar al "mundo", precisaba: "¡no pretendo decir que ustedes tengan que salir del mundo para encerrarse dentro de cuatro paredes!" Se trata de renunciare al espíritu del mundo egoísta para abrirse al espíritu del Evangelio; "y es muy importante saber que (...) todos los cristianos, de cualquier estado o condición, están obligados en cuanto cristianos y

---

[1] *Contrat de l'homme avec Dieu par le saint Baptême, avec plusieurs protestations qui contiennent les dispositions requises pour mourir chrétiennement,* Oc II 204-270. Sobre la doctrina bautismal de Juan Eudes cf. II. N. BERMUDEZ V., *El bautismo en la doctrina de San J. Eudes.* Madrid, 1978.

[2] *Mémorial de la vie ecclésiastique,* OC III 76.

miembros de Jesucristo, a vivir de la vida de su Cabeza, es decir, de manera santa y divina"³.

CELEBRACIÓN DEL BAUTISMO EN TIEMPOS DE PADRE EUDES
(Foto B.N.)

De hecho hemos visto cómo el P. Eudes reconocía por su manera de actuar con ellos, la plena responsabilidad de los laicos y su vocación a la santidad. Colaboró estrechamente con Jean de Bernières, que tuvo probablemente la primera iniciativa en la creación del Refugio; compartió la responsabilidad de esa casa con un grupo de laicos, en particular con Jacques y Anne Blouet de Camilly, de quienes aceptaba los consejos y decisiones. Durante siete años Gaston de Renty, fue para él amigo estrechísimo que lo estimuló, animó y muy probablemente lo ayudó a discernir el camino de Dios; Juan Eudes aceptó el apoyo de ese joven laico, cuya excepcional familiaridad con Dios admiraba⁴. Se dejó evangelizar por él, por Madeleine Lamy y por muchos otros.

---

3    RJ II 7: OC I 180; VI I: OC I 441.
4    Cuando se trata de personajes como Bernières, Blouet de Camilly, Renty, directivos de la sociedad de entonces, nos podemos preguntar si la palabra laico tiene el mismo sentido en

Por lo demás, siempre en medio de una vida llena de actividad y de combates, Juan Eudes proseguía su meditación y profundización de su fe en el sacramento del bautismo.

## Misión en París, en plena Fronda

A fines de enero de 1651 Juan Eudes partió de Coutances para predicar su primera misión en París. Jean-Jacques Olier, cura de Saint-Sulpice, lo había invitado hacía mucho tiempo. A pesar de los disturbios causados por la Fronda, había llegado el momento de realizar ese proyecto. Se había previsto el comienzo de la misión para el 2 de febrero, pero el invierno se presentaba lluvioso y las inundaciones habían cerrado los caminos. Los misioneros no pudieron llegar para el día fijado. Se nos cuenta que el mismo señor Olier tuvo que abrir la misión en el día de la *Candelaria*: "Necesitaría, dijo entonces, la luz de ese gran servidor de Dios cuyo puesto ocupo, para hablarles dignamente de Jesucristo, nuestra luz verdadera..."[5]. Desde el año anterior, Olier había invitado a sus colaboradores a que estuvieran listos para esa "gran misión... en la que necesitaremos todos nuestros obreros". Por su parte, Juan Eudes había reunido a todos los "buenos obreros" que pudo, tomándolos de su Congregación y de entre sus asociados habituales. El cura de Saint-Sulpice quiso alojar a los misioneros en su comunidad[6]. Por entonces se estaba terminando la construcción del nuevo seminario (hoy destruido). Saint-Sulpice era todavía una pequeña iglesia rural, demasiado estrecha para tan inmensa parroquia. La primera Fronda y las inundaciones habían multiplicado las dificultades de aprovisionamiento y provocado una afluencia de refugiados, y París se hallaba asediado de calamidades, lo que no impedía que los privilegiados se divirtieran hasta en plena cuaresma: *La Musa histórica*, una especie de diario en verso, evoca las diversiones, bailes y cenas de ese período[7]

---

el siglo XVII que en el siglo XX. Dado que todo el reino cristiano, en el seno de la Iglesia, se hallaba marcado por cierto carácter sagrado, sus responsables realizaban en él funciones que llevan tal vez algo de "clerical"... De todos modos el P. Eudes plantea vigorosamente los fundamentos teológicos de una plena responsabilidad de los laicos.

5   E.M. FAILLON, *Vie de M. Olier, fondateur du Séminaire de Saint-Sulpice*, 4ª ed. París 1873, I. II p. 501.
6   J.J. OLIER, *Lettres*, ed. Levesque, París 1935, t. I. 477-478. MARTINE IV 52: 17/284.
7   S. DE DONCOURT, *Remarques historiques sur l'église et la paroisse SaintSulpice*, París, 1773, p. 222, y *Supplément*, p. 136. J. LORET, *La Muse historique*, p.p. Ch.L. LIVET, París, 1878, t. III, p. 222. -Véase r NV VI 298-300. *La Musa histórica* fue redactada, durante trece años (1652-1665) para un público restringido: aparecía los sábados, al principio manuscrito y luego impreso en pocos ejemplares.

LA ANTIGUA IGLESIA DE SAINT-SULPICE
donde se dio la misión de 1651.
Posteriormente fue demolida para construir la iglesia actual.
(Foto B.N.)

Los desórdenes causados por la agitación política no era la única dificultad que debía enfrentar el cura del inmenso suburbio de Saint-Germain. Había gentes turbulentas. Olier tuvo experiencia de ello cuando en la primavera de 1645 los revoltosos saquearon la casa cural y apenas si tuvo tiempo para ponerse a salvo. Y también, por el mismo tiempo, cuando las prostitutas que él había hecho alejar, organizaron una manifestación contra él. Un poco más tarde, un ladrón robó el copón de la iglesia; fue detenido y Olier pudo auxiliarlo espiritualmente antes de su ejecución. Fuera de ello había los primeros enfrentamientos con los jansenistas[8].

Era también la época de la Asamblea general del Clero (1650-1651). El señor Olier, que alojaba en su casa al P. Eudes, estaba vivamente interesado en ella. Precisamente durante la misión, el 13 de marzo, el superior de Saint-Sulpice presentó a la asamblea el *Proyecto e Idea de los seminarios de los señores obispos para su clero*, texto redactado un poco de prisa por el señor Olier y sus hermanos. El P. Eudes había tomado una iniciativa análoga cinco años antes: ¿Cómo podían dejar de hablar entre sí durante esas semanas de ese esfuerzo común?[9]

Tal fue el contexto de esa predicación parisina de la que, por otra parte, no conocemos detalle alguno.

Aunque en ese mes de febrero de 1651 la paz podía parecer más o menos restablecida, siempre seguía siendo muy frágil. Los príncipes de Condé y de Conti y su cuñado Longueville, arrestados desde hacía un año, continuaban en prisión. Mazarino era odiado. El mismo Vicente de Paúl deseaba vivamente que se fuera y el coadjutor (Paúl de Gondi, futuro cardenal de Retz) no cesaba de intrigar contra él. Nuevas violencias iban a desencadenarse poco después y cuando llegó la paz en octubre de 1652, el país continuaría exangüe por largo tiempo, agotado por los combates, por el paso de los ejércitos, con las epidemias y desórdenes consiguientes. Se ha estimado en la cifra enorme de dos millones el exceso de mortalidad, debida a esos cuatro años de luchas. Se calcula que en París había hasta cien mil pordioseros y cuarenta mil personas sin vivienda[10]. Las solas Hijas de la Caridad, distribuían en ciertos días dieciséis mil sopas a los indigentes. Mientras mil quinientos caballos muertos se podrían en Villeneuve-Saint-Georges, la organización de ayudas fundada por Vicente

---

8    Cf. I. NOYE, *Chronologie* de J.J. Olier, P. 25, 31-32.
9    I. NOYE, *Chronologie*... en la fecha indicada. Texto del proyecto en *La tradition sacerdotale*, Le Dum, 1959, pp.192ss. Tal vez hablaron de la carta que Olier dirigió en ese entonces a la reina. Ibib. P. 87.
10   París tenía entonces alrededor de 400.000 habitantes: cf. P. GOUBERT, *La vie quotidienne*, p. 25.

de Paúl repartía semanalmente en París dos o tres mil huevos y de cinco a seis mil libras de carne...[11]

Y todo por una guerra civil llena de "acontecimientos confusos y ridículos", sin verdadera proyección política[12]. Al observar esa agitación y esas violencias, Juan Eudes meditaba sobre sus propias opciones. Escribió un día a sus hermanos:

> Todos se encuentran alarmados y en ascuas, excepto nosotros. El rey, la reina, el parlamento, los príncipes, los jueces, los capitanes, los pueblos, las ciudades, las provincias, las aldeas, todo se encuentra bajo alarma. Sin embargo nosotros estamos al abrigo de esos sobresaltos de los hombres...

Y percibía en ello un llamado:

> Bien ingratos seríamos si no sirviéramos debidamente a soberanos tan excelentes, a Jesús y María[13].

Una vez terminada la misión en París, Juan Eudes y sus compañeros dejaron la capital por el camino de Italia y fueron a misionar a algunas lenguas de allí, a Corbeil o más exactamente a Saint-Pierre du Péray, llamado el "antiguo Corbeil", donde la familia Tronson tenía su castillo. Porque madame Tronson, viuda, dirigida del señor Olier, al comprobar los frutos de la misión de Saint-Sulpice, los había llamado allí, a sus fundos[14]. Simultáneamente otro equipo, dirigido por el joven sacerdote Louis Tronson, uno de los hijos de madame Tronson, discípulo y futuro sucesor del señor Olier, daba una misión en el propio Corbeil[15].

No fue fácil la predicación en Péray, como lo demuestra el aparte de una carta del P. Eudes a Simón Manneury que se hallaba en Coutances:

> Todos nuestros hermanos de Corbeil envían su estrecho abrazo a sus hermanos de Coutances. Nuestro hermano el P. Jourdan tiene calentura. Aquí nos encontramos en medio

---

11    A. CORVISIER, Louis XIV... p. 125, 128: A. DODIN, *Saint Vincent de Paul et la Charité*, París, 1960, p. 52ss. R. TAVENEAIX, *Le Cathelicismo*... t. I p. 224-225.

12    G. De BERTHIER de SAUVIGNY, *Histoire de France*, p. 191.

13    OC XII 151.

14    Madame Tronson es la madre de Louis Tronson (1622-1700) tercer sup. gen. de Saint-Sulpice. Cf. DU CHESNAY N, p. 366 y n. 1.

15    J.J. OLIER, *Lettres* t. I p. 542-543, carta de Olier a Tronson y comentario, I. NOYE, *Chronologie*... p. 1651.

de un pueblo durae cervicis pero la misión no dejará de conquistar a muchos de ellos[16].

Enseguida regresaron a Normandía, a dar allí otra misión en Bernay, en la diócesis de Lisieux. Allí también tuvieron que luchar contra la enfermedad. El P. Eudes pidió refuerzos a Manoury, porque "nuestro queridísimo hermano Montaigu se encuentra enfermo (...) de una fiebre continua, y el P. Jourdan está dedicado totalmente a él"[17].

Un poco más tarde Mannoury se dirigió a París para continuar allí gestiones en nombre de su superior. El P. Eudes le comunicó su deseo de hacer una misión en Coutances "porque muchas personas lo anhelaban, y sería muy conveniente que al llegar a Coutances prestemos este servicio a Dios y al pueblo". Mannoury debería, pues, hablar de ello al obispo Claude Auvry. Debía también reanudar gestiones con Édouard Molé, obispo electo de Bayeux, tratando por todos los medios posibles de ganarse su favor y el de *su señor padre:* se le podía conceder todo lo que quiera, "excepto que no sea él quien nombre al superior del seminario sino que acepte que lo elija la comunidad"[18].

Al final del verano, sin cambiar de diócesis, pasaron a la aldea de Marolles. Habían solicitado la misión no sólo un laico (el marqués de Crèvecoeur-Rabodanges) sino también los curas del cantón[19]. Había allí hidalgos que practicaban el duelo. Pero atendieron a las palabras que el P. Eudes les dirigió no solo en los sermones comunes sino en reuniones especiales para ellos.

El misionero, por otra parte, había recibido poco antes una carta de cierto conde de Fénelon[20]. Este aristócrata, Antoine de Fénelon (1630, hacia 1715), recientemente convertido, se había puesto en manos del señor Olier; con su apoyo había adherido a los "Cofrades de la Pasión"[21] que luchaban contra el duelo; en su provincia de Perigord era su presidente.

---

16  Carta del 18 de mayo de 1651: OC X 395.

17  OC X 395.

18  OC X 397. *Su señor padre*: se trata del presidente Molé, personaje muy importante véase la página 213. XV. *Elegido por la comunidad*: tal era el uso en los comienzos de la congregación véase la página 237.

19  *Annales* IV 16: 27/410. Cf. DU CHESNAY, M, p. 168-6-169 que cita a S. Vicente de Paúl, *Corr*. t. V p. 618-620. R. RAPIN, *Mémoires*, Ed. L. AUBINEAU (Paris: 1865), vol. I, p. 294—MARTINE IV 57: 17/290; *Fleurs* JE I 27: 31/163.

20  Se trata probablemente del marqués de Fénelon, tío del futuro arzobispo de Cambrai (éste nació algunos días más tarde en ese mismo año de 1651) y que había sido un duelista furibundo. Sobre su historia, su conversión y su actividad contra el duelo, ver *Correspondencia de FÉNELON*, p.p. J. ORCIBAL, I. París, 1972 p. 24, 63-64 (y nn. 15, 16, 17, 19, 25 y 90).

21  Los "Cofrades de la Pasión", agrupación fundada por el señor Olier en 1646 para luchar contra la práctica del duelo. (cfr. DS, art. *Congrégations secrètes* col. 1505).

Pero su celo no se quedaba dentro de las fronteras de una provincia. Se extendía a todo el reino. Pidió, pues, al P. Eudes que le enviara listas de personas conocidas suyas que hubieran hecho juramento de nunca más batirse en duelo.

Todo ello incitaba a nuestro misionero a actuar con empuje. Así nació en Marolles bajo la dirección del señor de Crèvecoeur, un grupo de veinticinco hidalgos, *casi todos jóvenes,* que se comprometieron solemnemente a evitar el duelo, para lo cual utilizaban probablemente una fórmula de juramento redactada recientemente por el señor Olier, precisamente para los Cofrades de la Pasión[22]. El analista añade: "Se conserva en los archivos del seminario de Caen la lista de un gran número de personas importantes que firmaron ese acuerdo".

## Coutances, tierra de bendición

De Marolles los misioneros pasaron a *Coutances* para comenzar allí, en la catedral, con el adviento, una gran misión, que se prolongará hasta los umbrales de la cuaresma[23]. Hubo gran asistencia. Una cristiana de la región, que participó en ella, anota: "Los sermones conmovedores, unidos a los grandes ejemplos de fervor y de virtud que ellos dan, son como torrente impetuoso que arrastra todos los espíritus y todos los corazones (...) a ejecutar todo lo que Dios les pide"[24].

De seguro Marie de Vallées paraticipaba en la misión con toda intensidad. Hacia el final de la misma, cuando se celebró, el 8 de febrero, la fiesta del Corazón de María, el Señor mostró su propio corazón a la vieja campesina y le declaró que se trataba del corazón de ella, que no tenía sino un corazón con Él y con su Madre (véase la página 133). Algunos días más tarde, cuando en la víspera del miércoles de ceniza (14 de febrero) los misioneros quisieron hacer las "cuarenta horas" de exposición del Santísimo Sacramento, Marie des Vallées insistió con el P. Eudes, de parte del Señor, para que esa adoración se hiciera con todo el honor y la reverencia que les fuera posibles[25].

La misión contribuyó a atraer simpatías y ayudas al seminario naciente, que había sido creado por el obispo el 8 de diciembre de 1650 y

---

22  Olier redactó esa fórmula el 28 de mayo de 1651. Cfr. M. DUPUY, *Se laisser à l'Esprit,* p. 396.

23  *Annales* IV 16: 27/412. El miércoles de ceniza en ese año el 14 de febrero. MARTINE habla del 2 de febrero.

24  Manuscritos de la señorita Leconte, hoy desaparecido, cit. por E. LELIEVRE, Madame de Boisdavid, p. 205.

25  *Vie adm.* IV 10 20: Q. f. 165 v°ss, completado por BN F fr. 11950, copia de LELIEVRE p. 55. Y *Vie adm.* VI 12 3: Q. f. 264-265.

que habían aprobado los "notables y burgueses" de Coutances en enero de 1651. El seminario se había organizado provisionalmente en una casa alquilada[26], sobre el costado oriental de la colina en cuya cima se levanta la catedral. Era una instalación rudimentaria, allí pasaron el año de 1651, viviendo de limosnas.

En el curso de ese año, Jean-Baptiste de Montaigu, el canónigo de Autun que había seguido a Juan Eudes después de la misión de 1648, hizo un viaje a su Borgoña natal. Iba allí a liquidar su patrimonio con la intención de destinar buena parte al seminario de Coutances. El analista evoca ese viaje que no estuvo exento de peligro: "la región estaba llena de soldados y los caminos de salteadores que robaban hasta en los suburbios de Autun". El P. de Montaigu, a su regreso "llevaba consigo una fuerte suma de dinero". Se confió a la Virgen María que le había prometido (sin duda por medio de Marie des Vallées) que "lo cuidaría como a la pupila de sus ojos". Así que regresó sano y salvo[27].

El 6 de diciembre, al comienzo de la misión, se adquirió una antigua hospedería, "la Manzana de oro" y de su terreno en declive, no lejos de la instalación que ocupaban provisionalmente; había allí algunas construcciones endebles, que debían derribarse. No había casi dinero y todo se ponía en manos de Dios.

El P. Eudes pensaba que esa casa que estaba dando sus primeros pasos, gozaba de la protección especial de Nuestra Señora. Era ella la verdadera "fundadora", de tal manera que ninguno de los que posteriormente debían ayudar al seminario quiso tomar el título de "fundador"[28].

El analista nos ha transmitido unas especies de "florecillas" cuya autenticidad no se puede garantizar. Sugieren la idea de una protección especial otorgada a los que ejecutaban aquellos trabajos. Salían ilesos de serios accidentes. Uno recibió una piedra de construcción, otro cayó de un andamio, y no sintieron mal alguno. Dos navíos llevaban tejas de Bretaña: uno fue capturado por los piratas pero el que llevaba carga para el seminario llegó salvo a buen puerto[29].

El donante más generoso fue el P. Montaigu. Marie des Vallées donó las 1.300 libras que el señor Potier le había legado. Entre muchos otros bienhechores, señalemos al señor Brotonvilliers, que acaba de remplazar

---

26  *Annales* IV 5: 27/370. Según J. BLOUET, *Les Séminaires de Coutances et d'Avranches* 1836 p. 48, esa casa se concentraba detrás de la iglesia de Saint-Nicolas "muy cerca de la residencia de Marie de Vallées".

27  *Fleurs*, JB de Montaigu: 31/822. Costil añade: "es el mismo P. Eudes quien refiere este hecho".

28  *Annales* IV 4: 27/362.

29  *Annales* IV 8: 27/376-377. Señales parecidas de "protección especial" se encuentra en otros relatos hagiográficos de la misma época.

a Jean-Jacques Olier como cura de Saint-Sulpice[30]; él se interesó también por el seminario de Coutances he hizo donación de 1000 libras para dotar la capilla. (Poco a poco se tejían relaciones entre la pequeña sociedad del P. Eudes y la del señor Olier. Aunque diferentes por su área geográfica y por el nivel social de su reclutamiento estaban muy cercanas por su espíritu y su objetivo).

Se cuenta que Juan Eudes rehusó una donación generosa de seis a siete mil libras porque la familia del donante no estaba de acuerdo. Prefirió no disgustarla[31].

No parece que en los orígenes del seminario de Coutances se hubiera establecido una renta fija. Sin embargo Juan Eudes se preocupaba por ello. Con este espíritu aceptó el dos de julio una fundación de misión en el Cotentin, por iniciativa de un sacerdote de Valognes, Bertin Bertaut. Un poco más tarde después de la muerte de Bertaut y de acuerdo con sus albaceas, Juan Eudes hizo reconocer que cumpliría con esa fundación mediante las misiones que se hicieran en la diócesis de Coutances, "sea que las hagamos a costa nuestra o de otra manera". Así la fundación de misión se convertía en fundación a favor del seminario[32].

Intervenciones más oficiales tuvieron también su utilidad. Así el duque de Longueville cuando reanudó, después de su cautividad, el gobierno de la provincia de Normandía, dio al P. Eudes autorización para "tomar del bosque de Bricquebec buena parte de la madera necesaria para construir la iglesia y el primer edificio del seminario"[33].

Se emprendió, en efecto, la construcción de un "edificio pequeño" para alojar al menos en forma elemental, la comunidad y los pensionados. Luego, el 3 de julio de 1652, se colocó la primera piedra de la capilla que sería dedicada al Corazón de María. Esa construcción graciosa y sencilla, de planta casi cuadrada, existe todavía[34]. Libre de toda imposición urbanística, traduce mejor, tal vez, el ideal arquitectónico del P. Eudes. Las demás construcciones, más importantes, que iban a constituir el seminario de Coutances, serán levantadas más tarde.

---

30     Olier presentó su dimisión de la parroquia en junio de 1652. Cf. DUPUY, op. Cit. p. 396. Bretonvilliers será también superior general de Saint-Sulpice.
31     *Annales* IV 33:27/472-473.
32     DU CHESNAY M, p. 48-49 y notas, que cita piezas de archivo del seminario de Coutances, O 13. Sobre Bertin Bertaut ver también N.J. CHALINE, *Histoire religieuse de la Normandie*, ed. CLD, 1981, p. 182ss.
33     *Annales* V22: 27/585.
34     Esta capilla, restaurada después de los bombardeos de 1944 hace parte hoy del liceo de Coutances. Sobre la historia de la construcción cf. R. MARINE IV 89: 17/282.

LA CAPILLA DEL SEMINARIO DE COUTANCES,
(Hoy se encuentra en el campus del Lycée Lebrun de Coutances.)
Se construyó bajo la dirección de P. Eudes entre 1652 and 1655.
(Foto TSI 2013)

Los trabajos de la capilla estuvieron bien dirigidos. Quedó terminada para el final del verano de 1655. Juan Eudes vino a Coutances para la circunstancia, que tuvo solemnidades memorables. El 4 de septiembre el superior inauguró el nuevo santuario, celebrando allí la misa por primera vez. Y en ese mismo día "bautizaron" una de las campanas, que todavía conserva la diócesis de Coutances. Es un recuerdo precioso. La inscripción, vaciada en bronce, recuerda que el padrino fue Jean de Bernieres y la madrina Marie des Vallées.

Una inmensa acción de gracias llenaba el corazón del P. Eudes por la feliz culminación, *en un lapso de tres años*, de esa capilla, "la primera construida y dedicada en honor del santísimo Corazón de la Virgen bienaventurada, que no tiene sino un corazón con su Hijo amadísimo"[35].

---

35   MBD 57: OC XII 118.

**UNA CAMPANA DE LA CAPILLA DEL SEMINARIO DE COUTANCES**
Pagado por Pierre Lambert de la Motte, fue bendecida el 4 de septiembre de 1655; la inscripción sobre el escudo de la congregación del P. Eudes indica el nombre de su "padrino y madrina": † 1655 IAY ESTEE NOMMEE MARIE PAR MARIE DES VALLÉES ET MR. IEAN DE BERNIERE.
(Foto Abbé Lechat.)

## Un tercer seminario, y un colegio por añadidura

Pero regresemos al año de 1653. En la primavera, Juan Eudes dejó a Caen para reanudar las misiones. Iba a Pontoise, invitado, como ya dijimos, por la carmelita Jeanne de Jesús Séguier. Allí pasó la cuaresma. Luego, de nuevo en la diócesis de Coutances, evangelizó a *Périers y Quibou*. De allí, en el mes de octubre, pasó a *Lisieux*.

El obispo, sucesor de Cospéan, era Léonor de Matignon, que había sido trasladado de la sede de Coutances; su fiel vicario general, Raoul Le Pileur, amigo de Juan Eudes, lo había seguido allí. Al mirar con ojos nuevos su nueva diócesis, había hecho el inventario de las necesidades, que eran grandes. En particular los había impresionado la situación lamentable del colegio de Lisieux que carecía de recursos y de disciplina.

Se proponían igualmente crear un seminario. Le Pileur, en 1651, había ido a Coutances a observar, sin decir palabra al P. Eudes, cómo marchaba el seminario creado allí recientemente. Le Pileur había muerto poco después y había legado trescientas libras para la misión de Lisieux y cuatrocientas para el seminario de Coutances, con toda su biblioteca. También contribuyeron para la misión de Lisieux el marqués de Crèvecoeur, a quien ya conocemos, y un joven laico, consejero del tribunal de impuestos de Ruan, hombre lleno de fe y destinado a un gran porvenir en la Iglesia, Pierre Lambert de la Motte (1624-1679). Era discípulo de Bernières y veneraba al P. Eudes. Anteriormente había donado quinientas libras para la fundición de las tres campanas del seminario de Coutances y debía dar trescientas más para la fundación de Coutances[36], mientras se creaba el seminario de Ruan.

Durante la misión se llevaron a cabo conversaciones delicadas entre el P. Eudes, asistido por Thomas Manchon, y el obispo Léonor de Matignon. Este proponía al misionero confiarle la creación de su seminario, lo cual era una propuesta tentadora, pero iba unida a la petición inesperada de hacerse cargo también del colegio, necesario para la sólida formación de escuadrones de laicos y par los primeros estudios de los futuros sacerdotes. Era un asunto embarazoso. Juan Eudes vaciló. No entraba para nada en sus perspectivas encargarse de un colegio. Pero el obispo insistía, y, en realidad, en esa pequeña ciudad, un colegio ligado al seminario tenía su razón de ser. Finalmente el superior aceptó pensando en que ese colegio podía servir de entrenamiento y de prueba par los nuevos miembros de la congregación. Allí podrían pasar algunos años antes de comprometerse en las responsabilidades del seminario y de las misiones. Pero quedaba bien

---

36  *Annales* IV 28: 27/448ss. MARTINE, IV 68: 17/306.

claro que ése sería el único colegio. Esta indicación figura en el capítulo correspondiente de las constituciones: la congregación acepta encargarse del colegio de Lisieux *sin la menor intención de aceptar ningún otro en lo sucesivo*[37].

Así quedaba el asunto concluido. El 25 de octubre de 1653, el obispo firmó una carta por la cual confería al director Juan Eudes, a Thomas Manchon, a sus asociados y sucesores, la facultad de erigir en su ciudad "una compañía o congregación de eclesiásticos, bajo el nombre y título de sacerdotes de la congregación del seminario de Jesús y María". La pequeña sociedad seguía, pues llevando el nombre que había recibido diez años antes en Caen, aunque ahora ya tenía a su cargo tres seminarios. La ciudad prometía alguna remuneración que nunca fue pagada; por otra parte, la comunidad, después de la muerte del director (que tomaba su retiro) podría cobrar su pensión de quinientas libras. A pesar de la oposición de dos sacerdotes de la ciudad, y de la mala voluntad del "gran decano de la iglesia catedral de Lisieux" que pretendía ignorar el poder del obispo, el capítulo dio su consentimiento; luego los señores de la municipalidad dieron también el suyo, bajo la presidencia del gobernador, Cesar d'Oraison, marqués de Livarot (2 y 13 de noviembre de 1653). Éste, por otra parte, habría de ser uno de los bienhechores de la nueva casa[38].

El nacimiento de esa comunidad al término de la misión, fue motivo de alegría para los habitantes de Lisieux que se mostraron muy generosos. Las ursulinas tenían allí un colegio y estuvieron especialmente felices y pidieron al P. Eudes que fuera su "visitador"[39] (véase p. 375). Él amó mucho esa comunidad que fue para él un lugar de bendición.

El 1º de enero de 1654, bajo la dirección del señor Le Duc, recién entrado en la congregación, el colegio pudo abrir sus cuatro cursos: *retórica y segundo* reunidos; *tercero, cuarto*; y los dos pequeños cursos en uno solo; durante bastante tiempo dos de estos cursos fueron confiados a dirigentes externos a la congregación. Más tarde se añadirá la filosofía. Es posible que se hubiera pensado también en cursos de teología. En efecto corrió ese rumor. En todo caso la universidad de Caen, susceptible, creyó deber suyo deliberar a este respecto, desde el 16 de diciembre de 1653 y resolvió oponerse[40]. Este detalle lo conocemos por los archivos. Posiblemente, y por fortuna, Juan Eudes nunca lo supo. Pero eso nos muestra que sus adversarios permanecían vigilantes. Durante los primeros años la casa no recibió ningún subsidio regular. Vivía de donaciones, las que, por ser copiosas, le permitieron adquirir casas y terrenos.

---

37   *Constitutions* IX 1: OC IX 380.
38   *Annales* IV 29ss: 27/452ss. Cf DU CHESNAY, M, p. 271.
39   MARTINE IV 70: 17/310.
40   AD Calvados, D 67, f. 66 rº.

Parece que el nuevo equipo encontró algunas dificultades en los comienzos. "Fue difícil que la juventud de Lisieux se acostumbrara a la disciplina, a la piedad, a la frecuencia de los sacramentos. Pero poco a poco, añade el analista, le fue tomando gusto a las prácticas piadosas". Desde 1654 fue erigida para los jóvenes mayores que lo deseaban, una congregación de la Santísima Virgen "sobre el modelo de la de los padres jesuitas"[41].

El 8 de mayo de 1654 la comunidad de Lisieux -colegio y seminario- se reunió, conforme a las letras de institución del obispo, para "elegir un superior; todos los votos se concentraron a favor del P. Manchon, que tuvo tanta parte en la fundación de esa casa". La gobernaría durante cuatro años. Así, pues, el uso de elegir el superior local se practicó desde los comienzos de la Congregación; posteriormente las constituciones dispondrían de otra manera[42].

En el año siguiente (1º de mayo de 1655) una orden episcopal recomendaba el nuevo seminario al clero de la diócesis. Prescribía que todos los candidatos al subdiaconado debían "recogerse en él durante algunos días" y declaraba que nadie podía ser admitido a beneficios con cura de almas "si no hace un retiro de un mes en nuestro seminario". La permanencia de los candidatos al diaconado y al presbiterado en el seminario se determinaría más tarde. Se invitaba también a todos los curas, vicarios y demás sacerdotes a hacer en el seminario, si tenían tiempo disponible para ello, un retiro de diez días para renovarse. Podría entonces reemplazarlos uno u otro de los sacerdotes del seminario.

Así, poco a poco, gracias al esfuerzo tenaz de P. Eudes y de algunos otros pioneros[43] y a la colaboración activa e inteligente de algunos laicos responsables, se ponía en marcha, en Normandía y en toda Francia, un dispositivo apto para promover la urgente reforma del clero.

## Un libro sobre el bautismo

Entre noviembre de 1653 y marzo de 1656, Juan Eudes solo predicó una misión, en el pueblo de *Cisai*, diócesis de Lisieux, desde mediados de septiembre al primero de noviembre de 1654. La había solicitado el presidente de Amfreville, de Ruan, a quien ya conocemos y que era señor de Cisai. "Este señor, cuenta Costil, quiso estar presente" para dar ejemplo

---

| 41 | *Annales* IV 33: 27/273ss. La misma fuente para el siguiente pasaje. |
| 42 | Véase la página 229 n. 18: *Constitutions* XI 4: OC IX 450. |
| 43 | Otros seminarios habían nacido en la misma región: así el de la Délivrande, cerca de Caen, desde 1643; el de Valognes, creado por el Abate de la Luthumière, con la ayuda de Claude Auvry, en 1654 cf. *Annales* V 1: 27/487. |

"a sus vasallos". "Pero como no ignoraba que algunos de los misioneros podrían tener cierto recelo de confesar a un hombre (...) que había tenido el cargo de primer presidente, tuvo la preocupación de hacer saber a la compañía que él no daba sentencia alguna sin haber consultado antes a cuatro abogados, lo cual tranquilizó a los más tímidos"[44]. Este rasgo comprueba la atención que el P. Eudes y sus amigos prestaban a las responsabilidades humanas de los penitentes que se dirigían a ellos.

Fuera de esa misión, Juan Eudes se preocupó de la publicación de tres obras. La primera fue una colección de *oficios* (1653) que formaban el "propio" litúrgico de su congregación. Algunos estaban tomados de otros "propios" como la fiesta del matrimonio de la santa Virgen con san José, proveniente de la diócesis de Nantes; otros provenían del Oratorio, como el oficio de San Gabriel, compuesto por Bérulle en honor del ángel mensajero de María; otros, finalmente habían sido creados personalmente por él como la liturgia en honor de la aparición de Jesús resucitado a María y, desde luego, la fiesta litúrgica del Corazón de María[45].

El año siguiente (1654) apareció el opúsculo: *El contrato del hombre con Dios mediante el santo Bautismo*, cuyo comienzo citamos ya. Juan Eudes presenta en él, bajo la imagen original (pero ya expresada por la tradición), de un "contrato" la alianza entre Dios y el hombre el don prodigioso que Dios nos hace de su propia vida, y el compromiso que adquirimos de vivir "en el espíritu de Jesucristo"[46].

Finalmente dio la última mano a otro opúsculo, meramente práctico: *Manera de participar bien en la santa misa* (que sólo será impreso en 1660). Es de anotar que uno de los doctores que aparecen para la aprobación de esta obrita (en 1655) es el oratoriano de Caen, el P. Thomas Navet de Folleville[47]. Valía la pena subrayar este contacto con uno de sus antiguos hermanos.

En julio de 1655, el P. Eudes se hallaba en París cuando ocurrió la muerte de un sacerdote que hemos nombrado varias veces, Adrien Bourdoise, pionero entre los pioneros, el cual, desde el comienzo del siglo había luchado rudamente por la restauración del clero y había creado en Saint-Nicolás-du-Chardonnet, un seminario antes de la letra. Allí fue donde expusieron su cuerpo y el P. Eudes fue el primero en besarle los

---

44  Annales IV 36: 27/480.
45  OC XI 204ss. La colección será podada y completada posteriormente; la edición de 1672 es considerada como definitiva.
46  OC II 207ss.
47  OC IV 407ss. Y DU CHESNAY, M, p. 272.

pies[48]. Bourdoise podía morir en paz, porque ahora ya existían seminarios muy vivos en Lisieux, Coutances, en París y en muchos otros lugares, que iba a dar poco a poco una imagen muy distinta de la iglesia de Francia.

Juan Eudes que se había comprometido en esa tarea doce años antes lo había hecho como misionero, convencido de que la restauración del ministerio presbiteral era necesaria para que los bautizados pudieran vivir de verdad en sacramento que los había unido a Dios. Cerremos pues, este capítulo, como lo abrimos, hablando del Bautismo.

Pero esta vez dejaré que hable una gran religiosa, amiga del P. Eudes, cuya figura conoceremos en el próximo capítulo, la madre Matilde del Santísimo Sacramento. Sobre el Bautismo, como sobre otros temas, ella expresa admirablemente el pensamiento del P. Eudes. En los siguientes términos exhortaba a sus hermanas del primer monasterio benedictino de París: "No encuentro nada más importante que cumplir el voto que hemos hecho en el Bautismo, voto de Jesucristo que encierra todos los demás votos: vivir de la vida de Jesucristo. Los votos con que hemos profesado solo son medios para llegar a aquel que hicimos en el Bautismo y en el cual no se piensa"[49].

---

48  Adrien Bourdoise (1584-1655) había formado la comunidad parroquial de Saint-Nicolas-du-Chardonnet desde 1611. Poco a poco había hecho de ella una especie de "seminario" en el que se formaba los futuros sacerdotes, cooperando en el trabajo pastoral. Cuando en 1644 el arzobispo de París reconoció esa casa como seminario, declaró que entre 1631 y 1644 se habían formado allí más de 500 sacerdotes. DEGERT, I p. 175. Sobre su muerte y la iniciativa del P. Eudes en ir de primero a besarle los pies, cf. J. DARCHE, *Le saint Abbé Bourdoise*, 2° ed. París 1884, t. II, p. 809.

49  Citado en *Fondation de Rouen*,. Ruan, 1977 p. 10.

CAPÍTULO XVII

# La Congregación de los Seminarios de Jesús y María

(1652-1658)

*Alegría en Caen*
*Matilde del Santísimo Sacramento*
*Jean-Jacques Blouet de Camilly*
*El seminario de Caen se vuelve diocesano*
*Trescientos cincuenta ordenandos*

En 1654 el P. Eudes entró en relación profunda con la madre Matilde del Santísimo Sacramento. Esta lorenesa, Catalina de Bar (1614-1698) había entrado en religión, en su país natal devastado por la guerra. Por dos o tres veces tuvo que escapar con sus compañeras del peligro de los ejércitos. Encontró refugio en diversos conventos de Normandía y de París. Durante su permanencia normanda oyó hablar del P. Eudes y deseó conocerlo, pero él mantuvo por largo tiempo, frente a ella, cierta desconfianza y eludía su encuentro. Él le reprochaba, tal vez, el haber escogido por guía espiritual, a la muerte de su común director, el P. Chrysostome de Saint-Lô, a un laico, Jean de Bernières[1]. Diversas circunstancias y un llamado interior condujeron a la madre Matilde a crear en París una nueva familia monástica consagrada a la Eucaristía: las Benedictinas de la Adoración perpetua del Santísimo Sacramento. Su primer monasterio se instaló en la calle Cassette, en el barrio Saint-Germain, en 1659.

Gracias a la publicación reciente de sus cartas y de documentos relacionados con ella[2] conocemos mejor hoy día a esa mujer inteligente y

---

[1]  Mlle DE VIENILLE, *La vie de la vénérable mère Catherine Mectilde*, manusc. En los arch. De las benedictinas del Santísimo sacramento, monasterio de Ruan. Extractos publicados por DU CHESNAY en NV IV 112ss, con una sustanciosa introducción p. 97ss. Por esa biografía se conocen 7 cartas de J. Eudes que no figuran en las OC. Texto en NV IV 103ss. n y en Lch, p. 168ss.

[2]  Se pueden encontrar los escritos de Catalina de Bar (Matilde del Santísimo Sacramento) en: Catherine de Bar (1614-1698), mère Mectilde du Saint-Sacrement. Documents biographiques, écrits spirituels 1640, Ruan, 1973. Catherine de Bar... Lettres inedites, Ruan 1976. Catherine de Bar... Fondation de Ruan, Ruan 1977. Catherine de Bar... àl'ecoute de Saint Benoit, Ruan 1979. J. DAOUST, *Le Message eucharistique de mére Mectilde du Saint-Sacrement*, París, Tqui, 1980.

cálida, que vivió una experiencia de Dios intensa y sobria; en sus escritos revela un pensamiento espiritual sólido, próximo a las intuiciones de Bérulle, expresado en bello lenguaje vivo y vigoroso.

## "¡Somos los misioneros de la misericordia!"

Pero antes de encontrarse con la madre Matilde hay que regresar con el P. Eudes a la primavera de 1652 y compartir las preocupaciones y las esperanzas que le causaba en esos momentos el destino de su congregación.

En primer lugar un duelo lo afectó vivamente: la muerte de su querido compañero Jacques Finel, de cincuenta y cuatro años de edad, el 16 de marzo de 1652. No era el primer deceso en la nueva congregación. Un año antes, en Caen, Thomas Vigeon había dejado este mundo, a los cuarenta y un años (16 de marzo de 1651)[3]. De esa manera, seres amados y fuerzas vivas de su pequeña sociedad, partían tempranamente. Pero eran al mismo tiempo, para él, intercesores cerca de Dios. Un día, por esa época, "hablaba de los santos amigos que tenía en el otro mundo": Finel, Vigeon, Gaston de Renty... "Ay de mi, decía, he vivido más que ellos, sin haber hecho nada todavía. Es en serio que debo convertirme"[4].

Tres semanas después de la muerte de Finel, otra, totalmente inesperada, trajo al P. Eudes, justo es reconocerlo, un inmenso alivio: el 6 de abril de 1652, Édouard Molé, murió prematuramente en París. Apenas el superior tuvo noticias del fallecimiento dejó a sus hermanos predicando tres misiones sucesivas en la diócesis de Coutances y regresó a Caen. Volvería allí a menudo en los meses siguientes. Cuando se conoció el nombre del sucesor de Édouard Molé, que era su propio hermano François, llamado señor de Santa Cruz[5], Juan Eudes inició diligencias en torno a él. Dos religiosas de París intervinieron eficazmente a favor suyo: la fundadora de una congregación parisiense dedicada a la misericordia[6] y la propia hermana de François Molé, carmelita en el pequeño convento de París. Lo hicieron con tanto éxito que el mismo señor de Santa Cruz a su

---

3   *Annales* IV 20: 27/423; IV 16: 27/410; Fleurs, J. Finel, R. Le Mesle y Th. Vigeon: 31/715 y 720.

4   *Fleurs*, JE II 24: 31/547. Cuando hacía esta reflexión, Juan Eudes "contaba cincuenta años" dice Costil.

5   François Molé, clérigo, consejero del parlamento de París, era titular de seis abadías, una de las cuales era la abadía benedictina de Santa-Cruz de Burdeos, de la cual llevaba el nombre. Cf. DU CHESNAY II, p. 270, n. 5..

6   Madre Marie de la Trinité, fundadora de las religiosas de la Misericordia de París, que recibían a "hijas de condición" carentes de dote. De nuevo ayudará a Juan Eudes algunos años más tarde y él le consagrará un párrafo en *el libro de los bienhechores*, OC XII 196 cf. OC X 398.

turno, intervino donde el oficial de Caen; y éste, después de largas tergiversaciones, terminó dando el diez de mayo de 1653, una sentencia que abrogaba, mano en alto, la proferida el 29 de noviembre de 1650 por la oficialidad de Caen. Esto sucedía en el día en que se celebraba la aparición de Jesús resucitado a su Santa Madre. Juan Eudes, vinculó la alegría de la fiesta con la feliz noticia, y escribió a sus hermanos una carta jubilosa sobre la misericordia del Señor: "Nuestra capilla ha sido reabierta y estamos celebrando la misa en ella. ¡Aleluya, aleluya, aleluya!" Y de inmediato los invitaba a añadir la plegaria del *Ave Cor*, la alabanza al "Corazón lleno de misericordia", y el título de "Madre de misericordia" a la salutación *Ave María, filia Dei Patris*. Pedía también que se celebrara la misa en acción de gracias y para pedir especialmente "por todos aquellos que se han opuesto a nosotros"... Entonces dio a su congregación esta sorprendente definición, fruto de la prueba reciente:

> Somos los misioneros de la divina misericordia, enviados por el Padre de las misericordias, para distribuir los tesoros de su misericordia (...) a los pecadores y para tratarlos con un espíritu de misericordia, de compasión y de ternura[7].

Y Juan Eudes consignó en su diario: "Fue un día de gran consuelo y de extraordinaria alegría, para nosotros y todos nuestros amigos"[8].

Era una razón de más para volverse con entusiasmo hacia el futuro y poner por obra la formación de los nuevos miembros que se ofrecían para la misión, porque se estaban presentando jóvenes que solicitaban ingresar a la comunidad.

En el mismo seminario de Coutances se preparaban los sacerdotes de la Congregación, bajo la responsabilidad del P. de Montaigu[9] y con la colaboración de Simón Mannoury. Precisamente Juan Eudes había escrito a Mannoury, desde Corbeil, para recomendarle un postulante: "Sobre todo pida usted a Dios que le de el espíritu de dulzura y cuídese particularmente en este punto". ¡Eran consejos que probablemente se daba también a sí mismo! En otra circunstancia escribe a uno de sus hermanos: "Envíe usted a Coutances al joven de quien me ha escrito, con tal de que se halle bien resuelto a renunciar totalmente a su propia voluntad, a dejarse corregir de sus defectos y a vivir y morir dentro de la congregación". Lo que

---

7     Sobre todo este pasaje ver *Annales* IV 18-19:27/412-422; OC X 400.
8     MBD 56: OC XII 118.
9     *Annales* IV 21: 27/425. Pero según MARTINE IV 60: 17/293, el director de la probación era S. Mannoury. Coutances permaneció como centro de formación hasta 1671.

se requería eran hombres dispuestos a entregarse totalmente al servicio del Evangelio sin pensar en mirar hacia atrás[10].

## François Servien

Entretanto una noticia llega a Caen: el señor de Santa Cruz, que no había recibido la ordenación episcopal, renunciaba a su sede en Bayeux. Nuevas inquietudes se suscitaban acerca del nombre del sucesor en el episcopado.

La decisión dependía de Mazarino y de Ana de Austria. Una vez más el bien del seminario y el bien de la diócesis dieron a Juan Eudes la osadía - es la palabra que él usa- para dirigirse a la reina. Le escribió, pues, recordándole la gravedad de las razones que "reclaman de su majestad" -le decía-, "un santo para obispo de esa diócesis". Nombrar un obispo era siempre para la reina un deber sagrado, pero "con mayor razón tratándose de una diócesis tan arruinada. El conocimiento que tengo de ella" -añadía- "por las frecuentes misiones que he tenido la suerte de dar allí, me incitan a elevar mi súplica en nombre de todas las gentes de esa diócesis"[11].

Posiblemente tenía conocimiento, por alguno de la corte, de que la reina le era actualmente favorable y que podía hablarle con franqueza; hasta se dice que a veces ella tomaba personalmente iniciativas "sobre asuntos concernientes al establecimiento o el progreso de su congregación"[12].

Sea lo que fuere, la reina nombró a un buen obispo, François Servien (1601-1659), cuyo hermano Abel era, junto con Nicolás Fouquet, superintendente de las finanzas[13]. Sólo se necesitaba que estuviera bien informado. El P. Eudes corrió a París a encontrarse con él o con personalidades cercanas a él. Por espacio de dos meses, mientras sus hermanos de Coutances y de Lisieux misionaban en sus respectivas diócesis, recorría a largos y angustiados pasos las calles de la capital. Se daba cuenta cada vez más de que se le habían adelantado y de que el señor Servien tenía hacia él intenciones hostiles. Le habían hecho creer al nuevo obispo que el arzobispo de Ruan -que se llamaba, como su tío y predecesor, François de Harlay de Champvallon- se oponía al P. Eudes. Este escribió, pues, al arzobispo, rogándole que informara personalmente al obispo de Bayeux, insistiendo en la *profesión extraordinaria* que hacía la nueva congregación

---

10   OC X 394-395; Y 393.
11   OC XI 64ss.
12   HERAMBOURG I 20: 52/288.
13   P. Servien era también tío de Hugues de Lienne, el gran diplomático que en 1663 llegó a ser secretario de Estado en Relaciones exteriores.

*de estar a la disposición total de los obispos.* Es posible que el joven arzobispo, que siempre se había de mostrar favorable al P. Eudes, haya escrito a Servien. Pero había alguien que ejercía sobre éste una influencia terrible: el oratoriano Rabigeois, que detestaba a Juan Eudes; éste lo llamaba maliciosamente Rabageois (aguafiestas)[14]. Con esa clase de informante el nuevo obispo se proponía cerrar de nuevo la capilla del seminario y confiar el establecimiento a los oratorianos. Nuestro analista agrega que cuando el P. Eudes lo supo "por poco cae enfermo". Escribió entonces a su hermano y confidente Richard Le Mesle: "agradezco de todo corazón a nuestro adorable Jesús y a su madre amabilísima por la cruz que han querido enviarnos. Hablo según el espíritu y no según los sentidos"[15]... En su sensibilidad estaba sufriendo y de tal manera que efectivamente estuvo enfermo.

Es entonces cuando interviene en la vida del P. Eudes la madre Matilde del Santísimo Sacramento (por otra parte solo por su biografía sabemos que él cayó enfermo en París). Al saber que estaba solo y atribulado "ella le envió todos los auxilios que pudo y le obtuvo otros muy valiosos mediante sus amigos". Esto le causó tan favorable impresión que contrajo con ella "una estrecha unión que duró hasta su muerte"[16].

Esta preciosa auxiliar tenía el don de despertar amistades y sabía crear lazos entre sus amigos. Fue así como al parecer puso al P. Eudes en relación con una gran dama que ella conocía muy bien, la duquesa de Bouillon[17]. Él podría sostenerla porque estaba sufriendo en esos momentos la gran pena de una reciente viudez, y ella podía significar para él, por su alta posición, un apoyo útil, aún en Normandía, donde poseía un feudo en Évreux. De hecho el P. Eudes se detuvo allí para visitarla cuando regresaba a Normandía, apenas restablecido, a comienzos de agosto 1654[18].

Desde entonces la superiora de la benedictinas del Santísimo Sacramento se mostró muy gene rosa con el seminario de Coutances que seguía bastante desprovisto: "No hay", le escribía el P. Eudes, "sacerdotes más pobres que quienes habitamos esta casa: sólo comemos y edificamos lo que la Divina Providencia nos concede". Y cuando la Divina Providencia tomaba los rasgos de la buena madre Matilde, el P. Eudes le confesaba: ¡Estoy encantado! Él la encomendaba a Marie des Vallées, a quien ella conocía desde hacía mucho tiempo por Bernières y a quien veneraba. Con sólo mirar las cartas de la religiosa cuando le llegaba el correo a Coutances, se llenaba de alegría[19]. Y ella, a su vez, le correspondía, pues escribía a

---

14 Annales IV 27: 27/447-448.
15 OC X 401.
16 NV IV 113. Las cartas citadas se encuentran en NV IV 103-111.
17 NV IV 106-107 y n. 12.
18 DU CHESNAY, M, p. 276, y NV IV 106-107.
19 NV IV 111. Las cartas citadas se encuentran en NV IV 103-111.

una de sus corresponsales: "me encantaría que usted conociera a este gran siervo de Dios, uno de los más eminentes en santidad que he conocido, y a quien Dios ha concedido la salvación y conversión de muchos"[20].

Finalmente monseñor Servien no tomó las determinaciones que se temían: pero durante dos años siguió desconfiando del P. Eudes, hasta que tuvo la oportunidad de verle actuar. Como quería tener personalmente el control de la situación en su diócesis, en junio de 1655 tomó la decisión radical: Suprimió toda licencia de confesar y de predicar a los sacerdotes que no tenían beneficio. Esto afectaba directamente al P. Eudes y a sus hermanos. ¡Era una nueva y dura prueba! Pero duraría tres meses[21].

Una vez más fue una gran dama quien vino en ayuda del P. Eudes: la duquesa Longueville, hermana del gran Condé, esposa del gobernador de Normandía. Ella lo visitó en su casa de Caen el 29 de septiembre de 1655. El P. Eudes le pidió que intercediera en su favor con el *señor obispo de Bayeux*, el cual accedió a conceder a los sacerdotes del seminario las facultades de confesar y de predicar. Y el padre Eudes, agradecido, predicó en presencia de la duquesa. Conocemos estos detalles por las cartas de un oratoriano que se conservan en los archivos nacionales, en las que se queja a uno de sus hermanos de Ruan, director de madame de Longueville, por no haber puesto en guardia a su ilustre penitente contra el P. Eudes[22].

## "Nuestras tres casas forman una sola"

En esos mismos años el fundador se ocupó de su congregación que empezaba a crecer. "Somos buen número de sacerdotes", escribía en enero de 1655 a la Madre Matilde, "en nuestras tres casas que forman una sola"[23]. Él será todavía por largo tiempo el superior, pero nunca quiso que se le llamara "superior general"[24]; solo conservaba el título de *Padre*, ya que todos, desde 1625 lo llamaban, "el Padre Eudes", mientras sus hermanos se hacían llamar *Monsieur* (señor)[25].

Con ocasión de una permanencia suya en París, a fines de 1652, fue probablemente a visitar al nuncio, que había solicitado la renovación de las

---

20  NV IV 118.
21  *Annales* IV 27: 27/445.
22  DU CHESNAY, M, p. 106-107 y n. 21 en donde se refiere a AN, M 237 y al *Registro de las deliberaciones* del ayuntamiento de Caen, AM Caen, BB 55 f. 111 r°, f. 113 v°; BB 56, f. 39 r°, f. 40. No olvidemos que Anne-Geneviève de Condé, duquesa de Longueville, era hija de la princesa de Condé y, por tanto, sobrina nieta de M-, de Budos. Ver p. 491 Tablas genealógicas.
23  Carta del 27 de enero de 1655, NV IV 110.
24  *Annales* IV 22: 27/428.
25  *Constitutions* IV 4: OC IX 224.

facultades quinquenales concedidas en Roma por la *Propaganda* en 1648. Varios personajes amigos suyos, en Caen, Ruan, Coutances, París, le concedieron para este fin, elogiosos testimonios[26].

Durante el invierno (1654-1655), después de la misión de la misión de Cisai, Juan Eudes se encerró en el seminario de Caen; allí se dedicó a la redacción "del cuerpo de nuestras constituciones que ya se hacía indispensable"[27]. De ello resultó un escrito bastante voluminoso que no iba a tener forma definitiva sino mucho más tarde. Primero sitúa la sociedad dentro de la Iglesia como puramente "sacerdotal": "Ella quiere permanecer perpetuamente dentro del orden jerárquico que el Espíritu Santo ha establecido en la Iglesia"[28]; luego precisa su razón de ser, que ya conocemos, e indica el marco general de la vida para cada día, cada semana, cada año. Consagra una larga exposición a las "virtudes" que se deben practicar en ella y que son las de la "santa comunidad de Jesús, María y José"[29]; declara que "la norma suprema es la caridad, la cual debe ser el alma de la congregación que anime, conduzca y regule toda su actividad"[30]. Sugiere prácticas muy concretas, por ejemplo, privarse "en cada comida de algún bocado, en honor de la Pasión de nuestro Señor"[31]. La referencia de fe es a menudo explícita: Si se invita a "la limpieza y al aseo es por amor a Jesús y María y para honrar la limpieza y el aseo que brillaban en su casa"[32]. Las prescripciones descienden a los detalles: Se precisa el tipo de casaca, de botas y espuelas que conviene usar cuando se va de viaje[33]; y en la parte consagrada a las diversas funciones se indica al "despensero cómo colocar los toneles de cidra sobre grandes trozos cuadrados de madera, bastante elevados, con tarjetas sobre cada tonel"[34]... En el colegio se sabe a qué hora deben barrerse los salones de clase después de rociarlos con agua; y la tribuna de cada inspector de clase incluye una gaveta con llave en la que se guardan la férula y las velas para el invierno. Por lo demás la férula debía servir poco, porque hay que estar convencido siempre, a no ser en caso de

---

26  DU CHESNAY M, p. 270, B. III P. 5 en donde se refiere a los archivos de la *Propaganda*. 111 Gallia, vol. CC, f. 110. -Véase *Sacrae Congregationis de propaganda Fide memoria rerum*, t. 1/2, p. 135-136.
27  *Annales* IV 36: 27/480ss.
28  *Constitutions* I 2 y 3: OC IX 142-143.
29  *Constitutions* III: OC IX 174; III 1: OC IX 177. *Regula SS. Virginis* M, 3: OC IX 114. La Congregación había sido consagrada a la Sagrada Familia desde el 22 de enero de 1644, fiesta del matrimonio de María y José.
30  *Constitutions* IV 1: OC IX 210.
31  *Constitutions* V 7: OC IX 277.
32  *Constitutions* V 11: OC IX 288.
33  *Constitutions* IV 3: OC IX 221-222.
34  *Constitutions* XIII 11: OC IX 553.

faltas notables, que una corrección amable de palabra, en privado, o en público, si la falta es pública, aprovechará incomparablemente más que el castigo³⁵. Otra anotación delicada, que recogemos al azar: el enfermero "tendrá sumo cuidado de que las celdas estén pulcras, aseadas, adornadas con cuadros, con plantas, con ramilletes de flores, según lo permita la estación"³⁶. La solicitud por los pobres se expresa a menudo: desde hacía largo tiempo cada viernes "enviaba a dos sacerdotes o clérigos de su comunidad al hospital o la cárcel": y quiso que esta regla figurara en la legislación de su sociedad³⁷.

## Jean-Jacques Blouet de Camilly

Cuando se habla del progreso de la congregación tenemos que mencionar aquí la llegada de un postulante que debió llenar de alegría, por varios motivos, el corazón del P. Eudes. El joven que llamó a la puerta del seminario de Coutances el 8 de febrero de 1654 "en ropaje de caballero" para entregarse al servicio del Evangelio, se llamaba Jean-Jacques Blouet de Camilly. Era hijo de amigos muy queridos del P. Eudes y antiguo alumno del preceptor Mannoury. Tenía a la sazón veintitrés años pero su vocación no se había manifestado de un golpe. Bien parecido, atractivo, había servido en el ejército durante tres años; no mostraba por entonces preocupación alguna por el Evangelio. Tenía una hermana a la que mucho quería, llamada Francisca, apodada familiarmente Fanfan, por la que había orado Marie des Vallées, y que se hizo visitandina. Jean Jacques, entró en furia y se fue al convento, amenazó a la superiora, derribó la reja y empleó un tono tan imperioso que tuvieron que ceder: la hermana regresó al hogar y accedió a quedarse. Hablaban mucho entre sí y poco a poco resultaron orando juntos. Ella le fue hablando de la vida religiosa y él la dejó volver al convento pero esta vez con las benedictinas donde debía morir tempranamente. Él decidió imitarla y entregarse a Dios. El joven aristócrata partió tal como estaba: espada al cinto, "sin cambiar de indumentaria, fue inmediatamente en busca del P. Eudes" y le confió su deseo de servir a Cristo. Veinticinco años más tarde llegará a ser su sucesor³⁸.

---

35  *Constitutions* IX 1 y 6: OC 382, 398.
36  *Constitutions* XIII 10: OC IX 549.
37  HERAMBOURG II 23: 53/222. *Constitutions* II 3: OC OC IX 163.
38  *Annales* V 2: 27/490ss.

## En donde se ve cómo un obispo cambia de opinión

A comienzos de 1656 Juan Eudes seguía preocupado por su casa de Caen. El difícil problema proveniente de la desconfianza de monseñor Servien, permanecía invariable.

Por su parte el obispo debía darse cuenta de que el asunto Eudes no estaba resuelto definitivamente. Y eso lo atormentaba. Se dice que una noche durmió mal y por la mañana se entregó a la oración. Le asediaba el pensamiento del P. Eudes. Habló de ello a su secretario, el señor Larderat, que era gran amigo del P. Eudes. Como era de imaginar, éste aprovechó el momento para hacer resaltar la actitud humilde y pacífica del Padre, sus grandes dotes de misionero, su actividad prodigiosamente eficaz. Servien lo escuchó y dijo que deseaba verlo en acción. ¡Había que pedirle una misión! Recordemos que no se había dado misión alguna en la diócesis de Bayeux desde hacía nueve años[39].

Justamente había cerca de Bayeux la pequeña parroquia de *Lingevres* que estaba bien necesitada. Había padecido la presencia de un párroco escandaloso. Además una abadía femenina cercana al pueblo, Saint-Laurent de Cordillon, podía sacar provecho de sus instrucciones: la reforma había provocado allí algunas tensiones[40]. Al punto el secretario escribió al P. Eudes y, al mismo tiempo, a un amigo común, el señor de la Vigne (2 de marzo de 1656). A éste le confiaba:

> Se trata de una gracia del cielo, lo mejor que le podía suceder (...). Monseñor se ha entusiasmado con la idea y desea que sin demora se abra la misión el domingo en la tarde (el 6). El P. Eudes podrá empezar ese día y poquito a poco hacer que venga su gente (...). Es urgente que se dé comienzo el domingo por consideraciones que me reservo y que serán muy ventajosas para el P. Eudes.

Éste hubiera necesitado de un tiempo para hacer venir sus colegas y juntar un poco de dinero... Y aquí comprobamos la ayuda eficaz de sus amigos, con toda seguridad de la Compañía del Santísimo Sacramento.

---

39  Para todo este pasaje ver *Annales* V: 27/505.

40  DHGE sv. Cordillon: La clausura fue restablecida en 1641 por una abadesa, Marie Malon de Bercy, hermana de M de Matignon. Marie Le Prévôt emprendió la misma acción reformadora, pero encontró oposición. Ambas procedían de Montmartre. Marie Le Prévôt tomó como coadjutora a Marie-Catherine de Matignon, hija del Teniente General de Normandía, y por lo tanto sobrina de Marie Malon de Bercy, y también del Obispo Léonor de Matignon; la secretaria escribió al Padre Eudes y, el mismo día, a un amigo mutuo, M. de la Vigne (2 de marzo de 1956). A este último le confió.. Ver p. 493 Tablas genealógicas

La carta del obispo, escrita por la mañana en Bayeux, le fue entregada en Caen después del medio día. Al día siguiente, 3 de marzo, los miembros de la Compañía se reunieron en el Ermitage: con ellos estaba el P. Eudes. Inmediatamente se solucionaron las dificultades: la misión se haría gracias a los señores de Bernières, de Camilly, du Buisson y "otros cuyos nombres no han sido señalados"[41]. El 6 de marzo, primer domingo de cuaresma, se pudo dar comienzo a la misión de Lingèvres. Y el 9 llegó monseñor, para apadrinar al niñito François du Fresne, bautizado en ese día. Ese era el secreto conocido por el vigilante secretario. El obispo vio y oyó al P. Eudes; y se mantuvo luego atento a la marcha de la misión y a sus frutos, tanto en la abadía como en la parroquia.

El prelado quedó definitivamente conquistado. Algunos días después de Pascua se dirigió a Caen en su carroza de seis caballos, que hizo penetrar hasta el pequeño patio del seminario. Allí pidió ver cuanto antes al P. Eudes, le dio un estrecho abrazo y tuvo con él una larga y cordial conversación, le dio permisos y facultades para las misiones dentro de su diócesis, y desde ese día fue su amigo.

El buen Rebigeois/Rabageois, el oratoriano amigo del obispo, por más que le dijo lo que pensaba del "triunfo del P. Eudes y de sus seguidores" que se aprovecharán de ello "para aplastarnos", nada logró. François Servien se mantuvo fiel[42].

Durante el año que siguió a este feliz acuerdo, Juan Eudes permaneció largo tiempo en Coutances y luego en París. ¿Se encontraría allí todavía el lunes de Pascua, 2 de abril de 1657, cuando moría de cuarenta y nueve años, Jean-Jacques Olier? En todo caso la noticia seguramente le causó mucha impresión. Tenían estrecho parentesco, no tanto por sus personalidades sino por sus propósitos de servicio a la Iglesia. Juan Eudes siempre guardó del señor Olier un recuerdo lleno de admiración y quiso que sus libros[43] figuraran en lugar privilegiado de la biblioteca de los nuevos miembros de la Congregación, entre las Cartas del P. de Condren y *El reino de Jesús*...[44].

---

41  MARTINE IV 79: 17/318ss. DU CHESNAY, M, p. 54 y n. 55; p. 134 y nn. 9 y 10.

42  OC X 415, n. 1 -Sobre los frutos de la misión en la abadía de Cordillon, cf. AD Calvados, II, Abb. Saint-Laurent de Cordillon, encabezando un libro litúrgico, en manuscrito de las antífonas de la fiesta del Corazón de María.

43  Los libros de Olier en los que Juan Eudes debió pensar son: *La journée chretienne* (1655); *Cathechisme chrétien pour la vie intérieure* (1656); *Explication des céremonies de la grand-messe de parcisse* (1657); *Introduction a la vie et aux certus chrétiennes* (1657).

44  *Constitutions* VI 3: OC IX 302.

## La casa de Caen se convierte en "seminario diocesano"

A fines de mayo de 1657 el P. Eudes y sus compañeros partieron de nuevo a misión. Los habían llamado de Letanville, en la diócesis de Bayeux. El señor Langrie era allí señor feudal y fue él quien asumió los gastos de la misión. Monseñor Servien, que se hallaba en París, no pudo venir, pero se mantuvo informado y se sintió feliz. En una larga carta Larderat (28 de julio de 1657) informa al P. Eudes: "Con especial alegría he tenido noticia del éxito de su misión en Létanville. Pero el colmo de mi gozo es haber comprobado la satisfacción de monseñor. He recibido la orden de dar feliz término a los asuntos de usted..."[45].

Esos "asuntos" todavía secretos, eran los referentes al seminario de Caen. Servien había decidido, no solo confirmarlo sino hacer de él su seminario diocesano[46].

El obispo obtuvo primero letras patentes reales en octubre de 1657; para dar mayor solidez a la fundación. El rey aprobaba el deseo de "utilizar una compañía de sacerdotes que vivan en comunidad...". Las letras patentes fueron aprobadas por el parlamento de Ruan desde el mes de noviembre.

Luego el obispo expidió personalmente carta de institución a "esta casa y familia o comunidad de sacerdotes establecida en Caen" a la que erigía en "seminario diocesano de Bayeux". Nombraba como superior al P. Eudes y estipulaba que después de su muerte se elegiría por voto secreto un nuevo superior que sería confirmado por el obispo. Debería haber doce sacerdotes; irían a trabajar en las parroquias cuando se encontraren privadas de pastor. La carta de institución firmada el 2 de diciembre de 1657, contenía varias cláusulas muy prudentes de control, como si el obispo temiera que algún día algo pudiera escapar en lo más mínimo a su autoridad. Pero el P. Eudes no se inquietó por ello: estaba en plena euforia al ver cómo este acto episcopal consagraba quince años de perseverantes esfuerzos.

En realidad solo había entonces diez sacerdotes asignados al seminario y nunca habría un número mayor.

Juan Eudes quiso compartir con los hermanos que se hallaban misionando en Honfleur. Les contó que el obispo había encargado al señor Le Grand, a quien encontraremos en el siguiente capítulo, para que comunicara su decisión a todos los diocesanos, en especial a los párrocos y predicadores; que el mismo Le Grand junto con el señor Larderat había jugado

---

45   MARTINE V 1: 17/324.
46   Para todo este pasaje: *Annales* V 5-8: 27/505-522.

un papel en esta feliz evolución de los hechos sin que nadie se lo pidiera; y que se había celebrado en el seminario una misa solemne de inauguración en la que había predicado el superior de los jesuitas[47].

El P. Eudes invitaba a sus hermanos a la acción de gracias y les recordaba las grandes exigencias de su vocación, en particular la siguiente, "de la cual somos, decía, infinitamente indignos. Jesucristo ha confiado en nuestras manos la más preciosa que tiene (...) más preciosa que la pupila de sus ojos, el corazón de su Cuerpo místico, los eclesiásticos".

Y firmaba la carta: "Juan Eudes, sacerdote misionero de la congregación de los seminarios de Jesús y María"[48]. A no dudarlo, es la primera vez que encontramos ese plural "de los seminarios".

Costil añade: "desde entonces se hicieron regularmente los ejercicios, durante un mes, según el proyecto del señor Godefroy (...) para preparar a los jóvenes eclesiásticos a recibir las órdenes sagradas.

En tres ciudades de Normandía la pequeña sociedad del P. Eudes estaba trabajando ahora en la formación de los sacerdotes. Se acercaba el momento de trabajar también en una cuarta ciudad: en Ruan, sede del arzobispo.

Juan Eudes seguía siendo, en principio, superior del seminario de Caen. Pero como estaba a menudo ausente, era Simón Mannoury quien tenía la responsabilidad de la casa. Fue a él a quien el señor Larderat escribió, a fines de mayo de 1658, de parte del obispo quien, obligado a permanecer en París, sentía mucho no poder hacer personalmente la ordenación de las témporas de Pentecostés (8 de junio de 1658) y por ello presentaba excusas. El secretario añadía: "Monseñor le ruega excluir decididamente a tres o cuatro que a usted no le satisfacen, ya que por su parte está resuelto a que no se les den las órdenes". El obispo asumía, pues, sus responsabilidades de pastor y seguía de cerca la preparación de los candidatos al sacerdocio. "Él deposita en manos de usted, proseguía la carta, toda esa juventud, para que usted le rinda cuenta fiel. Él quiere tener buenos sacerdotes y no piensa usar de preferencias con nadie..."[49]. Aquí captamos al vivo el gran movimiento de renovación del clero, tan esperado desde comienzos del siglo y que se lleva a cabo por el esfuerzo conjunto de un obispo y de su seminario.

---

47  El superior de los jesuitas de Caen era entonces el P. François Pinthereau (1655-1658) bien conocido del P. Eudes (Cf. *Annales* I 19: 27/70); cr. P. DELATTRE, *Les Etablissements des jesuites en France depuis quatre siècles*, 5 vol. Enghien, 1940-1957m sv. CAEN. La carta del P. Eudes se encuentra en OC X 414.
48  OC X 414-419.
49  MARTINE V 7: 17/331.

Servien hizo personalmente la ordenación de septiembre en la iglesia de Saint-Jean. Los ordenandos, en número de trescientos cincuenta, se dirigieron hasta allí en procesión. Y todos ponderaban su recogimiento y "colmaban de bendiciones a los misioneros que los habían preparado tan bien"[50]. El obispo estaba feliz. Y el analista anota que hasta los mismos protestantes quedaron impresionados...

¡Trescientos cincuenta ordenandos! A Juan Eudes le gustaban las cifras y hacer el recuento de sus bienes. Es uno de los rasgos de su carácter. Tenía espíritu de coleccionista que reúne, clasifica y contempla sus tesoros. Esto aparece a menudo en sus escritos cuando adiciona y enumera los argumentos, las "maneras" de hacer ésta o aquella plegaria. Es una característica de su forma de pensamiento que abarca y cataloga los aspectos de la realidad, sin querer omitir uno solo: "Todos los hombres que han existido, que existen y existirán"[51]; "todos los latidos de mi corazón y de mis venas"[52]. Coleccionaba las reliquias de los santos y anotaba amorosamente sobre el certificado de una de ellas: *Tengo también* tal otra reliquia[53]. Hubiera podido como sus compatriotas d'Honfleur o de Dieppe, viajar más allá de los mares, enriquecerse en Nueva Francia o en Cochinchina, amontonar allí ricas colecciones para deleite de su vejez[54]... ¡Pero no! A pesar de su temperamento, renuncia a toda posesión. Cuenta, de paso, los ordenandos que el seminario ha preparado, pero al punto reanuda su camino hacia otras tierras y otros encuentros, no para conquistar sino para dar: parte de nuevo con las manos vacías, guiado por el amor de Cristo que lo envía a otras partes.

Su única riqueza son sus hermanos -y las hermanas- que Dios le ha dado. Frágil tesoro que la muerte a menudo desbarata. Por lo menos está seguro de ellos, más que de sí mismo. Porque en lo que a él se refiere, se siente débil y solo cuenta con la misericordia del Señor. Un día "se hablaba en presencia suya de las infidelidades que se encuentran a veces en las comunidades; una señora le dice entonces: "Y en su comunidad, Padre, no las hay". Y él le contestó sencillamente: No, de no ser yo mismo..."[55].

---

50   HERAMBOURG II 32: 53/317.
51   RJ VI 20: OC I 455 y en muchos otros lugares.
52   *Manuel* I 7: OC III 323.
53   "Tengo también un pedacito de piel y de carne del dedo índice de la misma Santa Ana". Cf, V. BOURRIENNE, *Documents...*, en Baiocana I, p. 170.
54   P. MILCENT, "Le devot Eudes" en Les vertues chrétiennes selon saint Jean Eudes et ses disciples, *Cahiers eudistes*, París, 1950.
55   *Fleurs*, JE II 24: 31/547.

CAPÍTULO XVIII

# Nuestra Señora de la Caridad

(1647-1660)

*Aprobación episcopal*
*Regreso de la madre Patin*
*El señor Le Grand, superior*
*Madame de Boisdavid y mademoiselle Heurtaut*

## "Cavar bien hondo en la tierra"

Para no dispersar la atención del lector, en los capítulos anteriores no he hablado casi de la humilde casa de Nuestra Señora de la Caridad que dejamos en 1647 afligida por la partida de la madre Patin.

Cuando ella fue elegida superiora de la Visitación, esta comunidad había nombrado para remplazarla, en Nuestra Señora de la Caridad, a otra de sus hermanas que no poseía ni su fortaleza ni su inteligencia. Tanto ella como sus compañeras hallaron demasiado pesada la misión y solicitaron regresar a su convento.

Por esa época se había previsto trasladar la comunidad a una nueva sede y las visitandinas accedieron a permanecer hasta la mudanza que tuvo lugar en 1649. Toda la gente de la casa abandonó la construcción, en entramado, del señor Montfort, para ocupar una casa más amplia y más sólida que ofreció el señor de Langrie (1595-1663), presidente del parlamento de Normandía[1] y gran amigo de la comunidad. La nueva casa estaba situada en Neuve-Rue, más cerca del centro de la ciudad, entre el episcopado y el ayuntamiento.

Una vez terminada la instalación, las tres religiosas prestada por la Visitación regresaron a su convento. También algunas postulantes se habían desalentado. De nuevo la casa reposaba sobre los hombros de Renée de Taillefer (sor Marie de l'Assomption) y de Marie Herson, ayudadas por algunas aspirantes que perseveraron contra viento y marea.

---

1     Jean Le Roux de Langrie (1595-1663) consejero en el tribunal de auxilios de Normandía. Luego presidente semestral en el parlamento de Ruan en 1647. Esta fundación fue suprimida en 1649, pero conservó el título. Para todo este capítulo cf. *Annales* IV 10 – 14: 27/381ss.

Y, a decir verdad, necesitaban valentía y fe y mucho amor por las jóvenes que se les confiaban. Porque después de la muerte de monseñor d'Angennes, la posición del P. Eudes en Caen era bien precaria. Hemos visto cómo a fines de 1650 fue prácticamente expulsado de esa ciudad. El obispo Édouard Molé extendió a la casa de la Caridad la animosidad que alimentaba contra el fundador.

Pero este último velaba en la oración. Sabía que Marie des Vallées, en Coutances, no cesaba de confiar a Dios la obra de Caen, que consideraba también como algo propio. En varias ocasiones recibió el encargo de llevar al Padre o a las hijas mensajes de consuelo que les devolvían los ánimos. Así en 1649, cuando partieron las visitandinas, el Señor le dictó un mensaje para el padre Eudes:

> Que se alegre, porque mi santa Madre y yo le hemos dado dos hermosas palmeras para que las plante en el huerto de la Iglesia; para plantarlas bien es preciso cavar bien hondo en la tierra y tapar sus raíces con tierra fresca y buen abono. Nosotros cuidamos de regarlas y de hacerles producir fruto.

Varias veces y particularmente en las horas más sombrías de 1650, nuestra Señora declaró: ¡"Se trata de mis casas"[2]!

Por eso Juan Eudes conservaba la esperanza y hasta la alegría. Escribió a la comunidad probada, el 5 de julio de 1650, cuando estaba luchando en París para que Molé la reconociera oficialmente, una hermosa carta sobre la fiesta de los Gozos de María: "¡Jesús, que es el santísimo Corazón de María, sea la vida y el gozo de nuestros corazones para siempre!" En el caso de que las hermanas no hubieran pensado celebrar esta fiesta de los Gozos de María, les pedía que lo hicieran en otro día e invitaran también a sus hermanos del seminario[3].

El P. Eudes estaba en París, asediando al señor Molé para obtener de él la aprobación que su antecesor no tuvo tiempo de dar. Una de las objeciones del obispo era la insuficiencia de los recursos de la casa.

Entonces el señor de Langrie hizo una donación generosa: ofreció una dote de diez mil libras y además una renta de doscientas libras para

---

2   Ann. NDC 1 15: Chev/39; 1 17: Chev/41; 11 2: Chev/59.
3   OC X 493-495. Juan Eudes quería mucho esa fiesta. Compuso para ella un oficio propio, que figura en la edición de 1652-1653 y que se celebraba el 8 de Julio. Antes había utilizado el oficio que figuraba en el propio de algunas diócesis para el 5 de julio, como lo atestigua esta carta. La fecha de la misiva es conjetural: se apoya, por una parte, precisamente en el hecho de que la fiesta se fijaba todavía el 5 de Julio y por otra en que el P. Eudes se hallaba en París durante el mes de julio. Si la carta está fechada correctamente en 1650, la "Madre" de quien se habla no puede ser sino Renée de Taillefer, todavía novicia, sobre quien descansaba la casa. Cf. OC XI 167, 168.

su hija que era postulante (y que se retiró poco después). Dado que Molé no quería ni ver a Juan Eudes, quedó encargado Mannoury de adelantar el negocio. Se presentó en casa del obispo en compañía del señor y la señora de Langrie, de Madame de la Porte, de un consejero del parlamento. Pero Molé insultó al representante del P. Eudes que se vio forzado a retirarse. Al señor de Langrie le dio una negativa. Se necesitaban, catorce mil libras.

¡Pero eso no fue problema! Un joven llamado señor de la Boissière[4], acababa de entrar en la Congregación del P. Eudes y traía consigo un patrimonio de cuatro mil libras. Exactamente la suma que faltaban. El Padre consultó el caso con sus hermanos, que estuvieron de acuerdo, y se propuso adjuntar esa suma adicionándola a la donación del señor de Langrie[5]. El obispo siguió buscando escapatorias. Pero se redoblaron las plegarias y el 8 de febrero de 1651 terminó por ceder y concedió las letras de institución. De esa manera, anota Costil, se terminó ese gran asunto después de diez años de contradicciones y de cruces. No hay palabras para ponderar la alegría del P. Eudes "y la gratitud que manifestó a la bondad divina".

Algunos días más tarde escribió a la comunidad, haciendo hincapié en que esa gracia había sido concedida el día de la fiesta del Corazón de María. Por eso ustedes son las hijas del Corazón de la Reina del cielo... Y están obligadas, añadía, a tener un solo corazón con ella y las unas con las otras, y a reproducir el amor que reina en su corazón[6].

Dado que la aprobación episcopal hacía de la casa una comunidad religiosa, la valiente Renée de Taillefer podía, por fin, hacer profesión. Manifestó su vivo deseo al P. Eudes quien le tuvo contestó que debía esperar todavía: se necesitaba la presencia de una superiora religiosa que le recibiera sus votos[7]. Se comprende su prisa. Mas tarde contó que ella también tuvo tentaciones de abandonar la partida. Hasta el extremo de que un día había tomado una escalera para saltar el muro. Alcanzó a subirlo pero "una mano invisible" la había arrojado dentro del jardín. Reconoció en ello la intervención de la Virgen María[8].

---

4   Su apellido era Jean: Jacques Jean, señor de la Boissière. No confundirlo con Pierre Lambert de la Motte, a quien llamaban también el señor de la Boissière.
5   Mucho más tarde, en 1679, el P. Eudes condonó esta deuda a la comunidad de Nuestra Señora de la Caridad: OC XII 181; Véase p. 465.
6   Cartas del 11 de febrero de 1651: OC X 496-498.
7   Carta del 11 de marzo de 1651: OC X 498-499.
8   Ann. NDC II 34 : Chev/156.

## Regreso de la madre Patin

Se necesitaba una superiora religiosa. El P. Eudes la esperaba en la persona de la madre Patin que había terminado su trienio en la Visitación y no había sido reelegida. Pero ella sentía gran repulsión y demás su superiora no estaba de acuerdo. Ella misma ha contado cómo durante su superiorato en la Visitación y en los meses que lo siguieron, se había sentido a menudo enferma y triste: lloraba mucho y no hallaba remedio. Una noche, en la que había dormido muy poco, "hacia las 3 o 4 de la madrugada" suplicó al Señor que la librara. Entonces, escribe:

> "Vi a san Francisco de Sales acompañado por dos de nuestras hermanas de la Visitación que me decía muy quedo": Sí, usted tendrá la salud del cuerpo y la paz del espíritu que desea, no para usted sino para prestar servicio a Nuestra Señora de la Caridad, y desapareció al instante".

Se recuperó, en efecto, y reencontró la alegría, pero no dijo nada acerca de la visión. De nuevo cayó enferma, y de gravedad. Su superiora hizo voto de no seguir oponiéndose a su partida. El superior, señor de Bernesq, la animó. Se curó y regreso a la Caridad, acompañada de tres hermanas, el 14 de julio de 1651. Allí iba a pasar el resto de su vida (murió en 1668) y gracias a ella la frágil comunidad pudo finalmente tomar el vuelo[9].

Sin demora, el 8 de septiembre de 1651, la sobrina del P. Eudes tomó el hábito con el nombre de sor Marie de la Natividad. Algunos días antes su tío le había escrito que no podría asistir pues el obispo (Édouard Molé) no le permitió venir a la comunidad ni mezclarse en manera alguna en los asuntos[10]: "Nos causa pesar a ti y a mí que yo no pueda asistir a tu toma de hábito". Y el año siguiente, el 2 de junio de 1652, Renée de Taillefer pudo finalmente hacer su profesión. Tampoco esta vez el P. Eudes, a pesar de la muerte reciente de Édouard Molé, se hizo presente, sin duda tomaba cautelas para no indisponer a nadie durante la vacancia de la sede episcopal.

Varias postulantes se presentarán en los años siguientes, que bien formadas, bajo la dirección de la madre Patin, asegurarán el porvenir de la comunidad.

---

9    *Annales* IV 12: 27/ 391 ss. Ver también: Madre de CHAUGY, *La Mère Françoise Marguerite Patin*, en NV V 136. La Carta en que la madre Patin cuenta ella misma esa visión de san Francisco de Sales se encuentra citada íntegramente en su biografía (Marie-Angélique DE BALDE), *La vie de la ven.ᵉ Mére Fr.-M. Patin*, ya citado.

10    MARTINE VI 43: 17 bis / 113. Carta a Marie Herson el 3 de sep. De 1651: OC X 499-502.

Se han conservado de este período algunas cartas del P. Eudes a la madre Patin. Seguramente le pedía consejo para su vida espiritual y él le respondía gustosamente. Le importaba mucho además, por el bien de la casa, mantener con ella buenas relaciones. Se tiene la impresión de que experimentaba hacia ella no solo profundo aprecio sino también simpatía y no dejaba pasar ocasión alguna para manifestárselo. "Sus cartas me producen siempre gran alegría o bien: mi queridísima Madre a quien amo muy cordialmente". ¿Esta simpatía era recíproca? Así lo deseaba Juan Eudes, pero, al parecer no estaba muy seguro de ello. Sin embargo es cierto que ella tenía confianza en su sabiduría espiritual y recibía sus consejos: "Permanezcamos"–le decía- "en nuestra nada: esa es nuestra casa". Esperemos con paciencia y humildad a "Aquel que no quiere otros materiales para hacer lo que le place sino la nada"[11].

El número de las penitentes aumentaba con mayor celeridad que los recursos. Por fortuna la casa tenía amigos. Sobre todo el buen señor de Langrie estaba alerta. Venía con frecuencia a la comunidad y cuando la superiora le contaba sus inquietudes, la invitaba a la confianza, diciéndole: "¿Por qué no va a la capilla y mira la alcancía?". Y generalmente la encontraba bien llena. Pero era bien sabido que el bienhechor había ido a orar allí antes de hacer la visita[12]. Él poseía un fundo a las puertas de Caen, en Hérouville. Una hermana tornera iba allí cada semana "y llevaba consigo una carga con toda clase de raíces comestibles y legumbres que constituían en ese tiempo la comida ordinaria" de la comunidad[13].

El P. Eudes velaba también discretamente por el bienestar de su querida casa. Aun en los períodos en los que tuvo que mantenerse a distancia no cesó de preocuparse. Hasta 1660 la comunidad del seminario proporcionaba la bebida: compartían fraternalmente la buena cidra normanda. Y velaba también desde lejos, por el progreso espiritual de la comunidad. Un día del verano les dirigió una larga carta sobre la Asunción de la Virgen María. En ella insistía sobre el espíritu apostólico: "Por este medio"– decía a las hermanas – "pueden ser ustedes las hijas de su Corazón y estar asociadas con ella en una misma vocación". No tengan miedo de mancillarse en este servicio: "Es imposible que nuestro Señor deje caer a aquellas que por amor a Él ayudan a los demás a levantarse". ¡Que felicidad la de ustedes estar llamadas "a un instituto verdaderamente apostólico"[14]!

---

11   OC X 502-507.
12   *Annales* V 35: 27/634.
13   *Ann.* NDC II 5 Chev/65.
14   OC X 507-515. Hemos citado anteriormente otras fórmulas importantes de esa carta ver p. 143.

La situación jurídica de la casa seguía siendo precaria. Había, es verdad, las letras patentes reales de noviembre de 1642 pero no se habían registrado en el parlamento y habían caducado desde hacía mucho tiempo. ¿Cómo remediar esta situación?

Esa preocupación, por otra parte, no impedía preparar el futuro. Desde ese momento se creó en la casa un pensionado que se llamó el *pequeño noviciado* porque allí se hacía muy temprano, según la costumbre de la época, el aprendizaje de la vida religiosa. "Muchas damas de calidad, cuenta Costil, se sentían honradas al enviar allí a sus hijas".

En octubre de 1654 iba a entrar una niña de siete años y medio, Suzanne de Boisdavid, sexta hija de aquella joven marquesa que el P. Eudes y sus misioneros habían conocido en la misión de Saint-Sauveur-le-Vicomte en 1643 (p. 113). Luego de esa misión, Marie de Soulebieu de Boisdavid, había acudido, durante algún tiempo, a recibir los consejos del P. Eudes; después había dejado de escribirle para dirigirse a un sacerdote más cercano, que le ayudó a sobrellevar su viudez cuando el marqués de Boisdavid murió a consecuencia de sus heridas recibidas en la batalla de Lens (1648) donde había batido como héroe al frente de un batallón de Guardias franceses.

En casa de madame de Boisdavid vivía una joven prima, Anne le Cointe de Launay. Era huérfana y tenía por tutor al señor de Soulebieu. En el momento de la misión de Saint-Sauveur-le-Vicomte, Ana sólo tenía dieciocho años. Era alegre y graciosa y había comenzado entonces a "convertirse". Marie des Vallées le aseguró que sería religiosa. Esto le causó mucha risa. Pero once años más tarde había madurado y adquirido cordura y profundidad. Y pidió entrar en la Caridad. Llevaba consigo una criada de mayor edad que ella, Catherine Le Lieupaul, a la que quería mucho y que también deseaba ser religiosa. A ella le fijó una dote. Por su parte, Ana aportaba una suma importante, resultado de la venta de su tierra de Launay al seminario de Coutances. Ambas llegaron en octubre de 1654. Las acompañaba la pequeña Suzanne de Boisdavid.

Madame de Boisdavid, su madre, frecuentaba desde hacía algunos años el Ermitage de Jean de Bernières en el que había encontrado gran liberación. Allí pudo dar salida a su deseo de una "oración de fe elemental" y se había puesto de nuevo bajo la dirección del P. Eudes. A ella y al P. Eudes se refería probablemente el P. Louis-François de Argentan, capuchino, cuando anotaba en el curso de una misión en Carentan (el 7 de marzo de 1653): "Dios me ha concedido hoy muchos beneficios con la visita de Madame a quien he empezado a conocer. ¡Qué feliz es el alma de oración! Hemos hablado de un misionero de oración que sale todo incendiado de su encuentro con Dios y que pone fuego en todo. Basta estar cerca de él para recibir un don de oración"[15].

De treinta y cuatro años de edad, inteligente, emotiva, llena de vida y de encanto, la marquesa de Boisdavid buscaba su camino.

"Me sobrarían motivos para abandonar esa casa..."

Las religiosas proseguían, pues, con renovado fervor, su misión de misericordia, acompañadas, a distancia, por su fundador. Un día recibieron la noticia de la muerte prematura del obispo Édouard Molé; más tarde la del nombramiento y subsiguiente renuncia de su hermano, el señor de Santa Cruz, y finalmente de la designación para la sede de Bayeux, de monseñor Servien. Cuando éste su hubo instalado, no tardaron en darse cuenta de que quería tomar las riendas de todo y de ser de verdad el pastor de su diócesis. También se dieron cuenta de que el nuevo obispo no gustaba mucho del P. Eudes.

Por el hecho de que la comunidad se había convertido en casa religiosa necesitaba un superior eclesiástico. Varias hermanas de la casa escribieron a monseñor Servien para pedirle que ese superior fuera el mismo fundador. La madre Patin, por su parte, pidió a otro sacerdote conocido suyo, sea porque temíiera la autoridad del P. Eudes sea porque prefería un superior que estuviera en buenos términos con el obispo. Éste finalmente, designó un tercero, por entonces cura de Saint Julien de Caen, Claude le Grand (ca. 1610-1676). Era un hombre valioso. Por largo tiempo secretario general de la universidad, llegó a ser por dos períodos rector de la misma (1654-1655; 1662-1664). Cuando la universidad, como antes lo recordamos, había formulado una queja contra el colegio de Lisieux y contra el P. Eudes, en 1653, él había sido uno de los firmantes y se había encargado de transmitirla al consejo privado del rey y al parlamento (p. 228). Era también un hombre de fe: mucho más tarde, un día de 1676, lo encontraron muerto, de rodillas al pie del crucifijo. Desde 1656 hasta su muerte, por espacio de 20 años, el señor de Saint-Julien sería, pues, el superior de nuestra Señora de Caridad[16].

Su nombramiento causó pena el P. Eudes, que no había sido consultado. Escribió a Simón Mannoury el 29 de Junio de 1656. Después de

---

15  DU CHESNAY, NV VIII 357, que cit. B. M Ruan, mns A 396, p. 354. Sobre madame de Boisdavid, cf. E. LELIEVRE, Madame de Boisdavid. Ya citado. Sólo a través de este libro podemos conocer el manuscrito de la Srta. Le Conte sobre su prima Marie de Soulebieu de Boisdavid, destruido en 1944..

16  B. D'YMOUVILLE, Claude le Grand, en NV VI 142ss.

aludir al descontento del señor de Langrie y continuaba: "Si me dejara llevar por mis sentimientos, tendría sobrados motivos para abandonar esa casa"... Y añadía la siguiente reflexión en la que se percibe un dejo de amargura: "Está bien claro que desde hace mucho tiempo la buena madre no gusta de nosotros". Pero terminaba olvidándose de sí mismo. Es preciso "continuar nuestro camino real y prestar servicio a la casa en todo lo que podamos, por amor a nuestro Señor y a su santísima Madre"[17].

Un mes más tarde escribió a la madre Marie de Taillefer, haciéndose eco de la palabra de San Pablo (Rm. 8, 35 y ss.): ¿"Quién podrá separar mi corazón del santo afecto que debo profesar a la queridísima casa de tan buena Madre"?[18]. ¿Quién me separará?... La hermana leyó perfectamente entre líneas que aun el reciente nombramiento del superior no separaría al P. Eudes de la casa que él había fundado y conducido a través de tantos escollos.

En realidad la fe y el desprendimiento del P. Eudes tuvieron su recompensa. El señor Le Grand era hombre recto y delicado. Reconoció el mérito del fundador, que respetaba, aceptando eclipsarse, su reciente designación. Tanto es así que en los meses siguientes fue su abogado ante el obispo y uno de los artífices de la confirmación del seminario de Caen[19] como lo comprobamos en el capítulo anterior.

La casa de la *Neuve-Rue*, tercer local que ocupaba Nuestra Señora de Caridad, resultó a su vez, demasiado estrecha. La madre Patin estaba preocupada por ello. Una noche vio en sueños un terreno y construcciones que ella no conocía. Algún tiempo después se ofreció en venta un depósito, cerca del muelle, en el que las naves desembarcaban sus mercancías. Cuando lo visitó reconoció el edificio que había visto en sueños.

La madre Patin lo compró, discretamente, hacia fines de 1656. Pero temía, en el momento de tomar posesión de él, la oposición de los ediles de Caen. Consultó al P. Eudes que se hallaba por unos días en París y este le respondió el 17 de marzo de 1657: "Nada tema, mi querida Madre, porque Dios está con usted y a su favor (...). ¡Usted ha experimentado tantas y tantas veces su protección sobre la casita de Nuestra Señora de Caridad!"... Proponía tres posibles caminos: "el primero, proceder tan secretamente, que se encuentren alojadas antes de que se sepa"; el segundo, utilizar la influencia de Madame de Longueville con los ediles; el tercero "tratar el asunto con los señores ediles y con los agentes del rey y rogarles que les permitan tomar posesión de la casa. Como este último camino

---

17    OC X 407-409.
18    OC X 515-517. El original de esta carta se conserva en la comunidad Nuestra Señora de Caridad de la Rochelle.
19    OC X 416.

es de sumisión y de humildad, Dios lo bendeciría"... pero añadía, como si se corrigiera y quisiera evitar una solución autoritaria: "No consideren mi opinión como definitiva. Rueguen más bien a los amigos de la casa, al señor de Bernières, a los señores y señorita de Camilly, que se reúnan para deliberar y buscar lo mejor, porque nuestro Señor les dará a conocer su santa voluntad..."[20]. Esa solución de actuar en acuerdo había sido, por otra parte, su criterio desde los comienzos: la casa no era obra exclusiva suya sino común. Los amigos se reunieron y escogieron el tercer camino que les dio buen resultado. El domingo de ramos de 1657 la comunidad entera se trasladó con sus muebles a la nueva casa. El señor Le Grand presidió la instalación.

Los locales eran amplios, pero poco adaptados a las necesidades. Así que inmediatamente se pusieron a trabajar en las mejoras más urgentes. Las hermanas transportan ellas mismas las piedras y los tablones. La hermana Marie de l'Assomption de Taillefer construyó un muro con sus propias manos, al igual que un albañil. Y cada grupo pudo encontrar su lugar -la comunidad, los penitentes, el noviciado, el pequeño internado- en torno a la casa de Dios.

### Madame de Boisdavid y Mlle. Hertaut

Durante ese año de 1657 entraron al noviciado dos personas notables. Primera fue la marquesa de Boisdavid, quien vino a juntarse con su hija, y su prima. Su llegada fue un momento memorable para la comunidad y sus amigos. Se conocía su posición social, su fortuna, la muerte gloriosa de su marido, el valor y la fe de la joven que quedó viuda a los veintinueve años con seis hijos pequeños. El tiempo había pasado y cuando ella entró, a los treinta y ocho años, para no volver a salir, una escolta amistosa la festejó alegremente. Allí estaban, además del P. Eudes y del señor Manchon, el señor Bernières, el señor y la señora de Mémont, el señor y la señora de Camilly y otros más[21]. La comunidad la recibió como un regalo de Dios y una valiosa promesa. Tomó el hábito rl 29 de Abril de 1657 y se llamó sor María de Niño Jesús.

Humilde y eficiente, gustaba servir a las penitentes. Ella misma encendía el fuego, barría, servía a la mesa. No la asustaba el esfuerzo físico. Acarreaba leña, sacaba agua del aljibe, participaba en trabajos de construcción y todo lo hacía " con tanta alegría que daba la impresión de que se

---

20   OC X 517-519- A mediados del siglo XVII, el título de mademoiselle se utilizaba a menudo para designar a las mujeres casadas; Messieurs de Camilly padre e hijos..

21   HERAMBOURG I 16: 52/227.

sentía inclinada a ello"[22]. En 1658 tuvo la alegría de tomar parte en la primera comunión de su pequeña Susana, de manos del Padre Eudes.

La otra postulante notoria de ese tiempo se llamaba María Hertaut. Pertenecía a una familia pobre de Ouistreham y vivía desde su infancia en gran familiaridad con Dios. Hasta había conocido momentos de experiencia muy intensa con el Dios Trino que se renovaron, con más frecuencia después de su entrada en la comunidad. A veces, por largos ratos, en medio de su trabajo, se apoderaba de ella la presencia de Dios, no sin asustar un poco al resto de sus hermanas. Por otra parte hacía maravillas con las penitentes. Pero como no pudo aportar la dote requerida quedó de *hermana conversa* y rehizo un noviciado. La destinataron a la cocina, pero sus éxtasis perjudicaba su trabajo: la comunidad, por votación, resolvió despedirla (1663), a pesar de la oposición de la madre Patin quien profetizó que María Hertaut profesaría en otra casa de la orden cuya existencia nadie, entonces, podía prever.

El P. Eudes, a distancia, se mantenía solícito por sus hermanas y se alegraba de los progreso de la comunidad. Pero un día, mientras estaba en Ruan, una noticia le desgarró el corazón: La hermana Marie de l'Enfant-Jésus de Boisdavid, profesa desde hacía menos de un año, había fallecido. Una caída fatal sobre el pavimento helado, unos días de sufrimiento, y todo había terminado. Era el 30 de enero de 1660. Con este rudo golpe se derrumbaban súbitamente muchas esperanzas. Es imposible no sentir emoción ante el destino de esta joven mujer brillante que había encajado perfectamente en ese servicio de misericordia y en la vida de esa pobre casa, y que fue tan brutalmente arrebatada. El P. Eudes, consternado, encontró la paz en la oración. Escribió a la madre Patin:

> La muerte de nuestra querida hermana Marie de l'Enfant-Jésus me ha tomado por sorpresa en un principio; pero al fijar de inmediato mi pensamiento en la adorabilísima voluntad (...) he guardado mi corazón en paz.

Y abría la siguiente perspectiva de luz:

> Ella se ha ido a tomar posesión del cielo, en nombre de todas las hermanas y a dar comienzo allí a una fundación eterna de la comunidad de nuestra Señora de Caridad[23]

---

22  Ann. NDC II 21: Chv/ 110. E, LELIEVRE *op. cit.* p. 309.
23  OC X 524.

## CAPÍTULO XIX

# Ruan

(1656-1660)

*Muerte de dos grandes espirituales: María de Vallés y Jean de Bernières*
*El jansenismo en Ruan*
*Nacimiento del seminario de Ruan*
*El asunto del Ermitage*
*Llamado a la contemplación*

## Muere una gran orante

En la temprana madrugada del lunes 4 de diciembre de 1656, sombras silenciosas se deslizaban por las calles aún oscuras de Coutances. Provenían de casas distintas en las que habían pernoctado unos cuarenta hombres que se reunieron junto a la puerta de la iglesia de Saint-Nicolas, en el mismo instante en que la encargada de tocar el angelus acababa de abrir. Entraron con ella, le prohibieron tocar las campanas y la retuvieron. Algunos, armados de picas, rompieron el piso de la iglesia y retiraron el ataúd que guardaba el cuerpo de Marie des Vallees desde hacía diez meses. Estaba intacto. El ataúd nuevo que habían traído resultó, pues, inútil. Cuando descubrieron el cuerpo lo hallaron igualmente intacto y se dice que un aroma penetrante invadió la iglesia. El señor de Langrie y su hermano, que comandaba esa patrulla, pensaron que el olor agradable provenía "de los perfumes de sus pelucas o de sus guantes, y se los quitaron inmediatamente". Pero la fragancia provenía del cuerpo y algunos han contado que se esparció luego por las calles mientras el cortejo silencioso llevaba el ataúd cerrado desde la iglesia de Saint-Nicolas hasta la del seminario. en donde todo estaba listo para recibirlo. Al punto repicaron las campanas y se celebró un oficio solemne. Y desde entonces la comunidad del seminario entró en posesión de los restos preciosos de Marie des Vallées, que deseaban poseer también los canónigos de la catedral y los dominicos del convento cercano[1].

---

1   *Annales* V 4: 27/501-502. Ann. NDC II 11: Chev/80. E. DERMENGHEM. *La vie admirable et révélations de Marie des Vallées,* ya cit. p.3ss que cita BN. F fr. 11945 ff. 18-27 y 11949 p. 1-31. Historias de perfumes se encuentran en relatos análogos del mismo tipo de literatura que se deben tomar con reservas.

Este episodio se explica así.. "Sor Marie" había muerto el 25 de febrero anterior. Los últimos años de su vida habían sido, por fin, apacibles. Se había visto libre de su "posesión". En diferentes ocasiones había dicho: "quiero irme a casa". Ella había anunciado a Jean de Bernières que él también moriría pronto[2]. El 8 de febrero de 1656 comulgó por última vez. Luego, asistida largamente por el P. Eudes, se había extinguido serenamente. Su cuerpo había sido inhumado en la iglesia de su parroquia de Saint-Nicolas.

Pero algunos días después el P. Eudes había manifestado ante un grupo de amigos su gran pesar por estar *privado de ese tesoro*[3]. Entonces el señor Langrie, que se hallaba presente, le había dicho: "¿Pero, Padre, de verdad lo desea? Déjeme actuar a mí". Enseguida había obtenido del parlamento de Ruan, del que era *Presidente-semestre* un edicto que concedía el cuerpo de Marie des Vallées al seminario. Y había resuelto llevar a cabo la diligencia personalmente, con amigos seguros. Y todo resultó bien.

Marie des Vallées había sido una orante extraordinaria. Su existencia entera era un grito que proclamaba la realidad de Dios, la bondad de Dios, su acción salvadora. Ella llamaba a la oración. Tenia además, sobre la oración una enseñanza a veces sorprendente. Por ejemplo, comentaba así las palabras del evangelio sobre la oración de petición (Mat. 7,7) "los deseos buscan, las lágrimas golpean, y la necesidad suplica (...) pero infortunadamente nosotros carecemos de deseos para buscar, de lágrimas para golpear y no caemos en cuenta de nuestra necesidad"[4].

Sin duda alguna San Juan Eudes admiraba esa sabiduría cuyos ecos nos ha transmitido y, a menudo, también, las expresiones originales. Y con ellos confrontaba su experiencia personal de oración.

¿Y, por cierto, qué sabemos nosotros del camino de oración que transitaba el P. Eudes en esa mitad de su vida? De ella nos dice pocas cosas.

Su diario, sin embargo, nos deja entrever algo de sus pruebas interiores y sus experiencias de liberación. Hablando de sus tribulaciones añade esta breve anotación: "me han sido muy provechosas y Dios me ha liberado siempre de ellas". Deja adivinar también que por esa época sostuvo graves tentaciones, cuya naturaleza ignoramos: "Habiéndome encontrado muchas veces en grandes peligros de perder la gracia de mi Dios (...) él me ha liberado de ellos por la intercesión de mi gloriosa Señora y bondadosísima Madre, la Virgen María"[5].

---

2   B de la TOUR, *Mémoires sur la vie de M. de Laval, éveque de Québec*, Cologne, 1761 t. I p. 30 cf Annales V3: 27/497-498.
3   Carta del 2 de marzo de 1656 OC X 403-406.
4   *Vie adm.* IX, 11, 5: Q.f. 383. Véase p. 135 lo que ella decía del *Ave Maria*.
5   MBD 58: OC XII 119.

Las "elevaciones" entusiastas que nos ofrecen sus obras pueden sugerir algo del clima admirativo y dichoso de su contemplación. Sin embargo los testigos de su vida nos aseguran que estuvo por largos años " en tan gran desolación interior que se encontraba casi siempre distraído, sin poder fijar la atención por más fuerza que se hiciera". Entonces acudió "a una persona favorecida por el cielo" -sin duda Marie des Vallées- "quien le aseguró que no tenia la culpa de ello y que el camino que debía recorrer estaba sembrado de cruces..."[6].

De seguro repetía entonces instintivamente la hermosa plegaria que había recibido tiempo atrás del P. de Condren y que recomendaba a menudo a otros:

> Ven, Señor Jesús, ven a mí,
> con la plenitud de tu poder,
> con la santidad de tu Espíritu,
> con la perfección de tus misterios
> y la pureza de tus caminos
> ¡Ven, Señor Jesús![7]

## El pendenciero Charles du Four

En su búsqueda personal de Dios, así como en su ministerio de dirección espiritual, Juan Eudes se sentía cercano de Jean de Bernières quien estaba muy ligado a Marie des Vallées, y de aquella escuela ferviente de contemplación que albergaba el Ermitage.

Muchos miembros, estables o pasajeros, de esa casa le eran familiares y a menudo también lo veneraban. Tal fue el caso, por ejemplo, del joven que ya encontramos en el momento de la creación del seminario de Lisieux, Pierre Lambert de la Motte (1624-1679)[8].

Discípulo de Bernières, ligado a la Compañía del Santísimo Sacramento, en contacto con una Aa (asociación secreta de mutua ayuda espiritual, animada por los jesuitas), Lambert de la Motte pensó tal vez entrar en la Congregación del P. Eudes. En todo caso pidió y recibió en 1655 la ordenación presbiteral. Y tomó la determinación de partir a las misiones lejanas. En el curso de un viaje a Roma fue escogido como

---

6    *Annales* VI 5: 27/660.

7    *Fleurs*, JE II 21: 31/529; ver RJ V 11: 06 I 440. Condren había dado esta oración al señor Olier quien luego la completó: *"Oh Jesús, que vives en María, ven y vive...".* Sobre la historia de esta plegaría y. I NOYE Bull *du comité des études* n' 7 (oct. 1954) pg. 8-17; M. DUPUY *Se laisser à l' Esprit*, pg. 181-182.

8    Cfr. Jean Charless de Brisacier, *Mgr. P. Lambert de la Motte* p. P. du CHESNAY en NV III 319ss; DHGE sv Bagot; DS, sv *Lambert de la Motte, Annales* V 12 ss: 27/538ss. Precisión de fechas en NV III 324, n. 3.

Vicario apostólico para el Extremo Oriente; recibió la ordenación episcopal y el título de obispo de Béryte (Beyrouth). Quiso entonces disponer de su fortuna que era considerable y podría servir para crear un seminario en Ruan[9].

Desde 1657, antes de su viaje, a Roma sentía que había llegado el momento de fundar, finalmente, en Ruan, un seminario de ordenandos, de carácter durable, después del ensayo abortado de los oratorianos en 1642. Sostenido por la Compañía del Santísimo. Sacramento y la duquesa de Aiguillon, había tomado contacto con el joven arzobispo que se llamaba, como ya dijimos, François de Harlay de Champvallon, segundo de este nombre (1625-1695). Este prelado, inteligente y dinámico, no ahorraba sus esfuerzos; todos lo describen como ambicioso, pero por los motivos que fueran, sostuvo eficazmente el proyecto de Lambert de la Motte. Tal vez, pensaba, tendría éxito allí donde su tío había fracasado. Desde ese momento quedó entendido que se confiaría al P. Eudes la misión de fundar el nuevo seminario.

Los jesuitas prestaron para ese cometido una ayuda discreta. Juan Eudes ha hecho notar que el P. Honoré Nicquet, superior de su casa en el tercer año, contribuyó con todo lo que tenía a su disposición para el establecimiento del seminario[10]. Otro personaje, también muy eficaz, fue Charles Mallet, miembro de la Compañía del Santísimo Sacramento y amigo del P. Eudes que era *vicario general* del arzobispo[11].

Había que actuar con doble prudencia. Por una parte, el clero de Ruan y especialmente el capítulo de la catedral, era celoso de su autonomía; por otra, el partido jansenista era bastante poderoso y seguramente lucharía para apoderarse del seminario.

El carácter combativo del clero de Ruan había estallado el año anterior en el asunto de los *casuistas*. 1656 es el año en el que el joven y genial Blaise Pascal publicó a sus *Provinciales*, cartas de corrosiva ironía en las

---

9    Había por entonces en Ruan dos seminarios y clases de teología, pero ningún seminario de ordenandos propiamente dicho: 1. El "seminario de Joyeuse" que recibía jóvenes nobles a los doce años: formó efectivamente sacerdotes, incluso para la diócesis de Ruan, más de lo que decía Vicente de Paúl: pueden verse las cifras en DELATTRE, *Les établissements des Jesuites*, sv Ruan y en M. VENARD, "*Les séminaires en France avant S. Vicent de Paul*", en Vicent de Paul, Colloque, ya cit. pg. 15-17 2. El seminario San Patricio, comunidad parroquial por el estilo de Saint- Nicolas- du-Chardonnet, que también formó sacerdotes; cf. A. FERON. *Contribution à l'histoire du jansenisme en Normandie L' attitude du clergé dans le diocèse de Ruan sous l' episcopat des deux archevêques de Harlay* (1630-1671), Ruan, Lestringant, 1913 Pg. 10 y n. 2.. 3. Las clases de teología del colegio de los jesuitas; más tarde los seminaristas de Saint-Vivien siguieron esos cursos.

10   Arch. des Eudistes, ms AA 4: *Bienfaiteurs du séminaire de Rouen*.

11   FÉRON, *L' attitude...* pg. 68 ss. En esta presentación, seguimos este estudio preciso, documentado y crítico.

que rompía lanzas para defender a sus amigos jansenistas y su austera moral, contra el laxismo de los *buenos padres*, como llamaba a los jesuitas. Pretendía que ellos habían llegado a ser maestros en *casuística*, o, dicho de otra manera, en el arte de complacer a la vez al Evangelio y al mundo. Les bastaba para ello, explicaba Pascal en la *7ª Provincial*, enseñar a sus penitentes a "dirigir la intención". Por ejemplo, para legitimar el duelo "basta apartar su intención del deseo de venganza, que es criminal, y orientarlo al deseo de defender su honor, lo cual está permitido, según nuestros padres...". Se trata de una caricatura, pero se apoyaba en hechos observados. Al lado de jesuitas, testigos verdaderos de un cristianismo profundamente espiritual y exigente, otros sabían entrar en componendas con el mundo.

Pues bien, había en Ruan, por la época en que Lambert de la Motte incitaba al arzobispo a crear el seminario, un personaje que no podía ver a los jesuitas. Se llamaba Charles du Four (1611-1679). Era cura de Saint-Maclou y tesorero del Capítulo. Era también sobrino de aquel obispo admirador del P. Eudes, a quien ya conocemos bien, Jean-Pierre Camus, abad comanditario de Aunay. A la muerte de Pierre Camus (1652), Du Four había heredado su abadía de Aunay, con gran perjuicio de los monjes si damos crédito a sus crónicas. El nuevo abad exigía ásperamente más de lo debido[12]. Pero sobre todo era un hombre fogoso, batallador, excesivo. Desde 1641 el rey Luis XIII lo había señalado al arzobispo de Ruan. Ya entonces "lanzaba invectivas contra los jesuitas y contra las demás órdenes"; el rey invitaba al jefe de la diócesis a "reprimir su efervescencia" y a "ahogar las semillas de división dentro del clero".[13]

Habían pasado ya quince años pero Du Four no había adquirido aún completa sensatez. La *7ª Provincial* reavivó su actitud pendenciera contra los jesuitas. Reunió a los curas de Ruan, quienes publicaron una declaración contra los casuistas y la moral relajada y encargaron a Du Four que escribiera en su nombre a los curas de París, lo que puso por obra. Los curas de París hicieron coro con los normandos. A su manifiesto un jesuita

---

12 AD Calvados, H 60: Histoire de l'abbaye de Notre-Dame d'Aunay de l'Ordre de Citeaux, Pg. 214.: " Los religiosos de Aunay disfrutaban de paz (...) y veían con alegría reparar las ruinas de su santuario. El hombre enemigo tuvo envidia de esa inocente satisfacción: Dios había sacado del mundo al señor Camus (...) y el señor abad Du Four le había sucedido (...). Al punto se dedicó a reivindicar, si lo hubiera podido, la porción de la tercera parte que el decreto del 13 de junio de 1651 había adjudicado a los religiosos para sus gastos ordinarios..".

13 A. FERON, pg. 19-20 y para lo que sigue, pg. 42ss. La acción de Du Four no está inspirada directamente por el jansenismo: porque se podía combatir a los jesuitas y al laxismo sin ser jansenista. Había, es verdad, jansenistas en Ruan, pero en 1658 Harlay considera todavía que no siembran división. CF. Feron, pg. 105; en la pg. 108 se critica a los historiadores eudistas "para quienes cualquier oposición sólo podía venir de los jansenistas": "Sin embargo convendría preguntarse si tal sospecha, primitivamente lanzada contra el clero normando, no es, al contrario la causa de su oposición".

dio una respuesta mordaz: *Apología de los casuistas contra las calumnias de los jansenistas (1657)*. Hay que reconocer que algunos de esos buenos padres, cuando se les provocaba, trataban de jansenistas, indistintamente, a todos sus adversarios. Lo cual no simplifica nuestro trabajo de interpretación de las querellas de ese tiempo.

Pues bien, en ese clima efervescente y confuso, los compañeros del P. Eudes llegaban a establecerse en Ruan.

## El Padre Eudes, artífice de paz

Al comienzo las diligencias se mantuvieron ocultas. En 1658, el día de la Ascensión, se firmó un acuerdo secreto entre el arzobispo y el P. Eudes[14]. Pero muy pronto Du Four y sus amigos debieron sospechar algo y resultaron hablando de seminarios con el señor Harlay. Este nada reveló pero hizo que Lambert de la Motte escribiera al P. Eudes: era preciso, le decía, mantener con gran cuidado el secreto. y le expedía un modelo de carta de aprobación que era preciso hacer redactar y sellar con la firma del secretario de estado. Como detalle interesante, el arzobispo y Lambert de la Motte pedían al P. Eudes que se sirviera de su hermano Mézeray, para llegar en forma más segura y discreta al canciller Séguier. (Hay que decir que Mézeray, muy ligado con Seguier[15], tuvo alojamiento[16], en su palacio hasta la muerte del canciller en 1672). Tenemos pues la feliz sorpresa de que el librepensador Mézeray prestó de buena gana la colaboración a una iniciativa secreta para la fundación de un seminario de ordenandos. Para llegar discretamente a Mézeray aconsejaban a su hermano Juan que se sirviera del joven Jean Jacques Blouet de Camilly, a quien había enviado a estudiar en París. Lambert de la Motte agregaba: "Si no me equivoco, va a producirse gran alboroto. No pierda tiempo para viajar a París y dispóngase a venir a combatir aquí dentro de poco. Me ofrezco para secundarlo"[17].

---

14  MBD 54: OC XII 117: En Ruan, el establecimiento de una casa fue decidido y firmado por el arzobispo el día de la Ascensión de 1658, y nuestra iglesia fue abierta en 1659, todo ello gracias al cuidado y la caridad de M. de la Motte-Lambert, M. Mallet, el vicario general, M. d'Omonville, M. de Fermanel, sacerdote, hijo de M. de Fermanel el Receptor, y M. Cornier..

15  Séguier había sido alejado por un tiempo pero desde 1656 era de nuevo canciller y lo será hasta su muerte (1672). Fue un fiel protector de Mézeray.

16  Mézeray poseía una casa en la calle Montorgueil, parroquia de S. Eustaquio, y una casa rural en la aldea de Chaillot, (véase su testamento, ya cit.), pero parece que se alojó hasta 1672 en su apartamento del palacio Séguier, calle Bouloi. Allí recibió a Juan Eudes. CF. J CHAPELAIN, Lettre p.p. ph. THAMIZEY de LARROQUE, París 1883. t. II p. 35. n.2.

17  MARTINE V 8 17/ 333-334.

Efectivamente el proyecto se propaló. Algunos curas de la diócesis, por lo visto los mismos que se habían estrellado contra los casuistas, escribieron al arzobispo: incriminaban al señor Mallet, culpable de haber abusado de él inclinándolo en favor del P. Eudes, "un hombre lleno de orgullo" "un hombre inquieto que siembra la confusión por todas partes (...) un visionario con ideas extravagantes"[18].

El arzobispo respondió con rodeos tanto como pudo. El 30 de diciembre de 1658 fue a explicarle al capítulo que le habría gustado abrir un "seminario diocesano", pero que esa carga habría sido pesada para su clero. Se contentaba, pues, por el momento con crear un "seminario particular" bajo su total jurisdicción gracias a la generosidad de varias personas encargadas de velar para que todo allí funcionara normalmente. Y, efectivamente nombró no sólo dos sino tres "directores", uno de ellos, Charles Mallet, para controlar el seminario.

El señor Lambert de la Motte pagó en parte la compra de la casa, ocupada en otro tiempo por las Anunciatas y situada en la parroquia Saint-Vivien. La casa podía alojar unas cincuenta personas. Se comprometió, además, junto con su hermano, a asegurar la subsistencia de diez sacerdotes hasta que hubiera rentas suficientes. Hubo también otros "fundadores", entre ellos un señor de Omonville que hizo una donación de diez mil libras. Lo encontraremos más adelante.

El obispo publicó las letras de institución que había firmado desde el 30 de marzo de 1658. Por ellas confiaba el seminario a "una comunidad de eclesiásticos que esté unida y agregada a los que dicha congregación ha establecido en las ciudades de Caen, Coutances y Lisieux". El superior sería designado por el jefe de la congregación y confirmado por el obispo. Las letras patentes reales obtenidas en 1658 fueron registradas en el parlamento el 14 de enero de 1659. Y el seminario abrió finalmente sus puertas hacia mediados de febrero. El primer superior fue Thomas Manchon, unos de los primeros compañeros del P. Eudes. Y desde entonces se calmaron las querellas.

Es verdad que algunos días después de su intervención en el capítulo el arzobispo había dirigido a sus diocesanos una vigorosa invitación a la concordia, una "reglamentación para la paz", como se la ha llamado. Vale la pena decir una palabra sobre él porque parece que el P. Eudes tuvo que ver con esa iniciativa. Será al mismo tiempo una oportunidad para ubicar aquí el "partido" jansenista. El arzobispo escribía entonces:

---

18    MARTINE V 8-10: 17/332ss.

> Hemos sabido con dolor que desde hace algún tiempo se ha despertado entre algunos de nuestros diocesanos un espíritu de división y de discordia que alimentado y sostenido con un pretexto de celo por la conservación de la fe, sin embargo destruye su fundamento (...) pues apaga la caridad (...). Para impedir que ese mal progrese (...) renovamos, por una parte, nuestras prescripciones anteriores sobre la aplicación de las bulas de los Padres Santos Inocencio X y Alejandro VII (...); por la otra prohibimos muy expresamente, bajo pena de excomunión a todos nuestros diocesanos darse esos nombres de jansenistas y de semipelagianos...[19].

Aquí es menester una palabra de explicación. Desde 1640 las ideas de Jansenio se habían difundido ampliamente, sostenidas o combatidas a menudo apasionadamente. Cierto número de espirituales que presentían su nocividad se habían opuesto a ellas: así Vicente de Paúl y Jean-Jacques Olier.

En 1649 un doctor de la Sorbona había extraído del Augustinus seis proposiciones (reducidas luego a cinco), que le parecían particularmente condenables. Posteriormente Vicente de Paúl y el P. Dinet, un jesuita bien conocido del P. Eudes, habían conseguido firmas de obispos para pedir a Roma la condenación de las cinco proposiciones atribuidas a Jansenio. De hecho, Inocencio X y luego Alejandro VII las habían condenado. (Véase la página 495).

¿Que actitud asumía Juan Eudes frente a esas realidades? Por una parte, como Olier, condenaba francamente la doctrina condenada por el Papa. Ya hemos visto, por otra parte, desde los tiempos de las primeras discrepancias que separaron en dos corrientes a los partidarios de la reforma católica, cómo optó por la misericordia frente a una tendencia más rigorista atribuida a Saint-Cyran y a Jansenio. Además estaba fuertemente ligado a los jesuitas, quienes unánimemente rechazaban la nueva doctrina. Pero, veía bien igualmente, frente al grupo jansenista, otro "partido" a menudo apasionado, encarnizado contra jansenio: los antijansenistas, a los que sus adversarios llamaban "semipelagianos" por la antigua herejía de Pelagio que rechazaba la necesidad de la gracia. Y Juan Eudes no quería afiliarse al partido antijansenista, aun cuando contara con jesuitas en sus filas. No quería ser hombre de partido.

Un jansenista bien conocido, el P. Desmares, había encontrado al P. Eudes hacia fines de 1658; lo había hallado, como él mismo lo ha

---

[19] A. FERON, op. cit. p. 118. Los "semipelagianos", como veremos eran sospechosos de valorizar de tal manera la libertad del hombre, que se exponían a desconocer el papel de la gracia.

contado[20], acogedor y sin prejuicios. Había afirmado al misionero que él no sostenía las cinco proposiciones condenadas. Y el P. Eudes, feliz de saberlo, se había declarado listo a "defenderlo y a mediar en busca de paz". Efectivamente Eudes había ido un poco más tarde al arzobispo de Ruan y le había hablado en favor de Desmares. Muy complacido, el arzobispo se había declarado benévolo hacia todos y amigo de la paz. Y algunas semanas después publicaba su "reglamentación para la paz".

Por este episodio descubrimos cómo Juan Eudes, hombre de paz y de diálogo, había escogido una línea difícil de mantener, alejada, al mismo tiempo, del pensamiento jansenista y del sectarismo contrario. En el contexto de la época, en Ruan, no era fácil sustraerse a las pasiones. Pero hacerlo le parecía urgente.

Por otra parte esta misma línea tratará de infundir un poco más tarde al superior Thomas Manchon en los comienzos del seminario de Ruan. le escribió que había recibido de París dos cartas de dos personalidades amigas.

> La una me escribe que encontrándose en compañía de personas muy célebres dos hombres distinguidos decían que era por causa nuestra que monseñor de Ruan había hecho publicar su reglamentación para la paz, como queriendo decir que nosotros nos precipitamos (...) en ardentías demasiado violentas contra el partido jansenista. La otra me escribe lo siguiente: "le diré con sencillez que encontrándome en una casa muy célebre de París se me han quejado de que desde hace algún tiempo se nota en Ruan una facilidad extraordinaria en la comunicación de algunos de los suyos con aquellos que con abundancia de razones han sido considerados como adherentes al partido..."

Es divertido encontrar en una carta del P. Eudes el eco de las habladurías de los salones parisienses: Pero para él estas opiniones, por lo demás contradictorias, no le hacían ninguna gracia. Invitaba, pues, a su muy querido hermano a guardar mayor prudencia: sigamos nuestro gran camino real, le decía, alejado de todas las controversias. Pero añadía: les suplico que eviten, tanto como puedan, la comunicación con quienes se hallan en la falsa doctrina y que demuestren siempre a los RR. PP. Jesuitas y a todos los religiosos la mayor caridad y amistad posibles. el gran punto de referencia son los queridos jesuitas[21].

---

20   BN, F. fr. 24998; *Journaux* de M. des Lions, p. 176ss.
21   OC X 425.

Las preferencias ideológicas pueden tener repercusiones económicas. Y fue así como el generoso señor de Omonville se sobresaltó cuando le informaron que el seminario estaba controlado por "directivos" que no le daban seguridad y declaró que retiraba su donación porque no quería financiar un seminario jansenista. Esto produjo consternación. El P. Eudes le escribió una larga carta, bastante emocionada: "Mi queridísimo señor, le confieso que me produce un dolor muy amargo que usted se separe de nosotros. Es verdad que sería preferible que no existiera seminario si lo van a conducir y dirigir los jansenistas. Pero, gracias a Dios, el seminario de Ruan no se halla en ese estado". Y le hace ver que si retira los fondos el establecimiento no podrá subsistir tal como fue concebido y que entonces sí caería en manos de los jansenistas. "Ruego a Dios con todas mis fuerzas que hable el mismo a su corazón"[22].

El P. Eudes fue escuchado y el señor de Omonville superó su inquietud y aceptó mantener la ayuda.

## El seminario Saint-Vivien de Ruan

El señor Mallet había sostenido el seminario con sus intervenciones ante el obispo. También lo ayudó con sus donaciones. E hizo algo más: formó parte de la comunidad que lo dirigía y aceptó dar en él clases de teología y conferencias de espiritualidad[23].

El reducido equipo de los comienzos era un poco frágil para atender a la demanda que fue importante. De ahí que el P. Eudes, hiciera largas permanencias en el seminario de Ruan durante los períodos preparatorios a las ordenaciones: allí daba las conferencias a los ordenandos[24]. Estos pasaban allí dos meses antes del subdiaconado y un tiempo más corto antes de las demás ordenes. Además de los ordenandos, muchos sacerdotes venían al seminario, espontáneamente o por orden del obispo, para "aprender allí la práctica de las funciones pastorales".

Juan Eudes conoció allí grandes alegrías. Durante el adviento de 1659 escribió al joven Jean-Jacques Blouet de Camilly, que se estaba formando en París. Le daba a conocer su acción de gracias por la ayuda que Dios daba, decía, "a nuestra humilde congregación. Somos cerca de cien personas en esta casa, entre ellas numerosos ordenandos y muchos pensionados o seminaristas de quienes recibimos gran satisfacción (...). Los ordenandos partirán mañana: les hice una exhortación todos los días".

---

22    OC XI 71-73.
23    *Annales* V 14: 27/548.
24    MARTINE V 14: 17/343.

Y tres meses después, en las témporas de cuaresma de 1660, evoca con entusiasmo el desfile de ciento veinte ordenandos desde el seminario a la catedral: "su recogimiento despertaba la admiración general. Y el arzobispo no se cansa de decirlo y repetirlo a todo el mundo y, dondequiera que va, hace pública la alegría que siente por su seminario"[25].

Los primeros años del seminario de Ruan fueron bien duros por falta de recursos. Varias cartas del P. Eudes al superior o al ecónomo de Ruan son respuestas a llamados angustiosos. El fundador hacía propia su angustia: "continuamente estoy pensando en las necesidades de su casa". Los invitaba a la confianza: "El Señor Jesús y su Santa Madre no la abandonarán; no, no, no, mi queridísimo hermano, ellos no abandonarán a sus pobres hijos, por indignos e infieles que sean". Los invitaba también a orar con mayor intensidad: Dios "nunca falla en las necesidades pero quiere que le pidamos con confianza y perseverancia". Entretanto prometía multiplicar sus esfuerzos para conseguir auxilios e invitaba a sus corresponsales a hacer ellos otro tanto[26].

## Jean de Bernières, maestro espiritual

Pero regresemos a Caen, en la primavera de 1659. No tardaremos, por otra parte, encontrar allí a Charles Du Four.

El 3 de mayo un acontecimiento sacudió los espíritus en la ciudad de Caen: la muerte repentina de Jean Bernières, de cincuenta y siete años de edad. La madre Matilde nos cuenta así el deceso de este laico que era a la vez, para ella, un hermano y su padre espiritual.

> Después de la cena, sin ningún síntoma de enfermedad, se entretuvo, como era su costumbre, con esos señores. Luego se retiró e hizo sus oraciones antes de acostarse y se adormeció en el Señor, de suerte que su enfermedad y su muerte no duraron ni siquiera medio cuarto de hora. En esa forma nuestro Señor se lo llevó. Me encuentro por ella sumida en alegría y en dolor: pero la alegría es mucho mayor, al verlo reabsorbido en su medio divino en el que tanto respiró durante su vida[27].

---

25   OC X 435-436; MBD 63: OC XII 120. Durante esa cuaresma el P. Eudes predicó igualmente en los dos monasterios de la Visitación de Ruan, como lo había hecho el año anterior: du CHESNAY, M, Pg. 277 y 279.

26   OC X 427-429.

27   C. de BAR, *Lettres inedites*, p. 182.

Se había desplomado mientras oraba. Los que conocían a Marie des Vallées recordaron que tres años antes, ella había anunciado a Bernières que moriría pronto.

En Caen todos conocían a este personaje austero, activo y bienhechor. Aunque era rico vivía pobremente en el vasto Ermitage que había hecho construir. Aunque siempre estaba presente en múltiples iniciativas, vivía ávido de soledad y de contemplación; humilde y retirado irradiaba en todo el reino y hasta en Nueva- Francia. El P. Eudes que había recibido su ayuda poderosa y que había compartido con él tantas ideas, esperanzas y sufrimientos, sintió vivamente su partida.

La muerte de Bernières afectó particularmente a los que él guiaba por el camino de la vida espiritual. Ya hemos encontrado a varios de ellos: Matilde del Santísimo Sacramento, Henri-Marie Boudon, Pierre Lambert de la Motte... Y cómo no recordar, entre tantos otros, a un joven sacerdote llamado también al episcopado, igualmente ligado al P. Eudes y Marie des Vallées, Francisco de Montmorency-Laval (1623-1708). Este, precisamente en ese mes de mayo, navegaba hacia Quebec adonde llegó el 17 de junio, acompañado de un joven clérigo, "encantadoramente humilde", Henry de Bernières, sobrino de Juan y que llegaría a ser cura de Quebec y superior del seminario. En cuanto a Francisco de Laval, acababa de pasar cuatro años en el Ermitage, donde se preparaba en la oración a su ministerio episcopal. llevaba sin duda en su equipaje un manuscrito precioso para él y hoy también para nosotros- la copia parcial del voluminoso escrito de Juan Eudes sobre Marie des Vallées[28]. Y conservaría muy vivo el recuerdo y el culto de la "Santa de Coutances". Otros apóstoles, sacerdotes o laicos, a quienes Bernières había formado en la oración, llegarían posteriormente a las orillas de río San Lorenzo: entre ellos Augustin de Mézy, gobernador de Nueva-Francia y Jean Dudouyt, sacerdote, cuyo hermano Jacques entró en la Congregación del P. Eudes.

Pero algunos otros discípulos que vivían comunitariamente en el Ermitage, no supieron hacer fructificar tan adecuadamente las lecciones recibidas de ese maestro de oración. Desamparados por su muerte se permitieron actuaciones excesivas. Comenzaron por lanzar un libelo

---

28  El *"manuscrito de Quebec"* fue descubierto en 1894 y obsequiado por la biblioteca de la universidad Laval de Quebec, a los archivos de los eudistas, donde lleva el # 46. En 1660 Mons. de Montmorency-Laval obtuvo, por intercesión de Marie des Vallées, la curación milagrosa de Barbe-Halley: Ann. NDC II 11: Chev/84-85. Sobre Bernières y sus discípulos vease R. HEURTEVENT, *L' Oeuvre spirituelle de Jean de Bernières*, París, 1938; Du CHESNAY, *Jean de Bernières... un laic directeurd'âmes* La Croix mayo de 1959: ID. *Tricentenaire de l'arrivée au Canada de Mgr de Laval*, La Croix, 11 de agosto de 1959. Francisco de Montmorency-Laval, obispo en 1658, fue vicario apostólico en el Canadá (1659) luego obispo de Quebec (1674-1688). La iglesia lo proclamó beato el 22 de junio de 1980. Sobre sus relaciones con Juan Eudes véase p. 112. NV VII 267ss.

venenoso contra los padres del Oratorio, que provocó gran alboroto[29]. Cultivaron una especie de psicosis antijansenista.

En ese contexto ocurrió un episodio minúsculo pero que tendrá pesadas consecuencias para Juan Eudes.

Un día Charles Du Four, durante una permanencia suya en Caen, se presentó a celebrar la misa en el convento de las ursulinas. Se le acogió con dificultad. Al mostrar su extrañeza el P. visitador, que se hallaba presente, le explicó que la comunidad tenía instrucciones de rechazar a los sacerdotes jansenistas, pero que esto a él no le concernía; así que pudo celebrar la misa. Volvió algunos días después, se revistió y subió al altar, pero le rehusaron " el pan, el vino y los cirios". Así que tuvo que regresar, furioso. (Era el 30 de julio de 1659)[30]. Logró que interviniera el procurador del rey, intentó un proceso e hizo tantas cosas exitosamente que cerraron la iglesia del convento.

Detrás de las ursulinas, Du Four adivinaba la influencia de sus amigos y vecinos del Ermitage. (Recordemos que la fundadora de las ursulinas de Caen, Jourdaine de Bernières, era hermana de Juan). Y sospechaba que, detrás del Ermitage, estaba la influencia del P. Eudes. Así declaró una guerra sin cuartel que iba a tener su clímax catorce años más tarde.

En los últimos meses de 1659 el episodio hizo mucho ruido en Caen. El P. Eudes tuvo ecos de ello en Ruan. Escribió entonces a Jean-Jacques Blouet de Camilly el siguiente escrito, medio-humorístico y medio-enternecido sobre sí mismo:

> Los grandes mastines de esta región (Ruan) no han mordido ni le han ladrado al cachorrillo blanco de orejas negras. Pero en Caen, lo muerden, lo desgarran, lo despedazan por el asunto que usted conoce. Pero él pertenece a un dueño que sabrá defenderlo bien[31].

Un poco más tarde, en 1660, Du Four hizo imprimir una *Mémoire pour faire connaître l'esprit et la conduite de la compagnie établie dans la ville de Caen, appelée l'Ermitage.*[32]. Allí se presentaba al P. Eudes como el peor enemigo de los padres del Oratorio de Caen, que arrastraba en su animosidad contra ellos a los miembros de la Compañía del Santísimo

---

29  ALLIER, *La Cabale des dévots* (1627-1666), París, 1902, Pg. 352.
30  Costil se equivoca de un año: 1659 en lugar de 1660 Cf. A. FERON, *L'attitude...* pg. 123 n.1 cf. Journaux de Des Lions, ya cit. pg. 201-203.
31  Carta del 17 de dic. de 1659, OC X 435.
32  Publicado sin indicación de lugar en 1660 (in 4o, 37pp.); en la BN, D 4523.

Sacramento hasta considerar a sus antiguos hermanos del Oratorio como herejes declarados.

Después de los hechos, Juan Eudes anotó en su Diario: "Hacia fines de 1659 y comienzos de 1660, Dios permitió que yo fuera despreciado, despedazado y calumniado de manera extraordinaria, pero eso me afectó muy poco por una gracia especial de su divina bondad..."[33].

Pero en al realidad, en el correr de los días, había conocido momentos de profunda angustia. Así confiaba un día a su joven hermano, el señor Dupont: "Mi querido hermano, las cruces me llueven de todas partes; si el Señor en su bondad, no me sostuviera, quedaría aplastado por ellas. Por que recientemente las he tenido más pesadas y sensibles que nunca (4 de marzo de 1660)"[34].

## Llamado a la contemplación

Las cosas, por otra parte, se habían complicado por un nuevo incidente. Una mañana, algunos jóvenes exaltados del Ermitage resolvieron recorrer las calles de Caen con paso lento y solemne, en ropas descuidadas. En cada esquina clamaban, con voz de inspirados, que todos los curas de Caen, con dos excepciones, eran jansenistas (4 de febrero de 1660)[35]. La manifestación provocó un escándalo. La policía intervino y los promotores fueron expulsados. Ellos reeditaron escenas extravagantes en las calles de Falaise y de'Argentan.

Un poco más tarde dos o tres de ellos se presentaron al seminario de Coutances, pero no fueron recibidos. Juan Eudes lo supo y aprobó la conducta del señor Dupont, superior de la casa:

> Hizo usted muy bien no recibiéndolos en su casa. Porque nuestros bienhechores han hecho circular aquí secretamente un escrito en el que se afirma maliciosamente que yo era e director del Ermitage. Y otros van diciendo que quienes cometieron esas locuras en las calles de Caen y en otras partes eran de los nuestros.

Y añadía:

---

33   MBD 64: OC XII 120.
34   OC X 436.
35   MARTINE V 33: 17/373ss. El señor Le Grand era uno de los dos curas que hallaban gracia a sus ojos, NV VI 149.

La fuente de semejantes engaños es la vanidad (...). Es eso lo que sor Marie[36] había dicho repetidas veces al señor de Bernières, que cuantas almas él ponía en el camino de la oración pasiva ( por que es de Dios hacerlo) las ponía en camino del infierno.

Juan Eudes y Marie des Vallées tenían profundo aprecio por Bernières, maestro de oración; pero nos imaginamos fácilmente a la criada de Coutances reprendiendo, de cuando en cuando, a su amigo y poniéndolo en guardia contra posibles fallas de discernimiento.

"Es de Dios darles la gracia de contemplar". Hay en estas palabras toda una sabiduría de Juan Eudes. Ya la había aprendido al comprobar las polémicas suscitadas por los votos de servidumbre de Bérulle, "iniciador místico"[37]; la practica de Bernières. Y sus consecuencias lo confirmaron en esa prudencia.

Creía, claro está, en la vida mística o, como él decía, en la oración pasiva, en la que el Espíritu Santo tiene toda la iniciativa e introduce al creyente a un conocimiento personal, profundo y vivencial del Dios escondido. Hablaba también con frecuencia de la contemplación, que es, decía, una mirada muy singular y sencillísima de Dios, sin pensamientos discursivos, ni raciocinios, ni profusión de ideas, y que tiene lugar en lo secreto del corazón[38].

Pero enseñaba que no todos están llamados a la contemplación y que quienes son favorecidos no disfrutan siempre de ella.

De ahí que diera tres grandes consejos para la oración silenciosa: el primero es mantener despierto el espíritu y el alma en su vigor mediante un mínimo de actividad, utilizando aspiraciones y grito interiores, tales como: "Oh santidad de mi Dios. Oh Jesús, te adoro y me entrego a ti para hacer mías las santas disposiciones e intenciones tuyas, que has querido fueran también la nuestras..."[39]. El segundo, purificar constantemente su intención su deseo; renunciar aún a Dios mismo, es decir, a toda avidez en codiciar los dones de Dios; acoger humildemente y sin inquietarse los períodos más desérticos o más agitados; y, en los momentos más felices y plenos, renunciar a toda posesividad, manteniéndose en humilde acción de gracias. Finalmente no encerrarse en ninguna iniciativa rígida y mantener

---

36  El texto de las OC X 439, dice: "una persona piadosa". Según *Annales* V 31 y MARTINE V 34, se trata de Marie des Vallées.
37  P. COCHOIS, *Bérulle et l'Ecole francaise*, París 1663, pg. 30, 110.
38  CA 1 2 y 4: OC VI 35 y 87.
39  *Fleurs*, JE II 21: 31/528. A propósito de estas fórmulas de unión a la oración de Cristo, Juan Eudes se refería a menudo a la enseñanza del P. de Condren.

ante todo el corazón libre y disponible para atender las invitaciones del Espíritu Santo.

Esa era la sabiduría que Juan Eudes había adquirido al reflexionar sobre su experiencia personal y la de sus amigos, los orantes Jean de Bernières y Marie des Vallées. Ese era el camino de oración que se abría ante él, día tras día, en el seno mismo de los grandes combates que afrontaba, en Ruan y en otras partes, por la causa de los seminarios y la renovación del pueblo cristiano.

## CAPÍTULO XX

# Juan Eudes superior de la Congregación

(1656-1660)

*Dificultades en Lisieux*
*El señor Dupont, superior de Coutances*
*El asunto Bazire*
*Misiones*

### Juan Eudes y los enfermos

En los primeros años de la Congregación, el señor Jourdan se encontraba de ecónomo de la casa de Caen. Aveces soportaba penosamente la autoridad de su superior. Un día, hastiado, fue a buscarlo, puso las llaves sobre la mesa y le dijo que abandonaba la Congregación. El P. Eudes trató en vano de convencerlo. De pronto, el superior cambió de actitud. Se hincó de rodillas ante su hermano y le pidió perdón por haberlo disgustado de esa manera. Pierre Jourdan, conmovido, pidió a su vez perdón y su confianza quedó restablecida[1].

Dentro de ese primer equipo, poco numeroso y solidario en los "tiempos heroicos", los conflictos podían resolverse sencillamente de hermano a hermano. No existían, de hecho, problemas de autoridad. Sólo se presentarán posteriormente, al crecer la comunidad, frente a una generación más joven, que no había tomado parte en las luchas de los primeros años. Lo palparemos en el curso de este capítulo.

Pero antes regresemos al P. Eudes, que se encuentra en Coutances, en el verano de 1656. Tomaba parte en las actividades del seminario y dedicaba también tiempo a los jóvenes que se formaban allí para entrar en la Congregación. Y de pronto su querido compañero, Thomas Manchon, cayó gravemente enfermo. Hubo necesidad de cuidarlo y, cuando mejoró un poco, enviarlo a reparar sus fuerzas en Grosley, cerca de Valognes, en casa de madame de Mémont (la cuñada de madame de Boisdavid). Parece,

---

1   *Annales* IV 24: 27/436 ; *Fleurs*, JE II 5 : 31/394.

por lo demás, que la salud del P. Eudes tampoco era excelente por esa época. También él tenía que tomar medicinas y descansar[2].

Juan Eudes, que había tenido personalmente, la experiencia de la enfermedad, se mostró siempre solícito por proporcionar a los enfermos las atenciones más delicadas. Y en primer lugar la de no esperar de ellos más de lo que pueden hacer. "Dios no quiere que se observen los reglamentos cuando se lo impiden la enfermedad o la invalidez", le escribía a un superior demasiado exigente[3]. Y luego, no ahorrar nada para que se les cuide debidamente. "Mi hermano", decía, "no se preocupe, si es necesario vender los cálices para curarlo, así se hará". Para no abandonarlos a su angustia, es preciso, decía, "divertirlos y recrearlos". Cuando se encontraba ausente exigía que se le "informara en cada correo sobre su estado". Hablaba siempre de ellos "con una ternura extraordinaria"[4]. Y cuando él mismo se encontró en extrema necesidad, aunque rodeado de los cuidados solícitos de sus hermanos más cercanos, pero siempre frágil y vulnerable, envió un mensaje a los superiores de la Caridad y del Carmelo, para que "se cuidaran mucho de causar tristeza o permitir que otras personas la causen a los enfermos de sus comunidades"[5].

## La comunidad de Lisieux

En el otoño de 1656, ese superior solícito por los suyos, viajó a París. Allí permaneció hasta marzo de 1657. En la capital encontró a Claude Auvry, el obispo de Coutances, quien se repartía entre el deseo de estar presente entre sus diocesanos y su compromiso con Mazarino, y pasaba frecuentes temporadas en París en un apartamento reservado para él en el mismo palacio del ministro. Auvry dio para el seminario de Coutances, el 8 de diciembre de 1656, una carta que precisaba y completaba la de 1650 : esta vez hacía alusión, ahora ya se podía hablar más libremente, a la existencia de la Congregación como tal. Por lo demás, el 14 de enero de 1657 aprobó, de primero, las Constituciones de la Congregación[6].

Durante ese tiempo, los seminarios de Caen, de Coutances y Lisieux continuaban en silencio su actividad. Posiblemente Juan Eudes prestaba atención un poco más inquieta al colegio de Lisieux, ligado al Seminario. Se trataba de una experiencia inédita para la joven Congregación en la que

---

2     OC X 516 ; XI 67.
3     OC X 485.
4     *Fleurs*, JE II 5 : 31/387-388. Véase también supra el texto de las Const. al respecto (cap. XVII) ; y Ann. NDC III 3 : Chev/278.
5     MARTINE VII 86 : 17 bis/278.
6     *Annales* V 5 : 27/368.

sus nuevos miembros se ejercitaban en la vida apostólica: doble motivo para velar para que todo se hiciera bien. Probablemente esa preocupación inspiró al fundador una hermosa carta a los directores de Lisieux, palpitante de espíritu misionero, y les ponderaba la importancia de su ocupación.

Se trata de una misión de grandes consecuencias, a lo que el Hijo de Dios, misionero supremo, los envía. El les dice : "Como mi Padre me ha enviado, también yo los envío" (Jn 20,21). Ustedes van a realizar esta misión entre niños, con el encargo de fundamentar en ellos el Reino de Dios. La gracia divina encuentra en ellos menos obstáculos que entre las personas mayores. Se trata de niños que son hijos de Dios por el bautismo, que han costado la sangre del Hijo de Dios y que han sido creados para contemplar el rostro de Dios.

Les recordaba luego, de manera clara y concreta, algunas de las exigencias de su vida apostólica en el colegio de Lisieux. Preocupación dominante era que la oración fuera allí viva y constante; los sacerdotes del colegio debían mantener también contacto directo con los pobres y lavar personalmente la loza una vez por semana[7]. Con tales orientaciones y consejos buscaba asegurar la cohesión misionera de toda la familia, sean cuales fueran las tareas de unos y otros.

Fue precisamente en Lisieux donde encontró, quizá por primera vez, una oposición a su autoridad de superior. En 1659, la Congregación había crecido -Ruan acababa de empezar- y en sus cuatro casas albergaba dos docenas de miembros. La mayoría había entrado recientemente y no tenía con el padre Eudes los mismos vínculos que sus primeros compañeros. Algunos de esos jóvenes tenían personalidad bien definida y no temían manifestarla.

Cuando el superior necesitó de Thomas Manchon para que asumiera la responsabilidad del nuevo equipo de Ruan, tuvo que retirarlo de Lisieux en enero o febrero de 1659. Designó para sucederlo al frente de esa comunidad al señor Bernard, aquel antiguo cura de la diócesis de Coutances, viejo compañero de misión, fiel entre los fieles. Es posible que este cura rural tuviera la mano un poco dura. Lo cierto es que la comunidad de Lisieux, compuesta por los más jóvenes de la Congregación, rechazó al nuevo superior. No se conoce exactamente el desarrollo de los hechos,

---

[7] O.C. X 409-413.

pero sí la reacción muy viva del padre Eudes, he aquí algunos apartes de su carta:
> Yo les he enviado a un hombre que es uno de los más antiguos de nuestra Congregación : prudente, virtuoso y caritativo. Y ustedes lo desprecian, lo rechazan y por lo mismo condenan al superior de la Congregación, por haberlo escogido y así prefieren el criterio de ustedes al suyo. Pero, lo que es aún peor, uno de ustedes me escribe a nombre de los demás, que eso es exasperar a las personas, que él deja el economato y los otros amenazan con abandonarlo todo y retirarse de la Congregación. ¿Qué lenguaje es ese ? ¿Es lenguaje de sacerdotes y sacerdotes misioneros ? ¿Dónde están la humildad, la obediencia, la abnegación de sí mismos, de su propio sentir y de su propia voluntad ?... Ustedes han contristado y afligido a su pobre Padre que los ama más que a sus propias entrañas... Ustedes han despreciado a su hermano y le han causado una grave afrenta[8].

Los rebeldes aceptaron la reconvención, a la vez severa y cariñosa. Se sometieron, y el señor Bernard permaneció un año como superior de Lisieux. Mannoury lo reemplazará en 1659.

## El señor Dupont tenía temperamento fuerte

En Coutances el padre Eudes tuvo que enfrentarse esta vez con el joven superior, el señor Dupont que había recibido ese cargo sin estar todavía incorporado y de quien reconocía su "prudencia, sinceridad y la recitud de sus intenciones". Pero el señor Dupont tenía temperamento fuerte e ideas propias y decía francamente lo que tenía que decir. Por su parte, el padre Eudes no toleraba que le resistieran. Aceptaba, sin embargo, que los superiores le dijeran con "sinceridad y espíritu de sumisión" sus discrepancias; pero deben, le escribía al superior de Coutances, "someterse a la segunda petición que les hago...Sin apegarse a este o aquel"[9].

Un poco más tarde le puso como ejemplo a una visitandina que vino de Toulouse a Caen -250 leguas- "a pesar de todas las dificultades e incomodidades de tan largo viaje", mientras que él, Dupont, aceptaba de mala gana que el señor Bernard hubiera sido llamado a Lisieux. La correspondencia con él es así el eco de conflictos más o menos vivos, hasta el día

---

8  OC X422-425.
9  2 de noviembre de 1658 : O.C. X 421

(1661) enque el joven superior escribió al P. Eudes que la voluntad de Dios era que dejara el cargo. Juan Eudes le respondió: "Qué gran engaño es que alguien diga que está seguro de que Dios no pide de nosotros lo que nos pide la obediencia". Luego lo exhortaba a convertirse a la perfecta sumisión de Jesús frente al querer del Padre. Y añadía con cierta ironía: "Sin embargo, ya que usted me obliga a ello, lo liberaré pronto de su cargo, con la ayuda de Dios, cueste lo que cueste"[10]. Y de hecho, un poco más tarde lo reemplazaba por Louis Faucon, llamado de Sainte-Marie.

Es lícito pensar que a través de esas tensiones los miembros de la Congregación hacían el aprendizaje de vivir juntos su compromiso incondicional al servicio del evangelio, mientras el superior por su parte, sobreponiéndose a los movimientos primarios de un natural dominante, se dejaba invitar a la acogida y al respeto de sus hermanos.

Seguramente, como fruto de experiencias similares, el padre Eudes condensó para los miembros de su sociedad (pero ante todo pensando en sí mismo) algunas normas de sabiduría para uso de un superior de comunidad. Estos son algunos apartes:

3. Que el alma de su gobierno sea la caridad. Que actúe con sus hermanos más suplicando que impartiendo órdenes. Que prefiera la dulzura al rigor, el ejemplo a las palabras, el espíritu de mansedumbre al espíritu de mando

4. Ruegue al Señor que disponga al culpable para que haga buen uso de la reconvención, y que al reprenderlo conserve él mismo la conciencia de su propia debilidad.

5. No reprenda a nadie mientras esté sintiendo alguna emoción por leve que sea (...).

6. Trate a sus hermanos con cordialidad, y el afecto que les demuestre sirva de norma para tratarse unos a otros, así como el amor que nuestro Señor mostraba a sus apóstoles servía de modelo del amor que debían tenerse recíprocamente.

7. No sea áspero ni maleducado y facilite el acceso a cuantos desean acudir a él[11].

---

10   OC X 440-444.
11   *Ann.* NDC 111 3 : Chev/277 ss.

## "Las funciones episcopales que son tan bellas"

Y así el Padre Eudes hacía poco a poco el aprendizaje de superior. Pero fuera de sus hermanos de comunidad había otros que ejercitaban su paciencia de manera más ruda. Tal fue el caso de Abraham Bazire, quien vivía en Coutances. Había sido preceptor de Claude Auvry y llegó a ser su vicario general. En un comienzo había compartido la benevolencia de su obispo hacia el misionero. Pero el "rapto" que el P. Eudes hizo del cuerpo de Marie de Vallées a fines de 1656 lo había indignado (y es justo preguntarse si no fue en verdad un hecho lamentable). Desde entonces Bazire se volvió francamente hostil al P. Eudes y se empeñaba en buscarle camorra a propósito de Marie des Vallées. Examinó con mirada suspicaz todos los documentos que tenían que ver con ella y trató de que Auvry participara de su juicio severo. Pero éste se reservó el derecho de decidir por sí mismo y conminó a su viejo vicario general a que no se ocupara más del asunto. Pero nada logró de él a pesar de lo perentorio de sus palabras.

Entonces Auvry llamó a París, a Bazire, Eudes y Montaigu (éste último había dirigido a Marie des Vallées en ausencia del P. Eudes)[12] e integró una especie de tribunal. En él había tres doctores de la Sorbona, un abad y dos jesuitas, Claude Boucher y Julián Hayneuve, "expertos en la ciencia de la teología mística". Hubo largos debates en los que cada uno se expresó libremente. Los dos jesuitas se mostraron particularmente favorables a la causa de la vidente. Finalmente el 14 de septiembre de 1658, Auvry espresó su juicio: no había nada reprensible en Marie des Vallées; ella presentaba "todas las señales de una virtud excelente y de una extraordinaria piedad y todo hacía creer que había sido objeto de gracias especiales de Dios"[13].

Monseñor Auvry se mostró más amistoso que nunca con el P. Eudes, como lo atestigua el encantador mensaje que le escribió poco después de su partida para París:

> Señor, mi amigo querido, le confieso que en nuestro último encuentro olvidé preguntarle si necesitaba algo que dependiera de mí. Puedo asegurarle que en la mañana de su partida tuve el propósito de ir a darle mi cariñoso abrazo una vez

---

12   Fleurs JB de Montaigu: 31/ 828: Además de la dirección de los jóvenes que el Padre Eudes le había confiado, tenía también la de Marie des Vallées, que dirigió durante algunos años, es decir hasta su muerte, para relevar a nuestro santo maestro a quien Mons. Auvry se la había confiado, y para ocupar su lugar en su ausencia». Este fue probablemente el caso tras la muerte de Raoul Le Pileur (1651).

13   *Annales* V 24ss : 27/591ss.

church in Coutances had deteriorated since the más, en el sitio donde se hallaba el cochero; pero el espíritu maligno me suscitó algunas complicaciones que me privaron de este consuelo.

Y añadía algo bastante inesperado: "Le envío el nombramiento de gran vicario que le ruego aceptar y usar de él en la forma que le plazca"[14]. En realidad Juan Eudes no ejerció ese cargo de vicario general del obispo de Coutances, el cual, por otra parte, resultó efímero pues algunas semanas más tarde Auvry presentaba dimisión de su obispado. Había sido titular de Coutances desde hacía más de diez años, pero Mazarino, su amigo de juventud, lo empleaba cada día más en los asuntos del reino y lo retenía a menudo en París. Hay que decir, por otra parte, que sus relaciones con la Iglesia de Coutances se habían deteriorado desde los tiempos de la Fronda; él había tomado partido, como era de esperarlo, por Mazarino, mientras que el capítulo y muchos ciudadanos de Coutances eran partidarios de los frondistas. No se olvidaban en Coutances recuerdos penosos: se había visto al obispo, armado de pies a cabeza, recorrer a caballo las empinadas calles de la ciudad "para oponerse a los sediciosos que querían apoderase de los dineros de la recaudación". Tuvo con su capítulo procesos interminables[15]. Dese 1653 ya tenía un cargo en París: Mazarino lo había nombrado tesorero de la Sainte-Chapelle; cuando en 1658 dejó el obispado de Coutances, asumió además, en París, una importante responsabilidad que era, en parte, de carácter pastoral: la de vicario general del gran capellán de Francia[16], que en esa época era el cardenal Antoine Barberini, gran amigo de Mazarino.

Juan Eudes lamentó su partida. Auvry había sido para él un amigo y un apoyo muy fiel. Por cierto que continuaría siéndolo en París como lo veremos.

Para Coutances nombraron sin demora un nuevo obispo: Eustache Le Clerc de Lesseville. Auvry consideró importante presentarle aún antes de que llegara a su diócesis, al P. Eudes y a su joven discípulo, Jean-Jacques Blouet de Camilly. Cuando el nuevo pastor llegó a Coutances en mayo de 1659, Bazire intentó ganarlo para su hostilidad hacia Marie des Vallées y al P. Eudes, pero Lesseville le contestó que "tenía asuntos más importantes por tratar".

---

14  Carta del 7 de diciembre de 1658: MARTINE V 22; 17/351-352.
15  DHGE, sb Aubry (2) Sv Coutances.
16  El gran capellán de Francia era el obispo de todas las personas e instituciones que dependían de la casa del rey, lo que era considerable. Se descargaba de esa responsabilidad en su vicario general.

Y cuando celebró su primera ordenación en la diócesis, en las témporas de 1659, quedó muy bien impresionado por el trabajo realizado en el seminario[17].

Entre tanto una noticia desconsoladora había llegado de Bayeux: monseñor Servien, después de cuatro años de un episcopado cargado de promesas, había muerto repentinamente el 2 de febrero de 1659.

Era algo inesperado para el P. Eudes que acababa de verlo pocos días antes cuando el obispo había concedido el permiso de celebrar solemnemente en su seminario la fiesta del Corazón de María. En realidad prefirió no celebrarla en ese año, apenas pocos días después del sorpresivo fallecimiento, para no provocar reacciones desfavorables y se aplazó para el año siguiente[18].

Una vez más la desdichada diócesis de Bayeux se encontraba privada de pastores. Pero llegó a los oídos del P. Eudes un proyecto: se rumoraba en París que Claude Auvry sería el sucesor de François Servien y que la decisión sólo dependía de su aceptación. Al punto le dirigió una carta esperanzada y cariñosa:

> He sabido algo -le decía- "que de realizarse me colmaría de felicidad..."

Y lo presionaba para que aceptara:

> Ya que plugo a la bondad divina hacerlo obispo de su Iglesia, le suplico que no rehuya la ocasión que ella le presenta de emplearse en las funciones episcopales que son tan bellas, nobles, santas y divinas. El episcopado -decía- fue instituido de parte de nuestro Señor Jesucristo con los mismos fines que la función de apóstol: para continuar la obra de la salvación de los hombres que "el gran obispo de nuestras almas (1 Pe 2,25) (...) comenzó en la tierra. ¿Podría usted, monseñor, emplear su vida, su tiempo, su espíritu más digna y ventajosamente ? (...) Usted puede hacer algún bien en la corte: pero lo haría en forma infinitamente mayor en el gobierno de una inmensa diócesis como ésta (...). Piense, pues, en ello, mi queridísimo señor ...

---

17  MARTINE V 24: 17/357; V 27: 17/ 363.
18  *Annales* V 27 : 27/605.

Luego, al final de una larga posdata:

> Qué alegría inmensa sería para mí saber que monseñor Auvry ha sido nombrado para el obispado de Bayeux[19].

Pero Auvry prefirió quedarse en París al servicio del cardenal.

En realidad, para la sede Bayeux, fue designado un sacerdote todavía muy joven, François de Nesmond que habría de realizar allí un servicio largo y fecundo. Pero su ordenación episcopal sólo tuvo lugar en 1662.

### Las misiones, crisol de la Congregación

Hacia mediados de 1659 Juan Eudes reanudó su actividad preferida. Predicó dos misiones rurales en la diócesis de Coutances.

La primera tuvo lugar en Vasteville, poblado burgo de una región bastante agreste, llamada la Hague. Sumergido de nuevo en esa labor apostólica Juan Eudes reencontró todo su entusiasmo. El 23 de julio en plena misión, sacó tiempo para escribir al joven Juan Jacobo Bluet de Camilly, que continuaba en París, una carta larga y vibrante:

> No tengo palabras para ponderar las bendiciones que Dios da a esta misión, pues es algo prodigioso. Hace mucho tiempo que no predico en la Iglesia, porque, con ser bien grande, resulta demasiado estrecha en esta ocasión. Le puedo asegurar, con verdad, que los domingos tenemos más de 15.000 personas.
>
> Hay doce confesores, pero sin exagerar, 50 tendrían trabajo. La gente viene desde 8 a 10 leguas (30 o 40 Km) y los corazones están tan conmovidos que sólo se ven lágrimas y se oyen los gemidos de los pobres penitentes, hombres y mujeres. Los frutos que recogen los confesores en el tribunal (de la penitencia) son maravillosos. Pero lo que nos aflige es que no se podrá confesar ni la cuarta parte. Estamos agobiados. Los misioneros contemplan la gente que ha estado esperando 8 días sin poderse confesar y que se arroja a sus pies donde quiera los encuentra, suplicándoles con lágrimas

---

19  Carta de 1 de junio de 1659 : O.C. XI 74 - 76. Es uno de los pocos lugares en que J. Eudes expresa sumariamente su pensamiento sobre el episcopado.

> y con las manos juntas que los oigan. Y hace ya seis semanas que estamos en ello.
>
> ¡Oh, qué gracia inmensa son las misiones ! (...)
>
> ¿Qué están haciendo en París tantos doctores y bachilleres, mientras las almas perecen por millares porque faltan personas que les tiendan la mano ?)...De verdad que si de mi dependiera me iría a París a gritar en la Sorbona y demás universidades: ¡Incendio, incendio, incendio !(...) ¡Fuego del infierno consume el universo! Vengan, ustedes, señores doctores, vengan, ustedes, los bachilleres, vengan, señores abades, vengan todos, señores eclesiásticos, y acudan a extinguirlo[20].

De Vasteville los misioneros pasaron a Villedieu y dieron comienzo allí a una segunda misión con las licencias concedidas no sólo por el obispo sino también por el comendador de la orden de Malta que tenía jurisdicción en esa parroquia. Escuchemos, una vez más, al mismo Juan Eudes:

> Aquí nos hallamos más asediados de gente que en Vasteville (...) tenemos 14 confesores, pero, de seguro 50 no serían suficientes. Parte el corazón ver una muchedumbre de pobres gentes que vienen de 3 o 4 leguas, a pesar de los malos caminos(...) y que pasan la noche bajo los porches y en las plazas de mercado, con el tiempo que hace.

"Con el tiempo que hace": Normandía es a menudo lluvioso y ya estaban en otoño[21]. Pero nada enfriaba la pasión misionera de Juan Eudes: Al contrario, parecía que se apoderaba más ardientemente de él y lo hacía vibrar cada día más. Así lo hacía notar en otra carta escrita en plena actividad:

> Yo no había gustado nunca consuelos más sensibles que aquí, cuando veo una muchedumbre prodigiosa de gentes que vienen al sermón y que asedian nuestros confesionarios[22].

---

20   Carta de 9 y del 23 de julio de 1659 : O.C. X 430-432. Es posible que en el final de la carta citada tengamos la reminicencia de una carta de san Francisco Javier, cuya correspondencia ha sido publicada recientemente. (Flores sanctorum, pp L.ABELLY, 1659p. 26-27). En todo caso hay ciertamente apóstrofe de sermón que ha conservado su ritmo.
21   OC X 433 - Villedieu : actualmente Villedieu-les-Poëles (Manche).
22   O.C. X 433.

Y, a ni dudarlo, el superior de la Congregación contaba con esos períodos de fuerte experiencia apostólica para completar la formación de los nuevos miembros de su sociedad y estrechar entre ellos los lazos de comunión. El tiempo que él sacrificaba, a pesar del trabajo sobreabundante, para asociar a esta labor, al menos por correspondencia, a Jean-Jacques Blouet de Camilly que se estaba formando en París, demuestra la importancia vital que le atribuía. Después de todo, en ese trabajo de la misión se habían forjado la amistad y la confianza entre sus hermanos de la primera hora y habían nacido entre ellos el primer proyecto de formar su comunidad. También en ese trabajo se afirmaría y se afinaría entre ellos y los recién llegados, aquello que constituía el tejido mismo de su Congregación: la fraternidad misionera.

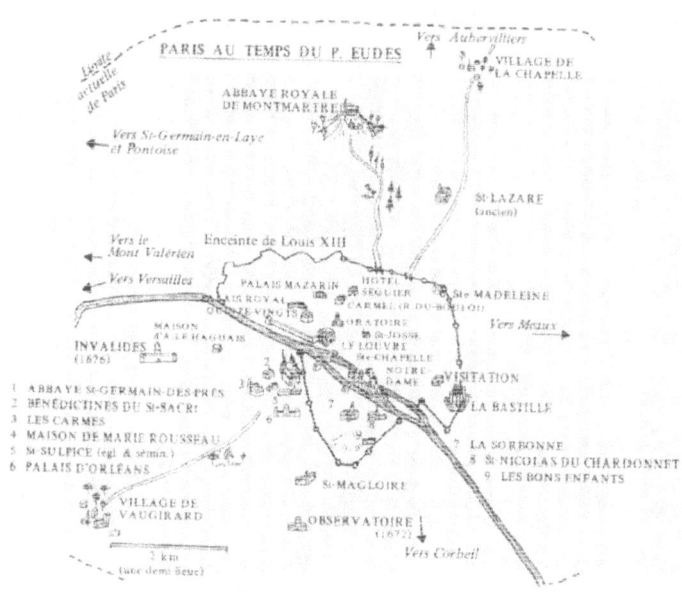

PARÍS EN LA ÉPOCA DE PADRE EUDES

San Juan Eudes: Artesano de la renovación cristiana

## CAPÍTULO XXI

# Dos años en París (I)

(1660-1661)

*Quinze-Vingts y Saint-Germain-des-Près*
*Las Misiones extranjeras*
*Muerte de Vicente de Paúl*
*Contexto político*
*Un enviado a Roma*

**De esa misión se habló hasta en Varsovia**

Los lectores que conservan algunos recuerdos de la literatura francesa del siglo, reviven, tal vez, la figura de aquel joven prelado, buena vida, que,

> ... después de un buen almuerzo, con breve sopor, esperaba la cena; mientras su mentón, de doble piso le descendía sobre el pecho[1].

La historia tenía lugar en la Sainte-Chapelle, alrededor de un atril en el que se camuflaba un horrible búho que había bajado de la torre de Montlhery... Porque el Lutrin (atril) de Boileau tenía un fondo de verdad: hubo, en realidad, un proceso entre el tesorero de la Sainte-Chapelle y uno de los chantres... y ese tesorero se llamaba Claude Auvry, el amigo de Juan Eudes y antiguo obispo de Coutances. Pero el poema es solo fantasía burlesca que nada nos dice del verdadero Auvry que en ese entonces no era ni joven ni obeso.

En 1660, Auvry era, desde hacía dos años, vicario general del gran capellán de Francia, el cardenal Antoine Barberini; a ese título tenía la responsabilidad del enorme hospital para ciegos fundado por san Luis, muy cerca del Louvre, al que llamaban Quinze-Vingts (de los 300).

En la primavera de aquel año de 1660, el P. Eudes llegó a París después de predicar la cuaresma en Ruan. Auvry lo invitó, a quemarropa, a dar

---

1     Nicolás BOILEAU-DESPRÉAUX, *Le Lutrin* (1671-1711) Canto I. En 1680 Boileau (1636-1711) tenía tan solo 24 años.

una misión en Quinze-Vingts². El predicador fue tomado por sorpresa. Pero como se encontraba relativamente libre porque acababa de nombrar al señor Le Mesle para sucederle como superior de Caen, aceptó, y a toda prisa, por correo, tuvo que llamar los obreros que necesitaba.

CLAUDE AUVRY (1606-1687) OBISPO DE COUTANCES
Luego vicario general del Gran Capellán de Francia, tesorero de la Sainte-Chapelle, partidario efectivo del P. Eudes.(Retrato pintado en persona por R. Nanteuil en 1660.)

La misión, que duró siete semanas, tuvo gran resonancia. Se habló de ella hasta en Varsovia. Se conservan, en efecto, dos cartas de Vicente de

---

2   MDB 65, OC XII 120. Archivos de Quinze-Vingts, *Registre capitulaire* (1660-1668) ms 5870, f. 10 v° y 11 r°. Gracias a este registro conocemos las fechas exactas de la misión: 25 de abril-13 de junio. Cf. MARTINE, y 26, 17 bis/5. Para el conjunto de este relato seguimos a *Annales* V 32 27/623. Nada queda hoy día de las antiguas construcciones del hospital de Quinze-Vingts: fueron destruidas para dar sitio a un tramo del Louvre. Como cosa curiosa, en el mismo lugar donde se encontraba el hospital se puede ver hoy entre las estatuas que adornan ese tramo, la estatua de Mézeray. Véase la mapa p.295.

Paúl que se refieren a ella, dirigidas a padres lazaristas que se hallaban, el uno en Polonia y el otro en Italia:

> Algunos sacerdotes de Normandía – cuenta él – conducidos por el P. Eudes, de quien ustedes seguramente han oído hablar, han venido a dar una misión en París con una bendición admirable. El patio de Quinze-Vingts es bien grande, pero resultó demasiado estrecho para contener el gentío que acudía a las predicaciones[3].

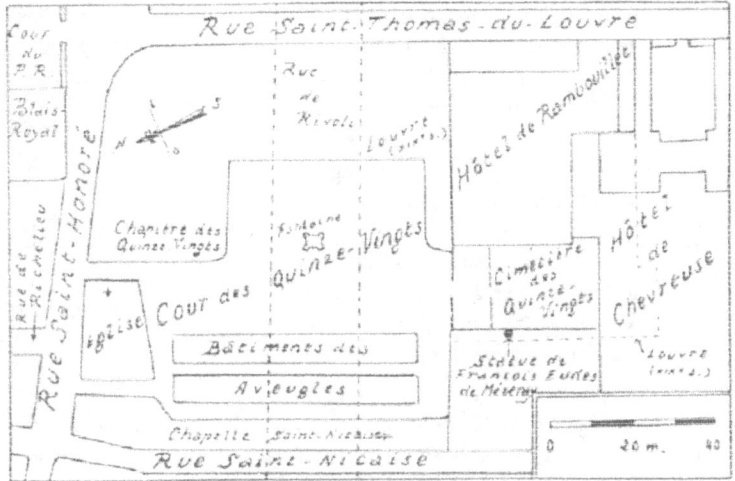

MAPA DEL DISTRITO DE QUINZE-VINGTS
Dibujado por C. Berthelot du Chesnay.
(Archivos Eudistas)

De hecho, a partir de la tercera semana, hubo necesidad de predicar al aire libre, en el patio del hospital. Hay que tener en cuenta que la iglesia de Quinze-Vingts no la frecuentaban solamente los trescientos hermanos y hermanas invidentes, sino también todo el alto mundo que gravitaba alrededor del hotel de Rambouillet, del Palacio Real y del Louvre. Juan Eudes predicó, por consiguiente, ante "una multitud de personas de todas las condiciones". Se nos cuenta que había a veces dentro de los oyentes, varios prelados. Fue, sin duda, después de haberlo escuchado allí, cuando dos jóvenes clérigos que cambiaban con otros sus impresiones, decían: "Es así como deberíamos predicar todos". Uno de ellos, arcediano de Metz, y

---

3   DU CHESNAY, NV VIII 135 ss. Cf. VICENTE DE PAÚL, *Corresp.* t. VIII p. 308- 310.

The mission definitely caused some talk amongst the general public of París, as is found in these verses from *La Muse historique* by Jean Loret:

> Certain missionary priests,
> que acababa de predicar la cuaresma donde los Mínimos de la Plaza Real, se llamaba Bossuet...[4].

Un indicio de que la misión hizo cierto ruido aun entre el gran público de París, lo encontramos en los siguientes versos baratos de *La Muse historique* de Jean Loret:

> Ciertos clérigos misioneros,
> sabios, piadosos y cordiales,
> que están predicando en Quinze-Vingts, (...)
> logran, según cuentan, frutos admirables (...).
> Los enemigos hacen las paces,
> los carnales dejan sus lazos engañosos,
> se inflaman los corazones tibios,
> se alarman los usureros...
> No se perciben ya tantos perfumes,
> los encantos están casi difuntos.
> Van desapareciendo de los rostros
> los afeites y falsos lunares[5].

Uno de los efectos de esa misión fue un proyecto de fundación de la sociedad del P. Eudes en el hospital de Quinze-Vingts para realizar allí un ministerio pastoral y cuidar de la capilla y de la sacristía que "se hallaba en gran desorden...". Hubiera sido interesante para la Congregación contar con una estación en la capital. Ciertamente el P. Eudes lo anhelaba. El contrato había sido redactado... Pero los "antiguos amigos" del P. Eudes -son palabras suyas- se opusieron a ello y las diligencias que se emprendieron por iniciativa de Auvry, al parecer apoyadas por la reina, finalmente fracasaron[6].

---

4   El otro clérigo se llamaba Guillermo de Brunetière que fue más tarde obispo de Saintes: HERAMBOURG I 8: 52/107-108, M, P. 144 YN. 36; P. 279. Fechas de Bossuet: 1627-1704.

5   Jean LORET, La Muse Historique, p.p. Ch. L. LIVET t. III, París 1878, p. 209-210. Cf. NV IV 372. Sobre r *la Muse historique*, véase más arriba, cap. XVI, n.6.

6   DU CHESNAY, en NV VIII 165 ss. *Annales* V 32: ss. 27/625.

## "La misión más famosa del P. Eudes"

Mientras los misioneros predicaban y confesaban en Quinze-Vingts, se les pidió otra misión igualmente en París. El cura de Saint-Sulpice, Antoine Raguier de Poussé (1617-1680) los invitaba a evangelizar esa inmensa parroquia.

Juan Eudes conocía al señor Poussé. Hasta se cuenta en que un día el discípulo de Olier se encontraba enfermo. El misionero se hallaba a su cabecera, en compañía de otras personas y le dijo en alta voz: "Dicen, señor, que usted trabaja demasiado y que por eso se encuentra enfermo". Y luego, inclinándose, le había dicho al oido: "Pero yo le aseguro que todavía no ha hecho lo suficiente, y que si Dios le devuelve la salud debe trabajar todavía más"[7]. Y uno se imagina la sonrisa estimulante que debió acompañar este secreto... Y el señor de Poussé se había restablecido. Sea lo que fuere, el P. Eudes aceptó la invitación y como no todos los misioneros presentes podían quedarse en París, tuvo que llamar a otros.

El comienzo de la misión se fijó para el domingo 4 de julio. La de Quinze-Vingts terminó el 13 de junio. Quedaban, pues, cerca de tres semanas que hubieran podido ser un tiempo de reposo. ¡Pero no! El P. Eudes y algunos compañeros hicieron una breve misión de diez días en Mauregard, diócesis de Meaux[8], a petición del cura de esa parroquia.

Por primera vez Juan Eudes predicaba en esa diócesis, pero el año anterior había tenido contacto con su obispo, Dominique Séguier, hermano del canciller, que pensaba confiarle su seminario. Mézeray, que, como hemos visto, estaba muy vinculado con Séguier, fue, por otra parte, mezclado en esos intentos, como en los que prepararon la fundación en Ruan, casi por la misma época. Pero este proyecto no tuvo éxito[9]. Igualmente, un poco más tarde, Claude Auvry que era abad comendatario de una abadía casi vacía, Saint-Cropin en Chaye, en Soissons, propuso al P. Eudes que la recibiera para establecer allí un seminario. El obispo de Soissons, Charles de Bourlon, estaba de acuerdo. Pero, esta vez, el que rehusó fue Juan Eudes. Posiblemente porque esa fundación era incompatible con el esfuerzo emprendido en Ruan[10].

---

7   J. GRANDET, pss, Los Saints Prêtres francais du XVII sieclo, pp. J. LETOURNEAU, Agers-París, 1897, t. II p. 348-349, cit. Por NV V 424. Joseph Grandet: 1646-1724.

8   MARTINE V 27: 17 bis/6. Pero sus fechas son inexactas.

9   Dominique Séguier, hermano del canciller, madre Jeanne de Jésus y Charlotte, que se casó con Jean de Ligny. Su sobrino Dominique de Ligny le sucedió en 1659. Véase el cuadro genealógico, APÉNDICE. - Ver DU CHESNAY, M, p. 352. Véase también, según Annales V 33: 27/626, la carta de J. Eudes a Juan Jacobo Blouet, del 20 de junio de 1658.

10  MARTINE V 24: 17/358; Annales V 33: 27/626,. - La carta de Auvry está fechada el 21 de marzo de 1659. - Bourlon fue coadjutor y luego obispo de Soissons de 1652 a 1685. - Saint-Crépin-en-Chaye, que no debe confundirse con Saint-Crépin-leGrand, fue

IGLESIA DE QUINZE-VINGTS
demasiado pequeño ara las previsiones de la misión de 1660, ahora destruida (Grabado por d'Israel Sylvestre) (Foto B.N.)

finalmente entregada a los Génovéfains en 1660: L.-H. CORRINEAU, *Répertoire biobibliographique.... sv Soissons*.

Así, pues, a comienzos del julio, un nutrido equipo de misioneros se hizo presente en París, en el barrio Saint-Germain. Pero, a diferencia de la predicada en 1651, la misión no se desarrolló en la estrecha iglesia parroquial, sino en la iglesia monástica de Saint-Germain-des-Prés. Allí tuvo lugar "la misión más famosa" del P. Eudes, con el asentimiento de los responsables de la abadía[11]. Duró dos meses (4 de julio a 2 de septiembre).

Jean-Jacques Blouet de Camilly hacía parte del grupo misionero. Era la primera vez que en calidad de sacerdote, participaba en una misión. Su madre le escribió para expresarle el gozo que sentía de verle tomar parte "en los trabajos de nuestro padre" y de enterarse de las bendiciones que Dios daba a esa labor.

Efectivamente, la misión estuvo en extremo concurrida y fructuosa, hasta el punto de que aún los misioneros curtidos, como Pierre Jourdan y Thomas Manchon estaban maravillados. Este último escribía a Richard Le Mesle, superior de la casa de Caen:

> Nos encontramos aquí en una misión prodigiosa, en asistencia y en aceptación, porque todo el mundo acude a ella con aplauso general. El domingo último (día de apertura) había tanta gente en el sermón que la abadía de Saint-Germain estaba tan colmada, a pesar de ser tan espaciosa, que más de tres mil personas tuvieron que devolverse por no poder entrar. Y ayer, lunes, por la tarde, había más de cincuenta o sesenta carrozas delante de la iglesia, durante el sermón. Deduzca de ello cuánto trabajo tenemos aquí y cuánto debe pedir por nosotros.

Y le sugería que propusiera a algún cura de Caen que viniera a ver "la muchedumbre de gente de París" para reforzar un poco su equipo[12].

Como detalle divertido se han encontrado mucho más tarde los pliegos en los que dos monjes de la abadía anotaron, cada uno por su lado, sus impresiones sobre la misión, la que, por otra parte, los incomodaba bastante. El uno, que era sacristán, subrayaba las irreverencias y grescas de los criados que iban a reservar puestos para sus amos; anotaba que "las paredes y los altares estaban habitualmente cubiertos de una capa de polvo de un dedo de espesor" y que "nuestra iglesia era una Babilonia de confusión antes de que el predicador subiera al púlpito". El otro, un erudito, quedó impresionado por la afluencia:

---

11 Recordemos que la parroquia de Saint-Sulpice dependía de la jurisdicción del abad de Saint-Germain-des-Près, y no del arzobispo de París. – "La plus fameuse des missions...": Annales V 32: 27/626.

12 MARTINE V 38: 17 bis/7-8.

LA ABADÍA DE SAINT-GERMAIN-DES-PRES y EL SUBURBIO DE SAINT-GERMAIN
(Detalles de un mapa por Mathieu Merian, 1615)

En la parte superior derecha se encuentran el Luxemburgo (o Palacio de Orleans, véase p. 475) y la iglesia de los Carmelitas reformados (actual Instituto Católico), así como la iglesia de Saint-Sulpice.

Sea que Dios diera bendición a su palabra (la de los misioneros), sea que la seductora novelería produjera ese efecto en los espíritus, acudió allí tanta gente que al comprobarse la estrechez del lugar para contenerla, uno de los predicadores se atrevió a pedir al señor abad[13] que les cediera el campo de juego de pelota. Pero como la religiosidad y la decencia lo impedían, resolvió predicar en el gran patio del monasterio, sobre un tablado apropiado levantado para la ocasión. Pero después de dos o tres sermones el orador migratorio (...) tuvo que regresar a la nave de la iglesia a causa del excesivo calor.

El primero daba informes precisos:

Había regularmente dos predicaciones diarias: una a las 8 de la mañana y la otra a las 5 de la tarde; además se hacía el catecismo a la una de la tarde. Diez o doce sacerdotes estaban dedicados a las confesiones; comenzaban a confesar a las 6 de la mañana y continuaban hasta las 7 u 8 de la noche, salvo el tiempo empleado en decir la misa y en tomar los alimentos.

Ambos, bastante desdeñosos de esa tropa de "sacerdotes seculares", llegados de Normandía, anotan que al sermón de clausura asistió la reina madre. Ella había anunciado que vendría y "fue recibida por el Reverendo Padre general y otros superiores"; rodeada de princesas y de damas, escuchó el sermón del P. Eudes "con bastante simpatía a pesar de que le expresó su criterio sobre los asuntos de la Iglesia y del Estado con mucha libertad". Luego se le ofreció cerca de su carroza "una pirámide de hermosas frutas en una bandeja"[14]... Costil nos ha resumido la última predicación: el misionero habló de "extirpar las herejías antiguas y las nuevas" (el Jansenismo), de la destrucción del ateísmo, de la supresión del lujo, del alivio de los pobres y de la provisión de los "beneficios" eclesiásticos. Sobre este último punto insistió "hasta conjurar a la reina que salvara el alma del rey".

---

13    El abad de entonces no era un monje sino un laico tonsurado, por lo demás poco edificante, el duque de Verneuil, hijo natural de Enrique IV. – El juego de pelota que aquí se nombra era un antepasado del tenis pues se utilizaban también raquetas y malla.

14    DU CHESNAY, M, p. 226-240 publica y comenta esos dos textos.

LUIS XIV Y María TERESA ENTRAN EN PARÍS TRAS SU BODA, entre la alegre población, el 26 de agosto de 1660. Ocho días más tarde, en Saint-Sulpice, P. Eudes transponiendo los gritos de «¡Viva el Rey!», hizo gritar a la multitud: ¡ « Viva Jesús! »

Luego condujeron a Ana de Austria a Saint-Sulpice, al patio del seminario a donde fue llevado en procesión el Santísimo Sacramento. Conocemos lo que entonces sucedió, tanto por el relato del analista como por las anotaciones, totalmente paralelas, de una persona poco favorable al P. Eudes, el jansenista Godefroy Hermant[15]. Para comprender cabalmente los hechos hay que recordar que precisamente ocho días antes del jueves 26 de agosto, el joven rey Luis XIV había hecho una entrada solemne en París, acompañado de la nueva reina de Francia, María Teresa, con quien se acababa de desposar. Entraron por la puerta de San Antonio y fueron recibidos con magnificencia por una muchedumbre compacta y entusiasta[16]. En su última alocución Juan Eudes iba a aprovechar ese entusiasmo.

En efecto, habían erigido para el Santísimo Sacramento un suntuoso monumento, adornado con "todas las piedras preciosas y la platería de la duquesa de Aiguillon, de la condesa Brienne y de las demás grandes damas del sector". Allí el P. Eudes, rodeado de quinientos eclesiásticos, tomó en sus manos la custodia e hizo una vibrante exhortación.

Les propuso como ejemplo – dice Hermant – lo que ellos acababan de realizar con pompa y magnificencia a la entrada del rey a París. Habían gritado entonces tantas veces: *viva el rey*. Y los hizo gritar: ¡*Viva Jesús!* Y el señor de Rennes[17] gran capellán de la reina madre unió su voz a la del pueblo para gritar como los demás, ¡*Viva Jesús!* Y la mayor parte de los asistente consideraron el grito de ese obispo como señal de gran piedad.

Y nuestro analista añade que la reina misma lloró y gritó también *viva Jesús*. "Es lo que el señor Manchon que estaba muy cerca de ella, recordaba con entusiasmo".

Costil da cuenta de un sabroso detalle. En su último sermón, delante de la reina, el P. Eudes fustigó "las sanguijuelas o, como él las llamaba, *los devoradores del pueblo*, con sus soberbias mansiones, sus dorados, etc.". Pues bien el vocablo *mangeard* era palabra anticuada, conservada en el

---

15   G. HERMANT, Memoires... ya citado, t. IV p. 481. Hermant, (que había sido rector de la universidad de París) recuerda del sermón de clausura que el P. Eudes había exhortado a la reina a extirpar la herejía "con todo el furor de un hombre que solo respira la muerte y la sangre de sus propios hermanos".

16   Cf. Baron DE MONTBAS, Au service du roi. Mémoire inedits d'un officier de Louis XIV, París 1926, p. 141.

17   Henri de la Mothe-Houdancort había presentado dimisión del obispo de Rennes (1642-1659) y seguía llevando el título; por otra parte era el primer capellán de la reina Ana de Austria.

dialecto normando, con el sentido de "tragón, glotón, derrochador"[18]. El campesino Eudes había aprendido en París el buen decir, pero, de cuando en cuando se le escapaba alguna palabra de su región, a menos que la hubiera empleado intencionalmente por su fuerza expresiva.

Se dice que después de aquel famoso sermón de clausura el personal de la corte se cruzó comentarios displicentes. Los jansenistas – como lo atestigua Hermant – decían que esa "devoción moderna" no era "del gusto de los más entendidos". Y, sobre todo, censuraban la audacia de hablarle así a la reina. Hasta corrió el rumor de que la reina había ordenado arrestar al P. Eudes para llevarlo a la Bastilla. El marqués de Urfé refirió ese rumor a Ana de Austria. Entonces ella se enfadó en presencia del marqués y de madame de Brienne: "¿Será posible que tengan tan mala opinión de mí!?". Luego, dirigiéndose al señor de Urfé le dijo: "Marqués, le ruego que vaya "ahora mismo a buscarlo de parte mía y le diga que no he tenido el más mínimo pensamiento de ello y que, por el contrario, tengo gran aprecio por su virtud". Y lo puso de inmediato por obra; pero como el P. Eudes había salido, el mensajero "contó a uno de sus cooperadores el diálogo que acababa de tener con la reina..."[19]. Y es así como el eco de esa conversación ha podido llegar hasta nosotros.

## Contexto político de 1660

Acabábamos de hacer alusión a la reina madre, al joven rey Luis XIV, a la reina María Teresa... ¿Cuál era, en 1660, la situación política y religiosa del reino?

Desde hacía siete años, después de los cinco terribles de la Fronda, Mazarino había impuesto, poco a poco, su autoridad. Seguro como estaba del apoyo incondicional de la reina; logró aprovechar el desaliento producido por tantas ruinas inútiles y la nostalgia del orden, para volver a tomar en sus manos, con mucha habilidad, inteligencia y porfía, las fuerzas vivas del reino. Como hombre previsor, había asociado a su esfuerzo desde hacía mucho tiempo, al rey, todavía adolescente. Le preparaba un buen equipo de consejeros: Pierre Séguier, Hugues de Lionne, Michel Le

---

18  DU CHESNAY, M, p. 240, n. 71. J. P. DUBOIS, *Glossaire du patois normand*, p.p. J. TRAVERS, Caen, 1856, p. 221. F. Godefroy, *dictionaire de l'ancienne langue française*, París, 1888.

19  HERAMBOURG I 20: 52/288; MARTINE V 42: 17bis/17. - Charles Emmanuel de Lascaris, marqués de Urfé (1604-1683), mariscal de los campamentos y ejércitos del Rey. Louise de Béon (+1667), esposa de Henri-Auguste de Loménie, conde de Brienne; dame de la Charité, muy cercana a Ana de Austria, fue la voz de la reina para los pobres y el pueblo de la Iglesia; su hijo llegó a ser obispo de Coutances. Véase P. COSTE, *Saint Vincent de Paul et les Dames de la Charité*, París, 1917, p. 17.

Tellier, Colbert... Mañosamente había concentrado en sus manos todos los poderes y en ese último año de su vida se hallaba más poderoso de lo que había sido Richelieu. Francia ocupaba entonces, en Europa, un lugar que nunca antes había alcanzado[20].

Sin embargo, no todo era perfecto. Se hablaba de un auge del bandolerismo en algunas provincias; todavía se producían revueltas populares y el ministro tenía conocimiento por medio de su policía, de que aquí y allá, por ejemplo en Normandía, había reuniones secretas de nobles. Se buscaba poner remedio a todo eso y reducir, poco a poco, lo que podía escapar a su control.

Y fue así, precisamente, como en ese año, dio un golpe mortal a la Compañía del Santísimo Sacramento. No podía tolerar que existiera esa poderosa organización secreta. El 13 de diciembre de 1660, el parlamento de París prohibió a "toda persona de cualquier calidad y condición, conformar ninguna asamblea ilícita, ni cofradías, congregaciones y comunidades, en esta ciudad ni en ninguna otra parte, sin licencia expresa del rey y sin las letras patentes refrendadas en la dicha corte..."[21] Sin nombrarla, era hacer caer la guillotina sobre la Compañía; la cual, desde entonces, ya no pudo subsistir en forma clandestina. Será oficialmente disuelta por Luis XIV en 1665.

## Muerte de Vicente de Paúl

Vicente de Paúl que había sido uno de los primeros miembros de esa Compañía, no alcanzó a conocer la decisión del parlamento, pues había muerto tres meses antes. En el verano de 1660 estaba próximo a sus ochenta años y sus piernas enfermas lo hacían sufrir cruelmente. En sus últimos días tuvo molestias con los discípulos del P. Eudes. ¿Qué había pasado? Él conocía y estimaba al misionero normando: lo hemos comprobado ya con motivo de la misión de Quinze-Vingts. Mucho antes, en 1651, se había hecho alusión elogiosa al P. Eudes en una asamblea de la Misión y en 1656 Vicente de Paúl había encomiado las misiones del mismo P. Eudes[22].

Sin embargo, justo antes de su muerte, tuvo una apreciación un poco más reticente. Un día, en efecto, poco después de la clausura de la misión de Saint-Germain-des-Près, el 16 de septiembre, el sacerdote que asistía a Vicente de Paúl vino a decirle: "Acá abajo está el señor Manchon, el

---

20   A. CORVISIER, *La France de Louis XIV*, ya citado, p. 215-216.
21   A. FERON, *L'attitude du clergé...*, p. 137; P. GOUBERT, *Louis XIV*... p. 8.
22   DU CHESNAY, en NV VIII 135-136.

segundo predicador del P. Eudes. Acaban de terminar esa famosa y brillante misión del suburbio de Saint-Germain. Dice que el señor príncipe de Conti le envía para pedirle a usted misioneros para trabajar en la diócesis de Narbonne con ellos y con otros que lleva el señor príncipe". ¡Narbonne, otra vez Narbonne! Cuatro días antes en vista de las insistencias reiteradas del arzobispo François Fouquet, Vicente de Paúl había enviado a Narbonne tres sacerdotes y tres Hijas de la Caridad... ¿Por qué el señor príncipe sigue insistiendo y por qué ese mensajero que nada tiene que ver con los estados de Languedoc, viene a mezclarse en esto? Vicente de Paúl contestó:

> Dígale que estoy muy contrariado y que no me encuentro en disposición de recibirlo; que en lo que se refiere a la propuesta del señor príncipe, enviaré mañana al señor Berthe para que lo entere de lo que podemos (...) y para que le informe que en Narbonne encontrará misioneros que hemos enviado al señor obispo.

Luego añadió:

> Confieso que los espíritus de esos buenos señores me parecen apurados e inquietos. ¡Que sea Dios nuestro todo y nos libre de semejantes espíritus en la Compañía![23]

Lo espontáneo de estas declaraciones, anotadas escrupulosamente por el señor Gicquel, es impresionante. Ellas nos presentan una imagen de los compañeros del P. Eudes *apurados e inquietos*, que puede explicarse por el dolor de las "pobres piernas" enfermas, pero que también puede ajustarse a un aspecto objetivo del misionero normando; su tendencia a forzar hasta el extremo la lógica de sus gestiones. ¡Por otra parte no parece que los discípulos del P. Eudes hubieran ido, de hecho, a Narbonne!

En cuanto a Vicente de Paúl, murió diez días después y es muy probable que el P. Eudes, de regreso a París, después de un viaje a Coutances, haya asistido a sus funerales el 28 de septiembre de 1660. También debía estar allí el príncipe Conti.

---

23  *Journal de M. Gicquel* en VICENTE DE PAÚL, Corr., t. XIII p. 183-184. El nombre del P. Eudes raspado en el manuscrito fue restablecido; cf. NV VIII 167ss. - François Fouquet, hermano del superintendente, era también abad de Saint-Sever: ya lo hemos conocido en calidad de tal (p. 215). El príncipe de Conti era hermano de Condé y de la duquesa de Longueville, y sobrino nieto de M. de Budos.

## "Vaya usted hasta China..."

Ya que estamos hablando de la vida de la Iglesia en Francia en los años 60, debemos señalar el acontecimiento importante que representa la fundación en París del seminario de las Misiones Extranjeras. Era el fruto de la campaña que hizo algunos años atrás el jesuita Alejandro de Rhodes, en procura de misioneros para tierras lejanas. Ya percibimos los resultados cuando hablamos de Pierre Lambert de la Motte, escogido como vicario apostólico para el Extremo Oriente y de Francisco de Montmorency-Laval como vicario apostólico en el Canadá. Un compañero de juventud de éste último se llamaba François Pallu (1626-1684). También él fue ordenado obispo en 1658 junto con un cura del sur llamado Ignace Cotolendi.

Pallu permaneció algún tiempo en París. Quería crear allí, antes de partir, un seminario destinado a formar misioneros y mas exactamente formadores del clero indígena. Realizó esto con la ayuda de la Compañía del Santísimo Sacramento y así nació el seminario de las Misiones Extranjeras.

Por esa época lo encontró el Padre Eudes y le pidió a él y a su amigo Cotolendi, una aprobación para su librito, *La devoción al corazón de María* que había publicado en Autun y que quería reeditar. Ellos se la dieron gustosos.

En realidad Eudes y Pallu habían tenido el año anterior un leve diferendo. En efecto, el nuevo obispo buscaba colaboradores para la misión lejana y había difundido un volante impreso en el que exponía las necesidades de la Iglesia en Oriente. Pues bien, tres jóvenes que soñaban entrar, cada uno por su lado, en la Congregación de Jesús y María, quedaron seducidos por la llamada del Oriente: Barthélémy Meunier, Pierre Sesseval-Damville, y Renée Brunel. Sesseval era viudo y padre de un muchacho; Brunel ya era sacerdote. Juan Eudes al conocer, con cierto pesar, su propósito de partida, escribió a Pallu desde Villedieu en octubre de 1659. Éste le respondió que no había ejercido presión alguna y que el señor Sesseval había ido a buscarlo por propia iniciativa. Al mismo tiempo invitaba al P. Eudes a hacer generosamente ese sacrificio, aceptando gozoso la valiente determinación de sus hijos[24].

Finalmente el P. Eudes cedió y más tarde dirigirá al señor Sesseval una solemne carta de obediencia, de la que damos algunos apartes:

---

24  MARTINE Y 29-30: 17/366; *Annales* VI 17: 27/716ss; Fleurs, JE II 31/576 ss. Jean GUENNOU, *Les Missiones etrangères de Paris et les eudistes*, NV X 165 ss. Cr. también NV XI 18.

Juan Eudes, sacerdote misionero, superior de la Congregación de Jesús y María, saluda a todos cuantos vean estas letras (...).

Después de haber encomendado cuidadosamente este asunto a Dios (...) hemos consentido y consentimos, muy complacidos, por las presentes letras, que dicho señor Sesseval cumpla su piadoso y encomiable propósito (...).

Sí, mi queridísimo hermano, de todo corazón aprobamos la santa iniciativa que usted emprende por la gloria de Dios y la salvación de las almas.

Vaya usted en nombre de la santa Trinidad, para hacerla conocer y adorar en esos lugares en donde no se la conoce ni adora.

Vaya en nombre de Jesucristo, Hijo único de Dios, para aplicar a las almas el fruto de la Sangre preciosa que vertió por ellas.

Vaya bajo la protección y la custodia de la divina María (...).

Vaya usted en nombre y de parte de nuestra pequeña Congregación, para realizar en China y demás lugares adonde lo conduzca la Providencia, lo que ella quisiera hacer por todo el universo hasta derramar la última gota de sangre, para destruir allí la tiranía de Satanás y establecer en Reino de Dios.

Pero recuerde usted que esta obra, eminentemente apostólica, requiere intención purísima para buscar solamente la gloria de Dios (...), sumisión total a la adorabilísima voluntad de Dios y a la de los prelados que la transmiten en su nombre(...) y sincera cordialidad hacia los demás eclesiásticos y especialmente hacia los religiosos de la santa Compañía de Jesús, con quienes le rogamos muy encarecidamente mantenga perfecta unión y entendimiento[25].

---

25   OC X 448-450.

Partieron, pues, los tres nuevos misioneros, después de haber sido incorporados a la Congregación[26]. Pero ninguno de ellos llegó al país de su misión. Meunier murió en la misma ciudad de París el 10 de agosto de 1661, primera defunción en el cuerpo de las Misiones extranjeras; Sesseval, que había confiado su hijo a amigos de Ruan, y Brunel se embarcaron con Pallu, en Marsella, en enero de 1662; el primero murió en Irán, el 8 de diciembre de 1662 y el segundo en la India, el 7 de agosto de 1663.

## De nuevo encontramos la "santa Compañía de Jesús"

Todos habrán notado la insistencia de Juan Eudes en la unión con la Compañía de Jesús: en China, como en Ruan, es el más sólido punto de referencia. Él sabía que los jesuitas lo habían ayudado a menudo y lo habían sostenido. Por ejemplo en 1656, en Borgoña, al proclamar en voz alta la santidad del Marie des Vallées que acababa de morir, frente a "otros religiosos, los hermanos de quienes la persiguieron" en Normandía...[27].

Estaba seguro de la fidelidad de los jesuitas a la Iglesia. Por eso en las Constituciones de su sociedad recomienda a sus discípulos que tengan, "entre todas las comunidades de la Iglesia, veneración y afecto" especial hacia "la santa Compañía de Jesús y hacia todos sus hijos" y que no olviden jamás "las pruebas particulares de bondad que la Congregación ha recibido de ella". Y se deberá inculcar aún a los seminaristas diocesanos respeto especial hacia los padres jesuitas[28].

En 1659 el P. Eudes había pedido al provincial de París que le concediera participación en los méritos de la Compañía. Después de demoras, debidas a problemas de salud, el P. Giovanni Paolo Oliva nombrado vicario del padre general, concedió el favor solicitado por el P. Eudes quien lo agradeció, el 28 de octubre de 1661. Y el P. Oliva dirigió de nuevo al P. Eudes "un testimonio de cortesía" particularmente cálido (12 de diciembre de 1661): "Si se presenta la ocasión de prestar a usted un servicio, no la dejaré escapar"[29].

---

26  Los tres misioneros eudistas a lejanas tierras tenían, pues, triple pertenencia: a su diócesis, a la Congregación de Jesús y María y a la sociedad de las Misiones Extranjeras. El señor Sesseval escribió al P. Eudes, en una etapa de Alepo (Siria), que lo seguía considerando como su "carísimo y veneradísimo padre" y que conservaba con gran aprecio las reliquias de los mártires de Montmartre que el padre le había dado; le comunicaba también su emoción y admiración ante el espectáculo de la oración musulmana.

27  Carta a madame de Camilly, OC XI 68.

28  OC IX 235, 450.

29  Este detalle lo debemos a un apunte gentilmente comunicado por el P. Bettereau, de los archivos romanos de la Compañía de Jesús (ARSI) Franc. 7, 93; Gallia 46, 445. En realidad, el P. Eudes se había dirigido al P. Renault, provincial de París, quien transmitió la petición al padre Nickel, general. Nickel pidió información. Pero el P. Renault estaba enfermo

En realidad, si el P. Eudes consideraba importante anudar una unión espiritual con el Padre general de los jesuitas, era, claro está, porque contaba con las oraciones de la Compañía, pero también porque necesitaba su apoyo. En efecto, estaba soñando, de nuevo, emprender una gestión ante la Santa Sede para asegurar el porvenir de sus dos institutos: La Congregación de Jesús y María y la comunidad de Nuestra Señora de la Caridad.

## Un mensajero ante la Santa Sede

Cabalmente, con ocasión de las dos misiones que acababa de predicar en París, había conocido a un joven sacerdote flamenco, lleno de dinamismo y de iniciativa, llamado Louis Boniface. Éste había hecho una experiencia en el Oratorio y se dedicaba a ayudar a las jóvenes en dificultades, lo cual ya significaba dos puntos de contacto entre ambos. La predicación del P. Eudes lo había conmovido y había venido a buscarlo. Así supo el P. Eudes que Boniface había vivido en Roma y que conocía bien el italiano. En París vivía desde hacía algún tiempo en la comunidad de los canónigos de Santa Genoveva en Saint-Etienne-du-Mont[30].

Muy pronto se le ocurrió a Juan Eudes utilizar sus servicios para una gestión en la corte de Roma. El propósito principal de ese viaje había de ser la aprobación de Nuestra Señor de la Caridad que ofrecía, a no dudarlo, más fáciles perspectivas. El enviado debía también "sondear los espíritus" respecto de la Congregación sacerdotal y, en todo caso, lograr "la continuación y ampliación de las facultades apostólicas" ya conocidas. Tal vez podría dirigirse a Roma en compañía del obispo de Puy, monseñor de Maupas du Tour, quien se preparaba para ir a promover, en nombre del episcopado francés, la beatificación de monseñor Francisco de Sales. Volveremos a encontrar al señor Boniface un poco más adelante. Añadamos solamente aquí que no es de extrañar saber que una de sus diligencias en Roma, en julio de 1661, fuera ir a visitar en el Gesù a un jesuita, conocido del P. Eudes, el P. Castillon, a quien "nuestro asunto había sido recomendado". Efectivamente Boniface dio con él, pero lo halló vencido

---

y había sido sustituido por el P. Boucher. Esto se repitió en la XI Congregación General de Roma, a principios de 1661; el P. Olivia fue elegido vicario del P. Nickel, que se había vuelto incapaz de gobernar, y el P. Boucher se convirtió en su asistente para Francia. Fue entonces cuando trató el caso, oralmente.

30    Para todo este pasaje: *Annales* VI 12: 27/692ss.

por "la canícula". Pero otro jesuita, conocido suyo, le prometió la ayuda de la Compañía[31].

Desde el otoño de 1660 Juan Eudes había comenzado a solicitar cartas de recomendación. Ése había sido, por lo demás, el objeto de su rápido viaje a Coutances, en septiembre. Monseñor de Lesseville le dio gustoso una carta para Alejandro VII, en la que elogiaba la sociedad misionera y a su superior, adicto al soberano pontífice, enemigo de los "herejes y de los jansenistas". Igualmente Claude Auvry escribió una carta laudatoria en la que evocaba con detalles la misión de Quinze-Vingts[32].

En lo sucesivo Juan Eudes habría de obtener muchos otros testimonios favorables: en primer lugar de los obispos: François de Harlay, de Ruan (8 de abril de 1661) y Léonor de Matignon, de Lisieux (8 de abril de 1661). Luego, de parte del rey, que escribió dos cartas a Alejandro VII para recomendarle al P. Eudes ( 6 de noviembre de 1660 y 16 de septiembre de 1661). El rey escribió también al cardenal d'Este que velaba por los intereses de Francia en la corte pontificia. La reina madre, por su parte, escribió al Papa el 19 de febrero de 1661. También otros personajes escribieron a Roma, en su favor: Renato de Voyer d'Argenson (28 de marzo de 1661), la duquesa de Longueville (28 de abril de 1662)...[33].

## Por las "fastidiosas calles de París"

Esas gestiones ocuparon el final del año 1660 y comienzos del 61, solo interrumpidas por encuentros que debían traer algunos rayos de sol a ese invierno de París.

Es así como Juan Eudes iba de tiempo en tiempo a visitar a un amigo muy querido, Agustín Le Haguais, el hermano de madame de Camilly[34]. El misionero era para él un consejero y un amigo: "Mi más íntimo amigo"

---

31    Carta de Boniface al P. Eudes, citada íntegramente por B III, App. p. 60-62, aclarada por una carta del P. Battereau (4 de noviembre de 1983) André Castillon, encargado de la casa profesa en París, vino a Roma para la XII Congregación General (9 de mayo-27 de julio de 1661). El otro jesuita nombrado por Bonifacio fue Bernardin Bauguil, que había sido miembro del secretariado general de la Compañía desde 1646 y permaneció allí hasta su muerte (1681)..

32    B III 361 que cita Arch. Vatic., 46, f 8.

33    B III 424 que cita Arch. Vatic., sin referencia; y annales VI 10: 27/682. La primera carta de Luis XIV, más detallada, alude a las misiones de París y contempla un establecimiento allí. La segunda, más general y considera el provecho de todo el reino. R. DE VOYER D'ARGENSON había sido embajador en Venecia (1651-1656). Es él quien redactó los Annales de la Compañía del Santísimo Sacramento, p.p. H. BEAUCHET-FILLEAU, Marsella, 1900.

34    Sobre Agustín Le Hagais, de gran sensibilidad, de "temperamento feliz propio para las letras y los negocios" (Huet) véase DU CHESNAY, Lch, p. 119, n. 193, 194 p.124-126 y n. 202. OC XI 69-71.

dirá de él Le Haguais en su testamento. Desde hacía tres o cuatro años Juan Eudes le sostenía en una prueba cruel: su mujer le había abandonado, llevándose consigo al hijo mayor, y él había quedado solo con los cuatro hijos restantes. El padre iba, pues, a visitarlo siempre que podía. Infortunadamente era preciso transitar las fastidiosas calles[35] de París:

> Salto veinte arroyos, hago esguinces, prosigo mi camino, Guenaud pasa en su caballo y me salpica y mientras me limpio, gruñendo, en un recodo, a menudo, para colmo, me cae encima la lluvia repentina, para cruzar la calle, en plena borrasca, una plancha entre dos bloques ofrece estrecho paso.

¡Así evocaba Boileau, precisamente en 1660 el encanto discreto de las calles de París![36]

Al P. Eudes le gustaba también ir a Montmartre, al monasterio de las benedictinas[37]; cuando iba a visitar a la abadesa necesitaba trepar hasta la vieja *abadía* en la cumbre de la colina; si quería orar a San Dionisio y demás mártires, se detenía a mitad de la cuesta, en la iglesia del *Martyrium*, que había sido reconstruida recientemente y que tenia adosado un *priorato* novísimo en el que vivía una decena de benedictinas. En 1660 ya conocía bastante bien a esa abadesa, Françoise-Renée de Lorraine, con quien iba a estrechar las relaciones. Es posible que lo hubiera puesto en contacto con ella la madre Matilde del Santísimo Sacramento, o también las religiosas de Cordillon que provenían de Montmartre. Juan Eudes daba gustoso conferencias espirituales a esa comunidad monástica. Varias veces la abadesa le obsequió reliquias de santos lo que él consideraba precioso. Un día, el

---

35 OC XI 92. Un acta notarial (cuya copia se encuentra en los archivos de los Eudistas) atestigua que el 22 de agosto de 1661, Juan Eudes residía en el seminario de Saint-Sulpice. Una carta (OC X 543) muestra que fue después a la residencia de monseñor Auvry, en el palacio de Mazarino "para tomar allí los remedios con tranquilidad". Otra acta notarial (AD Calvados, H. Eudistes tomado del legajo 9°) muestra que el 30 de marzo de 1662 estaba todavía (¿o de nuevo?) en el palacio de Mazarino.

36 *Satire VI, Les embarras de París*: Guénaud era el médico de la reina, célebre por su inseparable caballo.

37 La antiquísima abadía de Montmartre (1133) se encontraba en la cima de la colina: de ella queda la iglesia de Saint-Pierre. En 1611, después de las guerras que todo lo trastornaron, fue redescubierta la antigua cripta construida en mitad de la pendiente, en el supuesto lugar del martirio de San Dionisio; allí se construyó una iglesia y un priorato. En 1644, una larga galería cubierta unió el priorato con la abadía. Más tarde se ampliaron los nuevos edificios y en 1686 toda la abadía se trasladó allí y se vendieron las construcciones de la parte alta. Hoy nada queda de esa abadía de la parte baja, pero en el lugar en que se encontraba la cripta de los mártires se ha construido una cripta moderna. Puede verse en el n. 9 de la calle Yvonne Le Tacq. J. HILLAIRET, *Diction. Historique des rues de Paris*, t. I sv *Antoinette* (rue) II sv *Mont-Cenis* (rue du). Véase el grabado en la página 418.

25 de marzo de 1661, celebró con ella, en nombre de la Congregación, una alianza de oración y de gracia entre su propia comunidad y la de Montmartre[38].

LOS SONIDOS Y OLORES DE PARÍS
durante la época de P. Eudes.
(Foto B.N.)

El 15 de octubre de 1660 el P. Eudes fue a celebrar la misa en honor de santa Teresa donde los carmelitas de Saint-Germain[39] que se habían

---

38    MARTINE V 48: 17bis/25.

39    El antiguo convento de los carmelitas se halla hoy día incorporado al Instituto Católico de París. Se puede identificar dentro de la iglesia, el altar de Notre-Dame, en el que Juan

unido a la reciente misión; allí encontró a cierto padre Ignace-Joseph de Jesus-Maria, a quien obsequió su opúsculo *El contrato del hombre con Dios por el santo bautismo*. Algunos días después el P. Ignacio le escribía una carta entusiasta: había leído la obra durante su retiro: "dos veces, por entero, de rodillas, en espíritu de oración, muy despacio y atentamente" y le decía:

> Tengo mi corazón colmado de gozo al tomar la pluma para agradecerle muy humildemente el excelente libro, o mejor, el precioso tesoro espiritual que usted me ha obsequiado (...). Le confieso muy sinceramente que es el libro más lleno de unción del Espíritu Santo como ninguno otro de nuestro siglo (...). Y no he podido contenerme para decirle interiormente: ¡Ánimo, sacerdote bendecido por Dios, amigo fiel de María!

---

Eudes celebró la misa. En esa misma iglesia, ciento treinta años después, fueron detenidos doscientos sacerdotes, entre ellos dos eudistas: estos, por su fe el de septiembre de 1792, fueron los beatos François Luis Hébert y François Lefranc. La carta del P. Ignace se halla en HERAMBOURG I 19: 52/273-274.

CAPÍTULO XXII

# Dos años en París (II)

(1661-1662)

*La voluntad divina*
*El incendio del Louvre*
*La obración de Ableiges*
*Muerte de Mazarino y reinado personal de Luis XIV*

## "La adorabilísima Voluntad de Dios"

Cuando los intereses de la Congregación exigían al P. Eudes que viviera solo, lejos de sus hermanos y del trabajo misionero, se notaba que esto lo hacía sufrir. Y más aún si tenía que vivir en París. Esos tiempos de prueba nos han merecido hermosas reflexiones epistolares sobre la Voluntad de Dios. Ya en 1650, diez años atrás, había escrito desde París a sus hermanos que se hallaban misionando:

> Ha sido nuestra buena madre, la Voluntad de Dios, la que ha dispuesto esta separación. ¡Bendita sea por siempre¡ La llamo nuestra buena madre porque de ella hemos recibido el ser y la vida (…). A ella corresponde gobernarnos y a nosotros toca obedecerle y abandonarnos confiadamente a su dirección, pues tiene un verdadero amor maternal por nosotros (…). Lo cual no impide que la santa Virgen sea también nuestra madre; porque la divina Voluntad la colma, la posee y la anima de tal manera que es como su alma, su espíritu, su corazón y su vida[1].

En los comienzos de 1660, desde antes de llegar a París, había reiterado esa meditación en una carta a su sobrina. Y es como un pórtico a la entrada en esos largos meses en los que tendrá que recorrer, a menudo solo, las calles de París[2].

---

1   OC X 390-391.
2   OC X 537.

> Es verdad que mis meses a veces se alargan bastante. Son más largos de lo que pienso, pero no de lo que quiero. Porque, por la misericordia de mi Señor me parece que solo quiero (...) una cosa: abandonarme totalmente en las manos cariñosas de la adorabilísima voluntad de mi Dios (...). Todavía no puedo decirle cuándo volveré a Caen: será, claro está, cuando yo lo quiera, pero aún no sé cuándo lo querré, es decir, cuándo lo querrá Dios[3].

Pasarán todavía dos años y medio antes de que la cariñosa voluntad de Dios lo devuelva a su querido Caen. Esto le causaba pena y lo confesaba con sencillez:

> Anhelo fuertemente regresar y pido con insistencia a Dios que me saque de aquí, donde me cuesta vivir[4].

Pero lo era preciso quedarse allí. Necesitaba hacer numerosas gestiones para asegurar el futuro de su Congregación y, por lo mismo, de los seminarios. Era precisamente la misión la que exigía de él esta especie de destierro y esta renuncia de sí mismo. Entonces repetía su fiat a la voluntad amorosa del Padre. Y este fue como el clima espiritual de esa larga permanencia en París.

> La voluntad divina me retiene aquí y no tengo píes, ni manos para defenderme de ella; al contrario, me dejo atar a sus manos suavísimas[5].

## ¿Hacia una fundación en París?

En París Juan Eudes no estaba inactivo. Además de su correspondencia con Boniface, su enviado a Roma, con sus comunidades, sus dirigidos, sus bienhechores, proseguía su trabajo de escritor. En enero de 1662 obtiene nueva aprobación para *El reino de Jesús* "aumentado en su octava parte". Incluía *Las meditaciones sobre la humildad* y aquél escrito original *Coloquios interiores del cristiano con su Dios*, del que citaremos más adelante

---

3   OC X 439-440; 522. Sobre el mismo tema OC X 528,537, 545; XI 92.
4   OC XI 92. «Me aburre» no significa necesariamente «me aburro», más bien se acerca a: «Me cansa, me pone a prueba y me hace sufrir...» -la palabra raíz procede del bajo latín in-odiare: inspirar odio.
5   OC X 440.

algún aparte⁶; luego, en marzo, obtiene permiso para reeditar ocho de sus libros ya aparecidos⁷ y el 28 de junio recibe "un privilegio real "para un libro próximo a aparecer (pero que sólo aparecerá en 1666): *El buen confesor*.

Además realizó toda una serie de gestiones con miras a preparar una fundación de su sociedad en París.

Ya vimos cómo el proyecto de Quinze-Vingts había naufragado. Un poco más tarde Juan Eudes mantuvo conversaciones con la diócesis de París; y el cardenal de Retz que había sido desterrado pero seguía siendo el arzobispo, envió desde Roma una carta que permitía al P. Eudes establecerse en al ciudad o en los suburbios de París. En 1662, después de la sumisión del cardenal, su efímero sucesor Pierre de Marca, confirmó esa autorización, pero murió poco después. Hasta se habían previsto los recursos económicos: el 30 de marzo de 1662, el señor de Langrie hizo donación de mil quinientas libras de renta, cuya entrega comenzaría desde que se crease la fundación, lo cual nunca tuvo lugar⁸.

También más tarde, en 1668, el nuevo arzobispo de París, monseñor de Péréfixe, volvía sobre el proyecto, esta vez bajo la forma de un seminario diocesano (el de san Suplicio no lo era). Pero eso tampoco se realizó⁹.

Una de las formas que tomó el sueño de una casa en París fue el servicio de una peregrinación al Mont-Valérien "lugar enteramente consagrado a los misterios de la pasión del salvador". La misma reina había deseado que la congregación del P. Eudes se estableciera allí. El estatuto de los sacerdotes del lugar comportaba la vinculación directa a la autoridad del arzobispo. En el enredo confuso de las diversas jurisdicciones que por entonces se ejercían esto se ajustaba bien a la sociedad "enteramente episcopal" (esa era la expresión empleada para expresar su dependencia de los obispos) fundada por el P. Eudes. Se ofrecía una renta de dos mil libras. Todo estaba listo...pero los habituales bienhechores lo hicieron fracasar¹⁰.

---

6      OC II 71-194.
7      Esas obras son: *Ejercicios de piedad*; *La vida y el reino de Jesús*; *El testamento de Jesús*; *El catecismo de la misión*; *Las advertencias a los confesores misioneros*; *La devoción al corazón de María*; *El contrato del hombre con Dios por el santo bautismo*; *La manera de participar bien en la santa misa*. El padre Eudes había publicado además un volumen de oficios y otro de misas propios de su Congregación.
8      *Annales* V 34-35: 27/629ss. Ad Calvados, H Eudistes, logajo 9°.
9      *Annales* V 34: 27/630-632, Fleurs, JE II 16: 31/489.
10    *Annales* V 34: 27/630Hardouin de Péréfixe de Beaumont es el mismo que en noviembre de 1642, siendo preceptor del delfín, preparó las letras patentes del seminario de Caen, a petición de Richleiu. Conocía bien, por consiguiente, el itinerario del P. Eudes.

## El incendio del Louvre

El verano de 1660 había proporcionado al P. Eudes la ocasión para hablar en términos fuertes a la reina madre. En febrero de 1661 le hizo una exhortación más firme todavía. Todo partió de un acontecimiento menor: en la madrugada del 6 de febrero se produjo un incendio en el Louvre, en la galería de la pinacoteca. Sólo después de muchos esfuerzos lograron dominarlo. Los daños habían sido considerables y algunos retratos de reyes o de príncipes quedaron destruidos[11].

Dos días después, fiesta del Corazón de María, el P. Eudes, invitado por la querida madre Matilde, predicó donde las benedictinas del Santísimo Sacramento de la calle Cassette. Y la reina asistió al sermón, o más bien llegó hacia el fin del mismo. El P. Eudes se detuvo y cuando ella y su comitiva se hubieron sentado, empezó a hablarle "por largo tiempo y con gran libertad". El mismo ha referido, casi palabra por palabra, lo que le dijo:

> No tengo, señora, otra cosa que decir a su majestad, sino suplicarle humildemente, ya que el Señor la ha traído a este lugar, que no olvide nunca la vigorosa predicación que Dios le ha hecho a usted y al rey con este incendio de parte de Louvre. Este fuego (...) quiere decir que los reyes pueden levantar palacios como el Louvre, pero que Dios les ordena dar alivio a sus súbditos, tener compasión (...) de tantas gentes oprimidas de miserias (...); que si este fuego material no respetó los retratos e imágenes de los reyes (...), el fuego de la ira de Dios no perdonará a sus originales, si no emplean su autoridad para destruir la tiranía del diablo y del pecado y para establecer el reino de Dios en el corazón de sus súbditos: (...) que era lamentable ver a los grandes de este mundo asediados por una tropa de aduladores (...), de modo que nadie les dice casi nunca la verdad (...). Que, por el lugar en que me encontraba (...) yo podía exclamar con san Pablo (....): desempeño el oficio de enviado de Jesucristo, para hacer llegar la palabra del Rey de reyes a una gran reina...

El P. Eudes añadía a su relato:

---

11    *La Gazette*, 1661 No.21, P. 155-156. Martine V 45: 17bis/ 18-19; *Annales* VI 13: 27/700 - Al parecer, según una carta citada por Martine, el incendio fue provocado por una vela que dejaron unos obreros tras trabajar hasta altas horas de la noche en la preparación de un teatro para el ballet del Rey..

Supe después (...) que ella había tomado muy bien el caso y había tapado la boca lindamente a algunos aduladores que quisieron comentarlo (...) Monseñor de Coutances (Auvry) que por estar en la corte sabe lo que allí sucede, me ha demostrado gran aprobación y muchas otras personas distinguidas han venido a buscarme para declararme por ello sus sentimientos de simpatía[12].

Fue posiblemente en esta ocasión cuando la reina habría dicho: "hace mucho que no escuchaba una verdadera predicación, pero hoy la he escuchado. Así se debe predicar y no echándome flores como hacen los demás"[13]. Contaron al P. Eudes (¿sería en esa circunstancia?) que la reina pensaba sancionar a quienes criticaban al predicador. Entonces, "él fue inmediatamente a su encuentro a suplicar a su majestad que los perdonara. Lo que hizo decir a esa princesa que el P. Eudes y los suyos eran unos santos"[14]. ¿Sucederían así las cosas? De todos modos el caso es sorprendente y nuestro honestísimo analista se muestra notoriamente feliz de que la tradición hubiera hecho llegar hasta él cosas edificantes.

## Luis XIV

Un mes después, el 9 de marzo de 1661, murió Mazarino en el castillo de Vincennes. Un burgués de Rennes registró el acontecimiento en su diario personal, con estas palabras: "la noche entre el 8 y el 9 de marzo de 1661 murió en París el cardenal Mazarino, de una apoplejía del oro y de la plata de Francia que lo ahogó"[15]. Ese bretón aparece muy malintencionado, pero, sin duda no era el único en pensar cosas semejantes en el reino de Francia.

No fue ese el caso de Claude Auvry, el obispo que tanto conocemos. Mazarino era su amigo y él se había comprometido en su servicio. Por carambola este fallecimiento afectó también al P. Eudes, aunque supo, por otra parte, conciliarse el favor del cardenal de Retz, el gran enemigo de Mazarino.

La muerte de Mazarino produjo también un cambio importante para todo el país. Luis XIV, de veintidós años, tomó en sus manos,

---

12  OC X 441-444.
13  *Annales* VI 13: 27/704.
14  *Annales* VI 6: 27/666.
15  R. DU CHEMIN, Journal d'un bourgeois de Rennes au XVII siècle (1650-1680) p.p. P. DELABIGNE-VILLENEUVE, en Melanges d"histoire et d"archéologie bretonne, t.l, 1855.

personalmente, la dirección del reino. Mazarino lo había preparado para que gobernara sin primer ministro y ello respondía, al parecer, a "una espera casi mesiánica del pueblo francés"[16].

El joven rey no tardó en dar señales de que gobernaría con autoridad. Como se lo había sugerido Mazarino, Luis XIV llamó a Colbert al consejo. Sin demora descubrió las deshonestidades del superintendente de las finanzas, Nicolás Fouquet, cuyo lujo lo irritaba. De inmediato lo hizo detener, juzgar y condenar a reclusión. Fouquet era sobrino de una gran visitandina, muy conocida del P. Eudes. La volveremos a encontrar dentro de poco, la madre de Maupeou; era también hermano de un obispo, François Fouquet, a quien ya hemos encontrado: éste, que por entonces era arzobispo de Narbonne, tuvo que abandonar su sede. Desde entonces todos se dieron cuenta de que era preciso obedecer. Un poco más tarde, Bossuet expresaría el concepto que Luis XIV se hacía del rey: "todo el Estado está en él: la voluntad de todo el pueblo está concentrada en la suya"[17].

Desde esa época hubo tensiones entre el rey de Francia y la corte romana. El rey quería afirmar también su autoridad frente al Papa. Su embajador, el duque de Créquy, se comportó en forma arrogante e infortunada. Mantenía una escolta fuertemente armada y pretendió extender la inmunidad diplomática de que gozaba la embajada de Francia, el palacio Farnese, a todo el barrio circundante (es lo que se llamó "franquicia de barrio"). Un territorio tan vasto debía constituir un escondite ideal y lugar de asilo para los criminales. Esto era difícilmente aceptable para la administración pontificia. De tiempo en tiempo estallaban enfrentamientos entre la guardia del embajador y la policía romana. Un día, guardias corsos del papa dispararon contra la carroza del embajador quien abandonó a Roma; el nuncio fue expulsado de París. El Papa tuvo que dar después disculpas humillantes a Luis XIV y aun concesiones políticas[18]. Todo ello tuvo consecuencias para los asuntos del P. Eudes, como lo veremos en el capítulo siguiente.

La vida y milagros de los grandes tenían su importancia. Pero Juan Eudes estaba pendiente de los sencillos que lo rodeaban y del sufrimiento de los pobres. Porque el año de 1662 fue para ellos particularmente cruel. En el curso de los años anteriores -el verano podrido de 1661 ha quedado tristemente celebre- las cosechas habían sido catastróficas, lo que produjo en toda la mitad norte del reino una hambruna pavorosa. En Caen se vendió la libra de pan a seis soles y cuatro denarios (o sea la mitad de un

---

16  A. CORVISIER, *La France de Louis XIV*, p. 216.
17  P. GOUBERT, *Louis XIV*...p.47.
18  *Nouvelle Histoire de l'Eglise*, París, Seuil, 1968, t. III, p. 385-386, DBF sv Créquy.

jornal de albañil) cuando en los años buenos la libra de pan valía menos de un sol[19]. Muchos jornaleros, viñadores, y artesanos rurales murieron de hambre y de miseria; hordas de mendigos famélicos se agolpaban a las puertas de las ciudades. En París, el joven rey, soñando con la gloria, hizo dar a comienzos de junio de 1662 una cabalgata deslumbrante. El mismo en persona, vino a hacer cabriolas ecuestres entre el Louvre y las Tullerías, con un vestido que brillaba de piedras preciosas, ante quince mil personas distinguidas venidas de toda Europa. Pero inmediatamente después de esas fiestas, en el sitio mismo en que tuvieron lugar, hubo necesidad de instalar hornos de emergencia y de cocer el pan para las pobres gentes, con trigo comprado en el sur o en el extranjero[20].

Vicente de Paúl ya no estaba allí para suscitar un gran movimiento de mutua ayuda. Las damas de la Caridad buscaron un predicador cuya palabra tuviera suficiente eficacia para inquietar las conciencias de los acaudalados. Y como el P. Eudes se hallaba en París, acudieron a él. Con su fuerza habitual dio varios sermones. Supo conmover los corazones y los invitó a una solidaridad que se tradujera en obras concretas[21].

### Ofrenda de sí mismo en Ableiges

Cuando Juan Eudes se sentía demasiado fatigado de sus diligencias y saturado de los miasmas de París, acentuados por el verano, solía retirarse a la campiña, acogido, sin duda, por los parientes de una religiosa que él conocía bien: *nuestra queridísima madre de Maupeou*, como él la llamaba[22]. Era superiora del primer monasterio de la Visitación, en el suburbio Saint-Antoine y pertenecía a una gran familia de parlamentarios, los Maupeou de Ableiges (ligados a los Fouquet, como vimos). Así, pues, fue en Ableiges, cerca de Pontoise, donde el P. Eudes, en el verano de 1661, había ido a tomar unas vacaciones.

---

19   Los *Annales* NDC II 23: Chev/115, hacen alusión a esa gran hambruna que se hizo sentir en la comunidad de Caen. Las hermanas se acordarían por mucho tiempo de que "los días de fiesta se distinguían a veces por pastelillos de perifolio que les parecían manjares deliciosos".

20   Véase el Journal d'un Bourgeois de Caen, ya citado, p. 27 (8 de junio de 1662); P. GOUBERT, Louis XIV...p. 52, 60, 69, 243; P. GOUBERT, La vie quotidienne...p. 129ss. G. DUBY, Histoire de la France rurale, París, Seuil, 1975, t. II, L'Âge classique, p. 207 ss; R. MOUSNIER, París en XVIP s., fascículo II, La función *économique*, París, Centre de document. París., 1961.

21   HERAMBOURG, II 23: 53/223. Este recuerdo, sin fecha, se sitúa con verosimilitud, en este momento, después de la muerte de Vicente de Paúl, durante una larga permanencia del P. Eudes en París y con ocasión de la última gran hambruna que tuvo lugar durante su vida.

22   OC X 530.

Luego, el 6 de julio, mientras celebraba misa en la iglesia del pueblo,

> después la consagración, se produjeron muchos truenos fortísimos que hacían temblar toda la iglesia... Así que -anota él- ante todo supliqué a nuestro Señor que me concediera la gracia de ser destruido por uno de esos rayos, antes que ofenderle jamás, de cualquier manera, deliberadamente. Luego le hice una ofrenda de mí mismo.

Se ofreció para que Dios se sirviera de él para destruir el pecado en el mundo y para establecer en él el reino de su amor; después de esto, poco importaba su propia destrucción. El tema de un gran combate misterioso contra el pecado que ofende a Dios y contraría su designio sobre el hombre, le era familiar. El pecado, decía él en los "Coloquios interiores", descuartiza a Jesucristo y le arranca uno de sus miembros para hacer de él un miembro de Satanás..."[23] Pero su plegaria de ofrenda proseguía así:

> Solamente te pido una gracia: que el deseo que tengo de alabarte y amarte eternamente no desaparezca, sino que (...) sobreviva ante ti (...), para testimoniarte que te amo con todo mi gran corazón, que no es otro sino el tuyo, porque me lo has dado cuando te has entregado mí tantas y tantas veces...

El 6 y el 22 de julio, bajo dos formas un poco diferentes, mencionó ese acto de ofrenda a la justicia y al amor de Dios. Se han encontrado esas notas en posesión suya después de su muerte[24]. Se puede reconocer en ellas el eco velado en uno de sus libros, *El buen confesor*, en el que hace explícita el alma de esa ofrenda de sí mismo: una inmensa compasión por los que se hallan en peligro de perderse, "por falta de hombres apostólicos que les tiendan la mano..."[25]

Esa ofrenda de sí mismo lo preparaba para soportar penas muy crueles. En efecto, la muerte iba a separarlo una y otra vez de sus más queridos y sólidos compañeros.

El primero fue Richard Le Mesle (21 de octubre de 1661), "uno de nuestros mejores hermanos, de los más útiles y más encariñados

---

23    OC II 171.
24    *Annales* VI 14: 27/704; HERAMBOURG II 26: 53/254; OC XII 154-157 cfr. DU CHESNAY NV VI 354.
25    BC II: OC IV 179.

con nuestra Congregación"²⁶; ya no iba a tener ese confidente con quien había compartido muchas veces, muy fraternalmente, lo excesivo de sus sufrimientos. Había que darle también un sucesor como superior de Caen, y el elegido fue Simón Mannoury.

Dos mese más tarde, el 27 de diciembre de 1661, moría Pierre Jourdan, también como Le Mesle, de cincuenta y tres años de edad.

> La voluntad divina nos gobierne en todo y sea nuestro único consuelo en nuestras tribulaciones. Ahora estoy padeciendo intensamente una que me ha causado dolor extraordinario: ha fallecido nuestro buenísimo y queridísimo hermano, el señor Jourdan (...) si me dejara llevar de mis sentimientos gritaría adolorido y llorando: "¿es así como nos separa la muerte amarga?" (1 Sam 15, 32). Pero cuando pienso en la santa, sabia y misericordiosa voluntad de Dios, tengo que gritar desde lo más hondo de mi corazón: "Sí, Padre justo, sí, puesto que esa ha sido tu voluntad"²⁷.

Por la misma época otras muertes lo afectaron, y especialmente sintió profundamente una de ellas: la de su amigo, su "hermano del corazón" Jacques Blouet de Camilly. Como lo veremos en el capítulo siguiente. Perdió también a uno de los primeros hermanos laicos de la congregación, Jean Moreau, que era sastre; y un laico asociado, "oblato" Charles Guesnetot, que atendía a los enfermos como enfermero y cirujano y daba en forma gratuita remedios a los pobres, "porque tenía un buen patrimonio"²⁸.

Juan Eudes padeció también durante todo ese periodo, una persecución más o menos continua, que era la prolongación de la campaña de Du Four; y la incomprensión de algunos de sus allegados, como nos lo revela, sin darnos a conocer claramente la naturaleza de esas penas:

> En los años 1661 y 1662 Dios me concedió la gracia de muchas y grandes tribulaciones. Unas fueron las calumnias y maledicencias del mundo. Otras, provenientes de personas muy queridas por mí y que me causaron durante varios meses dolores y angustias tan sensibles como nunca las había padecido en mi vida²⁹.

---

26    OC X 447.
27    OC X 447.
28    Annales, VI 15: 27/706 ss.
29    MBD 68: OC XII 121.

Felizmente otras circunstancias le proporcionarán a veces alegría y consuelo. Fue así como al final del invierno de 1661-1662 participó en una ordenación que se celebraba en Pontoise; el arzobispo de Ruan ordenaba allí a jóvenes que se habían preparado en su seminario, pues Pontoise pertenecía entonces a esa inmensa diócesis. El 10 de marzo de 1662, Juan Eudes escribía a uno de sus hermanos:

> El señor arzobispo pregona por todas partes los frutos del seminario de Ruan y la satisfacción que ha experimentado el ver la gran modestia y piedad reflejada en los rostros de los ordenandos de Pontoise. Me causa gran alegría comprobar la bendición que Dios da a los trabajos de mis queridísimos hermanos[30].

Y luego en el otoño de 1662, de regreso a Caen, cayó gravemente enfermo. Desde mediados de septiembre a fines de octubre permaneció en cama. Pero él nos confiesa que en medio de esos quebrantos de salud, Dios "me ha concedido grandes favores"[31].

Pruebas, alegrías, trabajos: esos largos años de París se iluminan en profundidad por su deseo cada día más puro de cooperar con todo su ser, a través de cuanto le era dado vivir, con el designio de Dios. "Que Dios nos libre" —escribía- "de hacer jamás nuestra voluntad y nos conceda la gracia de reconocer que no tenemos otra ocupación en este mundo que hacer en todo y por doquier la suya, *corde magno et animo volenti*, con un gran corazón y un gran amor"[32].

---

30    OC X 450.
31    MBD 71: OC XII 122.
32    OC X 537. La fórmula Corde magno et animo volenti (2 Mac 1,3) era predilecta de san Juan Eudes. El mismo propuso traducciones como la que referimos aquí (OC VI 263). Cfr. también OC V 418; VI 213. Recordemos que su "gran corazón" no era solamente el suyo sino el de Cristo que vivía en él, y por lo mismo el de María y el de todos sus hermanos.

## CAPÍTULO XXIII

# Cuando Juan Eudes escribe a las mujeres

(1660-1662)

*La madre Patin*
*Madame de Camilly*
*Muerte de Jacques Blouet de Camilly*
*Boniface en Roma*

## Las cartas del correo...

"Las cartas del correo nunca se pierden"[1]. Esta afirmación categórica de Juan Eudes es un bello homenaje al servicio postal del rey, abierto al publico bajo Enrique IV y mejorado sin cesar en los reinos siguientes. Gracias a relevos bien repartidos que proporcionaban caballos de repuesto, una apretada red de correos servía rápidamente todo el reino. Esa organización oficial se completaba, además, por otras iniciativas, como las mensajerías de universidades: las de la universidad de Caen eran, a mediados del siglo XVII, particularmente prósperas.

Se requerían dos días en la buena estación para llevar una carta de París a Caen, pasando necesariamente por Ruan, pero tres o cuatro de octubre a marzo. Había salidas fijas dos o tres veces por semana[2].

Las tarifas del porte las determinaba la decisión real. El remitente escribía sobre la carta sellada el precio fijado y el destinatario lo pagaba a la llegada, cuando retiraba su carta en la oficina postal. Por ejemplo sobre una carta que envió desde Coutances a Caen, el 12 de agosto de 1656, el padre Eudes escribió: "Porte, dos soles"[3].

---

1     Carta de 19 de enero de 1670, OC x 564.
2     Cfr. por ejemplo, en las cartas de J. Eudes, OC XI 79: "El sábado, después de que había partido el correo (de París hacia Caen)"; OC X 553: "Por el correo del jueves, o, a más tardar, del viernes (de Caen hacia París)".
3     Esa carta se conserva en la casa de Nuestra Señora de la Caridad de la Rochelle. Los datos anteriores han sido tomados de E. VAILLE, *Histoire générale des postes françaises*, París, PUF, 2 vol. 1949.

Juan Eudes podía hablar elogiosamente del correo postal porque lo utilizaba asiduamente, como lo hemos comprobado en los capítulos anteriores.

Solo una parte mínima de esa correspondencia, unas doscientas cincuenta cartas, ha llegado hasta nosotros. Todas han sido publicadas[4].

Él terminaba a menudo sus cartas adaptando a su manera las fórmulas un poco solemnes de la época. Escribía, por ejemplo:

> Todo suyo, Juan Eudes, sacerdote misionero.

O bien:

> Más suyo que mío, Juan Eudes

O también, a veces, en las cartas familiares:

> La pequeña lombriz de tierra, Juan Eudes

Para encabezar sus cartas escribía a menudo fórmulas como éstas:

> Sea en todo nuestra norma la divina Voluntad.

O bien:

> Jesús, que es el Corazón santísimo de María, sea el nuestro para siempre.

Y otros augurios parecidos inspirados por las circunstancias[5].

En el curso de este breve capítulo vamos a releer dos series de cartas, escritas desde París en los años 1660-1662, a dos mujeres más o menos contemporáneas, que ocuparon, cada una a su manera, un puesto de importancia en su vida: Françoise-Marguerite Patin (1600-1668), religiosa de la Visitación; y Anne Le Hagais, señora de Camilly (ca. 1605-1680): Ya las hemos encontrado.

---

[4] Carta los sacerdotes de la Congregación (Libro I) y cartas a las religiosas de Nuestra Señora de la Caridad (Libro II) en OC X 383 ss. Cartas a personas diversas (Libro III) OC XI 7 ss. Otras dos cartas en Och., *Cartas y opúsculos*, p. 10 y 383; y otras 10 en LCH, p. 168 y ss. Véase la introducción a este último libro por DU CHESNAY: una selección de cincuenta cartas, con su correspondiente comentario, fue publicada por C. GUILLON, *En tout la volonté de Dieu*, París Cerf, 1981. Existe una traducción española: (H. Arias) *En todo la voluntad de Dios, san Juan Eudes a través de sus cartas*, Bogotá, Colombia, 1986.

[5] *Annales* IV 22: 27/426 ss.

## Françoise-Marguerite Patin

La madre Patin ha dejado un gran recuerdo, tanto en Nuestra Señora de la Caridad como entre sus hermanas de la Visitación. "Dotada de vivo ingenio y de gran belleza"[6], poseía una fe fuerte y profunda. Pero sus relaciones con el P. Eudes no fueron fáciles. El, lleno de aprecio y simpatía por ella, sufría a menudo por sus actitudes reservadas. Ella a pesar de tener plena confianza en su dirección espiritual, se mantenía circunspecta frente a sus orientaciones prácticas. Es una lástima que no tengamos sus cartas, que de seguro no eran triviales. Hubiera sido instructivo entrever a través de esas misivas qué imagen se hacía de él y qué aspectos de la personalidad de Juan Eudes despertaban en ella inquietud o impaciencia.

Precisamente la correspondencia de esos años gira en torno de uno de los asuntos que les enfrentaron: ¿era preciso, si o no, enviar un representante a Roma, para solicitar de la Santa Sede la aprobación de Nuestra Señora de la Caridad? La madre Patin no era de ese parecer. Juan Eudes le había escrito al respecto desde 1656, *pero ella*, observaba él desconcertado, "no me contesta nada al respecto"[7].

A comienzos de 1660 ella le escribió que sus asuntos estaban "en buen pie en Roma"; pensaba, por consiguiente, poder hacer gestiones ante la Santa Sede sin necesidad de enviar allí a un hombre de confianza. Pero el padre Eudes se inquietaba: ¿no obligarían a la comunidad de Caen a unirse a las "religiosas de Avignon", es decir, al Instituto de Nuestra Señora del Refugio, fundado por Elizatbeth de Ranfaing? (véase p. 142). Eso jamás lo consentiría él (probablemente porque en ese instituto admitían a veces en calidad de religiosas a antiguas *penitentes*, lo que a él no le parecía realista)[8].

Un poco más tarde llegó de Roma una nueva alarma. Alguien había atribuido allí a las religiosas de Caen, el nombre fantástico de "Hijas de Corazón de la Santa Virgen", lo que había disgustado al cardenal François Barberini. ¿Pero quién pudo hacer correr ese falso título? El fundador, que refería esto a la Madre, aprovechaba para insistir una vez más:

"Siempre le he dicho a usted, mi queridísima madre, y ahora se lo repito, que es necesario enviar expresamente una persona a Roma..." Está bien, pero no es suficiente, utilizar como mensajero al obispo de Puy, delegado del episcopado francés para preparar allí la beatificación del fundador de las visitandinas. Se necesitaba un *eclesiástico* que *permanezca* en Roma para "mantener vivo el asunto". "Pues bien" -añade Juan Eudes- "conozco

---

6   NV V 131, que cita a la Madre Francisca-Magdalena de CHAUGY, *Histoire des fondations*, bibli. Mazarine ms. 2439.
7   OC X 408.
8   OC X 530.

justamente a alguien en París que sería muy apto para ello, y creo que no rehusará". Se trataba, claro está, de Louis Boniface, a quien encontró durante las grandes misiones de París, en un clima de mutuo entusiasmo. "Sabio, inteligente, agradable, celoso y ardiente en todo lo que emprendía"[9]. El joven sacerdote tenía mucho de atrayente. Tal vez Juan Eudes no adivinó lo que había de frágil en esa personalidad, un poco exaltada y falta del sentido de la realidad. Mucho más tarde, Jean-Jacques Blouet de Camilly, que lo conoció personalmente y lo volvió a ver años después de que sucedió al P. Eudes, lo describía como "hombre de bien pero arrebatado y ardiente, vehemente en sus palabras pero muy imprudente en su conducta"[10].

De todos modos el P. Eudes deseaba verlo partir parar Roma, en compañía de "monseñor du Puy". En caso de que él mismo estuviera "dispuesto a emprender el viaje" es necesario que la Madre vaya preparando el dinero requerido y los documentos que se le han de confiar[11].

Algún tiempo después (el 21 de septiembre de 1660) volvía a insistir. Era claro que "la queridísima y buena Madre" no se había decidido aún. El Padre se había informado sobre el costo de la empresa: alrededor de seiscientas libras, pensaba él (en realidad sería una suma mucho mayor). ¿Acaso la superiora conocía a otro, que, como ella decía, cobraba menos?. ¡No es posible!. En todo caso el candidato en cuestión "se ofrece a ir por pura caridad y sin el menor interés". Y Juan Eudes hacía el catálogo de sus cualidades. Por otra parte el tiempo apuraba.

> Hágame conocer cuanto antes su última decisión y, en nombre de Dios, dé algún crédito a quien, como yo, ama la casa de la buena Virgen, y que le habla a usted con tanta verdad y sinceridad. Es el mismo, mi queridísima Madre, que es de todo corazón todo suyo...[12]

Al cabo de meses la madre termina por ceder, y el enviado partió. Llegó a Roma a mediados de mayo de 1661 y escribió sus primeras impresiones al P. Eudes. Un poco después le envía otra carta: estaba seguro del éxito. ¡Estaba pensando que si los intermediarios no lo lograban se dirigiría directamente al Papa!. Desde París el P. Eudes mantenía al corriente éxito. ¡Estaba pensando que si los intermediarios no lo lograban se dirigiría directamente al Papa!. Desde París el P. Eudes mantenía al corriente

---

9   *Annales* VI 12: 27/692. OC X 533.
10  Nota de JJ. Blouet de Camilly, de 15 de sept. De 1698, en B III, app. P. 58-60. Esta nota contiene varias fechas aproximadas.
11  OC X 534.
12  OC X 534-536.

a la madre Patin. Le anotaba que lo que presentaba dificultad en Roma era que allí se creía en el peligro que corría las religiosas que se ocuparían de las mujeres penitentes; para tranquilizarlos, Boniface había descrito, con exceso de imaginación, toda clase de precauciones: un muro separa alas religiosas de las penitentes; a éstas, *durante la noche, se las vigila por una celosía*, etc[13]. Usted tendrá que ajustarse *tanto como lo sea posible*, a esas cláusulas (salvo lo de la celosía), ordenaba el Padre al superiora.

El 10 de septiembre de 1661, el P. Eudes escribió a la madre Patin: "Le incluyo una carta del señor Boniface que recibí ayer". Habrá que enviar a Roma un plano de la casa y una copia de las principales normas que conciernen a las penitentes, debidamente conformes a las exigencias romanas[14].

Tres meses más tarde: "Recibí esta semana una carta del señor Boniface el cual me dice que los asuntos de usted van cada día mejor... Sólo se necesitaba redoblar la oración porque los grandes acontecimientos" -dice él- "están por llegar"[15].

De seguro que el señor Boniface hablaba con sinceridad. Pero, en realidad, estaba todavía mucho más lejos del éxito de lo que él pensaba. Y exigía mucho dinero. El P. Eudes escribía a la madre Patin detallando las necesidades, acrecentadas aún más por una devaluación del cambio del "cinco por ciento", precisaba el Padre; el cuarto costaba tres escudos (nueve libras) por mes, "sin contar el lavado de la ropa, la leña y las velas, etc. y sin olvidar el dinero necesario para los obsequios que tiene que hacer a diversas personas. Sin estol nada se consigue en ese país"[16].

Juan Eudes, en persona, ya había adelantado anteriormente la suma de quinientas libras y seguía mirando con admiración a su enviado. No sospechaba que algunos meses más tarde Boniface iba a realizar un acto que traería consigo, diez u once años después, repercusiones catastróficas para el fundador y para la Congregación.

La superiora, por su parte, estaba lejos de ser optimista. Se le pedía tanto dinero sin que se vislumbrara resultado alguno. Pensaba que no había valido la pena. Más tarde ella hará sus cuentas: se habían gastado dos mil seiscientas cincuenta y seis libras[17] Esa cifra llegó a nosotros en

---

13   OC X 538-540.
14   OC X 541-543. Se conoce el texto integral de tres cartas de Boniface que se conservan en los archivos de Nuestra Señora de Caridad de Caen, hoy destruidas; se hallan en B III, App. P, 62 ss.
15   OC X 545.
16   OC X 545-547.
17   *Annales* VI 28: 27/760.

toda su enormidad. Solamente en 1665 se podrá descubrir finalmente que esos gastos no fueron pura pérdida.

Cuando, en los primeros meses de 1662, la madre Patin examinaba este asunto con sus consejeros de Caen, éstos la presionaban para que no volviera a enviar suma alguna. Ella escribió entonces al P. Eudes, lo que nos ha valido de parte de su corresponsal una cata apasionada y espiritual que valdría la pena citar en su integridad:

> Pero, por Dios, mi querida Madre, ¿qué motivos tiene para escribirme esas cosas?

Y una vez más resulta ponderando las cualidades del emisario:

> ¿Acaso me toma usted por un mentiroso y engañador y cree que él se está gastando su dinero, por no decir el mío, en forma irresponsable? Pero los íntimos amigos que la rodean se extrañan de que ese hombre prolongue tanto su permanencia en Roma para asuntos de usted... Ojalá que esos amigos íntimos quisieran tomar el puesto del señor Boniface: sabría cómo se hacen las cosas en Roma...

En cuatro páginas acaloradas el P. Eudes acomete contra esos amigos íntimos a quienes así designa por siete veces:

> Dígales por favor, todas estas cosas a sus amigos íntimos y cambiarán de parecer o dejarán de ser los íntimos amigos de su casa...[18]

La Madre no se dejó convencer todavía. Escribió que no enviaría más dinero si no le daban la seguridad de que las cosas tendrían éxito. De ahí que el P. Eudes vuelva a insistir:

> ¿Será posible que la madre Patin, tan virtuosa y razonable, tome semejante iniciativa?.. ¿Y quien va a responder ante nuestro Señor y su santa Madre por haber abandonado de esa manera su causa[19]?

---

18   OC X 548-552.
19   OC X 552-554.

Pero la madre Patin estaba cada vez más convencida de que el enviado nada lograría. Eso era lo que, por otra porte, se comentaba en la ciudad. Parecía, han recordado las hermanas, " que cada uno sentía gusto en referir, en el locutorio, que el tema de conversación era la total desaparición de esta casa". Sin embargo las siete novicias y las dos postulantes que había en la casa expresaron su firme determinación de permanecer en ella. Se redoblaron las plegarias. La madre Patin hizo "pintar un demonio" que colocó bajo los pies de Nuestra Señora de Caridad, la hermosa estatuilla en madera dorada, "para comprometer a esa Madre de misericordia a aplastar ese monstruo infernal"[20].

**"Todavía no es el tiempo de remover esa piedra..."**

En realidad los esfuerzos desplegados en Roma desde hacía cerca de un año por Louis Boniface no eran tan inútiles como pensaban en Caen. La Congregación de los Obispos y Regulares con la que se entendía, en la sesión del 23 de marzo de 1662, examinó el Memorial presentado por él[21], y decidió remitirlo al nuncio en París para obtener mayor información, lo que se hizo. De ahí que sería preciso esperar varios meses antes de que el negocio pudiera proseguir en Roma.

En cuanto a Boniface, ignoraba la decisión de la Congregación romana y nada veía venir. Presionado por el P. Eudes, quien a su vez estaba espoleado por la madre Patin, decidió intentar una gestión a favor de la Congregación de Jesús y María. Había sometido su proyecto al P. Eudes, pero éste, consciente de los obstáculos le había respondido que *no era el tiempo de remover esa piedra*. Pero, anota Costil, Boniface "no tuvo la fuerza para reprimir el arrebato que causó después tanta aflicción al P. Eudes"[22]. En efecto, no tuvo en cuenta la negativa recibida y arriesgó el todo por el todo, presentando al Papa una súplica, en la cual, en nombre del fundador, prometía que la congregación sostendría la autoridad del soberano Pontífice "aún en materia dudosa" y se comprometía a ello "por voto irrevocable". Esta petición de aprobación fue rechazada por la Santa Sede (31 de mayo al 2 de junio de 1662); pero el escrito que la presentaba fue cuidadosamente encasillado en las carpetas, de donde una mano mal intencionada debería venir, infortunadamente, a sustraerlo un día[23].

---

20     *Ann.* NDC II 27: Chev/128.
21     Ese Memorial se conserva en los archivos secretos del Vaticano, SCER, en la carpeta Sezione Monache junio-septiembre de 1665, legado "Reunión del 4 de septiembre de 1665". En el sobre lleva la mención: " 23 de marzo de 1662. Nuntio pro informatione".
22     *Annales* VI 12 bis: 27/700.
23     *Annales* VI 12 bis: 27/699; y VIII 5: 27/979 ss. La petición de aprobación fue rechazada por el Papa el 31 de mayo, y tal decisión fue registrada por el SCER el 2 de junio; Arch, secr. Vat., SCER, registro de los Regulares, n 70 (año 1662), el 2 de junio, de 1662 in fine.

Boniface no se detuvo ahí. En agosto de 1662 se dirigió a la Congregación *De Propaganda Fide*. Pero ésta ni siquiera quiso renovar las facultades temporales que había concedido en 1648 y prorrogado hasta 1659. Se quejaba de que el P. Eudes no la mantenía al corriente de sus trabajos. Las instancias de Boniface solo obtuvieron promesas del secretario de dicha Congregación[24].

Entre tanto se había puesto por obra la decisión tomada el 23 de marzo por la Congregación de los Obispos y Religiosos. Notificado desde las semanas siguientes, el nuncio Piccolomini había pedido el parecer del nuevo obispo de Bayeux, monseñor de Nesmond. El 14 de julio de 1662, ya estaba en capacidad de expedir a Roma el concepto del obispo que confirmaba en lo esencial el Memorial del señor Boniface, que iba adjunto, y que pedía al papa que aprobara desde que fuera posible la comunidad de Nuestra Señora de Caridad[25].

La Congregación, en la sesión de 1 de septiembre, decidió confiar el expediente al cardenal Franciotti "para que lo estudie y rinda un informe"[26]. Así, pues, el asunto de Nuestra Señora de Caridad caminaba lentamente, es verdad, pero avanzaba. ¿Qué sucedió, pues? Porque parece que a partir de entonces se hubiese atascado por largo tiempo. El cardenal Franciotti dejó dormir el expediente. ¿Cuál sería la causa de esa negligencia?. ¿Tendrían algo que ver en ello los adversarios del P. Eudes?. O la Congregación romana se daría cuenta de que el emisario de Nuestra Señora de Caridad era el mismo que pocos meses antes había intentado una gestión tan imfortunada a favor de la Congregación de Jesús y María?.. ¿o tal vez el contexto político del asunto Créquy, del que hablamos en el capítulo anterior, propiciaba que las oficinas romanas no prestaran atención favorable al reino de Francia?

---

El 5 de junio, una carta de la Secretaría de Estado dio a conocer esta decisión al nuncio (cf. B III 432) probablemente para que informara de ello al rey cuya susceptibilidad convenía tratar con miramientos.

24    Sobre esas gestiones ante la *Propaganda*, véase B III 420 ss; y *S. Congr. De Propaganda Fide, memoria rerum*, ya ct. T 1/2, p. 134 ss. Los poderes concedidos en 1648 fueron renovados en 1653 y 1656, pero probablemente no en 1659, a pesar de los que dicen *Annales* VI 11: 27/691, citados también en *Memoria rerum*, 1/2, p . 136 El título *"Prefecto de las misiones de sacerdotes seculares en Francia"* probablemente nunca fue otorgdo a Juan Eudes. El texto conocido por Costil debía ser más bien un copia de documento oficial. En cuanto a los poderes de la *Propaganda* será preciso esperar al año siguiente, 1663, cuando van a ser renovados.

25    El testimonio de mons. De Nesmond y " la nota de envío" del nuncio se conservan en los archivos secretos vaticanos. En el mismo legado que el Memorial de Boniface, cfr. Supra n. 21.

26    Esas palabras "qui audiat et referat" así como la fecha del 1 de septiembre de 1662, aparecen en añadido sobre la nota de envìo del nuncio. Estos datos son el resultado de las investigaciones hechas en 1983 en los archivos del Vaticano por el P. C. Guillon.

Boniface percibió, en todo caso, ese malestar político y escribía un poco más tarde (17 de julio de 1663): "Es una calamidad ser francés en estos momentos, en Roma. Cada cual los trata lo peor posible para congraciarse con los gobernantes. Sólo el pueblo humilde suspira por el día en que puedan verse libres de tantos males gracias a los ejércitos de Francia..."[27]

Sea lo que fuere, en septiembre de 1662, la esperanza de hacer aprobar en Roma la comunidad de Nuestra Señora de Caridad había dejado de ser el tema de la correspondencia entre el P. Eudes y la madre Patin, porque uno y otra ignoraban el real itinerario del negocio (que sólo conocemos hoy por los archivos): lo creían bloqueado desde hacía bastante tiempo.

Al echar una mirada retrospectiva especialmente sobre las cartas intercambiadas entre 1660 y 1662, se adivina, en ellas, detrás de un propósito común de benevolencia y de colaboración eficaz el servicio de una obra muy amada, detrás de una comunión profunda en la fe, el sufrimiento de no hallar el camino de un verdadero encuentro, y un deseo de convencer, a menudo frustrado de parte y parte. Se trataba de dos sensibilidades ricas y vigorosas que se buscan, que quisieran poder amarse y sólo pueden lograrlo superando tensiones dolorosas siempre renacientes.

## Anne Blouet de Camilly

Con Anne Blouet de Camilly, por el contrario, el acuerdo fue espontáneo. Así pudo desarrollarse, a lo largo de muchos años, una amistad armoniosa injertada en la fe. Según nos cuentan, en efecto, desde que ella tenía 22 años y estaba recién casada, habría escuchado por primera vez la predicación del P. Eudes. "Tocada por Dios", "lo tomó como su director... y empezó a confesarse son él". En los comienzos de su relación, el joven director se había mostrado exigente: "le hizo suprimir la seda, anota graciosamente Hérambourg- y todo el exterior mundano que tenía, conforme a su condición"[28].

Ella y su marido llegaron a ser pronto, para el P. Eudes, colaboradores íntimos y fieles, y una amistad nació entre los tres. Jacques de Camilly fue "el hermano del corazón", y Anne, una amiga muy cercana y my respetada.

---

27   *Annales* VII 12 bis: 27/700 y B III. App., p. 63.
28   HERAMBOURG I 13: 52/185. -La edad indicada, veintidós años, sólo puede ser correcta si se casó muy joven -no conocemos su fecha de nacimiento, pero el contrato matrimonial está fechado en 1623, y el P. Eudes no comenzó su ministerio en Caen hasta 1628: si entonces tenía veintidós años, significa que se casó cuando tenía unos 17. -Madame de Camilly sólo sobreviviría tres meses al P. Eudes.

We can sometimes guess from these letters that he acknowledges in her an almost maternal role with regard to the congregation of which he was Esa amistad se extendió, como ya lo hemos visto, al joven preceptor de sus cuatro hijos, Simón Mannoury, que se hizo sacerdote y se unió al P. Eudes como miembro de su sociedad, y también al hermano de Madame de Camilly, Augustin Le Haguais. Los Blouet de Camilly fueron el apoyo firme de la casa del Refugio, especialmente durante los días difíciles de los comienzos; ella, sobre todo, ejerció una responsabilidad muy importante con esa casa. El P. Eudes estaba totalmente seguro de ella y se atenía a menudo a sus decisiones.

Tal colaboración trajo consigo muy pronto una correspondencia continuada. Desde 1664 Juan Eudes, cuando se ausentaba de Caen, se alegraba con las cartas de Madame de Camilly:

> Recibí su última, desbordante. Pero no es del último correo que nada me trajo. Eso me preocupa porque en la anterior usted me decía que se encontraba mal[29].

Se adivina a veces en esas cartas que Juan Eudes le reconoce un papel casi maternal hacia la Congregación que lo tiene a él por padre; en 1656 le escribía desde Coutances, donde Jean-Jacques Blouet de Camilly acababa de entrar a la aprobación.: "Todos sus hijos de Coutances la saludan con mucha humildad y afecto"[30]. Y quince años después redactará el siguiente codicilo a su testamento (1 de mayo de 1672): "Dios le ha dado un corazón de madre para toda la Congregación... Suplico a mis queridísimos hermanos que como tal la miren y honren"[31].

Sucedió que en el otoño de 1661, Jacques de Camilly cayó gravemente enfermo. Juan Eudes recibió la noticia en París. El 18 de octubre escribió a Madame de Camilly para darle valor, al mismo tiempo que le ayudaba a aceptar una muerte posible; y al hacer esto se exhortaba también a si mismo.

> Eso no impide, añadía, que me encuentre en extremo afligido al saber que nuestro pobre y querido hermano del

---

29   OC XI 47-48.
30   OC XI 68. en la misma carta, p. 67-68., a propósito de una enfermedad del señor Manchon, reprende con seriedad una broma de su corresponsal, para que, le dice, no se me haga pasar por falso profeta. Esta represión inesperada podría explicarse, tal vez, por el recuerdo amargo de sus alentadoras palabras a la duquesa de Aiguillon, en los precisos días que precedieron a la muerte de Richelieu (Véase p. 101 nota 37).
31   OC XII 176.

corazón, señor de Camilly, se encuentra en ese estado, y usted, mi querida hija, con todos los suyos se hallan angustiados con peligro de

contraer también esa enfermedad. Suplico a mi Jesús, de todo corazón, que los preserve.

Y le sugería que si tenía que preparar a su marido para la muerte, se sirviera de los actos que se encuentran en *El contrato del hombre con Dios* y en *El reino de Jesús*[32].

La carta llegó demasiado tarde. El mismo día en que Juan Eudes le escribía, martes 18 de octubre, murió el señor de Camilly. La noticia sólo llegó a París el sábado siguiente por el correo de Caen. La muerte de tan *sincerísimo y fidelísimo amigo causó, según los sentidos, gran dolor*[33] al P. Eudes quien, a su vez, sólo pudo escribir el martes 25, día del correo.

Sólo puede escribirle hoy y esto aumenta mi sufrimiento, por haber transcurrido tanto tiempo sin darle algún pequeño consuelo. Dios sabe, mi querida hija, que siento gran dolor y angustia por no encontrarme, en estos momentos, cerca de usted, para llorar juntos y prestarle ayuda en el estado en que se halla.

Y en verdad que ella no sólo se encontraba desolada sino también enferma. Entonces él la invitaba larga, muy largamente, a hacer buen uso de su pena y de su enfermedad. ¡Son cerca de cinco páginas de consejos, tal vez un poco pesadas si hubiera estado moribunda!. Estando lejos de ella sentía angustia de saberla enferma y amenazada, y no se resolvía a cerrar la carta... Pedía al Señor en la oración que concediera a Madame de Camilly todas las riquezas espirituales con que lo había colmado a él, todas las misiones que le había concedido predicar, todas las almas que le había dado y le daría en el futuro. Que todo ello le perteneciera a ella también, para que nuestro señor fuera "tan glorificado en usted para siempre como desea ser glorificado con ellas.. ¿No aceptará usted este regalo, mi queridísima hija, por esa misma intención?" Esa participación total de toda gracia recibida y de toda fecundidad espiritual es impresionante. En el final de esa extensa carta le confía, en el caso de que ella tenga que morir, diversas intenciones relacionadas con "nuestra Congregación y con la Casa de Nuestra Señora de Caridad": ella será en el paraíso la procuradora y la abogada en todos

---

32   OC XI 77-79.
33   OC X 446.

los asuntos en que él se encuentra comprometido[34]. El acuerdo afectivo y espiritual de estos dos seres daba paso a una verdadera y profunda alianza.
Pero madame de Camilly no murió. La carta en que le daba mejores noticias se cruzó con la que él le acababa de enviar, y desde el martes siguiente pudo escribirle para contarle lo feliz que estaba:

> Sí, mi queridísima y única hija, le aseguro que de muy buena gana le escribiré a menudo, porque así como sus cartas siempre me consuelan, también siento consuelo en escribir a usted.

En esa carta meditaba con ella sobre la voluntad de Dios que solo puede ser beneficiosa para nosotros. Bueno es llorar, le decía, pero que no se deje abatir por la tristeza[35].

Por los mismos días había escrito a sus hermanos de Caen: les hablaba de Jacques Blouet de Camilly, cuyo fallecimiento había sentido tan duramente.

> No perdemos a nuestros amigos cuando Dios se los lleva junto a si: al contrario, los poseemos mejor, y nos sirven más en el cielo que en la tierra. Pero, añadía, hay que ayudarles a llegar pronto allí porque sucede a menudo que el viaje se prolonga bastante...[36].

Juan Eudes había escrito, pues, a Madame de Camilly el 1 de noviembre. Pasaron ocho días en los que no reconoció de ella carta alguna. Se inquietó por ello y, de nuevo, el 8 de noviembre, le escribía:

> ¿Qué hace usted, mi pobre querida afligida, qué hace usted?. ¿Cuál es su estado en estos momentos?... Me parece que hace largo tiempo que no he recibido sus amadas cartas (sólo hacía diez días...) Vivo pensando en usted en todo momento, mi muy única hija...

Y la invitaba a orar, a hacer suyas las palabras "salidas del corazón amabilísimo de Jesús: Sí, mi bondadosísimo Padre,(...) quiero todo lo que tú quieres..." Y, por su parte rogaba a Dios por ella:

---

34 OC XI 79-85.
35 OC XI 86-88.
36 OC X 446. La expresión "el viaje se prolonga bastante" le era familiar.

Pido (a Dios) que emplee su bondad todopoderosa para posesión total y sin reserva de usted. Soy, en el amor sagrado del santísimo Corazón de Jesús y de María, mi queridísima y buena hija, todo suyo, Juan Eudes, sacerdote misionero[37].

La fórmula final contiene algo de ceremonioso, como era natural. Pero las confidencias, aunque reservadas, no son menos intensas: una amistad fortísima y una profunda armonía unían a estos dos corazones. Juan Eudes, sexagenario, revela aquí, en forma más sencilla de la que hubiera usado, de seguro, veinte años antes, algo de la ternura que lo embargaba.

Esas pocas cartas nos dejan entrever la manera como Juan Eudes trató con las numerosas mujeres que encontró en su vida misionera. En la mayoría de los casos, lo podemos adivinar fácilmente y desde los comienzos de su ministerio, la calidad de su presencia, la sutileza de su intuición, la secreta ternura que ellas presentían en él, las llevaban a profesarle una confianza mezclada de deferente afecto. Aun si hacemos un poco aparte la amistad de privilegio que lo unía a Madame de Camilly, nos impresiona ver cómo establece lazos profundos con las grandes abadesas, como Laurence de Budos y Françoise-Renée de Lorraine, cómo anuda una relación cálida con la madre Matilde del Santísimo Sacramento, cómo admira sin reservas la obra de la gracia así fuera en Marie des Vallées como en Marie de Boisdavid, cómo invita a una colaboración confiada a la humilde Madeleine Lamy y a la joven princesa que pronto encontraremos, madame de Guise. Pero, a veces, con otras, no logra establecerse una coincidencia: así sucedió con Marguerite Morin, con Françoise-Marguerite Patin. Eso lo desconcertaba, no se decidía y tanteaba el camino. Parece que tales fracasos fueron la excepción. No podemos olvidar a todas aquellas que le abrieron su corazón en las misiones, especialmente jóvenes heridas por la vida, para quienes su mirada solícita, amistosa, llena de respeto y aliento, traducía algo de la ternura de Dios.

Gracias al correo el rey, ha podido atravesar los tiempos y llegar hasta nosotros, sin perder nada de su frescura, un eco de esas amistades.

---

37  OC XI 89-91.

San Juan Eudes: Artesano de la renovación cristiana

CAPÍTULO XXIV

# Hacia la aprobacion en Roma de Nuestra Señora de la Caridad

(1660-1662)

*François de Nesmond*
*La iglesia del seminario de Caen*
*Misiones – Châlons-sur-Marne -Claraval*
*El cardenal de Retz en Roma*
*La aprobación*

Si yo estuviera en el cielo, lo dejaría sin dolor y regresaría a la tierra para ayudar a la salvación de una pobre alma...[1]. Este arranque de Juan Eudes que la tradición ha hecho llegar hasta nosotros, traduce su fervor apostólico. La edad no lo desgastaba: Con sus sesenta años se entregaba al trabajo misionero con la misma generosidad y alegría que en los comienzos de su ministerio. Vamos a ver a lo largo de este capítulo cómo la misión lo condujo, sin que él lo esperara, a la feliz realización de unos de sus grandes anhelos: la aprobación de la Santa Sede a la comunidad de Nuestra Señora de la Caridad.

### François de Nesmond, obispo de Bayeux

Reanudemos el itinerario del P. Eudes en el momento en que, después de una larga permanencia en París, se disponía a regresar a Normandía. Quiso asistir en la capital a la ordenación -entonces se llamaba "consagración", del joven obispo electo de Bayeux, François de Nesmond (1629-1715) que remplazaba a François Servien[2]. Antiguo alumno de los jesuitas, se había entrenado en el ministerio al lado de Bourdoise; en Saint-Nicolas-Chardonnet; había frecuentado los "martes" de Vicente de Paúl. Era un producto puro del enorme esfuerzo por la renovación de la

---

1     Fleur JE II 22:31/529.
2     Annales VI 19 ss 27/725ss Este capítulo se referirá a menudo a esta parte de los *Annales*..

Iglesia, emprendido a principios de siglo; durante cincuenta años gobernaría la diócesis de Bayeux. Fiel en guardar la residencia, apostólico y desinteresado, iba a promover, a su vez, eficazmente, la restauración de la Iglesia en esa región de la Baja Normandía.

Se sintió feliz de encontrar en su diócesis un seminario lleno de vida, fundado hacía veinte años y convertido en diocesano cinco años antes. Buen número de sacerdotes había podido formarse o renovarse en él y lo visitaba a menudo "como un buen padre de familia" a pesar de su juventud[3].

Una visita particularmente importante tuvo lugar el 8 de febrero de 1663. Se festejaba en ese día el Corazón de María y él presidió las celebraciones. Un benedictino de la abadía de Saint Étienne de Caen, predicó el sermón. Era amigo y apoyo del P. Eudes, y primo de los Camilly, Jean Blouet de Than[4].

Por desdicha, en el curso de esa misma fiesta, el P. Eudes recibió de Ruan una noticia bien dolorosa: Thomas Manchon acababa de morir, a la edad de cuarenta y seis años. Compañero de los primeros días, era el "mejor de todos sus misioneros y el más dotado para la cátedra sagrada". En las misiones se prodigaba sin reservas y cuando y cuando lo incitaban a moderarse contestaba a voces: "Una buena vida es corta". Había muerto en pocos días y "con las disposiciones más santas que se pueden desear". Monseñor Auvry, antiguo obispo de Coutances, escribía al P. Eudes para consolarlo, una carta llena de afecto: adivinaba acertadamente que esa pena era para su amigo una gran cruz que debía llevar[5].

### Fervor misionero

En 1663 el P. Eudes y sus compañeros reanudaron una intensa actividad misionera. Se dieron primero tres misiones en Normandía. Predicaron en *Saint-Germain-la-Campagne*, diócesis de Lisieux, hacia el mes de mayo. El obispo, Léonor de Matignon, se mostró tan satisfecho, que el 8 de junio dio, a favor de los compañeros del P. Eudes, una carta que ampliaba sus facultades de predicar, absolver, dispensar, bendecir, y también de remplazar temporalmente a los párrocos ausentes[6].

---

[3] Para no complicar el servicio monseñor de Nesmod "hacía que le llevaran del obispado el almuerzo que compartía en el refectorio con la comunidad".

[4] Véase p. 490, Tablas genealógicas. Familia Blouet.

[5] MBD 71: OC XII 122. Al frente del seminario de Ruan se necesitaba un nuevo superior: Juan Eudes designó al señor Faucon, llamado de Sainte-Marie (1663-1665).

[6] *Annales* VI 21: 27/734. El superior de la comunidad de Lisieux (seminario y colegio) era entonces el señor de Longueval (1662-1666).

No lejos de allí, pero en la diócesis de Bayeux, evangelizaron a *Létanville*, feudo del señor Langrie, a quien ya conocían. Monseñor de Nesmond vino allí durante tres días, al final de la misión, predicó al aire libre, en el cementerio, y administró el sacramento de la confirmación[7].

Un poco más tarde, del 7 de octubre al 2 de diciembre, los misioneros predicaron en *Saint-Lô*, diócesis de Coutances. Allí la situación era delicada. En varias ocasiones se había dejado oír un predicador jansenizante, un cierto Charles, de Ruan, amigo de Du Four, hábil predicador, sostenido por los canónigos de Santa Genoveva, de la abadía de Saint-Lô[8] y había creado la confusión en los espíritus. El obispo, señor de Lesseville, abrió los ojos del abad comendatario, André Merlet. Este, finalmente, propició y costeó personalmente la misión, y la misión trajo la paz.

Juan Eudes anotó en su diario, a propósito de esa misión: "Dios derramó en ella bendiciones maravillosas; teníamos allí veinticinco confesores, pero cincuenta apenas habrían sido suficientes..."[9] Allí convirtieron a algunos protestantes, a pesar de que sus pastores les habían prohibido asistir a las predicaciones. Igualmente en Lentaville se habían registrado diecisiete conversiones de hugonotes[10].

Un mes más tarde, en pleno invierno, el P. Eudes y sus compañeros comenzaron una misión en Meaux, que duró desde el 1° de enero hasta el 12 de marzo de 1964. La había solicitado el obispo, Dominique de Ligny, sobrino y sucesor de Dominique Séguier, y primo hermano del obispo de Châlons, Félix Vialart[11].

En la primavera de 1664, Juan Eudes volvió a Normandía y dio una misión rural en Ravenoville. Meses después, en la misma diócesis de Coutances, predicó en Cretteville. El mismo lo relata a su joven hermano Jacques de Bonnefond[12]:

> Fue ésta una misión (...) sobre la que Dios derrama extraordinarias bendiciones. Porque, aunque ha llovido casi continuamente en las diez semanas que llevamos aquí y las aguas se han crecido por todos los lados, y los caminos se hallan en muy mal estado, tenemos mucha gente en las

---

7   Annales VI 20: 27/279. Libros de bautismos, matrimonios y defunciones en los AM Grandchamp Recordemos que Létanville pertenece hoy a Grand-Cham-les-Bains (Calvados).

8   Andrés Merlet, sacerdote, abad comendatario, había contribuido en 1659 al renaciomiento de la abadía de Saint-Lo, confiándola a los canónigos de Santa Genoveva: DU CHESNAY, M., P. 355.

9   MBD 74: OC XII 123.

10  Carta del cardenal Grimaldi, citado en Memoria rerum, t. 1/2, p. 138.

11  Véase p. 494 Tablas genealógicas de las familias Séguier, de Ligny y Vialart en el ANEXO.

12  Jacques de Bonnefond sucedería al señor de Santa María en 1665 como superior de Ruan.

predicaciones (...) y tal asedio en los confesionarios que los penitentes esperan a veces varios días...[13]

¡El asombro del misionero de sesenta y tres años nada ha perdido de su lozanía! Lo vemos siempre igualmente deslumbrado frente a la acción que Dios realiza por sus manos.

Sin cambiar de diócesis, el P. Eudes y sus compañeros emprendieron luego una misión menos rural, la cual convenía mejor a la estación. Predicaron en *Granville* en enero- febrero de 1665. Esa misión "costeada generosamente por los habitantes de la ciudad, produjo frutos innumerables"[14].

Mientras predicaba en Granville, el P. Eudes cayó enfermo una vez más. Parece que ese transtorno de salud, que él llama *pleuresía*, fue grave pero curó rápidamente. El consideró esa curación de una "enfermedad grande que sólo duró ocho días[15], como regalo de la bondad divina".

Se ha hecho notar que al partir de Granville el misionero dejó allí muy activa una cofradía del Corazón de María que había podido organizar.

## Una iglesia dedicada en Caen al Corazón de María

Juan Eudes volvió a Caen. Allí lo esperaban problemas financieros. No había en caja un céntimo para la construcción de la nueva iglesia del seminario, y sin embargo ¡era urgente! Para comprenderlo hay que regresar diez años atrás.

Desde hacía mucho tiempo se comprobaba que las construcciones de la Misión, compradas o arrendadas para hacer funcionar allí el seminario, resultaban demasiado estrechas. Monseñor Servien ya había hablado de ello al P. Eudes desde 1658, al salir de una ordenación. Mucho más recientemente, monseñor de Nesmond había tomado en arriendo, con su propio dinero, locales suplementarios[16].

---

13  Carta a Jacques de Bonnefond, OC X 452-453.
14  MBD 79: OC XII 125.
15  *Lettres* OC X 453.
16  *Annales* VI 16: 27/716 ss.

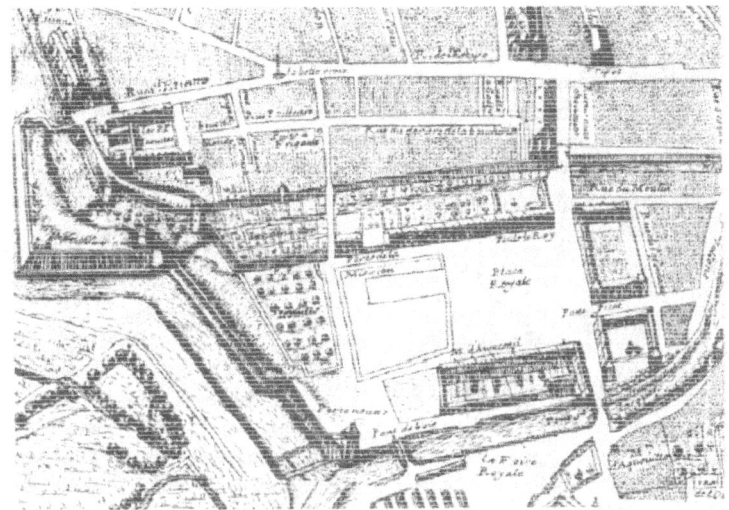

UBICACIÓN DEL FUTURO SEMINARIO DE CAEN, PLACE ROYALE.
Detalle de la mapa por Bignon (1672).
En aquella época, las obras de la capilla habían comenzado, pero tardaron en llegar; el resto, como indica el cartógrafo, era sólo un proyecto. (Foto: Bibliothèque Municipale de Caen).

Pues bien, justamente frente a la casa, había un vasto prado que llamaban la plaza de los Petits Près (o de la calzada). Allí habían empezado a construir casas sobre tres costados y los ediles habían impuesto ya normas arquitectónicas precisas, con el fin de realizar allí un día, un conjunto majestuoso: sería la plaza real de Caen. Juan Eudes soñaba desde hacía largo tiempo con ocupar el cuarto costado de esa plaza. Hasta había hecho un voto: desde el 25 de septiembre de 1655, durante una misa, había prometido construir, si algún día lograba conseguir ese lugar, una iglesia dedicada al Corazón de María, una gran iglesia en la que pudiera "hacerse de tiempo en tiempo la misión y trabajar en la salvación de las almas. Todo, añadía, de acuerdo al parecer de nuestros hermanos y de nuestros amigos"[17].

Parece que los jesuitas, cuyo colegio estaba muy cerca, tenían también proyectos sobre ese terreno; por primera vez Juan Eudes se encontraba en rivalidad con ellos. Pero como estaba de por medio el interés del seminario, pasó por encima de los sentimientos y decidió actuar discretamente.

En secreto se tomó contacto con el duque de Longueville, gobernador de Normandía y magistrado de Caen y con el señor de la Croisette, *lugarteniente-gobernador* de la ciudad de Caen, pasando, claro está, por su

---

17   *Annales* V 22: 27/584ss. ; MARTINE V 15: 17/ 345. Seguimos en nuestro relato a Costil.

esposa "que tenía gran confianza en los consejos del P. Eudes" y a la que había consolado recientemente *en sus aflicciones*[18]. El señor de la Croisette tenía buen crédito ante su alteza el duque de Longueville porque se había comprometido menos que él en la Fronda y había podido luego negociar su reconciliación con Mazarino.

Por iniciativa del duque de Longueville tuvo lugar una reunión de los ediles con el obispo, el señor de la Croisette y el mismo duque, en el castillo de Caen. El duque propuso a la ciudad un "contrato de enfeudamiento" (especie de alquiler con opción de compra) para el lote deseado, que pudo firmarse el 30 de noviembre de 1658[19]. Los edificios debían debían estar construidos dentro de los seis años siguientes y en armonía arquitectónica con la casas ya edificadas. El contrato se celebró entre la ciudad y el obispo, pero éste, el 12 de noviembre cedió al P. Eudes sus derechos sobre el terreno. El seminario debía pagar una anualidad, pero dos años más tarde un donante desconocido -"un señor de París que no quiere que lo conozcan ni en vida ni después de su muerte"- ofreció la suma de diez mil libras que permitió amortizar la renta.

Todo ello había sido motivo de gran alegría para el P. Eudes, quien anotaba:

> A raíz de ello dediqué y consagré ese lugar en honor del Santísimo Corazón de la Santa Virgen e hice voto de escogerla como la fundadora de la iglesia (…) y de las casas (…) y de no admitir jamás a persona alguna, cualquiera que sea, en calidad de fundador o fundadora. Bendito sea por siempre tu Corazón amantísimo, oh María, que eres nuestra vida, nuestra esperanza, la alegría de nuestro corazón…[20]

Sin demora había comenzado a hablar de planos. Simón Mannoury fue encargado de preparar el proyecto. Juan Eudes, que todavía no lo había visto, escribió al señor Blouet: "Si el señor Mannoury ha puesto en su diseño algo superfluo y contra la sencillez, lo eliminaré con la ayuda de Dios. Soy enemigo declarado de cuanto es contrario a esa virtud y no aceptaré sino lo que sea necesario y sin adornos…"[21]. No conocemos los planos de Mannoury, pero la realización sería, mucho más tarde, una

---

18   OC XI 66. - Sobre Ana Le Blanc de la Croisette. DU CHESNAY, M. 344-347 y NV X 11º ss Cf. MBD 59:OC XII 119.
19   BM Caen, *Délibérations*, Cartapacio 66 ff. 108, 112; 67, f. 150; ms 570, y IV p. 365, 407.
20   MBD 69: OC XII 121-122.
21   OC X 434.

construcción de sobria majestad, mucho más importante que la modesta capilla de Coutances.

En cuanto al plazo de seis años, la falta de créditos impidió cumplirlo. ¡Para la época en que todo debía estar terminado, en 1664, no se había colocado todavía la primera piedra!

Era preciso acometer la obra. Pero el dinero seguía haciendo falta. Los amigos del P. Eudes le aconsejaban que no emprendiera nada. Él les respondía:

> Hace mucho tiempo que cuento con la divina Providencia, en la que he puesto toda mi confianza. No me fallará, como tampoco la protección de mi buenísima Señora, la Santa Virgen...

Decidió empezar, y empezar por la iglesia.

El 20 de mayo de 1664, en presencia del obispo, madame de la Croisette, esposa del gobernador de la ciudad, colocó la primera piedra, en nombre de nuestra Señora, la única fundadora de la casa. Se celebró la misa al aire libre, en honor al Corazón de María, con la participación de una gran muchedumbre. Pero la construcción, interrumpida repetidas veces, sólo se terminaría 23 años más tarde, después de la muerte del P. Eudes. A pesar de la generosidad de los donantes, cuyos nombres anotó cuidadosamente el superior, el dinero escaseaba a menudo[22].

## La vida continúa

Durante ese tiempo, el seminario proseguía su vida y recibía, estrechándose un poco, grupos cada día más numerosos.

Los tiempos de permanencia prescritos para antes de las ordenaciones duraban entonces un mes; un poco más tarde, en 1679, se prolongarían a dos o tres meses. Entre los sacerdotes que dictaban las clases de teología y las "conferencias de piedad" se hallaban, junto a los miembros de la Congregación, hombres que ya conocemos o que encontramos posteriormente: el benedictino Blouet de Than, los curas de Caen, de Guerville y de la Vigne; el señor de Launay-Hüe que fue vicario general y que un poco más tarde se comprometería firmemente con la causa del P. Eudes[23].

---

22   *Annales* VI 22: 27/ 739 ss.
23   *Annales* V 10: 27/ 530.

De manera que éste, velando sobre el seminario, prestaba también a la comunidad de la Caridad una atención vigilante, pero un poco más distante, puesto que no era el "superior". Estaba ligado también, desde hacía largo tiempo, con otras comunidades religiosas, en particular con el Carmelo. Ahora bien, los carmelos de Francia, al final de largas discrepancias entre sus responsables eclesiásticos, habían obtenido la facultad de escoger ellos mismos, cada tres años, el sacerdote que sería su "superior"; luego solicitaban la confirmación de la elección al nuncio o al obispo diocesano. El primer superior que escogieron de esa manera, en 1662, las carmelitas de Caen, fue el P. Eudes. Ese cargo le fue renovado, cada tres años, hasta su muerte[24].

Recordemos que un valioso amigo y bienhechor, el señor de Langrie, había ayudado durante años a Nuestra Señora de la Caridad y no había dejado de sostener la pequeña sociedad por largo tiempo frágil. En forma simbólica, en 1655, se había comprometido a proporcionar, mientras viviera "todo el pan y el vino que se convertirán en el cuerpo y en la sangre preciosa de nuestro Salvador Jesucristo". Pero, el 13 de diciembre de 1663, muere el señor Langrie.

El había deseado, en un principio, que lo enterraran en su querida casa de la Caridad, pero finalmente, en su testamento, pidió que lo inhumaran en la iglesia del seminario de Coutances, allí donde él mismo había transportado en 1656 el ataúd de Marie des Vallées[25]. Este último deseo fue cumplido.

El seminario de Caen no era en ese entonces sino una de las cuatro casas de la sociedad; el superior cuidaba del conjunto. Si su instituto no podía aún ser aprobado por el Papa, al menos importaba que le renovaran las facultades concedidas por la Congregación romana de la *Propaganda*, que habían expirado en 1659. Louis Boniface sólo había logrado promesas al término de sus gestiones de 1662 (p. 331), como lo vimos en el capítulo anterior. Continuó la lucha, y antes de partir de Roma en el otoño de 1663, había logrado al menos indulgencias para las misiones[26]. Faltaban las facultades. La Congregación *De Propaganda Fide* quiso someter el caso al cardenal Grimaldi, arzobispo de Aix y antiguo nuncio. Era un varón apostólico y gran amigo del P. Eudes.

---

24   *Annales* VI 16 : 27/710. - Al menos en una ocasión, hacia 1668-1670, JE ayudó a una joven a elegir el Carmelo: se trataba de sor Marie de Sainte-Anne Lotard, 361 profesa, t 1684. Ver en los archivos del convento carmelita de Caen, copia de un aviso escrito por Sor Jeanne de Jesús María.

25   *Annales* VI 20: 27/729 ss; V 35: 27/635-636 Véase más arriba, p. 265. Sobre la plegaria de JE por el descanso eterno del señor Langrie, cf. *Annales* V 35: 27/637; Ann. NDC II 24: Chev/116 ss.

26   Carta de L. Boniface, 20 de agosto de 1663: B III, App., p. 64.

Fervorosamente apoyado por él, Juan Eudes renovó pues, su petición; la Congregación no la rechazó pero hizo notar al cardenal que "durante tan largo espacio de tiempo ellos nunca habían enviado el más somero informe, como si el fin de la Sagrada Congregación fuera sólo conceder facultades para no volverse a ocupar de ellas...Que el P. Eudes y sus asociados den, pues, ante todo, señales de vida!"[27]

El 24 de noviembre de 1663, desde Saint-Lô, el P. Eudes daba respuesta al cardenal Grimaldi. Le hacía un resumen del trabajo de la Congregación y le daba algunas cifras de conversiones de protestantes, lo cual era esencial a los ojos de la *Propaganda*. Grimaldi, trasmitió a Roma esos datos[28].

Un poco más tarde el P. Eudes escribe una nueva carta en las que añade algunas precisiones. Y detallaba sus entradas:

> No tenemos fondos (rentas fijas) sino para la subsistencia de los nuestros (...) Los seminaristas pagan su pensión que, en Coutances, es de 200 libras; en Caen y en Lisieux, donde la vida es más cara, es de 250 libras; y en Ruan donde los víveres son más costosos aún de 300 libras.

También daba cuenta de los intercambios entre las comunidades de su Congregación:

> Sus miembros pasan de una casa otra y se echa mano de elementos de todas las casas para el trabajo de las misiones (...) porque muchos se cansan de estar siempre en el mismo lugar y hay hastío cuando se tiene que escuchar siempre a los mismos; algunos pueden apegarse peligrosamente y a menudo el contraste de los humores obliga a efectuar esos cambios.

Tales consideraciones, bastante realistas, tenían su peso en el sentido de una organización de conjunto, de manera que los seminarios "estén unidos y bajo una misma dirección"[29].

A pesar de la oposición de otro cardenal, el nuncio Piccolomini, se veía en la sociedad del P. Eudes un posible rival para la misión de Vicente de Paúl (los lazaristas), la Congregación romana acabó renovando las facultades concedidas en otro tiempo para las misiones en Normandía. Pero

---

27   *Memoria Rerum*, T. 1/2, p. 137.
28   *Annales* VI 43: 27/ 741-742.
29   Carta al card. Grimaldi OC XI 93-95.

rehusaba, al menos por el momento, acrecentarlas o extenderlas a todo el reino[30].

## La gran misión de Châlons en Champagne

Desde finales de 1663, el P. Eudes había recibido un llamado de Félix Vialart de Herse (1613-1980), obispo de Châlons-sur-Marne. Era el mismo cuyo nombre, para obispo, Juan Eudes había propuesto a Richelieu veintitrés años atrás (véase p. 74). Vialart hubiera querido tenerlo en su diócesis para octubre de 1664[31]; este obispo atento a la renovación, exigente ante todo consigo mismo, había organizado una vasta misión, distribuida en varios meses, para toda su diócesis. Ochenta misioneros de diversas familias participaron de ella. El obispo tomó parte cuantas veces pudo. Para cubrir los gastos que fueron muy altos, tuvo que vender su vajilla de plata y tender la mano a sus amigos. Había hecho reimprimir el folleto del P. Eudes, *Advertencias a los confesores misioneros,* y lo hacía leer a los misioneros durante las comidas. Hombre austero, tenía sus simpatías por los lados de Port-Royal; pero ni él ni Juan Eudes eran sectarios[32].

Juan Eudes hubiera querido apasionadamente estar presente en ese inmenso trabajo de renovación. Pero no podía. Los primeros momentos de la misión, en los diferentes cantones de la diócesis, se realizaron sin él. Sólo pudo llegar a Châlons a mediados de mayo de 1665 para le último acto de ese formidable esfuerzo apostólico. Inmediatamente se le designó como jefe de los cuarenta misioneros encargados de evangelizar la ciudad episcopal, entre los cuales había algunos oratorianos.

Testigos presenciales han hecho notar los "cambios asombrosos" que se produjeron "en todos los estados, en todas las condiciones". Y J. Eudes evoca personalmente ese fervor en una carta a Jacques de Bonnefond; añadía:

> Gracias a Dios tengo tantas fuerzas para la predicación como nunca las había tenido. Hasta el presente he predicado casi todos los días. Nuestros dos hermanos, el señor Bluet y el señor Yon, comienzan a aliviarme en los días en que hago conferencias a gran número de eclesiásticos y religiosos.

---

30   *Memoria rerum* 1/2 p. 137-138. Cf. OC XI 93.
31   Carta al cardenal Grimaldi, OC XI 95.
32   DU CHESNAY, M , 368-369. Cf. B. PLONGERON y PANNET, *Le christianisme populaire,* París 1976, p. 149.

DOMINIQUE GEORGE (1613-1693),
Monje cisterciense, abad reformador de Val-Richer, gran amigo de P. Eudes.
(Grabado despuésde su muerte por Trouvain.)
(Foto B.N.)

El obispo, en efecto, invitaba a todas las órdenes a esas conferencias: agustinos, benedictinos, dominicos. franciscanos, jesuitas, se codeaban allí para escuchar al misionero normando[33]. El último día, el P. Eudes pronunció un "discurso patético" ante una "magnífica custodia" levantada al aire libre en una de las plazas de la ciudad.

Terminada la misión, el obispo, dichoso, quiso guardar consigo por algún tiempo al jefe de los misioneros y ofrecerle un poco de descanso. Puso su carruaje a su disposición y así le permitió visitar la abadía de Claraval[34]. Era la comunidad fundada por el mismo san Bernardo a

---

[33] *Annales* V 25: 27/ 748 ss. La carta de J. de Bonnefond en OC X 455. Cf. Cl. P. GOUGET, *La vie de messire Felix Vialart*, Nancy, 1735, p. 154-155.

[34] Clairvaux (o Claraval): en la comuna de Ville-sous-la-Forté (Aube).Allí san Bernardo fundó en 1115, la primera abadía "cisterciense". Los edificios de la abadía sirven hoy de

comienzos del siglo XII y había sido el punto de partida de la reforma en marcha entre los cistercienses, a la que se daba el nombre de "estricta observancia"; pero el abad, Pierre Henry, que la gobernaba en 1665, tenía menos fervor que otros para promoverla. El prior de la abadía, Laurent Gorillon, ya era conocido del P. Eudes. Tal vez lo había encontrado en Normandía, por ejemplo en la abadía del Val-Richer que Juan Eudes visitaba a menudo.

Juan Eudes permaneció allí quince días e hizo a los monjes "varias exhortaciones en el coro". Le hicieron ver el "tesoro" de la abadía y quedó prendado de las piezas de esa colección: la cogulla (hábito de coro) de san Bernardo. Pidió el favor de revestirla durante unos instantes. ¡Y hasta pudo llevar consigo un fragmento de la misma con un certificado hecho en buena y debida forma![35]

### El Papa aprueba Nuestra Señora de Caridad

Parece que fue en Claraval donde germinó la iniciativa que debía tener consecuencias felices. Este es el desarrollo probable de los hechos.

Hay que saber, ante todo, que Félix Vialart había tenido como compañeros de juventud a dos jóvenes que por ese tiempo llevaban una vida bastante disipada: Jean-François-Paúl de Gondi y Armand Jean le Bouthillier de Rancé. Más tarde, el primero de ellos había llegado a ser el cardenal de Retz, dimisionario del arzobispo de París, y entrado en cordura, vivía por ese entonces en Roma; el segundo, convertido recientemente, se aplicaba a la reforma de su abadía normanda de la Trappe[36] y era ya uno de los más ardientes de la estricta observancia. Estaba muy ligado con el abad de Val-Richer, Dominique George, gran amigo del P. Eudes. En Claraval hablaron sin duda de esa reforma monástica, de una asamblea de abades que había tenido lugar el año anterior en París y del viaje a Roma de dos de esos abades delegados por sus colegas para ir allá a defender la causa de la estricta observancia contra el abad del Cîteaux que no la deseaba. Esos dos abades, Rancé y George, enviados a Roma, eran precisamente los más deseosos de promover la reforma.

---

   prisión.
35 *Annales* VI 25: 27/749-750.
36 La Trapa es el nombre de una antiquísima abadía que a partir de 1662 llegó a ser bajo la dirección del abad Rancé, centro muy activo de la reforma cisterciense. Sólo mucho más tarde, en 1794, el nombre de "trapenses" se entendió oficialmente al conjunto de los cistercienses reformados (Cf. Catholicisme, art. "Cistercienses"). Sobre la acción del abad de Rancé cf. L. DUBOIS, *Histoire de l'abbé Rancé et de sa reforme*, París, 1866, 2 vol. Especialmente t. I p. 255-325.

Juan Eudes que había sabido del viaje de Dominique George a Roma, en septiembre de 1664, le había pedido, quizás, que removiera en Roma el asunto de Nuestra Señora de la Caridad y que entrara en contacto con aquellas personalidades que podrían ejercer una influencia favorable. Debió enviar a su amigo cisterciense toda una documentación para recordarle los datos precisos.

Y, sin duda, en ese verano de 1665, George había podido ya tomar contacto, a respecto, con el cardenal Franciotti, a quien, como lo hemos visto (p. 331), la Congregación de Obispos y Religiosos había confiado el negocio en 1° de septiembre de 1662, y que desde entonces lo había dejado dormir... Coincidencialmente, el mismo Franciotti era el "cardenal protector" de la orden de los cistercienses.

En Claraval se habló pues, probablemente, de la presencia en Roma de los abades, y más exactamente de su residencia donde al cardenal de Retz, quien los había invitado a hospedarse con él en casa del príncipe Camilo Pamphili. Rancé, convertido, había conservado la amistad de Retz[37]; éste no olvidaba que diez años antes, después de la Fronda, Rancé lo había defendido vigorosamente ante la Asamblea del Clero de 1655 contra Mazarino que quería hacerlo condenar[38].

Tenemos pues, en Claraval, junto a sus amigos cistercienses, a Juan Eudes, amigo de Dominique George (mientras Félix Vialart, en cuya residencia acababa de vivir durante dos meses, era amigo de Rancé y de Retz). Juntos evocan el trío reunido en Roma: Retz, Rancé y George. Fue entonces cuando debió surgir la idea: ¿Por qué no aprovechar la prodigiosa habilidad diplomática del cardenal de Retz a favor de la causa de Nuestra Señora de Caridad en Roma? Al punto debía escribirse una carta para comunicar esa idea a Dominique George, con el apoyo del abad de Claraval y del obispo de Châlons.

El cardenal de Retz aceptó intervenir. Es muy probable que se haya dirigido directamente al papa. Pero supo también, sin duda, decir a otros personajes, en el momento oportuno, palabra útiles. Es posible que se encontrara con el cardenal Franciotti. Lo cierto es que el 4 de septiembre, la Congregación de obispos y religiosos consagró una parte de su sesión semanal al estudio el expediente de Nuestra Señora de Caridad. Lo presentó Franciotti: las dos piezas maestras eran el Memorial de Boniface

---

37    En 1664, antes de llegar a Roma, Rancé había ido a visitar al cardenal que se hallaba en Commercy.

38    Cf. F. LEBRUN, Histoire des catholiques de France, p. 97. A propósito de esa As. Del clero de 1655, el genovevano Beurrier, cura de Saint-Etienne-du-Mont y confesor de Pascal, evoca en su correspondencia "intemperancias episcopales" notorias que ocurrieron durante esa asamblea: aun después de la mitad del siglo. La "renovación de las pobres iglesias" no avanzaba en todas partes al mismo ritmo. Cf. F. LEBRUN, ibid. p. 114.

y el testimonio de monseñor de Nesmond; el cardenal añadía su propio informe, del todo favorable. El registro de las deliberaciones indica, en un latín lacónico, la decisión que debía colmar de alegría el P. Eudes y a sus amigos: "La Congregación ha aprobado y confirmado (la comunidad de Nuestra Señora de Caridad) con todos los privilegios, conforme a la súplica presentada"[39].

Así pues, la intervención del cardenal de Retz había tenido pleno éxito. Lo cual no debe hacernos desconocer el papel desempeñado por el señor Boniface: sin el Memorial que él redactó y entregó tres años y medio antes, nada hubiera sido posible.

La madre Patin, informada rápidamente de la decisión romana, la hizo conocer al P. Eudes. Ella se encontraba en esos momentos enferma, pero la noticia le causó tanta alegría que olvidó sus males, se hizo llevar al coro y entonó personalmente el Te Deum...

El P. Eudes le contestó desde París, el 11 de octubre de 1665:

> De todo corazón le agradezco, mi queridísima Madre, las venturosas nuevas que me comunica (...) Que estos favores del cielo nos estimulen a amar con mayor fervor y a servir con mayor fidelidad a nuestro bondadísimo Jesús, y a nuestra Madre amabilísima, mediante la práctica (...) de la humildad, de la obediencia, de la caridad y, sobre todo, del celo por la salvación de las almas perdidas y abandonadas...[40]

El 2 de enero de 1666 se expidió en Roma la bula de aprobación que el obispo de Bayeux recibió algunas semanas después. Este se dirigió a la casa de las religiosas y dijo a la hermana portera: "Tengo en mi bolsillo algo que les causará gran placer..." El quiso ir personalmente a visitar la comunidad "para significar en forma más notoria cómo participaba de su alegría": y puso en sus manos el precioso documento firmado por el Papa Alejandro VII[41].

Algunos meses más tarde, en el día de la ascensión, dieciséis profesas renovaron sus votos en presencia de monseñor de Nesmond. También se

---

39   "S. Congregatio... aprobavit et confirmavit cum omnibus privilegiis juxta petita": Arch. Secr. Vat, SCER, Registro de las monjas, n° 14 /año 1665) 4 de sept. in fine. Se puede leer igualmente en el añadido sobre el certificado de envío del nuncio de París: "expediatur decretum approbationis", con la mención de la fecha del 4 de sept. de 1665. Toda esta página se apoya, por una parte, en DU CHESNAY, NV XI 100-104, y por otra, en los resultados de las pesquisas hechas en 1983 por el P. C. Guillon en los archivos vaticanos.
40   OC X 555-556.
41   Annales VI 28: 27/763. Ann. NDC II 28: Chev/130-131.

encontraba allí el P. Eudes, quien hizo la homilía. En el evangelio de ese día se leía: "Impondrán las manos sobre los enfermos y estos quedarán curados". Habló de la vocación de las hermanas de Nuestra Señora de Caridad, llamadas a curar, amándolas, a aquellas personas a quienes Dios les enviaba[42].

En seguida, anota el analista "confesó públicamente que sus anhelos se habían cumplido, que estaba listo a salir de este mundo cuando así lo dispusiera Dios, puesto que ya le había concedido la gracia de ver con sus ojos la Orden de la Caridad, establecida tan sólidamente en la Iglesia..."

En realidad tendría que recorrer todavía un camino largo antes de "salir de este mundo". En cambio, dos religiosas de Nuestra Señora de Caridad no tardarían en dejar esta tierra. La primera en morir, el 30 de mayo de 1668, fue la heroica y discreta Renée de Taillefer. Sin su tenacidad durante los diez primeros años, la comunidad no habría nacido. Y luego, seis meses más tarde, el 31 de octubre, la madre Patin. Terminada su tarea murió santamente en esa comunidad a la que ella capacitó para que se desarrollara y enfrentara el futuro[43].

---

42    *Ann.* NDC II 29: Chev/139-140.
43    *Annales* VI 27: 27/754 ss; Ann. NDC II 34-35: Chev/157 ss.

San Juan Eudes: Artesano de la renovación cristiana

CAPÍTULO XXV

# Évreux

(1665-1667)

*Actividad misionera*
*Nace el seminario de Évreux*
*Misión en Ruan*

## "El tiempo que nos da Dios"

Después de la gran misión de Châlons-sur-Marne y de su permanencia bendita en Claraval, el P. Eudes regresó a París por algún tiempo; luego, se detuvo brevemente en Ruan para visitar el seminario y volvió a Caen.

Largos fueron sus recorridos por los caminos de Francia. Difícilmente imaginamos hoy la importancia de los viajes en la vida de esos tiempos, la larga paciencia que exigían, su carácter de aventura, pero también la oportunidad que ofrecían para la respiración, para el silencio, para la oración, para las lentas meditaciones ritmadas por el paso de la cabalgadura... Las benedictinas de Caen conservaron por largo tiempo el recuerdo de uno de esos viajes, ciertamente en carruaje, que hizo el P. Eudes en compañía de la abadesa, madame de Budos. Las religiosas que lo acompañaban contaban que "era algo admirable verlo durante el viaje: su piedad, y su preocupación, por descubrir desde lejos, las iglesias, para adorar en ellas el Santísimo Sacramento"...[1] Así oteaba los campanarios como puntos de referencia y etapas en las que se reanimaba la oración. De ordinario viajaba a caballo. Había que contar entonces con las inclemencias del tiempo. Un día de lluvia un cura de Caen cabalgaba a su lado, chorreando agua murmuraba contra el mal tiempo: ¿Qué está usted diciendo, mi hermano? Le respondió el sonriente P. Eudes. "Hay que decir: es el tiempo que nos da Dios".[2]

## Misión de tres meses

En el otoño de 1665 el caballo del P. Eudes reencontró su buen establo del seminario de Caen. Su dueño iba a dejarlo allí por varios meses.

---

1   MARTINE VIII 9: 17 bis/288.
2   *Annales* VI 1: 27/639-640.

A comienzos del adviento comenzó una grande y larga misión, para toda la ciudad, en la iglesia de Saint-Pierre, que iba a durar tres meses, hasta el 7 de marzo de 1666. Fue costeada en parte, personalmente por monseñor de Nesmond[3].

Mientras adelantaba la misión llegó la noticia de la muerte de la reina madre, Ana de Austria (20 de enero de 1666). El 27 de febrero, en la iglesia de Saint-Pierre, el P. Eudes asistió, claro está, al servicio celebrado para pedir por su descanso y a la oración fúnebre que pronunció el rector de los jesuitas.

Al terminar esos grandes trabajos el P. Eudes escribía a su muy "amado hermano", Agustín Le Haguais, hermano de Madame de Camilly, evocando esa misión y la gran abundancia de gracias que ella había recibido. "Tiene usted mi queridísimo hermano, gran motivo para alegrarse y para ayudarnos a dar gracias a la divina misericordia, ya que estamos en comunión de bienes y de males". Los "males" de Le Hagais, eran como lo hemos dicho, la cruel separación de su esposa. Juan Eudes lo repetía, una vez más, que esto le causaba a él también gran aflicción, "mucho más sensible de la que se puede expresar..."[4]

Otras misiones siguieron a la de Caen. En primer lugar, en zona rural, en *Mesnil-Durand*, diócesis de Lisieux, en mayo y junio; y en *Cerisy-Montpinchon*[5], diócesis de Coutances, en julio.

Luego en zona urbana, tuvo lugar una misión de nuevo estilo sobre la que hubiera sido interesante conocer detalles: se dio, para los soldados, en la fortaleza de Caen. ¿Cómo se desarrollaría entre el pequeño misionero, de cabeza cana, y la joven y ruda población que ocupaba la guarnición en el recinto de la fortaleza? Sólo conocemos el marco: la pequeña iglesia de Saint-Georges que existe todavía hoy. Ella debía bastar ampliamente para albergar la escasa concurrencia que lo escuchaba. Se calcula que en esa época la guarnición no sobrepasaba los cincuenta hombres[6].

El otoño había regresado con sus lluvias. Pero no impidió que los misioneros fueran a evangelizar a la aldea de Sainteny de la diócesis de Coutances.

Finalmente, para el comienzo del adviento de 1666, llegaron a la ciudad de *Évreux*.

---

3  MBD 81-86 : OC XII 126-127. *Annales* VII 2-7 : 27/805-830 (para todo este capítulo).
4  OC XI 96ss.
5  Hoy día Cerisy-la-Salle-Montpinchon (Manche).
6  MBD 82: OC XII 126.- M de BOÜARD, *Le Chateau de Caen*, Caen 1979, p. 25: "En 1650 la guarnición comprende 4 sargentos, 4 caporales y 36 soldados, todos Normandos".

# Évreux

Se dio esa misión gracias al celo de monseñor Henri de Maupas du Tours, obispo de Évreux, quien la costeó[7]. Juan Eudes y el obispo se habían conocido varios años antes, cuando monseñor de Maupas era todavía obispo de Puy, sea por las visitandinas, sea por medio de la Compañía del Santísimo Sacramento de la que era miembro. El obispo, muy allegado a la Visitación y a Vicente de Paúl se había consagrado a la causa de beatificación y luego de canonización de monseñor de Sales; para ello había pasado en Roma dos largas temporadas (1661-1662, 1664). Recordemos que la madre Patin pensó en él como mensajero ante la santa Sede, en el primero de esos viajes.

En el curso de aquellas semanas en Évreux, el misionero y el obispo hablaron de la superiora de la Caridad. Algunos meses habían transcurrido desde los festejos que siguieron a la aprobación pontificia (cfr. capítulo anterior). Durante la misión, el P. Eudes recibió de la madre Patin, según sus propias palabras, una hermosa y extensa carta, toda impregnada de cordialidad, que le llenó el corazón de alegría y de consuelo muy particular, y que reavivó su afecto y su ternura hacia ella y hacia todas sus queridas hijas. Al darle respuesta, al final de la misión, le decía: Monseñor la reconoce a usted y la ama como a una de sus hijas más queridas y le envía, en esta condición, su santa bendición".[8]

La misión se terminó a mediados de enero, pocos días antes de la fiesta del Corazón de María (8 de febrero). Monseñor de Maupas, totalmente impregnado del espíritu de san Francisco de Sales, que había dedicado al corazón de María su *Tratado del amor de Dios*[9], estaba bien preparado para acoger esta fiesta. De ahí que Juan Eudes pudo anotar:

"En esta misión, la fiesta del santísimo corazón de la Virgen fue establecida y fundada en varias iglesias de Évreux, y monseñor permitió celebrarla en toda su diócesis".

En la alegre fogata que cerró la misión del P. Eudes, según su costumbre, quemó los "libros malos". Entre ellos había obras jansenistas. Un discípulo de Jansenio – que había quedado muy impresionado por la predicación del Padre Eudes, le presentó entonces el libro *L'Apologie des casuistes*, obra polémica antijansenista, de un autor jesuita, del cual ya hemos hablado (p. 269) y le dijo: "¿Padre, usted qué opina habrá qué quemarlo también?" y el misionero respondió: "¿Qué duda cabe, señor? Sí, hay que quemarlo como los demás" y arrojó al fuego ese libro partidista. El

---

7 Cf. DS sv Maupas du Tour, Du CHESNAY M. 354.
8 OC. X 559-560.
9 Cf. CA VIII 3: OC VII 404-408.

hombre aseguró posteriormente que la misión "había producido infinitos bienes y que él había quedado edificado por el celo que el P. Eudes había mostrado por la pureza de la moral". Este es uno de los episodios que demuestran el espíritu pacífico del P. Eudes y su rechazo de todo sectarismo.

También monseñor de Maupas quedó muy impresionado por la predicación del P. Eudes. Se cuenta que en los años siguientes "leía a veces, de rodillas, las cartas que de él recibía"[10].

Lo cierto es que se decidió a confiarle el seminario que quería fundar en su diócesis. Desde hacía largo tiempo se preocupaba por los seminarios; desde 1652 había fundado uno en Puy, bajo la dirección del sulpiciano Charles de Lantages. En 1666 había obtenido letras patentes para la fundación de un seminario en Évreux. Todo estaba listo. También anota Juan Eudes, al final de la misión, "monseñor fundó nuestro seminario en Évreux, compró, pagó y amobló la casa y le fijó una renta de dos mil libras". Las letras de institución llevan la fecha del 14 de enero de 1667.

Se conserva en la biblioteca nacional el texto de una carta conmovedora que el obispo escribió a su propia hermana algunas semanas más tarde. "Estoy más satisfecho de haber comprado una modesta casa para nuestros buenos señores del seminario que si hubiera comprado el Louvre"[11].

Y comprobamos en lo sucesivo que no se arrepintió de ello en lo más mínimo. Un día, escribiendo a un bienhechor, le ponderaba los méritos de "ésta pequeña Congregación de eclesiásticos virtuosísimos que están bajo la dirección del P. Eudes, y que, entre otros estatutos, tienen el siguiente: si uno de los miembros de dicha Congregación falta en lo más mínimo a la obediencia exacta que deben al obispo, en el mismo instante queda excluido de la misma, lo que no acontece, ¡por la gracia del Señor! Ya va para seis años que dirigen nuestro seminario menor de Évreux con tantos ejemplos de virtud que todas las gentes buenas están de plácemes. Teníamos en días pasados más de sesenta jóvenes en nuestro seminario que se preparaban para recibir las órdenes sagradas. Ellos se comportaron maravillosamente en su retiro y salieron de él con edificación general. Los que desean el subdiaconado pasan seis meses en el seminario, los candidatos a diáconos o presbíteros sólo están allí tres meses"[12]. Como se ve, desde esos comienzos

---

10   *Annales* VII 3: 27/814.
11   BN F fr. 20636, f. 125 r.
12   BN F fr. 20636 f. 141 r y v. Se conserva también, F. Fr. 20637, f. 122 r una carta de Manoury a Maupas de 4 de febrero de 1609. - Es evidente que la expresión «seminario menor» no tiene aquí el significado que adquirió más tarde: Maupas significa simplemente que se trata de una casa modesta.

la permanencia en el seminario era más larga en Évreux que en Caen y en los demás seminarios. (véase p. 269).

El primer superior de Évreux[13] fue Simón Mannoury. La apertura del seminario ya había sido aprobada por el duque de Bouillon, conde de Évreux, y por los habitantes de la ciudad. Hubo muchos donantes: uno de los más generosos fue el "gran dean" de Évreux, Jacques Le Doux de Melleville que donó "su casa, con su jardín y el priorato del desierto, llamado Santa Susana"[14]. Juan Eudes fue algún tiempo prior allí, luego lo transmitió el beneficio a uno de sus hermanos, evidentemente a favor del seminario diocesano. Por otra parte monseñor de Maupas exhortaba a los curas de la diócesis a colaborar para ayudar a los clérigos pobres que deseaban pasar un tiempo en el seminario.

### Las misiones, sin descanso

De Évreux el P. Eudes pasó a Ruan. Allí iba a dar, en la catedral, una larga misión del 6 de febrero al 17 de abril de 1667.

Desde hacía cerca de dos años el superior del seminario de Ruan era Jacques de la Haye de Bonnefond (1633-1711) que tenía otro hermano, François, en la Congregación. Jacques, por su equilibrio, su sentido de las relaciones, su experiencia, su fe, su formación intelectual, inspiraba gran confianza al superior de la congregación; por otra parte lo había expresado claramente al presentar al nuevo superior a sus hermanos de Ruan[15]. El seminario, como lo hemos visto, realizaba un buen trabajo, a satisfacción del arzobispo, François II de Harlay de Champvallon. Se calcula que entre 1665 y 1670 hubo en la diócesis seiscientas cincuenta ordenaciones preparadas en el seminario y que en 1672 el 30% del clero rural de la diócesis de París, provenía de las diócesis de Ruan y de Coutances[16]. Casi todos esos sacerdotes habían sido formados por los discípulos de Juan Eudes.

La comunidad del seminario Saint-Vivien, encabezada por su superior, se iba a dedicar durante dos meses y medio, a la misión. Era deseada y costeada por varias personas, en particular Robert Le Cornier, consejero

---

13  Godefroy-Maurice de la Tour d'Auvergne, tercer duque de Bouillon (1641-1721) hijo de la duquesa que había acogido a J. Eudes en Évreux en 1654. hermano del futuro cardenal (al que volveremos a ver en 1673); iba a hacer construir el castillo de Navarra cerca de Évreux, donde vivió a partir de 1686. Véase DBF, sv Bouillon.
14  En el centro de la selva de Breteuil.
15  OC. X 454.
16  Répertoire des visites pastorales, t.v. Ruan et Le Havre. P. 134.

jefe del tribunal de cuentas, quien desde hacía mucho tiempo era favorable al P. Eudes[17].

El arzobispo había tenido la precaución de informar previamente a su capítulo, muy susceptible (recordemos que Charles Du Four era su tesorero). El registro de las deliberaciones nos muestra que se habían determinado minuciosamente los horarios de los sermones y catecismos de manera que no se cambiara en nada el horario del oficio capitular. (Estos canónigos no parecían devorados por el celo misionero...). Con esas condiciones el 5 de febrero dos miembros de la compañía fueron designados para "presentar el pan del capítulo al señor Eudes, misionero", lo que significaba un rito de bienvenida[18]. Pero desde el 7 de marzo resulta que se "ruega al señor Mallet que advierta al señor Eudes, misionero, que debe abstenerse de exhortar al pueblo, antes y durante la comunión que se dé a los fieles en esta iglesia. Al dicho señor Mallet se le pide igualmente que averigüe con el dicho señor Juan Eudes los nombres, calidades y lugar habitual de residencia de los confesores que utiliza durante su misión en esta iglesia". Estas medidas suspicaces, revelan un clima tenso e inamistoso. De hecho el P. Eudes ha consignado en su diario que "la misión sufrió en los comienzos muchos contratiempos y contradicciones", y se ve que al cabo de un mes no habían terminado. Pero "produjo frutos maravillosos".

Después de la misión el predicador se alojó por algún tiempo en el seminario, y procedió a hacer la "visita" anual prevista por las constituciones[19].

Luego en el verano y el otoño, ranudó sus misiones en la diócesis de Coutances, en *Besneville, Percy, Brucheville*, tres pequeños burgos rurales. A fines de diciembre comenzó otra en la aldea de *Marigny*, de la misma diócesis. Al terminar ésta a comienzos de febrero de 1668 le siguió otra en la ciudad de *Carentan*. En el verano, siempre en la misma diócesis, evangelizó *Montfarville* y luego *Le Plessis*. No conocemos en detalle esos trabajos apostólicos y su enumeración será monótona si no advirtiéramos que el P. Eudes emprende cada una de ellas como una aventura evangélica nueva y como un nuevo combate espiritual con inagotable reservas de entusiasmo y de fascinación.

---

17  DU CHESNAY, M, 345-346.
18  DU CHESNAY, NV XI 303-304. En referencia a AD Seine-Maritime, G 2196, *Registre des délibérations capitulaires*, 14-15 dic. 1666, 31 ene. 5 feb. 7 mar. 1667.
19  En los archivos de los Eudistas se conserva el libro de visitas del seminario de Ruan. Casi cada año y a menudo de su mano, el P. Eudes escribió algunas líneas. El libro prosigue después del año 1680; el último informe de visita, de fecha 12 de julio de 1789, está escrito y firmado por el Beato François Louis Hébert que debía morir, tres años más tarde, como confesor de la fe.

Se ha podido comprobar, una vez más, a lo largo de este capítulo, cómo la misión lleva al P. Eudes a abrir un seminario. Definitivamente, en provecho de las misiones, han nacido y se han afianzado los dos institutos fundados por él. Su sentido se destaca así claramente: es siempre el misionero, solícito por la renovación evangélica, que se desvela por acoger las ovejas heridas y que se esmera hasta lograr que finalmente el pueblo cristiano tenga pastores conscientes de su santísima misión.

CAPÍTULO XXVI

# Contrato de alianza con la Santa Virgen

(1668)

*Abadía de Val-Richer*
*Un contrato insólito*
*Unión con María*
*Dos libros sobre el misterio de María*
*Con las ursulinas de Lisieux*

### En la abadía de Val-Richer

El P. Eudes sentía afecto por la abadía cisterciense de Val-Richer[1]. Una amistad de vieja data lo ligaba con su abad, Dominique George (1613-1693). Este personaje, natural de Lorena, después de vivir en París junto a Bourdoise, en Sainte-Nicolas-du-Chardonnet, había sido atraído a Normandía por el abad comendatario de Val-Richer que soñaba con la reforma de su abadía. Se había desempeñado primero como cura de Pré-d'Auge (1650) y había organizado en Cambremer "conferencias eclesiásticas" o sea reuniones de trabajo y de reflexión entre sacerdotes, que dejaron huella en la región: por otra parte Bourdoise le había aconsejado que se pusiera en contacto con el P. Eudes, y así lo hizo. Y se hicieron amigos. Luego Dominique George se hizo monje y llegó a ser abad (1653). Pronto tuvo gran influencia de manera que todo el mundo espiritual de Caen venía gustoso a renovarse en Val-Richer. Él mismo nunca dejó de cooperar en la renovación pastoral de la región[2].

Juan Eudes le profesaba afecto y admiraba la fuerza de su palabra apostólica[3]. Por otra parte los monjes amaban y admiraban también al misionero y conservaron como "reliquia muy valiosa" el texto de un sermón que les hizo en 1669 sobre la gracia de la vocación. "Nos edificaba a todos

---

1  La abadía de Val-Richer se halla en la comuna de Saint-Ouen-le-Pin, cerca de Cambremer (Calvados).
2  G. A. Simón *Cambremer et ses environs* en *Le Pays d'Auge*, n 9 p.9-10. BUFFIER (Le P.) *La vie de M. l'abbé du Val-Richher*, París 1696. P. DESCOURAUX, *Vie de M. Bourdoise*, París 1714 P. 445 – 448, 464 – 468.
3  BUFFIER, op. cit. P. 204-205.

contaban ellos, "sobre todo cuando estaba en oración ante el Santísimo Sacramento, con las manos juntas, el rostro sereno y el cuerpo inmóvil". Se cuenta de algunos novicios que, emocionados al verle celebrar la misa, penetraron furtivamente a la sacristía y allí cortaron los botones de su casaca para conservarlos como reliquias[4].

COPIA DEL ICONO DE LA BASÍLICA DE SANTA MARÍA LA MAYOR,
Pintado en Roma para Dom Dominique George, traída por él a la abadía de Val-Richer en 1665, y conservada hoy en la iglesia de Saint-Aubin-sur-Algot (Calvados).

Cuando Dom George y Dom Rancé terminaron su misión en Roma en 1665, el primero permaneció allí todavía algún tiempo. Le gustaba ir a orar en la antigua basílica de Santa María la Mayor, en donde se extasiaba ante el viejo icono de la Virgen con el Niño, que una pía tradición atribuía a san Lucas, quien, además de evangelista habría sido pintor. "Y su devoción no tuvo descanso hasta que pidió al sumo Pontífice el permiso para hacer pintar una copia. Se le concedió su petición con tal de que no dejara sacar nuevas copias de la imagen". Así, pues, llegó a Val-Richer con el precioso cuadro que hizo colocar encima del altar dedicado a María[5].

---

4   Estas páginas se basan sobre todo en Annales VI 25-26: 27/750ss.
5   Estas pintura se ha conservado y se encuentra actualmente (1984) en la iglesia de Saint-Aubin-sur-Algot, cerca de Cambremer (Calvados). Fue restaurada en 1974. El original venerado siempre en la "capilla Paulina" de Santa María la Mayor es un antiquísimo icono griego.

Habitualmente la pintura estaba velada por un cortina. Cuando el P. Eudes venía a pasar algunos días en la abadía, pedía celebrar la misa en ese altar y "rogaba al sacristán que corriera el visillo". Y fue más lejos. "El amor que profesaba por esa imagen le hizo suplicar al padre abad que le permitiera sacar una copia". ¿Dom George tuvo entonces una debilidad? O ¿juzgó que semejante amor por María estaba por encima de toda ley? De todos modos dio su consentimiento. El P. Eudes "quiso que el pintor se confesara y comulgara antes de comenzar su trabajo" imitando en cierta manera a los pintores de iconos en Oriente. Y así tuvo su retrato de la Virgen María. Estos detalles los debemos a un relato hecho por los monjes y transmitido por los *Annales* de Costil.

## Contrato insólito

Ya conocíamos el gran amor del P. Eudes a la Virgen María. La historia de esa pintura nos lo demuestra. La primavera de 1668 marcará una cima en sus relaciones con María, la Madre de Cristo.

Estaba residiendo en Caen en el intermedio entre dos misiones. Hubo en ese momento, del 14 al 22 de abril, grandes festejos para solemnizar la canonización de san Francisco de Sales[6]. Por sus nexos con las visitandinas y con los obispos de Nesmond y de Maupas, ambos presentes allí, es casi seguro que el P. Eudes estuviera también con ellos.

Algunos días más tarde, el sábado 28 de abril se había reservado un tiempo prolongado de oración. En él experimentó la necesidad de poner por escrito un largo *Contrato de santa alianza con la sacratísima Virgen María, Madre de Dios*[7]. Así, en los umbrales de la vejez, reanudaba el gesto del adolescente que, un día, pasó un anillo en el dedo de una estatua de nuestra Señora. Siguiendo su temperamento, llevaba hasta el extremo la lógica de una idea, enumerando en detalle las cláusulas de un contrato

---

      Es posible que la contemplación de esa imagen en la que los personajes tienen una piel bastante morena, llevara a Juan Eudes a introducir la siguiente extraña anotación en su "retrato" de María (CA I 3: OC VI 43). Ella tiene "un color blanco y rosado que va hacia el moreno..." A no ser que tengamos un eco del Cantar de los Cantares: "Nigra sum, sed formosa...".

6    San Francisco de Sales fue beatificado en 1662 y canonizado en Roma el 19 de abril de 1665. - Véase J. de GUERVILLE, *Relation de ce qui s'est passé en l'église de la Visitation Sainte-Marie de Caen à la cérémonie de la canonisation de saint François de Sales*, Caen, 1668. Recuerda la suntuosa procesión en la que toda Caen pudo contemplarse a sí misma.

7    OC XII 160-166. Como dato curioso, trece años antes (fines de 1655) el jesuita Juan José Surin, había expresado su oración como una serie de "contratos" o piezas en estilo jurídico: *Testament de l'âme, contrat de mariage entre Jésus-Christ et l'âme*, etc. Juan Eudes no pudo conocer su manuscrito y era por entonces "genero nuevo". Hay que convenir que el clima espiritual de ese tiempo invitaba a ello. Cf. J.J. SURIN *Poésies spirituelles suivies des contrats espirituels*, pp. E. CATTA, París, Vrin, 1957.

matrimonial en el que se habla de autoridad, de dote, de viudez, de casa y de hijos. Pero todo ello está animado y transfigurado por un soplo de ternura, de entusiasmo, de veneración extasiada hacia la admirable y amabilísima María, Madre de Dios. Copiamos aquí algunos apartes:

> No es de extrañar que quieras ser la esposa del último de los hombres y del más grande pecador que se atrevió a escogerte desde sus más tiernos años, como su única esposa y consagrarte enteramente su cuerpo, su corazón y su alma. Es porque quieres imitar la bondad infinita de tu Hijo Jesús (...).
>
> Aunque la esposa, en caso de enviudar, sólo hereda una parte de los bienes de su marido, es mi intención, venerada señora mía, que todo cuanto soy y puedo, todo lo que tengo en cuerpo y alma (...) y todo lo que espero (...) te pertenezca por entero y sin reserva alguna, para que dispongas de ello como mejor te agrade (...)
>
> El esposo y la esposa deben morar en una misma casa: yo también deseo morar contigo dentro del amabilísimo corazón de Jesús, que es tu corazón (...).
>
> El esposo y la esposa deben amarse recíprocamente, con amor sincero, constante y cordial: pues bien, tengo todas las pruebas imaginables de tus incomparables bondades conmigo; y tú, por tu parte, conoces los fuegos y las llamas, los afectos y ternuras de mi corazón para contigo (...)

Y no eran meras palabras. Sus ompañeros contaban que en el rosario que llevaba siempre atado a la cintura, había una medalla "que él tenía siempre entre las manos durante la conversación" y que la besaba a menudo con una especie de pasión. Y cuando hablaba de María se podía notar "muy sensiblemente, el cambio que se realizaba en su rostro y en su expresión"[8]. Pero reanudemos la lectura del contrato.

> Puesto que tú eres para mí, después de Dios, el único centro de mi corazón, ¿qué no quisiera hacer y padecer por tu amor? Bien sé que nada agrada tanto a tu Hijo y a ti, como trabajar en la salvación de las almas (...)

---

8   HERAMBOURG II 13 y 12: 53/123 y 113.

> El esposo y la esposa están obligados a ayudarse y consolarse recíprocamente en sus flaquezas, enfermedades y aflicciones: así también deseo servirte y consolarte (...) en la persona de los pobres, de los enfermos y de los afligidos (...); al mismo tiempo te suplico, a ti que eres toda bondad, que me asistas y sostengas en mis necesidades espirituales y corporales.
>
> El esposo y la esposa no deben tener sino un corazón y una sola alma: te pido, pues, reina de mi corazón, que yo sólo tenga un alma, un espíritu, una voluntad y un corazón contigo (...) Que el corazón sagrado de mi queridísima María sea el alma de mi alma y el espíritu de mi espíritu; que ese amable corazón sea el principio de mi vida...

Se ha hablado de la "unión mística con la santa virgen"[9] Y bien parece que el P. Eudes conoció este tipo de experiencia espiritual. Sus propias confidencias y los testimonios de quienes se codearon con él, nos sugieren que vivía de manera habitual unido a ella; que encontraba secreto placer en su compañía y experimentaba que su propia vida tenía en ella su fuente. Se adivinaba, nos dice, "el gozo interior que sentía cuando recitaba el Ave María"[10]. Henri-Marie Boudon, arcediano de Évreux, que era experto en materia de "santa esclavitud" a María, recibió un día una carta de un amigo de París. En ella le contaba que había encontrado al P. Eudes y que había cenado en su compañía; habían hablado largamente de la santa Virgen y "del provecho de servirla. Le aseguro –proseguía el corresponsal– que ese buen Padre arde de amor en su servicio y nos encendió a todos en el mismo propósito ..."[11]

El contrato prosigue:

> Como la esposa debe velar por los hijos que su esposo le ha dejado al morir, te suplico también a ti, de todo corazón, ya que eres para mi toda caridad, que protejas de manera

---

9   E. NEUBERT, "L´union mystique à la sainte Vierge" en Vie spirituelle t. I (Enero 1937) que cita el P. Chaminade: "Es un don de presencia habitual de Dios, muy raro, es verdad y accesible sólo a una gran fidelidad" cf. DU CHESNAY, NV V 204 ss. *Présence mariale de saint Jean Eudes*. Y E. NEUBERT, *La vie d´union a Marie*, París 1954, especialmente p. 238.

10  *Fleurs*, JE II 20: 31/514.

11  Carta de Ango des Maizerets a Boudon, 27 de nov. De 1652, en los arch. del obispado de Évreux. Boudon publicó en 1668 un libro intitulado *La dévotion de l´admirable Mère de Dieu.*

especial a todos los hijos espirituales que Dios me ha dado. Los entrego a todos, desde ahora, en tus manos, suplicándote que los guardes de modo que ninguno perezca.

Pero sobre todo, sobre todo, te recomiendo muy encarecidamente, mi buenísima, la pequeña Congregación de Jesús y María, que tu hijo y tú misma me han dado. Te suplico, reina mía, que suplas todas mis faltas en ella (...) Haz, te lo ruego, que todos los hijos de esta Congregación sean los verdaderos hijos de tu corazón...

**VIRGEN MADRE**
Esta estatua de madera policromada fue muy apreciada por P. Eudes.
(Recientemente restaurado, se encuentra en la Comunidad
de Nuestra Señora de la Caridad de Caen).

Estos son sólo breves apartes del largo texto que él firmó con su propia sangre,

> En Caen, en la casa de la Congregación de Jesús y María, Juan Eudes, sacerdote misionero de la Congregación de Jesús y María.

## "Me hizo la gracia de contraer con ella alianza especial"

Como se ve, Juan Eudes tenía conciencia, en su trabajo apostólico, de estar cooperando con aquella a quien llamaba "Madre de Jesús y de todos los miembros de Jesús"[12]. Estaba convencido de que por sus manos recibía todas las gracias de Dios. A sus ojos María estaba inseparablemente asociada a la bondad de Dios hacia la humanidad. Fue así como, en 1654, de ella había recibido a san Juan Evangelista para que "fuera el protector, el modelo y director de sus misioneros, especialmente en lo pertinente a la caridad mutua que debe vivir y reinar en ellos. Ellos deberán contemplar, honrar e imitar a ese gran apóstol, en su vida, y en sus virtudes, sobre todo en su caridad". Con estas mismas palabras anotó esta misma gracia. María había recibido de Jesús a Juan en el Calvario, y es ella quien lo daba al P. Eudes y a su Congregación[13].

El amor de Juan Eudes a María se expresaba por medio de signos. Todavía se conserva hoy como un tesoro una estatua, en madera pintada, de la virgen sedente que amamanta al niño Jesús: la tenía habitualmente junto a él[14]. Y todavía quería más una estatuilla minúscula de María. En un codicilo de su testamento de 1 de mayo de 1672 (véase p. 469) lo lega a Madame de Camilly en los siguientes términos:

> Le hago donación de algo que es muy precioso para mí: una imagencita de la bienaventurada Virgen que llevo colgada al cuello(...) la recibí de parte de la misma Virgen como señal de la alianza que mediante su gracia contraje con ella[15].

A propósito de las imágenes de María, Juan Eudes tenía un principio que se fundamenta en el estricto cristocentrismo del que ya hemos hablado (véase p. 133): No se debía representar jamás a María sin su Hijo, Jesús, el

---

12    *Dévotion au trés saint Coeur de Marie* III 3: OC VIII 462.
13    *Fleurs* JE II 5: 31/422-423.
14    Se conserva, como la estatua dorada de Nuestra Señora de la Caridad, en la comunidad de Caen, y ha sido excelentemente restaurada en fecha reciente (1984).
15    OC XII 176.

único Señor. Pensaba que por estar ellos dos tan íntimamente unidos era un error pintar a la una sin el otro. Creía, incluso, que la santa Virgen no lo aprobaba. Se le oyó decir con frecuencia, a este propósito, el bello dístico:

> Pingenti solam sine Nato Mater aiebat: "Me sine me potius pinge; dolebo minus"[16]

Dentro del mismo le encantó encontrar en la liturgia de la Iglesia la siguiente fórmula de bendición: "Nos cum prole pia benedicat Virgo María", que podríamos traducir: "Que la bendición de Jesús venga sobre nosotros mediante María, su madre". La empleaba frecuentemente[17].

Se dice que hizo colocar estatuas de María en todas las entradas de la ciudad de Caen y en el Pont-Saint-Pierre, durante una acometida de la peste, y que esto protegió la ciudad en esos momentos y en los tiempos siguientes[18]. Y, para reanudar el hilo cronológico de nuestra historia, a ella acudió una vez más en ese mismo año de 1668, en el que redactó el *Contrato de alianza*, cuando supo que una epidemia golpeaba la ciudad de Ruan y amenazaba el seminario. Hizo que se le hicieran súplicas por sus hermanos y *por el pobre pueblo*, y escribió al señor de Bonnefond, superior del seminario:

> Todos los días estaba esperando noticias suyas, mi queridísimo hermano, porque he estado sumamente preocupado por usted y por todos nuestros queridos hermanos, desde el más grande al más pequeño. Cada día oramos y celebramos misas por ustedes. Y he escrito a todas nuestras casas que hagan lo mismo para encomendarlos a la la protección de la santísima Virgen.

Y proseguía añadiendo varios consejos. En particular invitaba a sus hermanos a:

> entregarse al amor inmenso por el que nuestro amabilísimo Salvador tomó sobre sí los pecados del mundo (...) para ser inmolados en calidad de víctimas, a la justicia divina por los pecados de nuestros hermanos y hermanas y por los

---

16   "A un pintor que la representaba sin su Hijo, la Madre le decía: "Píntame más bien sin mí: sufriré menos" FLEURS JE 20: 31/514.

17   HERAMBOURG II 13: 53/123; FLEURS JE II 20: 31/514.

18   MARTINE VIII 36: 17 bis/326. Era una costumbre muy difundida en el siglo XVII, sobre todo en los países germánicos (Anotación de M. J. Le Brun).

nuestros propios y para prestar auxilio a los apestados si tal es su beneplácito...[19]

¡En boca de Juan Eudes no eran palabras que se lleva el viento!

## Santa emulación

Había entonces una especie de emulación entre los amigos de la Virgen María. Un día de 1660 Juan Eudes recibió una extensa carta de un jesuita del Canadá, Joseph-Marie Chaumonot (que moriría en 1693, venerado "como una maravilla de santidad"). No se conocían entre sí, pero un amigo común que regresó a Francia después de una permanencia en Québec, hizo de puente entre ambos.

> Sentí mucho consuelo al conocer, por boca del señor Torcapel[20], la santa ambición que tiene usted de aventajar a cualquiera en el amor a nuestra Señora. Quiera Dios que usted pueda comunicar este espíritu a todos los ambiciosos de la tierra.

Pedía al P. Eudes que lo asociara a ese anhelo y que le legara una parte de él en el caso de que muriera primero. Luego añadía:

> El señor Torcapel le dirá a usted de viva voz el disgusto que siento de que tantas personas reciben en el Santísimo Sacramento a nuestro Señor, con los dones inmensos que trae consigo, sin demostrar el menor sentimiento de gratitud hacia Aquella que nos lo ha dado.

Y le propone que organice una especie de asociación cuyos miembros se comprometan a no celebrar la Eucaristía sin dirigirse hacia María con acciones de gracias,

> "para agradecerle el que nos hubiera dado a tan amoroso pastor de nuestras almas. Le ruego, mi reverendo padre, que consulte este asunto a nuestra bondadosa Señora.

---

19    OC X 455-457. HERAMBOURG II 23: 53/230.
20    Juan Torcapel, "primer cura" de Quebec. No pudo resistir el clima y regresó a Francia. En 1666 entró en la Congregación del P. Eudes. Cf. NV VIII 273.

No conocemos las consecuencias de esa consulta[21].

También Juan Eudes se sentía émulo de los jesuitas amigos de María. En su libro, el *Corazón admirable*[22] presenta a doce de ellos y sobre todo evoca con emoción al mismo san Ignacio que "desde el día de su conversión hasta el último de su vida, había llevado continuamente sobre su pecho una imagen del corazón de la Madre de Dios y aseguraba que por este medio había recibido gran número de gracias y favores de la bondad divina"[23].

Otro devoto de María era el capuchino Louis-François de Argentan (1615-1680) a quien ya encontramos con misión en Carentan (p. 260). Este religioso que había publicado un libro sobre la vida espiritual según el pensamiento de Bernières, y *Conferencias teológicas sobre la grandeza de Dios y de Jesucristo* (1674-1675), hizo circular otras conferencias manuscritas, sobre *Las grandezas de la santísima Virgen*. El P. Eudes que terminaba en esos momentos la redacción del *Corazón admirable* apreció esos textos en los que encontraba, por una parte, un género de consideraciones que le era familiar, como el siguiente pensamiento: la virginidad de María es "la virginidad de Jesús en ella" (Conf. 8° art. 3). Escribió, pues, al P. Louis-François para exhortarlo a convertir el manuscrito en libro. La obra apareció en 1678 y el superior del seminario de Ruan lo envió inmediatamente al P. Eudes. Éste escribió a su émulo para felicitarlo -le decía- "por ese libro admirable que usted ha escrito sobre la santísima Virgen... yo lo aconsejo a todo el mundo"[24].

## Dos libros sobre el misterio de María

*El corazón admirable de la sagrada Madre de Dios*, grueso volumen in 4°, aparecerá, póstumo, en 1681[25]. Era el fruto de largos años de búsqueda y de meditación. Desde hacía largo tiempo, Juan Eudes había tenido el cuidado de enriquecer la biblioteca del seminario de Caen con todos los

---

21  HERAMBOURG II 12: 53/116-118: La carta está fechada en "Kébec", octubre 14 de 1660. MARTINE VIII 36ss: 17bis/330, menciona una segunda carta del 27 de septiembre de 1661. . Véase E. de GUILHERMY, *Ménologe de la Compagnie de Jésus, Assistance de France* (París: 1892), p. 273-276.

22  CA VII 3: OC VII 300-336.

23  CA prefacio y VII 3: OC VI 12 (con la n. 1) y VII 336.

24  OC XI 124; *Annales* VI 4: 27/654; HERAMBOURG II 13: 53/129 Cf. DS sv Louis-François d'Argentan. - *Les Grandeurs de la Sainte Vierge*, debió de ser publicada por primera vez en París por la viuda de Étienne Martin en 1678 (véase OC XI 124, n. 1), aunque el catálogo de la BN y el DS sólo mencionan la edición de Ruán, 1680, del P. Young Vaultier. Vaultier le jeune.

25  OC VI, VII Y VIII.

libros que podían encontrarse en las librerías sobre María, su misterio y su culto. El analista que había visto con sus propios ojos dicha biblioteca observa que había allí libros muy raros[26].

Cuando el misionero disfrutaba de algún tiempo libre lo dedicaba a leer esos libros y a tomar notas de ellos. Era para él un descanso[27]. Nos cuentan que se sirvió de uno de sus primeros hermanos, Nicolás Blouet de Than, cuya salud frágil se acomodaba a ese género de trabajo. Le hizo organizar fichas de lectura en *varios gruesos volúmenes manuscritos*[28] que él utilizó luego para redactar su voluminoso libro. Éste es una especie de Summa sobre el Corazón de María, en la que reunió junto con sus propias meditaciones todo lo que pudo encontrar en los Padres de la Iglesia y en los autores posteriores.

Damos cuenta en pocas palabras del plan de este libro un tanto voluminoso. Juan Eudes explica en él, ante todo, el término *corazón* y lo que él entiende por el *corazón de María*: de manera inseparable comprende su corazón de carne, su "corazón espiritual", es decir, el centro más secreto de su libertad y su "corazón divino" que es Jesús. Luego presenta doce "estampas" en las que por un juego sutil de correspondencias, asocia entre ellas dos órdenes de símbolos sugeridos por la Escritura; los unos se relacionan con la naturaleza: sol, mar, harpa, zarza ardiente y los otros con el cuerpo humano: las múltiples resonancias, bíblicas y modernas, de la palabra *corazón*. Da la palabra a numerosos testigos: escritores, pastores, religiosos, que coinciden en situar el corazón de María en el seno de la vida trinitaria; ella deriva de allí su vida y refleja, en transparencia perfecta, el múltiple resplandor de Dios. En una larga meditación presenta el *Magníficat* como el canto del corazón de María. Finalmente el duodécimo y último libro presenta el corazón de Jesús, *hoguera de amor* hacia María, su madre, *cuyas llamas brillan* en los dones maravillosos con que la ha colmado[29].

Leamos, por vía de ejemplo, algunas líneas de este libro. El corazón de María es un océano, océano inmenso:

> Amantísimo corazón de mi Reina: tu caridad no tiene límites. Que, a imitación tuya, mi corazón rebose de caridad ilimitada, que sea católica, vale decir, universal; que se extienda de un extremo a otro del mundo; que, gracias a ella, ame cuanto Dios ama y a la manera de Dios.- Y que nada odie sino lo que Dios abomina, que es el pecado.¡Oh Corazón de mi dignísima Madre!: el amor divino

---

26  *Annales* VI 4: 27/654.
27  OC V 477.
28  Carta del 19 de enero de 1673: OC XI 105.
29  CA XII 3: OC VIII 213.

te ha dilatado y extendido hasta los linderos del infinito. Que por tu intercesión, ese mismo amor se apodere, en forma plena y absoluta, de mi corazón, que lo dilate de tal manera QUE RECORRA CON ALEGRÍA el camino de los mandamientos de mi Dios. Que ame con fuerza únicamente a Dios, en todo lugar y tiempo, en todas las cosas y por encima de todas ellas. Que lo ame con tal fervor que me encuentre siempre listo a hacerlo, sufrirlo y abandonarlo todo por amor a él y entregarle y sacrificarle todo hasta poder decir con verdad: "Mi corazón está pronto, Dios de mi corazón, mi corazón está pronto" (Salmo 56,8 según la Vulgata)[30].

Juan Eudes trabajó en la preparación del corazón admirable durante veinte años[31]. Puso la última mano al manuscrito el 25 de julio de 1680[32], tres semanas antes de su muerte.

Mientras tanto, en 1676, publicó otro libro de proporciones más modestas: *La infancia admirable de la santísima Madre de Dios*[33]. Lo dedicó especialmente a las religiosas educadoras, benedictinas, ursulinas, hermanas de Nuestra Señora, visitandinas. Su propósito era aportar alguna luz a su tarea educadora, haciendo que miraran hacia aquella niña que fue María.

Primero se detiene en los doce "misterios" de esa infancia, realidades humanas penetradas de la vida de Dios: su nacimiento, su nombre, la vida con sus padres... Luego contempla doce "excelencias", reflejos de luz que la mirada contemplativa descubre en esa infancia tan sencillamente humana. Finalmente, presenta con mayor bondad doce "virtudes" de la niña María. A estas meditaciones mezcla reflexiones prácticas sobre el respeto a la libertad de las vocaciones, sobre la riqueza, la vanidad de los título nobiliarios, etc. Tal evocación de las costumbres mundanas rebosa de realismo, como lo veremos en el próximo capítulo. Citamos solamente aquí un bello aparte sobre la fe en la inmaculada concepción de María, cuya formulación se fue desarrollando progresivamente en la Iglesia.

---

30   CA II 7: OC VI 218.
31   En efecto, desde 1663 en una reedición de *La dévotion au Coeur de Marie*, anota: "... les gustará saber que el presente escrito no es sino la muestra de un pieza mayor y una partecita de un libro mucho más amplio que he comenzado hace ya algún tiempo y que deseo grandemente terminar, si Dios quiere" (OC VI P. IX). Y en la conclusión de la *Infancia admirable* (OC V 477), en 1676 pide la gracia de poder terminar un libro que está preparando sobre el Corazón de María.
32   MBD 105: OC XII 135.
33   OC V.

No me extraña que hubiera habido santos doctores que no tuvieron, en tiempo anterior, los sentimientos que ahora tiene la Iglesia respecto de la inmaculada concepción de la santa Virgen. En efecto, la verdad de este misterio, no estaba entonces tan clara como hoy; la luz de la fe que Dios ha dado a su Iglesia no es un sol de medio día sino una hermosa aurora que avanza poco a poco sobre el horizonte de la misma Iglesia[34].

Recordemos que Normandía, ha desempeñado, después de Inglaterra, un papel en la maduración de la fe en la inmaculada concepción; muy pronto se celebró allí una fiesta litúrgica en honor de ese misterio, -la fiesta de los normandos, la llamaban- una tradición asegura que la catedral de Coutances desde su primera construcción (siglo XI) incluía una capilla dedicada a la concepción de María; y uno de los primeros signos del auge intelectual de Caen fue la creación, en 1527, de un "Puy du Palinod" o concurso de poesía para celebrar esa fiesta[35]. Juan Eudes se haya inscrito dentro de esa tradición viviente.

**"¿La buena Virgen ha venido aquí?"**

Entre las religiosas educadoras a quienes el P. Eudes dedicó *La infancia admirable*, nombraba a la ursulinas. Conocía bien las de Caen, fundadas y dirigidas por largo tiempo por Jourdaine Bernières; y más aún las de Lisieux, que, lo vimos, lo habían escogido en 1653 como su "visitador". (véase p. 236).

Juan Eudes admiraba a esas religiosas y nos dicen que "no se cansaba de elogiar su fervor". A ellas, por su parte, les había impresionado su amor a la Virgen y se deleitaban viéndolo orar de rodillas ante su imagen.

Fue en casa de estas religiosas donde conoció Juan Eudes la única gracia mística fuera del común, cuyo recuerdo pudo llegar hasta nosotros. Se trata de una gracia mariana. Esto es lo que sabemos de ella:

Un día de 1670 fue a verlas. Se entretuvo con la superiora, madre Renée de Sainte-Agnès, a quien le hablaba, precisamente, "de las bondades de la Santa Virgen". De pronto se detuvo y "permaneció extasiado durante un cuarto de hora". Cuando volvió en sí "ella se tomó la libertad de preguntarle: Mi reverendo padre, ¿la buena Virgen estaba aquí?". Él le confesó

---

34   OC V 101.
35   EA I 8: OC V 134-138 (Tomando con reservas los datos históricos). J. DESERT, *Histoire de Caen*, ; Jean FOURNÉE, «El lugar de Ruán y Normandía en el desarrollo del culto y la iconografía de la Inmaculada Concepción», en *Histoire religieuse de la Normandie*, p. 125-141; p. 136. Catholicisme, art. Inmaculée Conception, col. 1277 y 1278 Véase p. 128 n. 8.

que así era y que "apenas ella se acercaba él perdía durante algún tiempo el uso de sus sentidos; que entonces ella le manifestaba mucha ternura, llamándolo con diferentes nombres, como hijo, servidor y a veces padre y esposo; y que ella tenía con él bondades inexplicables...". Después de lo cual, temiendo haber sido demasiado confidente, recomendó a esa buena religiosa que no dijera ni una palabra sobre lo sucedido.

Y mientras vivió Juan Eudes ella se atuvo a sus deseos. Pero el hecho la había impresionado sobremanera y muchos años después quiso fijar por escrito ese recuerdo maravilloso[36].

---

36  *Annales* IV 32: 27/468; *Fleurs* JE II 8: 31/415-416. Veintidós años más tarde, en 1692, ella redactó y firmó un testimonio cuyo original leyó el analista en los archivos de la casa de Caen.

CAPÍTULO XXVII

# Pastores en Cristo Pastor

*El manual*
*El buen confesor*
*El predicador apostólico*
*El memorial de la vida eclesiástica*

Durante los últimos veinte años de su vida, Juan Eudes consagró parte de su tiempo a preparar libros destinados a sus hermanos sacerdotes. En ellos, por otra parte, recogía la sustancia de las conferencias que venía dando a los "eclesiásticos" desde los años cuarentas.

Cuando pensaba en los sacerdotes, Juan Eudes incluía de manera inseparable, a los miembros de su propia sociedad, comunidad de sacerdotes seculares, y al conjunto de los sacerdotes a quienes apasionadamente deseaba ver dignos de su eximia vocación. También el Manual de Oraciones utilizado por sus comunidades se ponía a disposición de cualquier grupo de sacerdotes que quisiera hacer uso de él. Juan Eudes lo hizo imprimir en 1668 bajo el título: *Manual que contiene varios ejercicios de piedad, para uso de una comunidad eclesiástica*.

Preparaba también, en esos mismos años, tres libros más importantes. El primero apareció en 1666: *El buen confesor*, amplificación del opúsculo, *Advertencias a los confesores misioneros* (1644). Los otros dos sólo se imprimieron después de su muerte. Los había comenzado muchos años antes, y tal vez habían circulado, al menos parcialmente, en manuscrito, entre sus discípulos. Desde 1668 parece aludir, en el prefacio al *Manual*, al *Memorial de la vida eclesiástica* y en 1673 obtuvo el privilegio real para la publicación de ese libro y de *El predicador apostólico*. El primero aparecerá en 1681 y el segundo en 1685[1].

Hojeemos por algunos instantes cada uno de esos libros.

---

1  *Manual*: OC III 235-292. *El buen confesor* OC IV 143-369. *El predicador apostólico:* OC IV 1-115. *El memorial de la vida eclesiástica*: OC. III 1-233. El Eudista Roger Daon del s. XVIII publicó dentro del mismo espíritu, *La Conduite des confeseures dans le tribunal de la pénitence*, Rennes, 1738, uno de los más grandes tirajes del siglo, obra tipo del catolicismo tridentino (J. DeLUMEAU, *Le Diocèse de Rennes*, París, Beauchesne, 1979, p.132-133).

## Un manual de oración

El *manual para uso de una comunidad eclesiástica* ofrece un conjunto de fórmulas de oración comunitaria. En esa época, lo que nosotros llamamos hoy "Liturgia de las horas" se recitaba en latín en momentos inadecuados; era una "función" que "se cumplía". Había que buscar en otra parte alimento de la oración. Es ése el propósito del *Manual*. Juan Eudes daba importancia a ese marco de oraciones y de gestos comunitarios. Se comprueba por ejemplo, en 1660, cuando propone como modelo la comunidad de Caen: sólo constaba de cuatro hermanos residentes, ¡pero nunca faltaban a los ejercicios cotidianos o semanales previstos por el Manual![2]

Varias de esas fórmulas comunitarias tenían por fin mantener vivo el espíritu sacerdotal. Por ejemplo, cada mañana se recitaba la siguiente oración:

> Despierta en tu Iglesia, Señor Jesús,
> el espíritu que animaba a los apóstoles
> y a los sacerdotes santos, en tu servicio.
> Haz que, de él impregnados,
> amemos lo que ellos amaron
> y pongamos por obra sus enseñanzas.

Y cada año, después de celebrar el 12 de noviembre la *Fiesta del divino sacerdocio de nuestro Señor Jesucristo y de todos los santos sacerdotes y levitas*, se invitaba a los sacerdotes a que se abrieran, mediante la oración, al Espíritu de Jesús, soberano Sacerdote, durante el tiempo que precedía a la fiesta de la Presentación de la Virgen María en el Templo. Ese día, 21 de noviembre, se renovaban comunitariamente los compromisos sacerdotales[3].

En el *Manual* se halla una serie de breves textos de meditaciones que figuran entre los escritos mejor logrados de Juan Eudes y que ilustran admirablemente el movimiento de oración más típico de la Escuela Francesa. Se trata de una "oración de conversión" que consiste en contemplar a Cristo, en pedirle perdón por cuanto nos separa de él y en entregarnos a su Espíritu. Tomemos, por ejemplo, la meditación para el lunes de la tercera semana:

> Adoremos a Jesús que, junto con el Padre, es el Principio del Espíritu Santo. Por su sangre mereció dárnoslo de manera

---

2     *Annales* IV 23: 27/435.
3     OC. III 273; 440-446.

que sea en cierta manera nuestro espíritu y nuestro corazón, nuestra luz y nuestro amor, nuestra fortaleza y nuestro consuelo. Démosle gracias. Pidámosle perdón por el mal uso que hemos hecho de don tan excelente. Entreguémonos al divino Espíritu de Jesús y supliquémosle que extinga en nosotros el espíritu del mundo y del hombre pecador y nos llene, posea y conduzca en todo conforme a su santísima voluntad[4].

El *Manual* pone también a nuestra disposición un riquísimo repertorio de letanías y de otras fórmulas de oración compuestas por el P. Eudes. Sólo mencionaré aquí el "Saludo a San José", compuesto según el mismo esquema de la plegaria *Ave María, filia Dei Patris*. En él se contempla y se ora a san José en su relación con el misterio de la Encarnación, porque él vio con sus ojos y tocó con sus manos al Verbo hecho hombre[5].

## Celebrar el sacramento de la penitencia, predicar la Palabra

*El buen confesor* da, claro está, consejos prácticos, precisos y detallados a quienes ejercen el ministerio de la reconciliación, como ahora se le llama; les muestra cómo deben comportarse con los penitentes y con Cristo fuente del perdón.

Insiste en la buena acogida que debe darse a los pobres, y sabemos que esto era, desde hacía mucho tiempo, preocupación dominante del P. Eudes. Nos cuenta que se sentía feliz cuando comprobaba que sus hermanos atendían en su confesionario a muchos pobres: Eso es bueno – decía con alegría- "porque a los ricos nunca les faltan confesores, pero a los pobres les hacen falta con demasiada frecuencia"[6]. Igualmente dirá, en el *Memorial*, que al sacerdote según el corazón de Dios le agrada servir a los pobres y "tomar su causa en sus manos, y preservar sus intereses y defenderlos contra los que los pisotean y oprimen". (No olvidemos que la mayoría de ellos era analfabeta y desvalida)...A propósito de la asistencia a los enfermos aconseja igualmente: "Estar listo y gustoso para prestar los servicios de caridad a los pequeños y a los grandes, a los pobres y

---

4  OC. III 291-292.
5  OC. III 310-311. Sobre JE y san José cf. C. PLOMET. La dévotion a Saint-Joseph dans la vie et l'oeuvre de Saint Jean Eudes, en *Cahiers de josephologie*, vol. XXX (1982) p. 63-85, 253-279.
6  *Annales* VI 1: 27/640 cf. OC. IV 187.

a los ricos"[7]. Hacía que sus hermanos compartieran esa misma solicitud y repetía a menudo que "Dios había suscitado su Congregación en estos últimos tiempos para instruir, asistir y consolar a los pobres"[8].

El libro de *El buen confesor* desborda ampliamente el terreno de la confesión. Presenta fervorosamente toda una doctrina del apostolado, del amor pastoral, del servicio sacramental, de la comunión con el "supremo sacerdote Jesucristo". Ayuda a descubrir cómo el sacramento del perdón es, para los hijos de Dios, semilla de resurrección: por él, "Jesucristo vuelve a nacer en ellos"[9]. Esa era ya la enseñanza del *Catecismo de la misión*, como lo atestiguan estas dos líneas:

—¿Cuáles son los efectos de la Penitencia?
—Ella resucita los muertos, haciéndolos pasar de la muerte del pecado a la vida eterna[10].

Oigamos al P. Eudes en un bello momento con sabor de sermón, cómo compara el ministerio sacramental a las mayores *obras humanas y naturales* que se puedan imaginar. Y cómo no pensar al escucharlo, en la gloria del joven rey Luis XIV, que llevaba a veces, a sus cortesanos al terreno de las operaciones militares para brindarles el hermoso espectáculo de una toma de ciudad, o que hacía ejecutar en Versalles inmensos trabajos para hacer allí un parque digno de él...

Las proezas de los grandes hombres son construir palacios y Louvres, crear ejércitos y marchar al frente de ellos, dar batallas y alcanzar victorias, sitiar ciudades y tomarlas y saquearlas, conquistar provincias y reinos. Pero todo eso es viento y humo y vanidad. Y muchas veces es total abominación, por cuanto es fruto del orgullo y de la ambición de los hombres (...) En cambio, enseñar a un niño a hacer bien la señal de la cruz, dar al último de los humanos la más pequeña instrucción sobre su salvación, vale ante Dios, mucho más que todas las cosas que acabo de mencionar[11].

---

7   OC. III, 25; 40.
8   HERAMBOURG II 25; 53/220.
9   OC. IV 154s. 161.
10  OC. II 436.
11  OC. IV 189-190.

Enseñar a un niño... Un día, Juan Eudes buscaba la manera de hacer notar a uno de los misioneros que estaba haciendo con demasiada prisa la señal de la cruz. Apeló entonces, con motivo de una reunión, al querido y fiel señor Paillot, un sacerdote "asociado" a su trabajo misionero. Y le pidió que mostrara a todos cómo enseñaba a los niños a santiguarse bien. El señor Paillot les hizo la demostración y así Juan Eudes encontró la manera de corregir al otro sin humillarlo[12].

Esa misma solicitud por ayudar a los misioneros a formarse, inspiró al P. Eudes la redacción de *El predicador apostólico* (1685). "Hablo principalmente" –anota en el prefacio– "a los predicadores y catequistas misioneros de la Congregación de Jesús y María"[13].

Les da consejos prácticos. Luego, también en este libro, amplía la reflexión para situar la predicación en su ambiente verdadero, la acción salvífica de Dios. "No prediquen sin vocación de Dios porque la predicación no es obra humana... Son ustedes los heraldos de Dios, los embajadores de Jesús, los dispensadores de sus misterios..."[14].

## Cálida exhortación a todos los sacerdotes

*El memorial de la vida eclesiástica* (1681) presenta una visión de conjunto sobre el presbiterado, sus raíces teológicas, sus exigencias prácticas, su grandeza espiritual. El valor de este libro no reside en su reflexión teológica para la que Juan Eudes no tenía el propósito ni tampoco, sin duda, los medios, sino en la fe viva que allí se expresa, la fe en la Iglesia, fe en ese ministerio pastoral indispensable para la vitalidad de la Iglesia y del cual Cristo pastor es la fuente. El *Memorial* es una exhortación apasionada, ferviente, que Juan Eudes dirige a todos sus hermanos presbíteros. Algunas de sus formulaciones teológicas pueden aparecer apenas aproximativas, pero su fe y su entusiasmo son contagiosos. Las páginas más vibrantes son aquéllas que dan respuestas a la pregunta:

—¿Qué es un pastor y un presbítero según el corazón de Dios?

---

12  *Annales* VI 1: 27/640.

13  OC. IV 5. Notemos que este libro del P. Eudes en algunas de sus páginas reproduce casi integralmente un opúsculo publicado en París en 1657 por el librero Trichard, en una tienda muy cerca de Saint-Nicolas-du-Chardonnet. Cf. DU CHENAY, M. 68-69 y nn. 12, 13, 14.

14  OC. IV 80-81; 15. Cuando J. Eudes habla de vocación dice siempre "vocación de Dios", dándole su verdadero sentido: llamamiento de Dios.

—Es un evangelista y un apóstol. Su ocupación primordial es anunciar sin descanso, en público y en particular, con obras y palabras, el Evangelio de Jesucristo (...) Es un pastor que nunca abandona su rebaño[15].

La firme convicción que se desprende de este libro, como de los dos anteriores, es que el ministerio presbiteral está ordenado al pastoreo. Es verdad que hay pastores por oficio propio: obispos, párrocos... pero todo sacerdote, sea cualquiera su función, lleva en sí una gracia de pastor, debe sentir la angustia de repartir a las ovejas de Cristo la palabra y el alimento espiritual que necesitan para vivir. Realizan esto "mediante predicaciones, catecismos e instrucciones familiares. No basta hacerlas en público y por el púlpito, sino también en particular, en los campos, por los caminos, en las casas y en toda ocasión"[16].

A veces se ha dicho que la Escuela Francesa veía en el presbítero al hombre del culto. Y esto es inexacto. Es verdad que sobre otros puntos el pensamiento de Juan Eudes y de sus contemporáneos acerca del presbiterado podría parecer insuficiente a los teólogos actuales. No disponía aún de las herramientas teológicas necesarias para situar el sacerdocio de los presbíteros en su relación con el sacerdocio común del pueblo de Dios[17]. Pero, a sus ojos, es perfectamente claro que "la primera y mayor obligación de los eclesiásticos es trabajar en la salvación de los hombres. Para ese fin, el Hijo de Dios estableció el sacerdocio en su Iglesia. Sólo para ese fin hay que entrar en tal estado...El sacerdocio no fue establecido en la tierra sino con este propósito..."[18].

Otra condición campea en este libro: no hay otro sacerdocio sino el de Jesús: "Para hablar con propiedad no hay sino un solo sacerdote (...), Jesucristo, supremo Sacerdote. Todos los demás forman uno solo en unión consumada con él"[19].

Por eso Juan Eudes invita al sacerdote a contemplar a menudo "la vida de nuestro Señor Jesucristo, el supremo Sacerdote y el gran Pastor de las almas". Así, poco a poco, llegará a ser:

> La imagen de Jesucristo en el mundo. De Jesucristo que vela, ora, predica, catequiza, trabaja, suda, llora. Que va de ciudad en ciudad y de aldea en aldea, que sufre, agoniza,

---

15  OC. III 26, 28.
16  OC. III 41.
17  Cf. M CANCOUËT, "Saint Jean Eudes: sacerdoce et prêtrise" en *Cahiers eudistes* no. 8.
18  OC. IV 156, 165, 182.
19  OC. III 9; 14.

muere y se inmola por la salvación de todos los hombres creados a su imagen y semejanza[20].

Por otra parte, es ése el camino de la ascética que corresponde al sacerdote. Es verdad que él es, ante todo, un bautizado, un pecador habitado por la resurrección, como todos los bautizados. Pero vive su vida bautismal realizando las funciones de pastor que lo marcan profundamente, que colorean y guían su oración y se inscriben en "su vida y sus costumbres", en su conversión y renovación personal. Contempla a Jesús para llegar a ser un *Evangelio vivo*. Ora por sus hermanos; Juan Eudes, por ejemplo, invita al confesor a llevar a sus penitentes en la oración por el resto de su vida[21]. Sobre todo el sacerdote se deja poseer y transformar por el amor pastoral de Jesús hacia sus ovejas. En unos pocos mandamientos extraídos de textos bíblicos, muy queridos por él, Juan Eudes condensa la quintaesencia de la caridad del sacerdote, y los recomienda a los sacerdotes (Ez 34, Jn 10; 2 Cor. 6, etc.):

4. Conocer las ovejas, llamarlas por su nombre, guiarlas y caminar delante de ellas.
5. Alimentar el rebaño de Dios mediante la palabra, el ejemplo y la oración, y, para ello, ser asiduos en la oración y en el ministerio de la Palabra.
6. Dar fuerzas a la oveja cansada.
7. Cuidar la oveja que está enferma.
8. Vendar la oveja herida.
9. Volver al buen camino a la extraviada.
10. Buscar la oveja perdida.
11. Mantener en buen estado la robusta.
12. Finalmente dar nuestra vida por las ovejas[22].

Tales son algunos de los temas que Juan Eudes desarrolla en los libros que escribió par los sacerdotes.

## Mirada atenta a la vida concreta de los hombres

De sus libros destinados a los sacerdotes y de algunos otros se podría desprender cierto número de rasgos que Juan Eudes observó con precisión,

---

[20] OC. III 47; 31.
[21] OC. III 34; 83.
[22] OC. III 45. Sobre el conjunto de estos temas cf. P. MILCENT, *Le prêtre selon saint Jean Eudes: pasteur dans le Christ pasteur*, en *Vocation*, no 240 (oct. 1967).

a veces con detalles pintorescos, aptos para reforzar o completar el cuadro que los historiadores dan de esa época. Damos algunos ejemplos.

La simple enumeración de títulos de examen de conciencia prsentan ya un mundo muy vivo y distinto del nuestro: "gobernadores y magistrados, oficiales de las finanzas, jueces y consejeros, capitanes y soldados, senescales de las señorías, abogados y procuradores, escribanos forenses, notarios y tabeliones, ordenanzas y sargentos, se codean allí con los criados y las criadas, los médicos, boticarios y cirujanos, comerciantes y artesanos, taberneros, cabareteros y matarifes". Para cada categoría socio-profesional se contempla una multitud de situaciones muy concretas[23].

Así, por ejemplo, vemos que los comerciantes sentían a veces la tentación de crear monopolios, en particular "acaparamiento de granos" en temporadas de malas cosechas, que provocaban un "encarecimiento" catastrófico para los pobres[24]. Los señores seculares o eclesiásticos, podían sentirse "inclinados a alquilar sus molinos por un precio demasiado alto". Esto ocasionaba, por carambola, "que los molineros robaran", produciendo una escala de injusticias[25]. Los notarios o escribanos, mucho más numerosos que en la actualidad, jugaban un papel importante en la ciudad por los contratos, testamentos, comprobantes de pago que registraban, las "creaciones de rentas" que favorecían, el dinero que prestaban; Sucedía que practicaban la usura, hacían alargar los procesos, falsificaban documentos...o trabajaban los domingos[26]. Los "ordenanzas y sargentos" abusaban a veces de sus atribuciones. Juan Eudes les dedica un largo capítulo: ¿Han sido acaso, por ejemplo, "rigurosos con los pobres, intimidándolos con palabras o intervenciones violentas, como romperles los toneles u otros utensilios e incluso derramarles las ollas en el fogón?[27] Los capitanes y soldados", alojados en aldeas, ejercían a menudo vejaciones, exigían "dinero, caballos y aperos", o estafaban el patrimonio de una parroquia "para no alojarse en ella o para irse a otra"[28]. Ciertos "taberneros y cabareteros abrían sus residencias en los domingos y festivos, durante el servicio sagrado", lo que era una temida competencia, sobre todo si la taberna se hallaba en la plaza misma que la iglesia. A veces "tenían berlanga", es decir, ofrecían al público juegos de dinero[29]. Muchas otras prácticas se revelan en estas páginas: matrimonios celebrados sin libertad de elección, por imposición

---

23   OC IV 340-359.
24   OC. IV 319, 358. Cf. P. GUTTON, *La societé...* p. 13.
25   OC. II 503. El caso apareció en el *Catecismo de la Misión*, pero no se incluyó en BC.
26   OC. IV 348-349 cf. GOUBER, *La Vie quotidienne...* p. 161ss.
27   OC. IV 351.
28   OC. IV 345-346.
29   OC IV 237. Ver P. GOUBERT, *op. cit.*, p. 184-185.

de los padres o de los señores; uso de venenos para matar el ganado de los vecinos o incluso personas, uso de hechizos, "polvos o pócimas para hacerse querer, de drogas anticonceptivas o abortivas..."[30].

Se puede encontrar también en los escritos del P. Eudes un conjunto de rasgos pintorescos para evocar los salones, las modas femeninas, las costumbres mundanas. Y sería divertido comparar sus observaciones con las de Moliére: "el maquillaje y los lunares postizos que la tonta vanidad aplica sobre los rostros de las mujeres mundanas, los cabellos rizados, encrespados, anillados... el cuello y los senos descubiertos". –"¡Ah, escóndame ese seno que no quiero ver!" (*Tartufo*). El tiempo perdido por tantas muchachas "en idolatrarse ante el espejo, en apostar gruesas sumas de dinero al bailar y danzar, en leer novelas, en habladurías (...) en visitas mundanas, en las que es costumbre burlarse del prójimo, y destruir su reputación....". Alceste dice esto a Celimène (*El misántropo*) y madame Pernelle vitupera "esas visitas, esos bailes, esas conversaciones"...(*Tartufo*). Mientras Sganarelle, en *La escuela de los maridos* critica los "lunares postizos" y las visitas coquetas de los jóvenes galanes. Juan Eudes describe a "las que se ven sentadas al anochecer, en la oscuridad, en las tiendas, con jóvenes enamorados"[31]. El término mundo, por englobar todas esas realidades, tiene sentido para el predicador y para el comediógrafo:"El mundo, querida Inés, es algo extravagante", (*La escuela de las mujeres*). Y Celimène, asustada, exclama:"Pero yo, ¡renunciar al mundo! (*El misántropo*).

Lo que a los ojos de Juan Eudes, agrava ese pecado es que las víctimas son los pobres: "las mujeres mundanas hacen limosnas pero no pagan sus deudas, ni el salario de sus criados y el de los pobres obreros, ni lo que han fiado a los carniceros, panaderos, pasteleros (...), a los vendedores de telas, a los merceros, a los cocheros (...) y esto clama venganza ante Dios"[32]. Porque Juan Eudes conoce muy bien aquel mundo de los pobres; lo acoge en sus misiones rurales y urbanas, lo frecuenta directamente ya que lo visita en "los hospitales, en las cárceles o en las casas de los pobres enfermos", en las escuelas primarias o en sus alojamientos mal amoblados, donde los niños duermen en el lecho de sus padres, a veces con el peligro de morir asfixiados..."[33].

---

30 OC. IV 304, 307, 313, 356.
31 OC. II 30; V 283-285. Cf. P. MILCENT, "La pratique du renencement selon S. Jean Eudes". En *Cahiers eudistes*, París 1956, p. 68 ss.
32 OC. IV 291.
33 OC 111 30; IV 186; 307.

Sabe Juan Eudes, en pos de san Carlos Borromeo, que el sacerdote, como verdadero pastor, debe "conocer todas las ovejas de su rebaño, tener escritos sus nombres, conocer sus vidas y costumbres"[34].

Esos escritos de Juan Eudes han impregnado su Congregación, han cultivado en sus miembros un sentido depurado del sacerdocio y una conciencia viva de sus vínculos con los demás sacerdotes. Con fuerza expresa esto la siguiente página de Pierre Hérambourg (1661-1720), quien probablemente no conoció al fundador pero se alimentó de su espíritu en Coutances, junto a su sucesor Jean-Jacques Blouet de Camilly:

> Todo el que pertenezca a la familia del P. Eudes, al menos según el pensamiento y los propósitos de tan digno superior, debe ser el padre, el hermano, el amigo y el servidor de todos los sacerdotes y de quienes aspiran al sacerdocio; el predicador de todos los pecadores, el catequista de todos los ignorantes y un misionero impregnado de celo y de fuego para acudir a todo lugar donde haya hombres que salvar y enemigos de Dios que combatir[35].

---

34    OC IV 185. 35..
35    HIÉRAMBOURG 1 4 : 52/49.

# CAPÍTULO XXVIII

# Rennes

*Madre Marie du Saint-Sacrement Pierre*
*La gran misión de Rennes*
*Nace el seminario*
*¿Nuestra señora de Caridad en Rennes?*

Los años de 1669-1670 señalan una extensión notable de la Congregación del P. Eudes. Deja de ser "instituto provincial", al servicio de las diócesis normandas y se va a implantar en Bretaña. Paralelamente, allí se prepara, en Rennes, la apertura de una segunda casa de Nuestra Señora de Caridad.

## París y ciertas preocupaciones

A comienzos de 1669 encontramos a Juan Eudes en París, a donde lo ha llevado la solicitud por sus dos institutos.

Su deseo de afianzar la Congregación de Jesús y María le hizo dar un paso en falso. Animado por la acogida benévola que le había hecho en París durante el verano de 1668, el cardenal de Vendôme, primo hermano de Luis XIV y legado del Papa[1], hizo presentar al nuncio un memorial "para la carta que tendrá la bondad de escribir a nuestro Padre santo, el Papa". El nuncio se contentó con enviar pura y sencillamente ese memorial a Roma. El memorial insistía, en la ortodoxia del P. Eudes y de sus discípulos quienes se alejan escrupulosamente "se leía allí" de las novedades tan peligrosas en este siglo, aludiendo, evidentemente, al jansenismo. Esto caía mal, porque precisamente, por entonces, Luis XIV preocupado por mejorar sus relaciones con la Santa Sede, acababa de concertar, de acuerdo con el Papa, una "paz de la Iglesia": no se hablaría más, al menos por un tiempo, en Francia, de las "cinco proposiciones" del jansenismo, ni de

---

[1] Luis de Borbón, duque de Vendôme ( 1612-1669) viudo de Laura Mancini, fue cardenal en 1667. Cuando Clemente IX aceptó ser padrino del delfín. Envió al cardenal de Vendôme a París, en 1668, a título de legado para que lo representara en el bautismo. Diversas sociedades religiosas acudieron a ese legado para adelantar sus intereses, entre otras las benedictinas de Santísimo Sacramento. Estas hicieron aprobar por él el oficio del Corazón de María. Juan Eudes, enterado tal vez por la madre Matilde, hizo otro tanto; posteriormente dará mucha importancia a esa aprobación hecha por un legado: cf. OC VIII 341ss.

"novedades". Tanto el Papa como el rey estaban muy satisfechos por haber logrado esta tregua. En esas circunstancias resultaba bien molesto el expediente Eudes, que, por lo mismo, fue cuidadosamente archivado².

Por los lados de Nuestra Señora de Caridad surgió una preocupación. Después de la muerte de la madre Patin (31 de octubre de 1668) había que elegir nueva superiora. La comunidad, reunida bajo la presidencia del señor Le Grand, parecía unánime para pedir otra visitandina. Sólo una hermana joven, de veintidós años, Marie-Angélique de Balde, luchó vigorosamente para que la superiora se escogiera entre las religiosas de Nuestra Señora de Caridad. Y a causa de esto, fue elegida la hermana Marie du Saint-Sacrement Pierre, el 22 de diciembre de 1668. Era una joven valiosa. Había entrado en 1656, después de la llegada de monseñor Servien y por lo mismo no había conocido los comienzos heroicos de la comunidad ni había frecuentado mucho al fundador, ni se sentía, por lo siguiente, muy inclinada a consultarlo. Esto debía ser motivo de sufrimiento para las primeras hermanas, especialmente para Marie de la Nativité Herson, sobrina del P. Eudes³.

Sin embargo la nueva superiora participó su elección al P. Eudes, quien le contestó desde París (9 de enero de 1669) con una carta tal vez un poco fría pero rica en enseñanzas: la verdadera superiora de la casa es "la santísima Madre de Dios"; usted debe, le aconsejaba a la joven superiora, "postrarse a sus pies, renunciar a usted misma y entregarse a ella (...) para dirigir a sus hermanas en el espíritu de su esposo y de la Madre de ellas". Y el fundador insistía una vez más en la importancia primordial de la vocación apostólica al servicio de las "penitentes: por que como la casa fue fundada con ese fin, de ahí dependen todas las gracias que Dios quiere darles".

Y añadía: "no hay que apresurarse a escribir la vida de una persona que acaba de morir ( la madre Patin), por muchas razones..."⁴. Efectivamente la nueva superiora iba a hacer publicar sin demora una biografía de la ilustre visitandina, redactada por la joven María Angélica de Balde e iba someter a la aprobación del obispo el manuscrito de las Constituciones, previamente retocado por ella, y hacerlo imprimir, sin hablar de ello con el P. Eudes. Todo ello no dejaba de causarle sufrimientos.

Juan Eudes permaneció en París hasta la Pascua de 1669. En enero había ido a encontrarse en el seminario de las Misiones Extranjeras con un joven clérigo de su Congregación, director del curso tercero en el colegio

---

2    Du CHESNAY, en NV XII 130-131.
3    Ann. NDC II 1 y 17: Chev/167 ss; 223.
4    OC X 560-562.

de Lisieux, que se había fugado sin el menor aviso, para ir a ofrecerse a las misiones lejanas.

El superior no estaba contento y lo expresó sin ambages. Pero se dejó apaciguar y aún convencer por la tranquila determinación, madurada en al fe, de ese muchacho generoso y lo dejó seguir su camino. Más afortunado que sus predecesores (véase el cap. XXI) Pierre Langois (tal era su nombre) debía partir un poco más tarde para Siam, luego para la Conchinchina. Detenido en Hué en 1700 durante una persecución, murió en prisión; "fue uno de los misioneros más notables de su tiempo"[5] se lee en los *Annales de las misiones extranjeras*.

Puesto que estaba en París, el P. Eudes aceptó predicar al cuaresma en la Sainte-Chapelle, de la que el antiguo obispo de Coutances, Claude Auvry, seguía siendo el tesorero. Lo sabemos por el sulpiciano Grandet, que posiblemente lo escuchó entonces y por la *Lista general* de los predicadores parisienses. Allí habló "los domingos y fiestas a la una de la tarde"[6].

## Hacia la rica Bretaña

Durante el año de 1670 la Congregación sacerdotal del P. Eudes, cuyos efectivos iban creciendo poco a poco, a pesar de muchas muertes prematuras, se implantó en una sexta ciudad y en una provincia hasta ahora poco conocida.

La ciudad de Rennes, de importancia media, rebosaba de vitalidad y prosperidad. Tenía al frente de sus destinos, rodeando un capitán o gobernador, un consejo o asamblea de la ciudad, en el que los magistrados y oficiales de justicia ocupaban un puesto importante. Por otra parte, el parlamento de Bretaña, que tenía su sede en Rennes, gozaba de gran prestigio. Su primer presidente en los años 1660-1670 era François de Argouges (1622-1695), hombre de bien, cuya esposa, como lo veremos, sostuvo a Nuestra Señora de Caridad. El parlamento había emprendido la construcción de un suntuoso edificio que es todavía hoy, uno de los ornatos de la ciudad. No estaba aún terminado en 1670 pero su construcción y decoración habían llevado a Rennes pintores, escultores, tapiceros que habían suscitado un gran movimiento de creación artística[7].

---

5   J. GENNOU, *Les missions étrangères de Paris et les Eudistes*, en NV X165. Fleurs, Pierre Langlois:31/754. *Annales des Missions étrangères de Paris* t. l., n IV pag. 178, citado por B. IV 43-45.

6   J. GRANDET, *Les saints Prêtres...* t. l. P. 186. BN *Liste générale et véritable de tous les prédicateurs* recueil factice, t. l, 2 vol. BN ros. 4° LK 7, 6743 DU CHESNAY M, 24-26

7   J. MEYER, *Histoire de Rennes* (colect.) París, Privat, 1972, p. 140, 144-145.

Hay que decir que por entonces se consideraba a Bretaña una provincia rica. Sus recursos eran muy variados: pesca, diversidad de cultivos, en los que el trigo sarraceno aportaba una nota original, cría de caballos de exportación. Allí se trabajaban los cueros y las pieles, el metal, la acuñación de monedas (que en 1670 produjo un millón de libras) y sobre todo el lino y el cáñamo. Las gruesas telas crudas de la región de Rennes se vendían para velas de navío, y las telas de lino, llamadas "bretañas" eran famosas por su finura en muchas regiones. Esa economía tan diversificada engendraba equilibrio y prosperidad.

Por otra parte, desde hacía treinta años, esa provincia se había visto libre de las calamidades que golpeaban a la mayoría de las demás. No había movimientos de ejércitos, ni grandes epidemias, ni hambrunas notables. La Fronda había tenido allí escaso eco, y los rudos años 1660-1662 sólo habían producido un ligero encarecimiento del trigo y ligero aumento de la mortalidad, mientras las demás provincias al norte del Loira, se veían desoladas por extrema escasez[8]. Por eso la condición de los pobres era en Bretaña menos rigurosa que en otras partes.

Añadamos que después de su incorporación al reino de Francia en 1532, Bretaña gozaba de cierta autonomía y de un régimen fiscal bastante favorable. Allí no existían impuestos reales, directos o indirectos, ni gabelas. Pero por esa misma razón, había allí más susceptibilidades frente a cualquier iniciativa autoritaria del poder central. Ahora bien, desde la subida al trono de Luis XIV, se habían tomado diversas medidas con el fin de reforzar la influencia de la administración real. Charles Colbert de Croissy, hermano del gran ministro, había llegado al lugar en 1663 y en 1665 para hacer investigaciones precisas sobre los recursos de la región, sobre lo fiscal, la nobleza, sobre los diferentes aspectos de la vida en Bretaña y eso había creado descontento. De igual manera la ordenanza real de 1667 sobre los registros parroquiales. No se miraban con buenos ojos los controles. Nadie, sin duda, podía prever la terrible revuelta del papel sellado, o de los gorros rosa que iba a estallar en Rennes en 1675 y que ensangrentaría luego a Nantes y la baja Bretaña. Pero ya podían percibirse rumores inquietantes, propalados por las mujeres: de que se iban a crear impuestos de toda clase, incluso sobre los nacimientos[9].

Tales disgustos no impedían divertirse a los habitantes de Rennes, y posiblemente algunas de esas diversiones colectivas plantearon problemas a los misioneros,. Había, especialmente en Rennes, una célebre "

---

[8] J. MEYER, op. Cit. p. 172. A. Croix, *La Bretagne au XVI et XVII* s.: la vie, la mort, la foi, t. I París 1981 p. 34 ss. 53, 63, 323 ss. 337.

[9] Y. GARLAN y C. NIERES, *Les Révoltes bretonnes de 1675*, París, ed. Soc, 1975, p, 18-28. J MEYER, op. Cit. p. GOUBERT, *La vie quotidienne...* p. 287-289.

cofradía del papagallo" por el nombre de un pájaro en hierro o en madera que se fijaba en el extremo de una larga vara sobre una de las torres de la ciudad. El juego consistía en apuntarle y derribarlo. El vencedor, o "rey del papagallo" gozaba durante un año de largos privilegios, en particular estaba exento de impuestos sobre consumo de bebidas. En la ciudad y alrededores muchas otras costumbres debían hacer fruncir el ceño a los misioneros. En 1670 precisamente, un párroco de la región se quejaba de que "la mayoría de sus feligreses (...) hacían mítines y danzas, acudían de noche a veladas de diversión con damiselas, y celebraban el *Haguillaneuf* (fiesta de añonuevo), disfrazados y enmascarados (...); se iban a las iglesias con disfraces, simulando mujeres recién casadas"... Se puede adivinar qué fiestas más o menos desenfrenadas marcaban el año nuevo, el carnaval y el mes de mayo.[10]

Con todo la fe de los bretones, en su conjunto, era sólida y fiel. En el umbral de las casas de Rennes, podía verse una multitud de estatuillas de la Virgen. Los hugonotes nunca fueron numerosos allí: los renneses, combativos, les hacían la vida difícil. Por tres ocasiones una turba, en la que se codeaban alumnos de los jesuitas y la "hez del pueblo" les incendió el templo (1654, 1661, 1675). Pero aquí tampoco hay que idealizar demasiado. En 1666 se informó a Vitré de que "muchas personas, la mayoría de ellas, gentes de condición" pierden el respeto debido a la iglesia, vuelven la espalda en el momento de la consagración, hacen "tertulia" y se entretienen burlonamente durante los oficios[11].

Como se ve, en la Alta Bretaña, por los años 1670, había buen trabajo para los misioneros normandos...

## Larga misión

Es difícil saber cuándo fue que el obispo de Rennes, Charles François de la Vieuville, (+1676) se dirigió al P. Eudes para invitarlo a predicar en su ciudad episcopal. Desde 1667, poco después de su elección, el papa Clemente IX había concedido a ese obispo una indulgencia plenaria para cada misión que hiciera dentro de su diócesis; el original de ese documento romano aparece en los archivos del seminario de Caen. Se puede

---

10   J. MEYER, op. Cit, p. 183. J DELUMEAU, *Le diocèse de Rennes*, p. 127, 155.
11   J. DELUMEAU, op, cit, p. 122-123. J. MEYER, op. P. 201, 204, 206. B. POCQUET, «La Compagnie du Saint-Sacrement à Rennes», en *Revue deBretagne*, t. XXXII (1904), p. 209-226; 308-330. B. POCQUET Du HAUT-JUSSÉ, «Vincent de Paul à Rennes et les Filles de la Charité »,en *Bulletin et Mémoires de laSociété archéologique du département d'Ille-et-Vilaine*, t. LXXIV (19621963), p. 69-74.

presumir, por consiguiente, que había sido solicitado por el P. Eudes con miras a esa misión[12].

En todo caso, el obispo había deseado luego que la misión coincidiera con el jubileo de quince días concedido por el mismo Papa con ocasión de su elección y que había sido fijado para Rennes, del 16 al 30 de mayo de 1669. El P. Eudes se había opuesto con firmeza, porque la misión, decía, debía durar mucho más de quince días, y porque en el jubileo cada uno podía escoger un confesor complaciente, mientras que los *confesores misioneros* serían más *exactos*. Es muy importante, añadía el P. Eudes, escoger bien el tiempo de la misión, tanto más teniendo en cuenta que la haremos, le decía al obispo, en su catedral y que es la *primera que daremos en su diócesis*[13].

Finalmente lograron ponerse de acuerdo sobre la fecha: la misión comenzaría a principios de adviento, el 19 de diciembre de 1669. Iba a durar 134 días. Fue la misión más larga del P. Eudes. Los gastos correrían personalmente por cuenta del obispo.

La misión contó seguramente con el favor de varias comunidades religiosas fervientes. Por ejemplo, para hablar solamente de las sociedades más cercanas al P. Eudes, las carmelitas, las visitandinas y claro está, los jesuitas con la "congregación de los señores" y la de los "artesanos y comerciantes" que se apoyaban en su colegio. También en Rennes había existido una Compañía del Santísimo Sacramento, que parece haber sido activa, al menos en los años 50: los que habían sido sus miembros debieron prestar ayuda a su hermano Juan Eudes. Un grupo de "Damas de la Caridad de la Marmita del Pobre", rico en iniciativas, había creado tres escuelas de catecismo para los niños pobres y socorría a los "pobres vergonzantes". Eran otros tantos puntos de apoyo para la misión.

Los comienzos fueron difíciles. El invierno se vino precoz y glacial y muchos obreros (misioneros) que el P. Eudes había "llamado de Caen no se atrevieron a ponerse en camino"[14].

Había tres predicaciones diarias, sin duda para permitir a las familias y al personal trabajador turnarse para las predicaciones. Sin embargo, "se cerraban las tiendas durante los sermones".

---

12   Y. BOURRIENNE, *"Documents concernant le bienheureux "* en *Baiocana*, t. ll (1910-1911) p. 160-161. Cf. DU CHESNAY NV XI 305.
13   OC XI 98-100; Lch 52 y n. 82
14   Entre los "obreros" que participaron en la misión parece que se encontraba el benedictino Jean Blouet de Than, hermano de Nicolás y primo hermano de Jean-Jacques Blouet de Camilly. Ligado al P. Eudes y colaborador asiduo de sus trabajos, se nos cuenta que regresó enfermo de una misión predicada en Rennes y después de "un año de decaimiento" murió en agosto de 1673. Es poco probable que hubiera habido otras misiones en Rennes entre 1671 y 1672... Véase el *Eloge de M. Blouet de Than, religieux bénédictin,* BN, N. a. fr. 20218, f. 284ss.

Por lo demás poco sabemos sobre la marcha de la misión, sólo que recibió de Dios, al decir, de Juan Eudes, una *bendición extraordinaria* y que en ella el misionero se sintió poseído de un dinamismo que lo sorprendía a él mismo:

> Dios me ha dado tanta fuerza en esta misión que he predicado casi todos los días, durante doce semanas, a una gran concurrencia, en la catedral, con el mismo vigor que cuando tenía treinta años.

Así se expresaba en una carta escrita algunos días después de la misión y añadía:

> Por eso estoy bien resuelto a emplear lo que me quede de vida en este trabajo[15].

Mientras se desarrollaba la misión tuvieron lugar algunos actos solemnes que marcaron la memoria colectiva. El 16 de marzo, todas las parroquias de la ciudad se reunieron en la iglesia de los carmelitas para festejar la canonización de santa Magdalena de Pazzi, la carmelita de Florencia (1566-1607), y algunos días después se pusieron "las primeras piedras" de un gran edificio monástico que se levanta aún hoy día en toda su majestad. Se trata de la abadía femenina de san Jorge que desempeñaba en Rennes un papel importante. Las primeras piedras fueron selladas por el obispo y por la abadesa "señora Magdalena de la Fayette"[16].

Un burgués de Rennes cuenta estos hechos. Anota, además, que en la mañana de Pascua el obispo anunció la clausura de la misión para el domingo siguiente y que en ese mismo día de pascua un jovencito de doce a trece años " cayó desde lo alto de la cornisa de la iglesia catedral de Saint-Pierre" cuando intentaba trepar hasta el reloj. Podemos adivinar que el P. Eudes supo aprovechar y orquestar el acontecimiento que impresionó los espíritus.

Finalmente, según el mismo cronista "en el domingo de cuasimodo, 13 de abril de 1670, por la mañana, el R. P. Eudes, decano de los misioneros, hizo una predicación que duró desde las 8 hasta las 10, para despedirse, y el mismo día, después de vísperas, se hizo una procesión general desde Saint-Pierre a Bonne-Nouvelle; y luego, alrededor de las cinco, las

---

15  *Annales* VII 11: 27/844ss. OC XII 128; OC XI 100.
16  Este edificio llamado hoy día palacio Saint George, lleva todavía en el frontis el nombre de la gran abadesa.

seis de la tarde, se encendió una fogata en el patio de la casa episcopal, en cuyo fuego el mismo P. Eudes quemó muchos libros malos"[17].

## El seminario de Rennes

Dos series de entrevistas importantes para el futuro se habían desarrollado en el curso de la misión. La primera relacionada con la fundación de un seminario, la otra un proyecto de implantación de Nuestra Señora de Caridad.

Rennes no contaba con un verdadero seminario. Los futuros sacerdotes se formaban dentro de tres comunidades ligadas a parroquias. Pero desde hacía largo tiempo se hablaba de ello y en 1662 monseñor de la Vieuville había obtenido y hecho registrar letras patentes que autorizaban la creación de un seminario para su diócesis. Se había destinado para ello una casa y un prado. Faltaba la aceptación del P. Eudes que no fue difícil. El primer equipo lo componían seis miembros bajo la dirección del joven Jean-Jacques Blouet de Camilly. Desde el 9 de marzo los misioneros solicitaron dejar el palacio episcopal, en el que se alojaban, para trasladarse, sin esperar más, a su nueva residencia. Había nacido el seminario de Rennes.

El obispo extendió letras de institución fechadas, precisamente, el 8 de marzo. Los sacerdotes debían ser por lo menos cinco, acompañados por cuatro hermanos laicos. El equipo recibiría para su subsistencia una renta de dos mil libras. El obispo permitía que esa casa estuviera unida con los seminarios ya establecidos por el P. Eudes y con los que se abrieran posteriormente "para no formar sino un mismo cuerpo y una misma congregación, regida y gobernada por un mismo superior y que tenga el mismo espíritu e idéntica manera de actuar, sin emitir votos"...

Jean-Jacques Blouet sólo iba a permanecer un año en Rennes. Desde 1671 fue llamado a Coutances para desempeñar allí el cargo de "teologal"[18] pues el titular de ese cargo, cuando fue promovido al episcopado, lo había escogido como sucesor. Desde entonces el señor Blouet se va a consagrar al servicio de esa diócesis tan querida por el P. Eudes y realizará allí una labor importante. En Rennes lo reemplazará Thomas Vaguel.

Las gentes de Rennes se sintieron felices y ufanas de poseer un seminario. Lo adoptaron y ayudaron con sus donaciones. Asistían con frecuencia a su capilla "por más sencilla y pobre que fuera en sus comienzos (...)

---

17  R. DU CHEMIN, *"Journal d' un bourgeois de Rennes au XVIIs. (1650-1680)"* p. DELABIGNE-VILLENEUVE, EN *Mélanges d' Historie et d' Archéologie bretonnes*, t. l, 1855 p. 165-167, Cf. DU CHESNAY, M, 291; 70 y n. 20°.

18  Teologal: canónigo del capítulo de una catedral encargado de enseñar la teología.

porque en ella encontraban buenos confesores y celosos predicadores que trataban con respeto la Palabra de Dios".

Los ejercicios de los ordenandos se organizarían a partir de 1672. El obispo pidió que pasaran allí tres meses antes de las órdenes menores y tres meses antes de cada una de las "ordenes sagradas". Eran permanencias casi tan largas como en el seminario de Évreux[19].

### ¿Nuestra Señora de Caridad en Rennes?

Durante la misión, Juan Eudes prestó su colaboración para otro proyecto: el de fundar en Rennes la segunda casa de Nuestra Señora de Caridad.

La iniciativa no había sido suya. Desde 1659 se había abierto una "pobre y pequeña casa" para recibir en ella a las mujeres con problemas morales. Varias personas preocupadas por la ayuda mutua y también los Estados de la provincia, se habían interesado en ella y habían aportado dinero o casas. Entre esas personas estaba madame de Argouges, primera presidenta.

Esos bienhechores conocían la fundación de Caen y habían influido ante obispo, desde 1666, para que solicitara religiosas de allí. La madre Patin había accedido gustosa a su petición, pero monseñor de Nesmond se había opuesto a ella. La superiora había aconsejado que se dirigieran a Marie Heurtaut, la antigua novicia de Caen (véase p. 258), lo que se hizo prontamente.

Marie Heurtaut, que estaba enferma, curó inmediatamente y tomó la dirección del establecimiento. Se vistió de negro y estableció la clausura.

En realidad la casa que ella aceptó dirigir parecía más bien una cárcel. De las cincuenta mujeres que allí vivían, muchas "habían sido encerradas a la fuerza o por orden judicial". Por disposición de los administradores, algunas estaban "esposadas durante todo el día o encadenadas al pie de la cama"; unas quince estaban en los calabozos o en letrinas. El analista que nos lo cuenta, añade que "Mademoiselle Heurtaut, al no poder aprobar esos rigores, insistió tanto ante los administradores que obtuvo que las trataran con más humanidad e hizo alimentar mejor a esas pobres criaturas".

Se presentaron colaboradoras y algunas llevaron junto con Marie Heurtaut una vida consagrada a Dios en el servicio a estas hermanas heridas. La casa era muy pobre pero se confiaba heroicamente en la providencia de Dios.

Pero la irradiación de Marie Heurtaut le atraía simpatías y ayudas eficaces. Se adivinaba en ella una excepcional intimidad con Dios y

---

19   *Annales* VII 12: 27/847 ss MBD 90: OC XII 128.

muchas personas se encomendaban a sus oraciones. Tenía también un discernimiento admirable, una especie de don de adivinación. Así, por ejemplo, una noche se sintió impulsada a visitar una penitente, recluida en una torre. La joven se había puesto en contacto con cómplices, quienes habían abierto un boquete en el techo y le estaban lanzando cuerdas para raptarla. A la luz de las antorchas, Marie Heurtaut pudo "darse cuenta de que se trataba de gentes de consideración, obligadas, por su autoridad, a castigar la acción misma que estaban ejecutando". Les dijo con franqueza lo que pensaba al respecto y "se retiraron confundidos, abandonando su presa".

Una personalidad semejante despertaba también oposiciones: fue objeto de falsas acusaciones, de campañas hostiles, que soportaba con serenidad.

Hacia 1669 los notables de Rennes que velaban por la casa consideraron la posibilidad de escribir a Roma para establecer a Marie Heurtaut como "superiora perpetua". Ella se opuso pues quería ver en Rennes una comunidad de Nuestra Señora de Caridad.

Fue entonces cuando llegó la misión. Al momento el P. Eudes tomó interés en ña obra de las penitentes y le ofreció todo su apoyo. Se unió al obispo y a los bienhechores para pedir de nuevo la cooperación de la comunidad de Caen.

La nueva superiora, Marie du Saint-Sacrement, se mostró reticente. El P. Eudes insistió:

> Me sorprende lo que usted me escribe: que no se pueden enviar acá, tan pronto, hermanas nuestras. ¿Cuál es el motivo, mi querida hija? ¿Acaso no se encuentran voluntarias? No puedo creer que las hijas de la Caridad tengan tan poco amor a Dios y tan poca caridad por las almas que han costado la sangre preciosa de su Hijo.

El P. Eudes da argumentos, habla muy bien de Marie Heurtaut, promete que "una presidenta" enviará su carroza para ir a buscar a las hermanas, que la casa de Caen no tendría que gastar nada, que podrían regresar "si no se sentían contentas..."

> Pero ¿por qué, querida hija, se muestra usted reservada conmigo? (…) ¿Por qué no me dice, con toda sencillez qué es lo que ella pretende para poder yo remover este obstáculo?[20]

---

20  OC X 562-564.

Pero el P. Eudes no logró convencer a la superiora de Caen. Al menos la comunidad de Rennes obtuvo una copia de las constituciones, y adoptó, desde esa época el hábito de Nuestra Señora de Caridad. Sólo en 1673 el obispo de Bayeux y la comunidad aceptaron la nueva petición del obispo was while hearing the prayer *Monstra te esse matrem*, de Rennes y enviaron a las religiosas Marie de Saint-Julien y Marie-Angélique de Balde. La primera fue elegida inmediatamente superiora. Marie de la Trinité Heurtaut pudo entonces hacer profesión y las hermanas que entraron después de ella hicieron un año de noviciado para completar su formación. El 18 de noviembre de 1673, la nueva superiora de Rennes pudo dirigir a Caen una carta entusiasta sobre la segunda comunidad de Nuestra Señora de Caridad. Después de muchos temores, decía, todo se había arreglado. Madame de Argouges, por largo tiempo reticente, había aceptado repentinamente la anexión de la casa al instituto de Nuestra Señora de Caridad. Y un día en que oyó recitar la oración *Monstra te esse matrem*, tan querida del P. Eudes, se sintió "tocada en el corazón". Se firmó un contrato, con todas las de la ley, y la casa que cobijaba entonces a treinta penitentes, se halló, finalmente sólidamente establecida[21].

Todavía, sin embargo, no hemos llegado a ese momento. Regresemos a la primavera de 1670, cuando el P. Eudes y sus compañeros terminaban sus cuatro meses de misión. Si todavía las religiosas de la Caridad de Caen no habían podido venir a Rennes, al menos los misioneros dejaban una ciudad profundamente renovada y dotada de un seminario diocesano.

El P. Eudes y sus compañeros no abandonaron inmediatamente la diócesis de Rennes. Durante el verano dieron otras tres misiones, una de ellas en Fougères[22]. Posteriormente la comunidad de Rennes debería asegurar cada año al menos dos misiones dentro de la diócesis.

¿Habrá ido el P. Eudes durante el otoño, a predicar una misión en *Clermont en Auvergne?* Por una de sus cartas sabemos que se había comprometido a ello, pero no queda ningún vestigio y el analista cree saber que ella no tuvo lugar[23]. Sin embargo, dos años más tarde, 1672 aparecieron en Clermont, en una reedición de las *Maximes de Perfection* del P. Jean-Pierre Médaille, SJ (+1669), cuatro himnos en versos franceses, traducción de los himnos latinos de la fiesta del Corazón de Jesús que Juan Eudes acababa de componer... Este hecho no ha recibido hasta ahora explicación[24].

---

21   Ann. NDC II 27, 32: Chev/127 ss III 3: Che. 171-172; III 5: /178 ss. (*Monstra te esse matrem*, es una plegaria a la Virgen que significa: "Muestra que eres madre".
22   MBD 91: OCXII 128.
23   OC XI 100. Arch. Eudistas., Carta del director de los servicios de archivos de Puy-de-Dôme, 17 de dic. De1957.
24   P. CAVALLÉRA, en *Revue d´ascétique et de mystique*, t. XI (1930) p. 192-194.

En todo caso, al dejar la diócesis de Rennes, el P. Eudes llevaba en su maleta un documento muy precioso a sus ojos: la primera aprobación episcopal de la liturgia creada por él, precisamente en honor del Corazón de Jesús. Ya en las letras de institución del seminario, luego en un documento particular, (20 de abril), monseñor de la Vieuville había permitido celebrar esa fiesta nueva, fruto de un largo camino de fe, de la cual vamos a hablar a continuación[25].

---

25     La fecha prevista entonces para su celebración era el 31 de agosto; pero desde el mes de julio de 1670 vemos que el obispo de Coutances aprueba la misma fiesta para el 20 de octubre. Parece que en realidad fue celebrada por primera vez el 20 de octubre de 1672. Véase OC XI 175 y n. 2, lo mismo que el capítulo siguiente.

## CAPÍTULO XXIX

# Fiesta del corazon de Jesus

(1672)

Hay algo grandioso y exultante en la fiesta litúrgica del Corazón de Cristo que Juan Eudes hizo aprobar por varios obispos en 1670-1671 y que fue celebrada por primera vez, al parecer, el 20 de octubre de 1672[1]. En su itinerario, ella marca una cima y una plenitud. Las principales avenidas de su pensamiento desembocan en ella; los grandes temas que le son familiares se expresan allí en toda su riqueza.

### Un corazón palpitante...

El primero de eso temas es la atención que se presta la corazón de carne del Señor Jesús. Es la expresión de aquel realismo de la Encarnación que caracteriza a Bérulle y a sus discípulos porque Jesús ha tomado en serio su humanidad. Es verdad que se encuentra asumida por el Verbo eterno, pero sigue siendo bien humana y corporal. Jesús tenía, como su madre, un verdadero corazón humano, al que las emociones hacían palpitar más rápido y más fuerte.

Sin duda Juan Eudes tiende a engrandecer el papel del músculo corazón. Está todavía influenciado por la doctrina de Aristóteles que veía en el corazón la fuente de la sangre, el principio de la vida, la "sede de las pasiones del alma". Pero es posible que haya leído algo de los estudios publicados por médicos de su tiempo. Las conversaciones con su hermano Charles, que se hallaba ligado a un ambiente consagrado a la investigación médica, pudieron incitarlo a ello. No ignora él que el conocimiento del cuerpo ha progresado gracias a "muchos razonamientos y experiencias", que, dentro del corazón hay "dos cavidades y pequeños orificios" por donde pasa la sangre[2]. Fue en 1628 cuando el inglés Harvey descubrió la "gran circulación" y redujo así el corazón a su prosaica función de bombeo; pero sus teorías no se habían impuesto todavía y muchas discusiones enfrentaron por largo tiempo a los "doctos circulacionistas" con los tradicionalistas. Los Diafoirus, padre e hijo, del *Enfermo imaginario*, son de 1673; y los mismos

---

1   OC XI 175-176, n. 2.
2   CA 1 2 y 3: OC VI 33-34, 38, 71-73, 75.

sabios anatomistas no pensaban en forma unánime. Juan Eudes pudo leer los cuartetos publicados por uno de ellos, Claude Bimet, "maestro cirujano juramentado de la ciudad de Lyon", quien, aunque admitía la circulación, mantiene al músculo cardíaco su antiguo prestigio:

> "la sangre llena de empujes de la fuente vital fluye por los vasos,
> se desparrama en todas las direcciones,
> recorre los sitios más lejanos del árbol arterial, imitando el recorrido circular del sol.
>
> Esa sangre, al alejarse de la fuente fecunda, pierde cantidad de fuerzas, de calor, de vigor; para recuperarlos regresa al corazón
> y vivifica así el alma del Pequeño Mundo...[3]"

En Juan Eudes se mezclan aún más las fórmulas provenientes de Aristóteles con algunas migas de la ciencia experimental. Por lo demás, poco importa: su propósito es expresar con fuerza la importancia que le atribuye al cuerpo de Cristo en su parte más noble y central, y luego, poner a funcionar un simbolismo, un lenguaje que hable al corazón de sus contemporáneos. Y acaso ¿la palabra "corazón" no tiene también en nuestros días gran resonancia?:

"El discípulo amado" −canta una antífona− "reclinó su cabeza sobre ese Corazón y allí bebió a grandes sorbos el Evangelio del Amor"[4].

## La muerte de fuego

La anterior antífona nos introduce ya en otro tema, que Juan Eudes desarrolla con amplitud: el corazón, signo de interioridad. En el mismo lenguaje bíblico, anota, el corazón designa la memoria, o el entendimiento, o la libertad profunda, o, más íntimo aún, "la parte más alta del espíritu donde se realiza la contemplación", o bien, hablando más globalmente,

---

[3] Claude BIMET, *Quatrains anatomiques des os et des muscles du corps humain ....*, Lyon, 1664, p. 82. Véase también Jean RIOLAN, *Manuel anatomique et pathologuique...*, Nouv. Ed., París 1661 pl. 712, Cf. el estudio de J. Le BRUN, *La fête du Cœur de Jésus et la l'actualité de son temps*, en VE n 3 (1972) p. 41.42.

[4] *Oficio*, Laudes, ant. 5: OC XI 477.

"todo el interior del hombre"[5]. Es en el centro de su corazón donde Jesús vive aquella relación de amor con el Padre, que constituye todo el sentido de su vida; es también en el secreto de su corazón donde él nos ama y nos a atrae a él[6]. El corazón, "el interior de Jesús", se nos da para que sea lo más interior y personal en nosotros, "*intimo meo intimior*", dice Juan Eudes citando a Agustín[7]. En ese sentido pedimos al Padre la gracia de no tener sino un solo corazón con Jesús y entre nosotros. Pero podemos entrever un sentido más profundo a esa súplica, como lo veremos más adelante.

Un tercer tema se destaca desde la entrada en materia; el corazón es el amor, es el fuego del amor. Una antífona que se inspiraba en san Juan, declara: "mi corazón es amor; quien permanece en el amor, mora en mi corazón y mi corazón mora en él"[8]. El evangelio escogido para la misa no habla de corazón sino solamente del amor: permanezcan en mi amor, dice Jesús. Amense los unos a los otros (Jn 15,9-17). El amor "es la ley de fuego de nuestra vida común"[9].

Ese fuego nos consume: y así tenemos el sacrificio. Las repetidas imágenes de hoguera, de brasero, de llamas devoradoras, dicen sobradamente que la ofrenda a la que Dios nos invita en Jesús, es amar, amar inseparablemente a Dios y a los demás. Amar perdonando, como Jesús. Esa es nuestra "muerte de fuego", nuestra comunión con la vida intensa y luminosa de Dios[10].

## Corazón nuevo, corazón inmenso, corazón traspasado...

En realidad sólo hay un único sacrificio: el de Jesús, el Hijo amadísimo, que nos incluye a todos, a nosotros, sus miembros, y a todo el universo que es su cuerpo, en la vehemencia de su "sí" filial. Aquí encontramos de nuevo el tema del cuerpo místico. El Corazón de Jesús es el corazón, el "gran corazón" de todo su Cuerpo[11]. Nos fue dado y nos pertenece. Juan Eudes quedó deslumbrado el día en que descubrió el gran texto del capítulo 36 de Ezequiel, que cita a menudo y que escogió finalmente como lectura de la misa: "Les arrancaré su corazón de piedra y les daré un corazón *nuevo*,

---

5   CA 1: OC VI 33 ss.
6   *Oficio*, las Visp. Ant. 1 y 2: OC XI 466.
7   CA XIII 2: OC VIII 211 "En mí más yo que yo mismo" (trad. De Claudel).
8   *Oficio*, Primeras Vísperas, ant. 4: OC XI 466; cf. 1 Juan 4,16.
9   Misa, prosa: OC XI 509.
10  *Oficio*, Primeras Visp., Himno; Mait., ant. 2, resp. 5 y 8; 2as. Visp. Himno; Misa, prosa, postcom. OC XI, 467, 470, 473, 476, 480, 508, 511.
11  Sobre el tema del "gran Corazón" cf. OC VI 264-265.

un corazón de carne...". Lo que Juan Eudes interpreta inmediatamente: "Pondré en ustedes mi espíritu y mi corazón para que amen a Dios con un gran corazón, con mucho amor", *"Corde magno et animo volenti"*[12].

Algunos años más tarde, ya anciano, vino un día, según su costumbre en ese tiempo, a hablar con sus queridas hijas de la Caridad. Preguntó, pues, a una hermanita "si amaba mucho a Dios y cómo hacía ella un acto de amor". A lo que ella respondió con toda sencillez (...) que lo amaba con todo su corazón".

> Hija mía, -le expuso nuevamente el P. Eudes- ¿Tú sabes que tienes dos corazones, uno grande y uno pequeño? El pequeño es el tuyo, y el grande es el de nuestro Salvador, que es tuyo también puesto que el Padre eterno te lo ha dado y que él mismo se ha entregado a ti. Pues bien, es con este adorable Corazón con el que debemos amar a Dios, porque, ¿qué puedes hacer tú con tu pequeño corazón? En adelante dirás, pues: "Dios mío, te amo, pero con todo mi gran Corazón"[13].

Por insignificantes que seamos, el don que ofrecemos es inmenso, tan grande como el universo, porque le Corazón de Cristo nos pertenece y con él el Padre nos lo ha dado todo. A Juan Eudes, como a Teresa de Lisieux, le gusta la palabra "todo", "omnia". "Todo lo mío es tuyo, todo es vuestro"[14]. Con un soplo teillhardinao, en una coincidencia inesperada, Juan Eudes contempla la influencia cósmica del Corazón de Cristo: ella alcanza todos los seres y los hacer vivir: "nada escapa al calor de su amor. Sí, ¡Corazón de fuego, irradia por todo el universo!"[15]

El Corazón de Cristo es plenitud y es centro: "centro de la cruz, lazo que une la tierra con el cielo, icono de unidad"[16]. Al "regresar al corazón"

---

12  *Oficio*, Mait. Resp.. 2: OC XI 471.' Saint-Cyran había escrito sobre este tema un pequeño tratado, *Du Cœur nouveau* (*Oeuvres chrétiennes et spirituelles*, Lyon, 1979, t IV p. 79). A este respecto notemos que si hubo jansenistas que se opusieron desde los comienzos a la devoción al Corazón de María, en cambio, se encuentran en ellos por esa época los temas inherentes al Corazón de Jesús. Fue más tarde, en el s. XVIII cuando se opusieron a la predicación de los jesuitas sobre el Sagrado Corazón. Cf. L. COGNET. *Les Jansénistes et le Sacré-Cœur* en *Le Coeur*, Etudes carmelitanes (1950) p. 234 ss.

13  *Ann*. NDC III 24: Chev / 254.

14  *Oficio*, Mait. Resp. 4: OC XI 473.

15  *Oficio*, Mait., Himno y Ant. 1ª.: OC XI 469, 470. Sobre el cotejo entre Juan Eudes y Teilhard de Chardin, cf. P. Milcent, *Le Coeur du Christ selon Teilhard de Chardin et S. Jean Eudes*, en NV X, 204-209.

16  *Oficio*, Primeras Visp. Himno; Mait. Himno; *Misa*, Prosa : OC XI 467, 469, 508.

vamos directamente a lo esencial. El lenguaje del corazón es de libertad; nos libera de perdernos en la multiplicidad de las exigencias y de las fórmulas y nos conduce derecho al corazón de toda realidad, que es el amor inmenso de Dios, manifestado en el corazón humano de su hijo amadísimo.

El centro de la cruz nos hace regresar al corazón de carne; y el corazón que allí contemplamos se halla destrozado, perforado por la lanza. Porque también ese tema es esencial en la meditación de Juan Eudes, que hace eco a la más antigua tradición de la Iglesia; es en el drama de la cruz y en el corazón abierto donde se ha revelado la gloria del amor y su victoria definitiva sobre la muerte; es de la herida del corazón de donde ha manado el agua vivificante sobre el mundo. "Aunque una mujer se olvidara de su hijo, yo no os olvidaré: mirad que os he grabado en mis manos y en mi Corazón"[17].

¿Cómo podría no estar presente María, la madre, discretamente, en esta liturgia? En ella se realizó, primeramente, ese misterio del cual el corazón es signo y lenguaje. Ella fue la primera que tuvo con su Hijo un solo corazón y en esa comunión nos asocia a nosotros; y luego, en ella se formaron ese cuerpo y ese corazón en que se nos da la plenitud, y es ella también quien nos lo ha dado[18].

Juan Eudes evoca todos estos temas con múltiples series de imágenes y de símbolos que se corresponden y enriquecen mutuamente, como en un gran poema extasiado, ferviente y trepidante.

## Una larga historia de amor compartido

Juan Eudes espigó estos pensamientos y sus variadas expresiones en la Escritura. Pero también heredaba una larga tradición o mejor, varias tradiciones, a las que prestó particular atención y las conjuga unas con otras. Ya hemos mencionado las meditaciones de los Padres de la Iglesia sobre el costado abierto por la lanza y aquellas, más sensibles aún, de la Edad Media que contemplan las llagas del cuerpo de Jesús. Con Juan Eudes hay que citar a san Bernardo: "Su corazón me pertenece. Mi lenguaje es atrevido: si Cristo es mi Cabeza, cómo lo que es de mi cabeza no será mío? (...). De verdad, tengo un solo corazón con Jesús"[19].

---

17   *Oficio*, Ias Vísp. Himno; Laudes, Himno y ant. 3ª, 2as. Visp., ant. 3; *Misa*, Comunión: OC XI 467, 477, 478, 480, 510.
18   *Oficio*, Primera Visp., Himno, Ant. Del Magn.; Mait. Himno; Laudes, Himno; 1as. Visp. Ant. del Magn.: OC XI 467, 468, 469, 477, 481.
19   S. BERNARDO, *Sermón sobre la Pasión del Señor*, cit. por el *Oficio*., Mait.: OC XI 474.

Ya hemos hablado, en el cap. XIV (p. 192), la influencia de las benedictinas de Helfta, Gertrudis y Matilde. Parece en efecto, muy probable, que la lectura de sus escritos, -muy ligados a la vida litúrgica, muy luminosos, vivificados por gran soplo teologal- provocó en Juan Eudes, en los años cuarentas, la cristalización de ciertas intuiciones que se incubaban en él. Fue entonces cuando reconoció en el corazón corporal de María, animado totalmente por el amor de su Hijo, el lugar y el símbolo de una comunión de amor y de vida con Cristo. De allí nació la fiesta del Corazón de María, o, más bien, la fiesta de Jesús viviente en el Corazón de su Madre, o, también: del Corazón de Jesús y María. En los años siguientes, prosiguió en él una lenta maduración; se precisó y profundizó la reflexión teológica. Sintió también seguramente, la urgencia de mayor claridad. Parece que fue hacia 1668-1669 cuando Juan Eudes tomó la decisión de establecer una fiesta del Corazón de Jesús contemplado en sí mismo, como la primera hoguera del Amor nuevo, como el centro y la fuente de la que, cualquier otro corazón, incluido el de María, recibe el amor y la vida[20].

Juan Eudes se hallaba, por otra parte, estimulado en esta empresa audaz, por determinado mensaje que leía en santa Gertrudis, a quien el Señor le había asegurado que su Corazón, del que ya san Juan había escuchado las palpitaciones y adivinado el amor, llegaría a ser para "el mundo envejecido y aletargado" el gran signo del Amor que hace vivir[21].

Cita también a otros testigos, a otros antepasados. Sólo indicamos aquí al franciscano san Buenaventura; luego, mucho más cerca del siglo XVII, al cartujo Jean Gerecht de Landsberg (llamado generalmente Lansperge, 1489-1539) que por otra parte había publicado los escritos de santa Gertrudis y se había impregnado de ellos. Y, claro está, Francisco de Sales y Bérulle.

Pero Juan Eudes tenía conciencia de que estaba enriqueciendo esa tradición, que le añadía algo nuevo. Y la novedad era entre otras, la expresión litúrgica que le ofrecía por primera vez. Al pensar, por otra parte que era don de Dios, se sentía a la vez confundido y ufano. Lo revela en carta que escribió a sus hermanos el 29 de julio 1672 para invitarlos a celebrar jubilosos la primera fiesta del Corazón de Jesús:[22]

---

20    Sobre la génesis de esta fiesta véase el estudio magistral y riguroso de J. ARRAGAIN: *"Evolution de la pensée de S. Jean Eudes sur le Coeur de Jesús"*, en *Le Coeur de Seigneur*, París, La Colombe, 1955, p. 43-63.

21    Santa GERTRUDIS de HELFTA, *Oeuvres spirituelles*, t. IV, Le Héraut, París, Sources chrétiennes », 1978, p. 65-67.

22    *Lettres*, OC X 459-463.

> Mis queridísimos hermanos:
>
> Nuestro amabilísimo Salvador nos ha concedido la gracia inexplicable de darnos en nuestra Congregación el Corazón admirable de su santa Madre. Pero su bondad, que no tienen límites, no se ha detenido allí sino que nos ha dado su propio Corazón (...) Ese don inmenso nos lo ha hecho desde el nacimiento de nuestra Congregación. Porque aunque no hayamos celebrado hasta ahora la fiesta propia y particular del Corazón adorable de Jesús, jamás hemos tenido la intención de separar dos corazones que Dios ha unido tan estrechamente (...) Por el contrario, nuestro propósito ha sido siempre, desde los comienzos de nuestra Congregación, contemplar y honrar a estos dos amables corazones como un mismo corazón, en unidad de espíritu, de sentimientos, de voluntad y de afecto, como lo testimonia claramente el saludo que recitamos todos los días al divino Corazón de Jesús y de María (...)
>
> Pero la divina Providencia (...) ha querido hacer pasar la fiesta del Corazón de la Madre antes que la del Corazón del Hijo para preparar los caminos en los corazones de los fieles a la veneración de ese Corazón adorable.

Luego Juan Eudes siente la necesidad de subrayar y de justificar la novedad de esta fiesta litúrgica:

> Si se objeta la novedad de esta devoción, responderé que la novedad en las cosas de la fe es muy nociva, pero es muy provechosa en lo que se refiere a la piedad. Si así no fuera habría de reprobar todas las fiestas de la Iglesia que eran nuevas cuando empezaron a celebrarse.

Notemos que volverá sobre ese argumento algunos meses más tarde en carta al arzobispo de Ruan[23]. Y podemos recordar también que casi treinta años atrás había invitado a sus antiguos hermanos del Oratorio a que miraran con respeto la nueva sociedad que él acababa de fundar en Caen porque "es esa, en efecto la actitud que se debe tomar (...) cuando se abren en la Iglesia nuevos caminos para buscar la gloria de Dios, de los que no se

---

23   *Lettres*, OC XI 104-105.

palpa todavía la necesidad"[24]. Juan Eudes tenía un sentido muy arraigado de la tradición, pero creía con toda su fe que Dios no cesa de crear cosas nuevas y de inventar futuros inéditos. Esta reflexión lo confortaba en su propia misión de innovación litúrgica.

Volvamos a la carta de julio de 1672: en ella Juan Eudes invitaba a sus hermanos a celebrar esa fiesta con todo el esplendor posible:

> Acojamos exultantes y jubilosos la solemnidad del divino Corazón de nuestro amabilísimo Jesús.

Les daba luego algunas indicaciones prácticas para esa celebración. Por ejemplo, en la víspera o antevíspera se debía invitar a almorzar, en el refectorio de la comunidad, a doce pobres. No olvidemos que los pobres, aún los mendigos, (que no deben confundirse con los vagabundos o aventureros, numerosos entonces) hacían parte de la sociedad de aquellos tiempos en Europa occidental;[25] su presencia, en esa fiesta del amor, resultaba bien significativa.

La fiesta se celebró, pues, el 20 de octubre de 1672 en Caen y casi seguramente en Coutances, en Lisieux, en Évreux, en Rennes, en los seminarios fundados por el P. Eudes[26]. En Ruan el nuevo arzobispo, monseñor de Médavy se opuso en un principio: hubo que insistir... También la adoptaron, como lo habían hecho con la del Corazón de María, muchas comunidades religiosas y algunas otras iglesias. Caso notable es el de la benedictinas del Santísimo Sacramento, que hicieron imprimir para sus comunidades los oficios del P. Eudes adaptados al rito benedictino, desde 1669 para el Corazón de María y probablemente en 1674 para el Corazón del Señor. Como se instalaron en Varsovia y en Lwow, debieron implantar esas fiestas también en Polonia antes de que terminara el siglo XVII[27].

También en 1674, las benedictinas de la abadía real de Montmartre, en la que el Padre Eudes se sentía un poco como en su casa, introdujeron igualmente en su Propio la fiesta del Corazón de Jesús. Así, pues, desde

---

24  *Opúsculos*, OC XII 141

25  J.P. GUTTON, La Société et les pauvres ... p. 9.

26  Pero la Comunidad de Nuestra Señora de Caridad en Caen sólo recibió la autorización episcopal en 1693. En cambio las casas de Rennes, Guingamp y Hennebont celebraron la fiesta desde que fueron fundadas (1673 y 1676) Cf. OC XI 182, n. 1.

27  El culto al Corazón de Cristo ya estaba vivo en Polonia antes de esa fecha, en particular gracias al jesuita polaco Gaspar Druzbicki: cf. H. RONDET, *Note sur Teilhard, Druzbicki et la dévotion au Sacré-Coeur*.

esa fecha, dos siglos antes de la erección de la célebre basílica, se celebró la fiesta del Sagrado Corazón sobre la colina que domina a París[28].

Y fue como reconocimiento de esa iniciativa de P. Eudes que los papas Pío X y Pío XI, mucho más tarde, con motivo de la beatificación (1909) y de la canonización (1925), declararon que Juan Eudes fue "el padre, el doctor y el apóstol del culto litúrgico de los Corazones de Jesús y María"[29].

---

28    OC XI182, nn 2 y . Cf. P. Milcent, 1640-1765, *De S. Jean Eudes à l'approbation romaine* en NV X 262-265. Sobre la revisión de la liturgia eudista para ajustarla a las normas del Vaticano II, cf. H. MACÉ, *L'Office et la Messe du Coeur de Jesús*, 1672-1972, en VE No. 2 (1972) p. 59.

29    Acta Apost. Sedis 17 (1925) p. 489-490 con la rectificación p. 727.

## CAPÍTULO XXX

# Misiones en la corte

(1671-1673)

*Versalles*
*Saint-Germain-en-Laye*
*Grandes esperanzas*
*El obispado de Évreux*
*Madame de Guise*
*El trueno de Elbeuf*

Durante diez años, de 1663 a 1673, el reino de Francia conoció un período de calma y de relativa prosperidad. Después de la terrible hambruna de 1661-1662, hubo, en ese glacial siglo XVII, una serie de años de clima más benigno: las cosechas mejoraron, bajó el precio del pan y los demás precios con él; en 1668 y en 1673 incluso estuvieron extraordinariamente baratos los alimentos, lo que no se había visto desde los buenos tiempos del rey Enrique.

Los ejércitos guerreaban aquí o allá, pero fuera del reino. No había pillajes ni violencias. Las fábricas creadas por Colbert proporcionaban más trabajo a los pobres obreros de las ciudades y de los campos. La carga de los impuestos era moderada. Cierta bonanza debió reinar dentro del pueblo menudo, después de tantos años de miseria. Había, por otra parte, brazos listos para el trabajo, por que las generaciones más numerosas nacidas antes de la Fronda habían alcanzado su edad adulta; a su vez, el número de nacimientos iba en aumento.

París se transformaba. Es en esta época cuando el arquitecto Perrault construye la famosa columnata de la Louve, cuando se decide crear el Observatorio y cuando se inicia la construcción del Hôtel des Invalides. Bajo la dirección enérgica de La Reynie, la policía parisina se hacía más eficaz, y el año de 1667 conoció los primeros ensayos de iluminación nocturna en las calles de la capital. Durante ese feliz decenio, Racine y Molière hicieron representar la mayoría de sus obras maestras. Sólo a partir de 1674 volverán a verse tiempos más difíciles[1].

Curiosamente ese mismo período representa también en la vida y en la actividad de Juan Eudes, un tiempo de crecimiento y de afianzamiento.

---

1    P. GOUBERT, *Louis XIV et vingt millions...* p. 97-98, 132, 136.

Después de la gran persecución de los años 1660-1662 había podido cosechar los frutos de las misiones parisienses de 1660. Su posición se había consolidado; todos se felicitaban en Normandía por los cinco seminarios que él había fundado allí y el de Rennes parecía prometedor. La Congregación de Jesús y María era todavía frágil, pero cabía esperar que por fin podría gozar de más amplio reconocimiento.

## Versalles

En marzo de 1671, François de Harlay de Champvallon, el joven y ambicioso arzobispo de Ruan, fue nombrado arzobispo de París.

En su nueva dignidad, uno de sus primerísimos actos fue proponer al rey que el P. Eudes, a quien había sostenido firmemente en Ruan, predicara una misión en la corte, en el palacio de Versalles. Estaba próxima la Pascua y había que darle solemnidad a un jubileo que el papa Clemente X había concedido con motivo de su ascensión al pontificado[2]. Avisado de improviso, el P. Eudes reunió de prisa algunos compañeros y tres días después, el 22 de marzo de 1671, llegaba al sitio de la misión.

No nos imaginamos a Versalles según su imagen actual. Era apenas una aldea, alrededor de una humilde iglesia, y un pabellón de caza levantado por Luis XIII en medio de los bosques. Cierto que, desde hacía siete u ocho años, millares de obreros, quizás someramente alojados, se afanaban, bajo la dirección de Le Nôtre, para hacer de esos bosques un parque inmenso, y que el pequeño palacete estaba en vía de transformación y de ampliación, según los planos de Le Vau. El joven rey seguía atentamente esos grandes trabajos; escribía, por ejemplo, a Colbert en 1670: "Haga usted que no se rezaguen, y hable continuamente a los obreros sobre mi regreso..." La nueva mansión sólo iba a ser verdaderamente habitada en 1672 y la corte se fijaría allí sólo diez años más tarde. Por ahora sólo pasaban en ese lugar cortas temporadas apretujándose en los locales utilizables en medio de una inmensa cantera.

Allá llegaron los misioneros el domingo de Ramos para dar comienzo a una corta misión que menciona La Gazette[3]. El rey y la reina, que estaban en Saint-Germain, vinieron a Versalles cuando ya habían empezado

---

2   Bula *Inscrutabilis* de 16 de junio de 1670. El jubileo podía celebrarse en cada diócesis, durante dos semanas en la fecha fijada por el obispo. Cf. MBD 93: )C XII 128-129. – El card. GRENTE cita, sin referencia, una palabra de Bossuet que había señalado al P. Eudes "como el sacerdote más capaz de predicar el jubileo". (Ces Français qui furent des saints, París, 1956, p. 62).

3   *La Gazette*, 1671, p. 363 indica la apertura el 27 de marzo solamente (viernes santo), tal vez por ser el día de la llegada de los soberanos. La información de *La Gazette*, por otra

los ejercicios. Cuando el anciano misionero saludó a su soberano, de treinta y dos años, éste respondió: "Me place mucho que monseñor lo haya escogido para esta misión; usted hará en ella mucho bien; siga como ha comenzado. No convertirá a todos pero hará todo lo que pueda". Luis y María Teresa asistieron a una parte de las predicaciones durante tres días. Los misioneros exponían habitualmente el Santísimo Sacramento. El padre Eudes, como lo cuenta él mismo, hizo delante de la reina *dos fuertes exhortaciones, mientras sostenía en su mano el sol (la custodia) y una tercera, más fuerte aún, delante del rey*. Le habló *"de la pasión del Hijo de Dios, durante un gran cuarto de hora"*. El rey lo escuchó de rodillas y dio señales de estar impresionado; y hasta permaneció en esa posición por "algún tiempo, después de la exhortación, lo cual produjo una maravillosa edificación en toda la corte y dio nueva autoridad al P. Eudes".

Fue, sin duda, durante esas jornadas, (el domingo o el lunes de Pascua) cuando celebró la misa delante del rey. El analista cuenta que el monarca "la oyó de rodillas, con piedad edificante, mientras que todo el mundo se mantenía de pie". En el ofertorio, el misionero felicitó al "rey por el bello ejemplo, dado a su pueblo, de respeto y reverencia debidos al Rey de los reyes, en cuya presencia los soberanos de este mundo son sólo un puñado de polvo....". Y añadió: "¡Pero lo que me extraña, Majestad, es que mientras usted cumple perfectamente los deberes de su religión, y tributa a Dios con humildad sus más profundos homenajes, estoy viendo a muchos de sus oficiales y demás súbditos que se comportan en forma totalmente opuesta!" El rey comenzó a girar la cabeza hacia sus cortesanos y "esto fue para ellos como un trueno que los ajuició instantáneamente"[4]. ¡No me atrevería a afirmar que la realidad hubiera estado en un todo conforme con este relato conmovedor!

Por otra parte no hay que hacerse una idea exagerada de la "piedad edificante" de Luis XIV. No parece, en efecto, que, sobretodo en esa primera etapa de su vida, hubiera tenido una fe muy personal; pero le importaba cumplir con seriedad los "deberes de la religión". Todos sabemos, por lo demás, que su vida privada iba a ser, todavía por largo tiempo, bastante tormentosa.

---

parte, no está muy al día: habla del P. Eudes "de la congregación del Oratorio" Cf. *Fleurs* JE II 34: 31/631 ss; *Annales* VI I 31: 27/932 ss.

4  *Fleurs* JE I 12: 31/54, se refiere a una carta del mismo Juan Eudes.

VERSALLES EN 1667
Cuando Juan Eudes predicó allí en 1671, la obra de La Vau estaba en marcha, pero el edificio aún no había cambiado mucho.
(Foto: B.N.)

En el Versalles de 1671 las predicaciones tenían lugar en un sencillo salón que fue la primera de las cinco capillas del palacio de Luis XVI, y que las transformaciones posteriores hicieron desaparecer[5]. Pero al final de la semana de Pascua, el 5 de abril, el arzobispo "administró la confirmación en la iglesia parroquial a más de mil doscientas personas", en presencia de la reina y de parte de la corte; y de nuevo, al día siguiente, a tres mil parroquianos de los pueblos vecinos. La misión se clausuró con una majestuosa procesión que "desfilaba en bellísimo orden". Una vez más, la reina se hizo presente.

El grupo de misioneros contaba con un joven auxiliar, el hermano Richard Le Moine (1642-1722), compañero habitual del P. Eudes en esos años. Mucho más tarde contará que el rey, al oír al superior de los seminarios normandos hablar de la iglesia que estaba haciendo construir en Caen, "la primera que se había ideado levantar en honrar al Corazón de la santa Virgen", lo interrogó al respecto y quiso participar en esa construcción; hizo que el señor Bontemps, intendente de Versalles,[6] le remitiera una donación de dos mil libras. El hermano agregaba, con un detalle que nos parece extraño pero difícil de rechazar por ser testimonio directo, que la reina muy satisfecha por la misión, se "preocupaba tanto por las necesidades de nuestros hermanos, que venía varias veces a la cocina para inspeccionar lo que se les preparaba y para preguntarle (al P. Eudes) con una familiaridad que él no podía entender, lo que iba a tratar en las diversas instrucciones a cada hora del día; y que, en fin, ella misma quiso obsequiar los premios del catecismo".

Sabemos también que, al parecer, el rey se dio cuenta del esmero, poco habitual, con que estaba arreglada la capilla. Era obra de uno de los compañeros del P Eudes, Thomas Hubert, a quien había chocado la mala presentación de los elementos del culto y que había puesto remedio lo mejor posible. Fue presentado al rey, quien pidió conservarlo. El P. Eudes accedió, probablemente con el propósito de fundar allí una comunidad. Así, pues, el señor Hubert quedó agregado a "la capilla y oratorio del rey". Con este título participó probablemente en la organización de la segunda capilla de Versalles, precisamente en ese año de 1671. Oía gustoso las confesiones "y varias damas de la corte gustaban de su dirección". Una d ellas fue la duquesa de La Vallière, la antigua favorita del rey. Al parecer,

---

5   P. DE NOLHAC, *La création de Versailles*, Versalles 1901, p. 23, 209-210, 221-226; *Histoire du Château de Versailles*, París, 1911 t. I p. 214, n. 17.

6   Alexandre Bontemps (1626-1701) primer ayuda de cámara de Luis XVI, luego intendente de Versalles y de Marly, fue durante cincuenta años uno de los personajes importantes de la corte.

el señor Hubert la ayudó a que se encaminara hacia el carmelo, al que entraría en abril de 1674[7].

Un día el señor Hubert obtuvo del rey permiso para sacar los perros de la capilla y "persiguió con látigo al primero que entró". Se produjo un murmullo entre los presentes, pero el rey "tomó partido por su sacristán" y los cortesanos debieron "ponderar a su turno el celo del señor Hubert". Su permanecia en Versalles iba a ser de corta duración: tres años más tarde, en marzo de 1674, moría. Fue enterrado en la iglesia parroquial[8].

Al abandonar a Versalles, el P. Eudes sabía que podía contar con el apoyo del rey. El arzobispo, por su parte, le dio el 15 de mayo amplísimas facultades para todo el territorio de la diócesis de París[9].

## Donde las benedictinas de Valognes

Es posible que fuera esta la razón para que actuara un día con una autoridad que nos causa extrañeza, en plena Normandía, en la comunidad de benedictinas de Valognes.

La abadesa que sintió el peso de los años, deseaba dejar a cargo a una religiosa más joven. ¿A quién escoger? ¿Y cómo hacerlo con tal discreción que no diera tiempo a las familias demasiado solícitas para pedir del rey, para sus hijas, ese puesto envidiable? Consultaron al P. Eudes, bien conocido en Valognes desde hacía mucho tiempo. Él pidió entrevistas a las dos religiosas en quienes la abadesa había puesto sus ojos y escogió, sin vacilar, a una joven de veinticuatro años, Carlota de Bricqueville. "Su parecer fue recibido como un oráculo y al punto, sin hablar con nadie (…) se dio aviso al señor marqués, su padre, para que hiciera las diligencias conducentes a obtener la patente del rey. Y así lo hizo". Ni siquiera se había informado al obispo, quien se resintió por ello … Pero quedó desarmado por la humildad de la joven abadesa escogida[10]. La elección se comprobó afortunada. Comprobamos por este hecho, tomada a lo vivo, la autoridad de que gozaba el P. Eudes.

---

7    *Fleurs*, Thomas Hubert: 31/790. - Luisa de La Vallière, abandonada durante mucho tiempo por el rey, ingresó en el convento carmelita de Faubourg Saint-Jacques de París el 19 de abril de 1674, pocos días después de la muerte de M. Hubert.

8    AM Versalles, *Registre des inhumations* de la parroquia de Saint Julien, N° 7 f. 69 r° (31 de marzo de 1674: "El mismo día y año… fue enterrado en la iglesia, por mí, cura de ese lugar, el señor Thomas Hubert, sacerdote, sacristán de la capilla del rey en Versalles y misionero de la congregación del reverendo P. Eudes, jefe de la Congreg. de Jesús y María, después de recibir todos sus sacramentos". La antigua iglesia de Versalles se hallaba cerca del castillo, donde hoy se levanta el hospital Dominique-Larrey.

9    Por orden impresa.

10   DU CHESNAY, en NV VIII 205- 208 que cita el *Nécrologe de ND. de Protection*, p. 109-111 en los archivos de las benedictinas de Valognes.

En Valognes, como en Versalles, había, pues, suficientes motivos de confianza. Pero las causas de inquietud no habían desaparecido. El P. Eudes sabía que precisamente en Valognes, el seminario, fundado en otro tiempo por monseñor Auvry, se había vuelto jansenizante y era, a su parecer, foco de oposición y de difamación. Por otra parte, los éxitos alcanzados por él debían despertar las envidias y resucitar viejos temores. De ahí que para ese año de 1671, anote en su diario:

> Las cruces me han acompañado siempre a todas partes. Por ellas doy gracias eternas al amabilísimo crucificado y a su santísima Madre, que es también la mía[11].

No conocemos con precisión la naturaleza de esas "cruces". Pero algunos detalles sin fecha, que se han transmitido, podrían darnos una idea de las humillaciones que algunas veces tenía que soportar. Un día se presentó a la puerta de un gran señor, con quien iba a tratar un asunto y escuchó las siguientes palabras infamantes: "Dígale a ese individuo que no quiero oír hablar de él y que prefiero verlo colgado de una horca que saber que se encuentra a la puerta de mi casa". En otra ocasión tuvo que ir a solicitar de un magistrado una gracia para su Congregación. El personaje lo tomó de la mano y lo paseó delante del personal de su casa "para exponerlo a su desprecio y hacerles participar en las burlas que él hacía de su candor"[12].

## Proyectos de instalación en París

Ni esas dificultades, ni el peso de los años -setenta años en el s. XVII era una edad muy avanzada- impedían al P. Eudes su marcha adelante. En 1672 volvió sobre el antiguo proyecto de instalarse en París que estuvo a punto de lograr en 1662: una residencia más cercana de la corte podía ser preciosa para su Congregación. Y ahora parecía llegado el momento de que ese sueño se convirtiera en realidad.

Justamente, una de las activísimas Damas de la Caridad del fallecido señor Vicente de Paúl, madame de Traversay[13], que había quedado viuda, hizo en 1669 una donación a favor del P. Eudes: las dos terceras partes de una gran casa antigua a la iglesia Saint-Josse, calle Quincampoix, en

---

11  MBD 93: OC XII 129.
12  *Fleurs* JE II 34: 31/636-637; *Annales* VI 8:27/674.
13  Cf. P. COSTE, *Le Grand Saint du grand siècle*, M. *Vicent*, 3 vol. París 1932, t. I p. 372. En enero de 1672 el señor Hubert fue a Caen a buscar al P. Eudes para llevarlo a París. ¿Por que? Lo ignoramos. Cf. *Lettres* OC X 568 y n. 2.

el centro de París. Ella había hecho "insinuar" este acto, por segunda vez, en Chatelet, en 1671[14] y Colbert, en 1672 había firmado "letras patentes que permitían a los seminarios de Caen, Ruan, Coutances y otros de la misma Congregación, comprar una casa en París que les sirviera de "asilo". Harlay había dado su autorización para que se estableciera una comunidad. Hay que entenderse sobre la expresión: "para que les sirviera de asilo", que quiere decir: para permitirles hacer venir y permanecer en París a los futuros presbíteros de Normandía. "Los más capaces", "para estudiar allí la teología, dentro de una vida reglamentada bajo la dirección de algunos de los presbíteros de la misma Congregación"; al mismo tiempo colaborarían en el bien espiritual de la parroquia Saint-Josse, de acuerdo con el señor cura[15].

Pero se requería la aprobación del parlamento. El P. Eudes escribió al señor de Bonnefond superior de Caen:

> Todavía no hemos presentado nuestras letras patentes al parlamento; estamos preparando los medios para obtener el éxito que esperamos de lo alto. Haga usted que se ore al Señor y se le encomiende encarecidamente este asunto; espero que lo embarcaremos en la próxima semana.

No le faltaban inquietudes. Sabía que sus enemigos estaban alerta, como terribles mastines guardianes: "Circumdederunt me canes multi..." añadía con el salmista.

De hecho, por un fallo del 9 de julio de 1672, el parlamento difirió registrar las letras patentes. Exigía piezas justificativas. Entonces, cosa rara en el P. Eudes, conoció un instante de desaliento y estuvo tentado a renunciar al proyecto:

> Los magistrados están exigiendo tantas cosas, que me desaliento en extremo y casi me inclino a desistir del asunto[16].

Pero se rehizo. Y como un nuevo cura, nombrado para Saint-Josse, se oponía al proyecto Traversay, y la donante, previendo el caso, ofrecía dinero a cambio de la casa, el superior pensó en la compra de otra residencia, para la que monseñor Harlay dio también su consentimiento, con fecha 30 de agosto. Pero, al final del año, el prefecto de París opuso un rechazo

---

14  DU CHESNAY, M. 293.: Véase BM Caen, coll. Mancel, 97 f. 256 ss.
15  *Annales* VII 32: 27/936.
16  Lettres OC X 458, 459.

largamente motivado, al establecimiento de una comunidad del P. Eudes en la capital[17].

De ahí que el misionero, después de ocupar casi todo el año de 1672 en esas diligencias escribiera:

> He estado casi siempre en medio de cruces...

Pero proseguía con cierta alegría:

> Entre ellas la bondad divina me ha concedido tantos beneficios, que podría añadir: estoy lleno de consuelos, reboso de alegría en todas mis tribulaciones...[18]

Como en los años 1660-1662, buscaba un oasis refrescante yendo a visitar a sus queridas benedictinas de Montmartre. Les daba conferencias y a veces, retiros; cuando estaba ausente les escribía. Durante tres meses fue confesor ordinario y las religiosas lo veneraban. Una de ellas evocará, mucho más tarde esos recuerdos: "parecía un león en el púlpito, pero en el confesionario era un cordero (...) Madame de Guise, nuestra abadesa, lo estimaba mucho por su bondad y sencillez". Había nacido, en efecto, una verdadera amistad entre esa gran dama y el misionero normando: "nuestra buena señora"–escribe el P. Eudes a una de las monjas– "a la que venero en verdad más allá de cuanto pudiera decir, y por quien ruego a menudo a Dios con afecto muy particular..."[19]. Con ocasión de una visita de Juan Eudes a su convento, todo un grupo de religiosas lo acompañó por todo el monasterio. ¡Algunas se ingeniaron para cortar, como reliquias, un pedazo del cordón de sus zapatos, del ruedo de su manteo y aún de sus cabellos! Pero él se dio cuenta y se enfadó, declarando que no era sino un *perro podrido*... y ¡que el manteo era ajeno![20]

---

17  Carta del prefecto: Caen Coll. Mancel, ms 97 (18), f. 254. Du CHESNAY. M. 294. – En realidad nunca recibió el precio de la casa. *Fleurs* JE II 34: 31/634-635.

18  MBD 94: OC XII 129. Por la misma época confiesa al señor Mannoury: *Por gracia de Dios no me doblegué bajo la carga* (OC X 463).

19  *Lettres*, OC XI 100; 106-107.

20  *Fleurs* JE II 36: 31/649.

EL MONTEMONTMARTRE
dibujado en 1625 por el jesuita Marcellange.
Arriba, la antigua abadía; a media colina, la priora y la iglesia del Martyrium. Cuando Jean Eudes fue a visitar a Madame l'Abbesse, tuvo que subir hasta la cima..

## Juan Eudes, ¿obispo?

Así pues, en medio de las cruces, Dios le concedía abundantes gracias. En este capítulo de los beneficios hay que incluir también sus relaciones con el excelente obispo de Évreux, monseñor de Maupas. A éste le gustaba siempre oírlo predicar, como sucedió, por ejemplo, el 29 de octubre de 1669, en el convento de las benedictinas de su ciudad[21]. El prelado le pidió durante el año de 1671 que diera una misión a una comunidad de religiosas. Era una situación nunca antes conocida. Así, pues, desde fines de junio hasta comienzos de agosto de 1671, el P. Eudes predicó una misión a las hermanas de Nuestra Señora de Vernon. Ignoramos el motivo.. Pero durante seis semanas estuvo allí bastante ocupado. Les hizo hacer a todas o a casi todas, una confesión general. Costil lo supo más tarde por boca de una de ellas. "Y nuestro benignísimo Salvador y su bondadisísima Madre manifestaron allí su poder admirable, su bondad incomparable..."[22].

En el curso del año siguiente, monseñor de Maupas volvió sobre un extraño proyecto acariciado desde hacía por lo menos tres años: hacer del P. Eudes su coadjutor y dado el caso, su sucesor. Ya, hacia 1669, Juan Eudes, al enterarse de ello, lo había conjurado a no mover un dedo en ese sentido, porque se consideraba "¡infinitamente, infinitamente, infinitamente indigno e incapaz!"[23] Pero de nuevo, en septiembre-octubre de 1672, cinco cartas del misionero, tres a Simón Mannoury y dos a Jacques de Bonnefond[24], hacen referencia a ese asunto. El obispo quería "dejar su obispado para ponerlo en sus manos"[25]. Parece que al principio, informado confidencialmente, permaneció Juan Eudes bastante tranquilo:

> Esa noticia no me ha alterado en lo más mínimo. Primero, porque estoy persuadido, dígase lo que se diga, de que

---

21  DU CHESNAY, en NV VIII 203-205.
22  *Lettres*, OC X 567; XI 102. *Annales* VII 34: 27/948.
23  Carta Autógrafa, BN. F. fr. 20637, f. 92-93. No figura en las OC. Cf. Lch 176.
24  OC X 463-465; XI 102-104. El "desconocido" de OC XI 102-103 nos ha sido revelado por el "borrador" que constituye el man. 43 de los Archivos eudistas: allí HERAMBOURG tachó la mención "superior de una de sus casas" que había escrito primero. Solo puede tratarse de Mannoury. Es verdad que en la segunda carta el título de "señor" parece oponerse a esa interpretación: pero ahí también las tachaduras nos sacan de dudas: el texto decía "mi queridísimo hermano", luego "mi querido hermano", por dos veces, HERAMBOURG tachó y escribió "señor". La carta primera a J. de Bonnefond (OC X 464) da una indicación preciosa: el P. Eudes explica que en un primer momento no conoció sino una "noticia" que lo dejó bastante tranquilo; en un segundo tiempo una "declaración" del obispo ya lo inquietó más. Esto permite ordenar las cartas a Mannoury: la primera es la de OC X 463: sólo conoce la "noticia"; luego la de OC XI; la primera muy conturbada, la otra más decidida. La primera carta a Bonnefond podría ser más o menos temporánea de la tercera a Manoury.
25  HERAMBOURG II 29: 53/87.

nada sucederá de lo que se proyecta, y segundo, porque en caso de que ocurriere, sería seguramente porque Dios así lo quería. Dígale usted muy claramente a monseñor de Évreux: no quiero beneficio distinto del que mi Señor Jesucristo escogió para sí, es decir, su cruz[26].

Pero posteriormente Juan Eudes supo que el obispo había hecho una *declaración* inequívoca de sus intenciones: estaba haciendo diligencias ante el P. Ferrier, jesuita, confesor del rey. Entonces conoció un aumento de angustia y hasta de desconcierto, ante la perspectiva del espantoso peligro -son sus propias palabras- "en cuyo borde me veo. No sé dónde estoy: parece como si hubiera perdido el sentido y la palabra"[27]. Mandó decir al obispo, primero, que no deseaba nada distinto de la cruz de Jesús; luego, más claramente, que suplica no tener que desempeñar ese cargo, a menos que Dios lo quiera de manera *absoluta*[28]. De nuevo se inquietó cuando supo que las diligencias proseguían y que probablemente el mismo Mannoury tomaba en ello parte activa[29].

Juan Eudes pidió oraciones, novenas de misas, "para el asunto que usted conoce y que me hace temblar"; que pidan oraciones, especialmente a "nuestras carmelitas" de Caen. Finalmente el mismo P. Ferrier se mostró opuesto al extraño proyecto que fue abandonado[30].

## Segunda misión en la corte

A comienzos del año siguiente, 1673 Juan Eudes hacía algún tiempo había regresado a Caen cuando recibió una carta del señor Hubert: el rey y la reina, de acuerdo con monseñor de Harlay, habían dado orden a su sacristán de Versalles de que escribiera a su superior para "que fuera en diligencia a comenzar una misión en Saint-Germain-en–Laye, el domingo de Ramos, con los misioneros que juzgara necesarios".

---

26   OC X 463.
27   OC X 464; XI 102-103.
28   OC XI 104.
29   MARTINE VII 26; 17 bis/ 205-506. Mannoury habría acudido a la priora de las carmelitas y a la hermana Thérèse, de quien sabía era muy adicta al P. Eudes; ellas se entusiasmaron con el proyecto y se propusieron hacer todo lo posible... " Encontraremos de nuevo a la hermana Thérèse un poco más adelante, en compañía real.
30   MARTINE VII 27: 17 bis/209 ss. En realidad Enrique de Maupas murió una semana antes que el P. Eudes, el 12 de agosto de 1680 a consecuencia de un "accidente del camino"; ya en 1675 se había roto un brazo en un primer accidente de carroza (BN F. fr. 20673, f. 130 r°).

El P. Eudes partió de inmediato. Llevaba consigo a Jean-Jacques Blouet de Camilly, venido de Coutances, a un joven asociado de Caen, el señor de Launay-Hüe (que un poco más tarde tomaría decididamente partido en su favor), al señor Paillot, asociado de larga data y algunos otros[31].

También en ese año había un jubileo[32] propuesto para despertar súplicas frente al peligro turco. *La Gazette* refiere que el rey, del 27 de marzo al 1° de abril, quiso hacer, a pie, las "estaciones" de ese jubileo lo que estaba acorde con sus principios: tres años antes había escrito en sus *Memorias*, para uso del delfín, que conviene a un príncipe practicar con "regularidad" y públicamente, los "ejercicios de la piedad" y en particular dar buen ejemplo a los pueblos, haciendo "a pie, con toda (su) casa, las estaciones de un jubileo"[33]. Esa iniciativa pascual fue, sin duda, un breve entreacto en su apego, más apasionado que nunca, a la marquesa de Montespan... El sábado santo, una vez cumplido su jubileo, el rey "tocó" (según la tradición de los reyes de Francia) a más de ochocientos enfermos que habían acudido para hacerse curar de las "escrófulas" y que habían sido agrupados en el jardín de los *Récollets*.

El día de Pascua, 2 de abril, el P. Eudes contaba al señor de Bonnefond, al comienzo de esa corta misión:

> Apenas llegué presenté mis saludos a sus majestades, al señor delfín (de once años de edad y que tenía por preceptor a Bossuet) y al señor hermano del rey, quienes me recibieron muy bien.... El señor Blouet predica a las seis de la mañana, con el señor de Launay, y el señor Paillot hace catecismo a las 2 p.m., al que la reina asistió una vez. Por mi parte, he predicado casi todos los días, por la noche, con más fuerza que nunca, temas muy propios para cambiar los corazones. Gracias a Dios, todo el mundo demuestra gran satisfacción y todos aseguran que sus majestades comparten sus sentimientos. La reina me dijo ayer que continuara predicando todos los días de esta semana...[34]

---

31  *Fleurs* JE II 35: 31/644.

32  Bula *Inter gravissimas*, de 5 de nov. De 1672. Además del peligro turco, la Bula recomienda la reconciliación de los Polacos entre sí., Cf. *La Gazette* 1673, n. 2 p. 31.

33  Citado por P. Goubert, *Louis XIV...* p. 57.

34  *Lettres*, OC X 465-466. Las predicaciones tenían lugar, probablemente, en la capilla del palacio de Saint-Germain-en-Laye. Que existe todavía. En esa capilla Bossuet había predicado en 1669 y 1672. Probablemente asistió en su calidad de preceptor, a la misión del P. Eudes.

Como en Versalles, también ahora se clausuró la misión con procesión del Santísimo Sacramento en la iglesia parroquial. Cuenta *La Gazette* que la reina, que había "asistido regularmente" a las predicaciones, estaba también presente con una "devoción maravillosa".

Quince días más tarde la reina se hizo presente en el convento de las carmelitas de la calle du Bouloi, en París. Ese convento fundado en 1664, recibía a menudo a la reina. Había allí una religiosa que ella conocía desde hacía largo tiempo, sor Thérèse de Jésus que en el mundo se llamaba mademoiselle de Remenecourt y había sido dama de honor de la duquesa de Orléans. Inteligente, viva, graciosa, era muy amada por la reina[35]. Pues bien, ese día, 20 de abril, se habló del trabajo de los sacerdotes normandos, y la reina, cuenta Juan Eudes,

> Demostró tanta, tanta satisfacción por la misión y por los predicadores, que no se puede expresar. Dijo que las demás predicaciones eran solo palabras... (Lo que no era muy delicado para monseñor Bossuet ni para el P. Bourdaloue, a quienes ella había tenido ocasión de escuchar)... En cambio estas le llegaban a lo más profundo del corazón; que todo el mundo se hallaba conmovido y que notaba cambio en la conducta del rey (...) En fin demostró tanta, tanta amistad (son los términos empleados por nuestra buena hermana Thérèse, que atizaba el fuego cuando podía) hacia este colmo de la nada, que no se puede imaginar. Y recomendó encarecidamente a la hermana Thérèse que no dejara pasar el día sin hacérmelo saber....

Esto resultó fácil porque el P. Eudes, después de detenerse brevemente en la colina de Montmartre, bajó a visitar el carmelo de la calle du Bouloi. Por lo demás, después de este relato, pasa de una reina a la otra:

> Dichosos los que son amados por la Reina del cielo[36].

## Apoyos estimulantes

La misión de Saint-Germain le confirmó, pues, la benevolencia del rey y, por lo mismo, la de cierto número de personajes importantes.

---

35 *Chronique de l'Ordre des Carmélites de France*, Troyes, 1885, t. V, p. 267-282. Fue Ana de Austria, muy allegada a la hermana Teresa, quien había presentado a su nuera en ese convento.

36 *Lettres*, OC X 466.

Desde el 17 de abril, inmediatamente después de la misión, el rey, en persona, hizo remitir al P. Eudes tres cartas firmadas por él: una para el papa Clemente X, otra para el duque d'Estrées, embajador de Francia en Roma y la tercera para el cardenal Virginio Orsini, "protector" de Francia "que gozaba de mucho crédito ante el Papa". El fundador había solicitado esas cartas de recomendación porque consideraba llegado el momento de llevar a buen término diligencias para lograr finalmente la aprobación pontificia de su Congregación[37].

Por el mismo tiempo, el P. Eudes entró en relaciones con la joven duquesa de Guise (1652-1696)[38], prima hermana de Luis XIV, que había quedado viuda recientemente de un joven esposo. Posiblemente le fue presentado sea por la hermana Thérèse[39] de quien acabamos de hablar, sea por la abadesa de Montmartre, quien era a la vez su prima lejana y tía política. Pero a lo mejor participó ella también en la misión.

En todo caso, "su alteza real, madame de Guise" se interesó en la construcción de la iglesia de Caen; lo que, por lo demás, era urgente pues los trabajos se habían detenido por falta de dinero y los ediles amenazaban con demolerlo todo. Así, pues, el P. Eudes, invitado por la princesa, fue a su palacio (nuestro actual Luxemburgo) el 3 de junio de 1673 y firmó con ella un pertinente contrato de donación. Y en el texto mismo del contrato hacía alusión a su "ilustre madre" la duquesa de Orléans, la que "veneraba de manera especial el corazón sagrado de la Santa Virgen" y "tenía la costumbre de recitar a menudo" las letanías compuestas en su honor "por el dicho Padre Eudes"[40].

Para demostrar su gratitud a la princesa, Juan Eudes, siete años después, le dedicará su grueso libro sobre *El corazón admirable de la sagrada Madre de Dios*[41].

---

37   *Annales* VIII 1: 27/961 ss.
38   Élisabeth d'Orléans, hija de Gaston d'Orléans y de Marguerite de Lorraine, se casó con Louis-Joseph de Lorraine, duque de Guise et de Joyeuse (1650-1671), que murió de viruela a los veintiún años. El padre de Louis-Joseph, Louis de Lorraine (1622-1654), era hermano de la abadesa de Montmartre. Véase p. 492 en el anexo las tablas genealógicas, Familias de Orléans y de Lorraine, Elisabeth d'Orléans.
39   Cf. *Chronique*, ya citado, p. 349-350 cf. NV 118 y n. 6.
40   AD Seine-Maritime, G 8972. *Annales* VII 28: 27/955 ss. MBD 97: OC XII 131.
41   Epístola dedicatoria del CA: OC VI 1-3.

RETRATO DE PADRE EUDES A LOS SETENTA Y DOS AÑOS
Por el pintor Jean Leblond (1635-1709), de la Académie de Peinture.
Encontrado por casualidad en 1955 en un anticuario de Tours,
ahora se encuentra en los archivos Eudistas de París.

Otro apoyo de un gran personaje fue el del joven y brillante Emmanuel-Théodose de la Tour d'Auvergne, cardenal de Bouillon (1643-1715), quien desde hacía dos años era gran capellán de Francia. Sobrino de Turenne, estaba en ese entonces muy cerca del rey y vivía, nos cuenta Saint-Simón "con el más brillante y magnífico esplendor". Poseído de loco orgullo familiar, no era, ciertamente, a los ojos del P. Eudes, el ideal hombre de Iglesia... Pero tal vez el misionero lo había encontrado, de nueve años de edad, cuando en 1654, se había alojado en Évreux, en casa de la duquesa de Bouillon, su madre, quien lo había relacionado con la madre Matilde. Quizás lo había visto de nuevo en la corte con ocasión de la misión. Además, el cardenal estaba ligado a los jesuitas que fueron siempre "sus inalterables amigos"[42]. Finalmente, y sobre todo, el fiel Claude Auvry era su vicario general[43]. Así pues, el gran Capellán de Francia dio buena acogida al misionero y aceptó comprometer en su favor el peso de su propio prestigio. Revisó acertadamente un texto cuyo borrador Juan Eudes le había presentado. Luego envió dicho texto sin duda ya traducido al italiano, al nuncio Francesco Nerli. Este lo transmitió, en Roma, al "cardenal patrono" Altieri, primo hermano del papa y muy influyente. Pero el nuncio, por su parte, acompañó ese memorial muy favorable al P. Eudes, con su propio "despacho" más bien reservado... Hay que notar que él era amigo del señor Simón, lazarista y procurador de la Misión en Roma, quien tenía poca simpatía por esa pequeña sociedad rival de la suya[44]. ¿Pero quién podía saberlo?

Al parecer el P. Eudes había reanudado desde hacía uno o dos años diligencias ante la corte de Roma, por intermedio de un "expedicionario"[45] romano; sin duda había hecho remitir a tres cardenales un resumen de las constituciones de su sociedad y pensaba que en ellos podía actuar, precisamente la influencia del cardenal Altieri[46].

Como tales diligencias se prolongaban, había resuelto, por otra parte, enviar a Roma un nuevo mensajero, uno de los miembros más sólidos de su congregación, Jacques de Bonnefond. Lo separó, pues, del superiorato del seminario de Caen y lo remplazó por el tiempo de su ausencia, por su hermano François.

Y el señor de Bonnefond partió el 5 de junio de 1673, provisto de las cartas reales, "usando la diligencia de Lyon, que es un vehículo de cuatro días..."

Se detuvo en Florencia. En efecto, la joven duquesa de Guise, a quien había visitado, sin duda, el 3 de junio en el palacio de Orléans, en compañía de su superior, le había recomendado que fuera a saludar de su parte

---

42   SAINT-SIMÓN, *Mémoires*, París 1914, t. XXVI p. 142-152. Recordemos que el duque de Bouillon, hermano del cardenal, había aprobado la creación del seminario de Évreux en 1667. Era conde de Évreux: véase p. 357. El duque se había casado con una sobrina de Mazarino que se comportaba, dice Saint-Simón, como si fuera la "reina de París".

43   Auvry "fue durante más de cuarenta años gran vicario de los cardenales Barberini y Bouillon, en su calidad de grandes capellanes de Francia" ( R. TOUSTAIN DE BILLY, *Histoire ecclésiastique du diocèse de Coutances*, p.p. F. DOLBERT y A. HERON, 3 vol. Ruan 1874-1886, t. III p. 294-295.

44   Ver el estudio muy minucioso de DU CHESNAY sobre ese "memorial" de 1673 en SS:CC: LX (oct. 1939) p. 272 ss.

45   Un "expedicionario" ante la corte de Roma era en Francia el oficial público encargado por la administración real de servir de intermediario obligatorio entre los particulares y la corte romana. En esa época había en París veinte de esos oficiales juramentados, cuyo cargo era hereditario (*Dict. de Droit canonique*).

46   DU CHESNAY, *art. cité*. y BATTEREL, II 252.

al gran duque de Toscana, que era su cuñado[47]. Este lo acogió con benevolencia y lo puso en manos de su secretario de estado, quien le concedió una larga entrevista, le dio orientaciones útiles para sus contactos romanos y lo recomendó a su representante en Roma. Infortunadamente, Bonnefond no iba a encontrar en Roma la acogida cordial y estimulante que tuvo en Florencia. Después de postrarse, desde el día de su llegada, el 8 de julio, ante la tumba de Pierre, puso manos a la obra. En el próximo capítulo lo veremos entregado a ingratas diligencias.

## Truenos extraños

Por el momento volvamos a Francia, donde el P. Eudes se ha dirigido a Elbeuf, llamado por monseñor de Maupas, quien era obispo de una de las parroquias de ese lugar, mientras la otra pertenecía a la diócesis de Ruan[48]. Con sus compañeros empezó la misión, lleno de entusiasmo. Pero dos acontecimientos impresionantes, que él ha contado en su diario, marcaron su itinerario. Desde el cuarto día, el 11 de junio, en el momento en el que el predicador subía al púlpito, estalló una tempestad. El rayo cayó en el interior mismo de la iglesia, con un estrépito espantoso; hizo muchos daños, aún en el altar mayor; sólo se salvó, cuenta el P. Eudes, el altar de Nuestra Señora, dedicado a su Corazón en el primer día de la misión. Varias personas resultaron heridas y un sacerdote, fulminado, murió poco después. Luego, tres semanas más tarde, el día de la Visitación, durante un sermón sobre la Virgen María, "todo el mundo comienza a oír, sobre la bóveda de la iglesia, como un trueno espantoso, aunque el tiempo estaba muy sereno y no había una sola nube"; el fragor duró algunos minutos y provocó un pánico terrible; se dice que las gentes salieron huyendo, atropellándose, "hasta el punto de que varios quedaron asfixiados". Juan Eudes nos habla de gritos, de llantos, de postraciones suplicantes, de peticiones de absolución. "Por fin, al cesar el ruido, cada cual se retiró más muerto que vivo. Por mi parte, me hinqué de rodillas en el púlpito para adorar la justicia divina y hacer lo que debía por mis oyentes y por mí". Nada anormal se halló bajo la bóveda. "Todos, sin embargo, pensaban que era una

---

[47] Cosme III de Medicis (1642-1723) estaba casado con Margarita Luisa de Orléans (+ 1721) hermana de Elisabeth.

[48] El duque de Elbeuf, Carlos III (1620-1692) pertenecía a la familia de Lorraine y su esposa (en segundas nupcias) era la propia hermana del cardenal de Bouillon. Véase p. 492 Tablas genealógicas.

muestra de la rabia del demonio contra la misión". En todo caso, más de cien años después, todavía se hablaba en Elbeuf de ese episodio...[49].

Semejante trueno, bajo un cielo sin nubes, parece presagiar los sombríos acontecimientos que iban a abatirse inmediatamente después sobre el P. Eudes, hasta hacerle perder, por largo tiempo, todas sus esperanzas humanas.

---

49   MBD 96: OC XII 129-131. *Annales de Normandía*, t. XI (1961) p. 236-239. H:M: SAINT-DENIS, *Histoire d'Elbeuf* t. III, Elbeuf, 1896 p. 389-394.

## CAPÍTULO XXXI

# Grandes Tribulaciones

(1673-1679)

*Jacques de Bonnefond en Roma*
*Juan Eudes pierde el favor del rey*
*La "Carta a un doctor de la Sorbona"*
*Ultimas misiones*
*Recupera el favor del rey*

### Hundir hasta el fondo a ese Padre Eudes

Jacques de Bonnefond recorría las calles de Roma, golpeando valientemente las puertas de los cardenales, pero cada día se hacía más evidente que estaba chocando contra un muro infranqueable. Los unos tenían la respuesta lista a las razones que él asomaba; los otros se zafaban con palabras amables y vagas. Aún el duque d'Estrées, embajador de Francia, se mostraba evasivo, a pesar de las cartas del rey. De las diversas respuestas lo que se desprendía era que no se volvería atrás del rechazo dado por el papa Alejandro VII en 1662 y que la sociedad del P. Eudes representaba un duplicado innecesario de la Misión fundada por Vicente de Paúl[1].

Frente a las objeciones, el señor de Bonnefond buscó argumentos. Intentó demostrar, no sin cierta torpeza, que la Misión no era tan idónea, como lo era su propia Congregación, para dirigir seminarios que fueran "como la casa propia y la familia del obispo..." (¡Fórmula bella, digna del señor Olier!). Pero sus afirmaciones tenían fácil respuesta. Lo que había de más indiscutible en su argumentación era que los lazaristas no tenían seminarios en Normandía.

Uno de los tres cardenales encargados de examinar el asunto aceptó, a lo sumo, retirarse de la comisión "por motivos de salud", para no hacer pesar su parecer desfavorable sobre la decisión. Pero fue reemplazado por otros tres igualmente prevenidos[2].

El señor de Bonnefond visitó entonces al cardenal Bona, cisterciense reformado, que cuatro años antes estuvo a punto de ser elegido papa. Este

---

1  *Annales* VIII 1-7 : 27/961 ss.
2  *Annales* VIII 3: 27/976; CARTA DEL P. Ami, 19 de dic. De 17673; AN, M 237.

lo acogió bondadosamente pero no era un apoyo seguro. Es verdad que estaba muy ligado al abad de Val-Richer, quien advertido por su gran amigo Juan Eudes, no dejó de escribirle a favor de la pequeña sociedad normanda. Sin embargo ese hombre pacífico tenía también amigos entre los adversarios del P. Eudes. Hay quienes sospechan que era jansenista. De hecho, él decía a veces, en broma, que un jansenista era católico que no quiere a los jesuitas...[3]. Y tuvo buenas relaciones con Arnauld y Nicole; pero era también amigo del papa Alejandro VII y del cardenal jesuita Pallavicini, quienes no eran precisamente projansenistas. Lo cierto es que defendió ante del papa un pequeño libro sobre el culto a María que Juan Eudes había considerado conveniente arrojar a la hoguera[4]. Y, sobre todo, el cardenal era gran amigo de los lazaristas de Roma...demasiado, sin duda, para poder sostener eficazmente la causa del P. Eudes. Por lo menos tuvo la franqueza de decir a su visitante, el P. de Bonnefond "que no creía que los señores de Saint-Lazare tuvieran motivos distintos para oponerse a nuestra aprobación que sus propios intereses"[5].

De hecho, el señor de Bonnefond se daba perfecta cuenta de que por todas partes le habían tomado la delantera y que aquellos a quienes Juan Eudes llamaba sus "bienhechores" le habían cerrado metódicamente todas las puertas.

Esa posición sorda e implacable, esa total impotencia a la que se hallaba reducido por la determinación de adversarios invisibles, acabaron por hacerle perder ánimos. Atravesó, al parecer, momentos de depresión y por ello "se volvió del todo melancólico" y "creyó un día que iba a morir".

Hubiera sido peor si hubiera sabido lo que nosotros sabemos hoy por un paquete de cartas conservadas en los Archivos nacionales de París[6], cómo tenían vigilados todos sus pasos y cómo determinadas personas estaban listas para emplearse a fondo a fin de que ese "vejete del Padre Eudes", fracasara en sus proyectos en París y en Versalles. ¿No se decía, acaso, que el rey le había solicitado para Versalles una comunidad de seis sacerdotes?... Y para que en ningún caso lograra la aprobación pontificia. Tres oratorianos en Roma, en París y en Caen se escribían cada semana y a veces cada día para lograr, en acuerdo con Charles Du Four, abad de

---

3    Cf. A. GAZIER, *Histoire générale du mouvement janséniste depuis son origine jusqu'a nos jours* 2 vol., París, 1922, t.I b 255.

4    *Lettres* OC X 472. Sobre Bona, cf. DU CHESNAY, *Saint Jean Eudes et dom Antoine Durban*, SS CC, marzo de 1939, p. 184-186. El folleto crítico sobre María es (WIDENFELDT), *Monita salutaria B. M. Virginis ad cultores suos indiscretos*, 1673. Sobre el jansenismo de Bona cf. L. CEYSSENS, "Le cardinal Bona et le jansénisme", en *Jansenistica minora*, Malinas 1958 t. IV, passim especialmente p.82-83, p. 102. Sobre Bona, George y Eudes, J. HENRY, en *Art de Basse-Normandie*, n° 42, p. 34.

5    Cf. *Annales* VIII 4 : 27/979; el card. Nerli dice más o menos lo mismo a Bonnefond.

6    AN, M 237.

Anuay, su propósito de "hundirlo totalmente" según la expresión del oratoriano Batterel. En Roma se mantenían en contacto con el señor Simón, superior de la Misión (lazaristas)[7].

Lo que limitaba las posibilidades de sus enemigos en la corte romana era la protección real que amparaba al P. Eudes. Era pues, urgente, derrumbar su crédito ante la corte de Francia. Pues bien, ellos habían oído decir que, varios años antes, Roma había desechado un ofrecimiento exorbitante de la sociedad del P. Eudes: la de hacer voto de sostener en todo la autoridad del papa, aún en materia dudosa. Si ello se pudiera probar se tendría un medio seguro de provocar la cólera del rey en contra del fundador de los seminarios normandos.

Hay que decir que las relaciones entre Luis XIV y el papa, después de la breve "paz de la Iglesia" de 1668, se habían deteriorado nuevamente. En ese año de 1673, precisamente, el rey había decidido extender a la mitad sur del reino el "derecho de regalía" del que disfrutaba en la parte norte: cuando quedaba vacante una sede episcopal, el rey percibía las rentas del obispo y hacía los nombramientos para los beneficios; el nuevo obispo debía solicitar el "desembargo" de ese derecho de regalía para poder gozar de sus propios derechos. Lo cual era para Luis XIV una cuestión de principio, más que de interés. Quería afirmar su autoridad sobre la totalidad de la Iglesia de Francia[8]. Este "asunto de regalía" hacía que el rey se mostrara en extremo arrogante hacia todo aquello que tuviera la apariencia de cuestionar en lo más mínimo sus derechos soberanos.

¡Qué buena suerte sería, por tanto, si se pudiera encontrar en los archivos de las oficinas romanas aquella famosa "súplica" comprometedora, presentada en otro tiempo en nombre del P. Eudes! Para obtenerla con engaño era necesario sobornar a algún secretario. Así lo ensayaron sin resultado. Se nos refiere que "tres personas importantes partieron de Francia para tratar de descubrir en los archivos algo que pudiera entrabar el propósito del P. Eudes"[9]. Fue en vano.

Finalmente lo logró personalmente el cardenal d'Estrées, hermano del embajador. Él mismo se dirigió al secretariado de la Congregación de los Obispos y Religiosos y obtuvo una copia certificada de la súplica

---

7   MARTINE VII 16: 17 bis/190; carta del P. De la Saudraye, 25 de sept. de 1673; AN, M 237; BATTEREL II 253.
8   R. TAVENEAUX, *Le Catholicisme...*, p. 503-504.
9   *Annales* VIII 5: 27/980. El siguiente es el párrafo polémico de la suplica: *Petit ulterius licentiam emittendi votum indispensabile de sequenda semper et sustinenda, etiam in rebus quae dubio movere possunt, summi Pontificis auctoritate*. En realidad hubo dos textos un poco distintos: el segundo, remitido al secretario de la SCER añadía que los miembros salidos de la sociedad permanecerían ligados por ese voto. Cf. Carta del P. Chapuis, 24 de enero de 1674, AN M 237. Ver también BATTEREL II 253.

presentada, como ya dijimos (véase p. 329), sin conocimiento del P. Eudes. Como el cardenal no quería comprometerse[10] envió secretamente el 8 de agosto esa copia autenticada, al marqués de Pomponne, secretario de Estado para las relaciones exteriores.

Un mes después, el rey, informado, retiraba su protección al misionero normando.

## Congojas

Por su parte, el P. Eudes siguió ignorante de estas cosas por algún tiempo todavía. El 28 de octubre escribía al señor de Bonnefond y le hablaba de la bula (de aprobación de la Congregación) soñando con que el papa podía designar como superior de la sociedad al mismo Bonnefond.

Parece que la primera información sobre la pérdida del favor real la tuvo por una carta de su hermano Mézeray, a quien el arzobispo de París la dio a conocer discretamente. El P. Eudes no comprendió bien de qué se trataba. Pero algunos días más tarde, el 25 de noviembre de 1673[11], el procurador general del rey en el parlamento de París le notificó "que se había presentado en su nombre una súplica en contra de los intereses del rey" y le pedían cortésmente que se explicara.

Se comprende el asombro producido en el P. Eudes. ¿De qué podría tratarse? No podía ser una torpeza del señor de Bonnefond. En todo caso el P. Eudes nunca había tenido conocimiento de un texto semejante y así, con plena buena fe, pudo declarar oficialmente ante el lugarteniente del general del tribunal de primera instancia de Caen que no conocía en absoluto ese "papelucho" (27 de noviembre de 1673)[12]. Esto fue motivo de nuevos ataques de sus adversarios quienes lo acusaron haciéndole ver el nombre de su mandatario que había firmado la súplica, Louis Boniface.

Antes había escrito al señor de Bonnefond para pedirle explicaciones: sólo entonces éste descubrió un asunto que ignoraba completamente. También él consiguió una copia de la súplica, pero ya era demasiado tarde.

Por otra parte, el fiel enviado del P. Eudes después de un instante de depresión, había logrado serenarse. Había escrito que sólo debería beber "cada mañana un gran vaso de agua de paciencia". Y había redactado, con la ayuda de un especialista romano, un largo memorial en latín sobre la Congregación; lo había hecho distribuir a diversos cardenales y personas notables. Pero no logró impresionarlos. Y para agravar las cosas, los a

---

10   Carta del P. Ami, 21 de feb. De 1674: AN, M 237.
11   MBD102: OC XII 133. Sobre la carta de Mézeray, MARTINE VII 45: 17 bis/ 234.
12   Esta expresión figura en la carta al rey, OC XI 118.

oratorianos habían hacho circular un informe, pérfidamente desfavorable al P. Eudes, repleto -como él mismo lo dice- "de calumnias y falsedades contra nosotros"[13].

Obtuvo, sin embargo, a fuerzas de insistencias, que la comisión de los cinco cardenales encargados de examinar el asunto, se reunieran finalmente el 17 de diciembre. Ellos, decidieron prudentemente...esperar y pedir mayores informes al nuncio de París. Advertidos inmediatamente los oratorianos tomaron sus medidas para que el nuncio "tuviera las informaciones convenientes" desde su punto de vista. Y, de hecho, el nuncio dejó dormir el negocio[14].

Durante ese tiempo todo un intercambio de correspondencia tenía lugar entre Pomponne y el cardenal d'Estrées. Este, por otra parte, se mostraba reservado respecto a los oratorianos, cuya insistencia debía fastidiarlo, así como importunaba a los *monsignori* de las oficinas. A pesar de todas sus presiones rehusó comunicarles la copia auténtica del documento[15]. Su correspondencia por vía diplomática con el secretario del Estado, permaneció ignorada, tanto por los oratorianos como por el P. Eudes; nosotros la conocemos porque se conserva en París, en los archivos de los asuntos extranjeros[16].

El P. Eudes por su parte, se hallaba sumido en la angustia. Dado que pesaban sobre él semejantes sospechas, nefastas para su congregación, hubiera preferido desaparecer: "Por lo que se refiere a mi persona -escribía a Bonnefond- que hagan lo que quieran; que me arrojen al mar para que cese la tormenta (...) ¿Qué quiero? ¿Qué busco? Que mi Dios sea glorificado"[17].

Pero enseguida reacciona. Cuando supo que el texto sustraído de las oficinas de la Santa Sede llevaba la firma de Boniface reanudó contacto con su antiguo emisario. Este quedó aterrado. Reconoció sin dificultad que no había presentado ese texto por orden del P. Eudes, muy por el contrario. Y repetía consternado "¡Ay, los he arruinado a ustedes"!...Firmó dos declaraciones: una en marzo y otra en abril de 1674, para deslindar totalmente la responsabilidad del P. Eudes. Reconocía, en efecto, que

---

13   MBD 98: OC XII 131. Infortunadamente fue este un informe del que Batterel se sirvió principalmente para redactar su reseña del P. Eudes. Ver también la carta del P. Ami, del 19 de dic. De 1673: AN, M 237.

14   Cartas del P. Ami, 19 de dic. De 1673 y 8 de agosto de 1674. Cf. También Archivos Vaticanos, *Registre de la SCER*, Regulares 70 (año 1662), reunión del 15 de dic. De 1673 mencionada como anotación con fecha de 2 de junio de 1662.

15   Carta del P. Ami, 30 de mayo de 1674: AN, M 237.

16   DU CHESNAY, M,296-297, que se refiere a AE, *Mémoires et documents de France*, vol. 915 (años 1661-1679) y 1662 (asuntos de Normandía, años 1520- 1698).

17   OC X 469-470.

cuando había soñado intervenir ante el papa, el superior le había rogado "que no pensara en ello". Boniface propuso como indemnización dar una fuerte suma de dinero[18].

El P. Eudes, desconcertado, buscaba los medios para salir de este atolladero. La reina María Teresa, que parece haberle profesado viva simpatía, había escrito el 30 de enero de 1674, para recomendarlo al cardenal Altieri; pero, sin duda ella ignoraba todavía el "asunto". Un poco más tarde parece que el P. Eudes le pidió interceder a su favor ante el rey; en todo caso hubo oratorianos que lo oyeron y que se inquietaban por ello[19].

Por su parte la madre Matilde del Santísimo Sacramento, amiga fiel, también en la adversidad, hizo que algunos de sus poderosos amigos intervinieran a favor del P. Eudes y su biografía nos asegura que esa acción discreta" tuvo éxito feliz para impedir el propósito que se tenía de encerrarlo en la Bastilla"[20].

Juan Eudes intentó actuar ante de los obispos que lo sostenían. Cinco de ellos de París, Lisieux, Évreux, Rennes y, desde luego, monseñor Auvry, redactaron una carta en su favor para el papa Clemente X. Pero el cardenal d'Estrées estaba alerta para bloquear cualquier tentativa de acción en Roma. Y así lo confesó, por lo demás, en una larga audiencia al señor de Bonnefond. Es posible que la carta de los obispos ni siquiera fuera enviada[21].

A fines de marzo de 1674, el P. Eudes tuvo nuevo motivo de tristeza: la muerte de su hermano Thomas Hubert, el sacristán de la capilla real. Probablemente asistió a sus exequias, en la iglesia parroquial de Versalles (véase p. 414).

Pero quince días más tarde lo alcanzaba un golpe más duro todavía. Recibió en París una "carta de sello real" firmada por Colbert que lo desterraba de la capital. Al día siguiente, 15 de abril, el P. Eudes respondía en los siguientes términos:

---

18   *Annales* VIII 6: 27/986 ss.
19   DU CHESNAY, M, 296.
20   Mlle DE VIENVILLE, *Vie de la vénérable Mére Catherin- Mectilde*, Manuser. En los archivos de las Benedictinas del Smo. Sacramento de París: NV IV 114.
21   *Annales* VIII 7: 27/992. La nunciatura había trasmitido en 23 de enero de 1674, al cardenal de Altieri, un informe de Auvry sobre la Congregación del P. Eudes. Cf. F. SPADA, *Correspondance du Nonce en France* (1674-1675), Toma, 1982, p. 110 n. l.

Monseñor,

Ayer tarde recibí una carta de sello real, que me entregaron de parte de usted, en la que me ordena retirarme al seminario de Caen. Al instante me he puesto en condición de obedecer y en estos momentos estoy saliendo de París para ir a esperar en el camino un coche que deben enviarme de Évreux, pues no encontré puesto en las diligencias y mi edad no me permite viajar ni a caballo ni a pie. Me he sentido, monseñor, en la obligación de darle a usted cuenta de mi puntual obediencia y de asegurarle que soy de usted, monseñor, con profundo respeto,

si humildísimo y obedientísimo servidor,
Juan Eudes, Presbítero[22]

Y el anciano Juan Eudes regresó a Normandía.

Iba abrumado. Se derrumbaban todas sus esperanzas de sacar adelante, antes de morir, su pequeña sociedad de sacerdotes, para permitirle un servicio duradero a la Iglesia. Ya no quedaba la menor posibilidad de fundar en París ni en Versalles, "mientras por entonces se encontraran allí los señores de Saint-Lazare"[23] (en 1674); la existencia misma de su sociedad se veía amenazada. No podemos medir hoy día lo que significada, en el siglo XVII, la pérdida del favor del rey. Mauriac lo hacía notar a propósito de Racine (1639-1699): "Actualmente hablamos de ese amor por el rey, como un ciego de nacimiento habla de los colores y las formas..." "¡Dios, escribía Racine a madame de Maintenon, Dios me concedió la gracia de no avergonzarme jamás del rey ni del Evangelio!"[24] ¡El rey antes del Evangelio...! El rey podía ser pecador y Luis XIV lo era. Pero también era "sagrado", marcado por Dios. Pues bien, Juan Eudes se veía, en ese mismo mes de abril de 1674, rechazado, desterrado por su rey.

Para colmo de amarguras, descubrió que había sido traicionado por uno de los suyos:

---

22   OC XI 107.- *Carta de sello real* (Lettre de cachet) era una carta que iba marcada con el sello del rey y que de ordinario conminaba pena de prisión o destierro. Sobre la respuesta de Juan Eudes, OC XI 107, ver también E. GRISELLE, *Documents d Histoire, Recueil trimestriel*, París t l, 1910, p. 473-474; y F. RAVAISSON, *Archivos de la Bastilla, Documents inédits* t. VIII, 1675-1686, París, 1876, p. 4-5.

23   *Annales* VIII 6: 27/981. Sobre el papel jugado de los lazaristas en este asunto véase un despacho que el nuncio dirigió al card. Altieri el 19 de julio de 1675, en F. SPADA, *Corresp. Du Nonce de France*, ya cit. p. 802-y 803 y 831; p. 802 n. l.

24   F. MAURIAC, *Vie de Jean Racine*, París 1928 P. 173-174.

> Lo que más me ha afligido es que uno de mis propios hijos, que estaba aquí, que sólo había recibido de parte mía todas las pruebas posibles de amistad, ha sido mi más cruel perseguidor[25].

Acogemos esta confidencia sin poder precisar exactamente a qué hechos hace alusión.

Como consecuencia cayó enfermo. Ya era demasiado. Con toda sencillez lo confiesa a una religiosa de Montmartre:

> Mis pequeñas cruces no serían gran cosa para espaldas más fuertes que las mías que por ser débiles se doblan a menudo bajo la carga[26].

Es una confesión de debilidad que hasta ahora no le conocíamos. En la misma carta solicitaba a su corresponsal que continuara orando por sus queridísimos bienhechores, para que lleguen a ser "grandes santos....".

Pero el señor de Bonnefond no se desalentaba. Se daba exacta cuenta de que por el momento nada podía hacerse, pero sugería al P. Eudes que conservara en Roma un representante estable, "para mantener el proyecto vigente y hacer ver a la corte romana que no se abandonaba". En cuanto a él, con gran alivio de los oratorianos, había abandonado a Roma en el mes de mayo para una larga peregrinación a Loreto, donde visitó la "estancia en la que se encarnó el Verbo de Dios" luego a Tolentino y Asís[27].

En Francia toda esa historia había hecho gran ruido. Ocho años más tarde, después de la muerte del P. Eudes, el señor Tronson, superior general de Saint-Sulpice, la recuerda a uno de sus hermanos para invitarlo a la prudencia: "Usted conoce el drama que le hicieron al buen Padre Eudes y todo lo que le atribuyeron aquí mientras uno de sus sacerdotes de hallaba en Roma. El asunto llegó tan lejos que a pesar de haber asegurado no tener parte alguna en lo sucedido, el rey quiso que su Congregación desapareciera después de su muerte, lo que hubiera sucedido de no haber

---

25    OC X 470.
26    OC XI 109.Cf. MARTINE VII 40-41: 17 bis/229-230.
27    *Annales* VIII 12: 27/1012. Según la leyenda, los ángeles habrían transportado la casa de Nazaret hasta Loreto.

encontrado poderosos protectores cerca de su Majestad..."[28] Los encontraría, efectivamente pero después de años de paciencia.

A fines de 1674 lo iba a desgarrar "una nueva persecución más sangrienta que todas las demás"[29]. Su causante era aquel Charles Du Four, abad comendatario de Anuay, que ya lo había atacado duramente en 1660, en los tiempos de los disturbios del Ermitage.

## La "Carta a un doctor de la Sorbona"

Desde entonces du Four no había dejado de mantener contacto con los grupos hostiles al P. Eudes y de coleccionar motivos de acusación contra él. Sabía, por ejemplo, que el equipo jansenizante del seminario de Valognes, creado por el abad de la Luthumière, se hallaba en lucha abierta con el obispo de Coutances, por que éste no aprobaba todo lo que se enseñaba en Valognes, pretendía controlar la escogencia de los profesores y exigía que los ordenandos, antes de su ordenación, hicieran su retiro en su seminario de Coutances, el seminario preferido de Juan Eudes. Cuando los señores du Pont y Blouet de Camilly hicieron un nuevo edificio para ampliar el seminario de Coutances y éste, apenas terminado, se incendió, los de Valognes gritaron que era una señal del cielo y una confirmación de que ellos tenían razón[30]. Se sintieron indignados cuando uno de los suyos los abandonó para entrar en la sociedad del P. Eudes[31], y más aún, cuando el obispo, en 1673, nombró como profesor, en Valognes, a un antiguo alumno de Coutances. Entonces desafiaron la autoridad episcopal y reemplazaron a ese profesor por un reconocido discípulo de Jansenio; el obispo prohibió oír las lecciones de éste y casi todos los alumnos abandonaron el seminario. El asunto fue llevado hasta la corte y el rey se remitió a lo que decidiera el arzobispo de París.

Du Four sabía todo esto y lo reprobaba. Detrás de la condenación de un seminario ferviente, de un centro intelectual de valía como el de Valognes, veía la acción nefasta y más o menos oscurantista del P. Eudes. A sus ojos el superior de los seminarios normandos era un hombre de cortos alcances, engañado por la "beata" Marie des Vallées, cuya memoria custodiaba Era preciso cerrarle el camino a toda costa.

---

| | | |
|---|---|---|
| 28 | Carta al Sr. Tanoarn, de 24 de agosto de 1682: *Correspondance*, p.p. L. BRETRAND, París 1904, t. l. p. 464. | |
| 29 | OC X 472. | |
| 30 | *Annales* VII 18-19: 27/876 Y 885. | |
| 31 | Se trata del señor de Bauquemare, quien fue enviado a Rennes. Allí fue superior, pero se mostró muy autoritario. Finalmente abandonó la Congregación. | |

Compartía calurosamente esos criterios con los oratorianos, y todos se animaban recíprocamente en su celo contra el P. Eudes y sus "locas doctrinas". Había que destruir esa "nueva divinidad" que él había fabricado en la persona de Marie des Vallées, su increíble pretensión – escribía Du Four – de sustituir a Jesucristo por "otra redentora". Le escribía a un oratoriano de París:

> Siempre he estado convencido que es necesario combatir al P. Eudes por el lado doctrinal, porque de otra manera no lograríamos nuestro propósito. Es un hombre, en efecto, que nunca da su brazo a torcer y que aunque esté derribado siempre se levanta...[32].

Para realizar este propósito había un medio: recortar frases y expresiones en los escritos del P. Eudes sobre Marie des Vallées y amalgamarlos con textos escritos por otros[33] y mostrar así los errores protuberantes del misionero. Du Four había tenido la suerte de obtener un amplio resumen de un manuscrito del P. Eudes, hecho diez años atrás, con una curiosidad sospechosa, por el monje cisterciense, de Barbery[34]. Había sobornado, además, al joven secretario del P. Eudes, Thomas Aude, originario de Anuay, quien le había entregado textos dictados por su superior[35]. Faltaba probar que estos textos, eran de verdad, del P. Eudes. Para ello existía un precioso documento: el señor Bazire, aquel anciano sacerdote de Coutances, que después del rapto del cuerpo de Marie des Vallées (p. 265) era enemigo encarnizado del misionero, había entregado él también, a los oratorianos, un *compendio* de Marie des Vallées, corregido, al parecer, por la mano del P. Eudes. Con todo eso se podían hacer maravillas.

Y fue así como en le mes de diciembre de 1674 comenzó a difundirse "por toda Francia y en todas las comunidades de París"[36], un libro impreso, anónimo, titulado *Carta a un Doctor de la Sorbona... a propósito de varios escritos sobre la vida y el estado de Marie des Vallées de la diócesis de Coutances*.

---

32    Carta de Du Four, de 7 de abril de 1674: AN, M 237.
33    OC XI 114.
34    Ese resumen, precioso para nosotros, se encuentra en la BN, F fr 11942, 11943, 1194. Véase la carta de Du Four de 1° de marzo de 1674: AN, M 237 (cit. por B IV 326- 328). Véase supra, p. 129, n. 12, y p. 263.
35    Se llamaba Aude, sólo había recibido órdenes menores. El 21 de dic. de 1679 cierto Tomás Aude fue incorporado en Caen, pero a título de hermano. Es posible que sea el mismo. El P. Eudes, presente en la ceremonia, no firmó el acta...; AD Calvados, H Eudistes, *Régistre des incorporations de frères à Caen* (1660- 1790). Cf. *Annales* VII 20 ss; Cartas de Bazire, 29 de enero de 1674 y de Du Four, 1° de marzo y 7 de abril de 1674, AN, M 237.
36    OC X 472.

En él se atacaba directamente al P. Eudes que aparecía como un visionario peligroso, culpable de "trece herejías". El libro confundía el recuerdo de Marie des Vallées con la veneración al Corazón de María, y afirmaba que el P. Eudes hacía tributar a la vidente de Coutances un culto litúrgico como a un "mesías hembra"... "Ella ha llegado a ser una persona divina a la que se debe adoración (...) y que tendrá sus apóstoles, sus discípulos y sus evangelistas...". Eran acusaciones tan descabelladas que nos asombran los alborotos provocados por semejantes enormidades.

Hubo amigos del P. Eudes que quedaron desconcertados. Pero la mayoría de ellos se serenaron y reaccionaron atribuyendo las increíbles "calumnias" a la "pasión furiosa" de su autor.

El obispo de Meaux, Dominique de Ligny, que apreciaba al P. Eudes (véase p. 341) quedó, como muchos otros, sorprendido por el líbelo. Sin demora hizo que su "capellán" escribiera al superior del seminario de Caen, para pedirle informaciones. El P. Eudes, no obstante el peso de su pena, quiso contestar personalmente. Agradecía a su corresponsal su benevolencia y le aclaraba sobre el pretendido culto a Marie des Vallées:

> ¿Acaso no se dan cuenta que todas las palabras de la salutación, todas las antífonas, responsorios, himnos y las lecturas del oficio y de la misa se dirigen al Corazón de la santa Virgen?

Y añadía:

> Es una falsa y negra calumnia decir que esa buena mujer fuera bruja y que hubiera sido condenada como tal por sentencia del parlamento.

Y revelaba los procedimientos deshonestos con que el libro había logrado manchar su reputación[37].

Hecho esto, Juan Eudes se encerró en el silencio. Prefirió no responder públicamente a acusaciones públicas. Uno de sus hermanos, superior del seminario de Ruan, después de consultar con algunos otros, le escribió que debería justificarse. Juan Eudes respondió:

> No encuentro en el santo Evangelio que nuestro divino y adorable Maestro haya utilizado el camino y los medios que usted señala en su carta, para defenderse de la injusticia y

---

37  OC XI 111-112.

de la crueldad de los judíos. No puedo decidirme a hacer algo distinto. Sólo trataré de imitarlo en su paciencia y en su silencio: "Jesús callaba" (Mt. 26, 63)[38].

En la misma carta anotaba de paso: "Tal vez Dios suscite a alguien que responda al libelo". Y, efectivamente, tuvo lugar en Val-Richer una reunión, alrededor del abad Dominique George, siempre fiel al P. Eudes. Allí Jean-Baptiste de Launay-Hüe, el joven sacerdote que acompañaba a Juan Eudes en sus misiones, decidió responsabilizarse por él y redactó un largo informe, de unas cien páginas, en el que mostraba con calma de qué manera el libelo faltaba a la vez a la caridad, a la justicia -pues atacaba públicamente un texto que no estaba destinado a la publicidad- y a la verdad[39].

Por su parte, Charles Du Four publicó otros escritos para replicar a esa respuesta y, creyendo que obraba bien, continuó la persecución al P. Eudes.

En el mes de mayo de 1675 un grupo de obispos se reunió en Meulan para estudiar el caso. Basados en un informe favorable de monseñor de Ligny, declararon inocente al P. Eudes de las acusaciones recibidas[40].

Un poco más tarde Juan Eudes tomó la iniciativa de escribir a monseñor de Nesmond, su obispo. Consideró importante dirigir una declaración oficial para rechazar las "interpretaciones siniestras y criminales" que quisieron hacer de su pensamiento. Se declaraba, además, listo a retractar lo que en sus propios escritos pudiera contener "alguna expresión demasiado fuerte o alguna frase que no estuviera plenamente ajustada a la doctrina común de la Iglesia" (25 de junio de 1675)[41]. Esto no le fue pedido.

Pero sus adversarios no deponían las armas. Hasta lograron desprestigiarlo ante madame de Guise, la joven princesa que había sido tan generosa con la iglesia del seminario de Caen. Tanto, que suspendió, en 1675, el pago de las anualidades que faltaban por percibir. Una vez más tenía que interrumpir la construcción de esa infortunada capilla, exponiéndose a las amenazas de los ediles. El P. Eudes estaba anonadado... Felizmente la tía de la duquesa, la buena abadesa de Montmartre, mostró una vez más su amistad hacia el anciano misionero. Intervino ante la sobrina, que reanudó su antigua largueza. Como lo dice graciosamente Costil, madame

---

38   OC X 474.
39   *Annales* VI 23-29: 27/899 ss. BN F fr 14562. - Jean-Baptiste de Launay-Hüe, valiente, inteligente, lleno de fe, llegó a ser, después de la muerte del P. Eudes, vicario general del obispo de Bayeux, función que desempeñó durante cuarenta años: de 1682 a 1722.
40   *Annales* VII 20: 27/891.
41   OC XI 113-114.

de Lorraine, con esta intervención a favor del P. Eudes, "lo consoló y todo se disipó"[42].

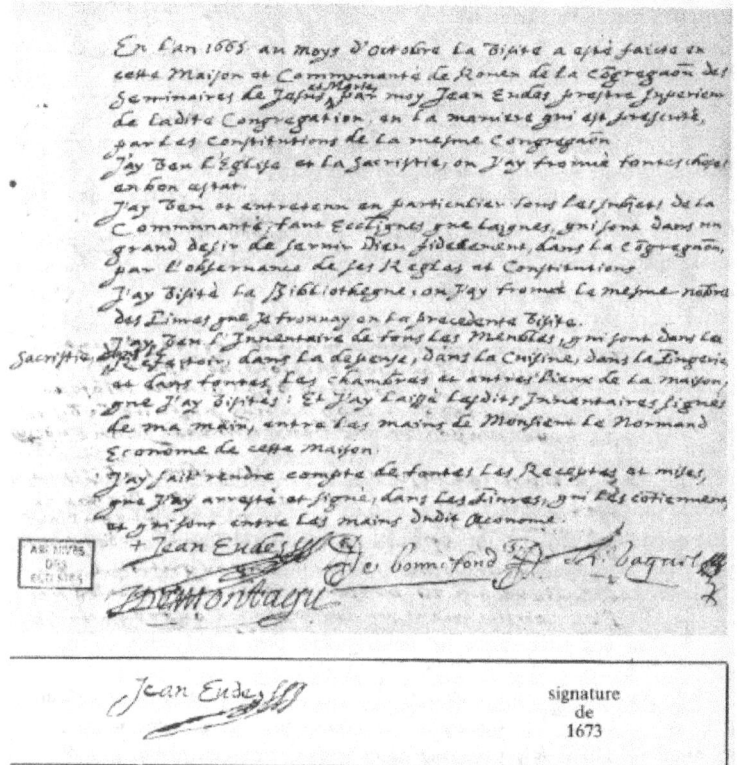

DOS FIRMAS DE PADRE EUDES
abajo de dos informes de visitas canónicasal seminario de Ruan. La primera, después de un informe completo escrito de su puñoy letra, es muy firme (1665). La segunda (1673) muestra un claro temblor de su mano.

El peso de tantas contradicciones debía afectar rudamente al anciano. Sufría más que nunca, sobre todo en temporadas de frío, de un violento dolor entre los dos homoplatos, que lo venían atormentando desde hacía largo tiempo[43]. Desde comienzos de los años setenta sus manos le habían empezado a temblar, como lo atestiguan sus firmas en las páginas de los

---

42   *Annales* VII 36: 27/957.
43   *Fleurs*, JE II 40 31/681.

viejos registros de esa época. Las tribulaciones se agregaban ahora a los años para encorvarlo y adelgazarlo más aún[44].

## Las misiones lo sanaron

Felizmente disfrutaba, de cuando en cuando, de alegrías que él acogía con entusiasmo. Por ejemplo cuando supo que Jacques de Bonnefond había logrado obtener en Roma, a falta de la aprobación, don importantes favores.

En primer lugar una bula que facultaba al P. Eudes y a su Congregación para misionar en toda Francia, con indulgencia plenaria anexa a sus misiones. A falta de un reconocimiento formal, era significativo que la Congregación recibiera esa prueba de aprecio de la Santa Sede. "Recibí sus dos favores" -escribía el P. Eudes al señor de Bonnefond el 21 de agosto de 1674- "con las indulgencias para las misiones, lo cual me ha traído increíble consuelo"[45].

Y, sobre todo, seis breves que establecían en cada uno de los seis seminarios ya instituidos, una "cofradía del Corazón de Jesús y de María". Las seis iglesias de dichos seminarios se llamaban en el documento romano, "por la santa boca de nuestro Padre Santo, y por consiguiente por la adorable boca de nuestro Señor, iglesias o capillas del divino Corazón de Jesús y María. Lo que fue para mí, añade el P. Eudes, consuelo extraordinario en todas las consabidas tribulaciones"[46].

Y luego ahí estaba el llamado misionero.

Ya Jacques de Bonnefond, en Roma, (la que solo abandonará en la primavera de 1675), se daba cuenta, al compás de la correspondencia, que su anciano superior y padre se hallaba sometido desde hacía dieciocho meses a una prueba terrible. Y adivinó que el único remedio para él era reencontrar una vez más aquello que había sido el resorte de toda su vida: la predicación misionera. Le escribió, pues, una larga carta el 20 de marzo de 1675, en la que le exponía que aún en medio de las persecuciones creía en la alegría. Había orado y pedido oraciones:

> Y me he sentido llevado interiormente a expresarle a usted mi parecer. Y no dudo de que sea el demonio el que emplea

---

[44]    Ese temblor se acentúa sobre todo, a partir de 1673, en los distintos registros conservados en los Archivos Eudistas o en AD Calvados.
[45]    OC X 470.
[46]    OC X 471; MBD 100: OC XII 132.

toda clase de armas para hacerle la guerra. Para ello no sólo se sirve de sus secuaces sino que moviliza también contra usted a verdaderos servidores de Dios. Por lo mismo no vale la pena dedicarse a protegerse de sus ataques sino obligarlo a defenderse de los golpes que usted les asestará...

¿Cómo? Trabajando en las misiones:

"Le he oído decir a usted en repetidas ocasiones que por estar ya en edad avanzada y no quedarle, según las leyes naturales, muchos años de vida, quisiera emplear lo poco que le resta en convertir para Dios el mayor número de almas posibles".

Esta carta nos permita conocer tanto al padre como al hijo.

"Por eso creo, que mi queridísimo Padre (...) que dejando a nuestro amabilísimo Salvador y a su santísima Madre el cuidado de protegerlo contra los ataques de nuestros enemigos y abandonando a su divina protección la reputación de usted y de la hermana María, y aún el asunto de París, usted puede dedicarse más que nunca a dar algunas misiones..."[47].

Bonnefond había dado en el blanco. Una vez más el P. Eudes volvió a encontrar la fuerza y la vida en el rudo trabajo de la misión.

Sabemos que hizo varias durante los años 1674 a 1676 sin que podamos precisar en qué localidades[48].

Sin embargo hay una que conocemos bien. Aceptó darla en Saint-Lô, en pleno invierno. Era la tercera que daba allí (véase p. 100 y p. 341). La empezó, como muchas otras, al comienzo del adviento (1675).

Todavía conservaba su voz poderosa. También esta vez, "aunque soplaba un viento fuerte muy frío", predicó al aire libre y "fue oído desde todas partes, sin que sufriera molestia ninguna". Refiere la tradición que utilizó para ello un púlpito de piedra adosado al muro exterior de la Iglesia de Notre-Dame. Predicó todos los días, con mucha fortaleza, y venían a escucharlo y a confesarse, como en los primeros tiempos de sus misiones, desde los pueblos situados a "cuatro, seis y ocho leguas, a pesar del mal

---

47   *Annales* VIII 13: 27/1019.
48   MBD 101: OC XII 132.

estado de los caminos". Y como en otro tiempo, los veinte confesores no eran suficientes.

En Saint-Lô todavía quedaban hugonotes y había que pensar en ellos. Tres veces a la semana, también fuera de la iglesia, el anciano misionero "predicaba la controversia". Vinieron a escucharlo. Y doce de esos protestantes pidieron ser readmitidos en la Iglesia católica.

El analista conoció estos detalles por dos cartas del P. Eudes, hoy día perdidas: la una estaba dirigida a la abadía de Montmartre y la otra a monseñor de Harlay, con quien consideraba importante mantenerse en contacto.

El obispo de Coutances, Loménie de Brienne, participó en la última semana de la misión, que se terminó el 2 de febrero de 1676.

Se cuenta que en la clausura, la procesión con el Santísimo Sacramento atravesaba una gran plaza. Había venido mucha gente que miraba, de pie, el desfile de los grupos organizados de la ciudad. El P. Eudes se dirigió a ellos y con voz formidable les gritó: Hínquense de rodillas ante su Soberano, lombrices de tierra, que no son sino barro. Y sobre la plaza cubierta de fango todos cayeron de rodillas[49].

## Juan Eudes recobra el favor del rey

Si la actividad misionera en 1675-1676 dio nuevo vigor al anciano P. Eudes, no le quitó la preocupación obsesiva de su caída en desgracia, ni la amenaza que por ese hecho pesaba sobre su Congregación.

Tomó varias iniciativas para lograr reconquistar el favor del rey. En primer lugar, puesto que se daba cuenta que la reina le era favorable, se atrevió a dedicar su libro *La infancia admirable de la Madre de Dios*, aparecido en 1676, "a la esposa del rey más grande de la tierra".

> Suplico, pues, a su majestad, señora, que acepte este pequeño presente que con atrevimiento me honro en hacerle, como prueba de mi gratitud por todas las bondades con que ha querido distinguirme[50].

Por el mismo tiempo redactó un breve informe sobre los hechos que le concernían y lo envió a todos los que podían hablar al rey en su favor. Y escribió también al rey en persona:

---

49    *Annales* VIII 13: 27/1020 ss, con la nota de Haudebourg p. 1020; *Fleurs* JE I 12: 31/53.
50    OC V 46-48.

No permita usted, Sire, que quede bajo sospecha la buena fe de un sacerdote septuagenario que desde hace cincuenta años está trabajando por la Iglesia, ni que desaparezca una congregación fundada por letras patentes de su padre, de gloriosa memoria[51].

Pero esas iniciativas no produjeron efecto alguno.

De nuevo, en noviembre de 1678, el P. Eudes escribió al rey. Habían pasado ya dos años desde el intento anterior. El problema de la regalía no había terminado aún, pero desde 1676, Luis XIV tenía frente a sí a un papa, muy firme, convencido de "la eminente dignidad de su función sagrada", Inocencio XI, quien le resistió sin debilidad. Durante el año de 1678 el Papa dirigió al rey de Francia dos breves muy lacónicos en los que lo declaraba equivocado en lo concerniente al derecho de regalía. Por otra parte el rey se daba cuenta de que el partido jansenista seguía poderoso y activo, que ejercía profunda influencia sobre un gran número de sus súbditos y entre los más cultos y respetados del reino. Como esto perjudicaba su propio poder, era conveniente apoyar todo cuanto pudiera contrarrestar la corriente jansenista[52]. Es posible que esas circunstancias hayan creado las condiciones favorables para su cambio de actitud frente al P. Eudes.

Este escribió, pues, a monseñor Auvry, en quien podía confiar en forma total. Deseaba, le decía, recobrar el favor del rey para "evitar que esa vieja calumnia cause perjuicio a los trabajos de sus hermanos". Y le confió su carta destinada al rey[53].

Pero ya al día siguiente, inquieto, le escribía de nuevo para suplicarle que examinara atentamente su carta para el rey, y diera su parecer sobre la conveniencia o inconveniencia de presentarla[54].

Se dirigió, además, a monseñor de Harlay, no sin cierto tinte de reproche pues el arzobispo de París, preocupado, ante todo, por agradar al rey, se mostraba excesivamente reservado, no obstante que sus sentimientos personales no habían cambiado hacia el misionero, excluido ahora del favor real. El P. Eudes le decía:

> Estoy gimiendo desde hace seis años bajo el peso de la pérdida del favor del rey, por una falta de la que soy totalmente inocente...Me asombra, añadía, que después de haber servido tanto tiempo a los obispos, no se haya encontrado uno

---

51 OC XI 116-118.
52 P. GOUBERT, *Louis XIV...* p. 116.
53 *Annales* VIII 25: 27/1054n ss. Carta al rey: OC XI 120-121.
54 MARTINE VII 65: 17 bis/ 257.

solo que quiere dar un paso ni decir una palabra a favor mío, con excepción del señor de Coutances (Claude Auvry). Todos me remiten al señor de París, diciéndome que él es todopoderoso[55].

Pero, sobre todo, el P. Eudes decidió dirigirse directamente al confesor del rey, el P. de la Chaise (1624-1709), a quien Luis XIV había escogido desde hacía tres o cuatro años y cuya influencia iba creciendo. Le escribió el 31 de enero de 1679 que, aunque había experimentado siempre la benevolencia de la Compañía, nunca le había solicitado ayuda alguna en "los asuntos molestos que se le habían presentado", pero que la situación excepcionalmente difícil en que se encontraba lo llevaban a solicitar su protección[56].

Es posible que hubiera sido secundado en esta diligencia por uno u otro de sus amigos jesuitas. En todo caso se puede leer en un expediente del proceso de finales del siglo XVII, un informe emanado de medios oratorianos (probablemente bien informados) según el cual "sin la ayuda de una sociedad poderosa que los protegía -a los discípulos del P. Eudes- esa nueva Congregación habría sido destruida desde de su nacimiento...". Esa "sociedad poderosa", como lo da a entender el contexto, es la Compañía de Jesús[57].

Ese abanico de iniciativas, unido a una circunstancia favorable y tal vez al desgaste del tiempo, alcanzó finalmente el éxito. En el mes de junio de 1679,

> Habiendo hecho voto -cuenta el P. Eudes- de dedicar una de las principales capillas de nuestra iglesia en honor a la Concepción Inmaculada de la santa Virgen, tres días después, recibí una carta de monseñor Claude Auvry. Me escribía a Caen de parte de monseñor el arzobispo de París, que el rey había cambiado la mala impresión que le habían dado contra mí y que me trasladara a París para dar las gracias a su Majestad...

Se dirigió, pues, a Saint-Germain el 16 de junio.

---

55 OC XI 119-120.
56 *Fleurs*, JE II 40: 31/684.
57 Se trata de la Compañía de Jesús y no de la del Santísimo Sacramento, como R. ALLIER, *La Cabale des dévots* p. 239-240, lo había creído dando fe a un resumen de archivos; cf. AD Calvados, D 465m f. 4 r°. Se trata allí de un proceso intentado contra los eudistas en la universidad de Caen, cuando el señor Le Febvre, aspiraba al puesto de decano de la facultad de teología. cf. DU CHESNAY, M 53 Y n. 53.

Me hicieron entrar al salón real, y me encontré rodeado por un grupo numeroso de obispos, sacerdotes, duques, condes, marqueses, mariscales de Francia y guardianes reales. Monseñor de París me hizo ocupar sitio en un ángulo de la sala y cuando el rey hizo su entrada pasó por entre todos esos grandes personajes y se dirigió directamente hacía mí con muy bondadoso semblante...

El rey escuchó las emocionadas palabras del viejo misionero que le agradecía su acogida, le expresaba su deseo de servirlo lealmente y le pedía su protección. Y le contestó:

"Me alegro mucho de verlo. Me han hablado de usted y estoy bien persuadido del bien que hace en mis Estados. Continúe trabajando como hasta ahora. Me agradaría mucho verlo de nuevo; le prestaré mi ayuda y lo protegeré en toda ocasión que se presente".

Podemos adivinar muy bien la alegría del anciano. La asistencia que era testigo de esas palabras les confería gran solemnidad.

Después de lo cual me fui a celebrar la misa en Los Recoletos. Luego me invitaron a almorzar con los capellanes que me acogieron con gran bondad y caridad[58].

Así, finalmente, después de seis años de pesadillas, el P. Eudes podía respirar: su Congregación estaba a salvo.

Notemos, para cerrar este capítulo, que durante esos difíciles años apareció la palabra "eudista" para designar la sociedad del P. Eudes. En realidad aparece más bien como apodo empleado por uno de los oratorianos que se encarnizaban contra él y contra sus hermanos[59].

¿Conocería Juan Eudes ese apodo? Ciertamente no hubiera sido de su agrado. Sabemos de qué manera quería no ser más que un sacerdote entre los demás y que la sociedad sacerdotal creada por él no tuviera otro "fundador, superior y padre" que el Sumo Sacerdote Jesucristo... "que instituyó el santo orden sacerdotal"[60].

---

58    OC X 477-478; MBD 102: OC XII 133; *Annales* VIII 26: 27/1056 ss.
59    Carta del P. de la Saudraye, de 16 de mayo de 1674, AN, M 237.
60    *Regula* D. J. I: OC IX 69-70; *Constit.* I 3: OC IX 143.

En todo caso, más que nunca, después de esos años de terrible tempestad, sabía que cuanto había podido realizar en el curso de su larga vida, no era obra propia sino de la toda poderosa bondad de Dios[61].

---

61   *Constit.* XIII 25; OC IX 582.

## CAPÍTULO XXXII

# ¡Cuantos motivos para dar gracias!

(1670-1679)

*Los seis seminarios*
*La "Probación"*
*Nuestra Señora de Caridad: Caen, Rennes, Hennebont, Guingamp*

Los dos capítulos anteriores han enfocado las grandes esperanzas, luego las crueles tribulaciones que, como fundador de una sociedad sacerdotal, Juan Eudes conoció en los años 1670-1679.

Los acontecimientos que allí narramos no agotan el quehacer de su existencia durante esos años. Tenemos que recordar ahora lo que, en ese mismo lapso, estaban viviendo las comunidades fundadas por él, y dejar entrever algo de la profundidad de su propia vida.

### Seis comunidades misioneras en el centro de sus seis diócesis

No es aventurado imaginar que el anciano P. Eudes soñaba a menudo con los seminarios que había hecho nacer y que hacía desfilar en su espíritu uno tras otro; con los seis equipos de sacerdotes que, cada uno en su iglesia diocesana, prestaban activo servicio al Evangelio. Por ello podía dar gracias a Dios.

El benjamín era el seminario de *Rennes*. El fundador había regresado allí pocas veces desde su creación en 1670. Pero en 1677 había tenido que reemplazar en ese lugar a un superior demasiado autoritario. Desde hacía dos años dirigía la casa un antiguo discípulo de Bernières, Jacques Dudouyt (+ en 1681). Este antiguo cirujano se había formado en la oración en la casa del Ermitage, luego había sido orientado a la Congregación por el jesuita de la Flèche[1]. Entre sus manos y bajo la autoridad de un nuevo obispo, Jean-Baptiste de Beaumanoir de Lavardin (1641-1711),

---

[1] *Annales* VIII 24: 27/1044 ss; - J. Dudouyt era llamado, por sobrenombre, Jourdan II, para perpetuar la memoria del querido Pierre Jourdan, lo cual disgustaba a Costil, porque eso no había servido, decía (Ibidem) "sino para sembrar la confusión en la historia de la Congregación...".

el seminario preparaba desde entonces a todos los ordenandos de esa inmensa diócesis bretona. ¡Era otra gracia señalada de Dios!

*Évreux* conservaba como pastor al querido monseñor de Maupas, tan calurosamente fiel. El seminario estaba muy vivo pero había atravesado dificultades económicas. Los conventos y monasterios de la diócesis se habían considerado lesionados y luego los canónigos de la catedral habían rehusado pagar las cuotas previstas para hacer subsistir el seminario. Juan Eudes había declarado un día que prefería la paz a "todas las tensiones imaginables que no nos hacen falta", decía, "en nuestros demás seminarios". Poco más tarde se le aseguró al seminario una renta estable, gracias al priorato del Desierto. En efecto, la abadía benedictina de Lyre, a la que pertenecía ese priorato antiguamente, había renunciado a todos sus derechos sobre él[2]. El P. Eudes se había alegrado por ello porque daba más solidez a la casa para el servicio de la Iglesia. Pero recientemente un duelo más había ensombrecido esa alegría: François de Bonnefond, que acababa de suceder a Simón Mannoury al frente de la casa de Évreux, había fallecido allí prematuramente (1679).

En cuanto a Mannoury, después de pasar siete años en Évreux, muy estimado por el obispo, había vuelto a Lisieux que conocía bien. Allí se encontraba responsable de la doble casa, colegio y seminario. El obispo se llamaba todavía Léonor de Matignon, pero ahora era el segundo de ese nombre, como sobrino del que había sido obispo de Coutances y luego de Lisieux, el hijo del conde de Matignon, gobernador de la Baja Normandía, recientemente fallecido; su madre, que en otro tiempo había alojado al P. Eudes en Saint-Lô y luego en Torigny (véase p. 100 y p. 157), le profesaba seguramente la misma admiración. El joven obispo, fiel a la tradición familiar, otorgaba toda su confianza a Mannoury, que había adquirido vasta experiencia y con sus sesenta y cinco años era uno de los mayores de la Congregación. El obispo lo había hecho su vicario general[3]. Uno de los anhelos más fervientes del P. Eudes era ver a sus discípulos entregados totalmente al servicio de las Iglesias diocesanas, más libres y disponibles que nadie para los trabajos apostólicos que los obispos les confiaban. La responsabilidad diocesana confiada al señor Mannoury era la realización concreta de ese anhelo.

Igualmente en *Ruan* la comunidad del seminario tomaba parte activa en la vida de la diócesis y en las necesidades de la comunidad humana. Ella había contado por largo tiempo entre sus miembros a Jean-Baptiste de Montaigu, el viejo compañero del P. Eudes desde la misión de Autun (1648). Atento a los diversos aspectos de la misión eclesial, ese sacerdote

---

2   *Annales* VII 15: 27/861 ss; VIII 9-11: 27/999 ss. OC XI 98.

3   *Annales* VII 17: 27/870 ss. VIII 21: 27/1038 ss. Sobre la familia de Matignon, véase p. 493 Tablas genealógico en el anexo, y Du Chesnay, M, art."Malon" p. 353.

había decidido hacía poco sostener con su consejo, su vigilancia y sus dineros las "escuelas gratuitas de señoritas" que respondían a necesidades urgentes de la región. Les había dada por "superiora" a una persona que él había "ganado para Dios en la misión" de 1667, y había ayudado a esa comunidad naciente durante varios años[4]. Luego había regresado a Coutances (1676). Era un gran motivo para agradecer a Dios aquella vida que había sido suscitado por medio de él.

También en Coutances los hermanos del P. Eudes miraban mucho más allá de los muros del seminario, de donde salían a menudo, además, para las misiones[5]. El señor du Pont se había interesado en una escuela para niñas pobres. Ya había allí entre las directoras un comienzo de comunidad; en 1674 les había dado una casa y había logrado que los feligreses se sintieran responsables de su escuela. Él mismo se había comprometido como superior del seminario, con ellas. En efecto, era de su incumbencia y de la de sus sucesores, nombrar "las jóvenes aptas para esa tarea". El señor Moisson, otro sacerdote del seminario, había dotado a la pequeña comunidad de Périers de un reglamento de vida común (y más tarde después de la muerte del P. Eudes, el señor Blouet de Camilly completaría dicha regla. Son los comienzos de la congregación del Sagrado Corazón de Coutances)[6]. El P. Eudes apreciaba esa actividad multiforme que buscaba responder no sólo a las tareas propiamente religiosas sino también a la expectativa de una población rural, pobre y desvalida. Y por ello se alegraba.

Conducía por entonces la diócesis de Coutances un joven obispo que ya hemos encontrado, Charles-François de Loménie de Brienne (1637-1720). Era el hijo de aquella Dama de la Caridad, amiga de Ana de Austria, madame de Brienne, a la que el P. Eudes había conocido en París. Grande debía ser la felicidad del viejo misionero y grande su gratitud a Dios al "encontrar así, convertidos en buenos obispos a los hijos de hombres y mujeres que antaño él había conocido y evangelizado". Así iba palpando el progreso de la gran reforma de la Iglesia en la que había deseado tanto participar... Así, pues, aquel joven obispo de Coutances se había mostrado como sus predecesores, favorable al P. Eudes y a sus seminarios. Se había alegrado al ver regresar de Rennes, como "teologal", en 1671, al joven Jean-Jacques Blouet de Camilly y no tardó en hacer de él su "gran vicario" (en 1673)[7]. Como en Lisieux, como en Ruan, el P. Eudes veía también allí a sus hermanos muy comprometidos alrededor de su obispo en la construcción

---

4    *Annales* VII 10: 27/839 ss.
5    Entre otras, las misiones de Montsurvent, Cenilly y Quettehou en las que participó Juan Eudes (verano de 1669): MBD 89: OC XII 128. – Cf. *Annales* VI 18-19: 27/875 ss.
6    *Annales* VIII 8: 27/993 ss.
7    *Annales* VII 18, 19: 27/875 ss.

de la Iglesia local. Y como se trataba ahora de Coutances, su diócesis predilecta, ese hecho era para él la fuente de una doble acción de gracias.

En Caen se encontraba él personalmente desde 1674, salvo en los tiempos de misión. El viejo sacerdote se hallaba quebrantado, pero era un himno de alabanza y seguía siendo para los habitantes de Caen lo que había sido por tanto tiempo, una voz inmensa que les comunicaba, con motivo de los acontecimientos de su ciudad, los llamados de Dios. En el mes de agosto de 1678 acudieron a él para que apoyara la construcción del hospital general. Esa gran casa, destinada a recibir a los pobres, aunque comenzada dieciocho meses atrás, no acababa de construirse por falta de recursos. El señor de Bernières-Gavrus, sobrino del gran Bernières y que había heredado su cargo de tesorero de Francia, era el animador de la obra y al mismo tiempo su benefactor; pero sus donaciones generosas no eran suficientes. Acudió pues al P. Eudes. Este aceptó complacido dar varios sermones en la iglesia de Saint-Pierre, en la que se hacían las predicaciones destinadas a toda la ciudad. Asistieron muchedumbres a escucharlo y su palabra, todavía poderosa, interpeló una vez más, las conciencias. En cinco sermones que dio en las horas de la tarde comentó el versículo del salmo 41 (40), 2: "Dichoso el que cuida del pobre y del desvalido..." Lo hizo con tal éxito que se acumularon las donaciones en dinero, en granos, en telas, en camas, en muebles y ya no había sitio para colocarlos. El señor de Gavrus tuvo que decirle: "Padre, ya ha predicado lo suficiente: tenemos bienes en abundancia"[8].

El Padre Eudes se alojaba, claro está, en el seminario, en la Misión, como decían con una palabra bien significativa que correspondía al más claro deseo de quien fue siempre y antes que todo, un misionero.

Cada día se hacía sentir más la estrechez de la casa que alojaba a la comunidad.

Felizmente desde sus ventanas se podía contemplar la construcción de la futura residencia, o al menos de su iglesia. Pero los trabajos, comenzados en 1664, habían tenido frecuentes interrupciones por falta de recursos. ¿Cuando terminarían?. ¿Cuándo podrían orar en esa hermosa iglesia del Corazón de Jesús y de María?[9]

Fue Jacques de Bonnefond quien, a su regreso de Roma en 1675, había asumido la dirección de la casa de Caen, tras el interinato de su hermano François.

---

8    *Fleurs* JE I 12: 31/55. Cf. L. HUET, *Histoire de l' hôpital Saint-Louis de Caen*, 2a ed. Caen 1926, p. 25-26. MARTINE VII 61 : 17bis/253. HERAMBOURG II 23 : 53/223.

9    En realidad la iglesia sólo fue terminada en 1687; la primera sección de los edificios fue construida entre 1691 y 1703.

## Los jóvenes de la Congregación

El señor de Bonnefont no era solamente el responsable del seminario sino también *director de la Probación*, es decir, del año especial de formación de quienes deseaban entrar en la Congregación.

El lector recordará que la *Probación* había tenido sus comienzos en Coutances en 1652 y que había permanecido allí hasta 1671. Luego pasó a Caen durante siete años. Pero en Caen se hallaban estrechos y lo iban a estar aun más el día en que monseñor de Nesmond prolongaría el tiempo prescrito de permanencia en el seminario antes de las ordenaciones, lo que sucedió en 1679. Además, las relaciones entre los aspirantes a la ordenación y los ordenandos no eran siempre muy cordiales. Se llegó pues, al convencimiento de que era preciso abandonar a Caen.

¿Pero a dónde emigrar?. Se pensó conveniente ofrecer a los candidatos a la Congregación un ambiente bastante solitario. Esto suponía una casa distinta de uno de los seis seminarios, lo que llevó al P. Eudes y a sus hermanos a tomar una decisión que marca un viraje en la historia de la sociedad. Por primera vez la Congregación iba a existir fuera de los seminarios que había fundado; en adelante ya no se identificará pura y llanamente con las seis casas que estaban al servicio de la diócesis. Tendrá una residencia de su propiedad.

El lugar escogido era lo más deseable como soledad: el priorato del Desierto[10], a siete leguas de Évreux en pleno bosque de Breteuil. Así pues, Jacques de Bonnefond fue a instalarse allá con su grupo (en 1678). Pero bastaron unos meses para comprobar que ese "Desierto" era algo verdaderamente ¡demasiado radical!. Se realiza, pues un nuevo éxodo hacia otra soledad pero más cercana de un poblado en el que se pudieran encontrar provisiones y servicios. La *Probación* se estableció durante largo tiempo en la propiedad de Launay, en la diócesis de Coutances, comprada antaño a la señorita Le Cointe[11] (p. 260). El señor du Pont había hecho restaurar allí los antiguos edificios y la capilla, muy deteriorados, y había designado un sacerdote que diera enseñanza a los niños. Cuando soñaba con esta casa el P. Eudes vislumbraba tal vez los grupos de muchachos que allí se sucederían año tras año y que serían más tardes animadores bien formados para el servicio de los seminarios en la alborada del siglo XVIII. Lo que ya podía contemplar en esa juventud lo invitaba a dar gloria a Jesús, "gran pastor de las almas", que no abandonaba a su Iglesia. Bien sabía que

---

10 El priorato del Desierto o de Santa Susana está situado a treinta kilómetros al sureste de Évreux, no lejos de la abadía de Lyre.

11 Launay está situada en la actual comuna de Saint-Aubin-du-Perron, cerca de Coutances. *Annales* VIII 20: 27/1035 ss.

todos sus sufrimientos pasados habían preparado esa germinación vital, y no cesaba de dar gracias por ello.

## "Ellas van a París, para buscar las almas perdidas"

Cuando Juan Eudes pasaba en revista los lugares en que había contribuido a hacer brotar la vida, no olvidaba ciertamente las casas de Nuestra Señora de la Caridad de Caen y de Rennes. Sentía tal vez, por ellas, una ternura particular, en especial por la de Caen que le había costado tantos sufrimientos. A esas dos comunidades se añadían ahora las de Hennebont y de Guingamp.

En 1675, en Caen la madre Marie du Saint-Sacrement Pierre (la primera superiora perteneciente al instituto y sucesora de la madre Patin) estaba terminando su sexto año de superiorato. Había que pensar en la elección de la nueva superiora. Muchos deseaban que fuera la sobrina del P. Eudes, Marie de la Nativité Herson. Pero ésta se encontraba en Bayeux desde hacía dos años porque monseñor de Nesmond la había solicitado para dirigir provisionalmente la casa fundada en otro tiempo por Marguerite Morin (p. 142), que no estaba todavía suficientemente afianzada.

El obispo no accedió fácilmente a dejarla regresar a Caen. El P. Eudes apoyó las peticiones insistentes que le dirigieron:

> No se contenten ustedes con hablarle una vez, ni cuatro, ni doce: no se cansen de pedir, suplicar y presionar, oralmente y por escrito[12].

Comprobamos una vez más la tenacidad de Juan Eudes que los años no habían logrado disminuir. Finalmente el obispo se dejó convencer y ella regresó a su casa; previamente había tenido el cuidado de enviar por delante a la joven Marie de l'Enfant-Jésus de Boisdavid, su compañera en Bayeux.

Así, pues, Marie de la Nativité Herson fue elegida superiora de la comunidad, lo que emocionó al P. Eudes. Durante muchos años, desde su adolescencia, ella había sido su colaboradora valiente y, como él tenaz. Al regresar a Caen Marie de la Nativité había encontrado su comunidad debilitada, por una serie de muertes prematuras, por frágiles estados de salud y por los éxodos hacia Bretaña. Ella había querido reaccionar, darle nuevo impulso. Pero resultó un poco "rígida": parece que "tuvo las riendas

---

12   *Lettres*, OC X 577, 578.

más tensas" de lo necesario. A decir verdad su tío, el P. Eudes, la comprendía fácilmente: al fin y al cabo la misma sangre corría por sus venas. Además las muchas pruebas que había tenido que afrontar en otro tiempo en esa casa pudieron contribuir a acentuar ciertos rasgos ásperos de su personalidad. El caso es que, al cabo de tres años, sus hermanas escogieron una nueva superiora: Marie de l'Enfant-Jésus de Boisdavid, de treinta y un años de edad (1678)[13].

También esta elección debió ser para el P. Eudes motivo de alegría. ¿Cuántos recuerdos revivían en él desde la llegada de 1654, de la pequeña Susana que entonces tenía siete años, en los momentos en que se formaba el grupo de niñas internas?. Un poco más tarde su madre había llegado también al convento como una rica promesa; luego vino la horrible noticia de su muerte accidental y el sacrificio ofrecido entre lágrimas. Susana, a su vez, se hizo religiosa y recibió el mismo nombre que su madre tenía en religión: María del Niño Jesús. Esa era la nueva superiora.

En ella el P. Eudes encontró la misma acogida que le había ofrecido Marie Herson. Además, ahora el fundador llegaba al "pequeño convento" con mayor libertad que en los años 1675-1677, cuanto reinaba un confesor atrabiliario que no lo quería a él, y cuyas reacciones muy violentas se podían temer. Desde comienzo de 1678 éste ya no se encontraba allí y el P. Eudes se sentía libre para ir los domingos por la tarde a hablar familiarmente con la comunidad y a comunicarle su añosa sabiduría. Esa charla semanal se había convertido en cierto rito[14].

El fundador encontraba en ello mucha alegría. En esas charlas les repetía a menudo lo esencial de su "carisma" de misericordia. Así, un día, a propósito del discernimiento de las vocaciones, les explicó, palabra más, palabra menos, lo siguiente:

> No se debe recibir jamás a una joven a la probación si no tiene gran celo por la salvación de las almas y gran deseo de trabajar en ella. Si carece de ese deseo demuestra indudablemente que no ha sido llamada a esta vocación (...). Nada perjudica tanto a una comunidad religiosa como recibir jóvenes que no tienen el espíritu propio de su vocación. Porque cada vocación posee una gracia particular que nuestro Señor concede a quienes llama a ella[15].

---

13    *Ann.* NDC III 6-8: Chev/182 ss., 189 ss. Pero María de la Natividad fue posteriormente superiora en dos oportunidades.
14    *Ann.* NDC III 17: Chev/223.
15    *Ann.* NDC III 24: Chev/255 ss.

Un miércoles santo dos nietas de madame de Camilly fueron llevadas por sus ayas al oficio de "tinieblas", como entonces se decía, en la capilla de las Hermanas de Nuestra Señora de la Caridad. Sólo regresaron a casa a las 8 de la noche y la abuelita comenzaba a inquietarse. Por casualidad el P. Eudes se encontraba en la casa y se enteró del asunto. Al día siguiente se dirigió a la comunidad en donde le dijeron que efectivamente el oficio había durado cuatro horas y que la comunidad se hallaba rendida "porque las mejores voces estaban ocupadas con las penitentes". El analista añade que Juan Eudes ordenó a nuestras madres limitar el canto al primer nocturno y al *Benedictus*[16].

En efecto, desde 1675, el P. Eudes tuvo a menudo ocasión de trabajar con las superioras y sus consejeras en la preparación de una nueva edición de las constituciones (que sólo aparecerían después de su muerte). Se requería también, para completar las constituciones, un "costumbrero" que se logró redactar tomando como base el de la Visitación[17]. Y el P. Eudes, con miras a su publicación, redactó una carta dedicatoria en la que insistía una vez más con las hermanas en la vocación esencialmente apostólica de su congregación,

> que fue instituida para el mismo fin que motivó la venida del Divino Salvador a este mundo, es decir, para llamar, no a los justos sino a los pecadores a penitencia y para salvar lo que estaba perdido...[18].

Por otra parte, en ese texto, expresaba su asombro por la bondad infinita del Señor Jesús que había querido servirse de él, el primero de todos los pecadores, para dar nacimiento a ese instituto.

Porque él sentía de verdad, las limitaciones que tenía como pecador. Sabía que a veces mortificaba e irritaba a los demás y ese malestar le revelaba sus propias lagunas. Así, desde algún tiempo, el obispo de Bayeux le mostraba cierta frialdad, cuando diez años antes se había manifestado tan benévolo. Es verdad que monseñor de Nesmond no tenía carácter fácil, pero se le notaba a veces fastidiado por el P. Eudes, aunque no podía "dejar de manifestarle su aprecio"...[19]. Es posible que lo encontrara demasiado

---

16   *Ann.* NDC III 18: Chev/230. - Una de las nietas se convirtió más tarde en la señora de Bernières-Gavrus de Vaubenard; la otra, que ingresó en la Charité, se llamaba Marie de Sainte-Catherine (1668-1738).

17   *Ann.* NDC III 18-20: Chev/226. las visitandinas de Caen rehusaron prestar su "costumbrero" así que Marie de la Trinité Heurtaut lo tomó prestado de Rennes, quien accedieron gustosas.

18   OC X 244.

19   *Ann.* NDC III 19: Chev/236.

insistente, demasiado impaciente o, de pronto, excesivo en sus entusiasmos. O que todavía estuviera impresionado por el libelo de Du Four. En todo caso las hermanas no se atrevieron a presentarle el costumbrero que habían preparado junto con el P. Eudes, al término de los seis meses de experimento pedidos por el obispo. Pero esas mismas limitaciones hacían resaltar la bondad de Dios como se complacía en cantar el mismo Juan Eudes:

> Mi alma glorifica al Corazón admirable de Jesús y de María (...). El abismo de mis miserias me atrajo el abismo de sus misericordias. Gracias infinitas por sus dones sin medida[20].

Lo que alimentaba particularmente la gratitud del P. Eudes era la expansión que tomaba el instituto, por tanto tiempo precario, de Nuestra Señora de la Caridad. No sólo la casa de Rennes, fundada en 1673 se hallaba actualmente bien cimentada; supo también que hermanas que Caen, llamadas a Bretaña, mucho más allá de Rennes, había abierto una nueva casa en Hennebont, cerca de Lorient (1676) y que otras, partiendo de Rennes, habían dado nacimiento, en la costa norte de Bretaña, a una cuarta comunidad, la de Guingamp (1676)[21].

El no había desempeñado personalmente papel alguno en esas dos fundaciones, como le sucedía al campesino de la parábola evangélica, cuya semilla, sea que él esté despierto o dormido brota por si misma. Por la fuerza de la vida, el árbol seguía creciendo.

¡Y aconteció que el año anterior se había comenzado a hablar de una nueva fundación, esta vez en París!. ¿Tal vez sus hijas sí podrían establecerse en esa ciudad hasta ahora cerrada a sus hijos?

Sostenía ese proyecto la gran dama de Rennes, la presidenta de Argouges, que había ayudado eficazmente la fundación de Bretaña. Juan Eudes había querido escribirle para expresarle su inmenso agradecimiento por sostener de esa manera a "las hijas del amabilísimo Corazón de la Madre de Dios en su deseo de ir a París para buscar almas perdidas, a imitación de nuestro Salvador que hablando de sí mismo dice que vino a buscar y salvar lo que estaba perdido (...). ¿Qué podré decirle a usted, señora, para demostrarle mi reconocimiento por las bondades que tiene hacia mis queridísimas hermanas?"

---

20  *Manual, Magnificat* de San Juan Eudes: OC III 491-492.
21  *Ann.* NDC III 9 ss.: Chev 191 ss. -La fundación de Hennebont (Morbihan) sólo duró hasta 1687, pero Vannes (Morbihan), fundada en 1683, tomó el relevo. Guingamp (Côtes-du-Nord) duró hasta la Revolución, cuando fue tomada por Saint-Brieuc.

Lo vemos, pues embelesado por la iniciativa de esa mujer inteligente y generosa y por la valentía apostólica de esas religiosas que no se contentaban con esperar sino que iban a buscar hasta en el mismo París, aquellas ovejas que tenían la misión de amar[22].

Esa admiración alimentaba una vez más en el corazón de Juan Eudes aquella gratitud emocionada a la bondad de Dios que fue siempre el clima de su existencia.

---

22   OC XI 122-123. la implantación en París en 1678 solo fue un intento sin mañana (*Ann.* NDC III 20: Chev/239). Cuatro años después (en 1682) siempre con la ayuda de madame de Argouges, Marie Hertaut se instaló en París, con algunas compañeras, en una casa de penitentes, llamada Sainte-Pélagie; la mala voluntad del parlamento las obligó a dejar la capital al cabo de dos años. Fue solamente en 1724 cuando nació de verdad la casa de París, que fue trasladada posteriormente a Chevilly-Larüe.

## CAPÍTULO XXXIII

# Serenidad

(1670-1679)

*Gratitud*
*La madre San Gabriel*
*La mansedumbre de Cristo*
*Abandono en Él*

**"Sobre la gratitud o reconocimiento"**

A lo largo del capítulo anterior el lector habrá percibido un clima de acción de gracias. La vida del P. Eudes se desplegaba en la alabanza, por muchas que fueran sus tribulaciones y esto se acentuaba a medida que avanzaba en edad.

Era en él orientación muy consciente, como lo evidencian las constituciones de Nuestra Señora de Caridad. Allí se encuentra el capítulo titulado: "Sobre la gratitud o reconocimiento" que no figuraba en las constituciones de la Visitación. De manera que ha sido explícitamente querido por el P. Eudes.

Y es que, para él, la gratitud es elemento importante de la vida evangélica:

> Los humildes viven llenos de gratitud porque son conscientes de que nada son y de que nada es debido a la nada. Por eso agradecen los mas pequeños favores[1].

Y de ese principio se desprenden prescripciones muy concretas:

> En cada casa habrá un cuaderno, forrado en cuero y bien empastado, para escribir en él los nombres de los fundadores y bienhechores...

Las constituciones de la Congregación de Jesús y María son todavía mas explícitas. Contienen dos capítulos: el primero dedicado a la gratitud para con Dios y el segundo para con los bienhechores. En cada casa deben

---

1 *Constitutions* NDC XX: OC 111-112.

existir dos libros en los que se expresen esas dos formas de gratitud y cada año, en enero y febrero, se darán dos conferencias sobre el tema, al final de las cuales se leerá la lista de los favores de Dios y de los hombres[2].

Juan Eudes daba gracias por todo, aún por los acontecimientos dolorosos. Y esta alabanza continua debía marcar como con un haz de luz toda su existencia. Se han conservado los textos escritos por él en los cuaderno de Caen. En el que se consignaban los favores recibidos de Dios, anotaba:

> Una de las mayores (gracias) por no decir la mayor de todas es el haber establecido nuestra Congregación sobre la cruz. Porque ¿quién podría decir lo que ha sido necesario sufrir por su causa, en todas las formas, por todos lados, y eso durante más de treinta y seis años?

La última precisión revela que escribió esa frase en 1679 después de los años más sombríos que tuvo que atravesar. Y en el cuaderno de los bienhechores:

> Incluimos entre ellos a quienes nos han sido contrarios, que nos han obstaculizado y afligido(...). ellos nos han ayudado a humillarnos y mortificarnos, y Dios se ha servido de ellos para fundar y afianzar nuestra Congregación sobre la cruz...[3].

Vivía todo esto en lo concreto de su vida. Su diario está sembrado de gritos de acción de gracias extremadamente variados, que hacen brotar la alabanza de cualquier acontecimiento. A propósito del trueno extraño que se oyó en Elbeuf, dice:

> Bendecid al Señor, tú, rayo, y tú, fuego, y tú, rugido del huracán, que obedecéis a su Palabra.

Cuando evoca los libelos difamatorios repletos de atroces injurias, de los años 1674 y 1675, añade:

> Gracias a Dios y María por sus favores inefables. Padre, perdónalos.

---

2   *Constit. des Eudistes* III 3 y IV 8: OC 181 ss y 239 ss.
3   OC XII 194 –195.

Las facultades obtenidas en Roma después de tantos fracasos lo llenan de alegría y le hacen exclamar:

> ¡Gracias infinitas, sin medida, eternas, al Corazón amantísimo de Jesús y de María![4]

Así cada aspecto de la vida real, cada episodio de su existencia, tomaban para él nuevo rostro: los redescubría a través de una continua alabanza.

## "Ayúdeme, usted, queridísima hermana"

Esa actitud instintiva de alabanza contribuía a hacerlo vivir en gran serenidad. Si le sucedía, sobre todo cuando se hizo sentir el peso de los años, que flaqueara un momento, que conociera la angustia o el desconcierto, prontamente recobraba profunda paz mediante la oración.

Así aparece, en particular, en su asidua correspondencia con una benedictina de Montmartre, Charlotte de Chaulnes, llamada hermana Saint-Gabriel[5]. Se han conservado unas doce cartas (o fragmentos de ellas) que le dirigió entre 1670 y 1678. No se trata solamente de cartas de "dirección espiritual"; al contrario, en los apartes conservados vemos, sobre todo, cómo el viejo P. Eudes habla de sí mismo con sencillez y se desahoga con una religiosa amiga. Comparte con ella su alegría del trabajo misionero realizado en Rennes; se siente vigoroso y "resuelto a emplear el resto de (su) vida en ese trabajo" (abril de 1670; p. 389). Otro día le pide que "le ayude a dar gracias" por la misión que dio a las religiosas de Vernon (el 25 de septiembre de 1671), o por Nicolás Blouet de Than que acaba de morir: fue "¡un ángel visible!" (19 de enero de 1673).

Le confiesa sus desfallecimientos cuando en 1674 lo abruma la persecución. También le cuenta sus enfermedades, por ejemplo en octubre del mismo año:

> Tuve fiebre continua, con altas temperaturas durante nueve o diez días, pero nunca tuve la sensación de que iba a morir. Ahora me encuentro revitalizado, gracias a nuestro Señor y a su santa Madre, y deseo emplear mi vida totalmente en su servicio y en su amor...

---

4    MBD 96, 99, 100: OC XII 131- 132.
5    El 28 de marzo de 1661 aparece su firma en un certificado de reliquias: *Charlotte de Chaulnes, Secrétaire du Chapitre* (Arch. del seminario de Coutances, N° 13).

Cuando se dice "revitalizado" tiene casi setenta y tres años. Pero cuatro años después lo hallaremos de nuevo enfermo y esta vez de mayor gravedad. Estará impedido durante seis semanas. Se sirve de su secretario, el señor Dufour para enviar noticias detalladas a la querida hermana Saint-Gabriel[6]. Y apenas curado le escribe: "El que tiene en sus manos las llaves de la vida y de la muerte me ha conservado la vida, para darme tiempo de convertirme y de empezar una vida nueva. Y prosigue: Pido a Cristo y a la Virgen la gracia de comenzar a amarlos como debo, porque no sé si he empezado todavía. ¡Ayúdeme usted, mi queridísima hermana!..." (7 de noviembre de 1678)[7].

¡Qué humildad tan limpia y cuánta sencillez en esa correspondencia amistosa!

El señor Dufour lo palpaba muy bien. En su carta a la monja, cuando le hablaba del P. Eudes que se preparaba a la muerte durante esa enfermedad, ante el espectáculo de su fe tranquila, añadía: "el hermoso ejemplo que nos da nos hace desear morir de la misma manera..."

## "Jesús en su inmensa paciencia, mansedumbre y benignidad"

Tal serenidad es, en él, fruto de prolongada acción de Dios, de una larga familiaridad con Jesús y María. Al compás de esta historia hemos podido entrever en repetidas ocasiones qué clase de temperamento autoritario y dominante tuvo que vencer. Debió seguramente contemplar a menudo a Jesús en su "profunda humildad, en su inmensa paciencia, mansedumbre y benignidad"; y darse a él para *compartir* su espíritu de humildad y de mansedumbre, para que Jesús, en persona, *destruyera* lo que en él se oponía a esas virtudes y las hiciera vivir y reinar en su corazón[8].

Con el correr de los años poco a poco fue cambiando. Ya estaba lejano el tiempo en que hacía a su compañero Thomas Manchon una fuerte reprimenda porque éste, como lo confesaba con toda sencillez él mismo, había comido "algunas frambuesas mientras se paseaba en la huerta después del almuerzo"[9]. O bien aquella comida de fiesta, con ocasión de una profesión religiosa[10], en Coutances, al saber que el banquete había costado un ojo de la cara, "no pudo contenerse" de hacer, en plena comida, "una dura reconvención" al anfitrión, que era el padre de la religiosa. ¡O aquella cólera

---

6   *Annales* VIII 25: 27/1051.
7   *Lettres*, OC XI 100, 102, 105, 108, 109 y 121.
8   *Manuel* OC III 295.
9   *Fleurs*, JE II 25: 31/554.
10  *Fleurs* JE II 18: 31/495.

contra un hermano lego, cuando lo vio expulsar un perro arrojándolo por una ventana, con peligro de matarlo. Poco faltó para que hubiera expulsado también al pobre hermano![11]

Había ocurrido también recientemente el episodio del jansenista; y el P. Eudes sabía que lo contaban de cuando en cuando. Pero tal vez se trataba más bien de una especie de broma a la que se había prestado ("una agudeza bastante graciosa", dice el serio Costil). En efecto, un día monseñor de Nesmond lo había invitado a subir a su carruaje con otro sacerdote y le había preguntado a quemarropa si sabía con quién se encontraba.

— Pues claro, monseñor, ¡tengo el honor de estar con mi obispo!
— No, no le pregunto eso. Es cierto que está conmigo; pero, sabe usted quién es éste? ¡Es un declarado jansenista!
— ¡Ah, monseñor, permítame bajarme, por favor! ¡Deténgase, cochero, se lo ruego!
— No, se lo prohibo, replicó el obispo...[12]

Sin embargo, sobre este punto se puede asegurar que el P. Eudes, a pesar de su franca oposición a la doctrina jansenista siempre mantuvo una actitud conciliadora hacia las personas. El fogoso P. Desmares, en 1659, en Ruan, tuvo experiencia de ello (véase p. 272), lo mismo que el cristiano jansenizante que lo vio quemar la *Apología de los casuistas*, en Évreux, en 1667 (véase p. 357). Y el mismo Juan Eudes sintió alegría al comprobar la ausencia de sectarismo en monseñor Vialart de Herse, amigo de Port-Royal, pero quien confiaba del todo en Juan Eudes para la gran misión de Châlons (véase p. 348). Ciertamente tuvo que combatir a menudo su tendencia a ser tajante y autoritario, pero veló con particular solicitud para que los jansenistas no fueran sus víctimas.

Pero podemos adivinar qué tamaña lucha contra sí mismo tuvo que mantener y de qué medios se sirvió para combatir su orgullo. Un día, por ejemplo, en una comunidad en la que se le rodeaba de admiración dejó caer como por descuido un papel con "un extracto de su genealogía en el que él mismo se calificaba de pobre aldeano e hijo de campesinos"[13].

También oró mucho para ello. Sobre todo a partir de aquel día de 1641-1642 en que recibió por medio de Marie des Vallées una invitación de nuestra Señora a que tratara a los pecadores con misericordia y a no dejarse arrastrar jamás por la aspereza de su fogosidad natural (véase p. 87). Es esto lo que más tarde, apoyado en el testimonio de sus hermanos,

---

11  *Fleurs* JE II 18: 31/497.
12  *Annales* V 12: 27/543.
13  *Fleurs* JE II 24: 31/547.

expresó Pierre Hérambourg en los términos siguientes: "Se hubiera podido pensar que la misericordia había nacido con él y que había hecho progresos en su alma a medida que avanzaba en edad (...). lo que sí es verdad es que anduvo en su búsqueda durante mucho tiempo y que pidió particularmente a Dios mucha ternura por todos los miserables..."[14].

En este combate le fueron útiles algunas lecturas. Lo sabemos por una carta a su sobrina Marie Herson poseedora "de un natural vivo y ardiente"[15] en el que él mismo debía a menudo reconocerse. Se encontraba ella en Bayeux (véase p. 454) y hacía por primera vez la experiencia del superiorato:

> Le envío –le decía Juan Eudes- dos libros cuya lectura me ha sido muy provechosa. Le ruego que los lea con atención y sobre todo que los ponga en práctica, especialmente en lo referente a la mansedumbre. Porque el humor rudo, agrio, seco, altivo y dominante (sorprende la riqueza del vocabulario) todo lo arruina (...) y pone a una superiora en situación crítica.

No quería alarmar a su sobrina y por eso al punto precisa:

> No creo que sea este su caso y nadie me ha dicho nada al respecto

Sencillamente quería ayudarle a conducir a sus hijas "con toda la mansedumbre, benignidad, cordialidad y ternura que le fuera posible". Y añadía:

> Es este el espíritu de nuestro Señor y de su santa Madre. Ruégueles a menudo que se lo concedan a usted y también a mí[16].

Hay que subrayar la frase: "y también a mí".

Sin embargo, cuando escribía estas cosas a sus setenta y dos años, Juan Eudes, ya transformado por la mansedumbre de Cristo, no hablaba, por ejemplo, a sus hermanos como hacía veinte años. Sabía emplear palabras llenas de delicadeza, como en la carta al superior de Ruan a propósito de un presbítero de su comunidad al que estaba necesitando (hacia 1669-1670):

---

14  HERAMBOURG II 23: 53/220.
15  *Ann.* NDC III 17: Chev/223.
16  OC X 575.

No le pido (que me envíe) al señor Vaguel usando de autoridad ni como superior, sino rogándole y como hermano de usted, que le suplica nos lo preste por breve tiempo, o más bien, que lo entregue a nuestro Señor y a su santa Madre. Espero que a ellos usted no lo rehuse[17].

## Soltar prenda...

La pedagogía de Dios se ejercitó con él a través de las pruebas de su larga existencia, de las enfermedades, las humillantes campañas calumniosas, la oposición sistemática de algunos... también sufrió vivamente por ciertos malentendidos con personas que le eran cercanas y amadas.

Por ejemplo, sólo en noviembre de 1679 se puso punto final a un diferendo con el consejo de la querida casa de Nuestra Señora de Caridad y eso por un despreciable problema de dinero, de deudas. Se necesitaron tal vez dos años de pacientes esfuerzos para llegar a un acta de acuerdo solemnemente firmada entre las religiosas y los sacerdotes del seminario de Caen. Estos les perdonaban la suma prestada en 1651 para permitir la aprobación de su instituto por parte de monseñor Édouard Molé, así como tres préstamos más. Ellos y ellas se declaraban mutuamente libres de toda deuda[18].

Luego ocurrió un terrible desgarramiento en su cuerpo que lo obligó a una renuncia radical. Cuando regresaba de París, rebosante de alegría después del encuentro con el rey en Saint-Germain, en junio de 1679, "el sacudimiento del coche (...) al pasar por un camino lleno de gruesas piedras" produjo en el anciano una hernia dolorosísima. Tuvo que guardar cama inmediatamente y, durante seis semanas, se vio reducido a la impotencia. El dolor moral fue todavía más fuerte porque el accidente, dice, "me quitó toda posibilidad de trabajar en la salvación de las almas en las misiones"[19].

Esas breves palabras traducen una ruptura cruel: todo ha terminado ya, sin retorno posible. Había que renunciar también a lo que había sido para él la razón de su vida. La serenidad del anciano se logró a través de tales despojos. Con ellos conoció una nueva profundidad de abandono en Dios y de aceptación de su amoroso querer.

---

17    OC X 457.
18    *Annales* VIII 28: 27/1061.
19    MBD 103: OC XII 134. *Annales* VIII 27: 27/1059 ss.

Y ello implicaba, además, otra amarga evidencia: no podría hacer frente, personalmente, a sus responsabilidades de superior. Ya en enero de 1678 había delegado toda autoridad en Jacques de Bonnefond, nombrándolo visitador de la Congregación[20]. A comienzos de octubre de 1679 convoca en Caen una "pequeña asamblea" compuesta por los superiores más cercanos, los de Coutances, Lisieux y Évreux (Jean-Baptist de Montaigu, Simón Mannoury y Raoul de Bon). Ante ellos declara que "su edad y sus enfermedades le piden que alguien le ayude y sostenga en las diversas funciones y tareas que corresponden al gobierno y dirección de la Congregación, y que ha escogido como vicario suyo Jacques de la Haye de Bonnefond"[21].

Sólo le queda sumergirse en la paz y entregarlo todo en las suavísimas manos de su Dios.

A través de tantos renunciamientos que lo han invitado a soltar prenda y lo han liberado de sí mismo, como tanto lo había suplicado a lo largo de ese camino de conversión a la humildad y a la mansedumbre de Cristo, parece como si su sensibilidad se hubiera acrecentado. Manantiales de ternura, largo tiempo escondidos comenzaron a manar de él con mayor libertad. Lo hemos comprobado, por ejemplo, en sus amistades con madame de Camilly y con la hermana Saint-Gabriel.

Tal vez es fruto de esa experiencia lo que comunicaba a su sobrina al escribirle:

> Guardémonos de permitir que se encoja y se desmoralice nuestro corazón por la tristeza o el desaliento; tratemos en cambio, de dilatarlo, sostenerlo y levantarlo, mediante la confianza y por el amor al que es todo amor y bondad para con nosotros[22].

Y, en verdad, todo sucede como si con el correr de los años hubiera dejado palpitar más libremente, dentro de él, según su propia expresión, un "corazón abierto, dilatado y expandido por el fervor de la santa caridad"[23].

---

20 *Lettres* OC X 475-476.
21 *Annales* VI 1: 27/640. *Fleurs* JE II 18: 31/497.
22 OC X 579.
23 *Mémorial*: OC III 141.

## CAPÍTULO XXXIV

# "Ven, Señor Jesús"

(1680)

*El testamento*
*La asamblea general de la Congregación*
*La muerte*

**En unión con el testamento de Jesús**

Desde el año de 1671 el Padre Eudes había hecho un testamento, mientras se encontraba en París, después de la misión de Versalles[1].

Fiel a su fe centrada totalmente en el Verbo encarnado, fue voluntad suya realizar ese acto, dice él, en honor y unión del testamento que mi Jesús hizo en el último día de su vida mortal. Estaba pensando, claro está, en el discurso después de la Cena (Jn 13-17)[2].

Estos son algunos de sus artículos:

Declara que quiere morir en la fe de la Iglesia y en unión con el amor de Cristo cuando moría en la cruz; a él pide "la gracia de morir en su amor, por su amor y para amarlo" (art. 1 y 2).

Pide perdón y ofrece su perdón: "Desde lo más íntimo de mi corazón, oh mi Padre celestial, digo a favor de cuantos me han ofendido de cualquier manera (...): Padre, perdónalos, porque no sabían lo que hacían" (art. 3 y 4).

En unión con Jesús se abandona en las manos del Padre. Entrega su alma "al amabilísimo Corazón de Jesús y de María, hoguera ardiente del amor eterno, y les suplica que lo enciendan, lo consuman y conviertan en purísima llama del divino amor" (art.7).

El artículo más solemne se relaciona con la sociedad sacerdotal fundada por él:

> Me entrego con toda mi voluntad al amor incomprensible por el que mi Jesús y mi bondadosísima Madre me han dado su Corazón de manera especial. Unido a ese amor hago donación de ese mismo Corazón, como de un bien personal,

---

1     OC XII 169-177
2     Sobre el testamento de Jesús, cf. RJ, OC I 535.

para gloria de mi Dios, a la pequeña Congregación de Jesús y María, para que sea la herencia, el tesoro, el dueño principal, el corazón, la vida y la regla de los verdaderos hijos de esa Congregación. Igualmente entrego y consagro dicha congregación a ese divino Corazón... (art. 10).

Hace entrega también, "de ese corazón preciosísimo a todas (sus) queridísimas hijas, las religiosas de Nuestra Señora de la Caridad, a las carmelitas de Caen y a todos (sus) demás hijos espirituales". Promete a todos, contando con la misericordia de Dios, que velará sobre ellos desde el cielo. Espera que Dios "le concederá la gracia de poder asistirlos en la hora de su muerte, en compañía de la santa Virgen, la Madre de Cristo" (art. 11).

Suplica a Dios y a María concedan a su Congregación un superior "según su corazón e indica a sus hermanos, que a su juicio no hay otro más indicado (...) para ese cargo como nuestro queridísimo hermano...". Dejó el nombre en blanco. En 1671 hubiera sido prematuro indicarlo. Y, más tarde, tampoco completó el texto. Podemos pensar que habría recomendado gustoso a Jacques de Bonnefond. En realidad, aunque rehace su testamento en 1678 prefiere, finalmente, no sugerir nombre alguno (art. 12).

Exhorta al futuro sucesor a que desempeñe cumplidamente su misión. Le ruega también que cuide de que "sus sermones no se pierdan, sino que se empasten y se conserven para la Congregación...". Infortunadamente se han perdido, igual que los manuscritos de obras que el P. Eudes no pudo editar personalmente: *El hombre cristiano, todo Jesús,* una colección de meditaciones y dos libros sobre el oficio divino y sobre la Eucaristía. Costil pudo ojear esos cuadernos que desaparecieron posteriormente probablemente durante la Revolución (art. 17 y 18).

Siempre agradecido, recomienda a "nuestro queridísimo hermano Richard Le Moine" (véase p. 413) de quien recibió "grandes servicios" durante muchos años. Efectivamente el hermano Richard acompañó al Padre Eudes en todas sus misiones y desplazamientos durante veinte años. Costil, quien asistió a su muerte en 1722, lamentó no haber recogido de sus labios sino un pequeño manojo de recuerdos, siendo así que él sabía tantas cosas. Cuando Costil le preguntaba si contaba con la asistencia del P. Eudes, el hermano contestó en voz baja: " ¡Así me lo prometió muy en serio!". Y expiró poco después en medio de gran paz, El Padre Eudes había cumplido su promesa (art. 20)[3].

---

3   *Fleurs,* Richard Le Moine: 32/344 ss.

Volvamos al testamento. Juan Eudes desea que su "último suspiro sea un acto de purísimo amor" hacia Jesús y termina con sus palabras predilectas: "¡Ven, ven, ven, Señor Jesús!" (art. 21 y conclusión).

Es extraño que en su testamento no figure madame de Camilly. Pero el año siguiente agregó un artículo que se refería a mi amadísima hija en nuestro Señor, y mi hija mayor, Anne Le Haguais, señora de Camilly. En él invita a sus hermanos a reconocerla y tratarla como la "fundadora" y la "madre" de su congregación y le lega una estatuilla de la Virgen María, muy preciosa para él, (véase p. 331 y p. 369)[4].

## "La primera asamblea general de nuestra pequeña Congregación"

*¡Ven, Señor Jesús!* En este espíritu y con este anhelo el Padre Eudes, en el curso de su ultimo año de vida (1680), se encaminaba hacia su muerte. Pero continuaba activo. Quiso consagrar un tiempo al retiro y hacer por propia cuenta, con todo cuidado los ejercicios de preparación a la muerte, que él mismo había propuesto en *El contrato del hombre con Dios mediante el bautismo*[5], seguía velando sobre su Congregación, terminaba sus libros y se enteraba de los acontecimientos del mundo.

Parece que recibió algunas amarguras de parte de su propia Congregación. Ciertamente no de todos sus hermanos sino de algunos que se mostraban exigentes hacia él. Esto se podía presentir ya según un artículo del acta de la "pequeña asamblea" celebrada en octubre de 1679: allí se decidió, en efecto, que en adelante el superior convocaría cada año una asamblea compuesta de sacerdotes humildes y no de "espíritus engreídos y altaneros, apegados a su criterio y a su voluntad".

Costil comenta estas palabras y anota que supo por uno de los ancianos de la Congregación que algunos, por esa época, se habían opuesto al Padre Eudes; y ese testigo, cuarenta años después, "no podía referirse a ello sin mostrar indignación"[6].

---

4   OC XII 176.-Aquí se le llama "fundadora" en sentido económico (la que ha hecho una "fundación" en favor de ...) – Se leen allí otros dos codicilos: El 13 de enero de 1678, Juan Eudes legaba su corazón a Nuestra Señora de Caridad ;el 18 de septiembre siguiente, revocaba esa donación. ¿Por qué? Es posible que fuera consecuencia de aquella penosa tensión, por motivos de dinero, que opuso por un momento a las religiosas y los sacerdotes del seminario. Después de la muerte del P. Eudes, el señor Mannoury, pensando ser fiel a sus intenciones más allá de la letra, insistió para que su corazón, a pesar de todo, fuera dado a las religiosas. El secretario Dufour y el hermano Richard se le opusieron firmemente.

5   OC II 247-269.

6   *Annales* VIII 27/ : 27/ 1060.

En el curso del año siguiente fue tomando cuerpo, al parecer, cierto descontento alrededor de la elección de Jacques Bonnefond como vicario. Probablemente se le reconocían sus cualidades excelentes pero se le consideraba carente de prestigio. Después, de la tempestad de los años 1673-1679, la Congregación, seguía siendo frágil, sus adversarios continuaban siendo temibles. "Por grandes que fueran los méritos del señor de Bonnefond (...) no se le creía de talla para remediar todas esas dificultades y para sostener la Congregación". Así, pues, algunos escribieron a Jean-Jacques Blouet de Camilly "que ya era famoso dentro y fuera" y propusieron su nombre[7].

Parece que el Padre Eudes se asoció también a ese deseo. Convocó una nueva asamblea, pero ya en esta ocasión una asamblea regular, "la primera asamblea general de nuestra pequeña Congregación -dice él- para que elija a quien deba ocupar mi lugar". Y el miércoles 26 de junio se reunieron en Caen los catorce miembros de la asamblea: la componían los superiores de la casas y delegados elegidos. Según la norma primitiva, el superior de la Congregación gozaba de cuatro votos.

¿Que sucedió entonces? Sólo sabemos por el mismo Padre Eudes que experimentó "un dolor y una angustia muy sensibles por motivos, añade, que no puedo contar".

En todo caso, eligieron enseguida al señor Blouet de Camilly, lo que significó para el fundador un "grandísimo consuelo". Por otra parte él le había dado sus votos[8]. Los asistentes fueron lo señores Dudouyt, superior de Rennes y Jacques de Bonnefond, director de la probación.

El señor Blouet tenía entonces cuarenta y ocho años. Era, en la diócesis de Coutances, "teologal" y vicario general. Prometió renunciar a la primera de estas funciones que le exigía estricta residencia.

Después de la elección el Padre Eudes se postró a los pies del nuevo superior, le pidió su bendición y le prometió obediencia. La humildad de "ese venerable anciano a los pies de su hijo... arrancó lágrimas de toda la asamblea".

El Padre Eudes ya podía partir. Sabía que su sociedad, reafirmada con esa elección, proseguiría su marcha en paz, para prestar un buen servicio a la Iglesia. Efectivamente a lo largo de siglo XVIII continuaría creciendo[9].

---

7   MARTINE VII 71-72: 17 bis/ 265.
8   MBD 104: OCXII 135.*Annales* VIII 29: 27/ 1064 ss. El señor Blouet fue elegido por 16 votos sobre 18; En esta votación, el padre Eudes obtuvo 4 votos; el superior de Rennes, miembro de derecho y elegido también por sus cohermanos, obtuvo 2 votos..
9   En 1792 en el momento de la Revolución, la Congregación dirigía 16 seminarios, diez más que a la muerte del fundador.

En los meses anteriores había trabajado también en su libros. Durante el invierno había obtenido aprobaciones para *El corazón admirable de la sagrada Madre de Dios* y para *El memorial de la vida eclesiástica*. Dio la última mano al manuscrito del *Corazón admirable* que terminaría el 25 de julio de 1680[10].

Fue entonces cuando redactó la conclusión que es una "elevación a la santísima Virgen" y un testamento espiritual[11]. En ella da gracias a la Virgen María por toda la gracias recibidas de Dios por su intercesión desde el seno de su familia y del colegio dirigido por la "santa Compañía de Jesús" hasta este libro que termina en su ancianidad. Agradece muy particularmente a María la gracia inmensa que hizo a sus hermanos y a él mismo cuando les dio -dice- "el Corazón adorable de tu amadísimo Hijo junto con el tuyo amabilísimo para que sea el corazón, la vida y la norma viviente de dicha Congregación".

Y le ora una vez más. Entrega a sus manos la pequeña Congregación de Jesús y María que te dignaste darme -dice- "en un exceso de bondad inexplicable" y se encomienda, para la hora de su muerte, a esa "Madre de bondad".

En sus últimos meses permanecía atento a la vida de sus contemporáneos, a los acontecimientos del reino de Francia. Fue así como tuvo noticia del matrimonio, en Châlons, el 8 de marzo de 1680, del delfín de Francia, Luis, con la princesa María Cristina de Baviera. Entonces sin vacilación, escribió a la Delfina:

> Ruego a Dios, señora, que la haga a usted tan santa que acreciente el número de las santas reinas y princesas que se han santificado en Francia[12].

## "Con las rodillas desnudas sobre el piso"

A fines de julio de 1680, apenas terminada la conclusión de *el Corazón admirable*, el Padre Eudes cayó enfermo y tuvo que guardar cama. Sin duda había reunido todas sus fuerzas para acabar su obra. Ahora ya no podía más.

---

10   MBD 105: OC XII 135.
11   OC VIII 353-361.
12   *Annales* VI 6: 27/ 663. El Delfín Luis, muy opacado y despreciado por su padre, murió de viruela en 1711; sus dos hijos murieron en la misma epidemia. Por tanto fue el biznieto de Luis XIV quien llegó a ser Luis XV. La Delfina murió en 1690

Estuvo enfermo durante tres semanas, presa de crueles sufrimientos. Un día le preguntaron:

— ¿Padre, está sufriendo mucho?
— ¡Espantosamente!
— ¿No quiere usted, Padre, sufrir todos esos dolores por amor a nuestro Señor?
— De todo corazón -respondió- de todo corazón. Sí, Salvador mío, acepto de todo corazón todos estos dolores...[13]

Al tener noticias de su enfermedad, madame de Camilly fue a la Misión "a recibir una vez más su bendición". El permitió que subiera al tercer piso, a su cuarto (una de cuyas ventanas daba sobre el jardín de los reverendos padres jesuitas)[14] Allí había vivido, trabajado, orado y en ese cuarto iba a morir. Prometió a su bienhechora que si "tenia audiencia ante Dios, le obtendría pronto la gracia de llegar allí en pos de él". Efectivamente, tres meses después, el 16 de noviembre, fue una mañana, como lo hacía a menudo, a confesarse y comulgar en la Misión; al salir dio una limosna a un pobre; inmediatamente sufrió un desmayo. Se arrodilló, juntó las manos y murió allí en la calle[15].

Después de esa visita, el P. Eudes permaneció consciente y tranquilo a pesar de sus sufrimientos. Conversaba con sus hermanos que venían a visitarlo. Les infundía valor. Les hablaba "de las alegrías del paraíso" (...) con viva conciencia de su indignidad, pero al mismo tiempo con esperanza tan firme que ya parecía gozar de ella.

Pidió que le administraran el santo Viático y la Unción de los enfermos. Apenas vio que llegaba el Santísimo Sacramento, pidió a su enfermero que lo ayudara a levantarse. Los demás no lograron impedírselo. "Se hincó, pues, con la rodillas desnudas sobre el piso (...) y sostenido por dos de sus hermanos hizo reconocimiento público a nuestro Señor, de sus innumerables pecados (...) y pidió perdón a todos los miembros de la Congregación. Les recomendó la fidelidad a las constituciones y los confió a Jesús y María. Y recibió de manos del señor Dufour el Pan de vida[16].

---

13  *Annales* VIII 30: 27/1068 ss. Es también la fuente de lo que sigue.
14  *Testamento* OC X II 174. este detalle permite localizar con verosimilitud al aposento del P. Eudes en el edificio de la "antigua Misión" que aún existe. Cf. G. DE BERTIER DE SAUVIGNY: *"Le premier établissement de saint Jean Eudes à Caen"* en *Bulletin de la Societé des Antiquaires de Normandie* t. L (1947). Las religiosas de Nuestra Señora de la Caridad de Caen erigieron un oratorio en el sitio de ese aposento.
15  *Annales* NDC III 31: Chev /279.
16  Conocemos estos detalles por una carta Dufour: MARTINE VII 85: 17 bis/277.

Luego oró por largo tiempo en voz alta. En sus últimas horas repetía: *"Jesus meus et omnia",* ¡Jesús es mi todo!

Finalmente murió el lunes 19 de agosto de 1680 "hacia las 3 de la tarde". Inhumaron su cuerpo en la iglesia inconclusa del seminario de Caen. El papa San Pío X lo beatificó en 1909, y Pío XI lo canonizó en 1925.

A Juan Eudes le agradaría seguramente que termináramos el relato de su vida con la siguiente plegaria en la que él condensó el grito de su fe:

> Si pudiera fiarme de mí mismo, no quisiera tener otro lenguaje que el de JESÚS ,y sólo diría y escribiría esa única palabra: JESÚS (...).
>
> Jesús es el nombre admirable que por su inmensa grandeza llena cielos y tierra, tiempos y eternidades, los espíritus y corazones de ángeles y santos; más aún, llena y ocupa por siempre la capacidad infinita del corazón de Dios (...)
>
> Sería santo y delicioso lenguaje si en la tierra se pudiera hablar y hacerse entender sin proferir nada distinto de esa dulce palabra: JESÚS, JESÚS.
>
> Mientras me palpite el corazón dentro del pecho (...) no predicaré ni escribiré jamás cosa distinta de JESÚS. No quiero tener vida, ni espíritu, ni lengua, ni pluma, sino para anunciar de viva voz y por escrito las maravillas y misericordias de ese Nombre glorioso(...).
>
> Pero mucho más preferiría tener un corazón para amarlo que una pluma y una lengua para escribir y hablar de él.
>
> Señor, tú puedes concederme ambas cosas y así lo espero de tu bondad infinita[17].

---

17   OC XII 190-191.

# SIGLAS Y ABREVIATURAS

| | |
|---|---|
| *Abrégé* | Juan Eudes. *Abrégé de la vie et l'état de Marie des Vallées* [Resumen de la vida y condición de Marie des Vallées] (BM Cherbourg, ms 68). |
| AD | Archivos departamentales (con indicación del departamento).. |
| AÉ | Archives du ministère des Affaires Étrangères [Archivo del ministerio de relaciones exteriores, París.]. |
| AM | Archives municipales [Archivos municipales](con indicación del municipio). |
| AN | Archives nationales [Archivo Nacional] (París). |
| *Annales* | Pierre COSTIL, *Annales de la Congrégation de Jésus et Marie* [Anales de la Congregación de Jesús y María] (Arch. Eud., ms 27). |
| | e.g. *Annales* II 21: 27/174 significa: Libro I cap 21 ms. 27 p 174. |
| Ann. NDC | Sor Marie de SAINT-AUGUSTIN LE BOUCHER, *Annales de Notre-Dame de Charité* [Anales de Nuestra Señora de la Caridad], Copia conservada en la comunidad de N. S. de Caridad de Chevilly-Larüe (Val de Marne, Francia). |
| | e.g. *Ann*. NDC 13: Chev/13 siginifica: Libro I cap 3 ms de Chevilly-Larüe p 13. |
| App. | Apéndice |
| Arch. Eud. | Archives des Eudistes, [Archivo de los eudistas] ubicado junto a los Archivos Generales Vicencianos, 95 *Rue de Sèvres*, 75006 París, Francia. |
| ARSI | *Archivum Romanum Societatis Iesu* [Archivo romano de la Compañía de Jesús]. |
| Arch. Vat. | Archivo del Vaticano. |
| B | Dennis BOULAY, *Vie du vénérable Jean Eudes* [Vida del Venerable Juan Eudes], 4 vol. (París, 1905-1908). |
| | e.g. B I 20 siginifica: tomo I p. 20.
e.g. B III, App. 24 siginifica: t III, apéndice p 24.. |
| BC | Juan EUDES, *Le Bon Confesseur*, [El buen confesor], OC IV. |
| BESSELIÈVRE | P. BESSELIÈVRE, *Mémoires authentiques pour servir à l'histoire de M. Eudes* [Memorias auténticas al servicio de la historia del Sr. Eudes] (Arch. Eud., ms 22). |
| BM | Bibliothèque municipale [Biblioteca municipal] (con nombre de la ciudad). |
| BN | Bibliothèque nationale [Biblioteca nacional] (París). |
| CA | Juan EUDES, *Le Cœur admirable de la très sacrée Mère de Dieu* [El admirable Corazón de la sacratísima Madre de Dios] (1681), OC VI, VII, and VIII. |

| | |
|---|---|
| CJM | Congregación de Jesús y María (Eudistas) |
| *Contrat* | Juan EUDES, *Contrat de l'homme avec Dieu par le saint Baptême* [El contrato del hombre con Dios a través del Santo Bautismo] (1654), OC II. |
| DBF | *Dictionnaire de Biographie française* [Diccionario de biografía francesa] (Letouzey and Ané). |
| DHGE | *Dictionnaire d'Histoire et de Géographie ecclésiastique* [Diccionario de historia eclesiástica y geografía] (Letouzey and Ané). |
| DS | *Dictionnaire de Spiritualité* [Diccionario de Espiritualidad] (Beauchesne). |
| DU CHESNAY | Charles BERTHELOT DU CHESNAY. |
| EA | Juan EUDES, *L'Enfance admirable de la très sainte Mère de Dieu* [La admirable infancia de la Santísima Madre de Dios] (1676), OC V. |
| f | Folio. |
| | e.g. f. 70 r° significa: folio 70, recto. |
| *Fleurs* | Pierre COSTIL, *Fleurs de la Congrégation de Jésus et Marie* [Obituarios de la Congregación de Jesús y María] (Arch. Eud., ms 31 and 32). |
| | e.g. *Fleurs*, JE II 18: 31/501 significa: el *"Fleur"* para Juan Eudes, Lib. II, cap 18 ms 31 p 501. |
| HÉRAMBOURG | Pierre HÉRAMBOURG, *La Vie du vénérable serviteur de Dieu Jean Eudes* [Vida del venerable siervo de Dios Juan Eudes] (Arch. Eud., ms 52 y 53; y 53 y para parte del libro II, ms 43). |
| | e.g. HÉRAMBOURG I 3: 52/21 significa: Lib I cap 3 ms 52 p 21.. |
| JE | Juan Eudes. |
| LCh | Juan EUDES, *Lettres choisies, lettres inédites*, [Cartas seleccionadas, cartas inéditas] presentadas por C. BERTHELOT DU CHESNAY (Namur, 1958). |
| Lelièvre | *Collection Lelièvre*. Copia de los escritos referentes a Marie des Vallées, hecha por el canónigo E. Lelièvre, de Coutances, y conservada en Arch eud.. |
| *Lettres* | Juan EUDES, *Lettres* [Cartas] cartas en 3 libros: I (a sus hermanos), OC X 383 ff.; II (a las religiosas de la Caridad), OC X 491 ff.; III (a otras personas), OC XI 7 ss.. |
| M | Charles BERTHELOT DU CHESNAY, *Les Missions de saint Jean Eudes*, [Las misiones de San Juan Eudes] (París, 1967). |
| *Manuel* | Juan EUDES, *Manuel contenant plusieurs exercices de piété pour l'usage d'une communauté ecclésiastique* [Manual que contiene varios ejercicios de piedad para uso de una comunidad eclesiástica] (1668), OC III 263 ss. |

| | |
|---|---|
| MARTINE | Julien MARTINE, *Vie du Révérend Père Jean Eudes* [Vida del reverendo padre Juan Eudes] (Arch. Eud., ms 17 y 17[bis]). |
| | e.g. MARTINE II 50: 17/104 significa: Liv II cap 50 ms 17 p 104 |
| MBD | Juan EUDES, *Memoriale beneficiorum Dei*, [Un memorial de la bondad de Dios] opúsculo, OC XII 103 ss. |
| | e.g. MBD 71 significa: es el número 71. |
| *Mémorial* | Juan EUDES, *Le Mémorial de la vie ecclésiastique* [El memorial de la vida eclesiástica] (1681), OC III, p. 1 ss. |
| MONTIGNY | Antoine de MONTIGNY, S.J., *La Vie du Révérend Père Eudes* [La vida del reverendo padre Eudes] (Arch. Eud., ms 55 y 56). |
| ms | Manuscrito. |
| NDC | Notre-Dame de Charité [Nuestra Señora de Caridad]. |
| NV | *Notre Vie*, revista eudista (1948-1971). |
| | NV X 65 significa: t X p 65. |
| OC | *Œuvres complètes de Jean Eudes*, [Obras completas de Juan Eudes], 12 vol. (Vannes-París,, 1905-1911). |
| | OC XII 7 significa: t XII p 7. |
| OCh | *Œuvres choisies de saint Jean Eudes*, [Obras selectas de San Juan Eudes], 8 vol. (París, 1931-1937). |
| PA | Juan EUDES, *Le Prédicateur apostolique* [El predicador apostólico] (1685), OC IV 1 ss. |
| Q | Manuscrit de Québec [Manuscrito de Québec] (supra: Vie Adm). |
| *Renty* | *Mémoire d'une admirable conduite de Dieu sur une âme particulière appelée Marie des Vallées* [Memoria de un admirable acto de Dios sobre un alma particular llamada Marie des Vallées] (Manuscrito Renty, Bibliothèque Mazarine, ms 3177). |
| RJ | Juan EUDES, *La Vie et le Royaume de Jésus dans les âmes chrétiennes* [La vida y el reino de Jesús en las almas cristianas] (1637), OC I. |
| SS CC | *Revue des Saints Cœurs de Jésus et Marie* [Revista de los Sagrados Corazones de Jesús y María] (1906-1940). |
| VE | *Vie Eudiste*, revista que siguió a *Notre Vie* (1972-1973). |

| | |
|---|---|
| Vie ad. | Juan EUDES, *La vie admirable de Marie des Vallées et les choses prodigieuses qui se sont passées en elle*. [La admirable vida de Marie des Vallées y las cosas prodigiosas que le sucedieron.]. El texto de esta obra desapareció pero se conservan, por una parte, extensos extractos bajo forma todavía provisional en el "manuscrito de Québec" (1655) y por otra parte un amplio resumen de la redacción definitiva en los ms 11942 11943 y 11944 de "Fondo francés" de la biblioteca nacional.<br><br>e.g. *Vie ad*. V 3: Q, f. 177 v° significa: Lib V cap 3 manuscrito de Quebec, folio 177, verso<br>e.g. *Vie ad*. V 10, 14 significa: Lib V cap 10 sección 14. |

# ANEXOS

## I. Tablas cronológicas

## Papas y obispos contemporáneos de San Juan Eudes
### En gris: seminarios fundados por él

| Años | PAPAS | OBISPOS DE... BAYEUX | COUTANCES | ÉVREUX | LISIEUX | PARÍS | RENNES | RUAN | EL GRAN AUMONIER DE FRANCIA | ...Y SU VICARIO GENERAL |
|---|---|---|---|---|---|---|---|---|---|---|
| 1630–1644 | Urbano VIII | Jacques d'Angennes | | Léonor de Matignon I | Francisco de Péricard | Phillippe Cospéan | Jean-François de Gondi | François de Harlay I | | |
| 1645–1654 | Inocencio X | | Éd. Molé | Claude Auvry | Le Noël du P. | | Henri de la Mothe-Houdancourt | | | |
| 1655–1666 | Alejandro VII | Fr. Servien | E. de Lesseville | Gilles Boutault | Léonor de Matignon I | Paul de Gondi / Marca | | François de Harlay II | Antoine Barberini | |
| 1667–1669 | Clemente XI | | | | | H. de Péréfixe de Beaumont | Charles-François de la Vieuville | | | |
| 1670–1675 | Clemente X | François de Nesmond | C.F. de Loménie de Brienne | Henri de Maupas du Tour | Léonor de Matignon II | François de Harlay II | | François Rouxel De Médavy | Cardenal de Bouillon | Claude Auvry |
| 1676–1680 | Inocencio XI | | | | | | Beaumanoir | | | |

# Acontecimientos históricos de 1594 a 1680

| | Historia general | Historia religiosa | Historia de Juan Eudes |
|---|---|---|---|
| 1594 | Coronación de Enrique IV | | |
| 1598 | Edicto de Nantes. | | Matrimonio de Isaac y Marthe Eudes. |
| 1601 | Nace Luis XIII | | Nace Juan Eudes (14 nov.). |
| 1608 | | Nace Jean-Jacques Olier. | |
| 1610 | Asesinato de Enrique IV. | Francisco de Sales funda las hermanas de la Visitación. | JE encuentra Mme. de Sacy. |
| 1611 | París: Construcción del Luxemburgo | Bérulle funda el Oratorio. Bourdoise funda el seminario a Saint-Nicolas-du-Chardonnet. | |
| 1614 | | Bérulle es nombrada superiora de las carmelitas en Francia. | JE primera comunión (o 1613) |
| 1615 | Se casan Luis XIII y Ana de Austria. | Asam.general del Clero acoge decisiones de Trento. | JE entra a colegio de Jesuitas. |
| 1616 | | Juicio a Galileo. Oratorianos hacen voto de servidumbre a Jesús. Fundación del monasterio carmelita de Caen | |
| 1618 | Comienza guerra 30 años. | Charles de Condren entra al Oratorio Benedictinos: reforma de Saint-Maur. | JE entra a Congregación de Nuestra Señora |
| 1620 | | | Tonsura y órdenes menores |
| 1621 | Francia: guerra contra los protestantes. | | JE comienza la teología |
| 1622 | Richelieu, cardenal. | Se funda Oratorio de Caen. Muerte de Fco. de Sales. | |
| 1623 | Nace Blaise Pascal. | Bérulle publica *l'État et des grandeurs de Jesus*. | JE entra al Oratorio de París. |
| 1624 | Richelieu es nombrado jefe del Consejo del rey | Oratorianos se amplían a Saint-Magloire en París, y Notre-Dame des Vertus en Aubervilliers. | 25 de marzo: JE voto de servidumbre Dic: JE subdiácono en Sées |

481

| | | | |
|---|---|---|---|
| 1625 | Matrimonio de Carlos I de Inglaterra y Enriqueta de Francia. | Dic: Asamblea general del clero aprueba el proyecto Godefroy | JE diácono, Bayeux, febrero JE presbítero París, 20 dic. |
| 1626 | | Vicente de Paúl instala la Misión en Bons-Enfants. | JE va enfermo a Aubervilliers. |
| 1627 | Sitio de La Rochelle Se funda *Compagnie des Cent-Associés* para poblar Canadá y apoyar la misión | Bérulle, cardenal Fundación de Compañía del Santísimo Sacramento Nace Bossuet. | JE apestados de Argentan. |
| 1628 | Toma de La Rochelle Bérulle cae en desgracia Harvey: *Los movim. de corazón* | Beauvais: Vicente de Paúl predica retiros a los ordenandos. | JE en Caen. |
| 1629 | | 2 oct: Muere Bérulle. 30 de: Condren sucede a Bérulle. | JE en Caen. |
| 1630 | 10 nov: "Journée des Dupes"—Richelieu triunfa sobre "Devotos" | | JE en Caen. |
| 1631 | Théophraste Renaudot funda *La Gazette*. | | Caen: JE asiste a apestados |
| 1632 | | | Los misiones en la diócesis de Coutances. |
| 1633 | | Olier ordenado sacerdote. Vicente de Paúl comienza sus conferencias de "Martes" | |
| 1634 | | Vicente de Paúl funda las Hijas y Damas de la Caridad. | JE y Bernières: proyecto Refugio |
| 1635 | Richelieu funda Academia Séguier, Cancillet Comienza guerra con España. | Saint-Cyran en Port-Royal. | JE predica misiones. April: predica en París. |
| 1636 | España toma Corbie Corneille publica *Le Cid*. | Jansenio, obispo de Ypres | JE publica *"Ejercicio de Piedad"* Predica misiones en Saint-Malo |
| 1637 | Descartes publica *El Método*. | | JE publica *Vida y Reino de Jesús* 25 marzo: JE voto de martirio |
| 1638 | Nace Luis XIV. | Muere Jansenio Séguenot y Saint-Cyran presos | JE predica misiones. |

| | | | |
|---|---|---|---|
| 1639 | Verano: Los "Nu-pieds" Nov. Represión Nace Racine. | Christophe d'Authier de Sigaud abre seminario en Valence. | Enero-mar: Misión en Saint-Etienne en Caen. Misión adviento en Saint-Pierre en Caen. |
| 1640 | Represión en Normandía. | Publica de *Augustinus* Dic: Condren: proyecto seminarios | Misión cuaresma en Saint-Pierre en Caen. París, mayo: Conferencias en Saint-Magloire; JE visita a Richelieu. Junio: Visitas pastorales en la diócesis de San-Malo. Oct: JE superior de oratorio Caen |
| 1641 | | 7 enero: Muere Condren. Mayo: Bourgoing elegido Roma: 1ª condena de *Augustinus*. Muere Jane de Chantal. Dic: Olier abre un seminario en Vaugirard. | Maoy: JE a Asamblea general oratorianos Varias misiones. Coutances: encuentro Marie des Vallées, primer proyecto de la Congregación. Caen, nov: Casa de Nuestra Señora del Refugio. |
| 1642 | Fundación de Montreal. 4 dic: Muere Richelieu. | El Oratorio abre seminarios para ordenandos en Saint-Magloire, Ruan, y Toulouse. Las lazaristas abren un seminario para ordenandos en Bons-Enfants. Richelieu dona el Chateau de Rueil a Olier. Aug: Olier cura de Saint-Sulpice. | JE publica *Catecismo de la misión*. Misión en Ruan Abril: Conferencia en Saint-Magloire. Junio: Misión en San-Malo. Sept: Misión en St-Lô. París, nov: visita a Richelieu, recibe cartas patentes para el seminario de Caen y para el Refugio |
| 1643 | 14 mayo: Muere Luis XIII. 19 mayo: Batalla de Rocroi. Mazarin, primer ministro Mézeray publica *Histoire de France*. | Paúl de Gondi coadjutor en París. Vicente de Paúl miembro del Consejo de Conciencia. A. Arnauld publica *Comunión frecuente*. Muere Saint-Cyran. | 25 marzo: Fundación de la Congregación de Jesús y María. Verano: misiones en Saint-Sauveur-le-Vicomte y Valognes. |
| 1644 | | | JE publica *Consejos a los confesores misioneros* Cuaresma en Coutances Nov: Muere Isaac Eudes. Reparto de bienes en Ri. |

| | | | |
|---|---|---|---|
| 1645 | | Asonada y manifestaciones contra Olier en Saint-Sulpice. | JE predica misiones. Fracaso en Consejo de conciencia Semifracaso en la Asamblea general del clero Misiones en Bourgogne |
| 1646 | | Ruan: 1ª conversión de Pascal 8 mayo: Muere Cospéan. | JE predica misiones. Mannoury: 1er. viaje a Roma. |
| 1647 | Carlos I de Inglaterra huye. Vaugelas publica *Remarques sur la langue française.* | 14 mayo: Muere Jacques d'Angennes. Édouard Molé obispo de Bayeux. | JE predica misiones.. Oct: JE enfermo a La Ferté-Vidame. Mannoury: 2º viaje a Roma. 11 nov: JE audiencia con Ana de Austria. Dic: Misión de Autun. |
| 1648 | Paz de Westfalia París, agosto, barricadas. | | Autun, 8 feb.: 1ª fiesta de Corazón de María JE predica misiones.. |
| 1649 | La Fronda . 24 abril: Muere Gaston de Renty. Carlos I, ejecutado | | JE predica misiones.. JE compra de la Misión en Caen. |
| 1650 | La Fronda . | Muere Mme. de Budos. | JE predica misiones.. 29 nov: Cierre capilla Caen. 8 dic: Se abre Coutances |
| 1651 | La Fronda | Nacen Fénelon y Juan Bautista de la Salle. | Misión de cuaresma a Saint-Sulpice en París Varias misiones. |
| 1652 | La Fronda . Caen: Fundación Academia. | Paúl de Gondi, cardenal de Retz. 6 abril: Muere Édouard Molé. | Misión en Coutances . Construye capilla Coutances |
| 1653 | | Condenación 5 Proposiciones por Innocent X. | Aprobados los Oficios Propios de la Congregación. Varias misiones. 10 mayo: reabre capilla Caen. Oct, Misión en Lisieux, Seminario y colegio en Lisieux |

| | | | |
|---|---|---|---|
| 1654 | 7 junio: consagración de Luis XIV. | El cardenal de Retz, en prisión, se convierte en arzobispo de París. François Servien nombrado obispo de Bayeux. | JE publica: *Contrato-Bautismo*. Enfermo en París. Ayuda de Matilde del Smo. Sacramento Varias misiones. Redacta Constituciones. |
| 1655 | Mme. de Sévigné escribe sus cartas. | París, 19 julio: Muere Bourdoise. Olier publica: *La Journée Chrétienne*. | Coutances, 4 sept: Inauguración capilla Caen, 8 junio a 29 sept.: JE se le prohíbe confesar |
| 1656 | Pascal publica *Las Provinciales*. París: nace *l'hôpital général*. | Alej.VII condena 5 proposic. Los curas de París contra la moral casuística. | Coutances, 25 feb: Muere Marie des Vallées. Marzo: Misión de Lingèvres y reconcilia con obispo. Servien. 4 nov: Exhumación de Marie des Vallées. |
| 1657 | Fundación de *hôpital général* systema. | 2 abril: Muere Olier. Bretonvilliers superior general de Saint-Sulpice. | Auvry aprueba Constituciones. Varias misiones. Mme. de Boisdavid entra Nuestra Señora de la Caridad. Caen, 2 dic: seminario es diocesano |
| 1658 | | | París, 16 aug: JE acepta seminario de Ruan La plaza de Petits-Près de Caen es dada en feudo para seminar. |
| 1659 | Paz de los Pirineos. Molière publica *Les Précieuses ridicules*. 3 mayo: Muere Jean de Bernières. | Montmorency-Laval, vicario apostólico en Canadá. Ruan, 3 enero: *ordinnance pour la paix*. 2 feb: Muere Servien. Bossuet publica *Sermon sur l'éminente dignité des pauvres*. | Ruan, feb: comienza seminario JE en Ruan. Varias missions. |

| | | | |
|---|---|---|---|
| 1660 | Luis XIV casa con María Teresa. Se restablece la monarquía inglesa. | 27 sept: Muere Vicente de Paúl. Se abre el seminaroio de Misiones Extranjeras. | JE publica *Cómo participar bien en la Santa Misa*. 30 enero: Muere Mme. de Boisdavid. Cuaresma: misión en Ruan. París, mayo-junio: Misión al *Hôpital des Quinze-Vingts*. julio-aug: Misión a St-Germain-des-Prés. |
| 1661 | 9 marzo: Muere Mazarin. Luis XIV, monarca absoluto; arresto de Fouquet. Dimite Cd. de Retz. Hambruna en norte del Loira Comienza trabajo en Versalles. | François de Nesmond, obishopo de Bayeux. | 8 feb: JE sermón a Ana de Austria sobre el incendio Louvre. Proyecto fundación en París. Julio: JE en Ableiges. Muere Jacques de Camilly. |
| 1662 | Roma: asunto Créquy. Hambruna en norte de Loira. Muere Blaise Pascal. | Bossuet: cuaresma en Louvre, sermones publicado como: *Carême du Louvre*. | JE en París. Boniface en Roma: rechazo. Sept-oct: JE enfermo en Caen. |
| 1663 | | | JE en Caen. Varias misiones. |
| 1664 | Molière publica *Tartuffe*. Luis XIV ocupa Lorena. | Se prohíbe la Compañía del Santísimo Sacramento. Expulsión religiosas PortRoyal. Rancé reforma La Trappe. | Misión en Meaux Otras misiones. |
| 1665 | | Primeras medidas contra Protestantes. | JE predica misiones. Mayo-junio: Misión en Châlons-sur-Marne. JE en Claraval. Sept.: Alejandro VII aprueba de Nuestra Señora de la Caridad. Adviento: Misión en Saint-Pierre de Caen. |
| 1666 | Perrault construye columnata del Louvre. Reglamento de Colbert sobre manufacturas | | JE publica *El buen confesor*. Varias misiones. Adviento: Misión en Évreux. |

| | | | |
|---|---|---|---|
| 1667 | Comienza guerra Devolución: Invasión de Flandes Racine publishes *Andromaque*. | Se funda seminario de Québec | 14 enero: Se funda seminario en Évreux. Cuaresma: Misión en catedral de Ruan. Otras misiones. |
| 1668 | Francia "Paz de la Iglesia" La Fontaine: *Fábulas* Mézeray publica: *Abrégé de l'Histoire de France*. 24 marzo, París: bautismo del Delfín Peste en Ruan | | JE publica el *Manual*. 28 abril: *Contrato de Santo Matrimonio con la Santísima Virgen*. Varias misiones. 31 oct: Muere madre Patin. |
| 1669 | Toma de Creta por los turcos | Medidas restrictivas para aplicar edicto de Nantes | Cuaresma en la Sainte-Chappelle. Varias misiones. Adviento: Misión en Rennes. |
| 1670 | | La primera publicación del *Pensées*.de Pascal | 8 marzo, Rennes: fundación seminario Misión en Bretaña |
| 1671 | Muere Hugues de Lionne (do por Arnauld Pomponne en relaciones exteriores.). | 12 marzo: François de Harlay, arzobispo de París | 23-29 marzo: Misión en palacio de Versalles. París: abril 24: Testamento. Proyecto: establecerse en París |
| 1672 | Guerra con Holanda Abundancia de trigo Construcción: *Hôtel des Invalides*. Luis XIV se instala en Versalles | | 20 oct: la primera fiesta de Corazón de Jesús |
| 1673 | Comienza asunto La Régale. | Apariciones Corazón de Jesús a Margaret Mary Alacoque en Paray-le-Monial . | 2-16 abril: Misión en St-Germain-en-Laye. 5 junio: Bonnefond parte para Roma Verano: Misión de Elbeuf Nuestra Señora de la Caridad abren una casa en Rennes. 8 sept.: Luis XIV retira a JE. |

| | | | |
|---|---|---|---|
| 1674 | Ocupación del Francocondado; Campaña de Alsacia. Malebranche publica *Búsqueda de la Verdad*. Boileau publica *l'Art poétique*. Sobieski: rey de Polonia | Primer vicario apostólico en China. | 14 abril: "Lettre de Cachet" 23 julio: Clemente X da indulgencias... 4 aug: ...y aprueba 6 cofradías. Dic.: Du Four publica: *Carta a un Dr. de la Sorbona*. |
| 1675 | Rebelión del papel sellado en Bretaña | Bossuet publica *Sermón en profesón de Mlle. de la Vallière*. | JE confinado en Caen Dic: Predica misión de Saint-Lô. |
| 1676 | | | JE publica *Maravillosa infancia de la Santísima Madre de Dios*. Nuestra Señora de la Caridad en Guingamp, Hennebont. |
| 1677 | | | JE en Caen. |
| 1678 | Continúa asunto La Régale. Jules Hardouin-Mansart trabajo en Versalles | Richard Simón publica l'*Histoire critique du Vieux Testament*. | 28 enero: Jacques de Bonnefond visitador de de la Congregación. Carta al rey. JE en Caen, visitas Nuestra Señora de la Caridad. |
| 1679 | Fortificaciones de Vauban. Hambruna en Normandía. | | JE carta a P. de la Chaize. 17 junio: Luis XIV recibe JE en St-Germain-en-Laye. Viaje de regreso: hernia 9 oct.: "Pequeña Asamblea": Jacques de Bonnefond, vicario de la CJM. |
| 1680 | Fundación: Comédie-Française. | Prohibición de sínodos protestantes | 27 junio: Asamblea General CJM: Jean-Jacques Blouet de Camilly, superior general. 25 julio: JE termina *Corazón Adrmirable M. de Dios*. 19 Aug., Caen: Muere Juan Eudes. |

## II. Tablas genealógicas

### La familia Eudes

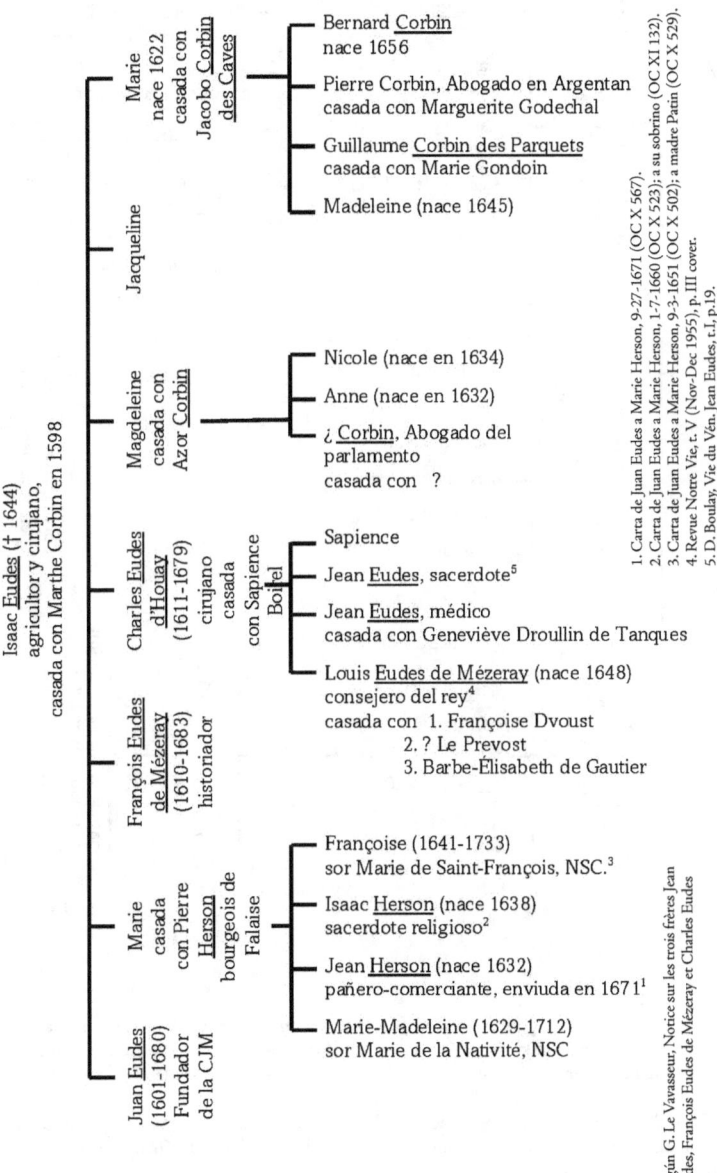

1. Carra de Juan Eudes a Marie Herson, 9-27-1671 (OC X 567).
2. Carra de Juan Eudes a Marie Herson, 1-7-1660 (OC X 523); a su sobrino (OC XI 132).
3. Carra de Juan Eudes a Marie Herson, 9-3-1651 (OC X 502); a madre Patin (OC X 529).
4. Revue Notre Vie, t. V (Nov-Dec 1955), p. III cover.
5. D. Boulay, Vie du Vén. Jean Eudes, t.I, p.19.

## La familia Blouet

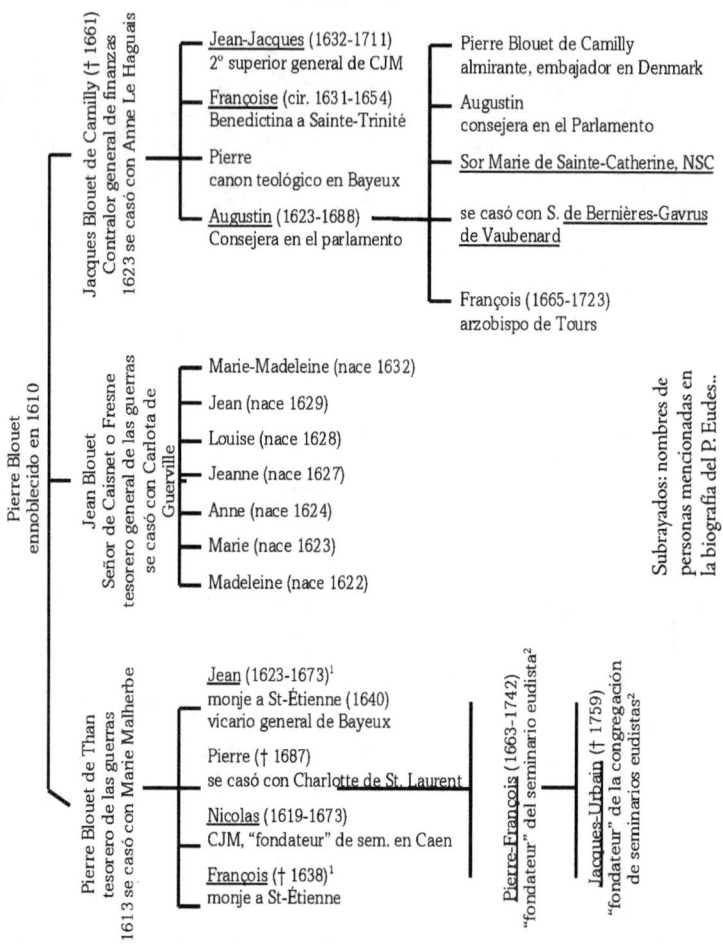

1. Conjetura. Sin embargo, en el caso de Jean (estrechamente vinculado al P. Eudes), la conjetura se apoya en l'Ode français sur la mort de très noble et très religieuse personne Jean Blouet de Tham (sic), Caen, 1673 (BM Caen, FN Rés A 2534): destaca la nobleza de los antepasados de Jean, "tanto los Bloüets como los Malerbes".
2. El título otorgado a estas dos personas debe ser heredado de su tío y tío abuelo. Nicolás — tal vez en compensación por el duro sacrificio de Pierre Blouet de Than, su padre y abuelo.

# La familia de Budos

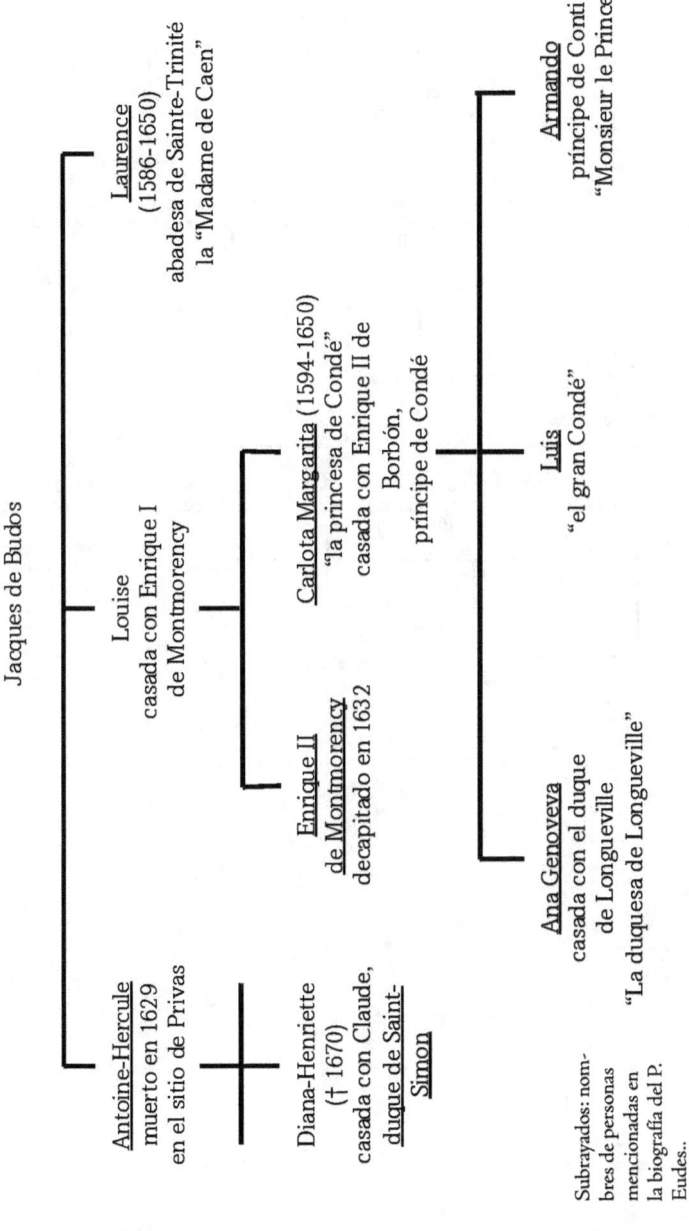

## Las familias d'Orléans y de Lorraine

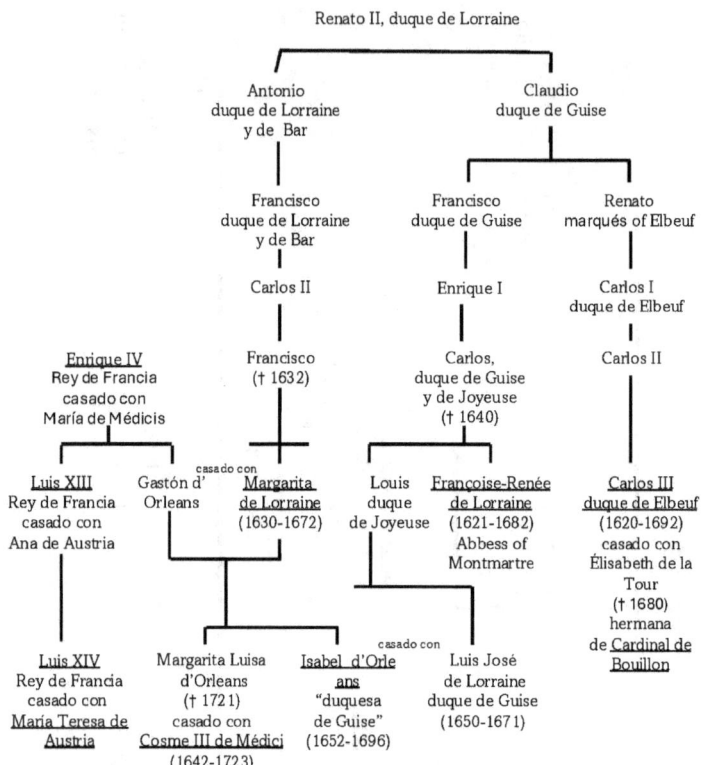

Subrayados: nombres de personas mencionadas en la biografía del P. Eudes.

## Las familias de Matignon y de Bercy

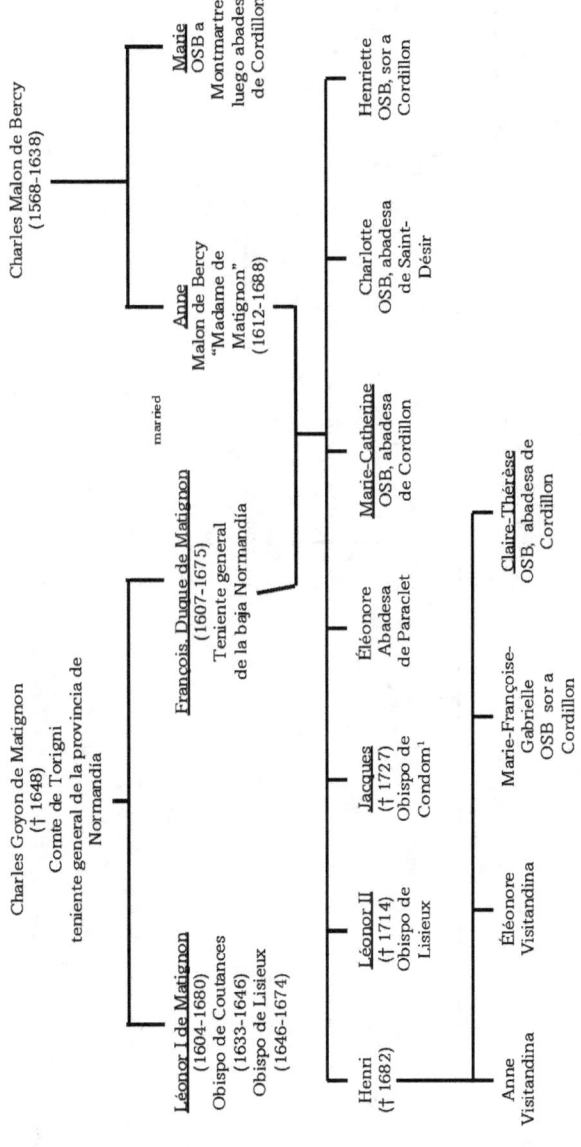

1. También apoyó la obra del P. Eudes y dotó al seminario de Caen con treinta y tres becas para clérigos pobres: eran conocidas como los *condomistes*.

## Las familias Séguier, de Ligny, y Vialart

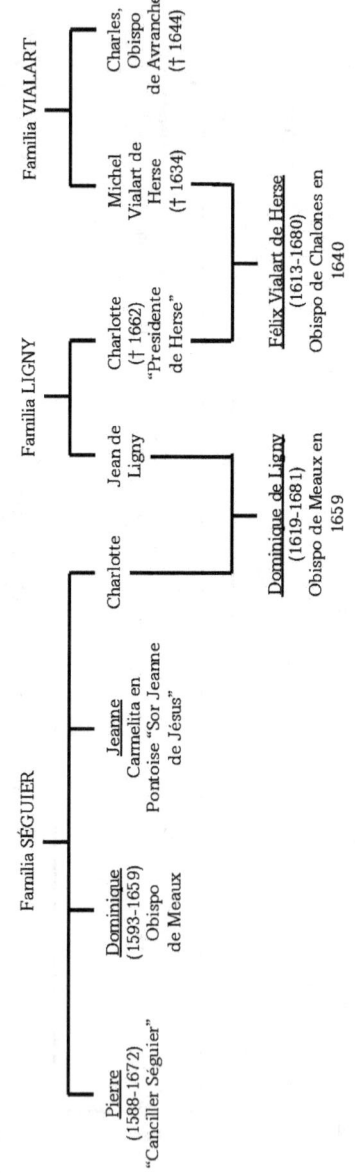

Subrayado: nombres de personas mencionadas en la biografía del P. Eudes.

III.     Las "cinco proposiciones"

Condenado por el Papa Inocencio X (1653),
y luego por el Papa Alejandro VII (1656)

1.  *Aliqua Dei praecepta hominibus justis volentibus et conantibus, secundum praesentes quas habent vires, sunt impossibilia: deest quoque illis gratia qua possibilia fiant.*
    Algunos mandamientos de Dios son imposibles para los hombres justos que quieren y procuran cumplir los segun sus presentes fuerzas: faltales tambien la gracia con que se les hartan posibles.[1]
2.  *Interiori gratiae in statu naturae lapsae numquam resistitur.*
    En el estado de la naturaleza caida nunca se resiste á la gracia interior.
3.  *Ad merendum et demerendum in statu naturae lapsae non requiritur in homine libertas a necessitate, sed sufficit libertas a coactione.*
    Para merecer y desmerecer en el estado de la naturaleza caida no se requiere en el hombre una libertad exenta de necesidad, sino que basta una libertad exenta de coaccion.
4.  *Semiplagiani admittebant praevenientis gratiae interioris necessitatem ad singulos actus, etiam ad initium fidei; et in hoc errant haeretici, quod vellent eam gratiam talem esse cui posset humana voluntas resistere et obtemperare.*
    Los semipelagianos admitían la necesidad de una gracia preveniente interior para cada acto, hasta parn el principio de la fé, y eran herejes en cuanto querian que esta gracia era tal que la voluntad humana podia resistirse á ella ú obedecerla.
5.  *Semipalagianum est dicere Christum pro omnibus omnino hominibus mortuum esse aut sanguinem fudisse.*
    Es un error semipelagiano decir que Cristo murió absolutamente ó derramó su sangre por todos los hombres.

---

1   Traducción al español tomada de: *Diccionario de las herejías, errores y cismas que han dividido á la Iglesia de Jesucristo desde el siglo primero de la era cristiana hasta los tiempos presentes*, (Madrid : José Félix Palacios, 1850-1851.) https://www.rae.es/archivo-digital/diccionario-de-las-herejias-errores-y-cismas-que-han-dividido-la-iglesia-de. .

IV.   Juan Eudes a partir de 1680

A) Dos tradiciones contradictorias

En el prefacio de su obra Las misiones de san Juan Eudes, (pp. XIII-XXX), el P. Berthelot du Chesnay ha mostrado que, a todo lo largo del siglo XVIII e incluso más allá, es posible descubrir dos corrientes de opinión contradictorias en torno al P. Eudes.

a) Corriente desfavorable al P. Eudes

Se alimenta en la obra Carta a un doctor de La Sorbona (cfr. cap. 31) y trasmite la imagen de un hombre ambicioso, bribón e ingenuo. Estos son algunos nombres:
- Dom Gerberon (1700),
- P. Le Long (1719),
- Daniel de Larroque (1726),
- P. Niceron (1728).

*Le grand Dictionnaire historique* de Luis Moréri presenta en 1712 un artículo "Eudista", respetuoso con el fundador pero en el Suplemento de 1735, artículo "Eudes", toma de nuevo la tradición originada en Du Four, y lo mismo en la edición definitiva de 1759. Sin embargo, el último tomo de esta edición, en las *Additions et corrections*, ofrece una aclaración favorable, debida al eudista Besselièvre. Diversos autores se inspiran de nuevo en los datos, más o menos negativos, de Moréri:
- Abbé Ladvocat (1752),
- Bonaventure Racine (1748-1754),
- Les *Nouvelles Ecclésiastiques* de 5 noviembre 1760,
- *Le Dictionnaire historique des auteurs ecclésiastiques* (Lyon, 1767).
- Reynaud (1781), Un cura jansenista de la diócesis de Auxerre, se muestra más personal en su hostilidad al P. Eudes. Esta tradición continúa a comienzos del siglo XIX: Gregory (1810), el abbé de La Rue (1820), el antiguo oratoriano Tabaraud (1823).

Yo añadiría a esta lista a Michelet en *Du Prêtre, de la Femme, de la Famille* (1845). A propósito del simbolismo ambiguo del corazón que se presta, afirma, "para el lenguaje de la galantería devota" nota que en el siglo XVII, sobre todo las mujeres lo toman muy en serio. "Ellas se exaltan, se apasionan, tienen visiones. La Virgen se aparece a una campesina de Normandía y le ordena adorar el corazón de María..." Y precisa en nota: "Eudes, hermano de Mézerai, fundador de los eudistas, escribió la vida de esta campesina y fue el verdadero fundador del nuevo culto. Los jesuitas se apropiaron de esto y sacaron provecho (v. Tabaraud, p. 111). He buscado inútilmente en todas las bibliotecas el manuscrito de Eudes. Puede ser que se le haya hecho desaparecer" (8ª ed. París 1862, p. 167).

### b) Corriente favorable al P. Eudes

Todavía en vida hay autores que lo alaban: Antonio Aubery, biógrafo de Richelieu, (1660), Henri-Marie Boudon, antiguo arcediano de Évreux (1668). Luego de su muerte pueden citarse: Le Mercure Galant (febrero de 1682), la noticia de la madre de Blémur, benedictina de Caen, en el Ménologe historique de la Mère de Dieu (1682). El P. Le Valois, jesuita (1684), De Lantages, sulpiciano (1694), otro jesuita, el P. Buffier (1696), y un cura de la diócesis de Bayeux, Jean Hermant (1697) alaban su santidad. En esta línea se encuentra el nuevo Boudon (1699), e incluso, aunque con alguna reticencia, un oratoriano, el P. Bourrée (1700).Conocemos ya el pensamiento de Huet, crítico pero globalmente favorable (1702, 1718). Citemos asimismo la *Histoire des Ordres monastiques* (1714-1719), el P. d'Avrigny (1720), *L'Abrégé de la vie du P. Jean Eudes* por el sulpiciano Grandet (1722), El obispo de Soissons Languet de Gergy (1729), el P. de Gallifet, jesuita, (1733), el maurista Du Plessis (1731, 1740). Podríamos nombrar igualmente un benedictino, un canónigo de Ruan y otro de Montauban, un cartujo, dos dominicanos, un antiguo jesuita... Un perfil ingenuo, que no llega a ser un retrato, se difundió en Caen en 1810, cuando los restos del P. Eudes fueron trasladados a la iglesia de Notre-Dame: "muerto en Caen, en olor de santidad" con concurso de "muchedumbre inmensa". Finalmente apareció en París, en 1827, *Vie du P. Jean Eudes*, atribuida al jesuita de Montigny pero escrita en realidad por un vicario general de París, François-Marie Tresvaut de Faval. Es la primera biografía del misionero que se haya publicado y rebosa de admiración por su santidad.

### B) Analistas del P. Eudes durante el siglo XVIII

Seguimos usando al P. du Chesnay en el mismo prefacio. Los cuatro primeros que vamos a presentar son eudistas.

a) **Pierre Hérambourg** (1661-1720). Nació en Ruan y entró donde los eudistas dos años después de la muerte del fundador. Fue profesor, y luego superior, del seminario de Coutances. Vivió allí con el superior general, Jean-Jacques Blouet de Camilly, también él, desde su infancia, cercano del P. Eudes. Hacia 1692 escribió *La Vie du vénérable serviteur de*

*Dieu Jean Eudes* (La Vida del venerable servidor de Dios Juan Eudes).[1] Preparó su obra consultando documentos y recogiendo testimonios directos. Pero escribió para el público y tuvo el cuidado –o fue su superior el que lo tuvo- de callar lo que pudiera chocar. Esto explica cierto número de omisiones o arreglos. En especial suprime lo que referente a Marie des Vallées. Podemos captar el momento de algunos de sus arrepentimientos de última hora comparando una primera redacción del libro segundo (Arch eud ms 43) con la redacción definitiva. No se puede por consiguiente confiar totalmente en su obra, incluso si nos da una imagen del P. Eudes todavía muy cercana a los acontecimientos y puesta por escrito en un tiempo en que muchos de los contemporáneos del misionero vivían todavía. Ignoramos por qué el autor no llegó a publicar su libro.

b) **Pierre Costil** (1669-1749). También de Ruan como Hérambourg. Escribió una obra mucho más importante dirigida a sus hermanos de Congregación y por tanto libre de preocupaciones prudentes. Dedicó catorce meses a una investigación minuciosa en los archivos de los seminarios dirigidos por los eudistas. Pidió y recogió numerosos testimonios. Utilizó en particular cuatros escritos de Jacques Finel, uno de los primeros compañeros del P. Eudes (M p XXXVIII, y n 125; p 192-196 y n 14 y 15). Es posible que sea "pasablemente crédulo ante lo maravilloso" y no controla con suficiente exactitud los hechos referidos "por testigos que él juzga sinceros", pero sus amplias pesquisas y su respeto escrupuloso de los documentos (que en ocasiones copia textualmente) hacen de sus trabajos una mina preciosa e irremplazable: *Les Fleurs de la Congrégation de Jésus et Marie* (1725), Arch. Eud., ms 31 y 32. La *"fleur"* de P. Eudes está en el ms 31, seguida de 58 reseñas más breves; *Anales de la Congregación de Jesús y María* (1722), Arch eud ms 27.

c) **Julien Martine** (1669-1745), Nacido en Caen, desempeñó cargos importantes en la Congregación. Redactó desde 1729, justo después de Costil, una *Vie du R.P. Jean Eudes*, destinada al público. La corrigió hasta 1740, pero, a pesar de la aprobación de la asamblea general de la Congregación de 1729, no la publicó. Existe una buena copia en los Arch eud ms 17 y 17bis. Utiliza la misma documentación que Costil con mayor cuidado de la cronología. Pudo servirse de algunas piezas que no menciona Costil. Infortunadamente "Martine es un cuentista. Cuando carece de documentos suple su imaginación..." Es preciso usar de mucha prudencia al usar su obra.

---

1     Arch eud ms 52 y 53. La segunda parte, que es un perfil espiritual del P. Eudes, fue publicada por el P. D. Boulay con el título de Virtudes de san Juan Eudes (París 1927). Es preferible esta edición a las dos hechas por el P. Le Doré en 1868 y 1869.»

Su trabajo fue publicado por el sacerdote Le Cointe en 1880. Hábilmente éste imita incluso la ortografía de principios del siglo XVIII. Su texto es a menudo fantasioso y no se le puede hacer confianza.

d) **Pierre Besselièvre** (nacido en 1727), dejó un escrito breve llamado *Mémoires authentiques pour servir à l'histoire de M. Eudes* (1759).[2] Con espíritu crítico, busca establecer la verdad histórica frente a lo reportado por Moréri y a otros autores influenciados por Du Four. Su corto escrito, lleno de sagacidad, no ha sido publicado y es muy útil.

e) **Antoine de Montigny**, jesuita, (1694-1782). Fue procurador general de la provincia francesa de los jesuitas. Escribió una *Vie du P. Jean Eudes* (1765).[3] No tiene fuentes originales pero vale la pena mencionarla porque expresa el punto de vista de un representante de la tradición jesuita, bien ubicado para tener una mirada de conjunto de la historia que narra.

f) **Louis Batterel** (hacia 1680-1752). Oratoriano, por mucho tiempo secretario general del Oratorio, redactó unas *Mémoires domestiques pour servir à l'histoire de l'Oratoire* (Ed. A.M.P. INGOLD, 4 vol. París, 1902-1905). Lleno de brío, intencionalmente cáustico, muy bien informado, consagra a cada padre una reseña. La del P. Eudes, bastante extensa, es muy interesante. Infortunadamente Batterel, de tendencia jansenista, se inspira, sin usar de crítica, en los escritos dejados por los adversarios más declarados del P. Eudes. Al leerlo hay que usar de mucha cautela.

## C) Posteridad del P. Eudes en 1985

Presentaré las diversas sociedades fundadas por el Padre Eudes o nacidas en su estela siguiendo el orden de un artículo del P. Clément Guillon,"*La grande famille de saint Jean Eudes aujourd'hui,*" *Cahiers eudistes*, 1981, p. 67 ss.

## La Congregación de Jesús y María (Eudistas)

Fundada en 1643, a la muerte del P. Eudes dirigía seis seminarios. Siguió su crecimiento y, en la Revolución, dirigía 16 seminarios, a los que se añadías un colegio y algunas parroquias o residencias. En 1792 fue

---

2   Excelente copia en Arch eud ms 22.
3   Copia en Arch eud ms 55-56..

destruida. Tres de sus miembros, masacrados en París el 2 y 3 de septiembre de 1792, fueron beatificados: François-Louis Hébert, François Lefranc, and Pierre-Claude Pottier[4].

Después de la Revolución la Congregación revivió tardíamente, en 1826. Los seminarios ya eran dirigidos por otros. Había necesidades en el campo de los colegios y fueron aceptados algunos pero el deseo de volver a la formación de sacerdotes permanecía muy viva.

En 1883, como respuesta a un llamado del Papa León XIII, la Congregación se implantó en Colombia, en Cartagena, donde se encargó del seminario diocesano. A partir de allí se desarrolló una provincia colombiana, muy viva hoy, y orientada del todo a la formación de pastores. Luego algunos seminarios fueron asumidos en Venezuela (a partir de 1924) y allí se formó una nueva provincia. Está hoy en plena expansión.

En 1890 los eudistas fundaron en Canadá un colegio, luego un seminario y en seguida otro colegio. Esto dio origen a la actual provincia de América del Norte.

Añadamos que la provincia de Francia, a partir de 1959, ha puesto pie en Africa, en Costa de Marfil y Benin.

La Congregación está compuesta hoy por alrededor de 500 miembros. Los eudistas desempeñan diversos servicios y viven en comunidad. Continúan a ocuparse prioritariamente de la formación de los sacerdotes y otros ministros, necesarios al crecimiento de la Iglesia de Jesucristo.

## Nuestra Señora de la Caridad

Tuvo también un crecimiento lento bajo el Antiguo Régimen. En el momento de la Revolución la Orden tenía siete monasterios. A partir de 1856 se estableció en varios países de Europa y, luego, de América del Norte.

La renovación conciliar condujo a una decidida opción por la vocación apostólica. Hoy se habla de "Instituto" y de "comunidades". El Instituto cuenta con un millar de religiosas, repartidas en diversas unidades (Unión Latina: Francia, España, Méjico; Unión norteamericana, Unión inglesa, Federación irlandesa...) y algunas casas independientes, una de ellas en Kenya

---

4   Nota de A. Torres: el 1 de octubre de 1995 fue beatificado también el P. Charles Nicolás Ancel

## La Congregación de Nuestra Señora de la Caridad del Buen Pastor

Una religiosa de Nuestra Señora de la Caridad, de Tours, Rosa Virginia Pelletier, conocida hoy como Santa María Eufrasia (1796-1868) concibió un proyecto de "generalato". A partir de la casa de Angers que ella acababa de fundar, obtuvo del Papa la arobación de la congregación del Buen Pastor de Angers (1835), que conoció una rápida expansión, siempre en servicio de mujeres, adultas y jóvenes, en peligro moral Cuenta actualmente alrededor de 8.000 religiosas repartidas en las cinco partes del mundo.

## Congregaciones fundadas con concurso de eudistas

1) **La Congregación del Sagrado Corazón de Coutances** (1674). En el capítulo 32 se vieron sus comienzos, con ayuda del P. du Pont, superior del seminario de Coutances y del P. Moisson. Más tarde, en vísperas de la Revolución, esta congregación fue apoyada por un eudista, vicario general del ob ispo de Coutances, el P. François Lefranc, quien murió mártir en París, en 1792, y es hoy en día beato. Esta congregación diocesana del Sagrado Corazón continúa en Francia y en el Congo su actividad de servicio del Evangelio.

2) **La Congregación de hermanas de la Providencia de Évreux** (1705). Nacida modestamente para el servicio de niñas pobres, esta congregación recibió impulso renovado de parte de un eudista del seminario, el P. Bertrand James (1724). Su formas de oración se inspiran en las de los eudistas.

3) **La Congregación del Buen Salvador** (1712). Nació en Saint-Lô con la ayuda del eudista, Pierre Hérambourg. Paralelamente, con ayuda de otro eudista, Thomas Creully, nació en Caen otra sociedad que llevó el mismo nombre. Como consecuencia del Concilio Vaticano II estas dos sociedades se fusionaron en una sola. Sus hermanas se ocupan de servicios diversos, particularmente con los enfermos mentales.

4) **Sainte-Famille de Séez** fundada después de la Revolución (1805) por Marie-Thérèse Rájenle con la ayuda de un eudista, el P. Villeroy, vicario general. Continúa hoy su vida oculta de adoración y reparación.

5) **Las Fieles Siervas de Jesús** son un instituto secular, nacido en Bogotá (Colombia) (1941), por iniciativa de Mercedes Ricaurte, con ayuda del P. Andrés Basset (+1984). Está integradas por laicos y laicas comprometidos en diversas formas de apostolado (Acción católica, catequesis, misiones...)

## Congregaciones originadas en la "Sociedad del Corazón de la Madre admirable"

Esta sociedad (impropiamente llamada desde el siglo XIX "Tercera Orden eudista" y conocidas en Colombia como eudistinas) fue fundada por san Juan Eudes en la misma lógica de los modernos Institutos Seculares. Se desarrolló lentamente después de su fundación y conoció amplia difusión en las diócesis bretonas en el curso del siglo XVIII. Sus miembros, sólidamente formados en la vida espiritual pero llevando su vida en el mundo, desempeñaron papel importante en el servicio de la fe durante el período revolucionario.

Varias de estas "terciarias" han dado nacimiento a institutos religiosos:

1. **La Congregación de Hijas de los Santos Corazones de Jesús y María** (1821) Marie-Thérèse Auffray (1783-1864), su fundadora, pertenecía a la Tercera Orden eudista. Se formó en la vida religiosa con las Hermanas de Nuestra Señora de Caridad de Saint-Brieuc. Adoptó incluso el hábito de esta sociedad (pero de color negro) y parte de sus costumbres.

2. **La Congregación de Hermanitas de los Pobres** (1852) fue fundada por Jeanne Jugan (1792-1879), beatificada en 1982 perteneció igualmente a la Tercera Orden eudista. Cuando comenzó a acoger mujeres ancianas, formó un grupo con algunas compañeras a las que propuso seguir, con ella, una regla inspirada inicialmente en la de la Tercera Orden. Fueron los comienzos de la gran congregación de Hermanitas de los Pobres que actualmente está el servicio de los ancianos en todas las partes del mundo.

3. **La Congregación de los Santos Corazones de Jesús y de María** (1853). Al igual que Jeanne Jugan y Marie-Thérèse Auffray, Amélie Fristel (1798-1866) fue integrante de la Tercera Orden eudista. Se asoció con otras terciarias y abrió una casa para dar acogida a toda clase de necesitados. Es un instituto vigoroso en Francia y en los Países Bajos y cuenta con una provincia importante en Canadá. La Iglesia proclamó la heroicidad de virtudes de Amelia Fristel en 1976.

## D) Inhumaciones sucesivas de los restos del P. Eudes

El cuerpo de Juan Eudes fue inhumado el 20 o 21 de agosto de 1680 en el presbiterio del la iglesia del seminario de Caen, todavía inconclusa. Bajo la Revolución los edificios del seminario pasaron a ser propiedad del municipio de Caen. El 20 de febrero de 1810, los restos del P. Eudes (y algunos otros Padres) fueron trasladados a la iglesia vecina, Nuestra Señora de la Glorieta (antigua capilla de los jesuitas). Los restos del P. Eudes fueron depositados en el presbiterio de la iglesia pero el cráneo y los dos fémures fueron dados a la comunidad de Nuestra Señora de Caridad y colocados en su capilla

En 1868, comenzó en Bayeux el proceso diocesano de beatificación del P. Eudes. Luego, en 1874, se abrió el proceso romano. En 1884, por orden de la Congregación de Ritos, se procedió al reconocimiento de los restos del P. Eudes. Los huesos que se encontraban en el presbiterio de la iglesia de Nuestra Señora fueron depositados en un osario cerca del altar de la Anunciación. En 1885, se erigió, sobre ese osario, un monumento hecho por el artista Valentin.

El decreto de heroicidad de virtudes fue publicado el 6 de febrero de 1903.

En 1908 se hizo un nuevo reconocimiento de los restos del P. Eudes, con miras a la beatificación. Esta tuvo lugar el 25 de abril de 1909 y la canonización el 31 de mayo de 1925.

En 1944, los restos del P. Eudes[5] depositados en Nuestra Señora de Caridad fueron salvados de las llamas por el P. Mouton. Se encuentran actualmente en la comunidad de Nuestra Señora de Caridad. Nada debe quedar en la iglesia de Nuestra Señora de la Glorieta pues los huesos que se conservaban allí fueron distribuidos, a título de reliquias, en el momento de la beatificación y de la canonización. Sólo queda ahí el monumento de Valentin.

---

5    A saber, el cráneo y uno de los fémures. El otro fémur se encontró quemado entre los escombros.

# ÍNDICES

## I. Índice de autores citados

Se puede encontrar una amplia bibliografía en las siguientes obras:
= *Dictionnaire de spiritualité*, artículo "Jean Eudes (saint)". Este artículo se reprodujo en la revista *Vie Eudiste*, 1973, #8.
= C. BERTHELOT DU CHESNAY, *Les Missions de saint Jean Eudes*, Paris, 1967, p. XLV ss.
A estas dos listas hay que añadir una obra más reciente: C. GUILLON, *En tout la volonté de Dieu : saint Jean Eudes à travers ses lettres*, Paris, Cerf, 1981.
Sólo enumeraremos los autores citados en el curso del trabajo. Para cada libro o artículo, la tabla remite bien a la primera nota que lo presenta (número de página, seguido del número de nota), bien a la tabla de Acrónimos y al Apéndice (número de página).

| | | | |
|---|---|---|---|
| ABELLY (L.) | 15, 14 | — *Premier établissement de* | |
| ADAM (J.-L.) | 131, 17 | *sJE à Caen* | 105, 2 |
| ALLIER (R.) | | BERTRAND (L.) → TRONSON (L.) | |
| — *Cabale des dévots* | 277, 29 | BÉRULLE (P. de) | |
| — *La Compagnie... à Toulouse* | 98, 26 | — *Œuvres* ed. F. BOURGOING | 13, 12 |
| *Annales des Missions étrangères de Paris* | 389, 5 | — *Correspondance* ed. J. DAGENS | 12, 6 |
| ANGOT DES ROTOURS (J.) | | — *Discours de l'état et des grandeurs...* | 17, 19 |
| — *Une grande chrétienne...* | 4, 10 | — *Traité des Énergumènes* | 130 13 |
| — *Un saint normand...* | 2, 3 | BESNIER (M.) | 32, 20 |
| ARNAULD (A.) | 88, 2 | BESSELIÈVRE (P.) | 499 |
| ARRAGAIN (J.) | | BÉZIERS (M.) | 145, 16 |
| — *Évolution de la pensée de sJE* | 404, 20 | BIMET (C.) | 400, 3 |
| — *sJE et Authier de Sisgaud* | 122, 39 | BIRABEN (J.-N.) | 25, 2 |
| AUBERY | 172, 72 | BLONDEL (B.) | 4, 8 |
| AUBINEAU → RAPIN | | BLOUET (J.) | 231, 26 |
| AUVRAY (P.) → CONDREN | | BOILEAU-DESPRÉAUX (N.) | |
| BALDE (M.-A. de) | 150, 29 | — *Le Lutrin* | 293, 1 |
| BAR (C. de) → MECTILDE DU ST-SACRAMENT | | — *Satire* | 312, 36 |
| | | BOIREL (A.) | 180 21 |
| BARRY (P. de) | 192, 26 | BONNENFANT (G.) | 74, 4 |
| BATTEREL (L.) | 499 | BORELY (A.) | 121, 37 |
| BEAUCHET-FILLEAU (H.) → VOYER D'ARGENSON | | BOSSUET (J.-B.) | 13, 10 |
| | | BOTTEREAU (G.) | 96, 20 |
| BENOÎT DE CANFIELD | 131, 14 | BOÜARD (M. de) | 356, 6 |
| BERMUDEZ (N.) | 223, 1 | BOUDON (H.-M.) | |
| BERTIER DE SAUVIGNY (G. de) | | — *Lettres* | 173, 74 |
| — *Histoire de France* | 207, 21 | — *Le saint Esclavage* | 367, 11 |
| — *Note sur les Papiers Mézeray* | 176, 3 | — *Le triomphe de la Croix* | 126, 4 |
| | | BOUËTTE DE BLÉMUR (J.) | 4, 10 |
| | | BOULAY (D.) | 475, B |

BOURGOING (F.)
— Œuvres de Bérulle → BÉRULLE
— Direction pour les Missions 33, 2
BOURRIENNE (V.) 253, 53
BREMOND (H.) 136, 42
BRISACIER (J.-C.) 267 8
BUFFIER (le P.) 363, 2

CAMUS (J.-P.) 120, 35
CANCOUËT (M.)
— sJE fondateur... 203, 7
— Sacerdoce et prêtrise 382, 17
CATTA (E.) → SURIN
CAVALLÉRA (P.) 397, 24
CERTEAU (M. de) 129, 11
CEYSSENS (L.)
— Le cardinal Bona et le jansénisme 430, 4
— Sources relatives aux débuts
du jansénisme... 110, 14
CHALINE (N.J.) 232, 32
CHAPELAIN (J.) 270, 16
CHARVIN (G.) → MARTÈNE
CHAUGY (F.-M. de) 258, 9
CHEVALIER (P.) 8, 20
Chronique de l'Ordre des
Carmélites... 422, 35
CLAVEL (M.) 94, 17
CLOYSEAULT → CONDREN
COCHOIS (P.) 279, 37
COGNET (L.)
— Les jansénistes et le Sacré-Cœur 402, 12
— La spiritualité moderne 192, 26
CONDREN (C. de)
— Considérations sur les Mystères 52, 7
— Lettres 52, 7
CORVISIER (A.) 177, 11
COSTE (P.)
— Le grand saint du grand siècle 415, 13
— S. Vincent de Paul et les Dames
de la Charité 304, 19
→ VICENTE DE PAÚL
COSTIL (P.) 475, Annales
COTTINEAU (L.-H.) 90, 10
Courage et dévouement : Les
Sapeurs-pompiers 141, 5
COURTÉPÉE (C.) 185, 12
CROIX (A.) 390, 8

DAGENS (J.) → BÉRULLE
DAOUST (J.) 241, 2
DARCHE (J.) 239, 48
DEGERT (A.) 73, 2

DELABIGNE-VILLENEUVE
(P.) → DU CHEMIN (R.)
DELATTRE (P.) 252, 47
DELUMEAU (J.)
— Le diocèse de Rennes 377, 1
— La Peur en Occident 185 11
DERMENGHEM (E.) 125, 1
DESCOURAUX (P.) 363, 2
DÉSERT (G.) 5, 13
DHOTEL (J.-C.) 93, 16
DODIN (A.) 228, 11
DOLBET (F.) → TOUSTAIN DE BILLY
DOMPNIER (B.) 122, 38
DONCOURT (S. de) 225, 7
DUBOIS (J.-F.) 304, 18
DUBOIS (L.) 350, 36
DUBY (G.) 321, 20
DU CHEMIN (R.) 319, 15
DU FOURNEL (L.) 142, 7
DUPÂQUIER (J.) 25, 2
DUPUY (M.) 155, 8

ERLANGER (Ph.) 8 20
Exordia et instituta Congr. Smi
Sacramenti 121, 37

FAILLON (E.-M.) 225, 5
FÉNELON
— Correspondance 229, 20
— Lettre à l'archevêque d'Arras 34, 5
FÉRON (A.) 268, 9
FLOQUET (A.-P.) → VERTHAMONT
FOISIL (M.) 25, 2
FONTAINE (N.) 61, 9
FORMIGNY DE LA LONDE
(A.R. R. de) 142, 9
FOUCAULT (M.) 141, 5
FOUQUERAY (H.) 89, 6
FOURNÉE (J.) 375, 35
FRANCISCO JAVIER (santo) 290, 20
FRÈRE (H.) 2, 3
FYNN 94, 17

GALLAND (J.-A.) 63, 14
GARLAN (Y.) 390, 9
GAUTHEY (Mgr) 194, 32
GAZIER (A.) 430, 3
GEORGES (E.) 29, 12
GERTRUDIS de HELFTA
(santa) 404, 21
GODEFROY (C.) 19, 26
GODEFROY (F.) 304, 18

GOUBERT (P.)
— *Louis XIV et vingt millions de Français*   59, 5
— *La vie quotidienne des paysans...*   59, 5
GOUGET (C.-P.)   349, 33
GRANDET (J.)
— *Les saints prêtres...*   389, 6
— *La vie de messire P. Crestey*   140, 3
GREEN (J.)   49, 1
GRENTE (cardenal)   410, 2
GRISELLE (E.)   435, 22
GUENNOU (J.)   307, 24
GUERVILLE (J. de)   365, 6
GUILHERMY (E. de)   372, 21
GUTTON (J.-P.)   59, 5
GUYON DES DIGUÈRES (V)   180, 20

HABERT (G.)   40, 23
HAMEL (M.)   30, 17
HAUSMANN (I.)   125, 1
HENRY (J.)   430, 4
HÉRAMBOURG (P.)   497
HERMANT (G.)   34, 7
HERMANT (J.)   5, 14
HEURTEVENT (R.)   276, 28
HILLAIRET (J.)   312, 37
HIPPEAU (C.)   62, 12
*Histoire de Caen* → DÉSERT
*Histoire des Catholiques de France* → LEBRUN
*Histoire du diocèse de Rennes* → DELUMEAU
*Histoire religieuse de la Normandie* → CHALINE
*Histoire de Rennes* → MEYER
HUET (A.)   128, 8
HUET (L.)   452, 8
HUET (P.-D.)
— *Commentarium*   173, 76
— *Origines de la ville de Caen*   40, 24

JANSÉNIUS (C.)   21, 33
*Journal d'un bourgeois de Caen* → LE MARCHAND
*Journal d'un bourgeois de Rennes* → DU CHEMIN

LAFFETAY (J.)   140, 3
LA FONTAINE (J. de)   95, 19
LAMY (T.)   4, 10
LANGOIS (C.)   199, 41
LAPLATTE (C.)   131, 15
LA PORTE (P. de)   176, 5

LAURENT DE LA BARRE (R.)   31, 18
LARROQUE (D. de)
— *Abrégé...*   177, 8
— *La vie de François Eudes de Mézeray*   178, 12
LA TOUR (B. de)   266, 2
LE BOUCHER (Marie de St-Augustin)   475, Ann. NDC
LEBRUN (F.)   53, 12
LE BRUN (J.)   400, 3
LE HARDY (G.) → BÉZIERS
LELIÈVRE (E.)   113, 18
LELIÈVRE (L.)   215, 44
LE MARCHAND (S.)   8, 19
LE ROY LADURIE (E.)   131, 17
LETOURNEAU → GRANDET
LE VAVASSEUR (G.)   3, 6
LEVESQUE → OLIER
*Liste générale et véritable de tous les prédicateurs...*   389, 6
LIVET (C.-L.) → LORET
LORET (J.)   225, 7
LOUIS-FRANÇOIS D'ARGENTAN   317, 24

MACÉ (H.)   407, 28
MALLET (G.)   167, 52; 203, 7
MAROLLES (abbé de)   177, 10
MARTÈNE (E.)   62, 12
MARTINE (J.)   498
MAURIAC (F.)   435, 24
MECTILDE DU SAINT-SACREMENT   241, 2
MESNARD (J.)   90, 9
MEYER (J.)   389, 7
MICHAUD → MOTTEVILLE
MICHELET (J.)   496
MONTBAS (barón de)   303, 16
MONTIGNY (A. de)   499
MORÉRI (L.)   496
MOTTEVILLE (Mme de)   119, 30
MOUSNIER (R.)   321, 20

NADAL (canon)   121, 37
NEUBERT (E.)   367, 9
NOLHAC (P. de)   413, 5
*Nouvelle Histoire de l'Église* (Seuil)   320, 18
NOYE (I.)
— *Chronolgie de J.-J. Olier*   63, 13
— *O Jesu vivens in Maria*   267, 7

OLIER (J.J.)

| | | | |
|---|---|---|---|
| — *Lettres* | 225, 6 | SURIN (J.-J.) | 365, 7 |
| — *Œuvres* | 250, 43 | | |
| ORCIBAL (J.) | | TAPIÉ (V.-L.) | 6, 17 |
| — *Origines du jansénisme* | 43, 33 | TAVENEAUX (R.) | 18, 23 |
| — *Correspondance* → FÉNELON | | THAMIZEY DE LARROQUE (P.) → CHAPELAIN | |
| — *Correspondance* → JANSÉNIUS | | TOLMER (L.) | 116, 26 |
| — *Règle de Perfection* → BENOÎT DE CANFIELD | | TOUSTAIN DE BILLY (R.) | 425, 43 |
| OURSEL (N.-N.) | 29, 14 | *Tradition sacerdotale (La)* | 227, 9 |
| | | TRIBOULET (R.) → RENTY | |
| PANNET (R.) | 348, 32 | TRONSON (L.) | 437, 28 |
| PINEL (canon) | 128, 8 | | |
| PINTARD (R.) | 176, 6 | VAILLÉ (E.) | 30, 16 |
| PLOMET (C.) | 379, 5 | VANEL (G.) → LE MARCHAND | |
| PLONGERON (B.) | 348, 32 | VANUXEM (general) | 176, 3 |
| POCQUET (B.) | 391, 11 | VENARD (M.) | |
| POCQUET DU HAUT-JUSSÉ (B.) | 391, 11 | — *Le prêtre en France…* | 72, 1 |
| PORQUET (L.) | 25, 2 | — *Les séminaires en France…* | 73, 2 |
| *Procès-verbal de l'assemblée du clergé* (1625) | 19, 26 | VÉRON (F.) | 31, 19 |
| | | VERTHAMONT (F. de) | 39, 21 |
| | | VICENTE DE Paúl (santo) | 38, 18 |
| | | VIGNERAL (comte de) | 29, 16 |
| RACINE (B.) | 74, 5 | *Vincent de Paul. Actes du Colloque de Paris* | 73, 2 |
| RAGUENEAU (P.) | 113, 17 | VOYER D'ARGENSON (R. de) | 311, 33 |
| RAPIN (R.) | 229, 19 | | |
| RAVAISSON (F.) | 435, 22 | WATRIGANT (H.) | 120, 35 |
| RÉBELLIAU (A.) | 98, 23 | WIDENFELDT | 430, 4 |
| *Règlement des Filles du Cœur de la M. A.* | 199, 41 | | |
| RÉGNIER (H.) → LA FONTAINE | | YMOUVILLE (B. d') | 261, 16 |
| RENTY (G. de) | 49, 9 | | |
| *Répertoire des Visites pastorales…* | 404, 16 | | |
| RIOLAN (J.) | 400, 3 | | |
| ROLAND-GOSSELIN (J.) | 198, 38 | | |
| RONDET (H.) | 406, 27 | | |
| ROSSIGNOL (C.) | 197, 36 | | |
| ROUSSEAU (X.) | 26, 4 | | |
| *Routes de France (Les)* | 39, 19 | | |
| *S. Congregationis de propaganda Fide Memoria rerum* | 86, 32 | | |
| SAINT-CYRAN (abbé de) | 402, 12 | | |
| SAINT-DENIS (H.-M.) | 427, 49 | | |
| SAINT-SIMÓN (duque de) | 425, 42 | | |
| SCHMITT (T.J.) | 190, 22 | | |
| SEGRAIS | 141, 4 | | |
| SÉGUY (J.) | | | |
| — *D'une jacquerie à une congrégation…* | 86, 33 | | |
| — *Millénarisme…* | 134, 33 | | |
| — *Monsieur Vincent…* | 133, 30 | | |
| SIMÓN (G.-A.) | 363, 2 | | |
| SPADA (F.) | 434, 21 | | |

## II. Índice de topónimos, nombres de personas y temas principales

Los nombres de las personas están escritos en MAYÚSCULAS; los de los miembros de la Congregación de Jesús y María van precedidos de un asterisco.*
Los topónimos figuran en *cursiva*; los nombres de las ciudades donde predicó Juan Eudes van precedidos de un asterisco.*
Los títulos de las obras de San Juan Eudes están impresos **negrita**.
Los nombres de los temas tratados están impresos en caracteres romanos. Las referencias a notas a pie de página se indican mediante la abreviatura n.

25 de marzo     16, 48, 93
Ableiges     321 ss..
**Advertencias a los confesores misioneros** 87, 317 n. 7, 348, 377
AIGUILLON (duquesa d'- ) 92, 101 ss., 268, 303
ALEJANDRO VII    272, 311, 352, 430, 486, 495
*Alepo*     309n. 26
*Alleaume**  115, 214
ALTIERI (Paluzzi -, cardenal) 425 ss., 434
AMELINE (Robert)    219
AMFREVILLE (comte Poërier d'-) 160, 215, 237
*Amiens**     57, 62
ANGENNES (Jacques d'-, obispo de Bayeux) 18, 20, 86, 101, 103, 119, 123, 147, 150, 159 ss., 166 ss., 484
ANGO DES MAIZERETS   367 n. 11
ANA de AUSTRIA   6, 68, 111 ss., 119, 122, 158, 172, 207 ss., 213, 244, 303 ss., 304, 311, 318, 356, 422 n. 35
ANTOINE (de Senlis, oratoriano) 16
*Argentan*     1 ss., 59, 180, 278
ARGOUGES (François d'-, Primer presidente)     389
ARGOUGES (Madame d'-, esposa del predecesor)     395-397, 457
ARNAULD (Antoine) 88 and n. 2, 94, 111
*Arnay-le-Duc**     161-195
Asamblea general del clero de Francia 6, 19, 59, 73, 123, 159 ss., 221, 227, 312, 313 & n. 38
Asuntos financieros   15 n. 14, 20, 38 ss., 107, 113 n. 20, 120, 145, 155 ss., 231 ss.,

236, 274, 317, 328 ss., 347, 359 ss., 385, 423 ss., 440, 450, 466
*Aubervilliers*     18, 24, 86
AUDE* (Thomas ?)    438
*Aunay* (abadía cisterciense y parroquia) 68, 120, 269, 438
AUTHIER DE SISGAUD (Christophe d') 33, 82 n. 26, 121 ss., 159
*Autun**    184-197, 203, 231
AUVRY (Claude -, obispo de Coutances) 218, 219 ss., 229, 282 ss., 286 ss., 288, 293 ss., 297, 311, 319, 340, 389, 425, 434, 480
*Avenay**     42
*Avignon*     122, 327
*Avranches*     66 ss., 73
*Avoines*     25

BAGNO (Niccolò GUIDI DI -, nuncio en París)     170
BAILLEHACHE (Jean de -, benedictino) 62
BALDE (Marie-Angélique de -, NDC) 388, 397
BARBERINI (Antoine -, cardenal, Gran capellán de Francia) 218 n. 52, 287, 293 ss., 480
BARBERINI (François -, cardenal) 110, 327
Barbery (abadía cisterciense)   438
BARCOS (Martin de -)    110
BARRÊME (R.P. -, oratoriano)   157
BARRY (Paúl de -, SJ)   192 n. 26
BATTEREL (Louis -, oratoriano) 34, 105, 108 ss., 159, 499
BAUGUIL (Bernardin -, SJ)   311 n. 31

509

Bautismo (Espiritualidad de -) 2, 54, 61, 223 ss., 224 n. 4, 237 ss., 283
BAVIERA (María Cristina de -, delfina) 471
*Bazainville* 7
BAZIRE (Abraham) 286, 287, 438
*Bayeux* 8, 18, 62, 112, 119, 166, 249, 288, 454, 464
*Beaune\** 184, 187 n. 17, 189, 197-199, 203
BEAUMANOIR DE LAVARDIN (Jean-Baptiste de -, obispo de Rennes) 450, 480
BEAUMONT: véase PÉRÉFIXE
*Bec-Thomas\** 169
*Beneauville\** 42
Benedictinas 31, 51 ss., 107, 249 ss., 317, 358, 395, 411, 417, 423 ss., 425, 462, 500
Benedictinas del Santísimo Sacramento 242 ss., 245 ss., 318, 387 n. 1, 406, 434, 481
Benedictinos 29, 62 ss., 90 ss., 95, 190, 215, 301, 350, 378
BENOÎT DE CANFIELD 131
*Beny\** 162
BERNARD* (Antoine) 164, 207 n. 19, 283 ss.
BERNARDO DE CLARAVAL (santo) 350, 403
*Bernay\** 219, 229
BERNESQ (Michel Rocher, canon de-) 146, 150, 258
BERNIÈRES (Henry de -) 282
BERNIÈRES-GAVRUS (El Sr. de -) 452 ss.
BERNIÈRES-GAVRUS (Sra. de -, née Blouet de Camilly) 456 n. 16
BERNIÈRES-LOUVIGNY (Jean de -) 6, 40, 63, 71, 79 ss., 98 ss., 122, 137, 141, 144, 224, 235, 241, 250, 260, 263, 267, 275 ss., 279, 485
BERNIÈRES-LOUVIGNY (Jourdaine de -) 107, 277, 375
BÉRULLE (Pierre de -) 2, 4, 6 ss., 12, 15 ss., 18, 21, 28 ss., 32, 40, 42, 52 ss., 77, 101, 118, 130, 238, 399, 404, 481 ss.
BERTAUT (Bertin) 232
*Besneville\** 360
BESSELIÈVRE* (Pierre) 83, 496, 499
BÉTON* (Léonor de -) 100
BEURRIER (Paúl -, génovéfain) 351 n. 38
"Bienhechores" 203, 316, 430, 436, 460
BIMET (Claude) 400
BLANETTE (Jacques -, cura) 5 ss.

BLOUET DE CAMILLY (Anne Le Haguais, señora -) 45, 107, 113, 135, 147, 224, 263, 333-337, 369, 456, 466, 469, 472 ss.
BLOUET DE CAMILLY (Françoise) 135, 248, 490
BLOUET DE CAMILLY (Jacques) 45, 85, 98, 224, 250, 263, 323, 333 ss., 490
BLOUET DE CAMILLY* (Jean-Jacques) 188, 248 ss., 270 ss., 274, 277, 287, 299 ss., 328 n. 10, 334, 344, 386, 394, 421 ss., 437, 451 ss., 470 ss., 490, 497
BLOUET DE CAMILLY (Hermana. -, Sor Marie de Ste Catherine, NDC) 456 n. 16, 490
BLOUET DE THAN (François -, monje de Saint-Etienne de Caen) 62 n. 12, 490
BLOUET DE THAN (Jean -, monje de Saint-Etienne de Caen) 62 n. 12, 340, 345, 392 n. 14, 490
BLOUET DE THAN* (Nicolás) 155 ss., 164, 201, 207, 373, 461, 490
BOCHART (Samuel) 63
BOILEAU-DESPRÉAUX (Nicolás) 317
BOIREL (Antoine) 180 n. 21
BOIREL (Sapience) 180
BOISDAVID (Marie de Soulebieu, marquesa de -, Sor. Marie de l'Enfant-Jésus, NDC) 113 ss., 260, 263 ss.
BOISDAVID (Suzanne de -, Sor. Marie de l'Enfant-Jésus, NDC) 260 ss., 264, 454 ss.
BOISNE (Guillaume de -, oratoriano) 97, 165
BOIVIN DE PÉRICARD (Henri) 18 n. 24
BON* (Raoul de -) 466
BONA (Jean -, cardenal) 429
BONIFACE (Louis) 310, 328-333, 346, 352, 432 ss.
BONNEFOND* (François de la Haye -) 359, 426, 450
BONNEFOND* (Jacques de la Haye de -) 341, 348, 359, 370, 419, 421 ss., 426, 429-436, 441-443, 453 ss. 466 ss., 468, 470
BONTEMPS (Sr -, Intendente de Versalles) 413
BOSSUET (Jacques-Bénigne) 13, 296, 320 ,410 n. 2, 422
BOUCHER (Claude -, SJ) 286, 310 n. 29
BOUDON (Henri-Marie -, arcediano de Évreux) 98, 126, 173, 276, 367, 497
BOUILLON (duque de -) 359

BOUILLON (duquesa de -, madre del precedente) 245, 424
BOUILLON (Emmanuel-Théodose de la Tour d'Auvergne, cardenal de -) 424, 480, 492
BOURDALOUE (R. P. -, SJ) 422
BOURDOISE (Adrien) 72, 159, 210, 214, 238 ss., 339, 363
BOURGOING (François -, oratoriano) 21, 33, 36 ,38, 77 ss., 84, 91 ss., 97, 109 ss., 111, 112, 157, 210
BOURLON (Charles de -, obispo de Soissons) 297
BRAS-NU 64 ss.
BREMOND (Abad -) 136
*Brémoy\** 60
*Breteuil* (Bosque de) 453
BRETONVILLIERS (El Sr. de -, PSS) 232
*Bricquebec\** 214, 232
BRIENNE (Madame de, Loménie de -) 101 n. 37, 303 ss., 444, 451
BROSSIER (Marthe) 136
*Brucheville\** 360
BRUNEL* 307 ss.
BUDOS (Antoine de -) 28, 491
BUDOS (Laurence de -, abadesa de Caen) 27 ss., 31, 45, 51, 60, 107, 170, 206, 218, 246 n.22, 337, 355 491
BUENAVENTURA (santa) 404
Buen pastor (Congregación de Nuestra Señora de la Caridad del -) 501
**Buen confesor (el)** 88, 132, 317, 322, 377, 379 ss., 383 ss.
Buen Salvador (Congregación de la -) 501

*Caen*
a) La ciudad de Caen 5, 11 ss., 31 ss., 59-69, 149 n. 26, 236, 321, 325, 369, 430, 466, 503
b) Comunidades y casas
— *Abbaye Sainte-Trinité* (benedictinas) 27, 51, 355
— *Abbaye Saint-Etienne* (benedictinos) 63 ss.
— *Carmelitas* 40, 346 ss., 420, 468
— *Ermitage de Jean de Bernières* 98, 250, 260, 267, 275 ss., 278 ss., 449
— *Oratorio* 29, 75, 106, 118
c) Juan Eudes en Caen
— Misiones, estaciones, publicaciones 56, 62 ss., 67-69, 356 ss., 452

— Otras estancias 5 ss., 11 ss., 28, 32 ss., 48, 83 ss., 97 ss., 101 ss., 119, 154, 164, 211 ss., 214, 218, 247 ss., 251, 275-278, 342 ss., 365 ss., 420, 452 ss., 465 ss.
— Nuestra Señora de la Caridad 84 ss., 99, 113, 139-151, 255-264, 321 n. 19, 327-333, 346, 351-353, 369 n. 14, 388, 402, 406 n. 26, 454-458, 465, 469 n. 4, 501
— Seminario 18, 84, 100, 202, 211 ss., 220 ss., 247-253, 281, 294, 343-348, 349, 391, 406, 422 ss., 425, 439, 440, 453, 460, 465
CAEN (madame de -): véase BUDOS
*Cambrai* 34
CAMUS (Jean-Pierre -, obispo de Belley, abad de Aunay) 68 ss., 120 ss., 156, 220, 269
CAMUS DE PONTCARRÉ (Jacques -, obispo de Séez) 7
*Cancale\** 44
*Carentan\** 65, 260, 360
Carmelitas 32, 39, 126, 146, 198 ss., 282, 346, 392, 393, 420, 422, 468, 481
Carreteras en Francia en el siglo XVII 38 ss., 355
"Carta a un doctor de la Sorbona" 437-442
CASTILLE (Nicolás de -) 190
CASTILLON (André -, SJ) 310
**Catecismo de la misión** 75, 83, 93 ss., 317 n.7, 380, 384
CATHERINE DE SAINT-AUGUSTIN (Marie-Catherine Symon de Longpré) 112, 137
CELLOT (Louis -, SJ) 91, 110
*Cenilly\** 451 n.5
*Cerisy\** 356
*Châlons-sur-Marne\** 74, 348 ss., 486
CHAMINADE 367 n.9
*Chapelle (La)* 180
CHARLES (cura de Ruan) 341
*Chartres* 76, 82
*Château-Thierry* 205
CHAULINES: véase SAINT-GABRIEL
CHAUMONOT (Marie-Joseph-Pierre -, SJ) 371
*Cherbourg\** 35, 39
*Chevilly-Larüe* 458 n. 22
CHRYSOSTOME DE SAINT-LÔ 95, 122, 125 n. 2, 241
*Cisai\** 237
Cistercienses 350-353, 363 ss., 429 ss.

511

Citry*  205 ss.
Citeaux (Abadía)  350
Claraval (Abadía)  351
CLEMENTE IX  387 n. 1, 391, 480
CLEMENTE X  410, 423, 434, 480
Clero: véase Seminarios, Reforma
COLBERT (Jean-Baptiste)  305, 320, 409 ss., 416, 434 ss.
COLBERT DE CROISSY (Charles)  390
COLIGNY (marqués de-)  15
**Coloquios interiores del cristiano con su Dios**  316, 322
*Commeaux*  2
Compañía del Santísimo Sacramento  80, 98, 141 ss., 184 n.5, 198, 249 ss., 267 ss., 306, 307, 357, 392, 446 n. 57, 482
CONDÉ (Luis de Bourbon, conocido como el Grand-)  111, 213, 227, 491
CONDÉ (princesa de -)  206, 491
CONDREN (Charles de -, oratoriano)  12 ss., 30, 43, 48, 52, 62 ss., 75 ss., 80 ss., 96, 109, 165, 250, 267, 279 n. 39
Cofrades de la Pasión  229 ss
Congregación de Jesús y María (Eudistas)  75, 89, 97, 101 ss., 105-123, 155, 157 ss., 164, 169, 201 ss., 207, 212, 221, 229, 235 ss., 244, 246 ss., 270 ss., 274, 281-291, 297, 309 ss., 331 ss., 334, 347, 358, 377, 381, 387, 394, 410, 415, 425, 432 ss., 444, 446 ss., 450 ss., 453, 459, 465 ss., 468-471, 499 ss.
— Probación (formación) y Incorporación  163 ss., 243, 334, 453 ss.
— véase Vocabulario, Congregación; Superiores.
Congregación "De Propaganda Fide"  86, 122, 170, 201 n. 1, 202 ss., 204 n. 11, 207, 247, 332 ss., 346
CONRART (Valentin -, académico)  179 n.17
*Constantinopla*  12, 74
CONTI (Armand de Bourbon, príncipe de -)  227, 306, 492
**Contrato del hombre con Dios por el Santo Bautismo**  223, 238, 314, 317 n.7, 335, 469
Corazón
— Corazón de Jesús  374, 397, 399-407
— Corazón de María  69, 137, 150, 163 ss., 188, 192-194, 199, 230, 232, 256, 288, 318, 343 ss., 357, 373-375, 404, 406, 413
— Lenguaje, un signo de -  89, 278 ss., 373, 400, 496

— Corazón de Jesús y María  107, 133, 442, 457, 461, 467 ss., 471
**Corazón admirable de la sagrada Madre de Dios (el)**  109, 193, 373 ss., 423, 471 ss.
*Corbeil**  228, 243
*Corbie*  58, 198 n. 38
CORBIN (Marthe -, esposa de Isaac EUDES): véase EUDES
"Corde magno et animo volenti"  324 y n.32, 402
*Cordillon* (Abadía)  249 ss., 312
CORNEILLE (Pierre)  5, 47, 66
COSPÉAN (Philippe -, obispo de Lisieux)  60, 63 ss., 67 ss., 75, 86, 90, 92, 96, 109, 119, 153, 154, 157 ss., 159 ss., 161, 166, 480
COSTIL (Pierre -, Annalista eudista)  34, 46, 74, 365, 463, 468 ss., 498
COTOLENDI (Ignace)  307
COTON (Pierre -, SJ)  24, 125 n. 2
*Couches**  161
*Coutances* (diócesis de -)  33, 39, 44, 89, 112, 201, 214, 289, 359 ss., 451, 470
*Coutances** (ciudad de -)
— Misiones y estaciones  75, 78 ss., 125-137, 225, 229-233
— Otras menciones  39, 65 ss., 118, 145 ss., 214, 218, 219 ss., 235, 243, 245 ss., 247 ss., 250, 260, 265 ss., 278 ss., 281, 284 ss., 286 ss., 306, 311, 325, 345 ss., 386, 394, 406, 437, 451, 462
CRÉQUY (Charles de -, oratoriano)  15
CRÉQUY (duque de -, embajador de Francia en Roma)  15, 320, 332
*Cretteville**  341
CRÈVECŒUR-RABODANGES (marqués de)  229, 235

Damas de la Caridad (las)  99 ss., 206, 304 n. 19, 321, 394, 415, 451, 482
DAON* (Roger)  377 n.1
DELFÍN (el - Luis, hijo de Luis XIV)  387, 421, 471
DELAUNAY (Sr.)  219
*Délivrande* (La)  106, 129, 147, 237 n. 43
*Denneville**  219
Derechos de regalía  431, 445
DESCARTES (René)  6, 49
DESMARES (Toussaint-Guy -, oratoriano)  61, 101 n. 37, 272 ss., 463

512

Desierto (Priorato de la -) 3 5 9, 450, 453
Devoción al Santísimo Corazón de la bienaventurada Virgen María (la) 192-194, 206 n. 15, 307, 317 n. 7, 374 n. 31
Dinero 38 n. 18
DINET (Jacques -, SJ) 96, 110, 272
Disturbios y revueltas populares 29 ss., 31, 64-69, 139, 207 ss., 227, 390
DRUZBICKI (Gaspard -, SJ) 406 n. 27
DU BUISSON (Sr.) 145, 250
DUDOUYT* (Jacques) 98, 276, 449, 470
Duelo: véase Cofrades de la Pasión
DU FERRIER (Sr.) 76
DU FOUR (Charles) 269 ss., 275 ss., 323, 430 ss., 437-440, 496
DUFOUR (Richard) 462, 469 n. 4, 472
DU FRESNE (François) 250
DUPONT* (Jean) 278, 284 ss., 437, 451, 453, 501
DUPUY (los - hermanos) 177
DUVERGIER DE HAURANNE: véase SAINT-CYRAN

Ejercicios de piedad (los) 46, 51, 317 n. 7
Elbeuf* 426, 460, 492
ELBEUF (Charles de Lorraine, 3er duque de -) 426 n. 48
ELISABETH (Madame -, hermana de Luis XIII) 6
Enfermedades del P. Eudes 17, 31, 171, 183, 212, 245 ss., 282, 323, 342, 436, 441, 465
Enfermos (caridad hacia los -) 227, 282
ENRIQUE IV, rey de Francia 2, 11, 29, 325
Enterramientos de los restos de San Juan Eudes 503
Essay 142
Estación (en lugar de "Misión") 57, 75, 125
ESTE (Reynaud, cardenal de -) 172, 311
Estrées* 160
ESTRÉES (César, cardenal de) 4 3 1 433 ss.
ESTRÉES (duque de -, hermano del precedente, embajador de Francia en Roma) 423, 429
EUDES (la - familia) 3, 489

EUDES (Charles - d'Houay) 5 9, 175, 180, 399 ss.
EUDES (François - de Mézeray) 2 9, 175-180, 270, 294 n. 2, 297, 432
EUDES (Isaac) 1 ff., 175
EUDES (Marthe Corbin, esposa de Isaac -) 1, 40
Eudistas: véase Congregación de Jesús y María
"Eudistas" (primer uso de la palabra) 447
Evrecy* 42
Évreux* 245, 355-361, 406, 450, 463, 466

Falaise 4, 107, 278
FAUCON* (Louis -, conocido como de Sainte-Marie) 285, 340 n.5
FÉNELON (François de Salignac de la Motte -, arzobispo de Cambrai) 34, 229 n. 20
FÉNELON (Antoine, marqués de -) 229
Fère-en-Tardenois* 206
FERRIER (Jean -, SJ, confesor de Luis XIV) 420
FERRIÈRE* 207
Ferté-Vidame* 171, 183
Fieles Siervas 502
Fierville* 218
FINEL* (Jacques) 13, 16 ss., 107, 118, 154, 155, 163 ss., 171, 207, 212, 216 ss., 221, 242
Firma del P. Eudes 441 ss.
Florencia 426
FONTENAY-MAREUIL (marqués de -, embajador de Francia en Roma) 172, 202
FOSSEY* (Jean) 107, 207 n. 19
Fougères* 397
FOUQUET (François -, obispo de Agde, luego arzobispo de Narbonne) 215, 306, 320
FOUQUET (Nicolás -, superintendente de Finanzas) 320
Fouqueville* 169
FRANCIOTTI (cardenal) 332, 351
FRANCISCO DE ASÍS (santo) 48
FRANCISCO DE SALES (santo) 6, 20 52 ss., 149, 258, 310, 357, 365, 404
FRANCISCO JAVIER (santo) 48, 290 n. 20
Fresne-Camilly* 45
Funciones episcopales 20, 73, 209, 243, 286 ss., 351 n. 38, 419 ss., 429 ss., 449

Gaillon 89, 168
GALIGAÏ (Leonora) 20
GALILEO 6
GASSION (Jean de -, mariscal de Francia) 66 ss., 71, 134
Gatteville* 219
GAULT (Jean-Baptiste -, oratoriano) 77 ss.
GEORGE (Dominique -, abad de Val-Richer) 350 ss., 363 ss., 430, 440
GERECHT: véase LANSPERGE
GERTRUDIS DE HELFTA (santa) 136, 192, 404
GIBIEUF (Guillaume -, oratoriano) 12, 17, 40, 97, 121, 210, 218
GICQUEL (Sr. -, lazarista) 306
GODEFROY (Charles) 20, 73, 81, 123, 159, 252
GODEFROY* (André) 107, 207 n. 19
GONDI (Jean-François-Paúl de -, cardenal de Retz) 111, 213, 227, 317, 319, 350, 480
GORILLON (Laurent -, prior de Claraval) 350
Gouffern (bosque de-) 1
GOUGEON (Thomas -, oratoriano) 42
GRANCEY-MÉDAVY (Jacques Rouxel, conde de -) 180
Gran capellánde Francia: véase Vocabulario
GRANDET (Joseph -, PSS) 389, 497
GRANDIER (Urbain -, párroco de Loudun) 42
Granville* 342
GRIMALDI (Jérôme, cardenal -, arzobispo de Aix) 166, 346
GRIVELLE (la bruja -) 131
GUERVILLE (El Sr. de -) 345
GUESNETOT* (Charles) 323
Guingamp 406 n. 26, 454
GUISE (Madame de -): véase LORRAINE
GUISE (Elisabeth d'Orléans, duquesa de-) 417, 423, 425, 440, 492
GUYON DES DIGUÈRES (François) 4

Habloville 5
HARLAY DE CHAMPVALLON (François I de -, arzobispo de Ruan) 44, 89 ss., 158 ss., 168 ss., 480
HARLAY DE CHAMPVALLON (François II de -, sobrino del precedente, arzobispo de Ruan, luego de París) 244, 268-273, 311, 324, 359, 410, 416, 420, 444, 445, 480

HARLAY-SANCY (Achille de -, oratoriano, obispo de Saint-Malo) 12, 44 ss., 74 ss., 88 n. 2, 99, 118, 142
HARVEY 399
Haye-du-Puits* 33
HAYNEUVE (Julien -, SJ) 96, 286
HÉBERT* (François-Louis -, mártir) 48 n. 40, 314 n. 39, 360 n. 19, 500
HELLOUIN DU BOCAGE (Sr. Marie de Saint-Isidore -, NDC) 142 n. 9
Hennebont 406 n. 26, 454
HENRY (Pierre -, abad de Claraval) 350
HÉRAMBOURG* (Pierre) 386, 419 n. 24, 464, 497, 498
Hermanas de la Visitación 144, 146 ss., 149 ss., 248, 255 ss., 258, 275 n. 25, 284, 321 ss., 327-333, 357, 365, 375, 392, 456 and n. 17, 481
Hermanas de Nuestra Señora (Congregación de la -) 374, 419
Hermanitas de los Pobres 502
HERMANT (Godefroy) 34, 302 ss.
Hérouville 259
HERSON (Marie-Madeleine -, Sor. Marie de la Nativité, NDC) 144, 146, 255, 258, 388, 454 ss., 464, 466
HEURTAUT (Marie -, Sor. Marie de la Trinité, NDC) 263, 395 ss., 456 n. 17, 458 n. 22
Honfleur* 154, 251
HUBERT* (Thomas) 413 ss., 415 n. 13, 420, 434
Hué 389
HUET (Pierre-Daniel -, obispo de Avranches) 142 n. 9, 173
HYMBLOT* (Sr.) 197

IGNACIO DE LOYOLA (santo) 82, 372
IGNACE-JOSEPH DE JESUS-MARIA, (carmelita) 314
**Infancia admirable de la santísima Madre de Dios (la)** 374 ss., 444
INGOLI (obispo) 167, 202 ss.
INOCENCIO X 147, 154, 166, 172, 204, 272, 480, 495.
INOCENCIO XI 445, 480
Instituciones del siglo XVII en Francia: véase Vocabulario, Dinero, Correos, Asuntos financieros

Jansenismo, Jansenistas 43, 61, 88, 90, 109 ss., 227, 269 n. 13, 270, 271 ss., 277 ss., 303 n. 15, 348, 357, 387 ss., 402 n. 12, 415, 430, 437, 445, 463, 495
— ¡Padre Eudes el "Jansenista"! 63 n. 14
JANSENIUS (Cornelius Jansen, obispo de Ypres) 21, 61, 88, 110, 271, 357
JEAN-BAPTISTE DE LAIGLE, (religioso penitente) 122
JEAN NU-PIEDS 57, 65
JUANA DE CHANTAL (santa) 144
JEANNE DE JÉSUS SÉGUIER (Sor. -, carmelita) 126, 219, 235, 494
Jersey 218
Jesuitas 4 ss., 7, 11 ss., 24, 31, 44, 68, 82 ss., 96, 102 ss., 110 ss., 120, 237, 252, 267 ss., 272, 286, 307 ss., 343, 349, 371 ss., 391 ss., 420, 430, 446, 449, 472, 496 ss.
JOACHIM DE FLORE 134
JOSÉ (devoción al santo. -) 379 n.5
JOSEPH DU TREMBLAY, capuchino (la "Eminencia gris") 125
JOURDAN* (Pierre) 89, 100, 102 ss., 106, 164, 207, 221, 228, 281, 301, 325
JUAN FRANCISCO RÉGIS (- SJ, santo) 33
Jubileos 27, 392, 410 y n.2, 421 y n. 32
JUGANVILLE (El Sr. de -) 125 n. 3
Juilly (colegio de -) 108 n. 9

LA BOISSIÈRE* (Jacques Jean, señor de -) 257
LA CHAISE (François de -, SJ, confesor de Luis XIV) 446
LA CROISETTE (Anne Le Blanc de -, gobernador de Caen y su esposa) 343 ss.
La Flèche (colegio jesuita de -) 449
LA FONTAINE (Jean de -) 95
Laicos: véase Bautismo
LA LUTHUMIÈRE (abad de -) 437
LA MAGDELAINE DE RAGNY (Claude de -, obispo de Autun) 187, 190
LAMBERT DE LA MOTTE (Pierre) 235, 257 n. 4, 267 ss., 270 ss., 276, 307
LA MOTHE-HOUDANCOURT Henri de -, obispo de Rennes) 303, 480
LA MOUSSAYE (Amaury III, marqués de -) 45
LAMY (Madeleine) 40, 84 ss., 141 ss., 224
Landelles* 80
LANGOIS* (Pierre) 389

LANGRIE (Jean Le Roux de -) 149, 251, 255, 256 ss., 259, 262, 265 ss., 317, 341, 346
LANSPERGE (o Jean Gerecht de Landsberg) 406
LANTAGES (Charles de -, PSS) 358, 497
LA PELTRIE (Madame de -) 137
LA PORTE (Madame de -) 169, 257
LA PORTE (Pierre de -, Primer valet del Rey) 176
LA ROCHEFOUCAULD (cardenal de -) 20
La Rochelle 26, 112
LARDERAT (Jean-Antoine -, secretario del obispo of Bayeux) 249, 251 ss.,
LARROQUE (Daniel de -) 177, 496
Launay 260, 453
LAUNAY-HÜE (Jean-Baptiste de -) 345, 421, 440
LAURENS (Sr.) 26
LA VALLIÈRE (duquesa de -) 413
LA VIEUVILLE (Charles-François de -, obispo de Rennes) 391-397, 480
LA VIGNE (Simón de -, párroco en Caen) 249, 345
Lazaristas (Congregation of the Mission) 27, 120, 305 ss., 347, 425, 429 ss., 435, 482 ss.
LEBLOND (Sor. Marie de Saint-Julien -, NDC) 397
LE BOUTHILLIER: véase RANCÉ
LE COINTE DE LAUNAY (Anne -, Sor. Marie de la Presentation, NDC) 260, 453
LE CORNIER (Robert) 359
LE DOUX DE MELLEVILLE (Jacques -, decano del capítulo de Évreux) 359
LE DUC* (Jacques) 236
LE FAUCHEUR (Simón -, posadero en La Chapelle) 178
LE FEBVRE* (Odet) 446 n. 57
LEFRANC (François) 48 n. 40, 314 n. 39, 500, 501
LE GENTIL* 207
LE GRAND (Claude -, superior de NDC) 251, 261 ss., 278 n. 35, 388
LE GRAND (Roger -, hermano laico) 116 n. 24
LE GRAS (Simón -, obispo de Soissons) 206
LE HAGUAIS (Anne): véase BLOUET DE CAMILLY
LE HAGUAIS (Augustin -, hermano del precedente) 311 ss., 334, 356

515

LE HAGUAIS (Sr. -, padre de los dos precedentes) 64
LE LIEUPAUL (Catherine) 260
LE MESLE* (Richard) 107, 163 ss., 207, 213, 245, 294, 299, 322 ss.
LE MOINE* (Richard -, hermano laico) 413, 468 ss., 469 n.4
LE NÔTRE 410
*Lens* (Batalla de -) 207, 260
LE PILEUR (Raoul -, vicario general de Coutances, luego de Lisieux) 80 ss., 118, 126 n. 3, 153, 162, 166, 235
LE PRÉVÔT (Marie -, religiosa de Cordillon) 249 n. 40
LESCOT (Jacques -, obispo de Chartres) 168, 170
*Lessay**  33
LESSEVILLE (Eustache Le Clerc de -, obispo de Coutances) 287, 311, 341, 480
*Létanville**  251, 341
LE TELLIER (Michel) 304 ss.
LIANCOURT (duque de -) 214
LIGNY (Dominique de -, obispo de Meaux) 341, 439 ss., 494
*Lingèvres**  100, 249 ss.
*Lion-sur-Mer* 163, 188
LIONNE (Hugues de -, Secretario de Estado) 304
*Lisieux**  60, 63 ss., 67 ss., 75, 92, 235-239, 244, 261, 282 ss., 389, 406, 450
— Ursulinas de - 236, 377
LOMÉNIE DE BRIENNE (Charles-François de -, obispo de Coutances) 444, 451, 480
LOMÉNIE DE BRIENNE (Madame de -): véase BRIENNE
LONGUEVAL* (Sr. -) 340 n. 6
LONGUEVILLE (Enrique II de Orleans, duque de -) 227, 232, 343 ss.
LONGUEVILLE (duquesa de -) 246, 262, 311, 491
LORET (Jean) 225 n. 7, 296
*Loreto* (Italia) 436
LORRAINE (Françoise-Renée de -, abadesa de Montmartre) 312, 337, 417, 423, 440 ss., 492
*Loudun* 42
LOUIS-FRANÇOIS D'ARGENTAN, capucin 260, 372
*Louvaines* 21, 88, 110
*Luçon* 6, 72
LUIS, hijo de Luis XIV: véase Delfín

LUIS XIII 5 ss., 8, 26, 29, 111, 119, 121, 269
LUIS XIV 60, 172, 176, 198 n. 38, 303 ss., 305, 311, 319 ss., 380, 387, 390, 411, 420, 423, 430-435, 437, 444-447
LUIS MARÍA GRIGNION DE MONTFORT (santo) 134
*Lwow* 406
*Lyon* 56
*Lyre* (Abadía de-) 450
MAGDALENA DE PAZZI (carmelita) 393
MAIGNARD (Charles -, oratoriano) 44, 61, 90
MALLET (Charles) 268, 271, 274, 360
MALON DE BERCY (Marie -, abadesa de Cordillon) 249 n. 40, 493
MANCHON* (Thomas) 75, 83, 89, 103, 107, 115, 122, 164, 187, 207, 216 ss., 220, 235 ss., 263, 271, 273, 281, 283, 299, 303, 305, 340, 462
**Manera de participar bien en la santa misa (la)** 238, 317 n.7
MANNOURY* (Simón) 46, 75, 83, 89, 103, 106 ss., 150, 164, 166 ss., 168 ss., 201 ss., 204, 207, 215, 221, 229, 243, 248, 252, 257, 261, 284, 323, 334, 344, 359, 417 n. 18, 419 ss., 450, 466, 469 n. 4
**Manual que contiene varios ejercicios de piedad, para uso de una comunidad eclesiástica** 377 ss.
MARCA (Pierre de -, arzobispo de París) 317
MARESCOT (médico a ENRIQUE IV) 130
MARGARITA MARÍA ALACOQUE (santa) 194
"Marginados y oprimidos": véase Pobres
MARGUERITE DU SAINT-SACRAMENT, carmelita en Beaune 198 ss., 207
MARÍA DE MÉDICI 6, 29
MARÍA EUFRASIA (santa -, Rose-Virginie Pelletier) 501
MARÍA TERESA DE AUSTRIA 303 ss., 411, 422 ss., 434, 444
MARIE DE L'ASSOMPTION: véase TAILLEFER
MARIE DE LA NATIVITÉ: véase HERSON

MARIE DE LA TRINITÉ (Sor. -, superior de las Hermanas de la Misericordia) 242
MARIE DE LA TRINITÉ (Sor. -, NDC): véase HEURTAUT
MARIE DE L'INCARNATION (ursulina) 137
MARIE DES VALLÉES 80 ss., 87, 112 ss., 125-137, 144, 146, 150, 153, 162 ss., 171, 180, 212, 214, 230 ss., 233, 245, 248, 256, 260, 265 ss., 276, 279 ss., 286 ss., 309, 437 ss., 465, 498
— llamada "Hermana -" 81 n. 19
*Marigny\** 360
MARILLAC (Michel de -, canciller) 26, 126 n. 4
MARILLAC (Sor. Marie du Saint-Sacrament de -, carmelita) 126 n. 4
*Marines* 16
*Marolles\** 229
*Marsella* 77
Martirio, Mártires 46 ss., 314 n. 39, 360 n. 19
MATIGNON (François de -, Teniente General de Baja Normandía y su esposa Anne Malon de Bercy) 65, 100, 161, 450, 493
MATIGNON (Léonor I de -, obispo de Coutances, luego de Lisieux) 80, 112, 119, 158, 167, 235, 311, 340, 480, 493
MATIGNON (Léonor II de -, obispo de Lisieux) 450, 480, 493
MATIGNON (Marie-Catherine de -, abadesa de Cordillon) 249 n. 40, 493
MAUPAS DU TOUR (Henri Cauchon de -, obispo de Puy, luego de Évreux) 310, 327, 357-359, 365, 419 ss., 426, 450, 480
MAUPEOU (Madre de -, visitandinas) 320, 321
*Mauregard\** 297, 343
MAZARIN 111, 119, 172 n. 72, 207, 209, 213, 218 n. 52, 227, 244, 282, 287, 306, 321 ss., 346, 353
*Meaux\** 297, 343
MATILDE DE HELFTA (santa) 192, 404
MECTILDE DU SAINT-SACRAMENT (Catherine de Bar, Sor. -, benedictina del Santísimo Sacramento) 166 n. 48, 239, 241 ss., 245 ss., 275 ss., 312, 318, 387 n. 1, 424, 434
MÉDAILLE (Jean-Pierre -, SJ) 397

MÉDAVY (obispo de -, arzobispo de Ruan) 406, 480
MÉDICI (Cosimo III de -, gran duque de Tuscany) 426, 492
Meditaciones sobre la humildad 316
MÉMONT (Georges-Simón de -) 113, 263, 281
Memorial de la vida eclesiástica (el) 223 n. 2, 377, 379, 381 ss., 471
MERLET (André -, abad comendatario de Saint-Lô) 341
*Mesnil-Durand* 356
*Mesnil-Mauger\** 75
Meulan (Asamblea de -) 440
MEUNIER* (Barthélémy) 307 ss.
MÉZERAY (François Eudes de -): see EUDES
MÉZY (Augustin de -) 276
Milenarismo 134, 136
Misericordia 67 ss., 88, 110, 134, 136, 151, 242 ss., 261, 331, 455, 463
Misión (Congregación de la -): véase Lazaristas
Misionero (celo, fervor) 36, 111, 162, 206, 283, 289 ss., 309, 339, 340 ss., 386, 393, 421 ss., 442 ss., 457, 465
Misiones (organización de -) 27, 35-48, 62 ss., 78 ss., 93 ss., 111 ss., 161 ss., 166, 184 ss., 217 ss., 299
MOISSON* (Thomas) 451, 501
MOLÉ (Édouard -, obispo de Bayeux) 169 ss., 211, 216, 218 ss., 229, 242, 256 ss., 480
MOLÉ (François -, El Sr. de Sainte-Croix, nombrado obispo de Bayeux) 242 ss., 244
MOLÉ (Presidente -, padre de los precedentes) 169, 213, 229
MOLIÈRE 111, 115, 385, 399, 409
MONTAIGU* (Jean-Baptiste de -) 185 n. 12, 195 ss., 207, 221, 229, 231, 243, 286, 450, 466
MONTCHRESTIEN (Antoine de -) 8
*Montebourg\** 35
MONTESPAN (marqués de -) 421
*Montfarville\** 360
MONTFORT (Henri LE MARQUETEL DE - y su esposa, la hermana de Jean de Bernières) 78 n. 18, 145, 255
MONTFORT: véase LOUIS-MARIE GRIGNON DE MONTFORT
MONTIGNY (Antoine de -, SJ) 83, 102, 497, 499

517

*Montmartin-en-Graignes\** 114
*Montmartre:* véase *París*
MONTMORENCY-LAVAL (Francisco de -, santo) 98, 137, 276, 307
*Montsurvent\** 451 n. 5
*Mont-Valérien* 317
MOREAU (Jean -, hermano laico) 323
MORIN (Marguerite) 85, 142 ss, 337, 454
*Mortain* 65

*Nancy* 75, 142
*Narbonne* 306
NAVET DE FOLLEVILLE (Thomas -, oratoriano) 238
NERLI (Francesco -, nuncio y cardenal) 425
NESMOND (François de -, obispo de Bayeux) 289, 332, 339 ss., 341, 342, 352, 356, 440, 453 ss., 456, 463, 480
NICQUET (Honoré -, SJ) 268
*Nogent-le-Rotrou\** 168
Nuestra Señora de la Caridad (estatua de -) 146 ss., 150., 331
Nuestra Señora de la Caridad (Orden de -) 43, 75, 84 ss., 89, 98, 99 ss., 113, 116, 139-151, 166, 217, 255-264, 282, 310 ss., 321 n.19, 327-333, 346, 350-353, 387 ss., 395-398, 406 n.26, 454-458, 500 ss.

Oficina de correos 325 ss.
**Oficios (Propios de la Congregación de Jesús y María)** 188, 192-194, 197, 206 n. 15, 207 n. 18, 212 n. 28, 237 ss., 256 ss., 317 n. 7, 381 ss., 399-407
"Oh Jesús, viviendo en María" 52, 267 n. 7
OLIER (Jean-Jacques -, fundador del seminario de Saint-Sulpice) 7, 43, 52, 62, 74, 76, 82, 86, 96, 100 ss., 155, 159, 198, 205, 209, 214, 219, 225 ss., 267 n. 7, 272
OLIVA (Jean-Paúl -, SJ) 309
OMONVILLE (El Sr. d'-) 271, 274
Oración (Doctrina y práctica de JE sobre la -) 17, 35 ss., 46 ss., 49, 56, 69, 94, 106, 135, 187, 205, 266 ss., 275-280, 283, 364, 378 ss., 462 ss.
— véase Congregación de Jesús y María
ORAISON (César d'-, marqués de Livarot) 236
Oratorio, Oratorianos 6, 11-24, 27 ss., 31 ss., 33 ss., 43 ss., 62, 73, 76-78, 81, 84, 89 ss., 91 ss., 97, 105, 106 ss., 112, 142, 144, 147,

156 ss., 165 ss., 167, 202, 214, 216, 238, 245, 268, 277, 310, 348, 430-441, 447, 472, 481 ss., 496 ss.
ORÍGENES 17
ORLEANS (Marguerite de LORRAINE, duquesa de -) 423, 492
ORSINI (Virginio, cardenal -) 431
*Ouistreham\** 60, 264

PAILLOT (Nicolás) 216, 219, 381, 421
PALLAVICINI (SJ, cardenal -) 430
PALLU (François -) 309
PAMPHILI (príncipe Camillo -) 351
*París\**
a) Ciudad de París 8, 142, 290, 350, 409, 430
b) Iglesias y otros lugares
— Abadía de Saint-German-des-Prés (benedictino) 95, 299 ss.
— la Bastille 61, 304, 434
— Benedictinos del Santísimo Sacramento 241, 318, 406
— Carmelitas 422
— Carmel 313 ss.
— Convento de Montmartre (benedictina) 249 n. 40, 312, 406, 417, 423, 436, 444, 461
— Jesuitas 96
— Misiones en el extranjero 307 ss.
—Oratorio (Saint-Honoré & Saint-Magloire) 11 ss., 16, 28, 42, 73 ss., 76 ss., 82, 91, 95, 103
— Port-Royal (convento cisterciense) 43
— Quinze-Vingts (hôpital des -) 293 ss., 297
— Saint-Jacques du Hat-Pas 309 n. 26
— Saint-Josse 415 ss.
— Saint-Nicolas du Chardonnet 72, 238, 339, 363, 381 n. 13
— Saint-Sulpice 96, 101, 225-228, 232, 297 ss., 303
— Sainte-Chapelle 287, 293, 389
c) Juan Eudes en París
— Misiones, estaciones, publicaciones 44, 56, 77, 95, 225-230, 293-324, 389, 419
— Otras estancias 11, 18 ss., 82, 122, 183, 207-211, 218, 219, 244, 250, 282, 286 ss., 352, 355, 387 ss., 415-419, 435 ss., 467
— véase también: *Aubervilliers,* Congregación de Jesús y María, *Mont-Valérien,* Nuestra Señora de la Caridad, *Vaugirard*
PARTICELLI 178 n. 12
PASCAL (Blaise) 90, 268

PATIN (Françoise-Marguerite, hermana de la visitación) 147, 150, 255 258 ss., 261 ss., 264, 327-333, 352 ss., 357, 388, 395
PAULO V 6
Péray* 228
Percy* 360
PÉRÉFIXE DE BEAUMONT (Hardouin de -, arzobispo de París) 101, 176, 317, 480
Périers* 33, 235, 451
PERRAULT (Charles) 409
Persecución sufrida por el P. Eudes (véase "Bienhechores" ), 48, 156, 167, 201 ss., 205, 216, 220 ss., 277 ss., 305, 323, 360, 415, 419, 429-444
Peste 1, 8, 25-32, 59 ss., 370
PICARD (Marie-Amice) 100
PICCOLOMINI (Celio -, nuncio) 332, 347
PIERRE (Sor. Marie du Saint-Sacrement -, NDC) 388, 396, 454
Pierrefitte 2
PINTHEREAU (François -, SJ) 252
PÍO X 407
PÍO XI 407
Plessis* 360
Pleurtuit* 45
Plouer* 45
POMPONNE (marqués de -, ministro de estado) 432, 433
Pont-Audemer* 92
Pont-l'Évêque* 60, 64
Pontoise* 126, 219, 235, 321
Pobres (Amor y servicio a los -) 13, 31, 57 ss., 68 ss., 99, 186, 189 ss., 197, 212, 227, 245, 248, 283, 320, 321, 379 ss., 384 ss., 406, 451 ss.
POTIER (Pierre) 125 ss., 128, 130 ss., 231
POTTIER (Claude) 48 n. 40, 500
Pré-d'Auge 363
Predicación, uso del miedo 185, 217
**Predicador apostólico, (el)** 377, 381, 422, 426
Prisiones, presos 69, 139 ss., 189 ss., 384
Privas 28
Reclusión: véase Congregación de Jesús y María
"Propaganda": véase Congregación "de Propaganda Fide"

Prostitución 39 ss., 77, 140 ss., 205, 227
Protestantes 2, 9, 26, 45, 58, 61, 63, 142, 193, 253, 341, 444, 481 ss.
Providencia de Évreux (Congregación de las Hermanas de -) 501
Puy 375
QUARRÉ (Jean-Hugues -, oratoriano) 110
QUEBEC 112, 371
QUETISSENS (Thomas) 212
Quettehou* 451 n. 5
Quibou* 235
RACINE (Jean) 409, 435
RAGUIER DE POUSSÉ (Antoine -, PSS) 297
Rambouillet (Hôtel de -) 42, 295
RANCÉ (Abbé de -, cisterciense) 350 ss.
RANFAING (Elisabeth de -) 75, 142, 327
Ravenoville* 219, 341
REBIGEOIS (R.P. -, Rabigeois, oratoriano) 245, 250
Reconocimiento 242, 459-462, 469
Reforma, Católica (del clero, monasterios, etc.) 9, 20 ss., 24, 27, 62 ss., 71 ss., 77, 90, 121, 185, 190, 193, 215, 237, 249, 272, 339 ss., 350, 429, 451
Refugio: véase Nuestra Señora de la Caridad
**Reglas de la congregación de Jesús y María (las)** 158
Reino de Jesús: véase Vida y reino de Jesús...
Reliquias (veneración de -) 197, 204, 253, 309 n. 26, 312, 364
REMENECOURT: véase Thérèse de Jesus (hermana)
Remilly* 80
RENAUDOT (Théophraste) 43
RENÉE DE SAINTE-AGNÈS (Hermana -, ursulina) 375
Rennes* 387-398, 406, 434, 449, 451, 454, 457
RENTY (Gaston de -) 34, 80, 98, 126, 129, 153, 156, 160, 162 ss., 165, 168, 170 ss., 184, 198, 205 ss., 213, 214 ss., 224, 242
RENTY (Elisabeth de Balsac d'Entraigues, dama de -) 214
RÉPICHON (la - familia) 11, 97
RÉPICHON (Gaspard de -) 15, 31, 76
RÉPICHON (Michel de -) 77, 97, 121, 155, 157, 163

519

RÉPICHON (Robert de -) 97, 155, 157
RETZ: véase GONDI
Ri* 1 ss., 18, 40, 46
RIANDÉ (El Sr. de -) 179
RICHARD* (hermano laico): véase LE MOINE
RICHELIEU (cardenal de -) 6, 19 ss., 26, 28 ss., 41, 43, 58, 61, 65 ss., 72 ss., 77, 92, 100 ss., 110 ss., 121
ROBIN (François -, SJ) 7
Rocroi 111, 113, 115
Roma 82, 147, 150, 154, 166 ss., 169 ss., 201-204, 295, 310 ss., 320, 327, 350 ss., 364, 425 ss., 431-435
Roquelle: véase Coutances
ROUSSEAU (Marie) 76, 96, 101, 155
Ruan* 8, 43, 56, 64, 66 ss., 82, 89 ss., 99, 109 ss., 118, 264, 267-275, 283, 293, 340, 347, 355, 359 ss., 370, 406, 439, 450, 463
Rueil (castillo de -) 100, 213

Sacerdocio (pensamiento de JE sobre el -) 13, 77, 133 ss., 377-386, 447
Sacerdotes asociados 42, 63, 75, 89, 216, 218, 381, 421, 440
SACY: véase VAUQUELIN
Sagrado corazón de Coutances (Congregación del -) 501
SAINT-ANDRÉ (Mlle de -) 144
Saint-Aubin-sur-Algot 364 n. 5
Saint-Brieuc 457 n. 21
Saint-Candre (parroquia en Ruan) 92
Saint-Christophe-le-Jajolet 25
SAINT-CYRAN (Abbé de -) 17, 21, 43 ss., 61, 88, 110, 402 n. 12
Saint-Évroult 26
SAINT-GABRIEL (Charlotte de Chaulnes, Hermana -, religiosa de Montmartre) 461 ss., 466
Saint-Germain-en-Laye* 420 ss., 446 ss.
Saint-Germain-la-Campagne* 340
SAINT-JURE (Jean-Baptiste -, SJ) 96, 125 n. 2, 205 ss.
Saint-Lô* 100, 341, 347, 443
Saint-Malo* 44 ss., 74 ss., 99
SAINT-PÉ (R.P. de -, oratoriano) 91
Saint-Pol-de-Léon 100
Saint-Sauveur-Lendelin* 130, 214
Saint-Sauveur-le-Vicomte* 33, 112 ss., 260
Saint-Sever* 215

SAINT-SIMÓN (duque de -) 170 ss., 491
Saint-Sulpice (Compañía de Sacerdotes de -) 7, 76, 86, 100, 225 ss., 228, 436, 485, 497
Sainte-Famille de Séez (Congregación de la -) 501
Sainte-Pélagie 458 n. 22
Sainte-Suzanne: véase Desierto
Sainteny* 356
Santos Corazones de Jesús y María (Congregación de las hijas de la -) 502
Santos Corazones de Jesús y María (Congregación de los -) 502
Saumur 61
Séez (o Sées) 7, 18, 25
SEGRAIS 141 n. 4, 173, 179
SÉGUENOT (Claude -, oratoriano) 61
SÉGUIER (Dominique -, obispo de Meaux) 297, 494
SÉGUIER (Pierre -, canciller) 39, 66 ss., 133 n. 28, 158, 270, 304, 494
SÉGUIER: véase Jeanne de Jésus
Seminarios 19, 27, 72 ss., 78, 81 ss., 109, 116, 119 ss., 121, 155 ss., 158 ss., 169, 203, 211, 220 ss., 225, 235 ss., 251 ss., 367 ss. y n. 9, 270-275, 288, 297, 326, 340, 342-345, 358 ss., 394, 429, 449-452
SERVIEN (François -, obispo de Bayeux) 244 ss., 249-251, 261, 288, 342, 480
SESSEVAL-DAMVILLE (Pierre) 307
SIMÓN (Sr. -, lazarista) 425, 431
SIMÓN: véase BOISDAVID, Mémont
Sociedad de las hijas del corazón de la madre admirable 199, 502
Soissons 297
SOLMINIHAC (Alain de -, obispo de Cahors) 20
SOULEBIEU (Sor. de -) 113, 260
SOULEBIEU (Marie de -): véase BOISDAVID
SPADA (Fabrizio -, nuncio en París) 434 n. 21, 435 n. 23
SULLY 38
Superiores (consejos para -, selección de -) 229, 237, 251, 284 ss.
SURIN (Jean-Baptiste -, SJ) 365 n. 7
SYMON DE LONGPRÉ: véase Catherine de Saint-Augustin

TAILLEFER (Renée Eustache de -, Sor. Marie de l'Assomption, NDC) 116, 144 ss., 148, 150, 255, 257 ss., 262, 353

TAILLEFER (M. de -) 216
TAILLEPIED (Marie de -) 51
TARRISSE (Dom Grégoire -, benedictino de Saint-Maur) 95
TEILHARD DE CHARDIN (Pierre de -, SJ) 402
THÉRÈSE DE JÉSUS (Mlle de Remenecourt, sor. -, carmelita) 420 n. 29, 422 ss.
THOU (Presidente de -) 177
Tercer orden: véase Sociedad de los Niños...
TORCAPEL* (M. -) 371
*Torigni** 162
*Toulouse* 82, 91
*Tourailles (Les)* 2, 8
*Trappe* (abadía cisterciense) 350
**Tratado sobre el honor debido a los lugares sagrados** 185
TRAVERSAY (Mme. de -) 415 ss.
Trento (Concilio de -) 6, 18, 72, 81 ss., 203
*Trento* (ciudad de -) 31
TRONSON (Mme. -) 228
TRONSON (Louis -, hijo del precedente, PSS) 228, 436

Universal (sentido de la -) 47, 51, 373, 402
URBANO VIII 27, 118, 154, 480
URFÉ (marqués de-) 304
Ursulinas 107, 236, 277, 375 ss.
*Urville** 76

VAGUEL* (Thomas) 221, 394, 465
*Valence* 82 n. 26, 121
*Valognes** 114 ss., 232, 237 n. 43, 414, 437
*Val-Richer* (abadía cisterciense) 350 363 ss., 440
*Vannes* 457 n. 21
*Varsovia* 294, 406
*Vasteville** 290
*Vaugirard* 82, 86
VAUQUELIN DE SACY (Françoise de Faudoas d'Averton, esposa de Monsieur de -) 4 ss., 12, 29, 107
VAUQUELIN DES YVETEAUX (Nicolás) 29, 176
VENDÔME (Luis de Bourbon, cardenal de -) 387
VENTADOUR (duque de -) 80
VERNEUIL (duque de -) 301 n. 13
*Vernon** 419, 461
*Versalles** 410-414, 430, 435

*Vesly** 216
VIALART DE HERSE (Félix -, obispo de Châlons-sur-Marne) 74, 88 n. 2, 159, 210, 348-353, 463, 494
Vida del cristiano: véase Catecismo de la misión
Vida y el reino de Jesús en los cristianos (la) 46, 49-56, 61, 185, 193, 223 ss., 250, 316, 317 n. 7, 335
VIGEON* (Nicolás) 207
VIGEON* (Thomas) 164, 207, 242
*Villedieu** 290 ss.
*Villers-Bocage** 42
*Vimoutiers** 161
VICENTE DE PAÚL (santo) 6, 15 n. 14, 27, 33, 35, 38, 73, 80, 82, 111, 122, 133, 141, 159, 204, 213, 227, 272, 294 ss., 305 ss., 321, 339
*Vitré* 391
Vocabulario
— Banquero expedicionario 425 y n. 45
— Congregación 118 ss.
— Ennuyer (s') 316 n. 4
— Gran capellán de Francia 287 y n. 16, 293, 424, 425 n. 43, 480
— "Lettre du cachet" 437 5. 22
— "Mademoiselle" 263 n. 20
— "Monsieur de (Chartres...)" 171 n. 66
— Plusieurs 51 n. 4
— Seminario 81
— Suranné 215 n. 45
— Théologal 394 n. 18
— véase también: Dinero, Instituciones
Vocación de Dios 381 n. 14
VOITURE (Vincent) 179 n. 17
Voluntad de Dios 203, 218, 264, 315-324, 336
Votos religiosos 61, 119 n. 31, 130
VOYER D'ARGENSON (René de -) 311
*Vrigny* 25

WESTHOVEN (Jean -, SJ) 110
WIDENFELDT 430 n. 4

YON* (Jacques) 348

## III. Índice de mapas e ilustraciones

Antiguas diócesis de Francia .................................................................. 41
Claude Auvry, obispo de Coutances ...................................................... 294
Bautismo en tiempos del P. Eudes, El .................................................... 224
Boirel (Sapience), cuñada del P. Eudes ................................................... 181
Caen en tiempos del P. Eudes ............................................................ 22-23
Caen, distrito de la Misión .................................................................... 343
Caen, la Puerta Millet .............................................................................. 85
Caen, Iglesia Reformada .......................................................................... 65
Caen, la "Antigua Misión" ..................................................................... 106
Coutances, Catedral ................................................................................. 79
Coutances, capilla del Seminario .......................................................... 233
Coutances, capilla de la Roquelle .......................................................... 128
Coutances, campana del Seminario ...................................................... 234
Devoción al Corazón de María .............................................................. 191
Estatua de la Virgen Madre ................................................................... 368
Estatua de Nuestra Señora de la Caridad ............................................. 148
Fiesta del pueblo, La .............................................................................. 196
Firmas del P. Eudes ................................................................................ 441
George (Dominique), abad de Val-Richer ............................................ 349
Juan Eudes, grabado en madera de 1640 .............................................. 117
Juan Eudes, pintura de 1673 .................................................................. 424
Mézeray .................................................................................................... 178
Molé (Presidente) al comienzo de la Fronda ....................................... 208
Montmartre en 1625 ............................................................................... 418
París en tiempos del P. Eudes ................................................................ 291
París, antigua iglesia del Quinze-Vingts ............................................... 298
París, antigua iglesia de Sainte-Sulpice ................................................. 226
París, los sonidos y olores ...................................................................... 313
París, la entrada de Luis XIV en 1660 .................................................. 302
París, el Oratorio de la Rue St-Honoré .................................................. 14
París, el distrito del Quinze-Vingts ....................................................... 295
París, el distrito de St-Germain-des-Prés ............................................. 300
Prostitución en tiempos del P. Eudes, La ............................................. 140
Reconciliación (Sacramento de) en tiempos del P. Eudes ................... 37
Ri, fuente bautismal ................................................................................... 3
Versalles en 1667 .................................................................................... 412
Vida y reino de Jesús, La ......................................................................... 50
Virgen con el Niño, copia del icono de Santa María la Mayor ......... 364

# AGRADECIMIENTOS

Agradecidas a todos los personas que han contribuido a hacer realidad esta traducción: P. Daniel Doré, CJM; Judith Garbo; P. John Howard, CJM; Deanna Heitschmidt; Joseph Hollister; Francine Jensen; P. Bill Rowland, CJM; y el equipo de Atritex Technologies.

www.ingramcontent.com/pod-product-compliance
Lightning Source LLC
Chambersburg PA
CBHW051123230426
43670CB00007B/651